Gasnetzzugang in Deutschland und in Spanien

Veröffentlichungen des Instituts für deutsches und europäisches Wirtschafts-, Wettbewerbs- und Regulierungsrecht der Freien Universität Berlin

Herausgegeben von Franz Jürgen Säcker

Band 33

PETER LANG
Frankfurt am Main · Berlin · Bern · Bruxelles · New York · Oxford · Wien

Sebastian Kemper

Gasnetzzugang in Deutschland und in Spanien

PETER LANG
Internationaler Verlag der Wissenschaften

Bibliografische Information der Deutschen Nationalbibliothek
Die Deutsche Nationalbibliothek verzeichnet diese Publikation in der Deutschen Nationalbibliografie; detaillierte bibliografische Daten sind im Internet über http://dnb.d-nb.de abrufbar.

Zugl.: Berlin, Freie Univ., Diss., 2012

D 188
ISSN 1863-494X
ISBN 978-3-631-63863-7

www.peterlang.de

Meinen Eltern

Vorwort und Danksagung

Die vorliegende Arbeit wurde im Wintersemester 2010/2011 von dem Fachbereich Rechtswissenschaften der Freien Universität Berlin als Dissertation angenommen. Die in der Arbeit behandelte Thematik entwickelt sich ständig weiter. Daher sei darauf hingewiesen, dass sowohl die zur Bearbeitung herangezogenen Gesetze als auch die Literatur nur bis zum Stand November 2010 berücksichtigt werden konnten.

Mein besonderer Dank gilt meinem Doktorvater Prof. Dr. Dr. Dr. h.c. Säcker, der das Promotionsverfahren begleitet und mein Interesse an der Gaswirtschaft geweckt hat. Besonders hilfreich war hierbei die Möglichkeit, an einer Vielzahl von Veranstaltungen des Instituts für Energie- und Regulierungsrecht teilnehmen zu dürfen. Herrn Prof. Dr. Calliess danke ich für die Erstellung des Zweitgutachtens.

Insbesondere im Hinblick auf den spanischen Teil der Arbeit danke ich besonders Herrn Prof. Dr. Bacigalupo Saggese von der Comisión Nacional de Energía (CNE) in Madrid, der mir nicht nur meinen Aufenthalt dort ermöglichte sondern mir auch immer mit Rat und Tat zur Seite stand. Dies gilt ebenso für das gesamte Team der CNE, das mir sehr geholfen hat und meine Zeit in Madrid unvergesslich macht.

Für die Lektüre der Arbeit aber auch für die andauernde Unterstützung während der gesamten Zeit danke ich besonders meiner Freundin Dr. Kristen Huttner sowie Dr. Nina Vranjes, Dr. Wolfang Thoring, Fabian Kutz, Gerrit Meents und Thomas Bernhardi.

Schließlich möchte ich mich noch von Herzen bei meiner Mutter Helga Anbuhl-Kemper sowie meinen Großeltern Christa und Dr. Günther Anbuhl bedanken, die mich immer bedingungslos unterstützt und mir Mut zugesprochen haben.

Berlin, im Juni 2012.

Inhaltsverzeichnis

Netzzugang zum deutschen und spanischen Gasnetz

Einleitung

Die vorliegende Arbeit behandelt den Netzzugang zum deutschen und spanischen Gasnetz. Der Netzzugang als wesentliches Element der Liberalisierung der Gaswirtschaft[1] ist insbesondere im letzten Jahrzehnt in den Mittelpunkt der Betrachtung sowohl des sektorspezifischen Energierechts als auch des Wettbewerbsrechts gerückt. Die stetig wachsende Bedeutung des Energieträgers Gas lässt dessen Transport zu Lande aber auch zu Wasser ebenfalls an Bedeutung gewinnen. Wie der Zugang zu einem solchen System in zwei geographisch und historisch sehr unterschiedlich strukturierten Ländern der Europäischen Union praktisch und rechtlich behandelt wird, soll das übergeordnete Thema dieser Arbeit sein. Hierbei werden weniger dogmatische Grundsatzfragen, als vielmehr die Praktikabilität der jeweiligen nationalen Systeme im Mittelpunkt stehen. Das heißt, es wird untersucht, ob, und gegebenenfalls auf welche Weise, in Deutschland und in Spanien die Möglichkeit für Dritte, Zugang zum Gasnetz zu erhalten, tatsächlich gewährleistet ist. Aufgrund der Tatsache, dass es sich hierbei aber auch um eine sehr stark gemeinschaftsrechtlich geprägte Materie handelt, spielen neben den nationalen Regelungen vor allem die europäischen Vorgaben eine entscheidende Rolle. Da der Weg zu einem reibungslos funktionierenden europäischen Erdgasbinnenmarkt unter anderem basierend auf einem geregelten Netzzugang noch nicht abgeschlossen ist, zeichnet sich die Materie durch eine Flut aktualisierter Gesetze und noch zu realisierender Gesetzesvorhaben aus. Neben der Darstellung der aktuell geltenden nationalen rechtlichen Grundlagen für einen solchen Zugang in den beiden Ländern wird daher ein besonderes Augenmerk auf das bis zum 3. März 2011 umzusetzende bzw. anzuwendende dritte Energiebinnenmarktpaket der Europäischen Union gelegt. Dieses soll den vorläufigen Abschluss einer seit langem andauernden normativen Umbruchsphase bilden. Daher werden insbesondere die Vereinbarkeit der nationalen Gesetze mit der Richtlinie 2009/73/EG des europäischen Parlaments und des Rates sowie die Verordnung Nr. 715/2009 über die Bedingung für den Zugang zu den Erdgasfernleitungsnetzen und zur Aufhebung der Verordnung Nr. 1775/2005 einen Schwerpunkt der Untersuchung darstellen.

Ziel der Arbeit ist es, im Rahmen eines Vergleiches der beiden unterschiedlichen Gasrechtssysteme, zum einen aufzuzeigen, ob und inwieweit die bestehenden Regelungen einen effektiven Gasnetzzugang schaffen, und zum anderen zu untersuchen, ob die nationalen Regelungen schon jetzt den aktuellen europäischen Vorgaben entsprechen bzw. in welchen Bereichen in den Ländern noch

1 Für alle Leitungsgebundenen Energiewirtschaften *Möschel,* in Immenga/Mestmäcker, Art. 82 EGV Rn.273.m.w.N; *Caballero Sánchez,* Infrastructuras en red y liberalización de servicios públicos, S. 331.

Handlungsbedarf besteht. Da die Netzzugangsregeln das Herzstück der Öffnung der leitungsgebundenen Energiewirtschaft sind[2] und daher Grundvoraussetzung für einen funktionierenden europäischen Erdgasbinnenmarkt, ist die Frage nach einem effektiven Zugangsregime elementar für das Entstehen von Wettbewerb. Nur wenn die jeweiligen nationalen Regeln in der Lage sind, einen diskriminierungsfreien Netzzugang zu gewährleisten, wird es möglich sein, Wettbewerb sowohl auf nationaler als auch auf europäischer Ebene zu schaffen. Am Schluss der Arbeit wird daher neben dem Vergleich der nationalen Gasrechtssysteme und der jeweiligen Gegenüberstellung mit dem europäischen Recht ein Ausblick dahingehend gegeben, ob überhaupt, und, wenn ja, wie ein funktionierender europäischer Erdgasbinnenmarkt mit den geltenden Zugangsregeln zu erreichen ist. In diesem Zusammenhang wird auch die weitere Entwicklung des Umsetzungsprozesses in Deutschland und Spanien dargestellt, aber auch die gegebenenfalls noch nötigen Schritte für das Erreichen eines funktionierenden Erdgasbinnenmarkts herausgearbeitet.

Um diese Ziele zu erreichen, werden im ersten Kapitel zunächst die Gaswirtschaften in Deutschland und in Spanien, insbesondere deren Organisation in tatsächlicher Hinsicht sowie deren Historie dargestellt. Darüber hinaus werden die europäische Entwicklung in diesem Bereich und ihr Einfluss auf die jeweiligen nationalen Regelungen erläutert. Nachdem die Gemeinsamkeiten und Unterschiede der beiden Gaswirtschaften herausgearbeitet worden sind, wird der Netzzugang in tatsächlicher Hinsicht beleuchtet. Hierfür werden ausführlich die einzelnen Schritte dargestellt, die notwendig sind, um den Netzzugang in einem der beiden Länder durchzuführen. In dem Abschnitt, der sich mit dem Zugang in Deutschland befasst, werden insbesondere die Neuerungen der Gasnetzzugangsverordnung erläutert. Innerhalb des Abschnitts, in dem die spanischen Voraussetzungen für den Netzzugang untersucht werden, wird auf die zur Zeit diskutierten Reformüberlegungen eingegangen. Zum Abschluss des ersten Kapitels werden die jeweils in Deutschland und Spanien für die praktische Durchführung des Netzzugangs einzuhaltenden Voraussetzungen miteinander verglichen. Im zweiten Kapitel werden zunächst die rechtlichen Grundlagen des Netzzugangs in Deutschland und Spanien dargestellt, bevor diese anschließend im dritten Kapitel gegenübergestellt werden.

Im vierten Kapitel werden die Ergebnisse unter dem Licht des sektorspezifischen europäischen Rechts auf ihre Kompatibilität mit diesem überprüft. Hierbei wird zum einen herausgearbeitet, inwiefern den Gesetzgeber noch Umsetzungspflichten bezüglich der Richtlinie 2009/73/EG treffen,und zum anderen, welche innerstaatlichen Maßnahmen bis zur uneingeschränkten Anwendbarkeit der VO 715/2009 zu ergreifen sind.

---

2 *Büdenbender,* EwiR 1999, S. 1009.

Im Anschluss daran wird im fünften Kapitel dargestellt, in welchen Fällen die Netzbetreiber neben den sektorspezifischen Verpflichtungen auch nach der primärrechtlichen Regelung des Art. 102 AEUV zur Bereitstellung der zum Gasnetz gehörenden Einrichtungen verpflichtet sind.

Das abschließende Zusammenfassung im sechsten Kapitel gibt einen Überblick über die herausgearbeiteten Ergebnisse und erlaubt einen Ausblick über die in Zukunft zu ergreifenden Maßnahmen.

Kapitel 1: Ausgangslage

Im ersten Kapitel wird die tatsächliche Ausgangslage in Deutschland und in Spanien dargestellt. Hierunter fallen neben der geschichtlichen Entwicklung des Gasnetzzugangs in den beiden Ländern auch die Darstellung der Kernbereiche der Gaswirtschaften sowie der zur Zeit praktizierte Zugang zum Gasnetz.

A. Geschichtliche Entwicklung

Um die jeweiligen zur Zeit geltenden nationalen Regelungen verstehen und beurteilen zu können sowie um die Voraussetzung zu schaffen, deren Ähnlichkeiten und Unterschiede zu analysieren, wird zunächst die unterschiedliche geschichtliche Entwicklung beleuchtet, denn zumeist ist der Grund, der die gegenwärtige Struktur und Funktion eines Rechtsinstitutes erklärt, historischer Natur[3]. Auch wenn im heutigen Europa viele Gesetze durch das Gemeinschaftsrecht beeinflusst werden und die historische Betrachtung damit etwas an Wert verliert, sind Marktorganisation und normative Reglungen nie rein logische Gebilde, sondern bleiben auch Produkte nationaler historischer und politischer Prozesse.

Die Vereinheitlichung der nationalen Regelungen aufgrund europarechtlicher Vorgaben führt zwar zu einer verstärkten Angleichung der entsprechenden gesetzlichen Vorgaben, die europäischen Vorgaben sind aber gerade nicht dazu geeignet, weiterhin bestehende Unterschiede erklären zu können. Eine historische Betrachtung bleibt daher unumgänglich.

Neben der entstehungsgeschichtlichen Untersuchung des Gasrechts in Spanien und Deutschland soll jedoch auch ein besonderes Augenmerk auf die Historie der europäische Entwicklung und die aktuelle Entwicklung im Hinblick auf das dritte Binnenmarktpaket gelegt werden, damit die Veränderungen, die sich innerhalb der nationalen Normen zugetragen haben, auch im europäischen Kontext verstanden werden können.

I. Entwicklung in Deutschland bis zum ersten Energierechtspaket 1998

Die erste Anwendungsform für Gas in Deutschland geht auf die Benutzung für die Straßenbeleuchtung in Städten zurück. 1826 begann eine englische Gesellschaft zunächst damit, Hannover und im selben Jahr Berlin mit einer Straßenbeleuchtung zu versehen. Diese Entwicklung setzte sich bis zum Anfang der sechziger Jahre des 19. Jahrhunderts fort, als alle größeren Städte über eine eigene Gasversorgung verfügten[4]. Diese Aufgabe wurde die ersten Jahre ausschließlich

3 *Constantinesco*, Rechtsvergleichung 1972, S. 302.
4 *Hermes,* Staatliche Infrastrukturverantwortung, S. 285.

durch private Unternehmen ausgeführt, die für den Leitungsbau und anschließende Versorgung von den jeweiligen Gemeinden Konzessionen ausgestellt bekamen, für die sie im Gegenzug entsprechende Konzessionsabgaben zu leisten hatten[5]. Untereinander schlossen die Unternehmen so genannte Demarkationsverträge, in denen sie sich verpflichteten, Versorgungstätigkeiten in der Region des jeweiligen Vertragspartners zu unterlassen[6]. Um Sicherheitsmängel abzustellen und den immer profitableren Geschäftszweig für sich selbst zu nutzen, fingen die Gemeinden später an, die Gasversorgung selbst zu übernehmen oder sich an den Unternehmen zu beteiligen. So kam es, dass schon im Jahre 1911 die städtischen Gaswerke bereits zwei Drittel der Versorgung übernommen hatten[7]. Noch vor dem ersten Weltkrieg wurde die erste Ferngasleitung in Betrieb genommen und um die Versorgung mit Gas aus der Koksgewinnung an benachbarte Gemeinden durchführen zu können, gründeten sich die ersten Ferngasgesellschaften in der Montanindustrie[8]. In diesem Zusammenhang entstand 1926 die Ruhrgas AG, die heutige E.ON Ruhrgas AG, als Gemeinschaftsunternehmen mehrerer Ruhrgebietszechen.

Unabhängig von der Einflussnahme durch den Staat über eigene öffentliche Unternehmen bzw. durch Beteiligungen an gemischtwirtschaftlichen Unternehmen gab es bis zur Versorgungskrise im Rahmen des ersten Weltkrieges, innerhalb welcher die gesamte Energieversorgung einer straffen kriegswirtschaftlichen Kontrolle unterworfen wurde, keine systematische staatliche Ordnung.

Diese Situation endete nach dem ersten Weltkrieg, als mit dem Energiewirtschaftsgesetz (EnWG) 1935[9] erstmals eine gesetzliche Regelung, zur Energiewirtschaft Inkrafttrat. Dieses Gesetz, welches bis 1998 in Kraft bleiben sollte[10], verfolgte als überragendes Ziel, wie es sich schon aus der Präambel ergab, „die Energieversorgung so sicher und billig wie möglich zu gestalten“. Um dieses Ziel zu erreichen, sollten insbesondere sparteninterner Wettbewerb verhindert und geschlossene Versorgungsbetriebe geschaffen werden[11]. Hieraus ergab sich die gesetzliche Bestätigung der schon vorher durch Konzessions- und Demarkationsverträge entstandene Monopolstellungen der einzelnen Energieversorgungsunternehmen, die durch die allgemeine Daseinsvorsorge verpflichtet wurden, allgemeine Bedingungen und Tarifpreise öffentlich bekannt zugeben und zu diesen Bedingungen und Tarifpreisen Jedermann an ihr Versorgungsnetz anzuschließen und zu versorgen. Mit dieser Pflicht korrespondierte ein Jedermann

5 *Büdenbender,* EnWG, Einleitung Rn. 8
6 *Evers,* Das Recht der Energieversorgung, S. 19.
7 *Evers,* Das Recht der Energieversorgung, S. 21.
8 *Evers,* Das Recht der Energieversorgung, S. 22.
9 RGBl. 1935 I S. 1451.
10 Hier erfolgt ausschließlich eine Betrachtung der westdeutschen Situation. Auf die Entwicklungen in der damaligen DDR wird nicht näher eingegangen.
11 Vgl. *Büdenbender,* EnWG Einleitung Rn. 12.

innerhalb des Versorgungsgebietes zustehender Anspruch auf Anschluss und Versorgung[12]. Der Abnehmer erwarb nach § 6 Abs. I EnWG 1935 einen privatrechtlichen[13], einklagbaren Anspruch auf Anschluss zu den allgemeinen Bedingungen und Tarifen, so dass die Gefahr des Missbrauchs durch den Monopolisten beschränkt werden sollte[14].

Neben dem EnWG ist das Gesetz gegen Wettbewerbsbeschränkungen (GWB) für die Energiewirtschaft von großer Bedeutung. Das am 01.01.1958 erstmals in Kraft getretene GWB enthielt Regelungen, die mit dem System der Demarkations- und Konzessionsverträgen kollidierten. Durch die in § 103 I Nr. 1 und Nr. 2 GWB verankerte Unanwendbarkeit der §§ 1, 15 und 18 GWB wurde zunächst aber eine Ausnahme für die Energieversorgungsunternehmen von den kartellrechtlichen Vorgaben gemacht. Jedoch begann hierdurch eine Diskussion, ob nicht auch die leitungsgebundene Energiewirtschaft dem Kartellrecht uneingeschränkt zu unterstellen sei[15].

Mit der 4. GWB-Novelle vom 26. April 1980[16] wurde an der Ausnahmevorschrift für die Energieunternehmen festgehalten. Gemäß § 103 Abs. 5 S. 2 Nr. 4 GWB (4. Novelle) in Verbindung mit den Ausnahmevorschriften für energiewirtschaftliche Kartellverträge konnte die Kartellbehörde jetzt aber im Rahmen der Missbrauchsaufsicht einschreiten, wenn ein Versorgungsunternehmen ein anderes Versorgungsunternehmen oder ein sonstiges Unternehmen im Absatz oder im Bezug von Energie dadurch unbillig behinderte, dass es sich weigerte, mit diesem Unternehmen Verträge über die Einspeisung von Energie in sein Versorgungsnetz und eine damit verbundene Entnahme (Durchleitung) zu angemessenen Bedingungen abzuschließen. Die Verweigerung der „Durchleitung“ sollte gemäß Satz 3 in der Regel aber nicht unbillig sein, wenn sie zur Versorgung eines Dritten im Gebiet des Versorgungsunternehmers führen würde[17]. Hierdurch wurde ein Wettbewerb um Kunden innerhalb eines Versorgungsgebietes also faktisch ausgeschlossen.

Diese Regelvermutung wurde im Rahmen der 5. GWB- Novelle 1989 gestrichen, so dass nach GWB in der Fassung vom 20.02.1990[18] die „Unbilligkeit“, von der ein Einschreiten der Kartellbehörde abhing, über eine Interessenabwägung zu beurteilen war. Da jedoch der BGH in seiner Entscheidung vom 15.

12 *Germer/Loibl,*, Energierecht 2007,S. 69 Rn. 22.
13 Vgl. *Büdenbender,* in Bohn Energierecht Band 15 Rn. 784.
14 *Säcker,* in BK, Bd. 1. Einl. A. Rn.4.
15 Vgl. *Büdenbender,* EnWG, Einleitung Rn. 12.
16 BGBl. I, S. 458, 1980.
17 *Evers*, Das Recht der Energieversorgung, S. 207; ausführlich hierzu siehe, *Büdenbender,* Mißbrauchsaufsicht und „Durchleitung in der Elektrizitätswirtschaft, VenergR, 48, S. 129 (144f).
18 BGBl. I S. 235, 1990.

November 1994 die sich mit der Rechtmäßigkeit einer kartellbehördlichen Untersagungsverfügung zu befassen hatte, als einen Grundsatz aussprach: „§ 103 Abs. 5 S. 2 Nr. 4 GWB könne nicht dahin ausgelegt werden, dass Versorgungsunternehmen grundsätzlich zur Durchleitung verpflichtet seien, eine Durchleitungsverweigerung somit durch besondere Umstände, insbesondere energiewirtschaftliche Nachteile, gerechtfertigt werden muss. Die grundsätzliche Möglichkeit geschlossener Versorgungsgebiete solle nicht beseitigt werden"[19], wurde auch durch das GWB in der Form von 1989 keine den Wettbewerb fördernde effektive Netzzugangsregelung geschaffen.

II. Entwicklung in Spanien bis zum ersten Binnenmarktpaket 1998

Ebenso wie in Deutschland lässt sich der Beginn der Gaswirtschaft in Spanien auf die erste Anwendungsform für Gas zur Nutzung als Brennstoff für Lampen datieren. Obwohl diese Nutzungsart schon weit aus länger bekannt war, wurde in Spanien erstmalig 1826 in Barcelona ein Zimmer durch eine Gaslampe von José Roura beleuchtet[20]. Nur einige Jahre später - 1841 -, nachdem Gas als Brennstoff auch für die übergreifende allgemeine Straßenbeleuchtung interessant wurde, ist erstmalig eine 15 Jahre lang geltende Konzession für die Beleuchtung der Stadt Barcelona vergeben worden[21]. Darauf aufbauend wurde die Firma „Sociedad Catalana" als privates Unternehmen gegründet, welches die erste Gasfabrik in Barcelona baute. 1846 wurde in Madrid mit dem selben Zweck die Firma „Sociedad Madrileña" gegründet, welche nur ca. zehn Jahre später in der Firma „Sociedad del Crédito Mobiliario Español" aufging, die schließlich 1922 zur „Gas Madrid SA" wurde.

Nachdem im Laufe der Zeit die Gasversorgung auf immer mehr Gebiete des Landes ausgeweitet wurde, wobei die oben erwähnten Unternehmen meist federführend waren, kam es unter dem Gesichtspunkt der Sorge für die öffentliche Beleuchtung dazu, dass die ursprünglich ausschließlich in privater Trägerschaft erfolgende Tätigkeit 1924 zur Staatsaufgabe erklärt wurde[22]. Zu diesem Zweck definierte das königliche Dekret „Real Decreto"[23] - vergleichbar mit einer Gesetzesverordnung im deutschen Recht (im folgenden RD) [24]- vom 14. April 1924 die Gasversorgung erstmals als öffentliche Dienstleistung („servicio publico") i.S.v. staatlich beherrschter Daseinsvorsorge[25]. Der erste Artikel dieses RD, de-

---

19 BGHZ 128, S. 17.

20 *Sanchez Gutiérrez,* La Regulaciòn del Sector del Gas Natural, S. 44.

21 *Sanchez Gutiérrez,* La Regulaciòn del Sector del Gas Natural, a.a.O.

22 *Del Guay, Castiella,* Gasproduktion, Gastransport und Gasversorgung in Spanien, S. 83.

23 Das königliche Dekret „Real Decreto" wird in Art. 86 der spanischen Verfassung definiert. Es handelt sich hiernach um eine gesetzliche Vorschrift, welche in Fällen außergewöhnlicher Notwendigkeit von der Regierung erlassen werden kann.

24 Ausführlich hierzu siehe *Iban,* Introducción al Derecho Espanol / Einführung in das spanische Recht, S. 32.

25 So übersetzt bei *Jiménez-Blanco,* in Sicherheit in der Energiewirtschaft, S. 188.

klarierte die Versorgung mit Elektrizität, Wasser und Gas als öffentliche Aufgabe. Die Beleuchtung der Städte wurde exklusiv der Kompetenz der Gemeinden unterstellt. Diese konnten wiederum Konzessionen an private Unternehmen vergeben, jedoch nur unter der Bedingung, dass die Versorgung aller derjenigen, die die Versorgung begehrten unter den selben Bedingungen, gewährleistet war.[26] Dies bedeutete u.a., dass die jeweiligen bis dahin ausschließlich privaten Gasunternehmen verpflichtet wurden, die Versorgung für alle sich in ihrem Gebiet befindlichen Haushalte zu einem festgelegten Preis zu ermöglichen[27]. Außerdem lag es in den Händen des Staates, die Organisation und Funktionsweise des Systems umzustrukturieren[28].

Die Einflüsse des Staates auf die Gaswirtschaft nahmen auch in den nächsten Jahrzehnten immer weiter zu. Hervorzuheben hierbei ist das Gesetz vom 24. November 1939[29], welches die öffentliche Dienstleistung („servicio publico") in Art. 3 lit. c als Basisindustrie für die nationale Ökonomie definierte und in Art. 4 lit. h festlegte, dass das Anbieten aller damit im Zusammenhang stehenden Dienste einer ausdrücklichen Konzession durch die Verwaltung bedürfe. Mit Inkrafttreten dieses Gesetzes blieben die Unternehmen zwar Eigentümer der Betriebsmittel, die vom Gesetz umfassten Tätigkeiten konnten jedoch nur nach Bezug einer entsprechenden Konzession ausgeübt werden.

Ein weiterer Schritt zur endgültigen „Verstaatlichung" der Gasversorgung wurde durch das Inkrafttreten einer Rechtverordnung aus dem Jahre 1956 gelegt[30]. Dieses Regelwerk enthielt erstmals eine rechtliche Einordnung des gesamten Gassektors einschließlich der Regeln für die Tarifbestimmung, den Vertragsabschluss und mögliche Sanktionen. Außerdem legte es endgültig die nationale Kompetenz des Staates über den gesamten Tätigkeitssektor fest und entzog sie den Gemeinden[31].

Sämtliche bis dahin geltende Regelungen den spanischen Gasmarkt betreffend stellten ausschließlich auf industriell hergestelltes Gas ab. Daher wurde, nachdem in den sechziger und Anfang der siebziger Jahre des zwanzigsten Jahrhun-

26 *Del Guayo Castiella,* El Servicio publico del Gas, S. 55.

27 Mit der Gewährleistung dieser Aufgabe wurde die Vergabe der Konzessionen verbunden, so dass nur solche Unternehmen die notwendigen Konzessionen erhielten, die die Versorgung aller Haushalte garantieren konnten

28 Zwar hatte der Staat auch schon voher damit gebonnen einzelne Bereiche der Gasversorgung unter staatliche Konrolle zu bringen z.B. durch das Real Decreto vom 28. März 1860, mit dem unter anderem das Zählerablesesystem der staatlichen Aufsicht, bzw. dem Gouverneur der einzelnen Provinzen unterstellt wurde; Jedoch stellte erst die Einordnung als „servicio publico" den entscheidende Wendepunkt dar.

29 Ley de 24 de noviembre de 1939.

30 *Del Guayo Castiella,* Gasproduktion, Gastransport und Gasversorgung in Spanien, S. 84.

31 *Sanchez Gutiérrez,* La Regulaciòn del Sector del Gas Natural, S. 84.

derts erstmalig Verträge mit Algerien über die Lieferung von Erdgas auf dem Seeweg nach Barcelona abgeschlossen worden sind, abermals eine neue gesetzliche Regelung nötig, um auf die neuen Anforderung reagieren zu können. Aus diesem Grund trat 1973 eine generelle Verordnung über die öffentliche Dienstbarkeit der Brennstoffe[32] in Kraft, die vom Regelungscharakter her der Vorgängerregelung sehr ähnlich war, aber auch den neuen Gegebenheiten in Bezug auf die Verwendung von Erdgas insbesondere auch als Importgut Rechnung trug.

In diese Entwicklung fiel auch die Gründung von ENAGAS S.A.[33] mit dem Ziel, ein einheitliches Ferngasleitungsnetz zu errichten[34]. Dies erschien notwendig, da es bislang nicht gelungen war, die notwendige Infrastruktur für die Verteilung von Gas zu erreichten, um den vertraglichen Abnahmeverpflichtungen des **L**iquid **N**atural **G**as (LNG) aus Algerien und Libyen nachzukommen[35]. ENAGAS S.A. wurde als ein zu 100 % dem Staat gehörendes privates Unternehmen gegründet, welches zunächst das Monopol über sämtliche Geschäftsbereiche das Erdgas betreffend inne hatte und im Jahre 1975 die Konzession für den Bau eines nationalen Fernleitungsnetz erhielt.

Diese Entwicklung ging dem Staat jedoch nicht weit genug, so dass im April 1981 das nationale Institut für Kohlewasserstoffe gegründet (El Instituto Nacional de Hidrocarburos) wurde, um eine staatliche Koordination und eine Kontrolle für den gesamten öffentlichen Sektor der Kohlewasserstoffe zu schaffen. Hierdurch sollten die einzelnen Beteiligungen des Staates unter einer einzigen Körperschaft des öffentlichen Rechts zusammengefasst werden um den Zusammenhalt und die Effizienz der einzelnen öffentlichen Unternehmen zu stärken. ENAGAS S.A. als staatlich kontrollierter Monopolist wurde in diese Körperschaft integriert [36].

Im Jahre 1987 wurde das Gesetz, Ley 10/1987 de 15 de Junio, erlassen, welches den gesamten Treibstoffsektor koordinieren und den fortschreitenden technischen Neuerungen und insbesondere der zunehmenden Bedeutung des Erdgases entsprechen sollte. Das Grundprinzip des „servicio publico", verbunden mit der Notwendigkeit des Erwerbs von Konzessionen um Verteilernetze zu betreiben, blieb bestehen. Art. 1 dieses Gesetzes besagte, dass die Versorgung mit Gas durch Kanalisation sowie die Aktivitäten der Produktion, Durchleitung und Verteilung, die mit der Versorgung im Zusammenhang stehen, unter das „servicio publico" fallen sollten. Art. 2 legte fest, dass für die in Art 1 festgelegten Aktivi-

32 Reglamento General del Servicio Publico de los Combustibles, erlassen durch Dekret Nr. 2913 vom 26 Oktober 1973.
33 Per Dekret am 23. März 1972.
34 *Ronda,* Die Fusionskontrolle in der Energiewirtschaft, S. 53.
35 *Del Guayo, Castiella,* Regulación, Tomo II, S. 1169.
36 *Del Guayo Castiella,* El Servicio publico del gas, S. 83.

täten Konzessionen an private oder öffentliche Körperschaften vergeben werden können. Hierdurch wurde „de iure“ ein Monopol für alle Aktivitäten des Gasmarkt geschaffen bzw. aufrechterhalten [37].

Eine Neuordnung des gesamten Sektors fand erst 1991 statt. Dies vollzog sich vor allem durch die Gründung von „Gas Natural SDG S.A.“ als dominierendes privates Unternehmen auf dem spanischen Gasmarkt und durch die damit im Zusammenhang stehende Privatisierung des Fernleitungsnetzes. Zunächst fusionierten die beiden größten Erdgasimporteure und Verteilernetzbetreiber „Catalana de Gas“ und „Gas Madrid“ zu „Gas Natural SDG S.A.“. Im Anschluss daran, und als Teil des „Nationalen Energie Plans“ (Plan Energético Nacional PEN 1991/2001), der u.a. eine Neuordnung des Sektors zur besseren Deckung der prognostizierten Nachfrage enthielt[38], erwarb das neu entstandene Unternehmen „Gas Natural SDG S.A.“ 1994 91 % von ENAGAS S.A., so dass ein vertikal integriertes[39] Unternehmen entstand, welches sowohl die Einfuhr des Gases als auch dessen Verteilung über alle Netzebenen sowie die Versorgung lenkte[40]. Der Höhepunkt dieser Monopolbildung wurde Jahre 1998 erreicht, als die letzten in den Händen des Staates verbliebenen 9 % von ENAGAS S.A. durch Gas Natural SDG S.A. aufgekauft wurden[41].

In dieser Hochphase des Monopolismus durch Gas Natural SDG S.A. in Spanien begann dann jedoch die Liberalisierung des Marktes durch das erste europäische Binnenmarktpaket und dessen fast sofortige Umsetzung durch das Ley 34/1998 „Gesetz für den Gassektor“ („Ley 34/ 1998 de 7 de octubre, del sector hidrocarburos“, im Folgenden „LH“ genannt)[42] welches bis heute, trotz einiger Reformen, Bestand hat.

Zwar wurde, im Jahr 1996, als die Volkspartei (PP) unter Führung von José Maria Aznar die Sozialistische Partei ablöste, noch unter Geltung des Gesetzes 10/1987 sukzessive damit begonnen, den gesamten Energiesektor zu liberalisieren, indem insbesondere das RD 1377/1996, danach die RD 2033/1996 und zuletzt die RD 1914/1997 erlassen wurden, welche u.a ein System des Zugangs durch Dritte vorsahen. Da jedoch mit dem aufgrund der ersten europäischen

37 *Guillèn Carameés*, Regulación Tomo II, S. 1073.
38 Ausführlich zum nationalen Energieplan *Sanchez Gutiérrez,* La Regulaciòn del Sector del Gas Natural, S. 126.
39 Vertikale Integration bedeutet grundsätzlich, dass ein Unternehmen auf mehrere Wertschöpfungsstufen (z.B Vertrieb und Transport) tätig ist.
40 *Sanchez Gutiérrez,* La Regulaciòn del Sector del Gas Natural, S. 244.
41 Nachdem jedoch ENAGAS S.A. zum Fernleitungsnetzbetreiber bestimmt wurde und in diesem Zusammenhang durch das Gesetz 62/2003 (Art. 92 zur Änderung der Zusatzklausel 20 zu LH) bestimmt wurde, dass keine juristische Person mehr als 5 % Gesellschaftskapital besitzen darf, musste Gas Natural S.A. seine Anteile wieder verkaufen.
42 B.O.E. núm. 241, de 8 de octubre de 1998.

Richtlinie eingeführten Ley de Hidrocarburo, schon 1998, mithin nur ein Jahr nach der letzten Verordnung, ein Gesetz eingeführt wurde, welches den Zugang zu den Netzen ausführlich regelte und das System des „servicío publico" abschaffte, erlangten diese Regelungen keinerlei Bedeutung mehr und werden in der spanischen Rechtswissenschaft als eher unwichtig abgetan[43], so dass auf diese im Rahmen dieser Arbeit nicht weiter eingegangen wird.

III. Fazit

Festhalten lässt sich insofern, dass der deutsche Gesetzgeber, insbesondere mit Hilfe des Gesetzes EnWG 1935, zwar als Ziel eine umfassende und preisgünstige leitungsgebundene Versorgung gewährleisten wollte und dies u.a. durch ein System von geschlossenen Versorgungsgebieten erreicht werden sollte, die Sicherstellung dieser Aufgabe, also die Versorgung selbt, dadurch jedoch nicht zur Staatsaufgabe wurde[44]. Die öffentliche Energieversorgung unterstand zwar einem starken öffentlichen Einfluss, wurde im Ergebnis jedoch privatrechtlich ausgestaltet. Der Staat übernahm daher zwar wie in Spanien eine gewisse Gewährleistungsverantwortung für den Bereich der Versorgung, tat dies jedoch nur dadurch, dass er dem privaten Handeln seine verfassungsgemäßen Grenzen setzte[45].

Im Unterschied hierzu oblag im spanischen System des „servicio publico" hingegen die Aufgabenverantwortung, hier die Versorgung durch Gas, umfassend dem zuständigen Verwaltungsträger[46]. Zwar konnte dieser dann insbesondere durch Konzessionenvergabe an private Unternehmen im Rahmen seiner Verwaltung Ermessen über das „Wie" der Sicherstellung der Versorgung mit Gas ausüben, die öffentliche Energieversorgung an sich blieb aber dem öffentlichen Recht zugeordnet.
Auch wenn also auf den ersten Blick die gesetzlichen Rahmenbedingungen in beiden Ländern sehr ähnlich erscheinen, waren die hinter den Rechtssystemen stehenden Grundkonzeptionen der Gasversorgung völlig andere.

Als bis heute mittelbar fortwirkenden Unterschied kann man die Existenz eines nationalen Fernleitungsnetzbetreibers in Spanien (ENAGAS S.A.) ansehen. Damit der Staat seiner Aufgabe gerecht werden konnte, wurde ein privat organisiertes Unternehmen geschaffen, an welchem der Staat jedoch zu 100 % beteiligt war, um seiner Vorsorgepflicht bezüglich eines sicheren und funktionierendem Fernleitungsnetzes nachzukommen. Weitere Auswirkungen der unterschiedli-

---

43 m.w.N. *Sanchez Gutiérrez,* La Regulaciòn del Sector del Gas Natural, S. 360.
44 *Lecheler,* NVwZ 1995, S.8 (9). mit Verweis auf BverfGE 30, 292 (319) = NJW 1971, 1255.
45 *Lecheler,* NVwZ 1995, a.a.O.
46 *Del Guayo Castilla / Pielow,* in RdE 1995, S. 225 (227).

chen Systeme werden, sobald sie zu Tage treten, an den entsprechenden Stellen aufgezeigt.

IV. Europäische Entwicklung

Nachdem die beiden unterschiedlichen Entwicklungen der beiden Länder bis in die späten neunziger Jahre beleuchtet wurden, wird nun die europäische Entwicklung aufgezeigt, welche wegen ihres verpflichtenden Charakters die nationalen Regelungen entscheidend prägt und in dem Erlass des dritten Binnenmarktpaketes zunächst ihren vorläufigen Abschluss finden wird.

Bereits in den achtziger Jahren des zwanzigsten Jahrhunderts verfolgte der europäische Gesetzgeber das Ziel einer für den Wettbewerb geöffneten leitungsgebundenen Energiewirtschaft, um die Verwirklichung eines Binnenmarktes für Energie zu erreichen[47]. Hierzu legte der Rat der Europäischen Gemeinschaft zunächst einen Beschluss über „Neue energiepolitische Ziele der Gemeinschaft" vor[48]. Dieser Beschluss enthielt u.a. die Forderung der Verbesserung der wirtschaftlichen Wettbewerbsfähigkeit. Im Anschluss daran verabschiedete die Kommission zwei Jahre später am 02.05.1988 ein Arbeitsdokument mit dem Titel, „Der Binnenmarkt für Energie"[49], in dem als Hindernis zur Realisierung eines Binnenmarktes für Energie die Monopolstrukturen der Energiewirtschaft in den einzelnen Mitgliedstaaten benannt wurden und ein erstes Konzept für die Errichtung eines Energiebinnenmarktes erstellt wurde. In drei Phasen sollte vorrangig der freie Verkehr von Elektrizität und Gas innerhalb der Mitgliedstaaten gefördert werden, außerdem sollte durch die Integration der Elektrizitäts- und Gasmärkte die Versorgungssicherheit erhöht und die Wettbewerbsfähigkeit der Unternehmen verbessert werden[50].

1. Erdgastransitrichtlinie 91/296/EWG vom 31. Mai 1991

Als einer der ersten Schritte zur Verwirklichung dieser Ziele kann der Erlass der Richtlinie 91/296/EWG[51] gesehen werden, welche in ihren sechs Artikeln Vorgaben für die Erleichterung für einen Erdgastransit zwischen den großen Hochdruckleitungen der Mitgliedstaaten enthielt.
Diese Transitrichtlinie sollte insbesondere der Schaffung transparenter, nicht diskriminierender Bedingungen für den innergemeinschaftlichen grenzüberschreitenden Erdgastransport dienen[52]. Die Bedeutung der Richtlinie lässt sich daher insbesondere darin sehen, dass sie Verfahrensregeln für den Abschluss

47 *Bergmann*, Netzzugang, S.16.
48 ABl. 1986 Nr. C 241 vom 25.09.1986.
49 KOM (88) 238 endg.
50 Statt vieler *Olbricht,* Netzzugang in der deutschen Gaswirtschaft, S. 99 m.w.N.
51 ABl. EG L 147/37 vom 12.06.1991.
52 *Caspar,* Netzzugang in der Gaswirtschaft, S. 60.

von Transitverträgen aufstellte und in ihrem Anhang alle Unternehmen enthielt, die berechtigt und verpflichtet waren, über Transit zu verhandeln. Ausdrücklich wies die Kommission jedoch darauf hin, dass die Richtlinie den Transport nur erleichtern wolle, aber auf keinen Fall als Rechtsgrundlage für den freien Netzzugang diene[53].

Aufgrund dieses begrenzten Regelungsgehaltes hatte diese Richtlinie, wenn überhaupt nur einen zu vernachlässigenden Einfluss auf die tatsächliche Liberalisierung der nationalen Gasnetze[54]. Da sie aber die erste gemeinschaftsrechtliche Richtlinie darstellt, welche die Begründung eines europäischen Marktes für leitungsgebundene Energie anstrebte, ist sie unverzichtbar, um einen vollständigen Überblick zu ermöglichen[55]. Am 01. Juli 2004 wurde sie durch Art 32 Abs. GasRL aufgehoben.

2. Richtlinie 98/30/EG vom 22. Juni 1998 / Erstes Binnenmarktpaket

Um die leitungsgebundene Gaswirtschaft wirksam in den europäischen Binnenmarkt mit einzubeziehen, also um das Ziel, eines wettbewerblich gesteuerten Systems zu erreichen, beschritt die europäische Kommission die nächste Stufe durch die Verabschiedung der Gasbinnenmarktrichtlinie, die sich an den Zielen der Verwirklichung der wirtschaftlichen Grundfreiheiten im Energiebereich, der Wettbewerbsfähigkeit und der Versorgungssicherheit orientierte.

Als wichtiger Baustein zur Verwirklichung dieser Ziele und Veränderung der bestehenden Strukturen, namentlich der monopolistischen Organisation im Bereich des Leitungsnetzes, sollten die Staaten u.a. dazu verpflichtet werden, die gesetzlichen Grundlagen für Netzzugangsansprüche zu schaffen[56]. Basierend auf diesen Überlegungen trat am 22. Juni 1998 als einer der Meilensteine der Liberalisierung die GasRL 98/30/EG in Kraft[57].Bezüglich des Netzzugangs enthielt die Richtlinie das Ziel, einen diskriminierungsfreien Zugang zu den Netzen zu schaffen, der zu einer ausreichenden und gegebenenfalls vergleichbaren Marktöffnung in den Mitgliedstaaten führen sollte[58].

Die Art. 14 bis 23 der GasRL beinhalteten konkrete Vorgaben, nach denen die Mitgliedstaaten nationale Netzzugangsregelungen einzuführen hatten. Entschei-

---

53 *Eckert,* in: FS. Börner, S. 523, (527); *Caspar,* Netzzugang in der Gaswirtschaft, S. 60.
54 *Olbricht,* Netzzugang in der deutschen Gaswirtschaft, S. 103.
55 In Spanien wurde diese Richtlinie 1995 durch das Real Decreto RD 2069/1995 umgesetzt, welches ebenfalls nur Erleichterungen für den Transit von Gas über große Netze beinhaltete.
56 *Burchard,* in *Schwarze,* Netzzugang, S. 191 ff.; *Büdenbender/Rosin,* ,Energierechtsreform 2005, S. 38 ff.
57 Abl.L 204/1 vom 21. Juli 1998, (im folgenden GasRL 98).
58 Siehe Erwägungsgründe zur Richtlinie 98/30/EG Nr. 23.

dende Bedeutung für die jeweilige nationalen Umsetzung hatte Art 14. S. 1 GasRL 98, der den Staaten die Wahlmöglichkeit ließ zwischen dem System eines verhandelten Netzzugangs (Art. 15 GasRL 98), bei dem die Erdgasunternehmen und die so genannten „zugelassenen Kunden“ auf Vertragsbasis einen Netzzugang aushandeln können, oder dem System eines regulierten Netzzugang (Art.16 GasRL 98), der den zugelassenen Kunden ein Zugangsrecht auf der Grundlage veröffentlichter Tarife für die Nutzung des Netzes gewährte.

Für die Umsetzung von großer Bedeutung waren darüber hinaus Art. 17 GasRL 98, welcher die möglichen Gründe für die Verweigerung des Netzzugangs abschließend aufzählte[59], und Art. 18 GasRL 98, der eine Bestimmung der so genannten „zugelassenen Kunden“ enthielt.
Ein weiterer entscheidender Punkt in der Förderung des Wettbewerbs war die Einführung einer buchalterischen Entflechtung der Erdgasunternehmen, die in Art. 12 und Art. 13 GasRL 98 vorgesehen war. Hiernach hatten die vertikal integrierten Erdgasunternehmen[60] „zur Vermeidung von Diskriminierung, Quersubventionen und Wettbewerbsverzerrungen“ in ihrer internen Buchführung getrennte Konten bezüglich jeder ihrer Tätigkeiten zu führen. Die horizontal integrierten Erdgasunternehmen[61] wurden verpflichtet, konsolidierte Konten für ihre Tätigkeiten außerhalb des Erdgassektors in derselben Weise zu führen, als wenn die betroffenen Tätigkeiten von separaten Firmen ausgeführt würden.
Durch die Einführung des Netzzugangs für Dritte und die ersten Entflechtungsvorschriften war der erste fundamentale Schritt zur Liberalisierung des Gasmarktes und damit hin zu mehr Wettbewerb getan. Für einen tatsächlich entstehenden Wettbewerb innerhalb der europäischen und der jeweiligen nationalen Gasmärkte bedurfte es jedoch noch der Umsetzung der Vorgaben aus der GasRL 98 in die nationalen Rechtsordnungen.

a) Umsetzung in Deutschland

Die europäische Richtlinie wurde in Deutschland in drei zeitlich stark versetzten Schritten umgesetzt. Zunächst trat am 29. April 1998 das Gesetz zur Neuregelung des Energiewirtschaftsrechts[62] in Kraft. Dieses Gesetz enthielt insgesamt

---

59 *Mömbauer,* DÖV 1997, S.574.
60 Nach § 2 Nr. 20 GasRL 98 handelt es sich hierbei um ein Erdgasunternehmen oder eine Gruppe von Unternehmen, in der ein und dieselbe(n) Person(n) berechtigt ist (sind), direkt oder indirekt Kontrolle auszuüben, wobei dass betreffende Unternehmen bzw. die betreffende Gruppe von Unternehmen mindestens eine der Funktionen, Verteilung, LNG oder Speicherung und mindestens eine der Funktionen Gewinnung oder Lieferung von Erdgas wahrnimmt.
61 Nach § 2 Nr. 21 GasRL 98 handelt es sich hierbei um ein Unternehmen, das mindestens eine der Funktionen Gewinnung, Fernleitung, Verteilung, Lieferung oder Speicherung von Erdgas wahrnimmt und das außerdem eine weitere Tätigkeit außerhalb des Gasbereichs ausübt.
62 BGBl. I, S. 730.

fünf Artikel, wovon Art. 1 das neue Gesetz über die Elektrizitäts- und Gasversorgung (EnWG 1998) enthielt und die Art. 2-5 Gesetzesänderungen, Übergangsvorschriften sowie Regelungen zum In- und Außerkrafttreten.

Neben Art. 1, der das neue EnWG enthielt ist Art. 2 von besondere Bedeutung, da dieser die Änderung des Gesetzes gegen Wettbewerbsbeschränkungen regelte, indem ein § 103 b GWG neu eingeführt wurde. Dieser hob die Anwendung der §§ 103 und 103 a GWB auf die Versorgung mit Elektrizität und Gas auf und unterstellte damit die Gasnetze allen kartellrechtlichen Vorschriften[63].

Kernpunkt des Gesetzes stellte jedoch das in Art. 1 enthaltene EnWG 1998 dar, welches vor allem die Elektrizitätsbinnenmarktrichtlinie vom 19. Dezember 1996[64] umsetzen sollte, da es noch vor Inkrafttreten der GasRL 98 verabschiedet wurde[65]. Ein Schwerpunkt dieses Gesetzes war daher auch der Zugang zum Elektrizitätsversorgungsnetz nach - §§ 5 ff EnWG -, eine Zugangsregelung für das Gasnetz enthielt das Gesetz hingegen nicht. Auf die Gaswirtschaft konnten nur § 3 (Genehmigung der Energieversorgung), § 10 (Allgemeine Anschluss- und Versorgungspflicht), sowie § 13 (Wegnutzungsverträge) angewandt werden, da nur diese sich auf Energieversorgungsunternehmen im Allgemeinen bezogen. Kurzc Zcit später trat am 01. Januar 1999 die 6. GWB-Novelle in Kraft[66]. Diese enthielt mit dem Regelbeispiel des § 19 Abs. 4 Nr. 4 GWB erstmalig eine eigenständige Netzzugangsregelung, welche besagt, dass ein Missbrauch einer marktbeherrschenden Stellung immer dann vorliegt, „wenn ein marktbeherrschendes Unternehmen (...) sich weigert, einem anderen Unternehmen (...) Zugang zu den eigenen Netzen zu gewähren". Zusätzlich dazu findet sich das bisherige Diskriminierungsverbot des § 26 Abs. 2 GWB (5.Novelle) im neuen § 20 Abs. 1 GWB 1999 wieder. Die Tatsache, dass der § 19 GWB als unmittelbare Verbotsnorm ausgestaltet wurde, führte dazu, dass eine missbräuchliche Verweigerung eines Zugangsbegehrens sowohl im Rahmen einer kartellrechtlichen Missbrauchsverfügung nach § 32 GWB untersagt werden konnte, als auch der Netzzugang vor den Zivilgerichten im Rahmen von Unterlassungs-, Beseitigungs - und Schadensersatzansprüchen nach § 33 GWG einklagbar war[67]. Dadurch, dass die 6. GWB - Novelle eine Netzzugangsregelung einführte, wurde die Durchleitung von Gas durch Dritte somit zwar erstmalig möglich, eine Umsetzung der GasRL 98 stand jedoch noch aus. Darüber hinaus blieb der § 19 Abs. 4 S. 4 GWB a.F. hinter dem Regelungsgehalt des § 6 EnWG, welcher den Zugang zum

63 Kurze Zeit später wurde dieser Artikel durch die 6. GWB Novelle vom 26.08.1998 (in Kraft getreten am 01.01.1999) aufgehoben.
64 Amtsblatt der EG Nr. L 27/21.
65 *Büdenbender*, RdE 2001, S. 165.
66 BGBl. I S. 2546.
67 *Olbricht,* Netzzugang in der deutschen Gaswirtschaft, S. 109; *Ebel,* Kartellrecht, § 19, Rn. 58; *Weyer,* in Frankfurter Kommentar, § 19 GWB 2005, Rn. 1306; *Horstmann,* Netzzugang in der Energiewirtschaft, S. 222.

Elektrizitätsnetz regelte, materiell zurück. Dies ergab sich zum einen daraus, dass wegen des Erfordernisses des Wettbewerbsverhältnisses der Transport von Gas zu Kunden, die außerhalb des Liefergebietes ansässig waren, nicht von § 19 Abs. 4 S. 4 GWB a.F umfasst war, und zum anderen aus der Entgeltproblematik, da es an einer Diskriminierungsregel im Hinblick auf die Gleichstellung mit eigenen Diensten fehlte[68]. § 20 GWB regelt eine solche Variante der Ungleichbehandlung gerade nicht, da konzerninterne Verrechnungspreise nicht als kartellrechtlich relevanter Markt galten[69].

Eine umfassende Umsetzung der GasRL 98 mit dem Ziel, den energiewirtschaftlichen Ordnungsrahmen für die Gaswirtschaft in dem EnWG zu ergänzen, fand erst durch das am 23.05.2003 in Kraft getretene Gesetz zur Änderung des Gesetzes zur Neuregelung des Energiewirtschaftrechts[70], ca. zweieinhalb Jahre nach Ablauf der in der GasRL 98 festgelegten Umsetzungsfrist[71], statt. Die Ergänzungen des Gesetzes bezogen „sich vor allem auf die Netzdefinition und den Netzbetrieb, auf das Netzzugangsrecht, auf die Veröffentlichung der wesentlichen geschäftlichen Bedingungen für den Netzzugang, die Trennung der Rechnungslegung und eine Schutzklausel bei Elektrizitätsimporten“[72].

Das Gesetz zur Änderung des Gesetzes zur Neuregelung des Energiewirtschaftsrecht enthielt mit § 6 a EnWG a.F. die zentrale Norm für den Zugang zum Gasnetz. Wie bereits zuvor beim Elektrizitätssektor wurde durch diese Norm der Netzzugang als Regelfall und die Verweigerung des Zugangs als dessen Ausnahme ausgestaltet. Außerdem entschied sich der deutsche Gesetzgeber in § 6 a Abs. 1 EnWG a.F., im Gegensatz zum spanischen System - mit Ausnahme von Österreich – und auch zu allen anderen europäischen Rechtssystemen, für das System des verhandelten Netzzugangs[73]. Die Anspruchsgrundlage fand sich in § 6 a Abs. 2 EnWG a.F., wobei sich die zur Verfügungstellung nach guter fachlicher Praxis richten sollte und diese nach § 6 a Abs. 2 S. 4 EnWG a.F. immer dann vermutet werden sollte, wenn die Durchleitung und Kalkulation auf der Einhaltung der Verbändevereinbarung Gas[74] erfolgte. Ebenfalls in § 6 a Abs. 2

---

68 Ausführlich zum Diskriminierungsverbot unter Kapitel 2, A. II. 7. a).

69 *Lutz*, RdE 1999, S. 102 (109); *Müller,* Gasdurchleitung auf der Grundlage des neuen kartellrechtlichen Zugangstatbestandes, S. 201.

70 BGBl. S. 686.

71 Die Umsetzungsfrist aus der GasRL 98 lief am 10.08.2000 ab.

72 Begründung der Bundesregierung zum Gesetzesentwurf vom 17.12.2002, BT-Drs. 15/197, S.6.

73 Das heißt, dass neben Spanien auch Belgien, Finnland, Irland, Italien, Luxemburg, Schweden und das vereinigte Königreich den regulierten Netzzugang einführten. Dänemark und Schweden führten ein Kombinationsmodell ein und die nicht aufgeführten Staaten genossen übergangsweise eine Ausnahmeregelung, s. *Cameron,* Competition in Energy Markets (2002), Rn. 642.

74 Diese rechtlich unverbindliche Verbändevereinbarung wurde ausgehandelt von BDI, VIK, BGW und VKU.

EnWG a.F. fanden sich die Verweigerungsgründe, wobei der Verweigerungsgrund der Unzumutbarkeit in § 6 a Abs. 3 EnWG a.F. konkretisiert wurde.

Mit Einführung des verhandelten Netzzugangs zusammen mit der rechtlich unverbindlichen Verbändevereinbarung zog sich der deutsche Gesetzgeber die Kritik der europäischen Kommission zu, da diese meinte, die Umsetzung der Richtlinie müsse durch einklagbare Gesetze oder Verordnungen erfolgen, aber nicht durch eine unverbindliche Verbändevereinbarung[75] .

Die GasRL 98 wurde somit, wenn auch mit erheblicher Verspätung sowie belastet mit erheblicher Kritik durch die europäische Kommission, auch in Deutschland umgesetzt. Dadurch, dass die nachfolgende sogenannte Beschleunigungsrichtlinie 2003/55/EG nach dem Willen des europäischen Gesetzgebers schon zum 01.07.2004 umgesetzt werden sollte und die Umsetzung von Deutschland durch das EnWG vom 7. Juli 2005 auch erfolgte, hatte das Gesetz zur Änderung des Gesetzes zur Neuregelung des Energiewirtschaftsrecht jedoch nur eine kurze Bestandskraft.

b) Umsetzung in Spanien

Um die GasRL 98 in Spanien in nationales Recht umzuwandeln, wurde in Spanien am 7. Oktober 1998 das bereits oben erwähnte und bis heute gültige „Ley de Hidrocaburos 34/1998“, das „Gesetz der Kohlenwasserstoffe“ (LH) [76] erlassen.

Dieses Gesetz enthält die gesetzlichen Vorgaben für eine Regulierung aller unter den Oberbegriff „Kohlewasserstoff“ fallenden Substanzen. Titel 1 des Gesetzes behandelt die grundsätzlichen Vorschriften, Titel 2 betrifft die Exploration, die Forschung und den Abbau von Kohlenwasserstoffen, Titel 3 enthält die Vorgaben über die Regulierung der von Petroleum abgeleiteten Produkte, Titel 4 regelt die Ordnung der Verteilung der Treibstoffgase durch Pipelines, Titel 5 behandelt die Enteignung und Beschränkung von Eigentum sowie Eintragung von Grunddienstbarkeiten und Titel 6 regelt Gesetzesverstöße und mögliche Sanktionen.

Da Titel 4 sich mit der gesamten Erdgaswirtschaft und vor allem mit dem Zugang zum Gasnetz beschäftigt, werden im Folgenden vor allem die in Titel 4 enthaltenen Artikel Gegenstand der Untersuchung sein[77].

Den Vorgaben der ersten GasRL 98 nachkommend, wird in Art. 70 und 76 des LH der objektive, diskriminierungsfreie und transparente Zugang Dritter zum

75 *Olbricht*, Netzzugang in der deutschen Gaswirtschaft,S. 114, m.w.N.
76 B.O.E. núm. 241, de 8 de octubre de 1998.
77 Deutsche Übersetzung als Anlage.

Basisnetz, dem sekundären Fernleitungsnetz und den Verteilereinrichtungen garantiert.

Bezüglich der Systemfrage im Hinblick auf die Ausgestaltung des Zugangs entschied sich der spanische Gesetzgeber gegen den verhandelten und für die Einführung des regulierten Netzzugangs bezüglich aller dem Gasnetz zugehöriger Installationen. Anspruchsberechtigte sollten die Eigentümer der Wiederverdampfungsanlagen, der Fernleitungsnetze und der Speicheranlagen, die Händler, sowie die zugelassenen Kunden sein. Die Voraussetzungen, die es einzuhalten galt, um als zugelassener Kunde zu gelten, wurden mehrmals geändert, und mit dem Erlass des RD 6/2000 wurde der Status „zugelassener Kunde" mit der vollständigen Liberalisierung des Marktes zu Beginn des Jahres 2003 aufgehoben und auf alle Kunden ausgedehnt. Darüber hinaus enthält das Gesetz ausführliche Vorgaben für die von den Unternehmen durchzuführende rechtliche Entflechtung, die Einführung und Aufgabenbestimmung einer nationalen Regulierungsbehörde, sowie der Marktorganisation im Allgemeinen.

Neben dem LH ist vor allem das RD 949/2001[78] für die Umsetzung der GasRL 98 von besonderer Bedeutung, da es detaillierte Bestimmungen für die Organisation des Zugangs sowie aller hiermit in Verbindung stehenden Fragestellungen enthält. Die Aufgabe dieses königlichen Dekretes ist u.a. die objektive, transparente und nichtdiskriminierende Regulierung des Netzzugangs für Dritte mit dem Ziel einer sicheren Versorgung und einer effektiven Liberalisierung des Sektors, um dem Endkunden größtmögliche Qualität zu Wettbewerbspreisen zu verschaffen[79]. Um dieses Ziel zu erreichen, legte sich der spanische Gesetzgeber schon im Jahr 2001 mit Inkrafttreten der Verordnung endgültig auf ein nationales „Entry-Exit"-System fest, dessen Entgelte nach dem so genannten Briefmarkensystem[80] bestimmt werden. Außerdem enthält diese Verordnung die grundsätzlichen Regeln für die Vergütung und die Entgeltbildung für die Aktivitäten, die unter das regulierte System fallen. Da die damals eingeführten Regelungen bis zum heutigen Tag fast unveränderte Gültigkeit besitzen, wird eine detaillierte Auseinandersetzung mit dem LH und den Verordnungen im weiteren Verlauf der Arbeit vorgenommen.

3. Richtlinie 2003/55/EG vom 4. August 2003 und VO 1775/2005

Mit der so genannten Beschleunigungsrichtlinie GasRL 2003/55/EG (nachfolgend GasRL 2003) vom 26. Juni 2003, die im August 2003 in Kraft trat, wurde

78 Real Decreto 949/2001, de 3 de agosto, por el que se regula el acceso de terceros a las instalaciones gasistas y se establece un sistema económico integrado del sector del gas natural.

79 Abs. 3 und 4 der Einführung des Real Decreto 949/2001.

80 Ein Briefmarkensystem bezeichnet ein System, bei dem die Entgelte einheitlich - vergleichbar mit dem Preis einer Briefmarke - zu entrichten sind.

die GasRL 98 aufgehoben[81] und ein weiterer Schritt zur Schaffung eines funktionierenden Binnenmarktes gemacht[82]. Diese Richtlinie schuf deutlich umfangreichere Vorgaben für die Umsetzung ihrer Regelungen ins nationale Recht, als dies ihre Vorgängerrichtlinie getan hatte.

Ein Schwerpunkt dieser Richtlinie kann in der Erweiterung der sogenannten Unbundling-Vorschriften gesehen werden. Beschränkte sich die GasRL 98 noch auf die Einführung einer buchhalterischen Entflechtung, wurde mit Art. 9 Abs. 1, Art. 13 Abs. 1 und Art. 15 Abs.1 GasRL 2003 die rechtliche und organisatorische Entflechtung eingeführt. Das bedeutete, dass der Betreiber eines Fernleitungs- oder Verteilernetzes, sobald er zu einem vertikal integrierten Unternehmen gehörte, zumindest hinsichtlich seiner Rechtsform, Organisation und Entscheidungsgewalt unabhängig von den übrigen Tätigkeitsbereichen des Unternehmens sein musste[83].
Des Weiteren war ein Schwerpunkt der Richtlinien die weitere Konkretisierung des Zugangs zum Gasnetz. Art. 18 Abs. 1 GasRL 2003 beendete die Wahlmöglichkeit zwischen dem verhandelten und dem regulierten Netzzugang und legte als einzig mögliches Konzept den regulierten Netzzugang fest, indem die Mitgliedstaaten nach Art. 18 Abs. 1 S. GasRL 2003 verpflichtet wurden, den Zugang Dritter auf der Grundlage öffentlicher Tarife zu gewährleisten. Die Möglichkeit des verhandelten Netzzugangs bestand nach Art. 19 GasRL 2003 nur noch für den Zugang zu Speicheranlagen. Damit bestand nun eine einheitliche Regelung für den Netzzugang in ganz Europa.

Um die vorgeschriebene Regulierung auch durchführen zu können, wurden die Mitgliedstaaten über Art. 25 GasRL 2003 verpflichtet, eine vollkommen unabhängige Regulierungsbehörde einzuführen. Nach § 25 Abs. 1 GasRL 2003 obliegt es dieser Behörde zumindest, Nichtdiskriminierung, echten Wettbewerb und ein effizientes Funktionieren des Marktes sicherzustellen. Außerdem soll sie ein Monitoring durchführen, welches die in Art. 25 Abs. 1 lit. a) bis f) GasRL 2003 näher bestimmten Bereiche betrifft. Art. 25 Abs. 2 GasRL 2003 bestimmt darüber hinaus, dass die Regulierungsbehörde für die Festlegung oder Genehmigung von Bedingungen und Tarifen für den Netzzugang einschließlich des Zugangs zum Fernleitungs- und Verteilernetz sowie zu **L**iquid **N**atural **G**as-Anlagen (LNG-Anlagen) verantwortlich ist. Nach Art. 25 Abs. 4 GasRL 2003 ist sie außerdem befugt, die Tarife und Bedingungen zu ändern, wenn dies zur Durchsetzung eines diskriminierungsfreien Netzzugangs zu angemessener Be-

81 ABlEG L Nr. 176, 15.07.2003.
82 *Lecheler/Gundel,* EuZW 2003, S. 621 (628).
83 Eine Ausnahme konnte für nach Art. 13 Abs.2 S.2 Gas RL 2003/55/EG, für Verteilernetzbetreiber mit weniger als 100.000 belieferten Kunden gemacht werden.

dingungen erforderlich ist. Das bedeutet, dass der Behörde neben ihrer *ex ante* Regulierungskompetenz auch eine *ex-post* Kompetenz zugesprochen wurde[84].

Die den Netzzugang betreffenden Verweigerungsgründe werden in Art. 21 GasRL 2003 aufgezählt. Hiernach sollte die Verweigerung des Zugangs nur aus folgenden drei Gründen gerechtfertigt werden können. Erstens kann der Zugang aus dem Grunde der fehlenden Kapazität verweigert werden (Art 21 Abs. 1 S.1 GasRL 2003), zweitens ist eine Verweigerung möglich, wenn der Netzzugang dazu führen würde, dass das Erdgasunternehmen seinen gemeinschaftlichen Verpflichtungen zum Schutz der Kunden nach Art. 3 Abs. 2 GasRL 2003 nicht nachkommen könnte und drittens, wenn durch die Gewährung des Netzzugangs ernsthafte wirtschaftliche und finanzielle Schwierigkeiten für das Erdgasunternehmen wegen eingegangener Verträge mit unbedingten Zahlungsverpflichtungen bestehen.

Optional für die Mitgliedstaaten ergab sich ein weiterer Verweigerungsgrund, nämlich die fehlende Reziprozität aus dem Umkehrschluss aus Art. 23 Abs. 2 a) GasRL 2003. Dieser besagt, dass Lieferverträge mit einem zugelassenen Kunden aus einem anderen Land dann nicht untersagt werden dürfen, wenn der Kunde in beiden betreffenden Netzen als zugelassener Kunde gilt. Daraus folgt im Umkehrschluss, dass sobald ein Kunde nur in einem Land als Kunde zugelassen ist, ein Liefervertrag abgelehnt werden kann. Nach Art. 23 Abs. 2 b) GasRL 2003 kann auf Antrag des Mitgliedsstaates, in dem der Kunde ansässig ist, die Kommission unter Berücksichtigung der Marktlage und des gemeinsamen Marktes der ablehnenden Partei auferlegen, die gewünschte Lieferung trotzdem durchzuführen.

Als Ergänzung zu der Richtlinie wurde die europäische VO 1775/2005 über die Bedingungen für den Zugang zu den Erdgasfernleitungen am 28 September 2005 erlassen[85], die am 01. Juli 2006 in Kraft trat[86]. Erstmalig vorgeschlagen wurde der Erlass dieser Verordnung schon am 10. Dezember 2003[87], trat dann aber nach mehreren Änderungsvorschlägen durch das europäische Parlament erst ca. drei Jahre später in Kraft. Ziel dieser Verordnung war die Verbesserung des Wettbewerbs auf dem europäischen Energiebinnenmarkt, vor allem durch die Festlegung von Regeln für den Zugang zu den Erdgasfernleitungsnetzen[88]. Hierfür enthält die Verordnung u.a. Vorgaben für die anzubietenden Kapazitäts-

84 *Olbricht,* Netzzugang in der deutschen Gaswirtschaft, S.121; *Schütz/Tüngler,* RdE 2003, S.98 (103).
85 Nach dem Willen der Kommission sollte die Verordnung die Richtlinie um die Grundprinzipien und Umsetzungsmaßnahmen bestimmter Schlüsselfragen ergänzen, KOM(2003) 741 endgültig, S. 2.
86 ABl. L 289/1 vom 3.11.2005.
87 KOM (2003) 741.
88 Vgl. Art. 1 VO 1775/2005.

produkte gemäß Art. 4 VO 1775/2005, die Grundsätze des Kapazitätszuweisungsmechanismus und des Verfahrens für das Engpassmanagement nach Art. 5 VO 1775/2005 sowie generelle Regeln für den Ausgleich und die Ausgleichentgelte in Art. 7 VO 1775/2005. Zusätzlich hierzu beinhaltet die Verordnung Leitlinien, welche die anzubietenden Kapazitätsprodukte sowie Kapazitäts- und Engpassmanagement detailliert regelten.

Die Umsetzung dieser Vorgaben führte zu den heute gültigen rechtlichen Vorgaben für den Gasnetzzugang in Deutschland und in Spanien. Da jedoch am 03.03.2011 die dritte Richtlinie Inkrafttritt, kann zwar die Richtlinie 2003/55/EG sowie die Verordnung 1775/2005 derzeit noch als geltendes Recht angesehen werden. Dennoch wird der Fokus dieser Arbeit auf dem noch darzustellenden dritten Erdgasbinnenmarktpaket liegen.

V. Umsetzung europäischer Vorgaben in Deutschland

In Deutschland fand die Umsetzung der Richtlinie durch das am 7. Juli 2005[89] in Kraft getretene Energiewirtschaftsgesetz[90] statt[91]. Dieses Gesetz sollte ausdrücklich der Umsetzung der beiden sogenannten Beschleunigungsrichtlinien (EltRl 2003 und GasRL 2003) vom 26. Juni 2003[92] dienen. Neben weiteren grundsätzlichen Änderungen legte sich der Gesetzgeber mit dem EnWG 2005 nun auch auf einen regulierten Netzzugang zumindest für Fernleitungs- und Verteilernetze fest.
Ziel dieses Gesetzes ist gemäß § 1 Abs. 1 EnWG[93] neben der Umsetzung der europäischen Vorgaben, eine möglichst sichere, preisgünstige, verbraucherfreundliche, effiziente und umweltverträgliche leitungsgebundene Versorgung der Allgemeinheit mit Elektrizität und Gas gewährleisten. Neu in dieser allgemeinen Zielsetzung im Vergleich zur Vorgängerregelung ist die Aufnahme des Verbraucherschutzes und der Energieeffizienz. Außerdem wird gemäß dem völlig neuen § 1 Abs. 2 EnWG die Regulierung der Gasversorgungsnetze mit den Zielen der Sicherstellung eines wirksamen und unverfälschten Wettbewerbs bei der Versorgung mit Gas und der Sicherung eines langfristig angelegten leistungsfähigen und zuverlässigen Betreibens von Energieversorgungsnetzen in das

89 BGBl. I S. 1970.
90 Im folgenden EnWG genannt.
91 Gemäß S. 46 der Begründung eines Gesetzesentwurfes der Bundesregierung für ein Zweites Gesetz zur Neuregelung des Energiewirtschaftsrechts, BT-Drs. 15/3917, war das Ziel des zweiten Gesetzes zur Änderung des Gesetzes zur Neuregelung des Energiewirtschaftsrechts, den bestehenden energiewirtschaftlichen Ordnungsrahmen für die Strom- und Gaswirtschaft an die veränderten europarechtlichen Vorgaben anzupassen.
92 Amtl. Anmerkung vor § 1 EnWG; *Theobald* ,in Schneider/Theobald, Recht der Energiewirtschaft 2008, § 1 Rn. 53.
93 Wenn im Folgenden Normen des EnWG verwendet werden, handelt es sich hierbei um das EnWG in der Fassung vom 07.07.2005.

Gesetz mit aufgenommen. Diese speziellen Ziele der Netzregulierung stellen eine Ergänzung zu dem in Abs. 1 dargestellten Zweck des Gesetzes für die Bereiche der Netzregulierung dar. Das bedeutet, dass die Netzregulierung neben der Sicherheit, Preisgünstigkeit, Verbraucherfreundlichkeit, Effizienz und Umweltverträglichkeit der leitungsgebundenen Energieversorgung insgesamt auch dem wirksamen und unverfälschten Wettbewerb und einem leistungsfähigen und zuverlässigen Netzbetrieb dienen soll[94]. Darüber hinaus stellt § 1 Abs. 3 EnWG klar[95], dass Zweck dieses Gesetz die Umsetzung des europäischen Gemeinschaftsrechts auf diesem Gebiet ist.

Da der Zielkatalog des EnWG sehr umfangreich ist, ist es offensichtlich, dass zwischen den einzelnen Zielen Konflikte entstehen können. Dies wird insbesondere bei dem Ziel der Umweltverträglichkeit gegenüber der Preisgünstigkeit offensichtlich, da Umweltfreundlichkeit oftmals höhere Preise nach sich zieht. Im Fall konkurrierender Belange ist jedoch wegen der grundsätzlichen Gleichrangigkeit der Ziele aus Abs. 1 eine Abwägung im Einzelfall vorzunehmen[96], wobei aus den Zielen des Gesetzes keine konkreten Rechte und Ziele abgeleitet werden, sondern es sich vielmehr um reine Programmansätze handelt, die durch die jeweiligen Einzelbestimmungen inhaltlich ausgefüllt werden[97].

Insgesamt besteht das EnWG aus 10 Teilen und 118 Paragraphen. Für die Arbeit von besonderer Bedeutung ist zum einen der erste Teil des Gesetzes, der neben den schon aufgezeigten Zielen insbesondere in § 3 die Legaldefinitionen der wesentlichen in diesem Gesetz verwendeten Begriffe enthält. Darüber hinaus ist neben diesen für den weiteren Fortgang dieser Arbeit wichtigen allgemeinen Vorschriften besonders der dritte Teil, von entscheidender Relevanz, welcher die Regulierung des Netzbetriebs beinhaltet, da der dritte Abschnitt des dritten Teils den Netzzugang zu den Energieversorgungsnetzen behandelt. Wie schon erwähnt führte nun auch der deutsche Gesetzgeber mit § 20 EnWG einen regulierten Netzzugangsanspruch ein, dessen Anspruchsgrundlage sowohl für den Zugang zu Elektrizitäts- als auch zu den Gasnetzen gilt. Die wesentlichen Voraussetzungen für den Zugang zum Gasversorgungsnetz werden in § 20 Abs. 1b EnWG geregelt, wobei die konkrete Ausgestaltung und die Organisation durch die GasNZV vom 25. Juli 2005[98] geregelt werden sollte. Da jedoch zum Zeitpunkt des Erlasses der Verordnung noch keine Auslegung der zentralen Zugangsnorm, des § 20 Abs. 1b EnWG, durch die Bundesnetzagentur vorlag, war die Verordnung wegen der Zugrundelegung eines vom Gesetz abweichenden Zugangsmodells von vorn herein nur begrenzt anwendbar. Statt eines auf den

94 *Hellermann/Hermes,* in Britz/Hellermann/Hermes EnWG 2008 § 1 Rn. 47.
95 So BT-Drucks. 15/3917, S.48.
96 *Säcker/Timmermann,* BK, Band 1, § 1 Rn.11; *Theobald,* in D/T, § 1, Rn. 26.
97 *Säcker/Timmermann,* BK, Band 1, § 1 Rn.1.
98 BGBl. I S. 2210, vom 28.07.2005.

Marktgebieten basierenden „Entry-Exit"-Modells und insofern ein von den jeweiligen Netzen unabhängige[99] Systems sah die GasNZV teilweise ein netzbetreiberscharfes „Entry-Exit"-System vor[100]. Durch diese grundsätzliche Unstimmigkeit zwischen Gesetz und der das Gesetz konkretisierenden Verordnung konnte die GasNZV von Anfang an nur bedingt zur Konkretisierung des Netzzugangs herangezogen werden, so dass seit langem über eine Neufassung der Verordnung nachgedacht wird. Nach mehrere Jahren der Diskussion und einem ersten Eckpunktpapier des Bundeswirtschaftsministeriums vom 03. April 2009 trat am 09. September 2010 die neue GasNZV in Kraft[101].

Für die weitere Bearbeitung wird also der § 20 EnWG in Verbindung mit der neuen GasNZV als Maßstab herangezogen und gegebenenfalls auf die GasNZV vom 26. Juli 2005 verwiesen.

VI. Umsetzung der europäischen Vorgaben in Spanien

Die Umsetzung der Richtlinie 2003/55/EG erfolgte in Spanien anders als in Deutschland nicht durch das Inkrafttreten eines neuen Gesetzes, da dieses aufgrund des bestehenden „Ley de Hidrocaburos" (LH) nicht notwendig war.

Das LH von 1998 beinhaltete bereits die meisten verbindlichen Vorgaben der GasRL 2003. Insbesondere hatte sich der spanische Gesetzgeber schon 1998 auf das System des regulierten Zugangs festgelegt und auch schon 1998 mit der Bildung der CNE eine Regulierungsbehörde geschaffen, welche für die Beaufsichtigung des Netzzugangs zuständig war. Da jedoch auch in Spanien das LH nicht allen Vorgaben der Richtlinie gerecht wurde, ist das Regelwerk vor allem durch das Gesetz 12/2007 vom 02.Juli 2007 ergänzt worden, welches mit dem Ziel erlassen wurde, die GasRL 2003 umzusetzen[102].

Schwerpunkt dieser Reform war die Einführung der gesellschaftsrechtlichen und funktionalen Entflechtung der Netzbetreiber gemäß Art. 63 LH. Außerdem wurden die Aufgabenbereiche der Fernleitungs- und Verteilernetzbetreiber verändert, indem diese kein Gas mehr zur Belieferung bzw. zum Verkauf einführen durften[103] und in ihren Aufgaben ausschließlich auf den Netzbetrieb beschränkt

99 Siehe ausführlich unter Kapitel 1, C, II. 4. b) bb).

100 *Brodkorb,* in BK, Band 1 § 24 Anh. C, Rn. 6; *Müller-Kirchenbauer/Thole/Stratman,* § 20 EnWG, Rn. 180; *Arndt,* Britz/Hellermann/Hermes, § 20 Rn. 129.

101 Gasnetzzugangsverordnung 3. September 2010 (BGBl. I S. 1261).

102 Ley 12/2007, de 2 de julio, por la que se modifica la ley 34/1998, de 7 de octubre, del Sector de Hidrocarburos, con el fin de adaptarla a lo dispuesto en la Directiva 2003/55/CE del Parlamento Europeo y del Consejo, de 26 de junio de 2003, sobre normas comunes para el mercado interior del gas natural, B.O.E. núm. 158, de 3 de julio 2007.

103 Mit Ausnahme der Mengen, die für ein technisch einwandfreies Funktionieren notwendig sind.

wurden. Um mehr Unabhängigkeit herbeizuführen, wurde die Organisation des technischen Netzbetreibers verändert[104]. Außerdem erhielt die Regulierungsbehörde erweiterte Befugnisse zugesprochen. Sie war von nun an vor allem für das Engpassmanagement, die internationalen Transitverbindungen und den Zugang zu Speicheranlagen verantwortlich. Darüber hinaus wurde der Art. 70 LH, welcher den Netzzugang zu den Fernleitungsnetzen regelt, in Abs. 2 um einen Satz ergänzt, der die Einführung eines Sekundärmarktes für Kapazitäten durch Verordnung vorsieht.

Neben der Modifizierung des LH wird zur Zeit über eine grundsätzliche Neustrukturierung des Zugangs für Dritte nachgedacht, um die Wettbewerbssituation in Spanien zu verbessern.
Hierfür wurde bereits 2009 ein Vorschlag des Ministeriums für Industrie, Tourismus und Handel, der weitreichende Veränderungen für das System des Gasnetzzugangs vorsieht, durch die CNE kommentiert[105]. Ein Erlass in Form eines Real Decreto scheint kurz bevor zu stehen. Dafür spricht auch die Veröffentlichung eines Rahmenplans für die Verbesserung des Wettbewerbs[106] vom 22. April 2010, in dem die derzeitigen Probleme des Gasmarktes in Spanien aufgezeigt und die Einführung eines verbesserten Markt für Kapazitäten gefordert wird. Als Grundlage hierfür soll eine legislative Erneuerung der Marktregeln im Sommer 2011 stattfinden.

Wegen des Umfangs der zu erwartenden Neuerungen werden diese explizit im weiteren Verlauf der Arbeit mit aufgeführt.

VII. Drittes Energiebinnenmarktpaket

Nachdem die europäische Kommission alsbald nach dem Inkrafttreten des Beschleunigungspaketes die Überzeugung gewann, dass ein funktionierender Wettbewerb auf den europäischen Energiemärkten noch nicht erreicht wurde, legte die Kommission bereits im Jahre 2007 Vorschläge für das dritte Energiebinnenmarktpaket vor[107].

---

104 Ausführlich hierzu siehe Kapitel 1, B, II, b, cc.

105 Informe 12/2009 de la CNE sobre el Proyecto de Real Decreto por el que se modifica el capitulo II del Real Decreto 949/2001, vom 13.5.2009, abrufbar unter www.cne.es.

106 Principios generales y Hoja de ruta para el desarollo de un mercado de gas organizado en Espana, vom 22.4.2010. Abrufbar unter www.cne.es.

107 Vorschlag für eine Richtlinie des EP und des Rates zur Änderung der RL 2003/54/EG über gemeinsame Vorschriften für den Elektrizitätsbinnenmarkt, KOM (2007) Seite 528 endg. v. 19. 9. 2007; Vorschlag für eine Richtlinie des EP und des Rates zur Änderung der RL 2003/55/EG über gemeinsame Vorschriften für den Erdgasbinnenmarkt, KOM (2007)_Seite 529_endg.; Vorschlag für eine VO des EP und des Rates zur Gründung einer Agentur für die Zusammenarbeit der Energieregulierungsbehörden, KOM (2007) Seite 530 endg.; Vorschlag für eine VO des EP und des Rates zur Änderung der Verordnung (EG) Nr. 1228/2003 über die Netzzugangsbedingungen für den grenzüberschreitenden Stromhandel, KOM (2007) Seite 531 endg.; Vorschlag für eine

Nachdem das hierzu sehr kontrovers geführte Gesetzgebungsverfahren abgeschlossen worden war, trat am 13. Juli 2009 schließlich das dritte Richtlinienpaket in Kraft. Dieses Paket enthält u.a die Richtlinie 2009/73/EG (nachfolgend GasRL) über die gemeinsamen Vorschriften für den Erdgasbinnenmarkt[108], welche die GasRL 2003 aufhebt, die Verordnung 715/2009[109] über die Bedingungen für den Zugang zu den Erdgasfernleitungsnetzen und zur Aufhebung der Verordnung Nr. 1775/2005 sowie die Verordnung Nr. 713/2009[110] zur Gründung einer Agentur für die Zusammenarbeit der Energieregulierungsbehörden. Da die Verordnungen, wenn sie hinreichend bestimmt und unbedingt formuliert sind, unmittelbar in jedem Mitgliedsstaat anwendbar sind und die Richtlinie dagegen gemäß Art. 54 Abs. 1 S. 3 GasRL 2009/73/EG bis zum 03. März 2011 von den Mitgliedstaaten in nationales Recht umgesetzt werden muss, sind auch die Verordnungen, zur Herstellung eines Gleichlauf, erst ab dem 03. März 2011[111] anzuwenden[112]. Ziel des gaswirtschaftlichen Teils dieses Binnenmarktpakets ist vor allem die Verbesserung des Energiebinnenmarktes und die Schaffung verbesserter Wettbewerbsstrukturen unter der Prämisse der Energieversorgungssicherheit. Dazu werden abermals umfangreiche Neustrukturierungen vorgenommen.

Schwerpunktmäßig lassen sich die Neuerungen, die für die vorliegende Arbeit von Bedeutung sind, in die drei Gebiete aufteilen, in die Entflechtungsvorschriften (a), den grenzüberschreitenden Handel (b) und den Zugang zum Gassystem (c).

1. Entflechtungsvorschriften

Als eines der dominierenden Themen des dritten Richtlinienpakets können die neuen Entflechtungsvorschriften angesehen werden[113]. Nachdem mit dem zweiten Binnenmarktpaket schon eine rechtliche und operationelle Entflechtung der Fernleitungsnetzbetreiber vorgeschrieben wurde, war für das dritte Paket zunächst ausschließlich eine eigentumsrechtliche Entflechtung vorgesehen („ownership unbundling“)[114]. Nach vielen Diskussionen und Widerständen einzelner

---

VO des EP und des Rates zur Änderung der Verordnung (EG) Nr. 1775/2005 über die Bedingungen für den Zugang zu den Erdgasfernleitungsnetzen, KOM (2007) Seite 532.

108 ABl. L 211/94 vom 14.08.2009.

109 ABl. L 211/36 vom 14.08.2009.

110 ABl. L 211/1 vom 14.08.2009.

111 Nach Art. 31 VO 715/2009 wird die VO 1775/2005 erst zum 3. März 2011 aufgehoben. Art. 35 der VO 713/2009 bestimmt, dass die Art. 5 bis 11 erst ab dem 03. März 2011 gelten.

112 *Däuper*, N&R, 4/09, S. 214 (214).

113 *Sinobas Ocejo,* Cuadernos de Energía, Juli 2009, Nr. 25, S. 47.

114 *Schultz,* ET 2008, S. 32 (38).

Mitgliedstaaten[115], insbesondere Deutschland und Frankreichs[116], wurde schließlich aber ein dreigliedriges Modell in die Richtlinie aufgenommen[117]. Hiernach stehen den Mitgliedstaaten nun drei Entflechtungsvarianten zur Verfügung. Da diese für das Gesamtverständnis der Regulierung des Gasmarktes notwendig sind, werden die Veränderungen im Folgenden kurz skizziert.

Zum einen besteht für die Mitgliedsstaaten die Möglichkeit, eine **eigentumsrechtliche Entflechtung** nach Art. 9 GasRL einzuführen. Dies ist die wohl einschneidendste Möglichkeit der Entflechtung, da hier eine strukturelle Trennung zwischen den Netztätigkeiten und den Geschäftsbereichen Produktion und Vertrieb durchzuführen ist. Netzbetrieb und Netzeigentum müssen zu einem Unternehmen gehören, und natürliche oder juristische Personen, die Teilhaber oder Mehrheitsaktionär an einem solchen Energieversorgungsunternehmen sind, dürfen weder eine direkte noch eine indirekte Kontrolle über den Netzbetreiber ausüben. Außerdem dürfen Personen, sobald sie über Anteile am Unternehmen der Muttergesellschaft verfügen, keine Rechte bezüglich strategischer Angelegenheiten der Netzbetreiber ausüben. Wenn es sich um ein vertikal integriertes Energieversorgungsunternehmen handelt, muss dieses sein Eigentum an den Fernleitungsnetzen und den Netzgesellschaften abgeben und diese aus dem Mutterkonzern ausgliedern, soweit es sich hierbei nicht nur um nicht stimmrechtsrelevante Minderheitsbeteiligungen handelt[118].

Bei der zweiten Variante handelt es sich um das Modell eines **unabhängigen Netzbetreibers**, den so genannten „Independent System Operator“ (**ISO**). Welche Voraussetzungen einzuhalten sind, um zu einem ISO bestimmt zu werden, regelt Art. 14 GasRL. Anders als bei der eigentumsrechtlichen Entflechtung bleibt das Energieversorgungsunternehmen zivilrechtlich Eigentümer des Netzes bzw. der Netzgesellschaft. Der Betrieb, die Wartung, der Ausbau des Netzes sowie die Gewährung und die Regelung des Zugangs werden aber von einem unabhängigen Netzbetreiber wahrgenommen[119]. Dieser muss eine hinreichende Unabhängigkeit sowohl in personeller als auch in eigentumsrechtlicher Hinsicht vom Energieversorgungsunternehmen aufweisen[120]. Daraus folgt, dass zwar die

---

115 Gerügt wurde u.a die fehlende eigentumsrechtliche Kompetenz der Gemeinschaft und ein Verstoß gegen den Gleichheits- sowie den Verhältnismäßigkeitsgrundsatz, *Baur/Pritzsche/Pooschke*, DVBl 2008 S. 483F, sehr ausführlich *Callies,* Entflechtung im europäischen Energiebinnenmarkt, 2008, ebenso einen Verstoß gegen den Verhältnismäßigkeitsgrundsatz bejahend *Müller/Terpitz/Weigl,* EuR 2009 S. 348, 364 f., wohl auch *Gundel/Germelmann,* EuzW 2009, S. 763 (764) m.w.N.

116 *Guayo Castiella,* Papeles de Cuadernos de Energía Beilage von Nr. 28, S. 11, *Gundel/Germelmann,* EuzW 2009, S. 763 (765).

117 *Kühling / Pisal,* RdE 2010, S. 161.

118 *Däuper*, N&R, 4/09, S. 214 (214).

119 *Säcker / Schönborn,* BK, Bd. 1 § 6 EnWG Rn. 10.

120 Ausführlich hierzu Säcker, Der Independent System Operator, S. 37 f. *ders.* ET 11/2007 S. 86, *Gundel/Germelmann,* EuzW 2009, S. 763 (764).

Eigentümerposition bezüglich einer Veräußerungsmöglichkeit und bezüglich der wirtschaftlichen Nutznießung in Form einer angemessenen Kapitalrendite aus den eingenommenen Netzzugangsentgelten bestehen bleibt, der Netzeigentümer jedoch bezüglich des Netzbetriebs seine Verfügungsgewalt verliert. Hierfür ist eine Art Treuhänder verantwortlich, der von dem Energieversorgungsunternehmen in der selben Form unabhängig sein muss wie ein eigentumsrechtlich entflochtener Netzbetreiber[121].

Als dritte Möglichkeit steht den Mitgliedstaaten das Modell des **unabhängigen Fernleitungsnetzbetreibers** des so genannten "Independent Transmission Operators" (**ITO**) zur Verfügung. Dieses insbesondere auf Druck Deutschlands und Frankreichs eingeführte Modell[122], stellt in Bezug auf den Eingriffscharakter die wohl schwächste Entflechtungsvariante dar. Hiernach ist weiterhin nur eine rechtliche Entflechtung notwendig, die aber nicht so weitgehend ist wie innerhalb des ISO Modells. Die Netzgesellschaft bleibt bei diesem Modell Teil des vertikal integriertem Energieversorgungsunternehmens. Die Unabhängigkeit ist jedoch gegenüber der Vorgängerregelung deutlich verschärft worden[123]. Unter anderem sieht der ITO eine verschärfte operationelle Entflechtung vor, die u.a. verlangt, dass Manager[124] nicht mehr zwischen Mutterkonzern und Tochtergesellschaft wechseln dürfen[125]. Neben dieser Trennung des Personalbestandes wird außerdem eine strikte Trennung der Vermögenswerte gemäß Art. 17 Abs. 1 GasRL angeordnet. Hinzu kommt das Verbot wechselseitiger Beteiligungen der unterschiedlichen Tochterunternehmen gemäß Art. 18 Abs. 3 GasRL 73/2009/EG.

Neben diesen Entflechtungsmöglichkeiten für die Fernleitungsnetzbetreiber sieht das dritte Binnenmarktpaket erstmalig auch eine Entflechtung der **Speicheranlagenbetreiber** vor. Nach Art. 15 Abs. 1 GasRL müssen die Speicheranlagenbetreiber wenigstens hinsichtlich ihrer Rechtsform, Organisation und Entscheidungsgewalt unabhängig von der Vertriebssparte des Unternehmens sein. Eine eigentumsrechtliche Entflechtung ist nicht notwendig. Gemäß Art. 15 Abs. 1 S. 2 GasRL gilt dies aber nur für diejenigen Speicheranlagen, welche erforderlich sind, um einen effizienten Zugang zum System für die Versorgung der Kunden nach Art. 33 GasRL zu gewährleisten.

121 *Däuper,* N&R, 4/09, S. 214 (215); *Säcker,* ET 11/2007 S. 86, 88.
122 *Gundel/Germelmann,* EuzW 2009, S. 763 (765).
123 *Säcker/Schönborn,* BK, Bd. 1 § 6 EnWG Rn. 10.
124 Gem. Art. 19 GasRL – Personen der Unternehmensleitung bzw. Mitglieder der Verwaltungsorgane.
125 Wobei nach Art. 19 Abs. 3 bzw. 7 Karenszeiten von 3 bzw. 4 Jahren eingeführt wurden.

2. Grenzüberschreitender Handel und Schaffung neuer Regulierungsmechanismen

Als weiterer großer Bestandteil des dritten Binnenmarktpaketes können die Neuerungen im Bereich der Regulierung des europäischen Marktes gesehen werden. Diese haben insbesondere die Verbesserung des grenzüberschreitenden Handels durch den „Aufbau eines wirklichen Erdgasbinnenmarktes durch ein in der ganzen Gemeinschaft verbundenes Netz“ zum Ziel[126]. Dies soll u.a durch die Neuordnung bestehender Behörden sowie durch Schaffung neuer Einrichtungen erreicht werden.

Zum einen werden hierfür die Befugnisse der nationalen Regulierungsbehörden gestärkt (siehe Kapitel VIII. der GasRL), zum anderen werden mit dem „European Network of Transmission System Operators for Gas“ (ENTSO-G) und der europäischen Energieagentur (ACER) neue Regulierungsinstanzen auf Gemeinschaftsebene eingeführt.

a) Nationale Regulierungsbehörden

Die Stärkung der **nationalen Regulierungsbehörden** soll dadurch erreicht werden, dass deren Unabhängigkeit ausgebaut wird. Dies bedeutet, dass die Behörde nach Art. 39 Abs. 4 GasRL rechtlich getrennt und funktional unabhängig von anderen öffentlichen oder privaten Einrichtungen sein soll. Außerdem muss sie sicherstellen, dass ihr Personal und Management unabhängig von Marktinteressen handelt und bei der Wahrnehmung der Regulierungsaufgaben weisungsunabhängig von den Regierungsstellen handeln kann, also auch von den Ministerien. Als zu erreichende Ziele definiert die GasRL in Art. 40 ein effizientes Funktionieren des nationalen Marktes sowie die Förderung des gemeinschaftsweiten Marktes. Dies soll möglichst kostengünstig, sicher und zuverlässig unter der Prämisse des Verbraucherschutzes und der Einbindung von Gas aus erneuerbaren Energien erreicht werden. Neben den ausführlich in Art. 41 GasRL aufgeführten wahrzunehmenden Aufgaben werden die jeweiligen nationalen Regulierungsbehörden durch Art. 42 GasRL verpflichtet, mit den Regulierungsbehörden der anderen Mitgliedstaaten zusammen zu arbeiten, um ein optimales Netzmanagement zu ermöglichen.

b) ENTSO-G

Der von allen nationalen Fernleitungsnetzbetreibern in verbindlicher Form noch zu gründende europäische Verbund der Fernleitungsnetzbetreiber Gas [127]

126 RL 2009/73/EG, Erwägungsgrund Nr. 57.

127 Bislang bestand nur eine Zusammenarbeit auf freiwilliger Basis innerhalb des Verbandes GTE („Gas Transmission Europe“) sowie dem EASEE Gas („European Association for the Streamlining of Energy Exchange“).

ENTSO (G)[128] soll nach Art. 4 der VO 715/2009 u.a die Vollendung und das Funktionieren des Erdgasbinnenmarktes sowie den grenzüberschreitenden Handel fördern. Um dies zu erreichen, soll der Verbund neben der Koordination des grenzüberschreitenden Netzbetriebes und der Erarbeitung von Netzentwicklungsplänen[129] auch so genannte Netzkodizes ausarbeiten, die nach Art. 8 Abs. 6 lit. a-l. VO 715/2009 Regeln für das gesamteuropäische Fernleitungsgasnetz enthalten sollen. Unter diese Regeln fallen gemäß Art. 8 Abs. 6 lit. c) VO 715/2009 auch die Regeln für den Zugang Dritter zum Gasnetz, so dass diese Kodizes einer genaueren Betrachtung unterzogen werden müssen.

aa) Rechtsnatur Netzkodizes

Neben der inhaltlichen Reichweite dieser Netzkodizes ist zunächst vor allem die Frage zu klären, inwieweit ihnen Bindungswirkung zukommt. Weder die VO 715/2009, noch die anderen Regelwerke des dritten Binnenmarktpaketes enthalten eine eindeutige Aussage bezüglich der Rechtsnatur der Netzkodizes oder einer sich daraus möglicherweise ableitenden Bindungswirkung.

Um die Frage nach der Bindungswirkung zu beantworten, muss daher zunächst erörtert werden, um welche Art von Maßnahmen es sich bei ihnen handelt. Hierfür kann auf die Systematik der VO 715/2009 zurückgegriffen werden. Grundsätzlich werden die Kodizes nach Art. 6 Abs. 6 VO 715/2009 zunächst von der ENTSO-G ausgearbeitet. Anschließend überzeugt sich nach Art. 6 Abs. 9 VO 715/2009 die Agentur - ACER - („Agency for the Cooperation of the European Energy Regulators")[130] davon, dass die Kodizes den einschlägigen Rahmenleitlinien entsprechen, bevor diese nach Empfehlung durch die Agentur von der Kommission *angenommen* werden können. Nach Art. 6 Abs. 11 VO 715/2009 kann die Kommission auch von sich aus, wenn die ENTSO-G oder die Agentur keinen Kodex vorgelegt hat, oder auf Empfehlung der Agentur, einen solchen Kodex *erlassen*.

Die Annahme oder der Erlass von so genannten Durchführungsmaßnahmen kann als „Rechtssetzungsakt -Tätigkeit" grundsätzlich in den Kompetenzbereich der Kommission fallen. Welche Voraussetzungen für eine solche Befugnis der Kommission einzuhalten sind, richtet sich seit Inkrafttreten des Vertrags von Lissabon am 1. Dezember 2009 nach der Unterscheidung von „delegierten" Rechtsakten nach Art. 290 Abs. 3 AEUV und den notwendigen „Durchführungsrechtsakten" nach Art. 291 Abs. 3 AEUV[131].

128 In Spanien, REGRTG (Red Europea de gestores de Redes de Transporte de Gas). Hier jedoch im folgenden ENTSO-G.
129 Art. 8 Abs. 3 VO 713/2009.
130 Ausführlich zur Agentur unter. Kapitel 1. A. VI. 4. b) cc).
131 *Streinz,* Europarecht, § 6 III 1Rn. 525.

Der Unterschied liegt vor allem in den Charakteristika der „Durchführung". Bedarf es unionsweit einheitlicher administrativer Durchführungsregeln, handelt es sich um Durchführungsrechtsakte. Handelt es sich um Rechtsakte ohne Gesetzescharakter mit allgemeiner Geltung, d.h. generell abstrakte Regelungen zur Ergänzung oder Änderung bestimmter nicht wesentlicher Vorschriften des betreffenden Gesetzgebungsaktes, handelt es sich um „delegierte" Rechtsakte, so genanntes „tertiäres Unionsrecht"[132]. Die Netzkodizes sollen gemäß Nr. 15 der Gründe für den Erlass der Verordnung 715/2009 u.a. die Handhabung des konkreten Zugangs zu den Fernleitungsnetzen schaffen und eine abgestimmte Planung (...) sicherstellen. Da sowohl die Handhabung als auch die Planung u.a. grenzüberschreitende Vorgänge des Fernleitungsnetzes betreffen, wobei der Regelungsgehalt oftmals auf technische bzw. praktische Umsetzungen beschränkt ist, könnten die Kodizes einen so genannten „Durchführungsrechtsakt" darstellen. In solchen Fällen bestimmt Art. 291 Abs. 3 AEUV, dass das europäische Parlament und der europäische Rat in einem Gesetzgebungsakt diejenigen Grundsätze festlegen, nach denen die Mitgliedstaaten die Wahrnehmung der Durchführungsbefugnisse durch die Kommission beschließen. Dies entspricht bis zur Ausarbeitung einer Verordnung, dem auf der Grundlage des Art. 202 EGV entwickelten und mit Beschluss 1999/468/EG festgelegten Komitologieverfahren[133]. Dabei wird mit „Komitologie" die Delegation der Durchführungsbefugnisse vom Rat auf die Kommission, um Rechtsvorschriften auszuüben, bezeichnet [134]. Andererseits ließe sich auch argumentieren, dass Netzkodizes, abhängig von ihrem Inhalt, ähnlich einer Ausführungsverordnung sind und damit abstrakte Regelungen zur Ergänzung des Gesetzgebungsaktes darstellen, so dass Art. 290 AEUV einschlägig wäre. Die Frage ob die Kodizes unter Art. 290 oder Art. 291 Abs. 3 AEUV zu subsumieren sind, kann hier aber dahinstehen, da für den Fall, dass wenn innerhalb eines vor Inkrafttreten des Vertrages von Lissabon bestehenden Rechtsaktes auf das Komitologieverfahren verwiesen wurde, dieses bis zur Anpassung des Basisrechtsaktes anwendbar ist[135]. Da die Verordnung 715/2009 zum Zeitpunkt des Inkrafttreten des Vertra-

---

132 *Streinz,* Europarecht, a.a.O; *König,* in Schulze/Zuleeg/Kadelbach, § 3, Rn. 102.

133 *Streinz,* Europarecht, § 6 III 1 Rn. 525, gemäß *König,* in Schulze/Zuleeg/Kadelbach, § 2 Rn. 108, wird es sich am jetzigen Komitologiebeschluss orientieren.

134 Das Komitologieverfahren bezeichnet ein Verfahren, welches von der Kommission dann einzuhalten ist, wenn sie vom Rat zum Erlass von Durchführungsvorschriften ermächtigt wurde. Damit wurde die Durchführungsbefugnis der Kommission von der Zusammenarbeit mit Ausschüssen anhängig gemacht. Es wird in drei Ausschußverfahren unterteilt, nämlich das Regelungs-, das Verwaltungs- und das Beratungsverfahren. Die Unterscheidung richtet sich vor allem danach, wie stark der Einfluss der Mitgliedstaaten und des europäischen Parlamentes ist. Am häufigsten kommt das Regelungsverfahren mit Kontrolle zur Anwendung., welches sich insbesondere durch ein Vetorecht sowohl des Rates als auch des Parlamentes auszeichnet.

135 Art. 9 Prot. Nr. 36 (Übergangsbestimmung).

ges von Lissabon schon bestand ist wegen eines ausdrücklichen Verweises auf das Komitologieverfahren dieses das durchzuführende Verfahren.

Trotz dieser klaren Festlegung auf das Komitologieverfahren stellt sich für die Durchführungsrechtssetzung durch die Netzkodizes die Frage, ob tatsächlich in jedem Fall ein solches Verfahren durchgeführt werden muss, oder ob eine Ausnahme hiervon gemacht werden kann. Problematisch ist nämlich, dass in der Verordnung 715/2009 nach Art. 6 **Abs. 9** festgelegt wurde, dass die Kommission die Netzkodizes nach der Vorlage durch die Agentur *„annehmen"* kann und nach Art. 6 **Abs. 10 und Abs. 11** VO 715/2009 die Kommission auch von sich aus ohne Vorlage durch die Agentur einen solchen Kodex *„erlassen"* kann. Nur für den Fall eines solchen **Erlasses** verweist die Verordnung in Art. 6 Abs. 11 S. 2 VO 715/2009 aber explizit darauf, dass der Kodex im Wege des Komitologieverfahrens, nämlich nach dem in Artikel 28 Abs. 2 VO 715/2009 genannten Regelungsverfahren mit Kontrolle, erlassen werden muss. Für den Fall der **Annahme** enthält die Verordnung keinen Verweis auf ein durchzuführendes Komitologieverfahren.

Aufgrund dieser Formulierung stellt sich die Frage, ob wegen des Umkehrschlusses bzw. der Nichterwähnung im Fall der bloßen Annahme der Kodizes auf ein Komitologieverfahren verzichtet werden kann bzw. bewusst verzichtet werden soll und wenn ja, welche Bindungswirkung eine solche *„Annahme"* der Kodizes ohne Komitologieverfahren erzeugen kann. Eine Auslegung des deutschen Textes der VO 715/2009 rein nach dem Wortlaut, lässt in der Tat nur den Schluss zu, dass ausschließlich für den Erlass von Kodizes, aber nicht für die Annahme von Kodizes die Durchführung des Komitologieverfahrens notwendig ist. Dies erscheint aber im Hinblick auf die Funktion der Kommission höchst zweifelhaft, da Art. 202 EG a.F besagt, dass die Kommission die Befugnisse zur Durchführung von Vorschriften nur nach Einhaltung der im Voraus festgelegten Regeln und Grundsätze, also nach Durchführung des Kommitologieverfahrens, inne hat. Eine andere Möglichkeit der Durchführung sah der EG- Vertrag für die Kommission nicht vor. Die Annahme eines Vorschlags ohne vorherige Durchführung des Komitologieverfahrens wäre damit ein Vorgang, der vom europäischen Gemeinschaftsrecht bzw. von den der Kommission zustehenden Befugnisse nicht umfasst wäre, so dass ein solches Vorgehen jedenfalls keinerlei Bindungswirkung auslösen kann. Zwar könnte man argumentieren, dass die *„Annahme"* auf einem Vorschlag der ENTSO-G und den Rahmenleitlinien der ACER beruht und damit eine gewisse demokratische Legitimation - anders als bei dem Erlass eines eigenen Vorschlages - vorliegt. Jedoch kann die Einbeziehung zweier nicht unmittelbar demokratisch legitimierter Institutionen das Demokratiedefizit nicht in der Weise ausgleichen, wie es durch das Komitologieverfahren im Regelungsverfahren mit Kontrolle ausgeglichen wird.

Dieses enthält nämlich, nachdem es zunächst als nicht hinreichend demokratisch legitimiert kritisiert[136], seit der Reform des Verfahrens durch den Beschluss 2006/512/EG weitergehende Befugnisse des Rates und des Parlament.[137]. Insbesondere wurde ein Vetorecht dieser beiden Institutionen eingeführt.

Da somit die „Annahme" als Rechtsakt „sui generis" durch die Kommission ohne Durchführung eines Komitologieverfahrens wegen des Demokratiedefizits keinerlei Bindungswirkung herbei führen würde, sprechen die besseren Gründe dafür, zur Vermeidung einer fehlenden Bindungswirkung, auch bei der bloßen Annahme der Kodizes durch die Kommission, die Durchführung eines Komitologieverfahren als erforderlich anzusehen.

Hierfür sprechen im Übrigen auch sowohl die englische als auch die spanische Version der Verordnung 715/2009, da diese in beiden Fällen („Erlass" und „Annahme") jeweils von „adopt" bzw. „adoptar" sprechen. Zwar können beide Begriffe sowohl als annehmen als auch als erlassen übersetzt werden[138], jedoch spricht die Tatsache, dass das selbe Wort in den unterschiedlichen Absätzen benutzt wurde, dafür, dass der europäische Gesetzgeber gerade keinen Unterschied zwischen den beiden Verfahren machen wollte. Da sich somit eine Unterscheidung von „Annahme" und „Erlass" in der englischen und der spanischen Übersetzung der VO 715/2009 nicht wiederfindet, sollte auch die deutsche Übersetzung dahingehend ausgelegt werden, dass mit Annahme und Erlass dasselbe, nämlich der Erlass gemeint ist und daher ein Komitologieverfahren - und zwar als Regelungsverfahren mit Kontrolle - in jedem Fall durchgeführt werden muss[139]. Erlass meint dann zum einen den Erlass nach vorherigem Vorschlag durch die Agentur und zum anderen den Erlass ohne vorherigen Vorschlag.

Als weiteres Argument für die zwingende Durchführung eines Komitologieverfahrens lässt sich die Systematik anführen. Neben der „Annahme" und dem „Erlass" der Kodizes kann die Kommission nämlich nach Art. 7 VO 715/2009 auch „Änderungen" an den Netzkodizes vornehmen. Diese Änderungen können nach Art. 7 Abs. 3 VO 715/2009 auf Vorschläge der Agentur folgen, oder nach Art. 7 Abs. 4 S. 2 2. HS. VO 715/2009 durch die Kommission selbst vorgeschlagen werden. Für beide Fälle sieht Art. 7 Abs. 3 VO 715/2009 zwingend das Komitologieverfahren vor, also selbst dann, wenn die Kommission den Vorschlägen der Agentur bezüglich der Änderung nachkommt. Da für

136 *Winter,* EuR 2005, 255 (268).
137 *Scheel,* DöV, 2007, S. 683 (684).
138 Für die englische Übersetzung siehe *Dietl/Lorenz,* Wörterbuch für Recht Wirtschaft und Politik; für die spanische Übersetzung siehe, *Becher,* Wörterbuch der Rechts- und Wirtschaftssprache.
139 So wohl auch *Gräper/Schoser,* in Jones EU Energy law Volume I, The internal Energy market, The third liberalisation Package, S. 513.

das Verfahren der Änderungen nicht zwischen eigenen Vorschlägen und den durch die Agentur unterbreiteten Vorschlägen im Hinblick auf die Anwendung des Komitologieverfahren unterschieden wird, erschließt es sich nicht, warum dies bei dem ursprünglichen Erlass der Netzkodizes nach Vorschlag durch die Agentur und bei dem Erlass ohne vorherigen Vorschlag anders sein sollte. Die unterschiedlichen Formen des Erlasses unterscheiden sich nämlich auch genau danach, dass zum einem dem Vorschlag der Agentur entsprochen wird, und zum anderen ein eigener Vorschlag umgesetzt wird.

Nachdem deutlich gemacht wurde, dass in jedem Fall ein Komitologieverfahren durchgeführt werden muss, stellt sich die Frage, welche Auswirkungen die Durchführung eines solchen Verfahrens auf die Bindungswirkung bzw. die Rechtsnatur der Kodizes hat.

Voraussetzung für die Durchführung eines Komitologieverfahrens im Regelungsverfahren mit Kontrolle ist es u.a., dass „Änderungen von nicht wesentlichen Bestimmungen" vorgenommen werden[140]. Dem europäischen Parlament folgend handelt es sich bei den „nicht wesentlichen Bestimmungen" um solche mit „normativen Inhalt", welche auch als „quasi legislativ" bezeichnet werden können[141]. Bei „quasi legislativen" Bestimmungen handelt es sich z.B. um *Leitlinien* und technische Anhänge[142]. Da wie erläutert für den Erlass von Netzkodizes durch die Kommission das Komitologieverfahren im Regelungsverfahren mit Kontrolle angewandt werden muss, handelt es sich bei den Kodizes auch um so genannte „quasi legislative" Bestimmungen. Die Rechtsbindung der Kodizes muss folglich vergleichbar mit den Rechtsbindungen der als „quasi legislativ" anerkannten *Leitlinien* sein.

Diese Vergleichbarkeit ergibt sich außerdem daraus, dass in Art. 23 Abs. 2 S. 2 VO 715/2009, welcher die Leitlinien behandelt, der Kommission die Befugnis zum Erlass der Leitlinien nach dem in Art. 18 Abs. 2 VO 715/2009 genannte Regelungsverfahren mit Kontrolle zugewiesen wird. Sowohl für die Änderung der Kodizes als auch für die Änderung der Leitlinien bedient sich der Gesetzgeber also desselben Verfahrens. Da dieses Verfahren immer nur unter denselben Voraussetzungen, nämlich der quasi legislativen Wirkung der zu ändernden Normen, angewendet werden darf, kann davon ausgegangen werden, dass den Kodizes dieselbe Wirkung zukommt wie den im Anhang der Verordnung befindlichen Leitlinien.

140 Art. 2b des Beschlusses 1999/468/EG, ABl. 1999 Nr. L 184 S. 23 ff, nach der Reformierung durch den Beschluss 2006/512/EG, ABl 2006 Nr. L 200 S. 11 ff.
141 Bericht des EP v. 03.07.2006, A6-0237/2006, S. 8.
142 *Scheel*, in DöV, 2007, S. 683 (685); von diesen Leitlinien sind die in Art. 171 AEUV erwähnten Leitlinien für den Aufbau Transeuropäischer Netze zu unterscheiden.

Fraglich bleibt, welche Bindungswirkung diesen auch als „Engpass-Leitlinien“ bezeichneten Leitlinien[143] zukommt. Die Leitlinien ergänzen im Anhang der Verordnung dieselbe[144]. Da eine sinnvolle Ergänzung der Verordnung zur Vermeidung von fortwährenden Anpassungen nur dann ihren Zweck erfüllen kann, wenn den Ergänzungen ebenfalls Verordnungscharakter zukommt, ist davon auszugehen, dass die Leitlinien ebenfalls verbindlich sind[145]. Dafür spricht darüber hinaus, dass die Verordnung selbst davon ausgeht, dass den Leitlinien dieselbe Wirkung zukommt wie der Verordnung, da in Art. 24 Abs. 1 VO 713/2009 die Regulierungsbehörden verpflichtet werden, sowohl die Einhaltung der Verordnung als auch der Leitlinien zu gewährleisten. Die im Anhang der Verordnung angeführten Leitlinien sind somit rechtsverbindlich[146]. Dementsprechend kommt auch den Netzkodizes rechtliche Bindungswirkung zu, so dass die Kommission unmittelbar geltendes Sekundärrecht setzen kann, dessen Anwendungsvorrang die nationalen Regulierungsbehörden zu beachten haben.

bb) Zwischenfazit

Wie dargestellt, wird den Netzkodizes dieselbe rechtliche Wirkung zugesprochen, wie den „Engpass-Leitlinien“, da sie auch eine „quasi-legislative“ Wirkung haben. Folglich sind die Netzkodizes, sobald sie durch die Kommission unter Anwendung des Komitologieverfahrens angenommen oder erlassen wurden, für die nationalen Behörden verbindlich.

Der ENTSO-G obliegt es daher, Regelungen aufzustellen, die gemäß Art. 8 Abs. 6 VO 713/2009 u.a den Zugang Dritter und die Kapazitätszuweisung und das Engpassmanagement auf europäischer Ebene regeln und die nach Annahme bzw. Erlass durch die Kommission im Komitologieverfahren verbindliche Rechtswirkung für die nationalen Behörden haben.

Offen bleibt die Frage, welche Konsequenzen entstehen, wenn die Kommission die ihr von der ACER vorgelegten Kodizes nicht im Rahmen des Komitologieverfahrens annimmt und auch nicht von ihrem nach Art. 6 Abs. 11 VO 715/2009 eingeräumten Recht Gebrauch macht, selbst die Kodizes zu erlassen. Ein solches Untätigbleiben ist zumindest nicht ausgeschlossen, bedenkt man, dass das dritte Binnenmarktpaket insgesamt 45

143 So für die Stromwirtschaft, *Kühling,* RdE 2006, S. 173.

144 Abzugrenzen hiervon sind Mitteilungen und Leitlinien das europäische Kartellrecht betreffend. Diese konkretisieren zwar ebenfalls bestimmt rechtliche Voraussetzungen, werden jedoch nicht als Teil einer Verordnung erlassen, sondern selbständig für sich. Diesen entwickeln nach ganz herrschender Meinung keine Bindungswirkung für nationale Behörden und Gerichte, s. m.w N. *Thomas,* EuR 2009, S. 423.

145 *Kaiser,* Verordnete Regulierung?, S. 149.

146 *Lecheler/Gundel,* EuZW 2003, 621 (627); *Scheel,* in DöV, 2007, S. 683 (685); *Britz,* EuR, 2006 S.46 (61); *Kaiser,* Verordnete Regulierung?, S. 149;

Komitologieermächtigungen für die Kommission enthält aber in den vergangenen Jahren nur ein einziges Komitologieverfahren durch die Kommission durchgeführt wurde[147].

Wie erläutert haben die Netzkodizes ohne die Annahme bzw. den Erlass durch die Kommission keine rechtliche Bindungswirkung, so dass sie somit weder von den Regulierungsbehörden noch von den Fernleitungsnetzbetreibern umgesetzt werden müssen. Für solche Fälle enthält die VO 715/2009 keinerlei Vorgaben. Art. 6 Abs. 8 VO 715/2009 besagt lediglich, dass die ACER der Kommission den Kodex vorlegt und ihr die Annahme innerhalb einer *angemessenen* Frist empfiehlt. Daraus ist weder abzuleiten, dass zwingend eine Rechtsverbindlichkeit der Kodizes herbeigeführt werden muss („empfehlen"), noch in welchem zeitlichen Rahmen („angemessen") dies grundsätzlich erfolgen muss. Weitergehende Vorgaben für die Annahme oder den Erlass der Kodizes finden sich soweit ersichtlich nicht. Diese Tatsache erscheint sehr bedenklich. Insbesondere für die Planungssicherheit der Netzbetreiber ergeben sich hieraus Schwierigkeiten. Diese werden verpflichtet, innerhalb der ENTSO-G Kodizes auszuarbeiten, ohne zu wissen, wann und ob überhaupt eine Verbindlichkeit hierfür eintreten wird. Da teilweise die Einführung neuer Prinzipien und Strukturen (z.B. durch neue Software, neue Kapazitätsprodukte usw.) lange Vorlaufzeit benötigt, wäre mehr Planungssicherheit wünschenswert.
Außerdem zeigt das eingeführte System, dass zwar Gestaltungsmöglichkeiten für die ENTSO-G und die ACER theoretisch gegeben sind, inwiefern in der Praxis diese umgesetzt werden bzw. inwiefern die Kommission hiervon Gebrauch machen wird, ist aber noch völlig offen.

c) ACER

Die von den nationalen Regulierungsbehörden zu gründende Agentur **ACER** ist nach Art. 2 VO 713/2009 eine Einrichtung der Europäischen Gemeinschaft mit eigener Rechtspersönlichkeit[148]. Ihre Vorgängerorganisation ist die „Gruppe der europäischen Regulierungsbehörden für Elektrizität und Gas („ERGEG"), die, basierend auf freiwilliger Basis, Konsultation, Koordination und Kooperation zwischen den nationalen Regulierungsbehörden sowie zwischen diesen Behörden und der Kommission erleichtern sollte, um damit den Binnenmarkt zu festigen[149]. Die ACER, als Einrichtung mit eigener Rechtspersönlichkeit und klar zugewiesenen Kompetenzen, dient nach Art. 1 Abs. 2 der VO 713/2009 dem Zweck, die Regulierungsbehörden dabei zu unterstützen, die in den Mitgliedstaaten wahrgenommenen Regulierungsaufgaben auf Gemeinschaftsebene zu erfüllen und - soweit erforderlich - die Maßnahmen der nationalen Behörden zu

147 *Neveling,* ZNER 2007, S. 378 (380).
148 *Gundel/Germelmann,* EuZW 2009, S. 763 (767).
149 Beschluss 2003/796/EG der Kommission, ABl. 296 vom 14.11.2003, S. 34.

koordinieren. Dies bedeutet, dass sie u.a. immer dann über grenzüberschreitende Regulierungsfragen entscheidet, wenn nach Art. 8 Abs. 1 VO 715/2009 die nationalen Regulierungsbehörden keine Einigung erzielen können, oder wenn sie von diesen zur Lösung von Streitfragen beauftragt wird. Darüber hinaus ist sie im Wesentlichen für die Erarbeitung von Stellungnahmen, Empfehlungen und Rahmenleitlinien zuständig, insbesondere im Zusammenhang mit den oben erwähnten Netzkodizes[150]. Nach Art. 6 Abs. 2 VO 715/2009 ist die ACER mit der Vorlage von „*nicht bindenden Rahmenleitlinien*" beauftragt, die präzise und objektive Grundsätze für die Ausarbeitung der Netzkodizes enthalten. Da die Netzkodizes von der Kommission gemäß Art. 6 Abs. 9 VO 715/2009 nur nach Vorlage der Agentur angenommen werden können und diese Vorlage nur dann erfolgen darf, wenn die Agentur davon überzeugt ist, dass die Kodizes ihren Rahmenleitlinien entspricht, handelt es sich bei diesen Rahmenleitlinien, entgegen dem Wortlaut aus Art. 4 lit. c) VO 713/2009, der von nicht bindenden Rahmenleitlinien spricht, sehr wohl um bindende Rahmenleitlinien, auch wenn es sich lediglich um eine mittelbare Bindungswirkung handelt. Da die ACER erst am 03. März 2011 offiziell ihre operationelle Arbeit aufnimmt, übernimmt die ERGEG die bis dahin vorzunehmende Planungen. Die ERGEG hat am 10.Juni 2010 erstmalig die von der ACER vorzulegenden Rahmenleitlinien für die Allokation von Kapazitäten vorgelegt[151].

Nach Art. 6 Abs. 10 VO 715/2009 ist die ACER zur eigenständigen Ausarbeitung von Kodizes für den Fall verpflichtet, dass sie von der Kommission dazu aufgefordert wurde, falls die ENTSO-G nicht innerhalb der ihr gesetzten Frist einen Kodex ausgearbeitet hat.

Bezüglich der festzulegenden Netzkodizes kommt der ACER daher in jedem Fall eine entscheidende Bedeutung bei der Ausarbeitung zu. Inwiefern diese dann tatsächlich Bindungswirkung haben werden, ist wegen der zwingenden endgültigen Annahmentscheidung durch die Kommission nicht abzusehen.

d) Zusammenfassung

Zusammenfassend lässt sich zunächst festhalten, dass es mit Inkrafttreten des dritten Binnenmarktpaketes theoretisch vier bestimmende Akteure bezüglich grenzüberschreitender Sachverhalte geben wird.

---

150 *Gundel/Germelmann,* EuZW 2009, S. 763 (785).

151 Capacity Allocation on European Gas transmission Networks. Pilot Framework Guideline, Ref: E10-GWG-66-03, 10 June 2010, abrufbar unter http://www .energyegulators.eu/portal/page/portal/EER_HOME/EER_CONSULT/CLOSED%20 PUBLIC %20CONSULTATIONS/GAS/Pilot%20Framework%20Guideline%20Gas%20CAM/CD.

Zum einen sollen die *nationalen Regulierungsbehörden* auf regionaler Ebene zusammenarbeiten, um u. a. netztechnische Regelungen für ein optimales Netzmanagement zu fördern, und um die Aufstellung der Netzkodizes sowie die Regeln für das Engpassmanagement zu koordinieren.

Kann bei diesen grenzüberschreitenden Fragen keine Einigung erzielt werden, entscheidet nach Ablauf von sechs Monaten oder auf Antrag der beteiligten nationalen Regulierungsbehörden nach Art. 8 VO 713/2009 die *ACER* über die grenzüberschreitenden Modalitäten für den Zugang zum Gasnetz in Bezug auf die Kapazitätsvergabe, den Zeitrahmen und die Engpasseinnahmen.

Parallel zu der Ebene der nationalen und europäischen Regulierungsbehörden wird die *ENTSO-G* eingerichtet, welche in Zusammenarbeit mit der *ACER* insbesondere die einzuführenden Netzkodizes entwickeln soll, die jedoch nur bei einer erfolgten Annahme/Erlass durch die Kommission im Wege des Komitologieverfahrens Bindungswirkung entfalten. Der ENTSO-G ist aufgrund ihrer Zusammensetzung aus den verschiedenen Fernleitungsnetzbetreibern insbesondere für die tatsächliche Verwaltung sowie die technische Machbarkeit und Umsetzung verantwortlich.
Das neue institutionelle System lässt sich also vor allem in zwei Ebenen unterscheiden, die sich insbesondere aus ihrer Funktion heraus ergeben. Auf der einen Ebene gibt es die Regulierungsbehörden, die sowohl auf nationaler Ebene als auch durch die ACER auf europäischer Ebene handeln werden und hierbei ihrer Aufgabe als Regulierer nachkommen. Auf der anderen Ebene stehen die Fernleitungsnetzbetreiber (in ENTSO-G zusammen gefasst), die aus Sicht der Unternehmen und aus der praktischen Umsetzung heraus den Prozess mitgestalten. Da die relevanten Netzkodizes aber, um der Kommission vorgelegt zu werden, immer den von der ACER entwickelten Rahmenleitlinien entsprechen müssen, ist die Funktion der Fernleitungsnetzbetreiber überwiegend auf eine Verständigung der technischen Machbarkeit beschränkt.

Die tatsächliche Gestaltungsmöglichkeiten liegen daher zunächst bei der ACER. Da die rechtliche Bindungswirkung ihrer Umsetzungsvorschläge aber regelmäßig von der *Kommission* abhängt, ist diese als vierter Akteur anzusehen, dem wohl die wichtigste Bedeutung, nämlich die Schaffung der Rechtsverbindlichkeit, zukommen dürfte.

Neben der erweiterten Entflechtung, die einen wichtigen Baustein im dritten Binnenmarktpaket darstellt, ist somit auch die Förderung des grenzüberschreitenden Handels durch die Festlegung gemeinsamer Regeln und der Neustrukturierung der Regulierungsinstanzen als zweiter Schwerpunkt des dritten Binnenmarktpaketes anzusehen. Inwiefern die Schaffung zweier neuer Organisationen tatsächlich zu einer verbesserten Organisation führt, bleibt allerdings abzuwarten. Neben den aufgezeigten Problemen muss sich auch erst zeigen, inwiefern die Zusammensetzung der ACER eine Erarbeitung sinnvoller Regeln fördert oder ihr wegen der hohen gleichberechtigten Stimmenzahl aller Mitgliedsländer und damit unterschiedlichen Interessen einer Zusammenarbeit eher abträglich ist. Durch die Einführung verbindlicher Netzkodizes zur Regelung der grenzüberschreitenden Sachverhalte ist theoretisch jedoch eine deutliche Verbesserung des grenzüberschreitenden Handels möglich und bei vernünftiger Zusammenarbeit eine sinnvolle Harmonisierung der jeweiligen nationalen Gesetze zu erwarten.

3. Zugang zu den Fernleitungsnetzen, LNG-Anlagen und Speichern

Als weitere gewichtige Neuerung des dritten Binnenmarktpaketes ist die Aufhebung der VO 1775/2005 durch die VO 715/2009 mit ihren detaillierten Vorgaben eines geregelten Zugangs zu den LNG-Anlagen und den Speicheranlagen zu nennen. Hierdurch sollen der Wettbewerb der grenzüberschreitenden Übertragungskapazitäten optimiert, aber auch die Regeln für den Speicher- und LNG-Anlagenzugang verbessert und angeglichen werden. Zwar ist es nach Art. 33 GasRL weiterhin möglich, den Zugang zu den Speicheranlagen wie in der Vorgängerrichtlinie als verhandelbaren oder als regulierten Zugang auszugestalten. Die VO 715/2009 legt jedoch in Art. 15 und 17 erstmalig explizit rechtsverbindliche Regeln für die anzubietenden Dienstleistungen sowie für die Kapazitäts- und Engpassmechanismen fest. Galt die Vorgängerverordnung VO 1775/2005 nur für die Fernleitungsnetze[152], regelt die VO 715/2009 ausdrücklich auch den Zugang zu Speicher- und LNG-Anlagen. Diese Festlegung innerhalb einer Verordnung führt dazu, dass eine grenzüberschreitende Harmonisierung in Bezug auf die wesentlichen Produkte und Mechanismen erzielt werden kann und somit der grenzüberschreitende Wettbewerb gefördert wird. Nötig wurde dieser Schritt, da die rechtlich nicht bindenden „Guidelines for Good TPA Practice of Storage System Operators“ (GGPSSO)[153] vom 10. Madrid Forum am 01. April 2005 von den Betreibern der Speicheranlagen unzureichend angewendet werden, so dass rechtlich verbindliche Regeln geschaffen werden mussten, die am 03. März 2011 unmittelbare Geltung erlangen werden[154]. Außerdem gewinnt der Import von LNG immer mehr an Bedeutung, so dass auch diesbezüglich eine detaillierte Festlegung notwendig wurde[155].

---

152 siehe Art. 1 Abs. 1 VO 1775/2005.
153 Abrufbar auf der Seite der ERGEG, www.ergeg.com.
154 VO 715/2009, Erwägungsgrund 27.
155 Zur erwarteten Entwicklung der Versorgung mit LNG ausführlich, *Lichtschläger/Ellersdorfer,* e/m/w/, 2010, S. 10 (11).

Neben diesen drei besonders gewichtigen Neuerungen sind noch weitere Neuerungen - u.a auch im Bezug auf die Regel- und Ausgleichsmechanismen - in dem dritten Binnenmarktpaket enthalten, auf die an den entsprechenden Stellen hingewiesen wird.

B. Fazit der nationalen und europäischen geschichtlichen Entwicklung bis heute

Im Rahmen der historischen Darstellung der gasrechtlichen Entwicklung in Deutschland und in Spanien wurden bereits erste tiefgreifende konzeptionelle Unterscheide zwischen den nationalen Systemen aufgezeigt. Begonnen hat die unterschiedliche rechtliche Entwicklung vor allem mit der Einführung eines „servicio publico" auf der spanischen Seite, verbunden mit der Notwendigkeit, Konzessionen vom Staat zu erwerben, und der privatrechtlichen Ausgestaltung auf deutschen Seite, flankiert durch die Konzessionsverträge mit den jeweiligen Gebietskörperschaften und den Demarkationsverträgen mit den anderen Versorgungsunternehmen.

Diese Unterschiede führten u.a. dazu, dass in Spanien zunächst ein nationaler staatlich kontrollierter Fernleitungsnetzbetreiber entstand, der später privatisiert wurde, wohingegen in Deutschland mehrere vertikal integrierte Unternehmen die Fernleitung in ihren jeweiligen Gebieten betrieben. Auf Ebene der Versorgungsunternehmen lässt sich die historisch unterschiedliche Entwicklung in Deutschland mit dem Entstehen der Stadtwerke aufgrund der Verträge mit den jeweiligen Gebietskörperschaften beobachten während im Gegensatz dazu in Spanien die Verteilernetzbetreiber national operieren.

Diese Unterschiede bestehen bis heute und sind der Grund dafür, dass in den beiden Ländern die Organisation und Infrastruktur für den Gaszugang in sehr unterschiedlicher Art und Weise geregelt ist.

Nach der Einführung des „servicio publico" entwickelte sich in Spanien zwar etwas stärker als in Deutschland bereits Mitte der neunziger Jahre eine Tendenz hin zu einer Liberalisierung der Märkte durch die Einrichtung eines offenen Zugangs für Dritte, jedoch kann bezüglich beider Länder vor allem das erste Energiebinnenmarktpaket als Ausgangspunkt der gesetzlichen Ausgestaltung der Liberalisierung durch Einführung von Regelungen über den Zugang zu den Netzen gesehen werden. Aufgrund der unterschiedlichen Konzepte, namentlich der Einführung des regulierten Netzzugangs in Spanien und des verhandelbaren Netzzugangs in Deutschland, kam es dennoch dazu, dass trotz des Grundgedankens eines freien Netzzugangs für Dritte die beiden Grundkonzeptionen in ganz unterschiedlichster Art und Weise ausgestaltet waren.

Nach Einführung der Beschleunigungsrichtlinie und deren Umsetzung durch die Mitgliedstaaten sowie wegen der dazugehörigen unmittelbar anzuwendenden Verordnung 1775/2005 fand dann eine deutliche Angleichung der Systeme statt. Trotz dieser Vereinheitlichung der Systeme blieben jedoch weiterhin relevante Unterschiede in den nationalen Rechtsordnungen bestehen. Dies führte dazu, dass durch die bisherigen europäischen Liberalisierungsbemühungen zwar die nationalen Märkte dem Wettbewerb weiter geöffnet werden konnten, ein funktionierender europäischer Binnenmarkt aber noch nicht erreicht wurde[156]. Um diesem Ziel für die Zukunft näher zu kommen, sollen insbesondere auch netzübergreifende Sachverhalte im Sinne des Wettbewerbs reguliert werden. Hierfür könnten insbesondere die neu zu gründenden gemeinsamen Organisationen (ACER und ENTSO-G) und die gegebenenfalls von allen Mitgliedern des europäischen Binnenmarktes einzuhaltenden Netzkodizes sorgen. Inwiefern das dritte Binnenmarktpaket jedoch zu einer tatsächlichen Vereinheitlichung der jeweiligen nationalen Systeme führen wird, lässt sich aus heutiger Sicht noch nicht abschließend beurteilen.

Da zumindest zum jetzigen Zeitpunkt weiterhin gravierende organisatorische und rechtliche Unterschiede innerhalb der beiden Länder bestehen, sollen im Folgenden zunächst die beiden Gasrechtssysteme in ihrer heutigen Art ausführlich dargestellt werden. Anschließend sollen die Rechtssysteme gegenübergestellt werden, um Unterschiede und Gemeinsamkeiten zwischen den beiden Ländern aufzuzeigen. Wie darzustellen sein wird bestehen Abweichungen, aber auch Gemeinsamkeiten vor allem aufgrund der tatsächlichen Gegebenheiten und Organisationsstrukturen der jeweiligen Gasmärkte, so dass zunächst die beiden Gaswirtschaften in ihren Strukturen dargestellt werden müssen. Anschließend wird ein Vergleich mit den Vorgaben des dritten Binnenmarktpaketes durchgeführt und analysiert, inwiefern dieses zu einer weiteren Vereinheitlichung der Märkte führen kann und wird. Zu vermuten ist zur Zeit, dass auch nach Inkrafttreten des dritten Binnenmarktpaketes nationale Unterschiede zwischen den beiden Gaswirtschaften bestehen bleiben.

Indem den nationalen Gesetzgebern eine Frist zur Umsetzung bis zum 01. März 2011 eingeräumt wurde, sind die Vorgaben des dritten Binnenmarktpaketes zwar noch nicht verbindlich, aufgrund des zeitnahen Umsetzungsdatums soll trotzdem ausschließlich das dritte Binnenmarktpaket aus europarechtlicher Sicht untersucht werden.

156 VO 715/2009 Erwägungsgrund Nr. 13.

C. Zugang zum Gasnetz

Um die Bedeutung eines geregelten Zugangs zu den jeweiligen Gasnetzen darstellen und anschließend vergleichen zu können, ist es neben der rechtlichen Einordnung zunächst erforderlich, die tatsächlichen Strukturen in beiden Ländern zu erläutern und in diesem Zusammenhang den Begriff des Gases, des Gasnetzes und den des Zugangs mit Leben zu füllen.

I. Gas

Der in dieser Arbeit verwendete Begriff „Gas" richtet sich nach den Vorgaben der GasRL und den einzelnen nationalen Bestimmungen.

Nach Art. 1 Abs. 2 GasRL soll sich die Richtlinie neben Erdgas auch auf Biogas und Gas aus Biomasse oder andere Gasarten erstrecken, soweit es technisch und ohne Beeinträchtigung der Sicherheit möglich ist, diese Gase in das Erdgasnetz einzuspeisen und durch dieses Netz zu transportieren. Der deutsche Gesetzgeber definiert Gas in § 3 Nr. 19 a. EnWG „als Erdgas, Flüssiggas, sofern es der Versorgung im Sinne des § 1 Abs. 1 EnWG dient und, Biogas". Biogas wiederum wird nach § 3 Nr. 10 c EnWG definiert als „Biomethan, Gas aus Biomassen, Deponiegas, Klärgas und Grubengas".

In Spanien ist die Situation insofern eine etwas andere, als das es an einer übergeordneten gesetzlichen Regelung für „Gas" fehlt. Das den Gassektor regelnde Gesetz ist das Gesetz des Kohlenwasserstoffes, welches gemäß Art. 1 Nr. 1 LH die gesetzlichen Rahmenbindungen für alle Tätigkeiten im Zusammenhang mit flüssigen oder gasförmigen Kohlenwasserstoffen festlegt. Als ein Unterkapitel aller flüssigen oder gasförmigen Kohlenwasserstoffe finden sich im vierten Abschnitt des Gesetzes die Regelungen für Treibstoffgase und im zweiten Kapitel für Erdgas. Eine allgemeine Regelung, welche unterschiedliche Gassorten betrifft, ist dem spanischen System also fremd, da es ausdrücklich gesetzliche Regelungen nur für Erdgas besitzt.

Bei Erdgas handelt es sich um ein Gasgemisch, welches größtenteils aus Methan (zwischen 70 bis 99%) und daneben aus Ethan, Propan, Butan und weiteren Kohlenwasserstoffverbindungen besteht. Es entstand vor Millionen Jahren, und zwar entweder als Produkt von großen Mengen kleinster Lebewesen unter Abschluss von Luftsauerstoff und mit der Wirkung von Bakterien oder als Abkömmling von Steinkohle[157]. Es zeichnet sich im Vergleich zu anderen fossilen Brennstoffen insbesondere durch eine niedrigere CO 2-Produktion bei der Energiegewinnung aus (im Vergleich zur Braunkohle ca. die Hälfte)[158]. Je nach

157 *Cerbe,* Grundlagen der Gastechnik, S. 5.
158 *Cerbe,* Grundlagen der Gastechnik, S. 3.

Herkunft weist Erdgas jedoch eine unterschiedliche Zusammensetzung auf, so dass für eine beliebige Austauschbarkeit der Erdgase eine gemeinsame Bestimmung der Beschaffenheit der unterschiedlichen Gas notwendig ist[159]. Damit innerhalb der unterschiedlichen Länder der EU einheitliche Richtwerte gelten, ist im Rahmen des EASEE Gas 1[160] eine Richtlinie (CBP 2005-001/01) verabschiedet worden, die europaweit einheitliche Grenzwerte festlegt[161].

Insbesondere in Deutschland wird innerhalb des Oberbegriffes Erdgas unterschieden zwischen L-Gas (low calorific) und H-Gas (high calorific), wobei das wesentliche Unterscheidungskriterium[162] der jeweilige Brennwert ist. Dieser liegt bei den L-Gasen zwischen 9 kwh/m³ bis 10 kwh/m³ und bei den H-Gasen zwischen 11 kwh/m³ und 15 kwh/m³ und damit höher. Zu dem H-Gas gehört insbesondere das aus Russland gelieferte und das aus der Nordsee gewonnene Gas, wohingegen das Gas, welches im Inland und den Niederlanden gefördert wird, der L-Gruppe angehört[163]. Durch die Beimischung von Zusatzstoffen, z. B. Stickstoff, kann der Brennwert nach unten gepresst werden, so dass eine Konvertierung von H-Gas zu L-Gas möglich ist, umgekehrt ist dies jedoch nicht realisierbar[164]. Da also H- und L-Gas nicht einfach austauschbar sind, haben sich in Deutschland in sich abgeschlossene Versorgungsgebiete gebildet (im Jahre 2010 3 L- und 3 H-Gebiete), die entweder mit L-Gas oder mit H-Gas gespeist werden und miteinander nicht verbunden sind[165].

Innerhalb des spanischen Gasmarktes wird aufgrund der tatsächlichen Gegebenheiten dagegen auf eine solche Unterscheidung verzichtet, da dort ausschließlich Erdgas aus der H-Kategorie zum Einsatz kommt[166]. Wegen der vielfältigen Einsatzmöglichkeiten von Erdgas, vor allem aber auch wegen der niedrigen CO 2-Abgabe bei der Energieproduktion, ist innerhalb beider Länder davon auszugehen, dass die Bedeutung des Erdgases als Primärenergie in der Zukunft noch steigen wird.

159 In Deutschland regelt die DVGW-G 260 die Anforderungen die an die einzelnen Gase zu stellen sind.
160 European Association for the Streamlining of Energy Exchange -gas
161 Vgl. hierzu ausführlich *Cerbe,* Grundlagen der Gastechnik, S. 73 ff.
162 Ein weiteres Unterscheidungskriterium ist erstens der Methananteil, der bei H-Gas zwischen 87-99 Volumenprozent liegt und zweitens der Heizwert, welcher im Bereich zwischen 10 und 11 kWh/m³ liegt. „L-Gas" hingegen verfügt über einen Methananteil zwischen 80-87 Volumenprozent und über einen Heizwert, der im Bereich zwischen 8,2 und 8,9 kWh/m³ liegt.
163 *Olbricht,* Netzzugang in der deutschen Gaswirtschaft, S. 44; *Cerbe,* Grundlagen der Gastechnik, S. 40.
164 *Scheib,* Netzzugang im liberalisierten deutschen Gasmarkt, S. 19.
165 Vgl hierzu Kapitel 1, C. I.
166 *Fornelles de Frutos,* Anaurio de la Competencia, 2006, S. 195 (205).

Bei Biogasen stellt sich ein ähnliches Problem wie bei der Unterscheidung von H-Gas und L-Gas. Wie schon die Aufzählung in § 3 Nr. 10 c EnWG zeigt, werden hiervon unterschiedliche Sorten Gas umfasst, die demnach auch unterschiedliche Zusammensetzungen aufweisen. Außerdem ist festzuhalten, dass Biogas wegen des niedrigeren Brennwertes generell als Rohrgas gilt und somit, im Gegensatz zum oben beschriebenen Erdgas, nicht unter die Kategorie Brenngas fällt[167]. Darüber hinaus beinhaltet Biogas grundsätzlich Schwefelwasserstoff und greift deshalb die Leitungswände von Erdgaspipelines an. Aus diesen Gründen ist vor der Einspeisung von Biogas in die Gasversorgungsnetze immer eine kosten- und energieintensive Aufbereitung nötig[168]. Eine Ausnahme hiervon bildet das Deponiegas, welches ebenfalls zu der Kategorie Biogase gehört. Für dieses Gas scheidet eine solche Einspeisung schon grundsätzlich aus, da aufgrund seiner meist sehr unklaren Zusammensetzung eine Aufbereitung als „Bioerdgas", die den Anforderungen für eine Einspeisung in das Gasnetz genügt, nicht möglich ist[169]. Für die anderen Untergruppen ist eine solche Aufbereitung jedoch grundsätzlich möglich, so dass sie nach einer entsprechenden Aufbereitung in das Gasnetz eingespeist werden können[170].

Flüssiggas, welches auch als LPG („liquefied petroleum gas") bezeichnet wird, wird aus Erdölgasen und Erdöl oder Rohöl gewonnen. Anders als vereinzelt in der Literatur vertreten[171] handelt es sich hierbei nicht um flüssiges Erdgas, sondern um ein hiervon zu unterscheidendes Produkt. Es besteht vorwiegend aus Propan und Butan[172], wird im Gasnetz jedoch nur als Zumischgas verwendet und wird sonst in Flaschen und Behältern vertrieben[173], so dass ihm in der weiteren Bearbeitung keine Bedeutung mehr zukommt.

Folglich existiert eine Reihe von unterschiedlichen Gasformen, die sich überwiegend, teilweise nach einer entsprechenden Aufbereitung, in das Gasnetz einspeisen lassen. Da jedoch sowohl in Deutschland als auch in Spanien der Verbrauch von Erdgas ca. 80 % beträgt und damit den der anderen Gase bei weitem überwiegt - der Anteil des Biogases beträgt in Deutschland weniger als 3 %, in Spanien ca. 4 % - und aufgrund der Tatsache, dass Biogase meist direkt an der Produktionsstädte zur Strom- und Wärmeerzeugung eingesetzt werden und nicht ins Gasnetz eingespeist werden[174], wird sich die vorliegende Arbeit ausschließlich mit den Gasflüssen von Erdgas beschäftigen.

---

167 *Cerbe,* Grundlagen der Gastechnik, S. 76.
168 *Olbricht,* Netzzugang in der deutschen Gaswirtschaft, S. 46.
169 *Cerbe,* Grundlagen der Gastechnik, S. 2.
170 *Cerbe,* Grundlagen der Gastechnik, a.a.O.
171 *Salje,* § 3 Rn. 153.
172 *Cerbe,* Grundlagen der Gastechnik, S. 32.
173 *Scheib,* Netzzugang im liberalisierten deutschen Gasmarkt, S. 20.
174 *Scheib,* Netzzugang im liberalisierten deutschen Gasmarkt, a.a.O.

II. Gasnetz

Nachdem der Begriff des Gases für den weiteren Verlauf dieser Arbeit auf Erdgas beschränkt worden ist, ist es darüber hinaus notwendig, den Begriff des Gasnetzes zu definieren und zu erläutern. Denn im Gegensatz zum reinen Wortlaut wird innerhalb der Energiewirtschaft unter dem Begriff „Netz“ nicht nur ein Verbundsystem von Leitungen verstanden, sondern eine Vielzahl von sektorspezifischen Einrichtungen.

Auf europäischer Ebene wurde der Begriff „Netz“ erstmalig gemäß Art. 2 Nr. 12 der GasRL 98[175] legaldefiniert und findet sich in etwas erweiterter Form in Art. 2 Nr. 13 GasRL wieder.

Nach der geltenden Definition versteht man in der Gaswirtschaft unter dem Begriff „Netz“ *„alle Fernleitungsnetze, Verteilernetze, LNG-Anlagen und / oder Speicheranlagen, die einem Erdgasunternehmen gehören und / oder von ihm betrieben werden, einschließlich Netzpufferung und seiner Anlagen, die zu Hilfsdiensten genutzt werden, und der Anlagen verbundener Unternehmen, die für den Zugang zur Fernleitung, zur Verteilung und zu LNG-Anlagen erforderlich sind“.*
Neu im Vergleich zu der vorhergehenden Definition in der GasRL 98 ist insbesondere die Erwähnung von Speicheranlagen, sofern sie für den Zugang zur Fernleitung, zur Verteilung und zu LNG-Anlagen erforderlich sind[176].

Der für die vorliegende Arbeit untersuchte Begriff „Netz“ geht damit auf europäischer Ebene über die nahe liegende Interpretation von miteinander verbundenen Leitungen hinaus. Allerdings beinhaltet die vorgestellte Definition ausschließlich eine summarische Aufzählung der vom Netz umfassten Einrichtungen. Sie enthält darüber hinaus keinerlei inhaltliche Konkretisierung, die die Zwecke der einzelnen Einrichtungen betreffen.

Da die einzelnen Staaten bei der Umsetzung der angesprochenen GasRL einen gewissen Gestaltungsrahmen haben, werden bei der nachfolgenden Untersuchung über dem Wortlaut der GasRL hinaus auch die jeweiligen nationalen Regelungen betrachtet.

1. Gasnetz in Deutschland

Eine Legaldefinition des Gasnetzes findet sich in Deutschland im EnWG. Die in § 3 Nr. 20 EnWG verwendete Definition beschränkt sich auf „Gasversorgungsnetze“ und wurde vom deutschen Gesetzgeber zum Zweck der Umsetzung der

175 Abl. EG 1998, Nr. L 204/1.
176 Die Gründe hierfür sollen an späterer Stelle näher untersucht werden.

GasRL fast wörtlich von dieser übernommen. Ausdrücklich wurden allerdings *„solche Netzteile oder Teile von Einrichtungen, die für die örtliche Produktionstätigkeit verwendet werden"*, vom Gasversorgungsnetz ausgenommen.

Die Unterscheidung in der Wortwahl zwischen „Netz" und „Gasversorgungsnetz" ist hierbei ohne inhaltliche Bedeutung, da der deutsche Begriff des „Gasversorgungsnetzes" nur der sprachlichen Umsetzung des Gesetzes geschuldet ist, nach seinem Sinn und Zweck jedoch der Umsetzung der GasRL dient[177].

a) Fernleitungs- und Gasverteilernetze

In Deutschland unterscheidet man zwischen Fernleitungs- und Gasverteilernetzen. Diese werden zur Zeit von 704 Gasnetzbetreiben betrieben, wovon 18 den Fernleitungsnetzbetreibern und 686 den Verteilernetzbetreibern zugeordnet werden[178].

aa) Fernleitungsnetz

Bei einem Fernleitungsnetz handelt es sich um ein Gasnetz, das im Hochdruckbereich betrieben wird und mit dem Erdgas transportiert wird[179]. Zum Hochdruckbereich gehören alle Hochdruckleitungen (1 bis 100 bar), die ca. 27 Prozent des Leitungsnetzes in Deutschland ausmachen und einen Durchmesser von ca. 1200 mm haben[180]. Da die Kapazitäten der einzelnen Leitungen erst dadurch entstehen, dass ein unterschiedlicher Druck am Anfangs- und Endpunkt vorherrscht[181], die Ferngasleitungen in der Regel das Gas über große Strecken transportieren und der übliche Druckabfall innerhalb einer solchen Leitungen ca. 0,1 bar/km beträgt, werden ungefähr alle 80-130 km Verdichterstationen errichtet[182], die damit ebenfalls zu den Fernleitungen und mithin zum Gasnetz zählen.

Nach § 3 Nr. 19 EnWG dient das Fernleitungsnetz dazu, „die Versorgung von Kunden zu ermöglichen, jedoch nicht der Versorgung von Kunden selbst". Zur Ermöglichung der Versorgung von Kunden dienen zum einen die Transportnetze, die definiert werden als Netze mit direktem Zugang zu Importkapazitäten; dies ist insofern sehr bedeutsam, als Deutschland im Jahre 2008 sein Erdgas zu 86 % aus Exporten[183] bezog und nur noch zu 14 % aus inländischer Förde-

177 Begründung zum Entwurf eines Zweiten Gesetzes zur Neuregelung des Energiewirtschaftsrechts, BT-Drs. 15/3917, S. 49 vom 14.10.2004.
178 Bundesnetzagentur, Monitoringbericht 2009, S. 138.
179 *Olbricht*, Netzzugang in der deutschen Gaswirtschaft, S.39.
180 E.ON Ruhrgas, Erdgaswirtschaft 2008, S. 32.
181 *Olbricht,* Netzzugang in der deutschen Gaswirtschaft, S. 40.
182 *Cerbe,* Grundlagen der Gastechnik, S. 177.
183 Die für Deutschland wichtigsten Importeure stellen hierbei Russland (37 %), Norwegen (26 %), die Niederlande (19 %) sowie Dänemark und Großbritannien (zusammen ca. 4 %) dar.

rung[184]. Zum anderen dienen der Kundenversorgung auch die so genannten regionalen Ferngasnetze, die vor allem eine Weiterverteilungsfunktion haben und keine Importkapazitäten besitzen[185].

Das gesamte Fernleitungsnetz beträgt zur Zeit 56.476 km[186], wobei sich das Transportnetz zum überwiegenden Teil in der Hand von nur sechs Unternehmen befindet, wovon mit einem Anteil von ca. 60 % der mit Abstand größte Teil zu Eon Ruhrgas AG gehört. Das regionale Ferngasnetz wird im Wesentlichen unter acht regionalen Ferngasgesellschaften aufgeteilt.

Diese Fernleitungsnetzbetreiber sind jeweils als juristische Personen des Privatrechts organisiert. Einen übergeordneten nationalen Fernleitungsnetzbetreiber, der für das gesamte nationale Fernleitungsnetz zuständig ist, gibt es bislang somit nicht.

Ausdrücklich ausgenommen vom Fernleitungsnetz sind nach § 3 Nr. 19 EnWG die vorgelagerten Rohrleitungen. Gemäß § 3 Nr. 39 EnWG handelt es sich hierbei um „Rohrleitungen oder ein Netz von Rohrleitungen, deren Betrieb oder Bau Teil eines Öl- oder Gasgewinnungsvorhabens ist oder die dazu verwendet werden, Erdgas von einer oder mehrerer solcher Anlagen zu einer Aufbereitungsanlage, zu einem Terminal oder zu einem an der Küste gelegenen Endanlandeterminal zu leiten, mit Ausnahme solcher Netzteile oder Teilen von Einrichtungen, die für örtliche Produktionstätigkeiten verwendet werden". Hierbei handelt es sich folglich um diejenigen Leitungen, welche funktional noch zur Gasgewinnung selbst zählen und nicht primär der Versorgung von Dritten dienen.

bb) Verteilernetz

Das Verteilernetz wird vor allem im Bereich des Niederdrucks (<100mbar) 50-150 mm und des Mitteldrucks (0,1-max. 1bar) 80-300 mm betrieben[187]. Eine exakte Unterscheidung nach Druckstufen kann jedoch nicht getroffen werden, da gegebenenfalls bei der Belieferung von Kunden mit sehr hohen Absatzmengen das Verteilernetz auch im Hochdruckbereich betrieben wird und die betreffende Leitung damit bei einer Einteilung ausschließlich nach Druckstufen dem Fernleitungsnetz zu zuordnen wäre. Deshalb ist neben der Einteilung nach Druckstufen eine Abgrenzung nach Sinn und Zweck erforderlich. Gemäß der Gesetzesdefinition aus § 3 Nr. 37 EnWG handelt es sich bei Verteilung um den *„Transport von Gas über örtliche oder regionale Leistungsnetze, um die Ver-*

184 *Schiffer*, ET 03/2009, S. 57.
185 *Scheib,* Netzzugang im liberalisierten deutschen Gasmarkt, S. 26.
186 BDEW Gasstatistik, Stand 31.12.2005 (neuere Angaben liegen nicht vor).
187 E.ON Ruhrgas, Erdgaswirtschaft 2008, S. 33.

sorgung von Kunden zu ermöglichen, jedoch nicht die Belieferung der Kunden selbst.“

Diese Formulierung ist jedoch etwas unglücklich ausgefallen, dient sie doch der Umsetzung von Art. 2 Nr. 5 GasRL[188], nach der es heißt, *„Verteilung sei der Transport von Erdgas über örtliche oder regionale Leistungsnetze zum Zweck der Belieferung von Kunden, jedoch mit der Ausnahme der Versorgung“.* Da die GasRL in Art. 2 Nr. 7 Versorgung als den Verkauf einschließlich des Weiterverkaufs von Erdgas an Kunden definiert, bedeutet die europäische Definition von Verteilung den Transport von Erdgas über Netze, um die Kunden zu beliefern, jedoch ohne den Verkauf bzw. Weiterverkauf. Die deutsche Definition ist daher auslegungsbedürftig. Da nach der amtlichen Begründung zum EnWG die europäische Richtlinie umgesetzt werden sollte und der Wille des Gesetzgebers Vorrang genießt, sobald der Wortlaut nicht der gesetzgeberischen Absicht entspricht, ist die deutsche Regelung entsprechend der europäischen Definition so zu lesen, dass die Verteilung den Transport des Gases über Netze bedeutet - um den Kunden zu beliefern - , nicht jedoch den Verkauf bzw. Weiterverkauf. Sich dieser Definition anschließend wird sowohl den europäischen Vorgaben als auch dem Grundsatz der Entflechtung entsprochen[189].

Das Verteilernetz dient also dazu, die Kunden zu beliefern, wohingegen das Transportnetz diese Belieferung überhaupt erst ermöglichen soll, ohne selbst unmittelbar der Belieferung zu dienen.

Neben der Einteilung nach Druckstufen oder der inhaltlichen Unterscheidung von Fernleitung und Verteilung können die Fernleitungsnetze von den Verteilernetzen auch durch die Art der Netzsteuerung unterschieden werden. Denn in der Regel handelt es sich bei den Verteilernetzen um druckgesteuerte Netze, während es sich bei Fernleitungsnetzen um mengengesteuerte Netze handelt. Innerhalb eines druckgesteuerten Netzes hält der Netzbetreiber den Druck konstant, so dass die Einspeisemenge der Ausspeisemenge entspricht. Nachfrageschwankungen können auf diese Weise allerdings nicht ausgeglichen werden. Innerhalb des mengengesteuerten Fernleitungsnetzes können Abweichungen zwischen Ein- und Ausspeisemenge dagegen durch einen Leistungspuffer, der durch variablen Druck entsteht, ausgeglichen werden. Sie werden daher auch aktive Netze genannt[190].

188 BT-Drucks. 15/3917, S. 49.
189 Ausführlich hierzu *Theobald*, in D/T, EnWG, § 3 Rn. 276 ff.
190 *Scheib,* Netzzugang im liberalisierten deutschen Gasmarkt, S. 25.

Zur Zeit hat das deutsche Verteilernetz eine Gesamtlänge von 342.324 km [191], durch welches über ungefähr 9,1 Mio. Ausspeisepunkte Letztverbraucher beliefert werden[192]. Diese Aufgabe nehmen derzeit lokale Verteilerunternehmen - vor allem die Stadtwerke - wahr[193].

cc) Marktgebiete

In Deutschland findet sich die Besonderheit, dass innerhalb der nationalen Grenzen in sich abgeschlossene Gebiete, so genannte Marktgebiete, existieren, die aus einem oder mehreren Fernleitungsnetzen und den nachgelagerten Verteilernetzen bestehen. Der Begriff der Marktgebiete wird weder innerhalb des EnWG noch innerhalb der GasNZV a.F. definiert. Er wird nur beiläufig in § 112 S. 3 Ziffer 6 EnWG erwähnt[194]. Erst im Zuge der Diskussion um das Gasnetzzugangsmodell[195] und der anschließenden Festlegung der Bundesnetzagentur auf das Zwei-Vertrags-Modell[196] verwendeten die jeweiligen Netzbetreiber diesen Begriff und verstanden darunter das Gebiet, in welchem ein Gasnetzzugang mit nur zwei Verträgen möglich sein sollte. Schnell setzte sich dieser Begriff sowohl innerhalb der energiewirtschaftlichen Praxis als auch des Energierechts durch und wird nunmehr durch die neue GasNZV erstmalig nach § 2 Nr. 10 GasNZV als *„die Zusammenfassung gleichgelagerter und nachgelagerter Netze, in denen Transportkunden gebuchte Kapazitäten frei zuordnen, Gas an Letztverbraucher ausspeisen und in andere Bilanzkreise übertragen können,“* definiert.

Ein solches Marktgebiet besteht aus einem oder mehreren Netzen der unterschiedlichen Netzkategorien mit jeweils verschiedenen Eigentümern, wobei ein Marktgebiet regelmäßig unter der Beteiligung mindestens eines Ferngasnetzbetreibers gebildet und unterhalten wird. Das Marktgebiet erstreckt sich dabei von den jeweiligen Einspeisepunkten des Netzes des Ferngasnetzbetreibers, welche sich auf einen oder mehrere Importeinspeisepunkte oder auf eine inländische Gasquelle beziehen können, bis zu den Ausspeisepunkten der dem Marktgebiet zugeordneten Letztverbraucher. Alle dem Fernleitungsnetz nachgelagerten Netze sind in das betreffende Marktgebiet integriert, was dazu führt, dass alle Ausspeisepunkte im Marktgebiet durch sämtliche Einspeisepunkte erreicht werden können. Außerdem muss jeder Letztverbraucher mindestens über ein Marktge-

191 BDEW Gasstatistik, Stand 31.12.2005 (neuere Angaben liegen nicht vor)
192 Monitorinbericht 2009 S. 141.
193 Zur Zeit gibt es in Deutschland ca. 700 Stadtwerke.
194 *Olbricht,* Netzzugang in der deutschen Gaswirtschaft, S. 185.
195 *Olbricht,* Netzzugang in der deutschen Gaswirtschaft, a.a.O.
196 ausführlich hierzu unter Kapitel 1, C. II. 4. b) bb).

biet Zugang zur Belieferung durch einen Gashändler haben[197], und der jeweilige Ausspeisepunkt darf nur genau einem Marktgebiet angehören[198].

Die weitere Organisation innerhalb des Marktgebietes im Sinne einer Kooperation wird in einer sogenannten „Kooperationsvereinbarung III“ (nachfolgend „KoV III“) geregelt. Hierbei handelt es sich um eine multilaterale Vereinbarung, die zwischen allen Betreibern von in Deutschland gelegenen Gasversorgungsnetzen abgeschlossen werden soll[199].

Die zentrale Ferngasgesellschaft im jeweiligen Marktgebiet stellt dann den so genannten marktgebietsaufspannenden Netzbetreiber bzw. Marktgebietsverantwortlichen dar. Sämtliche Marktgebietsverantwortlichen sind in Anlage 1 der Kooperationsvereinbarung III bzw. im Internet [200] abschließend aufgelistet[201]. Diese, das Gebiet aufspannenden Ferngasnetzbetreiber, sind nach §§ 4 Nr. 2 KoV III, 20 GasNZV verpflichtet, innerhalb ihres jeweiligen Marktgebietes einen virtuellen Handelspunkt zu betreiben. Von diesem virtuellen Handelspunkt aus kann jeder Ausspeisepunkt in dem Marktgebiet erreicht werden, unabhängig davon, ob die Ausspeisung auf der Ebene des örtlichen Verteilernetzbetreibers oder einer anderen Netzebene liegt. Darüber hinaus ermöglicht der virtuelle Handelspunkt den flexiblen Handel, ohne dass eine Kapazitätsbuchung notwendig ist (§ 4 Nr. 2 KoV III).

Des Weiteren gehören nach § 20 GasNZV neben dem Betrieb des virtuellen Handelspunktes die Bilanzkreisabwicklung, insbesondere die Vertragsabwicklung, Datenübermittlung und Veröffentlichung sowie die Abrechnung der Bilanzkreise, die Beschaffung und die Steuerung des Einsatzes von Regelenergie zu den Aufgaben der marktgebietsaufspannenden Fernleitungsnetzbetreiber.

Nach § 21 der GasNZV werden die Fernleitungsnetzbetreiber zunächst zum 1. April 2011 verpflichtet, die Anzahl der Marktgebiete für L-Gas auf höchstens eines und die Marktgebiete für H-Gas auf höchstens zwei zu reduzieren. Als H-Gas-Marktgebiet gilt ein Marktgebiet dann, wenn es überwiegend Erdgas in H-Gasqualität enthält. Bis zum 1. August 2013 werden die Fernleitungsnetzbetrei-

197 *Brühl / Weissmülle,* Gasnetzzugang, Rn. 43.
198 Vereinbarung über die Kooperation gemäß § 20 Abs. 1 b) EnWG zwischen den Betreibern von in Deutschland gelegenen Gasversorgungsnetzen (Änderungsfassung 29.07.2008) § 5 Abs. 1.
199 Ausführlich dazu unter Kapitel 2 .C. I.
200 Vgl.www.gasnetzkarte.de.
201 Bei der Kooperationsvereinbarung handelt es sich um die Umsetzung der Verpflichtung der Gasnetzbetreiber aus § 20 Abs. 1 EnWG, untereinander in dem Ausmaß verbindlich zusammenzuarbeiten, das erforderlich ist, damit der Transportkunde zur Abwicklung auch über mehrere, durch Netzkopplungspunkte miteinander verbundene Netze nur einen Einspeise- und einen Ausspeisevertrag abschließen muss, es sei denn, diese Zusammenarbeit ist technisch nicht möglich oder wirtschaftlich nicht zumutbar.

ber verpflichtet, die Maßnahmen umzusetzen, die am geeignetsten und wirtschaftlichsten sind, um höchstens zwei Marktgebiete in Deutschland zu erreichen. Um dieses Ziel zu erreichen, steht der Bundesnetzagentur (BNetzA) die Möglichkeit einer Missbrauchsverfügung nach § 65 EnWG i.V.m. § 21 Abs. 2 GasNZV offen.

Zur Zeit wird Deutschland in 3 H-Gas-Marktgebiete und 3 L-Gas- Marktgebiete unterteilt, was eine deutliche Verminderung gegenüber der früheren Situation darstellt. Noch 2006 bei Einführung des zwei - Vertrags – Modells wurde Deutschland in 28 Marktgebiete (Teilnetze) unterteilt. Diese große Anzahl wurde dann jedoch auf Druck der BNetzA zügig zunächst auf 19 und innerhalb des nächsten Jahres auf 12 reduziert[202].

b) LNG-Anlagen

Ebenfalls zum Gasnetz gehören die so genannten LNG-Anlagen, die in § 3 Nr. 26 EnWG als *„Kopfstation zur Verflüssigung von Erdgas oder zur Einfuhr, Entladung und Wiederverdampfung von verflüssigtem Erdgas"* definiert werden. Die Verflüssigung von Erdgas ist ein Prozess, der immer dann vorteilhaft ist, wenn der Transport von den Förderregionen zu den Verbrauchsregionen nicht möglich oder nicht wirtschaftlich ist. In solchen Fällen wird das gewonnene Gas in so genannten Verflüssigungsanlagen durch Abkühlung auf Minus 160 Grad Celsius verflüssigt. Durch diesen Prozess nimmt das Gas nur noch 1/600 des ursprünglichen Volumens ein, so dass sehr große Mengen transportiert werden können. Dieses verflüssigte Gas wird dann auf spezielle Tanker verladen, die ein Volumen von bis zu 145.000 m³ aufnehmen können, was einem Energiegehalt pro Ladung von ca. 0,9 bis 1 TWH[203] entspricht. Sobald dieses flüssige Gas an seinen Bestimmungsort angelangt ist, wird es dort regasifiziert und in abermals gasförmiger Form in die Pipelines geleitet[204].

In Deutschland ist diese Art des Gastransportes wegen seiner Unwirtschaftlichkeit[205] bislang nicht zum Zuge gekommen. Eine erste Regasifizierungsanlage befand sich zwischenzeitlich zwar am Standort Wilhelmshaven in Planung[206], hiervon wurde mittlerweile aber wieder Abstand genommen. Im Gegensatz dazu nimmt der Anteil von LNG in Spanien den mit Abstand höchsten Stellenwert ein. Im Jahre 2007 wurden 68 % des spanischen Gasverbrauches durch solch flüssiges Erdgas gedeckt[207].

---

202 Müller-Kirchenbauer/Thole/Stratman,_BK, Bd. 1, § 20, Rn.230.
203 TWG bezeichnet eine Terawattstunde, also eine Milliarde kWh.
204 *Scheib,* Netzzugang im liberalisierten deutschen Gasmarkt, S.22.
205 Der Einsatz von LNG Tankern ist zur Zeit erst ab ca. einer Entfernung von 3.000 km kostengünstiger.
206 *Monopolkommission,* Strom und Gas 2007, Rn. 432.
207 El Sistema Gasista Espanol, S. 12, www.enagas.es

Weltweit gab es im Jahre 2007 insgesamt nur 17 Verflüssigungsanlagen für LNG und 49 Empfangsterminals, davon im Jahre 2007 allein 6 in Spanien[208], was den enormen Stellenwert in Spanien unterstreicht.

c) Speicheranlagen

Nach § 3 Nr. 20 EnWG gehören auch diejenigen *„Speicheranlagen, die für den Zugang zur Fernleitung, zur Verteilung und zu LNG-Anlagen erforderlich sind (...)"* zum Gasversorgungsnetz. Unter Speicheranlagen versteht das Gesetz nach § 3 Nr. 31 EnWG: *„eine einem Gasunternehmen gehörende oder von ihm betriebene Anlage zur Speicherung von Gas, einschließlich des zu Speicherzwecken genutzten Teils von LNG-Anlagen (...)"*.
Innerhalb der Gaswirtschaft werden darunter sowohl Ober- als auch Untertagespeicher verstanden, die zum Ausgleich von untertägigen, wöchentlichen oder saisonalen Verbrauchsschwankungen eingesetzt werden[209]. Dieser Ausgleich ist für die Energieversorgungsunternehmen (EVU) insbesondere deswegen von Bedeutung, da sich so die Kosten des Gasbezuges minimieren lassen, da Überschreitungen des gleichmäßigen vereinbarten Gasbezuges in der Regel zu hohen Preisen führen [210].

Obertagespeicher können wegen ihres geringen Speichervolumens (in ganz Deutschland ca. 0,033 Nm^3) jedoch nur für kurzfristige Schwankungen eingesetzt werden, so dass insbesondere die saisonalen Abweichungen durch die Untertagespeicher ausgeglichen werden[211]. Die Untertagespeicher werden unterschieden in Porenspeicher (bei diesen wird Erdgas in den Poren eines Speichergesteins gelagert), Kavernenspeicher (dabei handelt es sich um unterirdische Hohlräume, die im Salzgestein durch Aussolen geschaffen wurden) und Speicher in künstlich angelegten Grubenräumen[212], wobei zur Zeit die Poren- und Kavernenspeicher den größten Anteil in Deutschland ausmachen[213].

In Deutschland werden ca. 19 Mrd. Nm^3 nutzbares Arbeitsgas in Untertagespeichern gespeichert,[214] welches die weltweit viertgrößte Untertagekapazität bedeutet und 28 % der gesamten europaweit vorhandenen Kapazitäten ausmacht[215].

208 Información básica de los sectores de la energía-2009-,S. 143, www.cne.es
209 *Scheib,* Netzzugang im liberalisierten deutschen Gasmarkt, S.22.
210 *Cerbe,* Grundlagen der Gastechnik, S. 256. ausführlich hierzu siehe unter. Kapitel 2, E. I. 3.
211 E.ON Ruhrgas, Erdgaswirtschaft 2008, S. 33.
212 E.ON Ruhrgas, Erdgaswirtschaft 2008, S. 33.
213 Monitorinbericht 2009 S. 256.
214 E.ON Ruhrgas, Erdgaswirtschaft 2008, S. 33.
215 Monopolkommission, Strom und Gas: Energiemärkte im Spannungsfeld von Politik und Wettbewerb 2009, S. 170.

Dagegen existiert in Spanien eine Untertagespeicherkapazität von 3.779 Mrd. Nm^3 [216].

Fraglich ist, wann solche Speicheranlagen für den Zugang zur Fernleitung, zur Verteilung und zu LNG-Anlagen *erforderlich* i.S.d § 3 Nr. 20 EnWG sind und damit unter die Definition des Gasversorgungsnetzes fallen und wann es sich um eine außerhalb dieser Definition befindliche Speicheranlage handelt, deren Zugang nicht nach § 20 EnWG reguliert ist, sondern auf vertraglicher Grundlage nach §§ 26, 28 EnWG eingeräumt werden kann.

Anders als § 3 Nr. 20 EnWG sieht § 28 EnWG einen Zugang zu Speicheranlagen immer dann vor, wenn dieser für einen effizienten Netzzugang im Hinblick auf die Belieferung der Kunden *technisch oder wirtschaftlich erforderlich* ist. Somit nehmen § 3 Nr. 20 EnWG und § 28 Abs. 1 EnWG die Abgrenzung aufgrund einer unterschiedlichen Definition des Erforderlichkeitskriteriums vor.

Daher stellt sich die Frage, wann § 3 Nr. 20 EnWG und wann § 28 EnWG einschlägig ist. Dies ist vor allem deshalb relevant, weil sich bei § 3 Nr. 20 EnWG im Unterschied zu § 28 Abs.1 EnWG nicht das Problem stellt, ob ein Zugang für einen effizienten Netzzugang im Hinblick auf *die Belieferung* von Kunden erforderlich ist, sondern die Frage, ob die Speicheranlage für den Zugang zum Gasversorgungsnetz *generell* erforderlich ist. In solchen Fällen muss der Zugang bereits nach § 20 EnWG gewährt werden.

Der Wortlaut, „für den Zugang zur Fernleitung, zur Verteilung und zur LNG-Anlage **erforderlich**", bedeutet, dass der Zugang hierfür unbedingt notwendig im Sinne von unerlässlich sein muss. Das heißt, dass eine Speichernutzung dann erforderlich ist, wenn sie nicht hinweg gedacht werden kann, ohne dass der Netzzugang insgesamt entfiele[217]. Somit verlangt § 3 Nr. 20 EnWG für die Subsumtion unter das Gasversorgungsnetz, dass erst der Speicherzugang den Netzzugang ermöglicht[218]. Dieser Überlegung folgend, kann die Erforderlichkeit nach § 3 Nr. 20 EnWG nur die technische Erforderlichkeit meinen, da nur bei einer technisch-physischen Notwendigkeit der Zugang zu Speicheranlagen unerlässlich für den Netzzugang ist. Wirtschaftliche Erwägungen können dagegen keine Rolle spielen.

Um zu beurteilen, wann eine solche technische Erforderlichkeit vorliegt, ist nach Fernleitungs- und Verteilernetzebene zu unterscheiden, da ein Zugang von Speicheranlagen zum Gasversorgungsnetz auf Verteilernetzebene i.d.R. nicht erfor-

216 Información básica de los sectores de la energía-2009-, S. 154, www.cne.es
217 *Däuper,* in D/T, § 28 B1 EnWG Rn. 16; *Fischerauer,* Regulierung des Zugangs zu Speicheranlagen, S. 145.
218 *Fischerauer,* Regulierung des Zugangs zu Speicheranlagen, a.a.O.

derlich ist. Auf Fernleitungsnetzebene kann dies dagegen bezüglich des Zugangs zu Kavernen- und Porenspeichern anders sein. Wegen ihrer Größe kann man durch den Einsatz dieser Speicher Übertragungsengpässe auffangen und dadurch den Netzbetrieb aufrecht erhalten, so dass eine technische Erforderlichkeit vorläge. Die Aufgabe der Speicheranlagen erschöpft sich aber gerade nicht in dieser Funktion, sondern ihnen kommt regelmäßig neben der technischen zusätzlich eine wirtschaftliche Funktion zu, da ohne die von ihnen gewährleistete Flexibilität eine Belieferung der Kunden zu wirtschaftlichen Konditionen nicht möglich wäre[219]. Sobald jedoch nicht allein eine technische Erforderlichkeit vorliegt, sondern darüber hinaus eine wirtschaftliche Erforderlichkeit hinzukommt, ist fraglich, ob solche Fälle auch von § 3 Nr. 20 EnWG erfasst werden. Dies ist im Wege der Auslegung zu ermitteln. Danach erscheint es sachgerecht, solche Fälle aus dem Anwendungsbereich des § 3 Nr. 20 EnWG herauszunehmen.

Für eine solche Auslegung spricht neben dem Wortlaut vor allem die Gesetzessystematik im Zusammenhang mit § 28 EnWG. Da der § 28 EnWG den Regelfall für den Zugang zu Speicheranlagen darstellt und die Eingliederung der Speicheranlagen in das Netz die Ausnahme, würde der § 28 EnWG praktisch seine Bedeutung verlieren, wenn die Erforderlichkeit nach § 3 Nr. 20 EnWG nicht nur technische, sondern auch wirtschaftliche bzw. gemischt technisch-wirtschaftliche Hinderungsgründe umfassen würde. Für einen solchen Fall würden unter § 28 EnWG nämlich nur die Fälle zu subsumieren sein, bei denen der effiziente Zugang zum Speicher für die *Belieferung des Kunden* technisch und/oder wirtschaftlich erforderlich ist, aber **nicht erforderlich ist** für den Zugang zur Fernleitung, zur Verteilung und zu LNG-Anlagen nach § 3 Nr. 20 EnWG. Dies wäre immer nur dann der Fall, wenn der Zugang ausschließlich für die Belieferung des Kunden erforderlich ist, nicht aber auch gleichzeitig für den Netzzugang ohne Belieferungszweck. Im Normalfall ist jedoch eine Belieferung des Kunden gerade das Ziel des Netzzugangspetenten, so dass die Fälle der Erforderlichkeit für die Belieferung des Kunden somit fast immer auch eine Erforderlichkeit für den Zugang zum Netz an sich erfassen würden. Eine solche Auslegung des § 3 Nr. 20 EnWG, welche die Erforderlichkeit sowohl für technische, als auch wirtschaftliche Gegebenheiten umfassen würde, hätte daher zur Folge, dass fast jeder Speicher, der eigentlich dem Anwendungsbereich des § 28 Abs. 1 EnWG unterfällt, zugleich dem Gasversorgungsnetz zuzuordnen wäre und damit unter § 20 EnWG fallen würde. Damit würde aber für die eigentliche Speicherzugangsbestimmung des § 28 EnWG kaum noch eine Anwendungsbereich verbleiben [220]. Da dies mit der Regelungssystematik und dem darin ausgedrückten gesetzgeberischen Wille unvereinbar wäre, kann von der „Erforderlichkeit“

219 *Däuper,* in D/T, § 28 B1 EnWG Rn. 16 ff.
220 *Fischerauer,* Regulierung des Zugangs zu Speicheranlagen, a.a.O.

i.S.d. § 3 Nr. 20 EnWG **nur** die technische Notwendigkeit gemeint sein[221]. Denn durch die Regelung zum Speicherzugang in § 28 EnWG hat der Gesetzgeber gerade verdeutlicht, dass er den Zugang (zumindest) zum Großteil der Speicheranlagen getrennt vom Netz regeln wollte. Es stünde im Widerspruch zu dieser Intention des Gesetzgebers, wenn diese Untertagespeicheranlagen, die den weit überwiegenden Teil der Kapazitäten umfassen, vom Anwendungsbereich des § 28 EnWG ausgenommen würden. Eine Subsumtion von Speicheranlagen unter den Begriff des Gasversorgungsnetzes nach § 3 Nr. 20 EnWG und damit ein regulierter Zugang nach § 20 EnWG wird deswegen nur in den Ausnahmefällen der technischen Erforderlichkeit möglich sein[222].

Ein solcher Ausnahmefall der ausschließlich technischen Erforderlichkeit liegt zum Beispiel im Falle von kurzfristigen Abnahmeschwankungen vor (sei es wegen Wartungsarbeiten oder aus unfallbedingten Gründen), bei denen die Speicher die Aufgabe haben, die Abnahme von Erdgas abzupuffern, ohne die Bandlieferung unterbrechen zu müssen.

Anders verhält es sich aber bei dem weitaus wichtigeren Beispiel der saisonalen Ausgleichungen. Hierbei werden durch den Einkauf so genannter Bandlieferungen vor allem wirtschaftliche Vorteile erzielt[223]. Indem der Lieferant ganzjährig gleich bleibende Gaslieferungen bezieht und die Überdeckungsmengen im Sommer einspeichert, kann er kostengünstigere Bezugsverträge abschließen. Für einen solchen Fall, bei dem der Zugang zwar auch technisch, aber vor allem wirtschaftlich für die Belieferung von Kunden erforderlich ist, kommt somit nur ein Zugangsanspruch nach § 28 EnWG in Betracht[224].

Im folgenden kann also davon ausgegangen werden, dass innerhalb des deutschen Gassystems Speicheranlagen, die für den Ausgleich saisonaler Schwankungen benötigt werden, größtenteils nicht unter den Begriff Gasversorgungsnetz und damit nicht unter den regulierten, sondern unter den verhandelbaren Zugang zum Gasnetz fallen, da neben einer technischen Notwendigkeit vor allem auch eine wirtschaftliche Notwendigkeit besteht.

2. Gasnetz in Spanien

Das spanische Rechtssystem enthält - anders als das deutsche Recht - keine Definition eines Gasnetzes im Sinne des Art. 2 Nr. 13 GasRL und folglich auch keine Legaldefinition der einzelnen Einrichtungen des Gasnetzes am Anfang des

221 so auch *Olbricht,* Netzzugang in der deutschen Gaswirtschaft, S. 375.
222 *Däuper,* in D/T,§ 28 B1 EnWG Rn. 18.
223 *Salje,* EnWG, § 3 Rn 168 ff; *Arndt,* Britz/Hellermann/Hermes, § 28 Rn. 5.
224 Siehe ausführliche Erläuterung an Beispielen bei *Rosin/Heinlein,* ET 2002, S. 499 (500), *Olbricht,* Netzzugang in der deutschen Gaswirtschaft, S. 375 .

Gesetzes, sondern spricht in Art. 59 LH von dem *Gassystem,* welches aus einem Basisnetz („red básica"), den sekundären Transportnetzen („redes de transporte secundario") und dem Verteilernetz („redes de distribución") besteht. Wenn im folgenden daher vom *Gasnetz* die Rede sein wird, ist damit in Bezug auf Spanien deren *Gassystem* gemeint.

a) Basisnetz

Das so genannte Basisnetz wird in Art. 59 Nr. 2 LH legal definiert als bestehend aus den primären Transportgasleitungen, die mit einem Druck von 60 bar oder mehr betrieben werden, den Anlagen zur Wiederverdampfung des LNG[225], den „Basis" Speicheranlagen[226] sowie den Verbindungen zwischen den Gasaufkommen und den Leitungen bzw. den Speicheranlagen und internationalen Leitungen mit anderen Systemen bzw. ausländischen Fundorten.

Bezüglich der einzelnen Erläuterungen zu den LNG-Anlagen und den Speicheranlagen kann wegen der technischen Details auf die Erklärungen zum deutschen Netz verwiesen werden. Problematisch ist die Einordnung der Speicheranlagen, da vom Gassystem nur die „Basis" (básico) Speicher umfasst werden. Die Nicht-basis (no básico) Speicher, werden hingegen in Art. 61 Abs. 2 S. 3 LH ausdrücklich vom regulierten Zugang ausgeschlossen und einem System des verhandelbaren Zugangs unterstellt. Diese Unterscheidung zwischen den Speicherarten, eingeführt durch das Gesetz 12/2007 (Ley 12/2007), besteht bislang jedoch ausschließlich formal. Es existiert bislang nämlich keine Definition der beiden Begriffe, so dass eine Einordnung der einzelnen Anlagen unter einen der beiden Begriffe nicht möglich ist[227]. In diesem Sinne erklärte auch die CNE in ihrem Bericht 4/2008[228], dass eine Subsumtion erst dann möglich ist, sobald der Gesetzgeber eine verbindliche Definition geschaffen hat. Da eine solche Definition bis zum heutigen Tag nicht stattgefunden hat, gelten die bestehenden Speicherarten als „Basisspeicher" und fallen weiterhin unter das System des regulierten Zugangs.

Die Frage, ob die Speicheranlage für den Zugang erforderlich ist, stellt sich daher in Spanien noch nicht. Ein verhandelbarer Zugang zu Speicheranlagen ist nicht möglich, so dass für den Zugang zu den spanischen Speicheranlagen grundsätzlich dieselben Bedingungen gelten wie für die übrigen unter den Begriff des Gasnetzes fallenden Anlagen.

---

225 Der Anteil von flüssigem Erdgas beträgt fast 70 % des Gasverbrauches. Die sechs Wiederverdampfungsanlagen befinden sich in Barcelona, Huelva, Cartagena, Bilbao, Sargunto und Murgados.

226 bislang gibt es solche nur in Gaviota und Serrablo, jedoch weitere geplant siehe hierzu *Sanchez Gutiérrez,* La Regulaciòn del Sector del Gas Natural, S. 281.

227 *Alexandre Díez Baumann,* Commentarios a las leyes de energeticas, Tomo II, S. 508.

228 Abrufbar unter www.cne.es.

b) Sekundäres Transportnetz

Neben dem unter das Basisnetz fallende primäre Transportnetz definiert der spanische Gesetzgeber das zweite oder sekundäre Transportnetz eigenständig als diejenigen Gasleitungen, die Gas mit einem Druck von 16 bis 60 bar transportieren können.

Die Transportnetze primärer und sekundärer Ordnung sind damit in etwa vergleichbar mit dem deutschen Fernleitungsnetz, wobei unter letzteres auch Hochdruckleitungen von unter 16 bar fallen können, wohingegen in Spanien die Einteilung nach Druckstufen der einzig bestimmende Faktor ist. Zur Vereinfachung wird die Parallele zwischen dem spanischen Transport- und dem deutschen Fernleitungsnetz im folgenden jedoch gezogen und nur an denjenigen Stellen, an denen sich durch die unterschiedliche Begriffsbestimmung tatsächlich Differenzen ergeben, wird darauf an der entsprechenden Stelle eingegangen.

Im Gegensatz zu Deutschland ist die Ausbreitung der Netze in Spanien bei weitem nicht so universell ausgeprägt, was sich vermutlich durch die geographische Lage und der durch das Klima bedingten geringeren Nachfrage nach Gas zum heizen erklären lässt. In den letzten Jahrzehnten lässt sich jedoch eine sehr schnelle Ausbreitung der Netze beobachten. Betrug die Ausbreitung des gesamten spanischen Leitungsnetzes im Jahr 1990 noch 14.000 km, beinhaltete es 2007 bereits 63.139 km[229], von denen Ende 2007 insgesamt 8.634 km dem so genannten Fernleitungsnetz zuzuordnen waren. 6.660 km davon entfielen auf ENAGAS S.A, was einer Quote von etwa 77 % entspricht. Zweitgrößter Transportnetzbetreiber war Gas Natural SDG mit einem Streckennetz von 578 km, was einem Marktanteil von etwa 6,69 % entspricht. Auf den weiteren Plätzen folgen Endesa Gas Transportista mit einem Anteil von 371 km (ca. 4,3 %), Naturgas Energía Transporte mit 307 km (etwa 3,56 %), Al-Ànduas mit 277 km (ca. 3,21 %) Gasoductos de Extremadura mit 250 km (ca. 2,9 %) sowie einige kleinere Unternehmen, die jedoch wegen ihres geringen Anteils am Markt zu vernachlässigen sind. Die faktische Monopolstellung eines einzelnen Netzbetreibers ist damit viel ausgeprägter als in Deutschland, wobei auf diesen Aspekt unter der Beschreibung des technischen Fernleitungsnetzbetreibers noch näher eingegangen wird.

Spanien ist noch stärker als Deutschland vom Import abhängig. Noch im Jahre 2008 wurde 99,7 % des Gases, d.h. fast der gesamte Bedarf, importiert. Die wichtigsten spanischen Importländer setzen sich dabei wie folgt zusammen: Algerien 33 %, Nigeria 22 %, Golfstaaten 13 % Trinidad Tobago 12 %, Ägypten

---

229 http://www.sedigas.es/informeanual/2008/4.3.1_ProcedenciaImportaciones.htm.

11 % Norwegen 7 %, Lybien 1,% Frankreich 0,3 % und ein zu vernachlässigender Rest aus anderen Ländern[230].

Um diesen großen Importanteil zu realisieren, wird das Erdgas sowohl über Schiffe in Form von flüssigem Erdgas, als auch über internationale Transportleitungen importiert. Zur Zeit verfügt Spanien über fünf internationale Verbindungen für den Import, von denen zwei mit Frankreich, eine mit Marokko und zwei mit Portugal bestehen. Darüber hinaus befinden sich zwei weitere Transitstrecken mit Frankreich sowie eine mit Algerien im Bau[231].

Eine Besonderheit des spanischen Erdgasmarktes im Vergleich zum deutschen Markt besteht also darin, dass in Spanien der Import von Erdgas vor allem über Flüssiggaslieferungen auf dem Seeweg gedeckt wird, wohingegen in Deutschland die Belieferung ausschließlich über Gasleitungen abgewickelt wird. Dieser Unterschied ist vor allem durch die geographische Lage zu erklären, da der Bezug über Gasleitungen ab einer Länge von ungefähr 3000 km nach ökonomischen Gesichtspunkten nicht mehr sinnvoll ist, da hierdurch höhere Kosten verursacht werden als durch den Bezug von Flüssiggas[232].

c) Technischer Fernleitungsnetzbetreiber

Anders als in Deutschland gibt es in Spanien keine Aufteilung in einzelne Marktgebiete und somit auch keine marktgebietsaufspannenden Netzbetreiber. Das bedeutet, dass innerhalb Spaniens grundsätzlich alle Ausspeisepunkte durch jeden Einspeisepunkt erreicht werden können.

Um die Funktionsfähigkeit des spanischen Gassystems, insbesondere die technisch- notwendige Abstimmung innerhalb des Gassystems zu garantieren, ist innerhalb ganz Spaniens gemäß Art. 58 b LH ein einziger Fernleitungsnetzbetreiber (so genannter „Independent Transmission Operator" bzw. „Gestor Técnico del Sistema", im folgenden „GTS" genannt) mit der Aufgabe der Verwaltung und der Organisation des Basisnetzes sowie des sekundären Transportnetzes betraut. Nach der Zusatzbestimmung Nr. 20 zum LH, eingeführt durch das RD 6/2000, wurde hierzu die Firma ENAGAS S.A. als größter Fernleitungsnetzbetreiber bestimmt.

Ursprünglich sollte diese Aufgabe ein sogenanntes Gassystem–Überwachungskomitee übernehmen. Dies sollte sich aus den Transport- und

---

230 Informe sobre el consume de gas natural en el ano 2008, www.cne.es.
231 Información básica de los sectores de la energía-2009-, S. 149. www.cne.es.
232 CNE „La Regulación del sector de gas natural", www.cne.es; European Commission, DG Competition Report on Energy Sector Inquiry, SEC(2006) 1724 vom 10. Januar, 2007 Tz. 901.

Verteilungsnetzbetreibern, den Händlern und den Verbrauchern sowie dem Ministerium für Industrie und Energie zusammensetzen[233]. Darüber hinaus sollte nach Art. 64. Nr. 2 LH alle fünf Jahre ein Netzbetreiber durch die Regierung bestimmt werden. Nachdem diese ursprüngliche Fassung jedoch zu Diskussionen zwischen den unterschiedlichen im Parlament vertretenen Parteien geführt hatte, wurde der technische Netzbetreiber zunächst komplett aus dem LH gestrichen. Mit dem Inkrafttreten des RD 6/2000, welches vor allem die technische Leitung des Systems verbessern sollte, wurde dann jedoch ein einziger Fernleitungsnetzbetreiber eingeführt und ENAGAS S.A. als größter Transportnetzbetreiber per Gesetz als technischer Fernleitungsnetzbetreiber installiert[234]. Dieser soll für die Organisation des Gasnetzes und die Durchführung eines funktionierenden Zugangs verantwortlich sein[235]. Dies führte zu der Situation, dass ENAGAS S.A. sowohl größter Transportnetzbetreiber („Transmission System Operator") als auch unabhängiger technischer Fernleitungsnetzbetreiber wurde und bis heute beides geblieben ist. In Spanien gibt es demnach einen Netzbetreiber, der zugleich mit dem größten Netzeigentümer identisch ist und der zugleich die Aufsicht und Organisation über die anderen Netze, die nicht in seinem Eigentum stehen, innehat. Da der GTS zur Aufgabenerfüllung in bestimmten Fällen aufgrund des Gesetzes in die Rechte der übrigen Netzbetreiber eingreifen muss, ist damit ein Konstrukt entstanden, das dazu führt, dass eine juristische Person des Privatrechts mit öffentlich-rechtlichen Kompetenzen ausgestattet ist. Etwas Vergleichbares findet sich in Spanien sonst nur im Elektrizitätssektor, ist dem spanischen Rechtssystem im Übrigen jedoch unbekannt.

Damit gewährleistet wird, dass ENAGAS S.A. diese Funktion mit der notwendigen Unabhängigkeit und Objektivität ausführt, wird die Gesellschaft in der Zusatzbestimmung Nr. 20 i. V. m. Art. 63 LH verpflichtet, die dort näher aufgeführten Entflechtungsbestimmungen einzuhalten[236].

aa) Entflechtungsbestimmungen

Die Bestimmungen zur Gewährleitung der Unabhängigkeit sehen zum einen eine eigentumsrechtliche Unabhängigkeit von den übrigen Unternehmen vor, die auf anderen Wertschöpfungsstufen tätig sind. Zum anderen ist innerhalb des Unternehmens eine Entflechtung notwendig, um dafür zu sorgen, dass die Aufgaben als technischer Fernleitungsnetzbetreiber unabhängig von denen des verfügungsbefugten Eigentümers eines Fernleitungsnetzes wahrgenommen werden.

233 *Sanchez Gutiérrez,* La Regulaciòn del Sector del Gas Natural, S. 268.
234 *Gullién Caramés,* Regulación, Tomo II, S. 1094.
235 Ausführlich zu den einzelnen Aufgaben unter Kapitel 1. C. 2. c) bb).
236 Vor allem die Bestimmung, die besagt, dass keine natürliche oder juristische Person mehr als 5 % Gesellschaftsanteil besitzen darf führte dazu, dass Gas Natural S.A der fast 100 % der Anteile gehörten, sich von diesen trennen musste.

Um zunächst die eigentumsrechtliche Entflechtung durchzuführen, wurden die Beteiligungsmöglichkeiten von anderen Gesellschaften sowie die Möglichkeit der Ausübung von Stimmrechten stark eingeschränkt. Diesbezüglich sieht unter anderem die zwanzigste Zusatzbestimmung zum LH vor, dass keine natürliche oder juristische Person an ENAGAS S.A. mit mehr als 5 % beteiligt sein darf. Außerdem dürfen solche natürlichen oder juristischen Personen, selbst wenn sie einen Anteil von bis zu maximal 5 % an ENAGAS S.A. haben, keinen Einfluss von mehr als 3 % auf die Leitung von ENAGAS S.A. durch die Ausübung von Stimmrechten oder durch Vorschläge für Personalentscheidungen im Vorstand etc. ausüben. Für natürliche oder juristische Personen, die Aufgaben im Gassektor innehaben, gilt eine verschärfte Grenze für die Ausübung von Stimmrechten von maximal 1 %. Eine Ausnahme von diesen Beteiligungs- und Mitbestimmungsgrenzen gilt jedoch für Unternehmen der öffentlichen Hand. Neben diesen auf Beteiligungen Einzelner bezogenen Restriktionen darf außerdem die Summe der am Gassystem beteiligten Subjekte nie mehr als 40 % der Anteile an ENAGAS S.A. betragen[237].

Um neben der Gewährleistung der eigentumsrechtlichen Unabhängigkeit von ENAGAS S.A. auch die unabhängige Aufgabenwahrnehmung innerhalb des Unternehmens zu gewährleisten, musste ENAGAS S.A. eine neue, in sich geschlossene Abteilung gründen, deren Leiter vom Vorstand der ENAGAS S.A. mit Billigung durch das spanische Ministerium für Industrie Tourismus und Handel eingesetzt wird. Diese neu gegründete Abteilung soll die Funktion des technischen Fernleitungsnetzbetreibers unabhängig vom Transportnetzbetrieb der ENAGAS S.A. und unter Beachtung der operationellen Entflechtungsvorschriften nach Art. 63 LH, welche inhaltlich den Vorschriften aus Art. 9 GasRL 2003 entsprechen, ausüben.

Hieraus ergibt sich, dass es sich beim GTS um einen weitestgehend unabhängig vom Rest der ENAGAS S.A. agierenden Teil handelt.

bb) Aufgaben des Fernleitungsnetzbetreibers

Die Aufgaben des gesetzlich bestimmten verantwortlichen Fernleitungsnetzbetreibers ergeben sich vor allem aus Art. 64 LH. Nach Art. 64 Nr. 1 LH werden die Aufgaben definiert als „die Verantwortung über die operative sowie technische Leitung des Basisnetzes und des zweiten Transportnetzes sowie die Garantie der Kontinuität und der Sicherheit der Versorgung und die Organisation der korrekten Koordination zwischen den Zugangspunkten, den Speichern, dem Transport und der Verteilung“. Um diese übergeordnete Ziele zu erreichen, werden dem GTS in Art. 64. Nr. 3 lit. a-g LH genauer bestimmte Aufgabenbereiche

237 Zur Zeit werden von den folgenden Unternehmen, Gas Natural, Bancaja, BBK, Cajasur, Sagane und SEPI, jeweils 5 % Aktien gehalten, der Rest notiert an der Börse.

zugewiesen. Diese lassen sich in sieben große Teilbereiche aufteilen, die sich teilweise überschneiden, da eine klare Aufgabenabgrenzung oftmals nicht möglich ist[238].

Der **erste** große Bereich betrifft die Lenkung aller Einrichtungen des Basisnetzes und des sekundären Transportnetzes (Art. 64 Nr.3 lit. a LH).
Der **zweite** Bereich betrifft die Sicherstellung der Versorgung mit Gas (Art. 64 Nr. 3 lit. b LH). Um diese Aufgabe zu erfüllen, obliegt es dem GTS, die abgeschlossenen Verträge mit den Importeuren und den Versorgern zu kennen. Die Funktion des GTS betrifft dabei nicht nur die Sicherstellung allein, sondern auch die Kontrolle der Versorgung.

Als **dritten** Schwerpunktbereich lassen sich alle Aufgaben in Verbindung mit der Benutzung des Gasnetzes charakterisieren. Hierunter fällt die Planung für kurze und mittelfristige Zeiträume über die Benutzung der Gasnetzes unter Berücksichtigung der zu erwartenden Nachfrage (Art. 64 Nr. 3 lit. c LH), das Erteilen von notwendigen Anweisungen, um eine sinnvolle Nutzung des Netzes nach den Kriterien der Zuverlässigkeit und Sicherheit zu gewährleisten, sowie die notwendigen Anweisungen an die Transportnetzbetreiber, um Angebot und Nachfrage von Gas in Einklang zu bringen (Art. 64. Nr. 3 lit. d LH). Außerdem gibt der GTS die geeigneten Anweisungen an die Transportnetzbetreiber, damit diese die ordnungsgemäße Lieferung von Gas zu angemessenen Konditionen an den Ausspeisepunkten ermöglichen (Art. 64 Nr. 3 lit. k LH). Weiterhin fällt darunter die Aufgabe, dem Ministerium für Industrie, Tourismus und Handel Vorschläge für die Weiterentwicklung des Basisnetzes sowie für einen Ausbau und/oder eine Erweiterung der Speicheranlagen zu unterbreiten (Art. 64 Nr. 3 lit. i LH). Außerdem unter den dritten Aufgabenschwerpunkt fällt die Verpflichtung des GTS, den im System tätigen Beteiligten, alle nicht vertraulichen Informationen über die Kapazität und die tatsächliche Benutzung der Netze zur Verfügung zu stellen, also für Transparenz bzgl. der bestehenden Kapazitäten zu sorgen.

Als **vierten** Aufgabenschwerpunkt obliegen dem GTS diejenigen Aufgaben, die im Zusammenhang mit der Sicherheit des Systems bestehen. Hierunter fällt wie unter Punkt drei die Planung für kurze und mittelfristige Zeiträume über die Benutzung der Gasnetzes mit der vorhersehbaren Nachfrage abzustimmen (Art. 64 Nr. 3 lit. c LH). Außerdem soll der GTS dem Ministerium für Industrie, Tourismus und Handel Vorschläge für mögliche Notfallszenarien vorlegen (Art. 64 Nr. 3 lit. j LH). Gemäss Art. 64 Nr. 3 lit. e LH soll der GTS Pläne für die Instandhaltung des Netzes ggf. koordinieren und ändern, um die Sicherheit und die Ver-

238 *Del Guayo*, El Sistema Gasista y su Gestión Técnica, Revista Jurídica de Navarra, Nr.32, 2001, S. 50 (71); *Bacigalupo Saggese /Guillén Caramés,* Manual del Sector de Hidrocarburos, Art. 64, S. 200.

fügbarkeit zu gewährleisten. Weiterhin hat der GTS Maßnahmen einzuführen und zu kontrollieren, die der Zuverlässigkeit des Systems dienen, sowie Pläne für eine Systemerneuerung für den Fall eines Generalausfalls zu entwerfen (Art. 64 Nr.3 lit. f LH).

Der **fünfte** große Themenbereich, der vom GTS auszufüllen ist, betrifft das so genannte „Gas Release Programm", das nach Art. 63 Nr. 3 lit. l LH vom GTS durchzuführen sind[239].

Die **sechste** Hauptaufgabe der GTS ist die Erstellung und Anwendung der Tagesbilanzierung für alle Nutzer das Gasnetz und dessen operativen und strategischen Vorräte (vgl. Art. 64 Nr. 3 lit. o LH).

Zuletzt kann als **siebter** Bereich die Aufgabe gesehen werden, die Kapazität des Netzes bei Anfragen auf Netzzugang zu beurteilen. Diese Aufgabe ist im RD 949/2001 festgelegt, und gemäß Art. 5.2 LH obliegt es dem GTS, die Möglichkeiten des Netzes bei Netzzugangsanfragen zu analysieren und zu bewerten. Außerdem hat der GTS den Vollzug des Engpassmanagements zu überwachen, also insbesondere Kapazitätsreduzierungen anzuweisen, wenn die vertraglich vereinbarte Kapazität kontinuierlich unterschritten wird und das Festhalten an der vertraglich vereinbarten Kapazität dazu führen würde, dass der Antrag auf Netzzugang angelehnt werden müsste (Art. 4 Nr. 4 RD 949/2001) [240].

Für die Erfüllung dieser Aufgaben steht dem GTS nach Art. 64 Nr. 2 LH eine angemessene Vergütung zu. Nach Art. 23 RD 949/2001 setzt sich diese aus den Kosten für die operative Arbeit, die Kommunikation, die Kontrolle und allen weiteren Kosten, die für die Erfüllung der Aufgabe notwendig sind, zusammen. Die Höhe der zu leistenden Vergütung wird durch das Ministerium für Industrie, Tourismus und Handel jedes Jahr vor dem ersten Januar festgelegt. Sie wird zum einen aus dem jeweiligen, dem GTS zustehenden Anteil an den Netzzugangsentgelten sowie den Ausgleichszahlungen im Zusammenhang mit den individuellen bilanziellen Abweichungen finanziert.

Neben diesen grundsätzlichen Regelungen über die Aufgaben des GTS existiert eine Verordnung über die Normen zur technischen Verwaltung des Systems[241]. Gemäß Art. 13 Nr. 1 RD 949/2001 ist das Wirtschaftsministerium dazu ermächtigt, diese zu erlassen, und von diesem Recht hat das Ministerium mit Erlass des

239 Im Jahre 2001 wurde durch die Verordnung 21 de Junio 2001 ein solches Programm für die Verbindugsleitung zu Marokko festgelegt. 25 % des Gases wurden in einer Versteigerung vergeben. 75 % verblieben bei ENAGAS.S.A.

240 Ausführlich hierzu unter Kapitel 2. E. II. 1. a) aa) (1).

241 ORDEN ITC/3126/2005, de 5 de octubre, por la que se aprueban las normas de gestión técnica del sistema gasista.

Orden ITC/3126/2005, welche im Rang mit einer deutschen Ministerialerlass vergleichbar ist[242], im Jahre 2005 Gebrauch gemacht. Die Verordnung über die technische Verwaltung des Systems regelt im Detail das einzuhaltende Prozedere, damit der GTS den ihn auferlegten Verpflichtungen nachkommen kann. Neben den technischen Bestimmungen enthält sie aber vor allem Regelungen für das praktische Netzzugangsverfahen mit Nominierung, Programmierung und Bilanzierung.
Inhaltlich vergleichbar ist diese umfassende Verordnung daher mit einer Zusammenfassung der GabiGas[243], dem Beschluss über das Kapazitätsmanagement sowie der Kooperationsvereinbarung.

cc) Rechtsnatur des technischen Netzbetreibers

Nachdem ausführlich dargestellt wurde, welche Aufgabenerfüllung in den Verantwortungsbereich des technischen Netzbetreibers fällt und wie dieser in Spanien aufgebaut ist, stellt sich die Frage nach der Rechtsnatur bzw. rechtlichen Einordnung des Handelns des GTS.

Da ENAGAS S.A. eine Aktiengesellschaft ist, deren Mehrheitsverhältnisse zwar einer gewissen Unabhängigkeitskontrolle unterliegen, steht außer Frage, dass es sich hierbei um eine juristische Person des Privatrechts handelt. Das Problem der Einordnung ergibt sich vielmehr daraus, dass ENAGAS in seiner Funktion als GTS teilweise aufgrund eines Gesetzes die Kontrolle über das gesamte Fernleitungsnetz und damit auch über das Fernleitungsnetze anderer Netzbetreiber übernimmt und daher auch Aufgaben wahrnimmt, die in gewissem Maße dem öffentlichen Recht zuzuordnen sind[244]. Die durch das Gesetz auferlegte Aufgabenverteilung und die damit verbundene Möglichkeit verbindliche Entscheidungen über Dritte fällen zu können, darf aber nicht zu der Schlussfolgerung verleiten, wie es in Spanien mehrfach geschehen ist[245], dass der GTS selbst zu einer Art Person des öffentlichen Rechts wird. Es bleibt vielmehr bei einer ausschließlich privatrechtlich einzuordnenden Aktiengesellschaft, deren Handeln nicht dem öffentlichen Recht insgesamt unterworfen ist sondern ausschließlich dem LH und den konkretisierenden Verordnungen. Daraus ergibt sich die für Spanien - anders als in Deutschland - seltene Situation, dass eine dem Privatrecht zuzuordnende juristische Person öffentliche Aufgaben wahrnimmt, ohne dabei jedoch eindeutig als Beliehener oder Verwaltungshelfer zu handeln. Die Art und Weise des Handelns bleibt nämlich privatrechtlich und geschieht gerade nicht durch Verwaltungsakt. Ein solches Konstrukt gibt es in Spanien ansonsten nur

242 www.eur-lex.europa.eu/n-lex/info/info_es/index_de.htm.
243 Beschluss mit dem die BNetzA, BK7-08-002, am 28.05.2008 neue Regeln für die Bilanzierung festgelegt hat, die sich im Anhang 1 in einem anzuwendenden Standardbilanzkreis Gas wiederfinden.Siehe hierzu Kapitel 1. C. 4. c) aa) (5).
244 *Falero,García,* Derecho de la Energía, Cap. X. S. 542.
245 *Falero,García,* Derecho de la Energía, Cap. X. S. 539.

noch im Elektrizitätssektor. Im Bahnsektor beispielsweise ist der Betreiber des Schienennetzes, ADIF, selbst eine öffentlich-rechtliche Person.

Diese in Deutschland im Bereich der Daseinsfürsorge übliche Konstruktion führt dazu, dass, abhängig von der Einordnung des Handelns, entweder der Zivilrechtsweg eröffnet ist oder der Verwaltungsrechtsweg. Da in Spanien eine Einordnung danach, ob ein privatrechtliches oder öffentlich-rechtliches Handeln vorliegt, mangels klarer Regeln nicht immer einwandfrei zu klären ist, kann die Einordnung des Rechtsweges als problematisch angesehen werden. In der Praxis wird dieses Problem dadurch gelöst, dass die betroffenen Parteien im Regelfall eine Aufhebung der Maßnahme **und** eine Neubescheidung begehren. Um dieses Ziel zu erreichen, ist es am zweckmäßigsten, einen Antrag bei der CNE zu stellen. Nach der elften Zusatzbestimmung Abs. 3, Art. 18 Nr. 2 LH ist diese die zuständige Behörde für die Lösung möglicher Streitpunkte im Zusammenhang mit den technischen Normen NGTS. Da die von der CNE zu treffende Entscheidung unzweifelhaft einen Verwaltungsakt darstellt und damit öffentlich-rechtlich einzuordnen ist, steht ab dem Zeitpunkt einer Entscheidung durch die CNE zweifelsfrei nur noch der Verwaltungsrechtsweg offen.

Der GTS ist also eine juristische Person des Privatrechts, die mitunter öffentlich-rechtliche Aufgaben wahrnimmt und deren Entscheidungen durch die CNE überprüft werden können, so dass sie insofern eher dem öffentlichen Recht zuzuordnen ist. Eine eindeutige Zuordnung hingegen ist nicht möglich, so dass es sich beim GTS innerhalb der spanischen Rechtsordnung um eine Besonderheit des Energierechts handelt.

Eine weitere Problematik dieser etwas unklaren Einordnung, die sich aus der Vermischung von öffentlichem und privatem Recht ergibt, zeigt bei der Bestellung des Vorstands. Gemäß S. 1 der 20. Zusatzbestimmung des LH kann nämlich der Vorstandsvorsitzende des GTS durch den Verwaltungsrat[246] („director ejecutivo") jedoch nur in Übereinstimmung mit dem Ministerium für Industrie, Tourismus und Handel benannt werden Dies führt zu einem praktischen Vetorechts des Ministeriums über die Bestellung des Vorstandsvorsitzenden einer juristischen Person des Privatrechts. Da die Benennung des Vorstandsvorsitzenden der Privatautonomie der ENAGAS S.A. unterliegt, stellt eine Einmischung in diese Privatautonomie eine unzulässige Beschränkung der unternehmerischen Freiheit und damit einen Verstoß gegen Art. 38 der Verfassung dar, welche die unternehmerische Freiheit garantiert[247]. Ein Verstoß gegen die spanische Verfassung liegt diesbezüglich unzweifelhaft vor[248], wurde bislang jedoch weder in

246 Organ einer spanischen Aktiengesellschaft.
247 *Gullién Caramés,* Regulación, Tomo II, S. 1106.
248 *Gullién Caramés,* Regulación, Tomo II, a.a.O.

Theorie noch in der Praxis als Problem thematisiert[249]. Auch hier zeigt sich also die Vermischung von öffentlichem und privatem Recht, ohne dass diese einer eindeutigen dogmatische Abgrenzung zugänglich ist.

Die Schaffung eines technischen Netzbetreibers, der als juristische Person des Privatrechts organisiert ist, jedoch u.a. öffentlich-rechtliche Aufgaben wahrnimmt und bezüglich der Zusammensetzung seines Vorstandes vom Ministerium kontrolliert werden kann, ist daher nicht ganz unproblematisch und wird auch in Zukunft weitere Fragen aufwerfen. In der Praxis wurde sich bislang jedoch mit den auftretenden Ungereimtheiten abgefunden, ohne eine weitere dogmatische Einordnung vorzunehmen. Ob sich die spanische Rechtswissenschaft dieses Themas annimmt und, wenn ja, zu welchem Ergebnis diese gegebenenfalls kommen wird, bleibt daher abzuwarten.

d) Verteilereinrichtungen

Das Verteilernetz umfasst in Spanien nach Art. 59 Nr. 4 LH diejenigen Gasleitungen, welche Gas mit einem Druck von bis zu 16 bar weiterleiten sowie solche Leitungen, die unabhängig von der Druckstufe einen einzelnen Verbraucher beliefern und vom so genannten Basisnetz oder dem so genannten „zweiten“ Fernleitungsnetz abgehen.

Dieses Netz war im Jahr 2007 insgesamt 54.505 km lang und versorgte im Jahr 2008 6.923.215 Kunden (im Jahr 1990 2.180.000) mit Gas. Aufgeteilt wird dieses Netz fast ausschließlich unter vier Konzernen. Der größte Konzern mit ca. 82 % Marktanteil ist Gas Natural S.A. Dahinter folgen Naturgas (mit 9,61 %), Iberdola (2,06%) und Unión Fenosa Gas (0,19%)[250]. Das Verteilernetz in Spanien sieht keinen unabhängigen Netzbetreiber vor, so dass der Betrieb dieser Netze von denjenigen Firmen wahrgenommen wird, welche auch die Verfügungsgewalt über die jeweiligen Netze haben, die so genannten „Distribuidores“.

3. Zwischenfazit

Als Zwischenfazit lässt sich bereits bei der objektiven Beschreibung der tatsächlichen Marktbedingungen in Deutschland und Spanien festhalten, dass es sowohl in Bezug auf die jeweiligen Gegebenheiten und Bedürfnisse der beiden Gasmärkte als auch bei deren rechtlicher Organisation beträchtliche Unterschiede gibt.

---

249 Eine umfassende Untersuchung dieses Verfassungsverstoßes ist nicht Teil dieser Arbeit, so dass der Hinweis auf die Problematik genügen soll.

250 *Pielow*, RdE, 2008 S. 345 (350).

Der auffälligste und wohl auch wichtigste Unterschied in der Organisation des Gasnetzes besteht darin, dass der deutsche Gasmarkt in einzelne Marktgebiete aufgeteilt ist, die jeweils von einem marktgebietsaufspannenden Netzbetreiber betrieben werden, wohingegen in Spanien ein technischer Netzbetreiber für den Betrieb des gesamten nationalen Fernleitungsnetzes zuständig ist. Dieser, insbesondere auch historisch bedingte strukturelle Unterschied, führt dazu, dass bei der Organisation des Gasnetzes starke Differenzen auftreten, die sich auch in den sektorspezifischen Zugangsbedingungen wiederfinden. Insofern liegt es quasi auf der Hand, dass es auch für die rechtliche Ausgestaltung des Netzzugangsanspruchs von Bedeutung ist, ob das gesamte nationale Fernleitungsnetz von einem Betreiber organisiert wird, wie dies in Spanien der Fall ist, oder ob mehrere Betreiber miteinander kooperieren müssen, um den Zugang zum gesamten nationalen Gebiet gewährleisten zu können, wie in Deutschland. Neben den organisatorischen Unterschieden führt diese unterschiedliche Struktur auch dazu, dass die Fernleitungsebene in Spanien von einem unabhängigen Netzbetreiber organisiert wird, der ausschließlich den Betrieb des Gasnetzes organisiert, auf den anderen Wertschöpfungsstufen jedoch nicht vertreten ist. In Deutschland hingegen entstanden in der Vergangenheit mehrere große vertikal integrierte Unternehmen, die bis heute auf allen Wertschöpfungsstufen aktiv sind.

Eine solche vertikale Integration existiert seit der vollständigen Entflechtung von ENAGAS S.A. in Spanien auf Fernleitungsebene nur noch innerhalb der Netze, die nicht zu ENAGAS S.A. gehören. Auf Verteilerebene hingegen bestehen vertikal integrierte Unternehmen, die landesweit agieren und dabei gleichzeitig Vertriebsfunktionen wahrnehmen. Die vertikale Integration die in Deutschland vor allem auf Fernleitungsebene besteht, existiert folglich in Spanien eine Druckstufe tiefer.

Ein weiterer gewichtiger Unterschied zwischen Deutschland und Spanien liegt in den Bezugswegen des jeweils benötigten Gases. Während Deutschland nur zu ca. 80 % vom Import abhängig ist, wird diese Quote in Spanien aufgrund der kaum vorhandenen Eigenproduktion und der fast 100 %-Abhängigkeit noch deutlich übertroffen. Hierauf aufbauend muss auf den besonders auffälligen Unterschied der jeweiligen Importstruktur der beiden Länder hingewiesen werden. Wird der deutsche Markt bislang ausschließlich durch Pipelines mit ausländischem Gas beliefert, bezieht Spanien das Importgas vor allem in Form von LNG auf dem Seeweg. Diese Tatsache ist vor allem geographisch bedingt, führt aber zu völlig anderen Schwerpunktsetzungen innerhalb der Gassysteme. Sind in Deutschland Diskussionen über die Importkapazitäten und den Bau neuer Leitungen (z.B. Nordstream 1 und Nabucco) sowohl in juristischer als auch in gesellschaftspolitischer Hinsicht an der Tagesordnung, ergeben sich in Spanien, wenn überhaupt, vor allem Probleme im Zusammenhang mit Zugangsbegehren zu LNG-Wiederverdampfungsanlagen.

Darüber hinaus bestehen unterschiedliche Abhängigkeitsverhältnisse innerhalb der beiden Länder. Dadurch, dass Deutschland sein Gas fast ausschließlich über Pipelines bezieht, entsteht eine große Abhängigkeit von einzelnen wenigen Exportländern, von denen insbesondere Russland und Norwegen eine herausragende Rolle einnehmen[251]. Das so bestehende Angebotsoligopol der Exportländer führt dazu, dass auf dieser Ebene Wettbewerb nur sehr eingeschränkt entstehen kann. In Spanien hingegen stellt sich dieses Problem nicht in dem Maße, da neben den Importen aus Pipelines die relativ umfangreichen LNG-Importe aus unterschiedlichsten Ländern kommen und daher auch auf dieser Ebene bereits Wettbewerb besteht[252].

Bezüglich der tatsächlichen Gegebenheiten und den sich daraus ergebenden rechtlichen Rahmenbedingungen ist besonders auffällig, dass die in Deutschland getroffene Definition des Gasversorgungsnetzes dazu führt, dass der überwiegende Teil der Speicheranlagen nicht unter den Begriff des Gasversorgungsnetzes zu subsumieren ist. In Spanien wird eine solche Unterscheidung nicht gemacht, so dass zumindest bislang die existierenden Speicher unter den Begriff des Gasnetzes fallen. Diese Unterscheidung, die dazu führt, dass in Deutschland der größte Teil der Speicher nicht unter den regulierten sondern den verhandelbaren Zugang fällt, rührt daher, dass hier bereits zumindest in Ansätzen Wettbewerb auf dem Speichermarkt besteht. In Spanien ist der Speichermarkt aufgrund der geringen Kapazitäten im Vergleich zum übrigen System dagegen unterentwickelt; Da bislang nur zwei Speicher existieren, die im Eigentum von ENAGAS S.A. stehen, kann mangels ausreichender Kapazitäten kein Wettbewerb entstehen. Aufgrund dieser Situation werden sie bislang noch als Teil des besonders regulierungsbedürftigen Gassystems betrachtet und fallen daher unter das regulierte Zugangskonzept. Von der Möglichkeit der Regelung eines vertraglichen Vorrangs, wie sie in Art 33 GasRL explizit angesprochen wird, wurde somit noch kein Gebrauch gemacht. Inwiefern sich dieser Unterschied auf den tatsächlichen Netzzugang auswirkt und welche weiteren rechtlichen Unterschiede zwischen den beiden Systemen bestehen, wird im weiteren Verlauf der Arbeit ausführlich dargestellt.

---

251 Nach dem Monitoringberichts der Bundesnetzagentur 2009 wurde im Jahr 2008 43,89 % des nach Deutschland importierten Gases aus Russland und 32,67 % des Gases aus Norwegen importiert, vgl. S. 196.

252 Im Jahr 2008 bezog Spanien sein LNG aus, Lybien, Algerien, Nigeria, Trinidad & Tobago, Norwegen, dem persischen Golf und Ägypten. Información básica de los sectores de la energía –2009-, S. 139, abrufbar unter www.cne.es.

4. Zugang zum Netz

Nachdem nun sowohl der Begriff des *Gases* als auch der des *Gasnetzes* mit Leben gefüllt worden sind, soll nun der Begriff des *Zugangs* im Hinblick auf die Regulierung der Gaswirtschaft definiert werden, um ihn für die weitere rechtliche Beurteilung einer exakten Prüfung zugänglich zu machen.

Der **deutsche** Gesetzgeber hat bislang darauf verzichtet, den Begriff „Netzzugang" zu definieren. Dennoch wurde und wird der Begriff in der leitungsgebundenen Energiewirtschaft oftmals mit dem Begriff der „Durchleitung" von Energie gleichgesetzt[253]. Ein solches *Verständnis* des Begriffs ergibt sich auch nach einem Vergleich mit der alten Rechtslage, da dort der Begriff der Durchleitung in § 6a EnWG a.F. als Synonym für den des Netzzugangs benutzt wurde. Außerdem hat der Gesetzgeber in der Gesetzesbegründung zum EnWG 2005 klarstellt, dass der § 20 Abs. 1 EnWG, welcher den „Netzzugang" regelt, dem § 6 Abs. 1 und § 6 a Abs. 2 EnWG a.F. entspricht, in denen von der „Durchleitung" die Rede war, so dass auch diesbezüglich der Begriff Netzzugang mit Durchleitung gleichgesetzt wird.

Der Begriff der Durchleitung ist jedoch missverständlich, da er den physikalischen Transport impliziert[254]. Mit dem „Netzzugang" ist aber nicht gemeint, eine bestimmte Menge Gas durch das Netz zu leiten und diese Menge wieder zu entnehmen. Ein solches Verständnis entspricht zwar der Wortauslegung von „Durchleitung", nicht jedoch den tatsächlichen technisch - physikalischen Gesetzmäßigkeiten. Vielmehr ist unter dem Bergriff des „Netzzugangs" bzw. der Durchleitung die Einspeisung einer vorher vereinbarten Menge Gas an einer Stelle der Leitung, dem so genannten Einspeisepunkt, und die zeitgleiche und wärmeäquivalente Ausspeisung oder Entnahme von Gas an einer anderen Stelle, dem so genannten Ausspeisepunkt, zu verstehen[255]. Der jeweilige Netzbetreiber ist dann gegen Zahlung eines entsprechenden Netzentgeltes dafür verantwortlich, das einzuspeisende Gas in sein Netz aufzunehmen und zur selben Zeit die gewünschte Gasmenge am Ausspeisepunkt zu übergeben. Daraus folgt, dass das eingespeiste Gas stofflich keinesfalls mit dem entnommenen Gas identisch ist. Ein- und Ausspeisung sind physikalisch gesehen völlig unabhängig voneinander, so lange der Gasfluss innerhalb des Systems gewährleistet wird. Der Begriff des „Netzzugangs" bzw. der Durchleitung fasst also zwei getrennt voneinander ablaufende Vorgänge zu einem einheitlichen Vorgang zusammen.

---

253 *Olbricht*, Netzzugang in der deutschen Gaswirtschaft, S. 64; *Hosius*, Netzzugang und Reziprozität bei grenzüberschreitenden Erdgaslieferungen in Europa, S. 123; *Theobal/Zenke/Ochsenfurt* § 14 Rn. 67.

254 *Säcker/Boesche,* in BK, Bd. 1 § 20 Rn. 73.

255 BGH, Beschl. V. 15.11.94, BGHZ 128, 17, 26 ff.; *Seidewinkel/Seifert/Wetzel,* S. 111; *Olbricht,* Netzzugang in der deutschen Gaswirtschaft, S. 65; *Hosius,* Netzzugang und Reziprozität bei grenzüberschreitenden Erdgaslieferungen in Europa, S. 124.

Auch die Tatsache, dass vom Netzbegriff LNG-Anlagen und teilweise auch Speicher- Anlagen umfasst werden, lässt eine Anwendung des Begriffes „Durchleitung" auf den ersten Blick etwas abwegig erscheinen. Da - wie oben beschrieben - die Einspeisung und Entnahme getrennt voneinander ablaufende Prozesse darstellen und dadurch deutlich wird, dass sowohl die Speicheranlage als auch die LNG-Anlage (wenn der Händler mit Flüssiggas agiert) Bestandteil der Benutzung des Netzes sein können[256], kann man zwar auch diese Vorgänge unter den Begriff „Durchleitung" subsumieren. Wegen eines möglichen Missverständnisses, die der Begriff „Durchleitung" jedoch auslösen kann und wegen der Tatsache, dass der Begriff „Netzzugang" für eine detaillierte Untersuchung nicht aussagekräftig genug ist, wird im Folgenden unter „Netzzugang" die jeweilige „Netznutzung" verstanden. Unter den präziseren Begriff der Nutzung des Netzes lässt sich nämlich der gesamte Gasfluss subsumieren, ohne dass die zeitgleiche Ein- und Ausspeisung oder die Nutzung der Speicher und LNG-Anlagen nicht vom Wortlaut umfasst wären.

Hierfür spricht auch der Vergleich mit **Spanien**, da dort der Netzzugang laut Gesetz als „Benutzung der Anlagen"[257] beschrieben wird. Zwar benutzt der Gesetzgeber auch den Begriff des Zugangs, allerdings nur als Oberbegriff[258] bzw. als Überschrift[259], dagegen wird dieser Netzzugang innerhalb der jeweiligen Anspruchsgrundlage als „Benutzung der Einrichtungen" („utilización de las instalaciones") verstanden. Darüber hinaus ist für den Begriff des Zugangs im Rahmen der Elektrizitätswirtschaft durch die CNE klargestellt worden, dass es sich beim Recht auf Netzzugang um *„das Recht des Petenten handelt, seine Energie über die Netze eines anderen durchzuleiten"*[260].

Eine inhaltlich gleiche Definition muss auch für die Gaswirtschaft gelten. Zwar handelt es sich um technisch unterschiedliche Vorgänge, da insbesondere Gas - anders als elektrische Energie - tatsächlich in seiner physischen Form durch Leitungen geleitet werden kann. Dennoch ist grundsätzlich für beide Systeme das Ziel eines wirksamen Wettbewerbs durch eine diskriminierungsfreie Öffnung der Netze, konkretisiert durch das wettbewerbsrechtliche Missbrauchsverbot (Art. 102 AEUV), anerkannt[261]. Darüber hinaus handelt es sich bei beiden Net-

256 Ohne die technisch notwendige Speicherkapazität kann die erforderliche Einspeisung für die zeitgleich vorgenommene Entnahme nämlich gegebenenfalls nicht eingehalten werden. Gleiches gilt für denjenigen, der vom Bezug durch Flüssiggas abhängig ist, um die notwendige Menge Gas einspeisen zu können.

257 Artikel 70 Nr. 1 S.1 und Artikel 76 Nr. 1 S. 1 LH.

258 Innerhalb der Generalklausel Art 60 LH Nr. 4.

259 Art. 70 und 76 LH.

260 Resolución de la CNE por la que se resuelve el conflicto de acceso a la red de distribución de Iberdola Distribución Eléctrica, SA instado por Teyserc, SA (CATR 31/2007),www.cne.es.

261 *Säcker,* N&R. 2/2009, S. 78.

zen anerkanntermaßen um wesentliche Infrastruktureinrichtungen[262], so dass nicht nur für Strom, sondern auch im Gasbereich die *Durchleitung* der jeweiligen Energie durch bzw. für Dritte als wettbewerbsbegründend gesehen werden muss. In Spanien wird daher der Begriff des Netzzugangs sowohl mit „Durchleitung", aber vor allem mit „Netznutzung" gleichgesetzt. Der Begriff „Netznutzung" stellt eine passendere Beschreibung des tatsächlich ablaufenden Vorgangs dar und sollte daher europaweit dieselbe Bedeutung haben.

Sowohl im deutschen, als auch im spanischen Recht ist also mit dem Begriff des Netzzugangs inhaltlich dieselbe Bedeutung verbunden, so dass unter dem Begriff des Zugangs im Folgenden die „Durchleitung" in seiner Bedeutung als **„Netznutzung"** zur Ein- und Ausspeisung verstanden wird.

a) Ordnungspolitische Funktion

Der Grundgedanke eines gesetzlich geregelten Netzzugangs ist Ausfluss einer ordnungspolitischen Funktion. Bei Vorliegen bestimmter Bedingungen bzw. spezieller Marktverhältnisse ist ein geregelter Netzzugang und die damit verbundene Möglichkeit an dem jeweiligen Markt teilnehmen zu können, „conditio sine qua non" für Wettbewerb[263]. Nur wenn dieses Recht durch spezifische Regulierung gewährleistet ist, ist das Entstehen eines funktionierenden Wettbewerbs überhaupt erst möglich. Das Recht auf Netzzugang ist mithin unerlässlich für die Marktöffnung und den sich daraus ergebenden wirksamen Wettbewerb.

aa) Natürliches Monopol

Die Notwendigkeit einer solchen Regulierung zur Schaffung von Wettbewerb ist vor allem dann gegeben, wenn ein so genanntes natürliches Monopol vorliegt[264]. Von einem natürlichen Monopol spricht man bei der Subadditivität der Kosten im relevanten Bereich der Nachfrage d. h. dann, wenn eine Situation vorliegt, in der die Kosten eines einzigen Anbieters einer abzusetzenden Menge kleiner sind als die Summe der Kosten, die entstehen würden, wenn man die Menge auf mehrere Anbieter aufteilen würde[265].

Das Gasnetz und damit der Transport und die Verteilungsebene stellt an sich ein so genanntes natürliches Monopol dar[266]. Dies ergibt sich aus der Leitungsgebundenheit der Gasversorgung, da der Transport und die Verteilung von Gas nur

262 Tribunal de Defensa de la Competencia, *Tabacalura-McLane*, Resolución de 24 de Abril de 2002; *García Cobaleda,* Derecho de la Energía, Cap. VI. S. 261 ff. m.w.N.
263 *Theobald,* WuW 2000 S. 231 (236); *Olbricht,* Netzzugang in der deutschen Gaswirtschaft, S. 56; *Haag* in *Schwarz*, Netzzugang, S, 57; *v. Weizsäcker,* WuW 1997 S. 572 (578); *Schwintowski,* ZNER 1998, S. 9 (15).
264 *Knieps,*Wettbewerbsökonomie, S. 79.
265 Schumann/Meyer/Ströbele, S. 291.
266 Dies gilt gerade nicht für die Wertschöpfungsstufen Produktion und Vertrieb.

durch ein zu errichtendes bzw. bestehendes Leitungsnetz erfolgen können. Ein solches Netz zeichnet sich dadurch aus, dass die Durchschnittskosten des Erdgastransports mit der Größe der Pipeline (zumindest bis zu einem Pipelinedurchmesser von 900 mm) einen fallenden Verlauf aufweisen, es also zu einer typisch fallenden Durchschnittskostenkurve kommt[267]. Ein paralleler Leitungsbau würde daher zu insgesamt höheren Kosten führen, als es bei einem einzigen Anbieter mit einer Pipeline mit einem großen Durchmesser der Fall ist. Die Subadditivität der Kosten im relevanten Bereich der Nachfrage ist folglich gegeben. Hinzu kommt, dass für das Unternehmen, welches diese Investitionen bereits getätigt hat, diese irreversiblen Kosten keine Entscheidungsrelevanz mehr haben und es daher die Netzzugangsentgelte auf die variablen Kosten senken könnte und somit einen potentiellen Mitbewerber abwehren könnte[268]. Außerdem stehen dem Bau neuer Leitungsnetze neben den rein ökonomischen Überlegungen auch Gründe der Raumordnung und des Naturschutzes entgegen[269], so dass auch diese Gründe einen parallelen Leitungsbau erschweren würden.

(1) Fernleitungsnetz

Bezüglich der Ferngasleitungen ist die Einordnung als natürliches Monopol in Deutschland zumindest aufgrund der tatsächlichen Situation fraglich. Nachdem in Deutschland streckenweise ein zweites Fernleitungsnetz durch die Wingas GmbH & Co. KG[270] parallel zu bereits bestehenden Leitungen gebaut wurde, stellt sich nun die Frage, ob auch für diese Gebiete noch von einem natürlichen Monopol gesprochen werden kann[271].

Wie bereits oben aufgezeigt, zeichnet sich der Erdgastransport durch fallende Durchschnittskosten in Abhängigkeit zum Leitungsdurchmesser aus. Aus ökonomischer Sicht läge daher ein natürliches Monopol zumindest so lange vor, wie es nicht zu Kapazitätsengpässen kommt, die den Bau weiterer Leitungen notwendig machen. Innerhalb Deutschlands weisen die nationalen Ferngasleitungen bislang normalerweise Kapazitäten von 0,1 bis max. 13 Mrd. m^3 pro Jahr auf. Die optimale Betriebsgröße einer Pipeline liegt jedoch deutlich darüber und man kann davon ausgehen, dass sinkende Durchschnittskosten bis zu einer Menge

267 Ausführlich s. *Hirschhausen/Neumann/Rüster* in ZfE 2007 S. 183, (187).
268 *Olbricht,* Netzzugang in der deutschen Gaswirtschaft, S. 61.
269 *Säcker/Bosche* in, BerlK- EnR, 2004, § 19 Rn. 295.
270 ein Gemeinschaftsunternehmen der Wintershall Holding AG und der russischen OAO Gazprom.
271 Von potentiellem Wettbewerb spricht *Engelsing* in *Säcker/ Bosche* in, BerlK- EnR, 2004, § 19 Rn. 289, *Olbricht,* Netzzugang in der deutschen Gaswirtschaft, S. 63, lässt die Möglichkeit der Angreifbarkeit des natürlichen Monopols offen, während die *Monopolkommission*, 10. Hauptgutachten, Tz. 762 davon sprich, dass im Bereich der Ferngasstufe kein natürliches Monopol, sondern vielmehr ein Oligopol vorliege.

von 28 Mrd. m^3 vorliegen[272]. Ein Kapazitätsengpass, der eine andere Bewertung rechtfertigen würde, ist folglich bislang nicht ersichtlich.

Des Weiteren spricht für die Annahme eines natürlichen Monopols, dass die partielle Parallelität von Leitungen keinen „Pipe-to-Pipe“ Wettbewerb ermöglicht, da dieser nur dann vorliegen kann, wenn eine vollständige Transportalternative vom Ein- bis zum Ausspeisepunkt vorliegt[273]. Eine solche netzweite Auswahlmöglichkeit, vor allem an den Einspeisepunkten, liegt wegen der lediglich regionalen Beschränkung der Parallelleitung aber - wenn überhaupt - nur in den wenigsten Teilbereichen vor[274].

Doch selbst wenn man bzgl. einiger Teilnetze die geforderten Substituierbarkeit der Leitungen annimmt, kann man für diese Fälle nicht von einem wirksamen Wettbewerb ausgehen, sondern vielmehr von einem Oligopol, welches aufgrund von strategischem Parallelverhalten, also impliziten oder expliziten Preisabsprachen, ebenfalls zu erheblichen Wohlfahrtsverlusten führen würde[275]. Das bedeutet, dass selbst bei Ablehnung des Status eines natürlichen Monopols für die in Deutschland operierenden Fernleitungsnetzbetreiber trotzdem eine Regulierung notwendig ist, um den Wettbewerb zu fördern[276].

In Spanien stellt sich dieses Problem bislang nicht, da es innerhalb keines Bereiches des Landes zu einem solchen Parallelbau von Leitungen gekommen ist und daher dort unzweifelhaft ein natürliches Monopol sowohl auf der Fernleitungs- als auch auf der Verteilerebene nach den oben genannten Grundsätzen vorliegt.

Nach dem oben Gesagten wird in der folgenden Betrachtung also davon ausgegangen, dass es sich bei dem Leitungsnetz insgesamt in Deutschland und Spanien um ein natürliches Monopol handelt.

(2) Speicheranlagen

Fraglich ist es, ob diese Einordnung als natürliches Monopol auch für Speicheranlagen zutreffend ist. Auch hier ist wegen der erheblichen Unterschiede zwischen der Situation in Deutschland und in Spanien zu unterscheiden. Während in Deutschland zur Zeit 45 Marktteilnehmer auf dem Speichermarkt aktiv sind und insgesamt 47 Speicher betrieben werden, gibt es in Spanien zur Zeit nur zwei Untertagespeicher, die beide von ENAGAS S.A. betrieben werden. Darüber

---

272 *Hirschhausen/Neumann/Rüster* in ZfE 2007 S. 183, (189).
273 *Däuper/Scharrer*, ZNER, 2007, S. 18 (20).
274 *Hirschhausen/Neumann/Rüster* in ZfE 2007 S. 183, (189).
275 *Hirschhausen/Neumann/Rüster* in ZfE 2007 S. 183, (189).
276 Diese Ansicht vertritt auch die Bundesnetzagentur in ihrer Stellungnahme zum Wettbewerb im Ferngasnetz vom 21.10.2008, in der sie festhält, dass ihrer Ansicht nach aus mehreren Gründen in Deutschland kein Fernleitungswettbewerb besteht.

hinaus führt die Gesteinssituation in Spanien dazu, dass es mit einem sehr großem ökonomischen und technischen Aufwand verbunden ist, neue Speicherkapazitäten zu schaffen.
Daraus folgt, dass in Spanien, wegen des mangelnden Wettbewerbs und der aufgrund der geographischen Lage besonders hohen Kosten für den Speicherbau, wie selbstverständlich davon ausgegangen wird, dass Speicheranlagen ein natürliches Monopol darstellen und damit unter die regulierten Tätigkeiten fallen. Dies zeigt sich zum einen darin, dass die Speichertätigkeit unter Art. 60 Abs. 1 LH ausdrücklich den regulierten Tätigkeiten zugeordnet wird. Zum anderen zählen die existierenden Speicher ausnahmslos zum so genannten Basisnetz und damit zum Gasnetz nach Art. 59 Abs. 2 LH.

Dieser Einschätzung der Regulierungsbedürftigkeit durch den Gesetzgeber ist im Ergebnis zuzustimmen. Denn selbst dann, wenn es in Spanien möglich wäre, die Nachfrage nach Speicherkapazitäten wirtschaftlicher durch mehrere Anbieter als durch einen erfüllen zu können und es demnach an der Subadditivität der Kosten fehlen würde, die derzeitige faktische Monopolstellung von ENAGA S.A. trotzdem dazu führen würde, dass eine spezifische Regulierung notwendig wäre, um den Zugang zu gewährleisten und dadurch den Wettbewerb zu fördern.

In Deutschland ist dieses Problem etwas ausführlicher zu erläutern. Zunächst ist es so, dass in Deutschland der Speichermarkt mangels Subadditivität der Kosten wohl kein natürliches Monopol darstellt[277]. Darüber hinaus gibt es eine Vielzahl von Anbietern, so dass sich die Frage stellt, ob hier ein ähnlicher Regulierungsbedarf wie bei natürlichen Monopolen besteht. Dies kann aber bejaht werden, da die meisten Speicherbetreiber in Deutschland mit marktstarken Muttergesellschaften gesellschaftsrechtlich verbunden sind, die selbst oder über die mit ihnen verbundenen Gesellschaften Zugang zur Importebene besitzen und langfristig Speicherkapazitäten gebucht haben[278]. Ein wirksamer Wettbewerb entsteht daher, trotz der Vielzahl der existierenden Speicheranlagen, wegen einer möglicherweise erfolgender Bevorzugung der verbundenen Unternehmen nicht zwangsläufig[279]. Da jedoch die Nutzung von Speicheranlagen für die Wettbewerbsfähigkeit der Petenten unbedingt notwendig ist[280] und ein wirksamer Wettbewerb wegen der besonderen Strukturen auf dem deutschen Gasmarkt zumindest fraglich ist, ist es auch in Deutschland wichtig, dass der Gesetzgeber

277 *Fischerauer*, Regulierung des Zugangs zu Speicheranlagen, S. 63, *Millgramm*, Gastransport und -speicherung in einem wettbewerblichen Gasmarkt. S. 60, 124. *Jones*, EU Energy Law, Volume 1 (2006), S. 50.
278 Monopolkommission 2009, S. 173.
279 Für die Annahme, dass im Gasspeichersektor Wettbewerb herrscht, *Schmidt-Preuß*, BK, Bd. 1, Einl. B EnWG, Rn. 142.
280 Ausführlich hierzu. Unter Kapitel 2. E. I. 3.

einen diskriminierungsfreien Zugang für Dritte gewährleistet[281]. Dies kann jedoch auch über eine Form der Regulierung geschehen, die sich zwar durch ein Verhandlungsmodell (§§ 26, 28 EnWG) und daher durch eine weniger starke normativ-administrative Einflussnahme auszeichnet, die jedoch wegen der Verpflichtung zur diskriminierungsfreien Zugangsgewährung trotzdem als Regulierungsform anzusehen ist[282].

Diese Überlegungen führen dazu, dass nicht nur das Gasnetz als natürliches Monopol angesehen werden kann, sondern auch die einzelnen Speicheranlagen zumindest bezüglich der Notwendigkeit einer wirksamen Öffnung der Nutzung durch Dritte dem natürlichen Monopol gleichgestellt werden können.

bb) „Monopolistische Bottlenecks"

Zwar kann es nach dem Konzept der angreifbaren Märkte („contestable markets")[283] auch beim Vorliegen eines natürlichen Monopols ohne staatlichen Eingriff zu Wettbewerb kommen. Nach diesem Konzept sei ein Markt nämlich dann angreifbar, wenn der Marktzutritt absolut frei und der Marktaustritt absolut kostenlos ist[284]. Eine entscheidende Voraussetzung für die Angreifbarkeit des natürlichen Monopols ist jedoch, dass keinerlei „sunk costs"[285] auftreten dürfen[286]. Da der Eintritt in eine leitungsgebundene Wirtschaft jedoch immer mit extrem hohen Investitionen in das Leitungsnetz zusammenhängt, die im Fall des Marktaustritts zumindest stark an Wert verloren haben, wenn nicht sogar wertlos sind, liegen die Voraussetzungen für Wettbewerb trotz natürlichem Monopol nach dem Konzept der angreifbaren Märkte im Bereich des Gasnetzes gerade nicht vor.

Dem Konzept der angreifbaren Märkte folgend ergibt sich, dass beim gleichzeitigen Vorliegen eines natürlichen Monopols und auftretenden „sunk costs" für mögliche Wettbewerber eine Marktzutrittsschranke besteht. Diese Bereiche werden in der Ökonomie auch als „monopolistische Bottlenecks" bezeichnet[287]. Da die Existenz solcher „monopolistischen Bottlenecks" dazu führt, dass der Monopolist seine Leistungen zu überhöhten Preisen bereitstellt und es damit zu einem Wohlfahrtsverlust kommt (s. natürliches Monopol), besteht unter diesen

281 Ausführlich zu dieser Thematik, *Fischerauer*, Regulierung des Zugangs zu Speicheranlagen, S. 70 ff.
282 Zur Einordnung des deutschen Modells als Regulierungsmodell, *Fischerauer*, Regulierung des Zugangs zu Speicheranlagen, S. 117; a.A *Kühne*, RdE 2009, S. 14 (17).
283 Aufgestellt 1982 von Baumol, Panzar and Willig.
284 *Baumol*, Contestable Markets: An Uprising in the Theory of Industry Structure, S. 2.
285 Hiermit bezeichnet man für den Markteintritt erforderliche Kosten, die nicht rückgewinnbar sind.
286 *Motta*, Competition Policy, S. 75; *Scheuffele*, Die Essential Facilities-Doktrin, S. 62.
287 *Knieps*, Wettbewerbsökonomie, S. 33; *Olbricht*, Netzzugang in der deutschen Gaswirtschaft, S. 60 m.w.N.

Bedingungen der Bedarf nach regulierten Zugangsbedingungen, um Wettbewerb zu ermöglichen[288].

Als traditionelles Instrument der Regulierung im Sinne der „Bottleneck-Regulierung“ kann die so genannte „Essential Facilities“-Doktrin angesehen werden, die auf das US-amerikanische Antitrust Law zurückgeht. Sie findet ihren Ursprung in einer Entscheidung aus dem Jahre 1912[289] und wird seit langem auch von der EU-Kommission abgewendet[290]. Im deutschen Recht findet sich diese Doktrin, neben dem hier zu untersuchenden geregelten Zugang zum Gasnetz nach § 20 EnWG, explizit in der Zugangsregelung des § 19 Abs. 4 Nr. 4 GWB[291].

Eine solche ausdrückliche gesetzliche Verankerung im Wettbewerbsrecht hat in Spanien nicht stattgefunden, jedoch wurde die Doktrin in mehreren Urteilen als Entscheidungsgrundlage herangezogen[292] und kann daher auch in Spanien als theoretische Grundlage des Zugangsrechtes zum Gasnetz gesehen werden.

Die „Essential Facilities“-Doktrin besagt, dass ein marktbeherrschendes Unternehmen die in seinem Besitz stehenden bzw. von ihm kontrollierten wesentlichen Einrichtungen den anderen Wettbewerbern diskriminierungsfrei zur Verfügung stellen muss[293]. Wesentlich ist eine Einrichtung dann, wenn der Marktzutritt zu dem komplementären Markt ohne den Zugang effektiv nicht möglich ist. Diese Bedingung setzt voraus, dass es für andere Anbieter mit angemessenem Aufwand nicht möglich ist, die betreffende Einrichtung zu duplizieren, und der Zugangspetent auf dem abgeleiteten Markt nicht auf andere Weise tätig werden kann, also keine Substituierbarkeit vorliegt[294]. Im Ergebnis ist eine Einrichtung daher immer zumindest dann als wesentlich anzusehen, wenn sie die Bedingung für eine monopolistische Bottleneck-Einrichtung erfüllt[295].

Wie bereits gezeigt, erfüllen die Gasnetze als natürliche Monopole, die „sunk costs“ verursachen, die Voraussetzungen für eine solche monopolistische

---

288 *Knieps,* Wettbewerbsökonomie, S. 33.

289 *Theobald/Theobald*,Grundzüge des Energiewirtschaftsrechts, S. 19.

290 Bspw. Kommission, v. 21.12.93, *Hafen von Rodby,* AbL.EG 1994 L 55/52 Tz. 12; v. 21.12.93, *Sea Containers / Stena Sealink,* AbL.EG 1994 L 15/8 Tz. 66.

291 *Hohmann,* Die essential facility doctrine im Recht der Wettbewerbsbeschränkungen, S. 18; *Knieps,* Wettbewerbsökonomie, S. 104; *Fischerauer,* Regulierung des Zugangs zu Speicheranlagen,S, 67.

292 Tribunal de Defensa de la Competencia, Tabacalura-McLane, Resolución de 24 de abril de 2002; *García Cobaleda,* Derecho de la Energía, Cap. VI. S. 261 ff. m.w.N.

293 *Bunte,* WuW 1997 S.302, 308 ff; *Knieps,* Wettbewerbsökonomie, S. 33; *Samsel,* S. 35.

294 *Knieps,* Wettbewerbsökonomie, S. 33; *Hohmann,* Die essential facility doctrine im Recht der Wettbewerbsbeschränkungen, S. 225; *Wolf,* Bk, Bd. 2, Art. 102 AEUV, Rn. 86.

295 *Knieps,* Netzsektoren, S. 13.

Bottleneck-Einrichtung. Dasselbe gilt mit Einschränkungen für die Speicheranlagen in Deutschland und in Spanien. Zwar handelt es sich bei den Speicheranlagen in Deutschland nicht um natürliche Monopole, sie sind jedoch insbesondere für kleinere Wettbewerber für einen konkurrenzfähigen Marktzutritt unverzichtbar[296] und können als „Essential Facility" angesehen werden[297]. Da außerdem die Netzbetreiber wegen ihrer Stellung im natürlichen Monopol auch als marktbeherrschend angesehen werden können[298], liegen in Deutschland und in Spanien die Tatbestandsvoraussetzungen für die Anwendung der „Essential-Facilities"-Doktrin vor.

Die Notwendigkeit der staatlichen Regulierung zur Förderung des Wettbewerbs durch einen regulierten Zugang zu den Netzen bzw. durch Einräumung eines vertraglichen Zugangsanspruches zwecks Einräumung eines diskriminierungsfreien Zugangs i.S.d. „Essential Facilities"-Doktrin ist folglich gegeben. Die den Netzzugang regelnden Normen bzw. die unterschiedlichen Zugangssystematiken, die im folgenden Teil Schwerpunkt der Untersuchung sind, sollen daher als Ausdruck einer ordnungspolitischen Funktion einen funktionierenden Wettbewerb ermöglichen bzw. einen solchen fördern. Nur wenn sie dieses Ziel erreichen werden sie ihrer Aufgabe als spezifisches Regulierungsinstrument gerecht.

b) Netzzugangsmodelle

Innerhalb der Gasnetzwirtschaft gibt es grundsätzlich mehrere Modelle, mit denen der Zugang zu den Netzen gewährleistet werden kann. Diese lassen sich in so genannte Kapazitäts- oder Entgeltmodelle aufteilen. Durch Anwendung des Kapazitätsmodells wird die Methodik zur Vergabe von Netzkapazitäten festgelegt, wohingegen mit Hilfe des Entgeltmodells die Ermittlung der jeweiligen Entgelte für die Kapazitätsnutzung erfolgt. Diese beiden Modelle lassen sich kombiniert auf unterschiedliche Netzzugangssysteme anwenden[299].

aa) Punkt-zu-Punkt Modell

Das so genannte Punkt-zu-Punkt Modell, auch als Kontraktpfadmodell bezeichnet, basiert auf dem Konzept, dass der Netznutzer eine fiktive Transportroute sowie den konkreten Einspeise- und Ausspeisepunkt angibt und mit den jeweiligen betroffenen Netzbetreibern vertraglich organisiert. Sobald auf diesem beschriebenen Leitungsweg mehrere Netze genutzt werden müssen, kommt es zu einer Addition der Verträge mit den jeweils betroffenen verschiedenen Netzbetreibern. Dies führt dazu, dass der Kunde meistens eine Vielzahl von Verträgen

---

296 Ausführlich hierzu Kapitel 2. E. I. 3.
297 Eingeordnet als „essential facilities" ohne Begründung von *Däuper,* N&R, S. 214 (220).
298 Ausführlich hierzu siehe unter Kapitel 4. B. I. 1. b).
299 *Olbricht,* Netzzugang in der deutschen Gaswirtschaft, S. 81; *Cerbe,* Grundlagen der Gastechnik, S. 490.

mit unterschiedlichen Vertragspartnern abzuschließen hat[300]. Diesem System liegt, entgegen den tatsächlichen Gegebenheiten, die Vorstellung eines konkreten physikalischen Transports zu Grunde, so dass ein theoretischer Lastfluss von Ein- zu Ausspeisepunkt unter Berücksichtigung des vermeintlichen Transportweges angenommen wird[301]. Die sich auf dieses Modell anzuwendende Entgeltberechnung ergibt sich für die in Anspruch genommenen Fernleitungen entfernungsunabhängig nach einem Punktezahlensystem und für die Verteilernetze nach einheitlichen Entgelten (so genannter Briefmarkentarif)[302].

Ein solches Modell war jedoch, wie die Vergangenheit zeigt[303] und wie schon durch den Monitoringbericht 2003[304] bestätigt wurde, nicht wettbewerbstauglich. Der Monitoringbericht stellte fest, dass dieses Modell zu einer Zersplitterung der Märkte für den Energiehandel, die Kapazitätsrechte und den Speicherzugang sowie bei den Hilfsdiensten führte. Außerdem wurde bemängelt, dass in einem solchen Modell Massengeschäfte unmöglich waren, da durch die separate Abwicklung jedes Geschäfts ein sehr hoher Abwicklungsaufwand anfiel. Diese Kritikpunkte führten dazu, dass die Anwendung dieses Modells zwar theoretisch weiterhin möglich wäre, zur Zeit aber weder in Deutschland noch in Spanien Anwendung findet und auch wohl künftig nicht mehr finden wird.

bb) „Entry-Exit"-Modell

Das Grundprinzip des „Entry-Exit"-Modells stellt ein transaktionsunabhängiges Zugangsmodell dar, bei dem der fiktive Kontraktpfad unberücksichtigt bleibt. Jeder Netzbetreiber stellt getrennte Ein- und Ausspeisekapazitäten an den Ein- und Ausspeisepunkten seines Netzes zur Verfügung, und die Transportkunden können Ein- und Ausspeisekapazitäten unabhängig voneinander buchen, ohne dass der Transportweg exakt bestimmt werden muss[305]. Dadurch wird der vertragliche Zugangsanspruch von dem tatsächlichen physischen Gasfluss entkoppelt. Die dann anfallenden real-physischen Gasflüsse müssen vorher durch die Netzbetreiber mit Hilfe von Lastflusssimulationen ermittelt und bei der Berech-

---

300 *Olbricht*, Netzzugang in der deutschen Gaswirtschaft, S. 81; *De Wyl/Müller-Kirchenbauer/Thole* in Schneider/Theobald, Recht der Energiewirtschaft 2008, § 15 Rn. 268.

301 Wagner/Igelspacher /Roth, ET 2004, S.562, (567).

302 *De Wyl/ Müller-Kirchenbauer/ Thole* in Schneider/Theobald, Recht der Energiewirtschaft 2008, § 15 Rn. 268 *Cerbe,* Grundlagen der Gastechnik, S. 494.

303 Bis zur Einführung des EnWG 2005 basierte die VV Gas II vom 1.10.2002 auf dem Punkt zu Punkt Modell und wurde in Deutschland angewendet.

304 Bundesministerium für Wirtschaft und Arbeit, Bericht an den deutschen Bundestag über die energiewirtschaftlichen und wettbewerblichen Wirkungen der Verbändevereinbarungen, 31.08.2003.

305 *Burmeister*, Energiehandel, S. 98; *De Wyl/Müller-Kirchenbauer/Thole* in Schneider/Theobald, Recht der Energiewirtschaft 2008, § 15 Rn. 289; *Kesting,* ET 2005, Spezial, S. 10, (11).

nung der Kapazitäten berücksichtigt werden[306]. Eine Preisgestaltung findet nur hinsichtlich der Ein- und der Ausspeiung statt, nicht jedoch in Bezug auf den virtuellen Transportpfad des Gases innerhalb des Netzes[307]. Diese Bepreisung sollte dann möglichst an den ökonomischen Gegebenheiten des jeweiligen Punktes ausgerichtet sein, folglich im besten Fall Engpässe und Übergabekapazitäten reflektieren, um eine effiziente Netzauslastung zu gewährleisten[308]. Das Grundprinzip des „Entry-Exit"-Modells kann dann im Einzelnen unterschiedlich ausgestaltet werden, wobei die jeweilige nationale Ausgestaltung von den tatsächlichen Gegebenheiten des betreffenden Netzes und der Entscheidung des Gesetzgebers abhängig ist.

Ein solches „Entry-Exit"-Modell kann entweder als so genanntes Einzelbuchungsmodell oder als Zweivertragsmodell ausgestaltet werden.

Bei dem *Einzelbuchungs- bzw. Optionsmodell*[309] handelt es sich um ein System, bei dem die Lieferanten die Möglichkeit haben, Kapazitäten in jedem Netz einzeln zu buchen und hierdurch die Transportkette von Netz zu Netz zusammenzustellen. Dieses führt in der Konsequenz dazu, dass Transportkunden sowohl einen Ein-, als auch einen Ausspeisevertrag in jedem Netz in der geplanten Transportkette abschließen müssen[310]. Ein solches System entspricht in der Wirkung dem Punkt-zu-Punkt Modell[311] und wird zurzeit weder in Deutschland noch in Spanien angewendet.

Das *Zweivertragsmodell* basiert im Unterschied zum Einzelbuchungsmodell darauf, dass der vertragliche Zugangsanspruch unabhängig vom tatsächlich physischen Gasfluss zu beurteilen ist und lediglich die betreffenden Ein- und Ausspeisungskapazitäten gebucht werden müssen. Damit entfällt für den Kunden auch die Notwendigkeit, mit unterschiedlichen Netzbetreibern entlang eines theoretischen Transportpfades Verträge abzuschließen. Dem Kunden wird es durch dieses System ermöglicht, Zugang zu einem gesamten Marktgebiet zu erhalten, indem er nur einen Einspeisevertrag mit dem Netzbetreiber schließt, in dessen Netz eine Einspeisung von Gas erfolgen soll, und einen Ausspeisevertrag mit dem Netzbetreiber, aus dessen Netz die Entnahme von Gas erfolgen soll. Da-

306 *De Wyl/Müller-Kirchenbauer/Thole* in Schneider/Theobald, Recht der Energiewirtschaft 2008, § 15 Rn. 289.
307 *Olbricht,* Netzzugang in der deutschen Gaswirtschaft, S. 83.
308 *Kesting,* ET 2005, Special, S. 10, (11).
309 In Deutschland optional bis zum 17.11.2006 neben dem Zweivertragmodell anwendbar, dann wurde durch die BNetzA jedoch im Rahmen eines Missbrauchsverfahrens entschieden, dass das Einzelbuchungsmodell gegen § 20 I b EnWG verstößt.
310 *Däuper,* in: Zenke/ Wollschläger, § 315,S. 150; *Brühl / Weissmülle,* Gasnetzzugang, Rn. 166.
311 *Scheib,* Netzzugang im liberalisierten deutschen Gasmarkt, S. 35.

durch wird es den Transportkunden durch den Abschluss von nur zwei Verträgen ermöglicht, einen Transport auch über mehrere Netze zu realisieren.

Innerhalb des Zweivertragsmodells können sich jedoch bei den Buchungsmöglichkeiten Unterschiede ergeben. Das Modell kann entweder so ausgestaltet sein, dass sowohl Ein- als auch Ausspeisekapazitäten vollständig unabhängig voneinander gebucht werden können, also auch z.B. nur Einspeisekapazitäten, oder aber in der Form, dass zwar ebenfalls kein Transportpfad gebucht werden muss, zu jeder Einspeisekapazität jedoch auch immer eine korrespondierende Ausspeisekapazität gebucht werden muss. Insofern bietet diese zweite Buchungsvariante weniger Flexibilität als die erste. Die vollständig unabhängige Buchung der Kapazitäten stellt zumindest theoretisch höhere Ansprüche an das jeweilige Netzsystem, da jeder Ausspeisepunkt von jedem Einspeisepunkt zu erreichen sein muss[312]. Die zweite Buchungsmöglichkeit ermöglicht dagegen eine bessere Planbarkeit des Gasflusses für den Netzbetreiber.

Da dieses System in beiden möglichen Ausgestaltungen deutliche Vorteile gegenüber dem Punkt-zu-Punkt Modell aufweist, wird dieses Zweivertragsmodell in beiden Ländern ausschließlich angewendet. In Deutschland untersagte die BNetzA durch Beschluss die Anwendung des Einzelbuchungsmodells und legte fest, dass das Zweivertragsmodell das einzige vom Gesetzgeber gewollte Modell darstellt[313]. In Spanien legte sich der Gesetzgeber schon mit der Verordnung 949/2001 vom 3. August 2001 auf das Zweivertragsmodell verbindlich fest, wobei hier die oben beschriebene zwingende Verbindung von Ein- und Ausspeisekapaziäten bislang noch Voraussetzung ist.

In diesem Zusammenhang muss zum besseren Verständnis erneut auf die Besonderheiten der Systeme in Deutschland und in Spanien hingewiesen werden.

Die Tatsache, dass es in Deutschland unterschiedliche Marktgebiete gibt, führt dazu, dass jedes Mal, wenn hier davon die Rede ist, dass nur ein Ein- und ein Ausspeisepunkt innerhalb eines Netzes benötigt wird, mit Netz ein solches Marktgebiet gemeint ist, also die jeweiligen Marktgebiete die „Entry-Exit"-Zonen festlegen. Sobald eine marktgebietsübergreifende Lieferung begehrt wird, ist zumindest ein weiterer Ein- und Ausspeisevertrag notwendig.

In Spanien stellt sich dieses Problem nicht, da ein gemeinsamer Fernleitungsnetzbetreiber für die Koordination des gesamten nationalen Fernleitungsnetzes zuständig ist. Dieser ist nach Art 64 Nr. 3 lit. m) LH insbesondere auch für die

312 Ausführlich zum heutigen Stand der Diskussion, Informe 12/2009 de la CNE sobre el proyecto de Real Decreto por el que se modifica el Capítulo II de Real Decreto 949/2001, S. 13.www.cne.es.

313 BNetzA, Beschluss vom 17.11.2006, Az.: BK7-06-074.

Leitung der Ein- und Ausspeisung zuständig und nach Art. 64 Nr. 3 lit. o) LH für die Erstellung der Kalkulation und die Tagesbilanzierung. Das „Entry-Exit"-Modell führt daher in Spanien dazu, dass für den Petenten tatsächlich nur der Ein- und der Ausspeisepunkt bekannt sein muss, um die Nutzung auch über mehrere Netze realisieren zu können.

c) Organisation des Netzzugangs

Der sowohl in Deutschland als auch in Spanien eingeschlagene Weg der Anwendung des „Entry-Exit"-Modells in Form des Zweivertragsmodells führt zu einer Komplexität des Gassystems, die einer entsprechenden Organisation bedarf. Die Tatsache, dass die Marktsituation in Deutschland mit seinen einzelnen Marktgebieten und in Spanien mit einem nationalen Netz eine unterschiedliche ist, führt dazu, dass die Organisation auf verschiedene Art und Weise durchgeführt wird. Wie die Unterschiede im Einzelnen aussehen, wird im Folgenden untersucht.

aa) Deutschland

Zunächst soll die praktische Durchführung des Netzzugangs und die hierzu erforderlichen wesentlichen Schritte in Deutschland aufgezeigt werden. Hierbei wird der Schwerpunkt zunächst weniger auf der rechtlichen Ausgestaltung und den damit verbundenen juristischen Probleme liegen als vielmehr auf der tatsächlichen Umsetzung in der Praxis. Um die tatsächlich notwendigen Schritte und deren Umsetzungsmöglichkeiten darzustellen, werden die einzelnen, für die Abwicklung des Netzzugangs notwendigen Abschnitte, in ihrer zeitlichen Reihenfolge aufgezeigt und erläutert. Problematisch ist in der Praxis in diesem Zusammenhang die schnelle Weiterentwicklung der geltenden Regelungen. So trat die neue GasNZV erst am 09.09.2010 in Kraft, und eine Novellierung des EnWG wird in nächster Zukunft erwartet. Darüber hinaus wird die BNetzA alsbald neue, verbindliche Regeln für das Kapazitätsmanagement festlegen. Die folgenden Strukturen basieren auf den zurzeit geltenden Regelungen unter besonderer Berücksichtigung der neuen GasNZV.

Nach der GasNZV muss beim Zugang unterschieden werden zwischen dem Zugang an Marktgebietsgrenzen und an Grenzen zu Nachbarstaaten auf der einen Seite und dem Zugang über Ein- oder Ausspeisepunkte von und zu Speicher-, Produktions-, Biogas- oder LNG-Anlagen und Ausspeisepunkten zu Letztverbrauchern auf der anderen Seite. Darüber hinaus wird zwischen der Buchung von festen und unterbrechenbaren Kapazitäten differenziert. Der grundsätzlich einzuhaltende Ablauf orientiert sich aber an **Anfrage (1), Buchung (2), Nominierung (3), Allokation** (4) und zum Abschluss der **Bilanzierung (5)**.

(1) Anfrage

Um das Recht auf Netzzugang ausüben zu wollen, war es bislang nach § 9 Abs. 1 GasNZV a.F. zunächst erforderlich, dass der Petent eine verbindliche Anfrage auf Nutzung des Netzes stellte. Hierfür musste eine Anfrage bezüglich der begehrten Einspeisekapazitäten bei dem jeweiligen Betreiber des Netzes, in dem sich der betreffende Einspeisepunkt befindet, und eine Anfrage beim jeweiligen Ausspeisenetzbetreiber gestellt werden. Die jeweilige Anfrage war gemäß § 9 Abs. 1 GasNZV a.F. verbindlich, wenn aufgrund der Form zu erkennen war, dass es sich nicht lediglich um ein Auskunftsverlangen oder um eine Bitte um Information handelte[314]. Für eine solche Anfrage hatte der Netzbetreiber nach § 15 Abs. 2 GasNZV a.F. standardisierte Formulare zur Verfügung zu stellen. Nachdem eine solche Anfrage einging, hatte der Netzbetreiber gemäß § 17 S. 2 und 3 GasNZV a.F. spätestens zwei Werktage später zu antworten und gleichzeitig ein vollständiges und bindendes Angebot abzugeben. Mit Annahme dieses Angebots kam der Transportvertrag zustande (§ 18 Abs. 1 GasNZV a.F.)[315].

Die verfügbaren Kapazitäten wurden dann im so genannten „first-come-first-served" Verfahren, also nach der zeitlichen Reihenfolge der eingehenden verbindlichen Anfragen, vergeben. Dieses in der Gaswirtschaft grundsätzlich anerkannte System[316] stellt ein objektives Kriterium auf, nämlich den zeitlichen Eingang der Anfrage, und räumt insofern im Prinzip allen Petenten die gleichen Zugangschancen ein. Der Zeitpunkt des Eingangs der verbindlichen Anfrage war insofern für die spätere Kapazitätsbuchung von größter Bedeutung. Wegen des möglichen Informationsvorsprunges, den vor allem vertikal integrierte Unternehmen genießen, führte ein solches, ausschließlich auf dem zeitlichen Eingang basierendes System, trotz der grundsätzlichen Objektivität, aber leicht zu Diskriminierungen[317]. Daher hat sich der Gesetzgeber mit der neuen GasNZV zum Teil von diesem System verabschiedet und ein Auktionsverfahren eingeführt.

Nach der Neufassung des GasNZV sollen nunmehr feste Kapazitäten ab dem 01. Oktober 2011 an den Marktgebietsgrenzen und den Grenzen zu Nachbarstaaten gemäß § 13 Abs. 1 GasNZV im Wege der Versteigerung vergeben werden. Dies bedeutet, dass der Petent ein verbindliches Angebot machen muss, auf welches

314 BR-Drs. 246/05 vom 14.4.2005, S.41.

315 Anders nach Anlage 3 § 7 KoV III, wonach der Vertrag mit der Annahme durch den Netzbetreiber zustande kommt. Der Wortlaut der GasNZV a.F ist jedoch eindeutig, so dass die Regelungen der KoV III diesbezüglich auszulegen sind.

316 *Brodkorb,* BK, Bd. 2 § 24 Anh. C, GasNZV § 9 Rn.4.

317 BT-Drs. 312/10, Begründung zur Verordnung zur Neufassung von Vorschriften auf dem Gebiet des EnWG sowie des Bergrechts zu § 13 GasNZV S. 72; *Wolf,* in BK, Bd. 2 Art. 102 AEUV Rn. 96; *Kurth,* e/m/w, 2010, Heft 2, S. 6 (8); *Herrmann,* S. 236.

ein verbindlicher Zuschlag nach dem Markträumungspreis[318] erfolgt. In diesem Fällen fällt somit das Erfordernis einer verbindlichen Anfrage weg. Weitergehende Ausführungen zum Ablauf der Versteigerung, insbesondere zum zeitlichen Ablauf und zu den Mindestanforderungen an ein verbindliches Angebot, finden sich bislang nicht, so dass derzeit unklar ist, wie die Versteigerung künftig konkret ablaufen wird. Die Festlegungskompetenz zur Ausgestaltung der Versteigerung hat nach § 50 Abs. 2 GasNZV die BNetzA. Nachdem diese zunächst eine Konsultation derjenigen Fernleitungsnetzbetreiber, bei denen Transportkapazitäten an Marktgebiets-, bzw. Grenzkopplungspunkten gebucht werden können, durchgeführt hat[319], ist zeitnah, insbesondere auch im Hinblick auf die Frage, ob die Auktionen im einstufigen oder zweistufigen Verfahren durchgeführt werden, mit einer Festlegung zu rechnen[320].

Die übrigen Kapazitätsbuchungen sollen weiterhin nach § 13 Abs. 3 S. 2 GasNZV nach der Reihenfolge der Anfrage vergeben werden. Hierfür kann auf die oben gemachten Ausführungen zur verbindlichen Anfrage verwiesen werden.

Der genaue Ablauf der Anfrage war bislang in der GasNZV a.F. geregelt. Bis es allerdings zu der erstmaligen Durchführung einer Versteigerung nach der neuen GasNZV kommt, sei auf das alte Verfahren verwiesen.

Nach § 15 Abs. 2 GasNZV a.F. waren die jeweiligen Netzbetreiber verpflichtet, standardisierte Formulare in deutscher Sprache auf ihren Internetseiten zur Verfügung zu stellen. Diese Standard - Formulare konnten nach § 16 Abs. 1 GasNZV a.F. Angaben zum Transportkunden, dem Einspeisepunkt bzw. Ausspeisepunkt, zur beantragten Kapazität, dem Buchungszeitraum, gegebenenfalls zum Standardlastprofil, zu der Art der Kapazität und zu der Gasbeschaffenheit enthalten. Nachdem die verbindliche Anfrage des Petenten beim Netzbetreiber eingegangen war, musste der Netzbetreiber nach § 17 S. 2 und S. 3 GasNZV a.F. innerhalb zweier Werktage darauf antworten und dem Petenten ein vollständiges und bindendes Angebot abgeben. Durch diesen dann abzuschließenden Vertrag wurde das „Wie“ des Zugangs vertraglich ausgestaltet.

---

318 Beim Markträumungspreis handelt es sich um den Preis, bei dem sich die Angebots-, und die Nachfragekurve schneiden. Zu diesem, auch Gleichgewichtspreis genannten Preis, werden die Kapazitäten dann einheitlich verkauft.

319 BNetzA, Az.:BK7-10-001.Festlegungsverfahren zum Kapazitätsmanagement, Einleitungsverfügung, abrufbar unter www.bundesnetzagentur.de.

320 Ausführlich hierzu, *Kurth,* in e/m/w, 2010, Heft 2, S. 6 (9).

(2) Kapazitätsbuchung

Die anschließende Kapazitätsbuchung - also die verbindliche Kontrahierung von Kapazitäten[321] - kann entweder für Kapazitätsbuchungen an den Marktgebietsgrenzen und den Grenzen zu Nachbarstaaten im Rahmen der Versteigerung oder für die restlichen Kapazitäten durch die Abgabe eines Angebotes durch den Netzbetreiber und die Annahme eines Angebots durch den Petenten erfolgen. Aufgrund der Besonderheiten im Gassystem wird der An- bzw. Verkauf von Gas nicht direkt an den Erwerb der benötigten Kapazitäten geknüpft, Kapazitäten werden also nicht im Verbund mit der Ware Gas gebucht. Der Kauf bzw. Verkauf von Gas ist bislang ein vollständig unabhängig von der Buchung der Ein- bzw. Ausspeisekapazitäten ablaufender Vorgang und muss für die weiteren Ausführungen auch strikt von diesem getrennt werden. Um diese Unterscheidung auch sprachlich darzustellen, wird im Zusammenhang von Kapazitätsauktionen von so genannten expliziten bzw. impliziten Auktionen gesprochen.

Explizite Auktion bedeutet hierbei, dass die zur Verfügung stehende Kapazität an die Marktteilnehmer vergeben wird, die im Rahmen einer Auktion die höchsten Gebote für diese Kapazität abgegeben haben[322]. Implizite Auktion hingegen bedeutet, dass die Vergabe der Kapazitäten gemeinsam mit der Gasauktion an der Börse durchgeführt wird[323]. Die Trennung von Kapazitätsbuchung und Gasbuchung wird folglich durch die Durchführung einer impliziten Auktion aufgehoben. Bislang existieren implizite Auktionen jedoch nur im Strombereich, da hierfür ein liquider Großhandelsmarkt erforderlich ist, was zum heutigen Zeitpunkt für die Gaswirtschaft nicht der Fall ist[324].

Um Zugang zum Gasnetz zu bekommen und damit das Recht Gas „durchzuleiten", sind folglich zunächst ausreichende Kapazitäten erforderlich, um das hiervon getrennt erworbene Gas durchleiten zu können. Diese festen Kapazitäten sind wie bereits dargestellt für Ein- und Ausspeisung an Marktgebietsgrenzen und Grenzen zu Nachbarstaaten mit Inkrafttreten der neuen GasNZV für das am 01. Oktober 2011 beginnende Gasjahr[325] nach § 13 Abs. 1 GasNZV im Wege der Versteigerung bzw. expliziten Auktion zu buchen. Die übrigen Kapazitätsprodukte werden weiterhin im Wege des „first-come-first served" Verfahrens vergeben, sodass auf eine verbindliche Anfrage ein verbindliches Angebot i.S.d.

---

321 *Neveling/Gewehr,* in D/T, § 20 Abs. 1 b EnWG Rn. 56.

322 Monitoringbericht 2009, Bundesnetzagentur, unter Def. für Elektrizität, Siehe S.288 unter explizite Auktion, abrufbar unter www.bundesnetzagentur.de.

323 Monitoringbericht 2009, Bundesnetzagentur, unter Def. für Elektrizität, Siehe S. 289 unter Market Coupling, abrufbar unter www.bundesnetzagentur.de.

324 Monopolkommission, Strom und Gas 2009: Energiemärkte im Spannungsfeld von Politik und Wettbewerb, Sondergutachten gemäß § 62 Abs.1 EnWG, S.151, Rn. 394.

325 Das Gasjahr beginnt in Deutschland am 01. Oktober 2011 und endet am 30. September um 24.00 Uhr.

§ 145 BGB durch den Netz- bzw- Speicherbetreiber erfolgt, welches vom Petenten angenommen werden kann. Für das Angebot der Kapazitäten legt § 20 Abs. 1 b S. 1 EnWG fest, dass die jeweiligen Ein- und Ausspeisekapazitäten dergestalt angeboten werden müssen, dass der Netzzugang ohne Festlegung eines transaktionsabhängigen Transportpfades möglich ist und die Kapazitäten unabhängig voneinander nutzbar und handelbar sind. Diese Bedingung bedeutet, dass neben dem oben näher beschriebenen transaktionsunabhängigen Transportpfad die Kapazitäten erstens wegen der unabhängigen Nutzbarkeit an allen Ein- und Ausspeisepunkten in unterschiedlicher Höhe und zeitlich unabhängig voneinander gebucht werden können und zweitens wegen der unabhängigen Handelbarkeit ein System eingeführt werden muss, welches bis zur Börsenfähigkeit des Gasnetzzugangsmodells reichen kann[326]. Aufgrund dieses in Deutschland geltenden „Entry-Exit"-Modells ist hier also auch lediglich eine isolierte Buchung von Einspeise- bzw. von Ausspeisekapazitäten möglich. Die neue GasNZV bestätigt dieses System und bestimmt ausdrücklich in § 3 Abs. 1 GasNZV, dass die jeweiligen Transportkunden berechtigt und verpflichtet sind, einen Einspeise- **oder** Ausspeisevertrag abzuschließen. Darüber hinaus definiert sie erstmals, welche Rechte vom Erwerb der Ein- bzw. Ausspeisekapazitäten umfasst werden. Nach § 3 Abs. 3 S. 2 GasNZV berechtigt der Einspeisevertrag zur Nutzung des Netzes vom Einspeisepunkt bis zum virtuellen Handelspunkt und der Ausspeisevertrag zur Nutzung des Netzes vom virtuellen Handelspunkt bis hin zum Ausspeisepunkt. Der virtuelle Handelspunkt wird gemäß § 2 Nr. 15 GasNZV definiert als ein Punkt im Marktgebiet, an dem Gas zwischen Bilanzkreisen übertragen werden kann, der jedoch keinem physischen Ein- oder Ausspeisepunkt entspricht. In formeller Hinsicht handelt es sich bei den einzelnen Verträgen um von den Fernleitungsnetzbetreibern anzubietende standardisierte Verträge, durch welche die jeweiligen Kapazitätsrechte begründet werden. Die Mindestanforderungen an die in diesen Verträgen enthaltenen Allgemeinen Geschäftsbedingungen bestimmt § 4 Abs. 1 GasNZV.

Für den Fall der Ausspeisung aus den örtlichen Verteilernetzen müssen den Transportkunden nach § 3 Abs. 4 GasNZV standardisierte Lieferantenrahmenverträge angeboten werden, die den Transportkunden dazu berechtigen, das Netz ab dem virtuellen Handelspunkt und zur Ausspeisung von Gas an den jeweiligen Ausspeisepunkten des örtlichen Verteilernetzes zu nutzen.

Abgewickelt wird die Vergabe der nach § 13 GasNZV zu vergebenen Kapazitäten ausschließlich über die nach § 12 GasNZV bis zum 01. November 2011 zu schaffende Kapazitätsplattform.

---

326 *Müller-Kirchenbauer/Thole/Stratmann,* in BK, Band 1, § 20 EnWG, Rn. 212.

(a) Kapazitätsprodukte

Als zu buchende Kapazitätsprodukte legt § 11 GasNZV fest, dass sowohl feste-, als auch unterbrechenbare Kapazitäten zu buchen sind. Unterbrechenbare Kapazität bedeutet nach der Definition in Art. 2 Nr.13 VO 715/2009 *„die Erdgasfernleitungskapazität, die von den Fernleitungsnetzbetreibern gemäß den im Transportvertrag festgelegten Bedingungen unterbrochen werden kann"*. Das bedeutet für den Petenten, dass im Unterschied zur festen Kapazität ein gewisses Risiko besteht, dass bei Vorliegen bestimmter Umstände, die Möglichkeit der Kapazitätsnutzung unterbrochen wird[327].

Die jeweiligen Kapazitäten sind darüber hinaus mindestens auf Jahres-, Monats-, Quartals- und Tagesbasis durch die Netzbetreiber anzubieten. Des Weiteren bestimmt § 11 S. 2 GasNZV, dass die Fernleitungsnetzbetreibern in dem Ausmaß zusammenzuarbeiten haben (...) um aufeinander bestimmte Kapazitätsprodukte anzubieten. Diese ausdrücklich normierte Kooperationspflicht führt dazu, dass die jeweiligen Netzbetreiber ihre Kapazitätsprodukte, also auch insbesondere die Laufzeiten, aufeinander abstimmen müssen, um „Sackgassen" beim Gastransport zu verhindern[328]. Insbesondere der Starttermin der Jahreskapazitäten - 01. Januar oder 01. Oktober -ist jedoch bis zum heutigen Tag unklar. Für weitere Details muss auch hier die Festlegung der Bundesnetzagentur abgewartet werden.

(b) Vertragslaufzeiten

Neben der Neugestaltung des Verfahrens der Kapazitätsbuchung sowie der Festlegung der anzubietenden Kapazitätsprodukte durch die neue GasNZV regelt diese gemäß § 14 Abs. 1 und 2 auch gewisse Laufzeitbeschränkungen für die Kapazitätsprodukte der Ein- und Ausspeisung an den Grenzen zu anderen Staaten und Marktgebieten.

Nach § 14 Abs. 1 GasNZV müssen an diesen Punkten mindestens 20 % der technischen Jahreskapazität für Kapazitätsprodukte reserviert werden, die mit Vertragslaufzeiten von bis zu zwei Jahren einschließlich vergeben werden. 65 % der technischen Kapazitäten dürfen an Kapazitätsprodukte von einer Laufzeit mit mehr als vier Jahren vergeben werden. Dieselben Vorgaben gelten auch für die nach § 11 Abs. 2 GasNZV neu eingeführten Ein- und Ausspeisezonen.

Von Amts wegen kann die Regulierungsbehörde gemäß § 50 Abs. 3 S. 1 GasNZV eine davon abweichende prozentuale Aufteilung festlegen, soweit dies

327 *Brodkorb,* BK Bd. 1 Anh. C, GasNZV § 24 Rn. 5.
328 BT-Drs. 312/10, Begründung zur Verordnung zur Neufassung von Vorschriften auf dem Gebiet des EnWG sowie des Bergrechts zu § 11 GasNZV S. 67.

zur Erreichung der Ziele des § 1 EnWG erforderlich ist. Nach § 50 Abs. 3 S. 2 GasNZV kann sie auch auf Antrag eines Gasversorgungsunternehmens eine abweichende Aufteilung vornehmen, soweit das Unternehmen nachweist, dass dies zur Erfüllung von Mindestabnahmeverpflichtungen aus Lieferverträgen erforderlich ist, die am 01.Oktober 2009 bestanden. Durch Beschluss des Bundesrates wurde der § 50 Abs. 3 GasNZV in seiner vom Kabinett gebilligten Fassung um einen weiteren Satz ergänzt[329], wonach der im Rahmen der langfristigen Kapazitätsvergabe zu vergebende Anteil 65 % nicht unterschreiten darf. Damit soll sichergestellt werden, dass die Festlegungskompetenz der Regulierungsbehörde insofern beschränkt wird, als dass die Prozentsätze von dieser nicht **unter** die 65 %-Grenze herabgesetzt werden dürfen. Da eine solche Absenkung eine Verschärfung der Regulierung bedeute, soll diese nicht durch eine einzelne Behörde, sondern nur durch den Gesetzgeber erfolgen können[330].

(c) Auswirkung auf Altverträge

Fraglich ist, ob diese Vorgaben nur für die Buchung von Kapazitäten ab Inkrafttreten der GasNZV gelten, oder ob hiervon auch Altverträge umfasst werden, die in diesem Fall neu gestaltet werden müssten.

Die GasNZV enthielt in einer früheren Fassung in § 52 eine Übergangsvorschrift, wonach bestehende Verträge bis spätestens sechs Monate nach Inkrafttreten der Verordnung anzupassen waren. Trotz Bedenken einiger Verbände[331] verzichtete der Gesetzgeber darauf, eine solche Übergangsvorschrift in die endgültige Fassung der Verordnung mit aufzunehmen.
Der abschließende Text enthält keinerlei Verweis mehr auf bestehende Verträge. Da es also an einer solchen Übergangsregelung fehlt und eine solche Regelung bewusst aus der Verordnung herausgenommen wurde, bleibt nur die Schlussfolgerung, dass die bestehenden Altlieferverträge wegen des Rückwirkungsverbotes von Gesetzen vollständig in Kraft bleiben sollen und deren rechtliche Einordnung weiterhin ausschließlich dem Wettbewerbsrecht unterliegt. Die gegenteilige Ansicht hätte nämlich zur Folge, dass wegen der Herausnahme der Übergangsfrist die neuen Regelungen nunmehr ohne Übergangsfrist ab Inkrafttreten der GasNZV auch auf Altverträge anzuwenden wären, was wegen der Eingriffsintensität kaum gewollt sein kann. Gegen eine solche Einschätzung und für die Ansicht, dass die Vorgaben nur auf Neuverträge anzuwenden sind spricht auch die Begründung zu § 14 GasNZV[332], die besagt, dass „es den betroffenen Fern-

329 Br-Drs312/10 vom 09.07.2010, zu Artikel 1 (§ 50 Absatz 3 Satz x – neu- GasNZV).
330 BBr-Drs-312/10 vom 09.07.2010, zu Artikel 1 (§ 50 Absatz 3 Satz x – neu- GasNZV).
331 Exemplarisch: BNE Stellungnahme, abrufbar unter http://www.neu energieanbieter.de/data/uploads/2010070 bne_ stellungnahme_an_bundesratkabinett-sfassungantraege_gasnzv_novelle.pdf.
332 BT-Drs. 312/10, Begründung zur Verordnung zur Neufassung von Vorschriften auf dem Gebiet des EnWG sowie des Bergrechts zu § 14 GasNZV, S. 73.

leitungsnetzbetreibern zukünftig nicht mehr möglich ist, die technische Jahreskapazität vollständig, also zu 100 % langfristig, d.h. für mehr als vier Jahre, interessierten Transportkunden zur Verfügung zu stellen". Diese Begründung, die von „**zukünftig** (...) interessierten Transportkunden zur Verfügung stellen" spricht, ist auch ein Indiz dafür, dass nur zukünftige, aber nicht bereits abgeschlossene Verträge hiervon betroffen sein sollen.

Gegen die ausschließliche Anwendbarkeit auf Neuverträge könnte allerdings die Antragsmöglichkeit aus § 50 Abs. 3 S. 2 GasNZV sprechen, die eine abweichende Aufteilung für die Fälle zulässt, in denen dies zur Erfüllung von Lieferverträgen notwendig ist, die schon am 01. Oktober 2009 bestanden. Fraglich ist nämlich, ob eine solche Abweichungsmöglichkeit überhaupt notwendig ist, wenn diese Einschränkung gerade nicht auf Altverträge anwendbar ist. Diese auf den ersten Blick zwingend erscheinende Schlussfolgerung verkennt jedoch die strikte Trennung von Gaslieferverträgen auf der einen und Kapazitätsbuchungsverträgen auf der anderen Seite. Wenn man diese Trennung beachtet, kann keine derartige Schlussfolgerung aus der Antragsmöglichkeit gezogen werden, da die Erfüllung der schon vor dem 01. Oktober 2009 abgeschlossenen Gaslieferverträge auch dann gefährdet sein kann, wenn nur neu abzuschließende Kapazitätsverträge von den neuen Regelungen betroffen sind.

Zu untersuchen bleibt aber, ob sich eine andere Einschätzung daraus ergibt, dass in Erwägungsgrund Nr. 21 der VO 715/2009 ausdrücklich darauf hingewiesen wird, dass die Engpassmanagementvorgaben und Kapazitätszuweisungsmechanismen auch auf **Altverträge** anwendbar sind. War die Vorgängerregelung, die sich mit dem Engpassmanagement befasste, nach Art. 5 Abs. 3 VO 715/2005 noch ausdrücklich auf neue oder neu ausgehandelte Transportverträge beschränkt, fehlt es jetzt an dieser Vorgabe und aus dem Erwägungsgrund Nr. 21 folgt, dass die in der VO beschriebenen Mechanismen, anders als bislang, auch für Altverträge gelten[333].

Im Hinblick auf die unmittelbare Geltung der VO in den einzelnen Mitgliedstaaten und einer dementsprechenden europarechtskonformen Auslegung der nationalen Regelungen ließe sich argumentieren, dass es einer eigenen Übergangsregelung in der GasNZV nicht bedürfe, sondern sich schon aus der unmittelbaren Anwendung der VO eine Anwendung auch auf Altverträge ergebe, da die Vorgaben der GasNZV im Einklang mit der VO zu beurteilen sind.
Dann müsste mit dem Verweis auf das Engpassmanagement und die Kapazitätszuweisungsmechanismen aber gerade auch die Beschränkung der Kapazitätsprodukte auf bestimmte Mengen und Laufzeiten umfasst sein.

---

333 *Kühling/Pisal,* RdE 2010 S. 161 (167).

Der Wortlaut des Erwägungsgrundes Nr. 21 besagt, dass die Grundsätze des Engpassmanagements und der Kapazitätszuweisung bei neuen oder neu verhandelten Verträgen auf der Freigabe ungenutzter Kapazitäten beruhen, wobei es dem Netznutzer ermöglicht wird, diese weiter zu verpachten oder zu verkaufen. Außerdem beruht sie auf der Verpflichtung der Fernleitungsnetzbetreiber, dem Markt ungenutzte Kapazitäten anzubieten. „Angesichts des **hohen Anteils von Altverträgen** und der Notwendigkeit, gleiche Wettbewerbsbedingungen (...) zu schaffen, **sollte jene Grundsätze** (...) **auch auf Altverträge, Anwendung finden**".

Umfasst wird also zum einen die Freigabe durch die Nutzer von nicht genutzten Kapazitäten und zum anderen die Pflicht des Betreibers, die ungenutzten Kapazitäten anzubieten. Das bedeutet, es werden Möglichkeiten aufgezeigt, **ungenutzte** Kapazitäten sinnvoll einzusetzen und so die Nutzung der Netze zu optimieren. In jedem Fall bezieht sich der Wortlaut des Erwägungsgrundes Nr. 21 eindeutig darauf, die bereits einmal vertraglich gebundenen, jedoch ungenutzten Kapazitäten entweder durch den Nutzer selbst oder den Netzbetreiber dem Markt erneut zur Verfügung zu stellen. Hierbei handelt es sich um Maßnahmen, die erst nach einer schon erfolgten Kontrahierung der Kapazitäten eingreifen. Eine Ausweitung dieser Überlegung auf die *ex ante* einzuhaltenden Kontrahierungsmöglichkeiten aus wettbewerbspolitischen Gesichtspunkten ist von dieser Formulierung offensichtlich nicht umfasst. Dafür spricht zusätzlich die Tatsache, dass die VO an keiner weiteren Stelle Angaben irgendeiner Art zur Einführung einer Beschränkung für den Abschluss langfristiger Lieferverträge macht und eine Untersuchung der Wirksamkeit dieser Verträge bislang ausschließlich dem Wettbewerbsrecht (Art. 102 AEUV) unterlag[334]. Selbst bei europarechtskonfomer Auslegung der VO ist diese folglich nicht dahingehend zu verstehen, dass eine Auswirkung des § 14 GasNZV auf Altverträge stattfindet.

(d) Zusammenfassung von Kapazitäten

Eine Besonderheit für die Buchung von Kapazitäten wurde gemäß § 11 Abs. 2 GasNZV durch die Einführung von sogenannten Ein- bzw. Ausspeisezonen geschaffen. Dieser besagt, dass die Fernleitungsnetzbetreiber die jeweiligen Ein- bzw. Ausspeisekapazitäten an den unterschiedlichen Ein - Ausspeisepunkten zu Ein- und Ausspeisezonen zusammenzufassen haben, um so eine Ein- bzw. Ausspeisung von Gas auf der Basis **einer** Ein- oder Ausspeisekapazitätsbuchung an einem einzigen Ein- oder Ausspeisepunkt vorzunehmen.

334 Ausführlich zum Regelungsgehalt der VO 715/2009 siehe unter Kapitel 4 A.

Diese Regelung soll eine flexiblere Nutzung des Gasnetzes möglich machen und dazu beitragen, den Umfang der verfügbaren technischer Kapazitäten zu erhöhen[335]. Bislang kann es bei der Überschreitung von Marktgebietsgrenzen zu der Situation kommen kann, dass getrennte Buchungen für jeden Kopplungspunkt (physischen Punkt) notwendig werden, wenn zwei Fernleitungsnetze in aneinander angrenzenden Marktgebieten über mehr als einen Kopplungspunkt miteinander verbunden sind. Dies führt dazu, dass dem Petenten gegebenenfalls der Zugang mangels nicht vorhandener Kapazität verweigert werden kann, obwohl an einem anderen physischen Kopplungspunkt Kapazitäten vorhanden sind. Es obliegt also dem Petenten, den geeigneten Punkt zu finden, an dem er Kapazitäten auf beiden Seiten buchen kann. Hierdurch sind Situationen denkbar, in denen mangels flexibler Nutzung gerade nicht die größtmögliche Kapazität angeboten wird, da Kombinationen der Kopplungsstellen durch die Netzbetreiber nicht gewährleistet werden. Durch die neue Regelung des § 11 Abs. 2 GasNZG sind die Ein- und Ausspeisekapazitäten an unterschiedlichen Ein- und Ausspeisepunkten von den Netzbetreibern zusammenzufassen, so dass es möglich wird, die Ein- und Ausspeisung an einem einzigen Ein- bzw. Ausspeisepunkt vorzunehmen[336]. Hierdurch wird erreicht, dass die den Netzbetreibern gegebenen Verlagerungsmöglichkeiten dem Markt zur Verfügung gestellt werden[337]. Für den Petenten und seine Kapazitätsbuchung ergibt sich die Situation, dass er die Buchungen nur noch für einen Punkt in der neu geschaffenen Ein- bzw. Ausspeisezone vornehmen muss.

(e) Sekundärmarkt

Neben diesen Buchungsmöglichkeiten auf dem Primärmarkt regelt die neue GasNZV in den §§ 12 und 16 GasNZV explizit die Rechte und Pflichten im Zusammenhang mit den Kapazitätsbuchungen auf dem Sekundärmarkt. § 12 Abs. 2 GasNZV legt fest, dass Ein- und Ausspeisekapazitäten von den Transportkunden an Dritte weiterveräußert oder diesen überlassen werden können, wobei hierfür nur die von allen Teilnehmern zu nutzende Sekundärplattform in Anspruch zu nehmen ist. Die Kosten für diese zu schaffende Plattform sollen von den Fernleitungsnetzbetreibern anteilig zu tragen sein und können auf die Netzentgelte umgelegt werden. Außerdem dürfen die Preise für die Sekundärkapazitäten die ursprünglich für die Primärkapazitäten gezahlten Preise nicht wesentlich überschreiten. Hierdurch soll der rein spekulative Handel mit Kapazitätsrechten

335 BT-Drs. 312/10, Begründung zur Verordnung zur Neufassung von Vorschriften auf dem Gebiet des EnWG sowie des Bergrechts zu § 11 GasNZV S. 68.

336 Jeweils unter der Prämisse, dass die Zusammenfassung strömungstechnisch möglich ist (Art. 11 Abs. .2 GasNZV).

337 BNetzA, Neugestaltung des Kapazitätsmanagements im deutschen Gasmarkt, Eckpunkt der Bundesnetzagentur zur Konsultation, Stand 22.05.2009.

vermieden werden[338]. Eine Aussage darüber, wann ein solches „*wesentliches Überschreiten*" gegeben ist, findet sich in der Verordnung nicht. Diesbezüglich bleibt also abzuwarten, welche Maßstäbe sich in der Praxis herauskristallisieren werden.

Darüber hinaus bestimmt § 16 Abs. 1 GasNZV, dass den Transportkunden nicht nur nach § 12 Abs. 2 GasNZV die **Möglichkeit** der Weiterveräußerung gegeben werden muss, sondern dass die Fernleitungsnetzbetreiber sogar **verpflichtet** sind, den Transportkunden die vollständig oder teilweise ungenutzten festen Kapazitäten auf dem Sekundärmarkt anzubieten oder den Fernleitungsnetzbetreibern zur Verfügung zu stellen. Abs. 2 trifft Vorkehrungen für die Fälle, bei denen die Transportkunden diesen Verpflichtungen nicht nachgekommen sind. Die Norm besagt, dass für den Fall, dass der Transportkunde seine Kapazitäten nicht vollständig nominiert, die Fernleitungsnetzbetreiber - unter Berücksichtigung der Renominierungsrechte - verpflichtet sind, diese Kapazitäten für den Folgetag als feste Kapazitäten anzubieten. Die ursprüngliche Zahlungsverpflichtung des Transportkunden bleibt davon unberührt.

Es besteht also für den jeweiligen Petenten bei entsprechendem Angebot noch die Möglichkeit, Kapazitäten auf dem Sekundärmarkt zu buchen oder „day-ahead"-Kapazitäten direkt bei den Netzbetreibern zu erwerben.

(f) Speicher

Der Zugang zum Großteil der Speicheranlagen fällt nicht unter das System des regulierten Netzzugangs, sondern richtet sich nach dem verhandelbaren Netzzugang. Auch wenn die Speicheranlagen in Deutschland daher nicht zum „Gasnetz" i.S.d. Arbeit zählen, soll, wegen der Bedeutung, die diese für eine Gaswirtschaft besitzen, trotzdem dargestellt werden, wie die Kapazitätsbuchung beim verhandelbaren Netzzugang vorgenommen wird.
Da der Zugang zu den meisten Gasspeichern nicht vom Zugangsanspruch nach § 20 EnWG umfasst wird, ist der Zugang auch nicht den Regeln der GasNZV unterworfen, da diese gemäß § 1 nur die Bedingungen regelt, zu denen Netzbetreiber den Netzzugangsanspruchsberechtigten im Sinne des § 20 Abs. 1 EnWG Zugang zu gewähren haben. Zwar enthält der § 28 Abs. 4 EnWG eine Verordnungsermächtigung für das Bundesministerium für Wirtschaft und Technologie, um diese Lücke zu schließen, jedoch wurde hiervon bislang kein Gebrauch gemacht. Dies führt dazu, dass es in Deutschland bislang keine verbindlichen Regeln für die vertragliche Ausgestaltung des Speicherzugangs gibt, was wiederum zu einer völligen Intransparenz der Zugangsbedingungen führt[339]. Der § 28

338 BT-Drs. 312/10, Begründung zur Verordnung zur Neufassung von Vorschriften auf dem Gebiet des EnWG sowie des Bergrechts zu § 13 GasNZV S.79.
339 *Schuler/Tugendreich,* in IR 2007, S. 170 (171).

EnWG regelt insoweit nur, dass Betreiber von Speicheranlagen anderen Unternehmen Zugang zu „angemessenen und diskriminierungsfreien technischen und wirtschaftlichen Bedingungen“ zu gewähren haben (...). Fraglich ist daher, was insbesondere unter „angemessenen Bedingungen“ zu verstehen ist.

Um insoweit zumindest einigermaßen gleiche Zugangsvoraussetzungen für den verhandelbaren Netzzugang in Bezug auf die Interpretation des Tatbestandsmerkmals „angemessene Bedingungen“ aus § 28 Abs. 1 EnWG zu bekommen, kann so weit wie möglich auf die so genannten „Guidelines for Good TPA Practice of Storage System Operators” (nachfolgend “GGPSSO”)[340] Bezug genommen werden. Hierbei handelt sich um rechtlich nicht bindende Leitlinien[341], welche auf dem 10. Madrid Forum am 01. April 2005 veröffentlicht wurden. Trotz ihres rechtlich nicht bindenden Charakters haben diese wegen der Selbstverpflichtung der Speicherbetreiber zumindest Empfehlungscharakter bei einer behördlichen oder gerichtlichen Beurteilung von gasspeicherbezogenen Vorgängen[342]. Zur Auslegung des Merkmals der angemessenen Bedingungen nach § 28 Abs. 1 EnWG können sie daher herangezogen werden[343]. Die GGPSSO sehen nach Art. 3. 3 lit. a) und b) vor, dass sowohl gebündelte Dienstleistungen als auch getrennte Dienstleistungen, also Ein-, und Ausspeisung sowie die Speicherung an sich, anzubieten sind[344]. Außerdem sollen gemäß Art. 3. 3 lit. c) GGPSSO eine ausgewogene Mischung aus kurzfristigen Kapazitäten, bis hin zu Tageskapazitäten, und langfristigen Kapazitätsprodukten angeboten werden. Darüber hinaus sieht Art. 3. 3. d) GGPSSO vor, dass unterbrechenbare Kapazitäten buchbar sein sollen, deren Preis die Wahrscheinlichkeit der Unterbrechung widerspiegelt.

Im Hinblick auf das hierbei anzuwendende Verfahren bleiben die Guidelines in Art. 4 GGPSSO aber unkonkret und verweisen nach Art. 4. 1. lit. a) GGPSSO lediglich darauf, dass die Mechanismen und das Prozedere zur Entwicklung eines Wettbewerbsmarktes und eines liquiden Handels mit Speicherkapazitäten beitragen sollen. Um beides zu erreichen, sind die Mechanismen so zu gestalten, dass grundsätzlich eine Vielzahl von potentiellen Kunden die Speicherkapazitäten sinnvoll nutzen können und von der Nutzung nicht ausgeschlossen sind. Zwar geben diese Anforderungen genügend Informationen, um § 28 Abs. 1 EnWG zu konkretisieren, sie sind jedoch in Bezug auf die konkreten Kapazi-

---

340 Abrufbar auf der Seite der ERGEG, www.ergeg.com.

341 *Barbknecht,* e/m/w, 2005, Heft 2, S. 12 (15).

342 *Barbknecht,* in BK, Band 1, Anh. § 28 EnWG, Rn. 40.

343 Weitergehend noch *Däuper,* in D/T, § 28 EnWG, Rn. 7, der den Guidlines wegen der Möglichkeit sich an die Regulierungsbehörde wenden zu können, eine faktische Bindungswirkung zuspricht.

344 Art. 3.3 a GGPSSO.

tätsbuchungsmechanismen zu ungenau, als das hiervon auf eine allgemein anwendbare Praxis geschlossen werden könnte.

Insbesondere die Frage der Kapazitätsbuchung und die Frage, welche Dienstleistungen hiervon umfasst werden, werden bislang uneinheitlich beantwortet. Um jedoch einen Überblick über die derzeitigen Möglichkeiten zu erhalten, werden diese im Folgenden dargestellt.

Hierfür ist zunächst zwischen der Buchung eines einzelnen Speichers und der so genannten Systemspeicherbuchung zu unterscheiden. Für den Fall, dass der Kunde eine Speicherleitung innerhalb **eines bestimmten Speichers** gebucht hat, ist bislang vor allem unklar, von wem die notwendigen Netzkapazitäten für den vorherigen oder nachfolgenden Transport zu buchen sind[345]. § 38 Nr. 1 der Anlage 3 zur Kooperationsvereinbarung III sieht hierfür vor, dass die Transportkunden für die Einspeisung in einen Speicher einen Ausspeisevertrag mit dem Netzbetreiber abzuschließen haben, in dessen Netz der Speicher physisch eingebunden ist. Gleiches gilt nach § 38 Nr. 2 Anlage 3 für die Ausspeisung aus dem Speicher. Für diesen Fall sei ein Einspeisevertrag zwischen Transportkunden und dem entsprechenden Netzbetreiber notwendig. Das bedeutet, dass der Petent zwar die Ein- und Ausspeisung in den Speicher sowie die Speicherkapazität an sich buchen kann, der Transport zum bzw. vom Speicher aber beim jeweiligen Transportnetzbetreiber per Vertrag gebucht werden muss.

Anders stellt sich die Situation für die Fälle dar, in denen der Kunde einen sogenannten virtuellen[346] bzw. **Systemspeicher**[347] gebucht hat. Diese integrieren die Netzpufferung und die im Netz verfügbaren Speicheranlagen zu einer umfassenden Speicherdienstleitung, so dass die Buchung von Speicherkapazität ortsunabhängig im Netz erfolgt. Nur der Ort der Bereitstellung wird fixiert, wobei es sich meist um den virtuellen Handelspunkt innerhalb eines Marktgebietes handelt[348]. Da für den Fall eines Systemspeichers dem Speicheranlagenbetreiber überlassen wird, wie und wo er die Speicherleistung generiert, erfolgt die Buchung der Speicherkapazität ortsunabhängig, und lediglich der Ort der Bereitstellung, normalerweise der virtuelle Handelspunkt, wird vertraglich fixiert[349]. In diesen Fällen gehört der Transport des Gases demnach eindeutig zur Speicherdienstleistung, was auch nicht anders möglich ist, da mangels Kenntnis des Ortes der Kunde gar nicht weiß, welche Transportkapazitäten tatsächlich genutzt

345 *Neveling/Gewehr,* D/T, § 20 Abs. 1 b B 1 EnWG Rn. 145.
346 *Olbricht,* Netzzugang in der deutschen Gaswirtschaft, 379.
347 *Arndt,* Britz/Hellermann / Hermes, § 28 EnWG Rn. 5.
348 *Olbricht,* Netzzugang in der deutschen Gaswirtschaft, S. 379.
349 *Olbricht,* Netzzugang in der deutschen Gaswirtschaft, S. 378.

werden[350]. Folglich wird auch der Transport des Gases bis zum virtuellen Handelspunkt durch den Speicherbetreiber vorgenommen.

Die neue GasNZV ist zwar grundsätzlich nicht auf die hier zu besprechenden Speicheranlagen anwendbar, jedoch enthält sie in § 13 Abs. 3 GasNZV eine Regelung, die aufgrund ihrer möglichen Auswirkung auf die Buchung von Speicherkapazitäten zu untersuchen ist.

Nach § 13 Abs. 3 S. 3 GasNZV können die Ausspeisekapazitäten zur Ausspeisung an Letztverbraucher und Speicheranlagen sowie die Einspeisekapazitäten zur Einspeisung aus Speicher-, Produktions- oder LNG-Anlagen sowie aus Anlagen im Sinne des Teil 6 vom Letztverbraucher oder entsprechendem Anlagenbetreiber gebucht werden. Dies führt dazu, dass die jeweiligen Letztverbraucher und Anlagenbetreiber sowohl die Ausspeisekapazitäten zur Ausspeisung an die Speicheranlagen sowie die Einspeisekapazitäten zur Einspeisung aus den Speicheranlagen selbst buchen können. Fraglich ist es, ob diese Formulierung bedeutet, dass nur Letztverbraucher und entsprechende Anlagenbetreiber diese Buchungen vornehmen können, oder ob auch Lieferanten bzw. Händler Buchungen vornehmen können, obwohl sie nicht aufgeführt werden. Dies ist insofern von großer Bedeutung, als dass, wenn in Bezug auf Speicheranlagen nur die Speicherbetreiber (und Letztverbraucher) die Ein- und Ausspeisekpazitäten auch bei Einzelspeicherbuchungen selbst buchen können, die Speicherkapazität nicht nur für den Fall des Systemspeichers, sondern in jedem Fall direkt am virtuellen Handelspunkt buchbar wären. Dies hätte unter anderem zur Folge, dass die Nutzung der Speicher zumindest nicht mehr an vertraglichen Kapazitätsengpässen im Gasversorgungsnetz scheitern könnte[351].

Der Wortlaut des § 13 Abs. 3 S. 3 GasNZV spricht für eine solche Auslegung, weil dieser ausdrücklich nur davon spricht, dass die Ein- und Ausspeisekapazitäten *„vom angeschlossenen Letztverbraucher oder vom Betreiber von Speicher-, Produktions- oder LNG-Anlagen oder von Anlagen im Sinne des Teils 6 zur Einspeisung von Biogas gebucht werden“*. Diese Formulierung erweckt den Anschein, dass es sich bei den aufgezählten möglichen Petenten, um eine abschließende Gruppe handelt, von der die Händler bzw. Lieferanten gerade nicht umfasst sind.

Gegen eine solche Auslegung spricht jedoch zunächst die Systematik der GasNZV sowie die Systematik des Zugangsanspruches an sich. Innerhalb der GasNZV wird gemäß § 3 Abs. 1 GasNZV festgehalten, dass die Transportkun-

350 *Neveling/Gewehr,* in D/T, § 20 Abs. 1 b B 1 EnWG Rn. 146.
351 *Bundesnetzagentur,* Eckpunktepapier zur Neugestaltung des Kapazitätsmanagements im deutschen Gasmarkt.S.14, abrufbar unter www.bundesnetzagentur.de

den berechtigt sind, die entsprechenden Ein- und Ausspeiseverträge für den Gasnetzzugang abzuschließen. Das heißt, dass grundsätzlich auch die Transportkunden die Ein- und Ausspeisungskapazitäten zur Einspeisung in bzw. aus den Speichern buchen dürfen, da diese Buchungen Teil des Gasnetzzugangs sind. Dasselbe ergibt sich auch aus der Systematik des Zugangs im Hinblick auf den § 20 Abs. 1 S. 1 ENwG, der ein Recht für „Jedermann" für den Zugang zum Gasnetz festlegt[352]. Dieses durch Gesetz festgelegte Recht kann nicht durch eine konkretisierende Verordnung dergestalt eingeschränkt werden, dass der wohl bedeutendsten Gruppe von Anspruchsberechtigten, nämlich den Transportkunden, deren gesetzlich eingeräumtes Recht entzogen wird. Die Systematik stellt also klar, dass zum einen normalerweise der Transportkunde derjenige ist, der Ein- und Ausspeisekapazitäten bucht, und zum anderen grundsätzlich Jedermann die Möglichkeit hat, die notwendigen Buchungen für den Gasnetzzugang vorzunehmen. Des Weiteren spricht die Historie dafür, dass auch die Transportkunden zur Buchung berechtigt sein müssen. In einer früheren, nicht bindenden Version der GasNZV beinhaltete der Gesetzestext die Formulierung „ausschließlich". Darin hieß es, dass „ausschließlich Speicherbetreiber ...." zu Buchung berechtigt waren[353]. Diese Formulierung ist jedoch gestrichen worden. Indem der Verordnungsgeber zunächst den Zusatz „ausschließlich" mit aufnehmen wollte und ihn später wieder gestrichen hat, hat er indirekt deutlich gemacht, dass die nicht aufgezählte Gruppe der Transportkunden ebenfalls erfasst sein sollte.

Die Formulierung in § 13 GasNZV ist demnach zwar unglücklich, führt allerdings nicht zu einer Änderung der bisherigen Rechtslage, da weiterhin „Jedermann" zur Buchung berechtigt ist. Wer also für die Buchung des Transports vor bzw. nach der Speicherung zuständig ist, bleibt eine Frage des Einzelfalls und davon abhängig, ob der Speicherbetreiber diese zusätzliche Dienstleistung ebenfalls anbieten möchte. Für den Fall, dass ein Petent eine Speicherleistung innerhalb eines bestimmten Speichers buchen möchte, muss sich dieser folglich zunächst über die Handhabung des Speicherbetreibers informieren und gegebenenfalls neben den Kapazitäten für die Ein- und Ausspeisung in den Speicher sowie der Speicherkapazität auch die Ein- bzw Ausspeisung in das betroffene Netz buchen. Insgesamt müssen für die Kapazitätsbuchung demnach bis zu fünf Buchungsverträge geschlossen werden[354].

---

352 Ausführlich hierzu unter Kapitel 2. A. VI.

353 Ein solcher Vorschlag findet sich auch auf Seite 14 des Eckpunktepapiers der Bundesnetzagentur zur Neugestaltung des Kapazitätsmanagements im deutschen Gasmarkt. Abrufbar unter www.bundesnetzagentur.de

354 Den ggfs. notwendigen Bilanzkreisvertrag einmal ausgenommen. Hierzu mehr unter Kapitel 2. B. I. 1. c).f.

(3) Nominierung

Nominierung bedeutet nach § 15 Abs. 1 GasNZV, dass der Transportkunde die beabsichtigte Inanspruchnahme von „Ein- und Ausspeisekapazitäten nach Stundenmenge in Kilowattstunden pro Stunde beim Fernleitungsnetzbetreiber anzumelden" hat. Im Gegensatz zur Einspeisenominierung sollen Ausspeisenominierungen jedoch nur dann nötig sein, wenn es sich um eine Ausspeisung aus einer Speicheranlage handelt, soweit der betreffende Ausspeisepunkt nicht nach § 13 Abs. 3 GasNZV vom Betreiber der Speicheranlage gebucht wurde (§ 13 Abs. 1 Nr. 1 GasNZV), bei der Überspeisung in ein anderes Marktgebiet oder einen angrenzenden Staat (§ 13 Abs. 1 Nr. 2 GasNZV) und bei der Buchung von Transportkapazitäten an demselben Ausspeisepunkt durch mehrere Transportkunden, sofern dieser Ausspeisepunkt unterschiedlichen Bilanzkreisen zugeordnet ist (§ 13 Abs. 1 Nr. 3 GasNZV). Indem folglich keine Nominierungspflicht für die Ausspeisung an den Letztverbraucher gilt, hat der Verordnungsgeber eine Regelung umgesetzt, die bislang nur in der Kooperationsvereinbarung III unter § 22 Ziffer 1, 3 und 4 geregelt war, und dadurch diese damit verbundene Vereinfachung für Händler, die vor allem Haushaltskunden beliefern, auf eine legislative Basis gestellt.

Für die Punkte, für die eine Nominierung erforderlich ist, bestimmt § 15 Abs. 3 GasNZV, dass neben dem Standardnominierungsverfahren ein sogenanntes Nominierungsersatzverfahren anzubieten ist, soweit dieses technisch möglich und wirtschaftlich zumutbar ist. Dieses wird vor allem bei der Neubelieferung von Letztverbrauchern ohne Standardlastprofil (SLP)[355] zum Einsatz kommen[356].

Sobald die entsprechenden Mengen nominiert wurden, werden am Tage des Gastransportes die nominierten Gasmengen tatsächlich in das Gasnetz eingespeist[357]. Da für die Ausspeisung in den meisten Fälle keine Nominierung notwendig ist, ergibt sich die Menge der Ausspeisung aus der tatsächlichen Entnahme bzw. dem Verbrauch beim Abnehmer. Hierdurch treten unweigerlich

355 Ein solches Standardlastprofil bedeutet, dass der Lastgang eines Energieverbrauchers prognostiziert wird. Wobei die jeweilige Berechnung nach einem von der TU München entwickelten Verfahren vollzogen wird. Ein solches Standardlastprofil kann nach § 24 Abs. 1 GasNZV nur für Letztverbraucher angewendet werden, die maximale Ausspeisemengen von 500 Kilowattstunden pro Stunde und jährlich von 1,5 Millionen Kilowattstunden beziehen. Hiervon können nach Abs. 2 jedoch auch Ausnahmen gemacht werden und von den Verteilernetzbetreibern andere Grenzwerte festgelegt werden.

356 Dies ergibt sich aus § 28 GasNZV S. 2 a.F wonach das Nominierungsersatzverfahren bei der Belieferung von Letztverbrauchern, für die kein Lastprofilverfahren zum Einsatz kommt, vorzunehmen ist.

357 *Olbricht,* Netzzugang in der deutschen Gaswirtschaft, S. 68.

Differenzen zwischen Ein- und Ausspeisemengen auf, da die Einspeisung auf Prognosen beruht und die Ausspeisung auf dem tatsächlichen Verbrauch.

Dieses Ungleichgewicht muss durch den Netzbetreiber in Form des so genannten Bilanzausgleiches ausgeglichen werden[358]. Die Nominierung der späteren Inanspruchnahme von Kapazitäten hat daher insbesondere Bedeutung für die spätere Bilanzierung. Wie die Nominierung und eine mögliche Renominierung im Einzelfall vorzunehmen sind, regelt die GasNZV nicht. Die einzuhaltenden Anforderungen, insbesondere der Zeitpunkt, bis zu dem eine Nominierung vorgenommen worden sein muss, und die Möglichkeit einer nachträglichen Änderung sind jedoch gemäß § 4 Abs. 1 Nr. 2 GasNZV in Gestalt von Allgemeinen Geschäftsbedingungen in die Ein- und Ausspeiseverträge mit aufzunehmen.

Neu mit aufgenommen in die GasNZV ist nach § 15 Abs. 2 die Möglichkeit, einen Dritten mit der Nominierung zu beauftragen[359]. Dieser nominiert im Namen des Auftraggebers, wobei die vertraglichen Beziehungen zwischen Auftraggeber und Fernleitungsnetzbetreiber nicht berührt werden sollen.

(4) Allokation

Die Allokation, also die Zuordnung der tatsächlich geflossenen Gasmengen und damit der genutzten Kapazitäten, ist ebenfalls ein nicht hinwegzudenkender Bestandteil des Netzzugangs und insbesondere der Bilanzierung. Durch sie wird dem einzelnen Netznutzer eine bestimmte Menge Gas zugeordnet, um die spätere Bilanzierung durchführen zu können.

Wie das Allokationsverfahren im Einzelnen ausgeführt wird, hängt davon ab, welcher Fallgruppe die betroffenen Ein- und Ausspeisepunkte zugeordnet werden können. Hierbei lassen sich grundsätzlich **drei** Gruppen unterscheiden[360]

Bei der **ersten** Gruppe handelt es sich um die Ein- und Ausspeisepunkte, für welche nach § 15 Abs. 1 GasNZV zwingend eine Nominierung vorzunehmen ist. Für diese Gruppe gilt der Grundsatz „allokiert wie nominiert“, soweit diese Punkte von den Netzbetreibern auf Basis von Nominierungen durch Transportkunden gesteuert werden. Nehmen die Transportkunden die Steuerung dagegen selbst vor, basiert die Allokation auf Mengenmessungen[361].

358 *Olbricht,* Netzzugang in der deutschen Gaswirtschaft, a.a.O.
359 Nach der GasNZV a. F. konnte nach § 27 Abs. 4 nur ein Bilanzkreisverantwortlicher mit der Nominierung beauftragt werden.
360 *Däuper,* in D/T, § 20 Abs.1 b EnWG Rn. 199, nimmt sogar eine Aufteilung in fünf Gruppen vor.
361 „Gabi-Gas“, Anlage 1, Punkt 1.2.1.

Für die **zweite** Gruppe der „Registrierte-Leistungs-Messung“ (RLM) Kunden gilt mangels Nominierung, dass der Grundsatz „allokiert wie gemessen“ gilt, der bedeutet, dass bei der Allokation für jeden Bilanzkreis die tatsächlichen Messwerte maßgeblich sind[362].

Die dritte Gruppe betrifft die Standardlastprofil (SLP)-Entnahmestellen, bei denen die berechneten Profilwerte als Allokationswerte berücksichtigt werden.

(5) Bilanzierung

Bilanzierung bedeutet, dass innerhalb eines Bilanzkreises die Summe der eingespeisten Mengen an Gas der ausgespeisten Menge an Gas gegenübergestellt wird. Hierfür werden grundsätzlich die nominierten Einspeisemengen mit den allokierten Ausspeisemengen verglichen[363]. Da grundsätzlich jeder Netznutzer nur soviel Gas einspeisen darf, wie auch wieder ausgespeist wird, bzw. der übergeordnete Bilanzkreisverantwortliche ein ausgeglichenes Portfolio aufweisen muss und eine Abweichung der Mengen die Systemintegrität - insbesondere den Gasdruck - gefährden kann, ist es notwendig, ein funktionierendes Bilanzierungssystem zu haben, welches in der Lage ist, die einzelnen Abweichungen auch dem jeweiligen Verursacher zuzuordnen. Da der Ausgleich dieser Unterschiede mit Aufwand für den jeweilig betroffenen Netzbetreiber verbunden ist, müssen die hierdurch entstandenen Aufwendungen auf die Verursacher kostenmäßig umgelegt werden. Andernfalls würde sie sich in höheren Netzentgelten niederschlagen, die wiederum auf den Verbraucher umgelegt würden.

Das derzeitige Bilanzierungssystem in Deutschland beruht auf dem durch Beschluss festgelegten Bilanzierungsmodell der BNetzA „GABi-Gas“ vom 28. Mai 2008, welches am 01. Oktober 2008 in Kraft trat[364]. Hierdurch sollte insbesondere das Bilanzierungssystem für die Händler vereinfacht, eine effizientere Nutzung vorhandener Flexibilitätsinstrumente durch die Netzbetreiber vorangetrieben sowie die Schaffung eines funktionierenden und liquiden Marktes für Regel- und Ausgleichsenergie geschaffen werden[365].

Als Schwerpunkt des durch „GABi-Gas“ vorgegebenen Systems wird der in der § 30 GasNZV a.F. geregelte stündliche Basisbilanzausgleich auf ein System der Tagesbilanzierung umgestellt. Alle auftretenden Ein- und Ausspeisungen werden demnach erst am Ende eines Gastages[366] saldiert. Diese Umstellung wurde

---

362 *Däuper,* in D/T, § 20 Abs.1 b EnWG Rn. 200.
363 *Däuper,* in D/T, § 20 Abs.1 b EnWG Rn. 199.
364 BK7-08-002, veröffentlicht im Amtsblatt Nr. 11 Bundesnetzagentur vom 18.06.2008.
365 *Bandulet/Fuchs,* ZfE 2009, S. 228.
366 gemäß § 23 Abs. 1 GasNZV beginnt der Gastag um 6.00 Uhr und endet um 6.00 Uhr des folgenden Tages.

jetzt auch durch § 23 Abs. 1 GasNZV bestätigt, da dieser bestimmt, dass die Bilanzierungsperiode der Länge eines Gastages entspricht. Differenzen zwischen den ein- und ausgespeisten täglichen Gasmengen wurden gemäß § 9 Ziffer 1 und 2 des Standardvertrages zu „GABI-Gas" durch den Bilanzkreisnetzbetreiber abgerechnet und werden jetzt gemäß § 23 Abs. 2 GasNZV durch den Marktgebietsverantwortlichen als Ausgleichsenergie abgerechnet. Des Weiteren enthält § 23 Abs. 2 GasNZV die Maßgabe, das Saldo für diejenigen Mengen, die an leistungsgemessene Kunden[367] ausgespeist wurden, um eine Toleranzgrenze von 5 % zu mindern, um insbesondere das Risiko der Prognoseungenauigkeit für Industriekunden zu minimieren[368]. Ansonsten kennt das System keine Toleranzgrenzen, sondern rechnet jede Abweichung ab.

Der Begriff Ausgleichsenergie ist von dem Begriff der Regelenergie abzugrenzen, wobei dies zu Schwierigkeiten führte, da mitunter die Begriffe missverständlich oder sogar als Synonym verstanden wurden. Richtigerweise versteht man unter **Ausgleichsenergie** die Differenzmenge zwischen der aggregierten Aufbringung und Abgabe eines Bilanzkreises je definierter Bilanzperiode, wobei die Energie je Bilanzperiode tatsächlich erfasst oder rechnerisch ermittelt werden kann[369]. Ausgleichsenergie wird vom Bilanzkreisnetzbetreiber für jeden einzelnen Bilanzkreis abgerechnet.

Unter **Regelenergie** versteht man hingegen die Energie, die aus dem Einsatz oder der Nutzung von Ausgleichsleistung zum physikalischen Ausgleich (des Netzes/der Netze) eines Marktgebiets im laufenden Betrieb resultiert. Sie wird vom Netzbetreiber benötigt, um die Systemstabilität des Netzes auch tatsächlich gewährleisten zu können[370]. Da auch diese Definition für Unsicherheit sorgte, nahm sich Gesetzgeber dieses Problems an und definierte die Begriffe neu unter § 2 Nr. 2 und Nr. 12 GasNZV.
Nach § 2 Nr. 2 GasNZV handelt es sich bei der **Ausgleichsenergie** nunmehr um „die Energiemenge, die zum Ausgleich des Saldos aller Ein- und Ausspeisungen in einem Bilanzkreis am Ende der Bilanzierungsperiode *rechnerisch* benötigt wird". **Regelenergie** wird in § 2 Nr. 12 GasNZV definiert als „die Gasmengen, die vom Netzbetreiber zur Gewährleistung der Netzstabilität eingesetzt werden".

Der Unterschied besteht also vereinfacht gesagt darin, dass die Regelenergie dann zum Tragen kommt, wenn wegen eines Ungleichgewichts in den einzelnen Bilanzkreisen das Netz des gesamten Marktgebietes auf dem sicheren Niveau gehalten werden muss und hierfür vom Netzbetreiber Energie aufgewendet wird.

---

367 Letztverbraucher ohne Standardlastprofil und ohne Nominierungsersatzverfahren.
368 BT-Drs. 312/10, Begründung zur Verordnung zur Neufassung von Vorschriften auf dem Gebiet des EnWG sowie des Bergrechts zu § 23 GasNZV S. 85.
369. KEMA, Gutachten Regel und Ausgleichsenergie Gas, S. 10.
370 KEMA, Gutachten Regel und Ausgleichsenergie Gas ,S. 10.

Die Ausgleichsenergie hingegen beschreibt nur die **bilanzielle** Abrechnung relevanter Abweichungen einzelner Transportkunden.

Da das Gasnetz die Besonderheit aufweist, dass es selbst über die Möglichkeit zur temporären bzw. begrenzten Speicherung von Gas verfügt, kann allerdings bei kleineren Schwankungen das Ungleichgewicht durch interne Speicher ausgeglichen werden, und nur bei sehr großen Ausgleichsnotwendigkeiten werden netzexterne Quellen zum Ausgleich benötigt. Diese Besonderheit führt dazu, dass die Regelenergie wiederum unterteilt wird in interne und externe Regelenergie, wobei die **interne Regelenergie** definiert werden kann als Regelenergie, die aus dem Einsatz des sogenannten Netzpuffers und anderer den Netzen zuzuordnender Speichermöglichkeiten resultiert. Dies umfasst sowohl netzinterne Speichermöglichkeiten des betroffenen Netzbetreibers als auch interne Regelenergie, die durch einen anderen Netzbetreiber zur Verfügung gestellt wird. **Externe Regelenergie** wird definiert als Regelenergie, welche auf Anweisung eines Netzbetreibers von einem Transportkunden oder einem anderen Marktteilnehmer zur Verfügung gestellt wird. Externe Regelenergiequellen sind insbesondere netzexterne Speicher, Flexibilität aus der Gasproduktion, Anpassung der Einspeisemengen (Gaslieferverträge), sowie abschaltbare Kunden[371].

Tritt aber nur ein rein bilanzielles Ungleichgewicht auf und fallen daher Ausgleichsenergien an - sei es negative Ausgleichsenergie, wenn der Bilanzkreis eine Überspeisung aufweist, also der Bilanzkreisverantwortliche mehr Gas ein- als ausspeist, oder sei es positive Ausgleichsenergie, wenn also der Bilanzkreis eine Unterspeisung aufweist, der Marktgebietsverantwortliche mehr Gas entnimmt als einspeist - fällt ein Entgelt für die aufgewendeten Ausgleichsenergien an. Bei der Berechnung der Höhe der Entgelte kann nach § 23 Abs. 3 GasNZV der Marktgebietsverantwortliche angemessene Zu- und Abschläge ermitteln. Um dabei für eine gerechte Entgeltlösung zu sorgen, die zum einen den Anreiz setzt, eine ausgeglichene Bilanz auszuweisen und zum anderen keine Marktzutrittsbarrieren für neue Marktteilnehmer schafft, steht die Befugnis zur Festlegung dieser Entgelte nach § 50 Nr. 7 GasNZV der Regulierungsbehörde zu. Wenn man davon ausgeht, dass diese rechtmäßigerweise durch „GABi-Gas" von ihrer Befugnis Gebrauch gemacht macht[372], gelten folgende Entgelte.
Liegt eine Überspeisung vor, so nimmt der Marktgebietsverantwortliche bilanziell das überschüssige Gas ab und zahlt an den Bilanzkreisverantwortlichen dafür einen Ausgleich. Im umgekehrten Fall, wenn also der Bilanzkreisverantwortli-

371 KEMA, Gutachten Regel und Ausgleichsenergie Gas S. 11.
372 Vor Inkrafttreten der neuen GasNZV war es fraglich, ob der „GABI-Gas"-Beschluss hinsichtlich der Abschaffung des Basisbilanzausgleichs überhaupt von der Ermächtigungsgrundlage nach § 42 Abs. 6 GasNZV a.F umfasst war, oder ob „GABI-Gas" diesbezüglich mangels Ermächtigungsgrundlage rechtswidrig war, siehe hierzu, *Schleicher,* ZNER 2009;S. 25 ff.

che mehr Gas aus- als einspeist, stellt der Marktgebietsverantwortliche das benötigte Gas zur Verfügung und lässt sich dieses vom Bilanzkreisverantwortlichen bezahlen. Im Falle dieser Ausgleichsenergie ergibt sich der Preis aus einem Referenzpreis, welcher aus den vier liquiden nationalen und internationalen Handelsplätzen (National Balancing Point Großbritannien, TTF Niederlande, Zeebruegge Belgien und EGT Virtueller Punkt) ermittelt wird. Im Falle der Überspeisung kauft der Marktgebietsverantwortliche die Ausgleichsenergie zum 0,9-fachen des zweitniedrigsten Preises der genannten Handelsmärkte und im Falle der Unterspeisung verkauft er die Ausgleichsenergie zum 1,1-fachen des zweithöchsten Preises der Referenzpreise[373].

Um die bei einem solchen System aufkeimende Gefahr der Arbitrage, also das Ausnutzen von Preisunterschieden insbesondere bei der zu beschaffenden Regelenergie, zu verhindern, wird das System der Tagesbilanzierung ergänzt durch ein stündliches Anreizsystem[374], bei dem jede Stunde des Gastages die Mengen aller physischen und virtuellen Ein- und Ausspeisepunkte betrachtet werden (§ 13 Standardvertrag zu „GABi-Gas"). Stündlich werden die relevanten Ein- und Ausspeiseemengen eines Bilanzkreises durch den Marktgebietsverantwortlichen saldiert, wobei je nach Art des Kunden verschiedene Toleranzbänder existieren[375]. Werden diese Toleranzbänder überschritten, so hat der Bilanzkreisverantwortliche für die verbleibenden Differenzen dem Marktgebietsverantwortlichen einen bestimmten Strukturierungsbeitrag in EUR/MWh zu zahlen. Der Marktgebietsverantwortliche hat hierbei die Wahl zwischen einem fixen Betrag oder über den Tag flexiblen Strukturbetrag, wobei der fixe Strukturierungsbetrag 15 % und der flexible Strukturierungsbetrag zwischen fünf und 25 % des täglichen Ausgleichsenergiepreises beträgt.

Alle diese bei der so durchgeführten Bilanzierung angefallenen Erlöse und Kosten (Erlöse und Kosten für Ausgleichsenergie, Strukturbeiträge, Kosten und Erlöse aus Beschaffung oder Veräußerung von Regelenergie) werden nach „GABi-Gas" durch den Marktgebietsverantwortlichen auf ein Umlagenkonto gebucht. Diese Umlagen haben nach § 15 Nr. 5 Standardvertrag „GABi-Gas" diejenigen Bilanzkreisverantwortlichen zu tragen, die SLP-Entnahmestelle und RLM-Entnahmestellen mit Tagesband beliefern. RLM–Entnahmestellen ohne Tagesband nehmen laut „GABi-Gas" grundsätzlich nicht am Umlagenkonto teil. Problematisch ist seit Inkrafttreten der neuen GasNZV, dass RLM

373 Laut Mitteilung 4 zur Umsetzung des Beschlusses „Gabi Gas" vom 24.03.2010 empfiehlt die BNetzA für den Fall der positiven Ausgleichsenergie einen Faktor von 1,2 anzusetzen. Da eine solche Mitteilung jedoch nicht rechtsverbindlich ist, wird hier weiterhin von der Vorgaben des Beschlusses „Gabi Gas" ausgegangen.

374 Ausführlich hierzu *‚Bandulet/Fuchs,* ZfE 2009, S. 228 ff. die jedoch zu dem Ergebnis kommen, dass zu wenig Anreize gesetzt werden, so dass weiterhin die Gefahr des Missbrauchs oder Manipulation durch volumstarke Händler besteht.

375 RLM Kunden ohne Tagesband 2 % und für Kunden mit Tagesband 15 %.

Entnahmestellen ohne Tagesband wegen der Regelung aus § 23 Abs. 2 S. 2 GasNZV entgegen der Vorgaben aus „GABi-Gas“ mit in das Umlagenkonto einbezogen werden. Dies folgt daraus, dass eine Verminderung des Saldos um fünf % der an Letztverbraucher ohne Standardlastprofil (hierzu gehören auch RLM-Entnahmestellen ohne Tagesband) gelieferten Menge dazu führt, dass auch die RLM ohne Tagesband am Umlagenkonto teilnehmen, da die 5 % Verminderung sich im Umlagenkonto niederschlagen. Dies führt zu einer Kollision mit „GABiGas“. Inwiefern hier eine Neustrukturierung stattzufinden hat, bleibt abzuwarten. Zurzeit kann darüber nur spekuliert werden.

Die Abrechnung der einzelnen Kostenpunkte bedeutet in jedem Fall für die Marktgebietsverantwortlichen, dass die Bilanzierung ergebnisneutral ist und nicht in die Kalkulation der Netzentgelte mit einfließt. Der Bilanzkreisverantwortliche sieht sich hingegen gegebenenfalls mit hohen Kosten belastet.

bb) Spanien

Die jeweils in zeitlich aufeinander folgender Reihenfolge der für die Organisation des Netzzugangs notwendigen Handlungsstufen sind in Spanien sehr ähnlich wie in Deutschland geregelt. Allerdings enthält die Zugangspraxis in Spanien mit der Pflicht zur Programmierung noch einen weiteren Zwischenschritt. Dieser verpflichtende Zwischenschritt ist in Deutschland unbekannt und wird daher zusätzlicher Teil der nachfolgenden Darstellung sein. Um jedoch alle Gemeinsamkeiten und Unterscheide überblicken und beurteilen zu können, werden alle notwendigen Schritte zunächst ebenfalls im Detail dargestellt.

(1) Antrag

Um das Recht auf Zugang zum spanischen Gasnetz ausüben zu können, ist es gemäß Art. 5 Nr. 1 RD 949/2001 nötig, einen Antrag auf Nutzung des Netzes zu stellen. Zwar findet sich innerhalb des LH kein direkter Verweis auf die Notwendigkeit eines solchen Antrages, jedoch verweisen die Art. 70 Abs. 2 und Art. 76 Abs. 3 LH darauf, dass die Zugangsbedingungen durch eine Verordnung zu regeln sind. Innerhalb der Verordnung RD 949/2001 legt Art. 5 Abs. 1 fest, dass diejenigen Petenten, die Zugang begehren, einen formalen Antrag für die Reservierung der zu buchenden Kapazitäten an die jeweiligen Betreiber richten müssen.

In der Praxis bedeutet dies, dass im Regelfall eine Anfrage bezüglich einer bestimmten Kapazitätsmenge entweder an den Betreiber der Wiederverdampfungsanlage oder an den Betreiber der Speicheranlagen und zusätzlich an den Leitungsnetzbetreiber, in dessen Netz das Gas aus der LNG-Anlage oder dem

Speicher eingespeist soll, gerichtet werden muss[376]. Sobald der Zugang über internationalen Transit begehrt wird, ist lediglich ein Antrag auf Einspeisekapazität an den örtlichen Fernleitungsnetzbetreiber zu richten. Musteranfragen für den begehrten Zugang sollen gemäß Art. 5 Nr. 1 Abs. 5 RD 949/2001 durch die CNE entwickelt werden und finden sich zurzeit auf der Internetseite der CNE[377]. Inhaltlich fordern diese Mustertexte Angaben zur Person des Petenten, zum Zeitpunkt der Anfrage, zur Bezeichnung der Art der begehrten Anlage, zur gewünschten Dauer sowie zur begehrten Kapazitätsmenge. Der Antrag an den jeweiligen Leitungsnetzbetreiber bezüglich der Ein- und Ausspeisung ins Leitungssystem muss neben den aufgeführten Angaben zur Einspeisung zusätzlich Angaben zur Ausspeisung enthalten, wobei die Ausspeisungsanfrage zusätzlich Angaben zum erwarteten stündlichen Verbrauch und zum erforderlichen Gasdruck im Ausspeisepunkt enthalten muss. Diese Anfragen werden in chronologischer Reihenfolge nach ihrem Eingangsdatum bearbeitet und müssen nach Art. 5 Nr. 2 RD 949/2001 binnen maximal sechs Tagen an den technischen Fernleitungsnetzbetreiber GTS sowie alle weiteren betroffenen Netzbetreiber weitergeleitet werden, insbesondere an diejenigen, in deren Netzen sich die Ausspeisepunkte befinden; dies dient dazu, dass diese die Auswirkungen auf das gesamte System bzw. die Verfügbarkeit der benötigten Kapazitäten analysieren können. Der GTS und die übrigen betroffenen Netzbetreiber müssen ihre Antwort innerhalb eines Zeitraums von 12 Tagen an den entsprechenden Betreiber übermitteln. Dieser verfasst daraufhin die endgültige Antwort für den Petenten, welche diesem spätestens 24 Tage nach dem ursprünglichen Zugangsbegehren zugestellt werden muss.
Im Gegensatz zum deutschen System reicht also gemäß Art. 5 Abs. 1 S. 2 RD 949/2001 **ein** Antrag aus, in welchem Ein- und Ausspeisekapazitäten verbindlich angefragt werden. Das bedeutet, dass der verbindliche Antrag nur an den Netzbetreiber des Einspeisepunktes gerichtet werden muss. Eine Anfrage an den jeweiligen Ausspeisenetzbetreiber durch den Petenten ist nicht notwendig.

Um diesen Antrag rechtsdogmatisch einordnen zu können, stellt sich die Frage, ob, und wenn ja, welche rechtsgestaltende Wirkung von diesem ausgeht. Aus der Systematik des RD 949/2001 und des LH ergibt sich, dass der Antrag selbst keine unmittelbare rechtsgestaltende Wirkung auslöst. Art. 70 LH legt eindeutig fest, dass der Netzzugang mittels eines Vertrages gewährt werden muss. Damit hat der spanische Gesetzgeber deutlich gemacht, dass das gesetzliche Schuldverhältnis auf Zugang zum Netz nicht unmittelbar, d.h. mit Zugang des Antrags, zustande kommt, sondern erst nach Abschluss eines entsprechenden zivilrechtlichen Vertrages[378]. Um das Recht auf den Abschluss eines solchen Vertrages

376 *Gutierrez,* S. 368.
377 http://www.cne.es/cne/contenido.jsp?id_nodo=52&&&keyword=&auditoria=F.
378 Im Gegensatz dazu steht der direkte Anspruch auf ein begehrtes Recht, z.B Art. 564 Codigo Cicil, welcher die Dienstbarkeit für eine notwendiges Wegerecht regelt. Ein

ausüben zu können, das Folge des gesetzlich festgelegten Kontrahierungszwanges ist, oder gegebenenfalls bei einer Ablehnung des Antrags dieses Recht durchzusetzen, ist nach der Systematik des RD jedoch in jedem Fall ein vorheriger Antrag notwendig. Bei einer positiven Antwort auf den Antrag ergibt sich für den Petenten gemäß Art. 6 Abs. 1 S. 1 RD 949/2001 unmittelbar das Recht, den begehrten Kapazitätsbuchungsvertrag abzuschließen. Bei einer negativen Antwort kann der Zugangsbegehrende nach Art. 5 Abs. 2 S. 6 RD 949/2001 die CNE anrufen, damit diese über den Anspruch auf Zugang entscheidet. Sofern innerhalb der gesetzlichen Frist keine Antwort zugeht, wird nach Art. 5 Abs. 2 S. 1 RD 949/2001 eine positive Antwort gesetzlich fingiert.

Im Ergebnis ist daher festzustellen, dass der Antrag selbst keine unmittelbare rechtsgestaltende Wirkung auslöst, aber ein Antrag eine notwendige formelle Voraussetzung darstellt, um einen Kapazitätsbuchungsvertrag abschließen zu können. Dies ergibt sich unter anderem aus der Tatsache, dass die von der CNE entworfenen Musterverträge zur Buchung der Kapazitäten unter Punkt III einen solchen Antrag als Bedingung voraussetzen.

Darüber hinaus stellt die positive Entscheidung über den Antrag aber vor allem auch eine notwendige materielle Bedingung für den Zugang dar. Die Pflicht des Anlagenbetreibers auf Abschluss eines Vertrags über die beantragte Kapazitätsbuchung besteht nämlich nur insoweit, als tatsächlich Kapazitäten im System vorhanden sind[379]. Die Möglichkeit der Leistungserbringung, d.h. das Vorhandensein ausreichender Kapazitäten unter den gegebenen Umständen, ist also zwingende materielle Voraussetzung für die nachfolgenden Schritte.

(2) Kapazitätsbuchung

Auch im spanischen Recht wird das Recht auf den Transport von Gas durch die Buchung von Kapazitätsrechten gesichert. Eine gemeinsame Buchung von Kapazitäten und dem zu erwerbenden Gas gibt es bislang, ebenso wie in Deutschland, in Spanien nicht. Das hierbei einzuhaltende Verfahren der Zuteilung der Kapazitäten richtet sich grundsätzlich nach dem RD 949/2001 sowie speziellen Verordnungen für die Vergabe von Untertagespeicherkapazitäten und internationalen Transitstrecken. Das RD 949/2001 sieht grundsätzlich nur ein auf dem Prinzip „first come – first served“ basierendes Verfahren vor, wonach sich die Kapazitätsvergabe nach dem zeitlichen Eingang der verbindlichen Anfrage richtet. Sobald eine Zusage auf eine solche Anfrage vorliegt, kann der Petent inner-

---

solcher Anspruch entsteht auch im spanischen Recht mit Stellung eines Antrages und dem vorliegen der notwendigen Voraussetzungen, so dass dann dem Antrag eine unmittelbar rechtsgestaltende Wirkung zukommt, siehe Sentecia del Tribunal Supremo de. 15 de Junio de 1993.

379 Ausführlich zur Verweigerung wegen fehlender Kapazität, Kapitel 2. E. II. a) aa).

halb einer Frist von 24 Tagen die notwendigen Verträge über die begehrten Vorgänge nach Art. 6 Nr. 1 Abs. 4 RD 949/2001 abschließen[380].

Im Falle der Kapazitätsbuchung in LNG-Anlagen oder einer Untertagespeicheranlage werden die Verträge mit den jeweiligen Betreibern dieser Anlage abgeschlossen. Im Falle der Kapazitätsbuchung im Leitungsnetz wird ein Einspeisevertrag entweder mit einem Transportnetz- oder mit einem Verteilernetzvertreiber (wenn z.B. die Wiederverdampfungsanlage direkt an das Verteilernetz angeschlossen ist) und ein Vertrag mit dem Ausspeisenetzbetreiber, in dessen Netz sich der Ausspeisepunkt befindet, abgeschlossen[381].

Für den Fall, dass Gas als LNG importiert werden soll, muss demnach eine dreifache vertragliche Kapazitätsbuchung vorgenommen werden, nämlich zunächst mit dem LNG-Anlagenbetreiber und ebenfalls eine Ein- und Ausspeisekapazitätsbuchung mit dem jeweiligen Leitungsnetzbetreiber. Anders als in Deutschland sind innerhalb des Leitungsnetzes der Ein- und Ausspeisevertrag untrennbar vertraglich miteinander verbunden, eine vollständig separate Buchung der Ein- und Ausspeisekapazitäten ist daher nicht möglich.

Diese Verbindung durch Vertrag bedeutet, dass es für die Buchung der Einspeisekapazitäten zwar ohne Bedeutung ist, wo sich die Ausspeisepunkte befinden. Der Petent muss jedoch in dem Moment, in dem er einen Einspeisebuchungsvertrag abschließt, auch eine Vereinbarung über die Ausspeisung, meistens mit einem anderen Ausspeisenetzbetreiber schließen. Eine isolierte Buchung von Einspeise- oder Ausspeisekapazitäten sieht das spanische System bislang nicht vor[382]. Zwar genießt der Petent insofern eine beträchtliche Unabhängigkeit, als dass es für ihn unbeachtlich ist, inwiefern diese Punkte miteinander verknüpft sind, oder welche Netze dazwischen liegen. Die sogenannte „Transaktionsunabhängigkeit“, also die Unabhängigkeit von den Transportpfaden des Gases, ist daher gegeben. Darüber hinaus steht es dem Netznutzer gemäß Art. 6 Abs. 2 RD 949/2001 auch offen, den einmal angegebenen Ausspeisepunkt durch einseitige Erklärung zu verlegen, sobald die benötigte Ausspeisekapazität im neuen Ausspeisepunkt vorhanden ist. Die vollständige unabhängige Buchung von Ein- und Ausspeisekapazitäten, wie sie in Deutschland der Fall ist,

380 Detaillierte Darstellung der Vertragsinhalte unter Kapitel 2 III 1b.

381 Der Ausspeisevertrag wird vom spanischen Verordnungsgeber zwar gemäß Art. 6 Abs.1 S. 3 RD 949/2001 als Annex bezeichnet, stellt jedoch richtigerweise einen eigenständigen Vertrag dar, siehe dazu Kapitel 2, III, 1,b dd.

382 Es laufen jedoch Bestrebungen in Spanien eine vollständig unabhängige Buchung einzuführen. Problematisch wird bislang die Tatsache gesehen, dass eine solche Unabhängigkeit die bisherigen Infrastrukturen überlasten könnte. Ausführlich zum heutigen Stand der Diskussion, Informe 12/2009 de la CNE sobre el proyecto de Real Decreto por el que se modifica el Capítulo II de Real Decreto 949/2001.www.cne.es.

fehlt in Spanien jedoch bislang, da die Buchung einer Einspeiskapazität ohne gebuchte Ausspeisekapazität nicht möglich ist.

Aufgrund dieses unterschiedlichen Systems mit der verpflichtenden Verbindung der Ein- und Ausspeiseverträge beinhalten die beiden nach dem spanischen Recht abzuschließenden Verträge auch andere Rechte als in Deutschland. Im Einspeisevertrag wird nicht nur der Transport vom Einspeisepunkt zum virtuellen Handelspunkt geschuldet, sondern darüber hinaus bis hin zum Ausspeisepunkt. Die Ausspeisekapazitätsbuchung berechtigt hingegen nur zur Ausspeisung an den festgelegten Punkten[383].

(a) Laufzeit der Kapazitätsprodukte

Hinsichtlich der mengenmäßigen Verteilung sowie der zeitlichen Laufzeit der zu buchenden Kapazitätsprodukte bestehen eine Reihe gesetzlich vorgesehener Beschränkungen. Zunächst trifft die Anlagenbetreiber nach Art. 6 Abs. 6 S. 2 RD 949/2001 die Verpflichtung, dass mindestens 25 % der verfügbaren Kapazitäten für Verträge mit einer Laufzeit von weniger als 2 Jahren verwendet werden müssen (definiert als „Verträge mit kurzer Laufzeit“). Außerdem bestimmt Art. 6 Abs. 6 S. 3 RD 949/2001, dass von diesen für kurze Laufzeiten vorgesehenen Kapazitäten nicht mehr als 50 % auf denselben Händler entfallen dürfen. Weiterhin dürfen diese Verträge über kurze Laufzeiten nicht länger als 12 Monate vor Beginn der Laufzeit abgeschlossen werden. Eine Verlängerung dieser Verträge ist gemäß Art. 6 Abs. 6 S. 6 RD 949/2001 unter keinen Umständen möglich. Über diese Beschränkungen hinaus bestehen aber keine weiteren Einschränkungen über die Laufzeiten, so dass zumindest in Bezug auf verbindliche Kapazitätsbuchungen jegliche Laufzeit möglich ist. Da 25 % der Kapazitäten für kurze Laufzeiten reserviert sind, ist es jedoch nicht möglich, langfristige Laufzeitverträge abzuschließen, bei denen mehr als 75 % der verfügbaren Kapazitäten auf einen Petenten entfallen. Durch diese Restriktion sorgt der Gesetzgeber dafür, dass eine vollständige Blockierung von Kapazitäten durch einen einzigen Petenten unmöglich gemacht wird.

Neben dieser zeitlichen Komponente bestimmt die „Resolución de 25 de julio de 2006“[384], dass bestimmte Mengen an Kapazitäten als so genannte unterbrechenbare Kapazitäten angeboten und gebucht werden können. Erwähnenswert ist hierbei besonders, dass die maximale Quantität der Kapazitäten, die als unterbrechenbar angeboten werden, gemäß Art. 6 der Resolution RCL/2006/1572 jährlich durch Verordnung der Generaldirektion für Energie

383 Ausführliche Darstellung hierzu unter Kapitel 2 III 1.

384 Resolucion de 25 de Junio de 2006, de la Dirección General de Política Energética y Minas, por la que se regulan las condiciones de asignación y el procedimiento de aplicación de la interrumpibilidad en el sistema gasista.

und Bergbaupolitik des Ministeriums für Industrie, Tourismus und Handel festgelegt werden. Dies geschieht auf Anraten des GTS, der jährlich neu kontrolliert, wann und wo mögliche Engpässe auftreten könnten. Außerdem ist zu beachten, dass die unterbrechenbaren Kapazitäten gemäß Art. 9 der „Resolución de 25 de julio de 2006“ immer nur über den Zeitraum von einem Jahr, beginnend am 01. Oktober bis zum 30 September des Folgejahres, gebucht werden können.

(b) Sekundärmarkt

Neben diesen Möglichkeiten der Kapazitätsbuchung auf dem Primärmarkt, d.h. dem Markt für die vom Fernleitungsnetzbetreiber direkt gehandelten Kapazitäten[385], sieht das spanische System zumindest für die Fernleitungen und die LNG-Anlagen keine weitere Möglichkeit der Kapazitätsbuchung vor. Auch existiert derzeit keine gesetzliche Regelung über den Handel von Kapazitäten auf dem **Sekundärmarkt;** dieser wird definiert als der Markt für die auf andere Weise als auf dem Primärmarkt gehandelten Kapazitäten. Zwar wurde durch das Gesetz 12/2007 in Art. 70 Abs. 2 LH ein Satz eingefügt, wonach die Regeln für einen funktionierenden Sekundärmarkt durch eine nationale Verordnung zu schaffen sind. Eine solche, die Kapazitätsbuchung regelnde Verordnung ist bislang aber nicht in Kraft getreten. Dies führt dazu, dass es bislang in Spanien keine legislativen Vorgaben für einen wie auch immer ausgestalteten Sekundärmarkt gibt.

Im Gegensatz dazu sah die **europäische** Verordnung 1775/2005 und sieht die VO 715/2009 explizit einen Sekundärmarkt vor. In Art. 16 Abs. 3 lit. b) VO 715/2009 heißt es dazu, dass „Netznutzer, die ihre ungenutzte, kontrahierte Kapazität auf dem Sekundärmarkt weiterverkaufen oder verpachten wollen, hierzu berechtigt sind.“ Dieselbe Formulierung findet sich auch in Art. 17 Abs. 3 lit. c) VO 715/2009 im Hinblick auf die Speicher- und LNG-Anlagen. Dies führt in Spanien zu der Situation, dass wegen der unmittelbaren Geltung von europäischen Verordnungen[386] der Sekundärmarkt zuzulassen ist und auch in der Vergangenheit hätte zugelassen werden müssen. Wegen der fehlenden nationalen Umsetzung der Verordnungen und der unbestimmten Formulierung in der VO 1775/2005 bestand jedoch eine gewisse Unsicherheit bezüglich der genauen Ausgestaltung der Zulassung.

---

385 Die Definition des Primärmarktes findet sich in Art. 2 VO 715/2009. In den spanischen Normen findet sich eine solche Definition nicht, jedoch wird die europäische Definition, sowohl für den Primärmarkt als auch den Sekundärmarkt aus der VO 715/2008 durch die CNE übernommen, s. Informe sobre la consulta de un transportista, relativa al mercado secundario de Capacidad vom 12 November 2009, S. 13; ww.cne.es.

386 Gemäß Art. 288 II AEUV, bisher 249 II EGV, hat eine Verordnung allgemeine Geltung, ist in allen ihren Teilen verbindlich und gilt unmittelbar in jedem Mitgliedsstaat.

Aufgrund einer Anfrage eines Fernleitungsnetzbetreibers bezog die CNE in ihrer Information vom 12. November 2009[387] Stellung zu der Frage, inwiefern der Sekundärmarkt in Spanien zugelassen wird. Hierbei führte sie aus, dass in Übereinstimmung mit der VO 1775/2005 und der nachfolgenden VO 715/2009 im Ergebnis in Spanien trotz fehlender gesetzlicher Umsetzung die Möglichkeit bestehen müsse, vertraglich gebuchte Kapazitäten entweder komplett oder teilweise weiterzuverkaufen oder "unterzuvermieten"[388].

Im Falle des Weiterverkaufs bedeutet dies, dass der Käufer in die Rechtsstellung des Verkäufers eintritt, also sowohl seine Rechte auf Kapazitätsnutzung als auch seine mit der Nutzung der Kapazitäten verbundenen Verpflichtungen übernimmt. Laut CNE könne dies auch als entgeltliche Abtretung des Zugangsvertrages bezeichnet werden, wobei die abtretbare Forderung das Recht auf Kapazitätsnutzung darstellt. Im Falle der so genannten Untervermietung muss zwischen zwei Möglichkeiten unterschieden werden. Zum einen kann der „Vermieter" mit dem Untermieter vereinbaren, dass dieser bezüglich der Nominierung und Programmierung an seine Stelle tritt und der Untervermieter folglich die notwendigen Programmierungen und Nominierungen selbst vornimmt und diesbezüglich in die Rechtsstellung des Vermieters eintritt. Zum anderen kann der Vertrag so ausgestaltet werden, dass der „Untermieter" in keinerlei Rechtsbeziehung zum Netzbetreiber steht und der ursprüngliche Händler alleiniger Vertragspartner vom Netzbetreiber bleibt. In diesem Fall besteht nur eine vertragliche Verpflichtung zwischen Mieter und Untermieter im Innenverhältnis. Die Rechtsbeziehung zwischen Netzbetreiber und ursprünglichem Vertragspartner bleibt davon unberührt.

Nicht nur für diesen Fall, sondern auch für den Fall, dass die Nominierungs- und Programmierungsrechte und -pflichten auf den Untermieter übergehen, bleibt allerdings die Zahlungsverpflichtung beim ursprünglichen Vertragspartner, der insoweit seine Rechtsstellung behält. Mieter und Untermieter schließen untereinander einen separaten Vertrag über die Bezahlung der Kapazitätsnutzungsrechte ab. Die zweite Variante, bei der der Untermieter in keinerlei rechtlichen Beziehung zum Betreiber steht, bietet sich vor allem bei kurzfristigen Kapazitätsbuchungen an, da diese den geringsten organisatorischen Aufwand nach sich ziehen.

Aufgrund dieser eindeutigen Positionierung der CNE lässt sich festhalten, dass es in Spanien zwar bislang keinen gesetzlich geregelten Sekundärmarkt gibt,

---

387 Informe sobre la consulta de un transportista, relativa al mercado secundario de Capacidad; www.cne.es.

388 Informe sobre la consulta de un transportista, relativa al mercado secundario de Capacidad S. 12; www.cne.es.

bilaterale Sekundärvergabe von Kapazitäten jedoch nach den von der CNE aufgestellten Regeln zugelassen ist[389].

(c) Speicher

In den letzten Jahren entstand in Spanien wegen der stetig steigenden Nachfrage nach Speicherkapazitäten die Gefahr eines Kapazitätsengpasses für die Untertagespeicher[390]. Aufgrund einer Regelung in der Verordnung 1716/2004, wonach jeder Nutzer des Gasnetzes eine *verbindlich festgelegte Mindestspeichermenge als „Sicherheitspuffer"* bereitstellen, d.h. buchen musste, entstand in der Folge das Problem, dass bei streng chronologischer Vergabe einzelne Händler die erforderlichen Speicherkapazitäten nicht mehr buchen konnten[391]. Daher wurde am 28. Dezember 2007 vom Ministerium für Industrie, Tourismus und Handel die Verordnung ITC 3862/2007 erlassen, welche die Kapazitätsbuchung für die betreffenden Speicher sowie einen neuen Kapazitätsmarkt für Speicherkapazitäten nach anderen Verteilungsgrundsätzen regeln soll. Die Ermächtigung hierfür findet sich in Abs. 3 der 26. Zusatzbestimmung des LH, der bestimmt, dass für die Kapazitätsbuchungen bei Untertagespeichern von dem „first-come-first-served"-Prinzip abweichende Regelungen durch das Ministerium für Industrie, Tourismus und Handel getroffen werden können.

Im Grundsatz sieht diese Verordnung auf dem Primärmarkt an Stelle einer chronologischen Vergabe die proportionale Verteilung („pro-rata"-Verteilung) einer bestimmten Speichermenge, die Einführung eines Versteigerungssystems sowie die Einführung eines Sekundärmarktes für die frei verfügbaren Kapazitäten vor, um die Kapazitätsvergabe zu optimieren.

Bei der proportionalen Verteilung der vorher festgelegten Speichermenge wird zunächst ein gewisses Speichervolumen[392] für die verpflichtenden Mindestspeichermengen sowie für die Endkunden, die Gas mit einem Druck von weniger als 4 bar beziehen, reserviert. Diese Menge wird zunächst proportional auf die nach

389 Zurzeit wird jedoch eine Verordnung diskutiert, welche u.a. die Einführung verbindlicher Regeln zum Sekundärmarkt inne hat. So soll nach dem Willen des Ministeriums für Industrie Tourismus und Handel eine einheitliche Plattform eingeführt werden, auf welcher die nicht nominierten Kapazitäten als feste Kapazitäten anzubieten sind. Die CNE hat diese Vorschläge kommentiert und zu weiteren Diskussionen an das Ministerium für Industrie, Tourismus und Handel übersand. „Informe sobre la Propuesta de Orden des MITYC por la que se establecen determinados Aspectos relcinonados con el acceso de terceros y las retribuciones reguladas en el sisitema del gas natural". www.cne.es.

390 Información básica de los sectores de energía – 2008- S. 138.

391 Informe sobre las dificultades en el Reparto de la capacidad de los almacenamientos subterráneos entre los agentes del sistema gasisat y propuesta de Modificación normativa urgente, 20.04.2006; www.cne.es.

392 Die genaue Zusammensetzung des jeweiligen Anteils ergibt sich aus Art. 4 der Verordnung ITC/3862/2007.

Art. 98 LH zur Bereithaltung eines Mindestvorrats verpflichteten Subjekte, namentlich die Händler und diejenigen Endkunden, die nicht durch einen Händler versorgt werden, verteilt. Die zugeteilten Mengen richten sich dabei nach den Absatzzahlen des Vorjahres - so genannte „Gasjahr"- welches in Spanien vom 01. April bis zum 31. März läuft. Neu am Markt auftretende Händler, denen noch keine Vorjahresabsatzzahlen zugeordnet werden können, können ihren Anteil an den Speicherkapazitäten durch die Schätzung ihrer künftigen Verkaufsmengen erlangen. Diese so bestimmten Kapazitäten können dann in einer Zeitspanne jährlich vom 2. bis zum 15. Februar durch die einzelnen Händler und Endkunden im Rahmen der ihnen zugeteilten Mengen gebucht werden. Anders als es das RD 949/2001 vorsieht, ist die **Anfrage bezüglich der vorzunehmenden Buchung jedoch nicht an den Betreiber der Speicheranlage zu richten, sondern an den GTS**, der auch die notwendigen Berechnungen und die Verteilung vornimmt. Die vorgenommenen Buchungen beziehen sich immer auf einen jährlichen Zeitraum beginnend vom 1. April des Jahres bis zum 31. März des kommenden Jahres. Die nicht von diesen Buchungen erfasste verbleibende freie Kapazität[393] wird im Rahmen einer bis spätestens zum 20. März des jeweiligen Jahres durchzuführenden Versteigerung durch eine unabhängige Körperschaft vergeben, welche durch den GTS bestimmt und von der CNE überwacht wird (Art. 8 ORDEN ITC/3862/2007).

Durch die proportionale Verteilung der Speicherkapazität - auch als „capacity goes with the customer" (CWGC) bzw. „pro-rata"-Verteilung genannt - wird sichergestellt, dass jeder Händler zumindest die gesetzlich vorgeschriebene Mindestspeichermenge bereithalten kann.

Wenn in Spanien von Speicherkapazität die Rede ist, ist davon bislang immer ein Gesamtprodukt aus Ein- und Ausspeisung in den Speicher sowie das Speichervolumen gemeint. Eine einzelne Buchung dieser Komponenten kennt das System nicht. Die Buchungen für den Transport zum und aus dem Speicher heraus sind hingegen unzweifelhaft nicht vom Speicherbetreiber vorzunehmen, sondern vom Transportkunden selbst.

Sobald die Kapazitätsbuchungen abgeschlossen sind, steht es den Erwerbern der Kapazitäten offen, ihre erworbenen Rechte auf dem Sekundärmarkt gemäß Art. 11 ORDEN ITC/3862/2007 im Rahmen eines bilateralen Vertrages an andere Rechtssubjekte abzutreten. Hiervon ausgenommen sind jedoch diejenigen Kapazitäten, welche für die Einhaltung der notwendigen Sicherheitsvorräte notwendig sind. Die abgetretenen Mengen, die Zeiträume und der Namen des Erwer-

393 Ca. 90 % werden im Rahmen der proportionalen Verteilung vergeben und die verbleibenden 10 % durch das Versteigerungsverfahren (CNE, Spanish Energy Regulator´s annual Report to the European Comission 2009, S. 64).

bers müssen anschließend an den GTS übermittelt werden. Die Formulierung „abtreten“ lässt sowohl die Möglichkeit des Verkauf als auch der „Verpachtung“, wie sie die VO 1775/2005 und die Nachfolge VO 715/2009 vorschreiben, zu. Dies ergibt sich im Wege eines „Argumentum a maiore ad minus“. Wenn es nach der spanischen Verordnung möglich ist, seine Forderungen an einen Dritten abzutreten, also ein Dritter an die Stelle des bisherigen Gläubigers tritt, muss es erst recht möglich sein, seine gebuchten Kapazitäten im Rahmen eines „Untermietvertrages“ durch einen anderen nutzbar zu machen.

Die Ein- und Ausspeisekapazitäten in die Speicher, die bis zur Renominierung nicht genutzt werden, werden den übrigen Nutzern nach Art. 11 Nr. 4 ITC/3862/2007 im Falle eines Kapazitätsengpasses der Anlage proportional zum Kauf angeboten.

Eine über diese streng regulierte Form der Speicherkapazitätenbuchung hinausgehende Möglichkeit der Buchung gibt es nicht. Insbesondere die Möglichkeit der Systemspeicher, wie sie in Deutschland existiert, ist in Spanien, wohl auch wegen der geringen Speicheranzahl, bislang unbekannt.

(d) Internationale Verbindung zwischen Spanien und Frankreich

Neben den bislang aufgezählten Buchungsmechanismen besteht in Spanien ein besonderes Prozedere für die Organisation des Netzzugangs mit Frankreich[394]. Im Einklang mit der europäischen Initiative ERGEG[395], die sich aus den jeweiligen nationalen Regulierungsbehörden zusammensetzt, und der Initiative Gas del Sur, die durch die Regulierungsbehörden Portugals, Spaniens und Frankreichs gebildet wird, wurde am 11. September 2008 eine Verordnung erlassen, die dem Ziel dient, die Kapazitätsflüsse zwischen der iberischen Halbinsel und Europa über Frankreich zu erhöhen[396]. Hierfür analysierten zunächst die vier daran beteiligten Transportnetzbetreiber (ENAGAS S.A., Naturgas, GRTgaz und TIGF) die bisher bestehenden Kapazitäten zwischen diesen Ländern und den Aufwand zur Errichtung der zusätzlich erforderlichen Infrastruktureinrichtungen, um die Kapazitäten in beide Richtungen zu erhöhen. Nachdem diese Planungsphase abgeschlossen war, einigte man sich innerhalb der Initiative Gas del Sur auf ein auf die Zukunft gerichtetes Kapazitätsbuchungssystem, basierend auf einer so

394 Für die übrigen internationalen Verbindungen, insbesondere die Verbindung mit Portugal und Algerien gilt das oben beschriebene “first-come-first-served” Prinzip.

395 European Regulator´s Group for Electricity and Gas;http://www.energyregulators. eu/ portal /page/portal/EER_HOME.

396 ORDEN ITC/2607/2008, de 11 de septiembre, por la que se establecen las reglas a aplicar para la asignación de la capacidad de transporte en las conexiones internacionales con Francia.

genannten „Open Subscription Period"[397]. Die grundsätzlichen Kapazitätsbuchungsregeln werden in der Verordnung OTC ITC/2607/2008 festgehalten. Rechtsgrundlage hierzu stellt Art. 5 Abs. 3 RD 949/2001 dar, durch welchen das Ministerium für Industrie, Tourismus und Handel ermächtigt wird, für internationale Verbindungen abweichende Kapazitätsbuchungssysteme einzuführen.

Wie auch in den anderen oben aufgeführten Verordnungen wird hier zunächst zwischen Verträgen mit langer Laufzeit (anders als in der RD 949/2001 länger als ein Jahr) und Verträgen mit kurzer Laufzeit unterschieden. Nach Art. 4 Nr. 2 ITC/2607/2008 sollen mindestens 20 % der verfügbaren Kapazität für Verträge mit kurzer Laufzeit reserviert werden und der Rest für diejenigen mit langer Laufzeit zur Verfügung stehen.

Wenn die Kapazitäten, welche für die langen Vertragslaufzeiten reserviert sind, nicht komplett abgerufen werden, wird die überschüssige Kapazität für kurze Laufzeiten zur Verfügung gestellt. Die beantragte Kapazitätszuweisung wird durch die entsprechenden Netzbetreiber vorgenommen und veröffentlicht. Hierbei wird von dem System „first-come-first-served" Abstand genommen, und stattdessen kann laut der Verordnung an vorher festgelegten und veröffentlichten Terminen entweder eine Versteigerung der Kapazitätsrechte stattfinden oder diese können nach Regeln der Transparenz, der Objektivität und Diskriminierungsfreiheit in einer so genannten „Open Subscription Period" vergeben werden. Die Entscheidung über die Art und Weise obliegt gemäß Art. 4 Nr. 3 Orden ITC/2607/2008 der Generaldirektion für Energie und Bergbaupolitik des Ministeriums für Industrie, Tourismus und Handel, welche die Abläufe per Verordnung bekannt gibt. Mit Verordnung vom 24. Juli 2009[398] hat sich die Generaldirektion für die zweite Alternative, also das so genannte „Open Subscription" Verfahren für die Zeit ab 2013 entschieden. Die einzuhaltenden Bedingungen veröffentlichen die jeweiligen Transportnetzbetreiber sowie die Initiative Gas del Sur auf ihrer Internetseite[399].

Als Beispiel für eine schon durchgeführte Kapazitätsvergabe wird im Folgenden die Vergabe der Langzeit-Kapazitäten bezüglich der bis 2013 einzigen Verbindung (Am Grenzpunkt Larrau) dargestellt, bei der die Nachfrage das Angebot

397 Informe sobre la Consulta conjunta de transportista y Comercializadora 1 en relación con la procedencia de mantener una claúsula de extinción en un contrato de acceso a la red de Transporte para tránsito internacional S.6; www.cne.es.

398 Resolución de la Dirección General de Política Energética y Minas, por la que se convoca el procedimiento de asignación coordinada de la capacidad de interconexión de gas natural entre España y Francia disponible a partir del años 2013 por los puntos de interconexión de Larrau y Biriatou.

399 www.enagas.es;www.naturgasenergia.com;www.tigf.fr;www.grtgas.com;www.energy-regulators.eu/portal/page/EEE_HOME/EER_INITAIVES/GRI/South.

um das siebenfache übertraf[400]. Die hierfür einzuhaltenden Bedingungen richten sich gemäß der Verordnung des Ministeriums für Industrie, Tourismus und Handel vom 13. Oktober 2009 ebenfalls nach der. „Open Suscription Period“[401]. Die Verteilung der langfristigen Kapazitäten bis 2013 wurde unter Kooperation der beteiligten Ferngasgesellschaften ENAGAS S.A. und TIGF sowie der beiden nationalen TSO in zwei Phasen durchgeführt. In der ersten Phase vom 10. bis zum 17. Oktober 2008 mussten die Interessenten ihre beabsichtigten Kapazitäten anmelden und erhielten zum Abschluss der Phase eine provisorische vorläufige Zuteilung. In einer zweiten Phase vom 23. bis zum 29. Oktober 2008 konnten sich die Akteure entweder mit der vorläufigen Zuteilung einverstanden erklären, mit der Folge, dass die Kapazität ihnen dann auch tatsächlich zustand oder auf die Zuteilung ganz verzichten. Alternativ konnten sie weitere, über die ihnen vorläufig zugeteilten Kapazitäten hinausgehende Kapazitäten beantragen, welche ihnen dann anteilsmäßig von den freigewordenen Kapazitäten zugeteilt wurden. Um die gewünschte Kapazität auf beiden Seiten der Grenzen zugeteilt zu bekommen, waren die Interessenten verpflichtet, identische Anfragen sowohl an ENAGAS S.A. in Spanien als auch an TIGF in Frankreich zu richten, wobei der Anfragende in dem jeweiligen Land als Berechtigter zugelassen sein musste. Eine Kapazitätsbuchung nur bei einem der beiden Netzbetreiber für den Transitvorgang war somit trotz dieser engen Kooperation nicht möglich.

Die genaue Zuteilung der begehrten Kapazitäten richtete sich nach einem Prioritäten-System, nach dem zunächst diejenigen bevorzugt wurden, welche eine mehrjährige Zuteilung begehrten. Anschließend hatte derjenige Priorität, der saisonübergreifende Kapazitäten buchen wollte. Als nachfolgende Kriterien wurden zusätzlich die Anzahl der begehrten Monate und der frühestmögliche Zeitpunkt mit einbezogen. Sobald diese Kriterien von mehreren Petenten gleichermaßen erfüllt wurden und deren Nachfrage die vorhandenen Kapazitäten überstiegen, fand eine proportionale Zuteilung im Sinne des „pro-rata-Verfahrens“ statt[402].

Neben dieser Möglichkeit der Buchung fester Kapazitäten sieht die erst am 06. August 2010 in Kraft getretene „Resoluciòn de 30 de junio de 2010“[403] erstmals

400 www.enagas.es /cs/_ Satellite ? blobcol= urldata& blobheader = application % 2Fpdf&blobkey= id&blobtable= MungoBlobs&blobwhere = 1146244049016&ssbinary = true.

401 Resolución de la Dirección General de Política Enérgetica y Minas, por la que se convoca el procedimiento de asignación coordinada de capacidad de interconexión de gas natural entre España y Francia, para el período comprendido entre el 1 de abril de 2010 y el 31 de marzo 2011, en la que se refiere a contratos a corto plazo.

402 Bezüglich der genauen Bedingungen wird auf die beiden an dieser Transitstrecken beteiligten Netzbetreiber ENAGAS S.A. und TIF verwiesen, welche die Bedingungen auf ihrer Internetseite zur Verfügung stellen.

403 BOE, Núm. 160, Viernes 6 de Agosto 2010. Resoluciòn de 30 de junio de 2010 de la Dirección General de Politica Energética y Minas, por la que se modifica la Resolucón

auch die Buchung unterbrechenbarer Kapazitäten an der Grenze zu Frankreich vor. Da es sich hier um eine größtenteils vollständig genutzte Leitung handelt, können solche Unterbrechungen sehr oft und über lange Zeiträume eintreten. Diese Kapazitäten werden nicht vom Netzbetreiber, sondern vom GTS vergeben, der auch die Vertragsbedingungen aushandelt. Sie beziehen auf Gasflüsse in beide Richtungen, d.h. von und nach Spanien.

Bezüglich des Sekundärmarktes sieht das festgelegte Prozedere vor[404], dass diejenigen Händler, die über geltende Kapazitätsbuchungsverträge verfügen, die Rechte an den Kapazitäten nach den jeweiligen in den beiden Ländern geltenden Regeln austauschen können. Für den Sekundärmarkt in Spanien bedeutet dies, dass die oben dargestellten Grundsätze über den Weiterverkauf und die „Untervermietung" der Kapazitäten auch auf die Transitkapazitäten zwischen Spanien und Frankreich anzuwenden sind.

(3) Programmierung

Sobald die Kapazitätsbuchung nach den dargestellten Grundsätzen abgeschlossen wurde, findet die so genannte Programmierung statt. Dieser vor der Nominierung stattfindende Zwischenschritt ist in Deutschland unbekannt und soll in Spanien dazu dienen, die Auslastung und die optimale Nutzung des Netzes besser zu planen. Die Programmierung verpflichtet die Händler dazu, jährliche, monatliche und wöchentliche Gasnachfrageprognosen an die betroffenen Anlagen- und Leitungsnetzbetreiber zu übermitteln, welche wiederum den GTS informieren, damit dieser eine Betrachtung des gesamten Systems vornimmt. Sofern die vorgelegten Prognosen den technischen Möglichkeiten entsprechen und mit den vertraglichen Ansprüchen übereinstimmen, werden die vorgelegten Programmierungen als durchführbar eingestuft.

Innerhalb der Programmierung ist zwischen der Programmierung mit rein informativem Charakter und der Programmierung mit rechtsverbindlichem Charakter zu unterscheiden.
Die *jährliche* Programmierung ist hinsichtlich aller Anlagen nach Art. 3 NGTS[405] ausschließlich informativ. Bezüglich der *monatlichen* Programmierung

de 25 de Julio de 2006, por la que se regulan las condiciones de asignación y el procedimiento de aplicación de la interrumpibilidad en el sistema gasista.

404 "Procedures for the commercialization of existing and committed capacity at the cross border point of Larrau between France and Spain. Open Subscription Procedure (OSP) at Larrau. Long-term capacity from 1st April 2009 to 31st March 2013. Short-term capacityfrom 1st April 2009 to 31st March 2010".

405 Bei den NGTS handelt es sich um die „Normas de gestión técnica del sistema gasista" also um die Normen des technischen Betriebes des Systems. Diese sind als Verordnung ITC/3126/2005 de 5 Octubre erlassen worden und konkretisieren die Organisation des Netzzugangs. Von ihrer inhaltlichen Bedeutung sind sie vergleichbar mit der deutschen Verbändevereinbarung. Rechtlich gesehen handelt es sich um eine Verordnung.

entsteht eine Verpflichtung für die internationalen Verbindungen, für die Förderung von Erdgasaufkommen im Inland und der Entladung von LNG. Die *wöchentlichen* Programmierungen sind darüber hinaus auch für die Fernleitungsnetze bindend. Sinn und Zweck dieses Zwischenschrittes ist es, die Netz- bzw. Anlagenbetreiber über die erwartete Nachfrage zu informieren, so dass diese die Durchführbarkeit innerhalb ihrer Anlagen prüfen können und der GTS die Durchführbarkeit im gesamten System prüfen und optimieren kann.

Von besonderer Bedeutung ist die Programmierung vor allem hinsichtlich der Entladung der LNG-Tanker. Neben der Tatsache, dass die Entladung wegen des großen Umfangs an LNG-Importen wohl in tatsächlicher Hinsicht die größte Bedeutung hat, kommt ihr aufgrund der Verbindlichkeit von Programmierungen auch in rechtlicher Hinsicht eine große Bedeutung zu. Die Notwendigkeit, für die Entladung von LNG-Tankern ein rechtlich verbindliches System einzuführen, ergibt sich aus den rein faktischen Problemen, die mit der Entladung von großen Tankern verbunden sind. Ohne eine zu einem gewissen Teil verbindliche Planung ließe sich die Blockierung von Anlagen oder die gleichzeitige Ankunft mehrerer Tanker, welche zu einer Kapazitätsüberschreitung in der LNG-Anlage führen kann, kaum verhindern. Aufgrund dessen war es notwendig, ein System zu schaffen, welches rechtlich verbindlich festlegt, welcher Nutzer einer LNG-Anlage das Recht innehat, die Kapazitäten seines Tankers als Erster zu entladen. Sobald die Realisierbarkeit der eingegangenen Programmierungen geklärt ist, legt der GTS gemäß Nr. 3.6.1 NGTS jeweils für die folgenden 1,5 Monate fest, für welche Anzahl von Tankern zu welchem Zeitpunkt welche Gasmenge zu entladen ist. Eine Zuwiderhandlung gegen die festgelegte Reihenfolge stellt einen groben Verstoß nach Art. 109 Abs. 1 lit. G) LH dar und kann mit Sanktionen bis hin zur Strafzahlungen von 30 Millionen € bedacht werden.

Darüber hinaus kann eine Zuwiderhandlung gegen die verbindliche Programmierung zwischen den beteiligten Parteien, d.h. dem Entladenden und dem Betreiber der LNG-Anlage, nach Art. 1101 Codigo Civil zu Schadensersatzansprüchen aus Vertrag führen. Eine eigenmächtige Änderung der einmal verpflichtenden Programmierung stellt einen Verstoß gegen eine vertragliche Abrede dar. Dies ergibt sich daraus, dass gemäß Art. 5. 5 des Mustervertrages über die Wiederverdampfung die Vereinbarung der Vertragsparteien über die gegenseitige Einhaltung der Programmierung Teil des Vertrages ist und ein Verstoß dagegen folglich eine Vertragsverletzung darstellt, die zu Schadensersatzansprüchen führen kann. Da die tagesgenaue Planung bezüglich großer Tanker aufgrund deren witterungsbedingter Reisedauer aber nicht immer genau einzuhalten ist, vereinbaren die Parteien in Annex 2 des Mustervertrages meist großzügige flexible zeitliche Zielkorridore sowie Alternativen, die bis hin zu einer Entladung des Schiffes an einem anderen Hafen reichen können.

(4) Nominierung / Renominierung

Sobald die so genannte Programmierung abgeschlossen ist, folgt die Nominierung. Diese richtet sich ebenso wie die Programmierung nach den NGTS, in denen der Ablauf der Nominierung im Detail dargestellt ist. Nach Nr. 4. 2 NGTS ist jeder Netz- bzw. Anlagennutzer zur Nominierung verpflichtet. Diese muss nach Nr. 4. 2 NGTS ebenso wie in Deutschland für jeden Einspeisepunkt, für den auch eine Kapazitätsbuchung vorliegt, durchgeführt werden. Darüber hinaus müssen zwar nicht die einzelnen Ausspeisungen nominiert werden, jedoch muss gemäß Nr. 4. 4. 1 NGTS die gesamte, von einem Händler aus einem Verteilernetz auszuspeisende Menge bei dem betroffenen Verteilernetzbetreiber nominiert werden. Sinn und Zweck dieser Nominierung ist insbesondere, dass der Verteilernetzbetreiber dafür Sorge tragen kann, dass die nominierten Mengen auch tatsächlich aus seinem Netz ausgespeist werden können.

Die einzuhaltenden Fristen und Formvorschriften der Nominierung richten sich nach Art. 9 Detailprotokoll 7 der NGTS. Hiernach muss die Nominierung beim jeweiligen Verteilernetzbetreiber bis 10 Uhr sowie bei dem Transportnetzbetreiber und bei den LNG-Anlagenbetreiber bis 14 Uhr eingegangen sein. Für die Entladung von Tankschiffen reicht eine Nominierung bis 21 Uhr aus. Die Verteilernetzbetreiber bestätigen die Nominierung bis 12 Uhr, die Transportnetzbetreiber und Anlagenbetreiber bis 17 Uhr bzw. bei der Entladung von Schiffen bis 22 Uhr. Eine Änderung der Nominierung, die so genannte Renominierung muss beim Transportnetz- bzw. Anlagenbetreiber bis spätestens 18.30 Uhr eingegangen sein und von diesem bis 19.00 Uhr des Tages vor dem Gastag (D-1) bestätigt werden. Darüber hinaus gibt es noch die Möglichkeit der Nominierung bis 12.00 Uhr und der Renominierung und Bestätigung bis 14.00 am Gastag selbst. Sollte ein Nutzer keinerlei Nominierung abgegeben haben, wird nach Art. 9 Abs. 1 Detailprotokoll NGTD die bei der wöchentlichen Programmierung angegebene Menge als Nominierungsmenge angesehen. Die Ablehnung einer fristgemäß übermittelten Nominierung ist nur möglich, wenn der Vertrag über die Kapazitäten nicht gültig ist oder bestimmte, im Vertrag enthaltende Voraussetzungen nicht eingehalten wurden.

Neben den einzelnen Netznutzern ist auch der GTS verpflichtet, eine Nominierung durchzuführen. Da diesem die Funktion und die Abstimmung des gesamten Systems obliegt, muss dieser diejenigen Kapazitäten nominieren, die an den einzelnen Netzübergangspunkten notwendig sind, um die gebuchten Ein- und Ausspeisekapazitäten vorhalten zu können. Das bedeutet, dass der GTS durch seine Nominierung die einzelnen Netzbetreiber über die erwarteten bzw. benötigten Kapazitäten an den einzelnen Netzkopplungspunkten informiert.

(5) Allokation

Ebenso wie in Deutschland erfolgt nach der Nominierung die so genannte Allokation oder, im spanischen Recht „Reparto" (Zuordnung) genannt, nach den Regeln der NGTS Nummer 6. Diese Zuteilung genießt besondere Bedeutung, da sie Grundlage für die Bilanzierung ist.

Für die Einspeisepunkte ins Netz gilt, dass die tatsächliche Zuteilung durch die jeweiligen Transportnetzbetreiber auf der Grundlage von Messungen vorgenommen wird. Die hierbei eingesetzten Mittel und Berechnungen sind öffentlich zu machen.

Für die Ausspeisung gilt, dass diese pro Verteilernetz, aus dem ausgespeist wird, zugeteilt wird. Dafür wird in Spanien zunächst eine Zuteilung auf die jeweiligen Übergangspunkte der unterschiedlichen Anlagen des Gasnetzes durchgeführt. Das bedeutet, dass im Falle der Verbindung des Fernleitungs- mit dem Verteilernetz dem jeweiligen Nutzer diejenige Menge zugeordnet wird, die von der einen Netzebene auf die andere in das jeweilige Netz übertragen wurde. Das gleiche gilt für eine Zuordnung aller weiteren Punkte, an denen Gas in eine andere Anlage übergeht, z.B. von LNG-Anlagen auf Verteiler- oder Fernleitungsnetze, die Übergangspunkte mit Speicheranlagen und mit Transitlinien, sowie zwischen gleichgelagerten Netzebenen. Ausgangspunkt für diese Berechnungen sind die tatsächlichen und geschätzten (ähnlich der Standardlastprofile) Ausspeisungen an die Abnehmer, die als Summe pro Verteilernetz zusammengefasst werden.

Dadurch wird es möglich, die tatsächliche Ausspeisungsmengen dem Netznutzer zuzuweisen, auch wenn dieser aus mehren Verteilernetzen ausspeist.

Innerhalb dieser Zuteilung wird in Spanien zwischen der so genannten provisorischen Allokation, die zwei Tage nach dem Gastag vom jeweiligen Anlagen- bzw. Leitungsnetzbetreiber vorgenommen wird (D+2), und der so genannten definitiven Allokation, die einen Monat und einen Tag (Monat+1) nach dem Gastag unter Hinzuziehung des GTS vorgenommen wird, unterschieden. Die provisorische Allokation basiert zunächst auf den Datenübertragungssystemen der Kunden sowie, da diese nicht immer zugänglich sind, auf Schätzungen der Verteilernetzbetreiber, die wiederum auf Daten der Netzübergangspunkte den Nominierungen, den klimatischen Bedingungen und den historischen Daten sowie den Konsumentenprofilen bzw. Standardlastprofilen beruhen. Diese so ermittelten Ausspeisemengen werden den einzelnen Netznutzern für diese Netzebene bzw. -anlage zugeteilt. Diese sich hieraus ergebenden Mengen bilden den Ausgangspunkt für die Bilanzierung.

Bei der definitiven Allokation wird ebenfalls jedem Petenten ein Übergangspunkt von Netzebene zu Netzebene bzw. von Anlage zu Netz zugewiesen und anschließend unterstellt, dass das gesamte Gas, welches in den dem Petenten zugehörigen Ausspeisepunkten tatsächlich ausgespeist wurde, durch diesen Punkt geflossen ist. Die so ermittelte Menge wird dann diesem Benutzer zugeteilt. Da diese Zuteilung erst am 15. Tag des Folgemonats erfolgen muss, können hierbei - anders als bei der provisorischen Zuteilung – jedoch tatsächlich feststehende Messwerte für die Berechnung herangezogen werden. Am Ende eines jeden Monats werden die provisorische und die definitive Allokation verglichen und die provisorische mit Hilfe der exakten definitiven Allokation justiert, um die Schätzzahlen für die provisorische Allokation in Zukunft weiter zu konkretisieren.

(6) Bilanzierung

Nach der erfolgten Allokation wird die Bilanzierung nach den in den NGTS festgelegten Regeln durchgeführt. Die NGTS enthalten in Nummer 7 eine genaue Darstellung des Bilanzierungssystems und legen in Nummer 9 mögliche Strafzahlungen sowie den Bezug von Regelenergie fest. Grundsätzlich wird terminologisch zwischen dem individuellen Bilanzierungssystem, welches für die Benutzer des Gassystems gilt und dem physischen Bilanzierungssystem, welches den physischen, jedoch kostenneutralen Ausgleich durch die jeweiligen Netzbetreiber betrifft, unterschieden.

Das individuelle Bilanzierungssystem beruht auf einer *Tagesbilanzierung,* die sich aus der oben beschriebenen provisorischen Allokation zusammensetzt, wobei der Gastag in Spanien - anders als in Deutschland - um 0.00 Uhr beginnt und um 24.00 Uhr endet. Innerhalb dieser Tagesbilanzierung wird nochmals unterschieden zwischen der Tagesbilanz, der Speicherung in den Transportnetzen, der Bilanz in den Wiederverdampfungsanlagen und in den überirdischen Speichern.

Im spanischen System wird diese Form der täglichen Bilanzierung auch als „n+2- Bilanzierung" bezeichnet, da sie den Betroffenen spätestens bis 22.00 Uhr am zweiten Arbeitstag nach dem Gastag bekannt gegeben werden muss. Auf Grundlage dieser Tagesbilanzierung n+2 berechnet der GTS die individuellen Abweichungen für jeden Netznutzer und rechnet etwaige Abweichungen gegebenenfalls durch Strafzahlungen ab. Jeder Nutzer des Systems ist somit sein eigener Bilanzverantwortlicher. Ein Zusammenschluss zu Bilanzkreisen und deren Abwicklung durch Bilanzkreisverantwortliche wie in Deutschland ist dem spanischen System somit fremd. Bei der Berechnung der Höhe der Strafentgelte, die für jedes bilanzielle Ungleichgewicht erhoben werden, wird zwischen einem Ungleichgewicht im Leitungssystem und in Wiederverdampfungsanlagen unterschieden. Außerdem richtet sich die Entgelthöhe danach, ob eine Unterspeisung im System vorliegt, d.h. mehr Gas ausgespeist als eingespeist wird, oder eine Überspeisung, d.h. mehr Gas eingespeist als entnommen wird. Der Richtwert der Strafzahlungen richtet sich nach dem jährlich festgelegten Preis für die Speicherung von Gas innerhalb der LNG-Anlagen[406]. Dieser Wert wird sowohl mit der festgestellten Menge, als auch einem je nach Strafentgelthöhe festgelegten Indikator multipliziert. Bevor die einzelnen Berechnungsmöglichkeiten aufgezeigt werden, ist zunächst darauf hinzuweisen, dass bestimmte Toleranzgrenzen vorgesehen sind, innerhalb deren Grenzen eine bilanzielle Abweichung ohne Konsequenzen bleibt. Außerdem ist dem spanischen System ein stündliches Anreizsystem fremd und folglich auch der so genannte Strukturierungsbeitrag unbekannt.

Zunächst soll das Vorgehen bei einem Überschuss an Gas innerhalb einer **Wiederverdampfungsanlage** betrachtet werden. Ein solcher Überschuss liegt vor, wenn mehr Gas in eine LNG-Anlage eingeführt wird, als aus ihr ausgespeist wird. In diesem Fall greift nach Nr. 9. 6. 3. NGTS ein System von Strafzahlungen ein, welches auf fortlaufenden Durchschnittswerten, basierend auf den Kapazitätsbuchungen, aufbaut. Grund der Einführung eines solchen Systems war die Tatsache, dass vor Einführung dieser Strafzahlungen oftmals deutlich mehr Gas in die Speicher der LNG-Anlagen entladen wurde, als zeitgleich aus der Anlage ausgeführt wurde. Das führte dazu, dass die Speicherkapazitäten einzelner LNG-Anlagen durch die Speicherung von Gas über einen langen Zeitraum oft ausgeschöpft waren und somit ein effektiver Zugang für neu in das System eintretende Händler nicht möglich war. Die LNG-Anlagen wurden so faktisch zur Speicherung von Gas genutzt und nicht mehr primär zur Wiederverdampfung.

Das System sieht gemäß Nr. 3. 6 NGTS eine sich täglich anpassende und fortlaufende Durchschnittsrechnung der letzten 30 Tage über die dem Benutzer zuzuordnenden Gasvorräte innerhalb der Anlage einschließlich des aktuellen Tages vor, so dass sich für jeden Tag ein bestimmter fortlaufender Durchschnittswert ergibt. Sobald der jeweils zugeordnete Vorrat an gespeichertem Gas im Hinblick auf alle vom Petenten in Spanien genutzten LNG-Anlagen mehr als 300 Gwh/Tag beträgt, und das Achtfache der vertraglich vereinbarten Tageskapazität zur Wiederverdampfung in der jeweiligen Anlage, wird dem Benutzer vom GTS eine Ausgleichszahlung auferlegt. Durch diese Regelung wird verhindert, dass der Anlagennutzer mehr als die achtfache Menge des durchschnittlich an einem Tag wiederzuverdampfenden Gases, in der Anlage speichert. Es findet folglich zwar eine Tagesbilanzierung statt, da täglich abgerechnet wird. Die der Bilanzierung zu Grunde liegenden Daten setzen sich aber aus längerfristigen

406 Im Jahr 2008 betrug dieser 0.02098 €/Mwh/Tag.

Daten zusammen: zum einen aus dem Tagesdurchschnittswert der letzte 30 Tage und zum anderen aus der für diesen Tag vertraglich vereinbarten Kapazität.

Sobald der Durchschnittswert das Achtfache der vertraglich vereinbarten Tagesmenge beträgt, fällt eine Strafzahlung an, und zwar für den Fall, dass der Überschuss zwischen 8 und 8,5 Tagesmengen liegt, in Höhe des 2,5-fachen Preises für eine Speicherung von Flüssiggas. Liegt das Ungleichgewicht über einem Wert von 8,5 Tagesmengen, erhöht sich die Zahlung drastisch auf den 12-fachen Preis für die Speicherung von Flüssiggas. Eine Überspeisung von weniger als der achtfachen Tagesmenge führt zu keinerlei Ausgleichszahlung.

Der Fall einer Unterspeisung, also sobald mehr Gas aus der Wiederverdampfungsanlage entnommen wird, als dem Entnehmenden zusteht, wird gemäß Nr. 9. 6. 4 NGTS differenziert betrachtet.

Zunächst wird ein Zahlungssystem festgelegt für den Fall, dass zwar innerhalb der Wiederverdampfungsanlage mehr Gas entnommen wird als vertraglich vereinbart, der Benutzer jedoch insgesamt über einen positiven Saldo im gesamten System verfügt, also, dass für den Fall einer Unterspeisung innerhalb der Wiederverdampfungsanlage eine Überspeisung innerhalb des Leitungssystems vorliegt. Für eine solche Situation wird eine Strafzahlung in Höhe eines Betrags des 1,1-fachen des Preises für die Speicherung in einer Wiederverdampfungsmenge erhoben, multipliziert mit der Menge der Unterspeisung innerhalb der Wiederverdampfungsanlage. Kumulativ zu dieser Strafzahlung werden die Kosten für das fehlende Gas in der Anlage berechnet. Diese setzen aus dem 1.15-fachen Preis des arithmetischen Mittels aus dem Preis des Henry Hub und dem „Nacional Balancing Point“ multipliziert mit der Menge des fehlenden Gases zusammen[407].
Bei einer Unterspeisung im gesamten Leitungssystem durch einen Benutzer richten sich die Ausgleichszahlungen nach der Strafzahlung für das fehlende Gas in der LNG-Anlage sowie der Menge des fehlendes Gases im Leitungssystem, multipliziert mit dem 1, 15-fachen Preis des arithmetischen Mittel aus dem Preis des Henry Hub und dem „Nacional Balancing Point“, addiert mit der Zahlung, die der GTS für die Beschaffung der Regelenergie leisten musste. Es fallen also zusätzlich zur Strafzahlung die Kosten für das fehlende Gas an. Diese Kosten sind jedoch doppelt zu tragen. Einmal in Form der theoretischen Kosten (vergleichbar mit der Ausgleichsenergie) und zusätzlich hierzu in Form der tat-

407 Eine Ausnahme gilt für die Fälle, in denen eine Unterspeisung an dem Tage zustande kommt, an dem das Tankschiff, von dem das GNL bezogen werden soll, entladen wird. Für einen solchen Fall wird der folgende Tag in die Betrachtung miteinbezogen, und nur wenn am folgenden Tag immer noch eine Unterspeisung vorliegt, wird die Gebühr für beide Tage berechnet. Liegt jedoch keine Unterspeisung mehr vor, wird keinerlei Zahlung fällig.

sächlich angefallenen Kosten, um den physischen Ausgleich herzustellen (vergleichbar mit Regelenergie). Um die Menge an Regelenergie besonders gering zu halten, sind zunächst die Verantwortlichen für das Ungleichgewicht verpflichtet, dieses im Zusammenarbeit mit dem GTS zu beseitigen. Anders als in Deutschland sind folglich zunächst die Händler selbst dafür verantwortlich, das eigene individuelle Ungleichgewicht im laufenden Betrieb auszugleichen. Hierdurch soll ein Ungleichgewicht im gesamten Netz verhindert werden und der Einsatz von so genannter Regelenergie minimiert werden.

Unter dieser Prämisse lässt sich auch besser verstehen, dass für den Überschuss an Gas keine am Markt orientierten Preise gezahlt werden, sondern eine Strafzahlung fällig wird. Die Händler sollen möglichst ohne Einmischung von außen über bilaterale Vergabe von Gasmengen dafür sorgen, dass ihnen kein Ungleichgewicht entsteht. Durch die Bestrafung sowohl von Über- als auch von Unterspeisung sind die Händler gezwungen, überschüssiges Gas den anderen Händlern zu überlassen. Über die Preisgestaltung dieses bilateralen Ausgleichs lassen sich keine Aussagen treffen, da die verlangten Preise nicht öffentlich gemacht werden müssen und auch nicht auf freiwilliger Basis veröffentlicht werden.

Sobald der tatsächliche Ausgleich zwischen den Händlern nicht funktioniert oder ausreicht, soll das benötigte Gas grundsätzlich über ein System der Versteigerung gemäß Nr. 9. 6. 6 NGTS bezogen werden. Da jedoch bis zum heutigen Tage kein Händler auf dieser Plattform Gas angeboten hat, bleibt dieses System rein theoretischer Natur und wird wegen der praktischen Ausrichtung der Arbeit daher nicht weiter verfolgt. Da also eine Versteigerung mangels Teilnahme der Händler nicht stattfindet, wird das tatsächlich benötigte Gas von dem GTS bei allen am Markt tätigen Händlern gemäß Nr. 9. 6. 6. Abs. 3 NGTS nachgefragt und innerhalb eines offenen, transparenten und nicht diskriminierenden Wettbewerbs durch den GTS im Namen des Verursachers gekauft und bezahlt. Im Falle, dass der Verursacher das gekaufte Gas nicht bezahlt, steht es dem GTS offen, die hierfür bereitgestellte, von jedem Händler verpflichtend zur Verfügung gestellte Garantiesumme zu benutzen.

Für den Fall eines bilanziellen Ungleichgewichtes innerhalb des **Leitungsnetzes** wird ebenfalls zwischen einer Über- und einer Unterspeisung unterschieden. Im Falle der Überspeisung ist wie beim LNG eine Strafzahlung fällig. Diese ist nach dem Umfang der Überschreitungen gestaffelt. Bei einer Überschreitung bis zum 0,2-fachen des vertraglich vereinbarten Tagessatzes fällt eine 1,1-fache Strafgebühr an. Bei einer Überschreitung zwischen 0,2 und 0,5 des Tagessatzes wird diese Strafgebühr mal 1,5 genommen, und bei einer Überschreitung von mehr als einem halben Tagessatz wird die Gebühr verzehnfacht.

Bei einer Unterspeisung im Leitungssytem wird parallel zur Unterspeisung beim LNG zunächst der Saldo im gesamten System betrachtet und sobald dieser trotz der Unterspeisung im Leitungsnetz wegen einer Überspeisung im LNG Speicher positiv ist, wird sowohl eine 1,1-fache Strafgebühr für die Menge kassiert, für die eine Unterspeisung im Leitungssystem besteht, als auch zusätzlich die Kosten für die Ausgleichsenergie. Durch die zusätzliche Strafgebühr wird berücksichtigt, dass der Nutzer die Unterspeisung im System durch eine erhöhte Einspeisung von LNG selbst hätte ausgleichen können.

Die so anfallenden Kosten und Strafen sind grundsätzlich nach Nr. 9. 6. 1. NGTS an den GTS zu leisten. Für den Fall eines Ungleichgewichts innerhalb einer LNG-Anlage sind die Strafzahlungen allerdings direkt an den jeweiligen Analgenbetreiber zu zahlen.

Korrespondierend zum *individuellen* Ungleichgewicht der einzelnen Händler legt Nr. 7. 1. 2 NGTS die Regeln für das *physische* Ungleichgewicht und dessen Beseitigung durch die Netzbetreiber fest. Hierzu obliegt es den einzelnen Netzbetreibern, für ein reibungsloses Funktionieren des Systems physisch eine Balance zwischen den Ein- und Ausgängen herzustellen. Die jeweiligen Netzbetreiber sind daher die Betreiber des jeweils eigenen Bilanzkreises. Anders als in Deutschland werden die hierdurch entstehenden Kosten aber nicht über ein Umlagenkonto auf die Netznutzer/Lieferanten umgelegt, bzw. mit den bilanziellen Kosten verrechnet. Stattdessen werden sie sowohl für die Betreiber als auch die Nutzer kostenneutral in die Berechnung der Netzzugangsvergütung mit einbezogen und somit von der Allgemeinheit getragen.

d) Vergleich

Wie sich aus der obigen Darstellung entnehmen lässt, ist die Organisation des Netzzugangs in der Praxis in Deutschland und in Spanien in vielen Teilen vergleichbar. Von ihrer Struktur her weisen die beiden Systeme trotz der vielen Gemeinsamkeiten aber auch elementare Unterschiede auf. Diese sollen nachfolgend verglichen werden:

1. Der wohl schwerwiegendste Unterschied ist in der unterschiedlichen Handhabung des „Entry-Exit"-Modells zu sehen. Dadurch, dass in Spanien bislang Ein- und Ausspeisekapazitäten zwingend miteinander verbunden sein müssen, entsteht dort im Vergleich zu Deutschland eine viel geringere Flexibilität innerhalb des Systems[408]. Dieses doch etwas antiquiert anmutende Modell ist vermutlich

408 So auch die CNE, die innerhalb ihre jährlichen „Informe sobre la evolución de la competencia en los mercados de gas y electricidad", S. 13, die Aufhebung dieser Bindung als entscheidend für das Entstehen von mehr Wettbewerb anführt. Abrufbar unter www.cne.es.

Resultat daraus, dass in Spanien schon 2001 das Zweivertragsmodell für das gesamte nationale Gassystem eingeführt wurde. Ein solches Modell führt bei völlig freier Kombinierbarkeit der Ein- und Ausspeisepunkte nämlich zunächst dazu, dass es wegen des kleinsten gemeinsamen Engpasses an irgendeinem Punkt im System zu einer Reduktion der Kapazität kommen kann[409]. Erst durch Lastflusszusagen, durch die der Transportkunde die Verpflichtung eingeht, einen bestimmten Gasfluss an einem Entry- und Exitpunkt durchzuführen, kann dieser Kapazitätsreduzierung entgegengewirkt werden[410]. Indem die Ein- und die Ausspeisekapazitäten hingegen zwingend miteinander verbunden werden müssen, kann schon bei der Kapazitätsvergabe darauf geachtet werden, dass keine derartigen Kapazitätsengpässe entstehen. Die aus der Verknüpfung von Ein- und Ausspeisevertrag resultierende geringere Flexibilität im System hatte also zur Folge, dass in Spanien schnellstmöglich ein Zwei-Vertragsmodell innerhalb des vollständigen nationalen Gebiets Festlandspaniens[411] implementiert werden konnte, das die größtmögliche Kapazität garantierte und auf diese Weise Engpässe vermeiden konnte.

Das Probleme eines im Gegensatz dazu völlig flexiblen „Enty-Exit"- Modelss zeigt sich bis heute am Beispiel Deutschlands. Zunächst hat es in Deutschland bis zum Ende des Jahres 2006 - also fünf Jahre länger als in Spanien gedauert - bis sich das „Entry-Exit"-Modell durchsetzen konnte. Über die zeitliche Verzögerung hinaus hatte die Einführung dieses Modells auch die Bildung von Marktgebieten innerhalb Deutschlands zur Folge. Bis heute ist es nicht gelungen, ein vollständiges flexibles „Entry-Exit"-Modell deutschlandweit einzuführen. Folge hiervon ist es, dass in Deutschland das Zweivertragsmodell nur innerhalb eines Marktgebietes angewendet werden kann. Dies zeigt, dass die Organisation eines völlig flexiblen Systems eine gewisse Vorlaufzeit braucht und nicht über Nacht eingeführt werden kann. Grundsätzlich erscheint es aber möglich, ein solches System einzuführen (was sich auch an der immer umfangreicheren Zusammenlegung der Marktgebiete in Deutschland zeigt). Somit kann aufgrund der bisher gemachten Erfahrungen und des damit verbundenen Lernprozesses davon ausgegangen werden, dass in naher Zukunft auch in Spanien ein völlig flexibles System eingeführt werden kann.

Unabhängig von der Frage, warum es zu der Einführung unterschiedlicher „Entry-Exit"-Modelle kam, lässt sich jedenfalls festhalten, dass als Folge des spanischen Modells eine geringere Flexibiltät innerhalb des Systems existiert und es daher auch eine sehr geringe Liquidität an dem virtuellen Handelspunkt, dem

409 ausführlich hierzu *Bergmann,* ET, 2010, S. 56 (57ff.).
410 *Bergmann,* a.a.O.
411 Auf die Besonderheiten für die Kanaren, Balearen, sowie Ceuta und Melilla wird hier nicht weiter eingegangen.

„Centro de Gravedad“ gibt[412]. Auf der anderen Seite ist positiv zu erwähnen, dass es innerhalb Spaniens - anders als in Deutschland - keine (abgeschotteten) Marktgebiete gibt, so dass tatsächlich jeder Ausspeisepunkt von jedem Einspeisepunkt mit Hilfe von zwei Verträgen erreicht werden kann.

2. Neben dieser grundsätzlich unterschiedlichen Organisation des Netzzugangsmodells existieren weitere Unterschiede zwischen beiden Ländern, die jedoch den jeweiligen Zugang an sich betreffen. Zunächst ist die unterschiedliche Art und Weise der Kapazitätsbuchung zu betrachten.

Während sich diese Buchung für die ausschließlich nationalen Leitungen und die LNG-Anlagen in Spanien ausschließlich nach dem „first-come-first-served“ Prinzip richtet und sich nach dem Vorschlag des Ministeriums auch in Zukunft hiernach richten soll[413], wurde in Deutschland mit der neuen GasNZV die Vergabe durch Versteigerung zum Markträumungspreis eingeführt. Außerdem besteht ein weiterer Unterschied darin, dass das spanische System für Leitungen zu Frankreich eine weitreichende Kooperation mit den französischen Netzbetreiber vorsieht, wonach die Kapazitäten innerhalb einer „open subscription period“ vergeben werden, die sich nach einer „pro-rata“-Verteilung richtet. Hingegen sollen in Deutschland auch die Kapazitäten für die internationalen Verbindungen über Auktionen vergeben werden.

3. Nicht nur die Vergabeart der beiden Länder ist unterschiedlich, sondern auch die zu vergebenden Kapazitätsprodukte. Diese Unterscheidung beginnt schon damit, dass sich der Beginn und das Ende des Gasjahres und des Gastages in Deutschland von denen in Spanien unterscheiden. Beginnt der Gastag nach § 23 Abs. 1 GasNZV in Deutschland um 06.00 Uhr und endet um 6.00 Uhr des Folgetages, beginnt er in Spanien um 0.00 Uhr und endet um 24.00 Uhr. Das jeweilige Gasjahr beginnt in Deutschland am 01.10. und endet am 30.09., wohingegen es in Spanien am 01.04. beginnt um am 31.03. endet. Diese rein formellen Unterschiede muten zunächst unbedeutend an, sind für die Praxis jedoch von größter Bedeutung. Sie führen dazu, dass die einzelnen Jahres- bzw. Tageskapazitätsprodukte unterschiedliche Anfangstermine bzw. -zeiten haben. Um jedoch harmonisierte Kapazitätsprodukte schaffen zu können, die grenzübergreifend nutzbar und handelbar sind, sind gleiche Laufzeiten unabdingbar. Dieses Problem wird deutlich, wenn man die Verpflichtung nach § 11 Abs. 1 GasNZV betrachtet. Hiernach sind Jahres-, Monats-, Quartals-, und Tageskapazitäten sowohl auf fester als auch unterbrechenbarer Basis anzubieten. Davon abgesehen, dass eine solche Verpflichtung in Spanien bislang nicht existiert, macht sie deut-

412 Inwiefern die jeweiligen Modelle den europäischen Vorgaben entsprechen wird ausführlich unter Kapitel 4. A. III. 2. dargestellt.
413 Informe 12/2009 de la CNE sobre el proyecto de Real Decreto por el que se modifica el Capítulo II de Real Decreto 949/2001 S. 14 .www.cne.es.

lich, dass es für einen funktionierenden europäischen Kapazitätsbinnenmarkt unabdingbar ist, dass die Kapazitätsprodukte über die selben Anfangs-und Endzeiten verfügen müssen, da sonst grenzüberschreitende Buchungen erschwert werden. In verschärfter Form gilt dieses Problem bei der Buchung von unterbrechenbaren Kapazitäten, da diese in Spanien bislang sogar nur auf Jahresbasis zu buchen sind.

Über ihre faktische Bedeutung hinaus demonstrieren diese Unterschiede, welch weiter Weg zu einem europäischen Binnenmarkt zurückzulegen ist, wenn es zur Zeit noch nicht einmal einheitliche Regeln für den Beginn des Gastages und des Gasjahres gibt.

4. Ähnlich schwerwiegend sind die Unterschiede bei der Ausgestaltung des Sekundärmarktes.
In Spanien existiert bislang weder ein einheitlicher Sekundärmarkt, noch existieren verbindliche legislative Regeln hierfür. In Deutschland hingegen sieht die GasNZV vor, dass eine einheitliche Plattform für das Angebot an Sekundärmarktkapazitäten geschaffen werden muss, welche die einzige Möglichkeit darstellen soll, Kapazitäten auf dem Sekundärmarkt zu handeln. Darüber hinaus enthält § 16 Abs. 1 GasNZV Freigabeverpflichtungen, um mehr Liquidität zu gewährleisten. Inwiefern solche Verpflichtungen auch in Spanien notwendig sind, ist wegen der unterschiedlichen Kapazitätssituation erst zu erläutern.

5. Eine der wohl schwerwiegendsten konzeptionellen Ungleichheiten zwischen beiden Ländern liegt bei der Organisation des Speicherzugangs. Basierend auf der Tatsache, dass in Deutschland ein verhandelbarer Zugang gewährt wird, wohingegen in Spanien ein regulierter Zugang besteht, sind die Zuteilungskriterien völlig verschieden. So können in Deutschland die Speicherbetreiber die jeweiligen Kapazitätszuweisungsmechanismen grundsätzlich selbst festlegen, solange sie angemessen sind und zu diskriminierungsfreien technischen und wirtschaftlichen Bedingungen gewährt werden, während in Spanien eine der weitgehendsten Regulierungsformen überhaupt besteht. Indem in Spanien die Speicherbetreiber aufgrund einer Verordnung verpflichtet werden, den einzelnen Petenten eine nach festgelegtem Muster zu berechnende Basismenge immer ausschließlich für das jeweilige Gasjahr zur Verfügung zu stellen, findet eine vollständige Regulierung statt, die an Eingriffsintensität kaum zu überbieten ist. Diese Zuteilung von Kapazitäten richtet sich weder nach dem Willen der Speicherbetreiber noch nach dem Willen der Petenten, da sie ausschließlich auf die Vorjahreszahlen bzw. - bei neu am Markt auftretenden Händlern - auf Prognosen über den Absatz bezogen wird. Die Regulierungsintensität wird zusätzlich dazu dadurch verdeutlicht, dass die Kapazitätsvergabe nicht von dem Speicherbetreiber vorzunehmen ist, sondern von dem grundsätzlich „objektiven" GTS. Zwar werden

die darüber hinaus zur Verfügung stehenden Kapazitäten im Rahmen einer Auktion vergeben, wegen des geringen Anteils am gesamten Speichervolumen (ca. 10 %) ist diese Art der Verteilung jedoch im Vergleich zur „pro-rata“-Verteilung von untergeordneter Bedeutung.

Neben diesen konzeptionellen Unterschieden beim Speicherzugang divergiert auch die Art und Weise der Buchung von Speicherkapazitäten. In Deutschland besteht bisher nämlich die Möglichkeit, entweder Kapazitätsbuchungen im so genannten Systemspeicher oder aber im Einzelspeicher vorzunehmen. Für den Fall einer Buchung von Kapazitäten im Einzelspeicher besteht - abhängig vom Betreiber - die Möglichkeit, Einspeise-, Ausspeise- und Speichervolumen jeweils getrennt oder gemeinsam zu buchen. Darüber hinaus werden die Transportbuchungen entweder vom Speicherbetreiber oder vom Transportkunden vorgenommen. In Spanien gibt es dagegen bislang weder die Möglichkeit, Kapazitätsbuchungen in einem Systemspeicher vorzunehmen, noch einzelne Speicherdienstleistungen getrennt zu buchen. Die Transportbuchungen müssen daher in Spanien immer vom Transportkunden vorgenommen werden.

Trotz oder gerade aufgrund dieser gewaltigen Unterschiede ist ein Vergleich mit anschließender Beurteilung kaum möglich. Zwar bestehen in beiden Ländern ausgeprägte Engpässe bei Speicherkapazitäten. Der Unterschied besteht jedoch darin, dass in Deutschland aufgrund der vielen unterschiedlichen Speicherbetreiber und des insgesamt sehr großen Speichervolumens ein gewisser Grad von Wettbewerb besteht bzw. entstehen kann. In Spanien existieren hingegen nur zwei Untertagespeicher, die beide von ENAGAS S.A. betrieben werden. Wettbewerb ist innerhalb dieser Gegebenheiten im Zusammenhang mit der gesetzlichen Verpflichtung, eine bestimmte Speichermenge zu Verfügung zu haben, grundsätzlich nicht möglich.

6. Neben den Unterschieden in der Kapazitätsbuchung bestehen auch erhebliche Unterschiede zum einen bei der Programmierung, die nur in Spanien existiert, vor allem wegen der besseren langfristigen Planbarkeit insbesondere der Entladung von LNG-Tanker. Zum anderen vollzieht sich auch die Nominierung auf unterschiedliche Art und Weise. Besonders hervorzuheben ist die Tatsache, dass in Deutschland die Ausspeisekapazitäten grundsätzlich nicht nominiert werden müssen, wohingegen in Spanien eine Verpflichtung hierzu besteht. Diese bezieht sich jedoch nicht auf einzelne Ausspeisepunkte, sondern umfasst die gesamten Ausspeisekapazitäten innerhalb eines Verteilernetzes. Dies wiederum führt zu einer unterschiedlichen Allokation, da aufgrund der Nominierung auch eine netzweite Zuteilung erforderlich wird.

7. Als letzter gravierender Unterschied innerhalb der Organisation und Abwicklung des Netzzugangs ist die Form und Abrechnung der Bilanzierung anzusprechen. Beide Länder haben das System einer Tagesbilanzierung eingeführt. Darüber hinaus gibt es jedoch kaum Gemeinsamkeiten. Während in Deutschland der Marktgebietsverantwortliche für die Bilanzierung verantwortlich ist, übernimmt dies in Spanien landesweit der GTS. Basieren in Deutschland die Zahlungen des Bilanzkreisverantwortlichen auf Ausgleichs- und gegebenenfalls Regelenergieentgelten, setzen sich die Zahlungsverpflichtungen des einzelnen Netznutzers in Spanien aus Strafzahlungen sowie der Zahlung für die Regelenergie zusammen. Darüber hinaus werden in Deutschland auch die Zahlungen für Regelenergie über das Umlagenkonto auf die betroffenen Bilanzkreisverantwortlichen umgelegt. In Spanien sind die Kosten vor allem von der Allgemeinheit zu tragen, da die einzelnen Netzbetreiber, bei denen diese Kosten angefallen sind, nicht direkt vom Netznutzer bezahlt werden. Die einzelnen Kosten für die Bilanzierung sind vom Netznutzer nämlich an den GTS abzuführen. Die Kosten werden daher später in die Netzentgeltberechnung mit einbezogen.

8. Dieser Vergleich der Organisation des Netzzugangs in Deutschland und in Spanien verdeutlicht, dass zwischen den beiden Ländern sehr große konzeptionelle Unterschiede im Hinblick auf die Durchführung des Netzzugangs existieren. Die auf den ersten Blick sehr vergleichbar erscheinenden Netzzugangssysteme erweisen sich bei genauerer Betrachtung als im Detail teilweise in erheblichem Maße unterschiedlich. Ob sich diese Divergenzen auch in der rechtlichen Ausgestaltung des Netzzugangsanspruchs wieder finden, ist noch zu untersuchen. Es zeigt sich aber bereits jetzt, dass es für einen europäischen Gasmarkt notwendig ist, gemeinschaftsweit geltende detailgenaue Vorgaben zu machen, da ansonsten die Gefahr besteht, dass trotz vergleichbarer Konzepte die jeweilige nationale Umsetzung des Gasnetzzugangs einer notwendigen grenzüberschreitenden Abstimmung der Netzzugangssysteme entgegensteht.

Kapitel 2: Netzzugang in Deutschland und in Spanien

Nachdem nun ausführlich die Historie, die Begebenheiten der unterschiedlichen Gaswirtschaften sowie der faktische Gasnetzzugang dargestellt und gegenübergestellt wurden, wird nun die rechtliche Grundlage dieses in der Praxis ausgeführten Systems beleuchtet. Da bislang ausschließlich aufgezeigt wurde, wie auf formeller Ebene der tatsächliche Zugang in den beiden Ländern abgewickelt wird, wird nun - auf der praktischen Betrachtungsweise aufbauend - der materiell-rechtliche Anspruch dargestellt, dieser dem tatsächlichen Zugang gegenübergestellt und mit den europäischen Vorgaben verglichen. Ziel hiervon ist es, herauszuarbeiten, ob die bereits existierenden nationalen und europäischen normativen Vorgaben geeignet sind, einen funktionierenden Binnenmarkt zu erzeugen.

In der Praxis ist die rechtliche Ausgestaltung des Netzzugangsanspruchs vor allem dann entscheidend, wenn das Zugangsbegehren nicht zum Erfolg führt. Das bedeutet, der rechtlichen Grundlage eines solchen Netzzugangsanspruchs kommt immer dann eine besondere Bedeutung zu, wenn der Zugang rechtswidrig nicht in dem beantragten Umfang gestattet oder vollständig verweigert wird. Wird der Netzzugang in der begehrten Form hingegen erteilt, kommt es für den Petenten auf die dem Zugang zu Grunde liegende normative Gestaltung nicht an. Aufgrund dieser Überlegungen sollen zwar die beiden Netzzugangstatbestände in Deutschland und Spanien dargestellt und gegenübergestellt werden, der Schwerpunkt der Untersuchung wird jedoch auf mögliche Gründe für die Verweigerung des Netzzugangs und deren jeweilige gesetzliche Regelung in den beiden Ländern und in den europäischen Normen gelegt. Nur wenn sich das geltende Recht in diesem Punkt im Einklang mit den gemeinschaftsrechtlichen Vorgaben und dem Grundkonzept eines wirksamen regulierten Netzzugangs befindet, kann von einem wirksamen Netzzugangsanspruch für die jeweiligen Petenten gesprochen werden.

A. Anspruch auf Zugang

Der Anspruch auf Nutzung des Netzes besteht sowohl in Deutschland als auch in Spanien aufgrund eines regulierten Netzzugangs. Regulierungsbedürftig sind die Frage des „Ob“ und des „Wie“ des Zugangs sowie die Frage, „zu welchem Preis“ Zugang gewährt wird[414]. Wie die ersten beiden Fragen im Einzelnen in Deutschland und in Spanien geregelt sind, wird Inhalt des folgenden Kapitels sein.

414 *Theobald/Theobald,* Grundzüge des Energiewirtschaftsrechts, S. 222.

I. Deutschland

Das gesetzlich eingeräumte Recht auf die Nutzung des Gasnetzes wird in Deutschland vor allem in der zentralen Norm des § 20 EnWG geregelt, welche sowohl das gesamte Gasversorgungsnetz als auch das Elektrizitätsversorgungsnetz gleichermaßen betrifft[415].

Innerhalb der Anspruchsgrundlage in § 20 EnWG muss zwischen den einzelnen Absätzen differenziert werden. § 20 **Abs. 1** EnWG regelt als allgemeine Netzzugangsvorschrift zunächst generell das „Ob" des Zugangs. § 20 **Abs. 1 lit. b)** EnWG enthält die konkrete Ausgestaltung des Zugangs durch Vertrag, also das „Wie" der Netznutzung[416], und § 20 **Abs. 2** EnWG enthält die Voraussetzungen für eine Verweigerung des grundsätzlich nach Abs. 1 einzuräumenden Zugangs.

Darüber hinaus wird die praktische Umsetzung in der auf Grundlage des § 24 EnWG geschaffenen GasNZV bestimmt. Diese enthält die Bedingungen, zu denen der Zugang zu gewähren ist, die Bedingungen für eine effiziente Kapazitätsnutzung sowie eine Konkretisierung der Verpflichtung der Netzbetreiber, zusammenzuarbeiten[417]. Die Regeln für die Organisation der einzelnen Netzbetreiber untereinander finden sich zusätzlich zu den gesetzlichen Vorgaben in der von den Netzbetreibern abgeschlossenen Kooperationsvereinbarung III.

II. Spanien

Der Netzzugang in Spanien ist vor allem im LH geregelt. Die genauen Zugangsbedingungen werden sowohl durch das RD 949/2001, welches den genauen Verfahrensablauf und die Mindest-Vertragsinhalte festlegt[418], als auch durch das RD 1434/2002 welches den Transport, die Verteilung, den Handel, die Versorgung und das Verfahren zur Genehmigungserteilung für Installationen im Erdgassektor enthält, konkretisiert.

Zunächst wird im spanischen System zwischen regulierten Aktivitäten („actividades reguladas") und den so genannten freien Aktivitäten („actividades liberalizadas") unterschieden. Nach Art. 60 Abs. 1 LH gehören jedoch Wiederverdampfung, Basis-Speicher, Transport und Verteilung ausdrücklich zu den regulierten Tätigkeiten. Da zur Ausübung dieser Tätigkeiten der Zugang zu den jeweiligen Einrichtungen notwendig ist, ist der Zugang folglich ebenfalls reguliert. Art. 60 Abs. 4 LH enthält eine Generalklausel, in der der Zugang zu den

---

415 *Olbricht,* Netzzugang in der deutschen Gaswirtschaft, S.165.

416 *Theobald/Zenke/Ochsenfahrt,* in Schneider/Theobald, Recht der Energiewirtschaft § 14 Rn. 76; *Brodt,* Das Gasnetzzugangsmodell des § 20 Abs. 1b EnWG und seine Auswirkungen auf integrierte Gaslieferverträge, S. 51.

417 § 1 GasNZV.

418 vergleichbar mit der GasNZV im deutschen Recht.

Einrichtungen des Basisnetzes („instalaciones de la red básica"), den Transport- und den Verteilereinrichtungen unter den technischen und wirtschaftlichen Bedingungen dieses Gesetzes garantiert wird. Die einschlägige Anspruchsgrundlage mit den jeweiligen Voraussetzungen für den konkreten Zugang richtet sich in Spanien hingegen nach dem begehrten Zugangsobjekt.

Anspruchsgrundlage für die **Transportnetzeinrichtungen** ist Art. 70 Abs. 1 LH. Hierzu gehören nach Art. 4 Abs. 1 RD 1434/2002 neben dem Fernleitungsnetz auch die Anlagen zur Wiederverdampfung und zur Verflüssigung, sowie die strategischen Gasspeicher, die Verbindungen zu Gasvorkommen, die Verbindungen zu außerhalb Spaniens liegenden Leitungen und Speichern, diejenigen Installationen, die durch das zuständige Ministerium nach vorheriger Information durch die CNE als Teil der Transportnetzeinrichtungen bestimmt werden und darüber hinaus alle für ein funktionierendes Transportnetz notwendigen Hilfseinrichtungen.

Dass in Art. 3 RD 949/2001 die LNG-Anlagen, die Speicher und die Transporteinrichtungen nebeneinander erwähnt werden, obwohl Speicher und LNG-Anlagen gemäß dem RD 1434/2002 unter die Transporteinrichtungen subsumiert werden, kann wohl als redaktioneller Fehler verstanden werden, da allgemein anerkannt ist, dass unter den Anspruch auf Zugang zu den Transportnetzeinrichtungen auch alle unter das Basisnetz fallenden Einrichtungen fallen[419]. Für eine solche Einordnung spricht auch die Tatsache, dass das RD 1434/2002 später in Kraft getreten ist und der Gesetzgeber hierdurch die Ungenauigkeit in der vorher ergangenen Verordnung klarstellen konnte.
Wird der Zugang zum **Verteilernetz** begehrt, stützt sich der Anspruch hingegen auf Art. 76 Abs. 1 LH, wobei hiervon gemäß Art. 8 RD 1434/2002 neben dem Verteilernetz die hierzu gehörenden Hilfseinrichtungen sowie die Flüssiggasanlagen, die ein Verteilernetz beliefern, gehören.

III. Rechtsnatur des Zugangsanspruchs

Nachdem die einschlägigen Anspruchsgrundlagen für den Netzzugang in den beiden Ländern kurz vorgestellt wurden, ist die Frage nach der Rechtsnatur des Zugangsanspruches zu untersuchen. Wie bereits festgestellt, handelt es sich in jedem Fall um einen regulierten Zugang, so dass sich nur die Frage nach der dogmatischen Einordnung stellt. Hierbei ist zu unterscheiden, ob der Zugang als unmittelbarer gesetzlicher Anspruch auf Netzzugang ausgestaltet ist oder ob ein

419 *De Ayala Becerril,* Derecho de la Energía, Cap. VI. S. 464 ff; *Gimeno Feliú,* Comentarios a las leyes Energéticas, Tomo II, S. 600.

Anspruch auf vertragliche Gewährung des Netzzugangs und somit ein Kontrahierungszwang besteht[420].

1. Deutschland

Die dogmatische Einordnung, ob es sich um einen Anspruch im Wege des Kontrahierungszwangs oder um einen unmittelbaren zivilrechtlichen Rechtsanspruch handelt, ist vor allem für die Frage der Durchsetzbarkeit eines begehrten Anspruchs von Bedeutung. Von ihr hängt grundsätzlich ab, ob der begehrte Anspruch unmittelbar geltend gemacht und gegebenenfalls gerichtlich durchgesetzt werden kann oder ob es zunächst eines Vertragsabschlusses bzw. einer Klage auf Abschluss eines Vertrages bedarf. Diese Problematik hat jedoch wegen der Eingriffsermächtigung der Regulierungsbehörde gemäß § 30 Abs. 2 EnWG in Deutschland an Bedeutung verloren. Die Regulierungsbehörde kann nämlich in Fällen des rechtswidrig verweigerten Netzzugangs den Netzzugang nunmehr auch auf Antrag des Petenten nach § 31 Abs. 1 EnWG selbst anordnen[421]. Da die Regulierungsbehörde in solchen Fällen innerhalb einer Frist von zwei Monaten entscheidet und daraufhin gegebenenfalls den Netzzugang unmittelbar anordnet, kann hierdurch dem Begehren des Netznutzers schneller abgeholfen werden, als dies bei einer gerichtlichen Klärung des Bestehens eines Netzzugangsanspruchs der Fall wäre[422]. Somit kommt es auf die dogmatische Einordnung in den meisten Fällen nicht mehr an. Es bleiben aber weiterhin einzelne Fälle denkbar, bei denen diese Unterscheidung wichtig ist[423].

Im EnWG a.F. war die Frage der dogmatischen Einordnung höchst umstritten[424] und auch nach Einführung des neuen EnWG im Jahr 2005 besteht diesbezüglich weiterhin ein Meinungsstreit. Nach der hier zu folgenden Ansicht ist der Anspruch auf Netzzugang in Deutschland als gesetzlicher und damit unmittelbarer

---

420 Beim Kontrahierungszwang handelt es sich nach *Nipperdey* um die aufgrund einer Norm der Rechtsordnung einem Rechtssubjekt ohne seine Willensbindung im Interesse eines Begünstigten auferlegte Verpflichtung, mit diesem einen Vertrag bestimmten oder von unparteiischer Seite zu bestimmenden Inhalts abzuschließen, *Nipperdey,* Kontrahierungszwang und diktierter Vertrag, 1920, S. 7.

421 Ausführlich hierzu unter Kapitel 2. A. X. b).

422 *Säcker /Boesche,* BK, Bd. 1, § 20 EnWG Rn. 45.

423 Vgl. *Säcker/Boesche,* BK, Bd. 1, § 20 EnWG Rn. 47, wo der Fall beschrieben wird, dass der Netzbetreiber dem Netznutzer ein Angebot macht, welches unter der begehrten Kapazitätsmenge liegt und der Netznutzer dieses Angebot ignoriert. Nur für den Fall, dass es sich um einen unmittelbaren gesetzlichen Anspruch handelt, könnte der Netznutzer sich dann direkt auf den unmittelbaren zivilgerichtlich durchsetzbaren Anspruch berufen. In den sonstigen denkbaren Fällen ist der Weg über die Missbrauchsverfügung bei beiden Varianten möglich und wohl auch der schnellere Weg.

424 Ausführlich hierzu *Boesche,* Die zivilrechtsdogmatische Struktur des Anspruchs auf Zugang zu Energieversorgungsnetzen, S. 138, wonach es sich um einen unmittelbar zivilrechtlichen Rechtsanspruch auf Zugang zu den Gasnetzen handelte.

rechtlicher Anspruch auf Netzzugang ausgestaltet[425]. Diese Meinung erscheint in vielerlei Hinsicht überzeugend. Zunächst besagt der *Wortlaut*, dass die Betreiber von Energieversorgungsnetzen „diskriminierungsfreien Netzzugang zu gewähren" haben. Die Formulierung Jemandem etwas „gewähren", also Jemandem etwas zugestehen[426], spricht zunächst mehr für einen unmittelbaren Anspruch. Da laut § 20 Abs. 1 EnWG die Betreiber den Zugang zu gewähren bzw. zuzugestehen **haben**, und kein Verweis auf einen Vertragsabschluss im § 20 Abs. 1 EnWG vorhanden ist, spricht die Wortlautauslegung dafür, dass dieses Gewähren unmittelbar erfolgen muss. Allerdings verbleibt eine gewisse Unklarheit, so dass ergänzend die *systematische Auslegung* anzuwenden ist[427]. Diese untermauert das gefundene Ergebnis. Da der Abs. 1 das grundsätzliche „Ob" des Zugangs regelt und der Abs. 1 lit. b) das „Wie" des Zugangs, zeigt sich in diesem Aufbau der Norm, dass zwischen diesen beiden Zugangs-„Stufen" unterschieden werden muss[428]. Für das „Wie" legt der Gesetzgeber fest, dass die Ausgestaltung über Verträge abzuwickeln ist. Die Einschränkung zur „Ausgestaltung" zeigt aber, dass hiervon nicht der grundsätzliche Anspruch auf Zugang, sondern eben nur die Ausgestaltung betroffen sein soll. Die vertragliche Ausgestaltung soll sich daher nach der Systematik des § 20 EnWG nur auf die konkrete Gestaltung beziehen, lässt aber den grundsätzlichen Zugangsanspruch unberührt. Neben dieser auf dem Wortlaut und der Systematik basierenden Auslegung spricht auch die *historische* Auslegung für eine solche Einordnung. In historischer Hinsicht lässt sich anführen, dass laut der Gesetzesbegründung zum EnWG[429] der § 20 Abs. 1 EnWG einen grundsätzlichen Zugangsanspruch regeln soll, der im Ansatz den § 6 Abs. 1 und § 6 a Abs. 2 EnWG a.F. entsprechen soll. Da für die alte Fassung die h.M. den Standpunkt vertrat, es handele sich um einen unmittelbaren zivilrechtlichen Anspruch, hat der Gesetzgeber deutlich gemacht, dass er von dieser Einschätzung nicht abweichen wolle. Die *teleologische Auslegung* der Regelung hingegen bringt keine eindeutige Einordnung als unmittelbaren zivilrechtlichen Anspruch. Sinn und Zweck der Norm besteht vor allem in der Förderung des Wettbewerbs im Sinne der „Essential-Facilities"-Doktrin. Um dieser Förderung aber gerecht zu werden, kann sowohl ein unmittelbarer Anspruch als auch ein Anspruch auf Abschluss eines Vertrages zielführend sein. Entscheidend ist ausschließlich, dass es sich um eine wirksame und effektive

---

425 *Säcker/Boesche,* BK, Bd. 1, § 20 EnWG Rn. 21 mit Verweis auf LG Kiel, Urt. V. 24.5.2006 – 14 O Kart. 57/06; *Neveling/Gewehr*, in D/T, § 2 Abs. 1 Rn. 31; *Salje,* EnWG, § 20 Rn. 16 f., *Kühling/el Barudi,* DVBl. 2005, S. 1470, (1472); a.A. *Britz,* EnWG § 20 Rn. 10, *Olbricht,* Netzzugang in der deutschen Gaswirtschaft, S. 169; *Koenig/Kühling/Rasbach,* Energierecht, S. 94, unter Verweis auf die Formulierung in § 3 Abs. 1 S. 1 GasNZV.

426 Synonym für gewähren = jm. etwas zugestehen, siehe DUDEN, Sinn- und sachverwandte Wörter.

427 *Säcker,* Münch/Komm BGB AT, Einl. Rn. 131.

428 *Salje,* EnWG, § 20, Rn. 26.

429 BT-Drs. 15/3917.

Zugangsgewährung handelt. Hierbei ist es zwar grundsätzlich effektiver, sich auf einen gesetzlichen als einen vertraglichen Zugangsanspruch berufen zu können, jedoch kann auch ein Kontrahierungszwang so ausgestaltet werden, dass der Petent effektiv sein Recht auf Zugang eingeräumt bekommt. Auch wenn der Sinn und Zweck der Norm somit kein eindeutiges Auslegungsergebnis in Bezug auf die dogmatische Einordnung als unmittelbaren Anspruch zulässt, wurde durch die übrigen Auslegungsmethoden eindeutig festgestellt, dass es sich in Deutschland um einen unmittelbaren Anspruch auf Netzzugang handelt und nicht um einen Kontrahierungszwang.

2. Spanien

In Spanien ist der Anspruch auf Netzzugang - anders als in Deutschland - als öffentlich- rechtlicher Anspruch ausgestaltet, der auf Durchsetzung eines zivilrechtlichen Anspruchs auf Netzzugang ausgerichtet ist; damit besteht in Spanien Kontrahierungszwang.

Die Einordnung als öffentlich-rechtlich rührt dogmatisch daher, dass über das Recht auf Zugang ausschließlich die zuständige öffentliche Verwaltung durch feststellenden VA entscheidet[430] und somit ab diesem Zeitpunkt ausschließlich öffentliches Recht angewendet wird. Das der Zugang selbst durch rein zivilrechtlich einzuordnende Verträge ausgestaltet wird, führt in Spanien zu keiner anderen rechtlichen Bewertung. Die Möglichkeit einer zivilgerichtlichen Klärung des Zugangsanspruchs wird weder in der Literatur noch in der Praxis erörtert. Zwar erscheint dies nicht von vornherein ausgeschlossen, jedoch ändert dies nichts an der allgemeinen Ansicht, dass es sich beim Zugangsanspruch um einen öffentlich-rechtlichen Anspruch handele. Zusätzlich lässt sich rechtssoziologisch festhalten, dass als Fortführung des „servicio publico" das Energierecht immer ausschließlich öffentlich-rechtlich geprägt war und die gesetzliche Fortentwicklung durch Experten des öffentlichen Rechts von statten ging, so dass sich auch hier die Nähe zum öffentlichen Recht durchgeschlagen hat und schließlich zu einer Einordnung des Zugangsanspruchs als öffentlich-rechtlichem Anspruch führt.

Die zivilrechtliche Einordnung ist damit deutlich schwächer ausgeprägt als es in Deutschland der Fall ist, so dass das Energierecht und speziell der Netzzugang als solcher bislang ausschließlich als dem öffentlichen Recht zugehörig gelten. Die Frage, ob durch die rein zivilrechtliche Ausgestaltung der Verträge und der privatrechtlichen Ausgestaltung der Vertragsbeziehungen dem Zivilrecht nicht auch eine zusätzliche Bedeutung zugemessen werden sollte, erscheint daher dis-

430 Ebenso für den Fall des Anschlusses, *Suárez Saro,* Derecho de la Energía, S. 582.

kussionsbedürftig. Die in Deutschland vorherrschende Multipolarität des Energierechts ist in Spanien allerdings bislang unbekannt.

Die Einordnung des Netzzugangsanspruchs als Form eines Kontrahierungszwangs und nicht als unmittelbarer Anspruch ergibt sich in Spanien im Wege der Auslegung. Neben dem Wortlaut und der Systematik werden spanische Gesetze nach Art. 3. 1 Codig Civil[431] entsprechend der historischen und gesetzgeberischen Vorgeschichte sowie der sozialen Wirklichkeit zu der Zeit, in der die Norm angewendet wurde, ausgelegt, wobei grundsätzlich auch Sinn und Zweck der Gesetze zu beachten sind[432]. Insofern unterscheiden sich die Auslegungsmethoden nicht wesentlich von den Auslegungsmethoden des deutschen Rechts. Hier führt insbesondere die Wortlautauslegung wegen des eindeutigen Wortlauts des Gesetzes zu diesem Ergebnis. Wird in Art. 60 Abs. 4 LH der Zugang Dritter zum Gassystem generell garantiert, legt Art. 70 Abs. 1 LH fest, dass die Verfügungsberechtigten die Benutzung der Fernleitungsinstallationen mittels eines separaten Vertrages oder zusammen mit einem solchen über die Dienstleistung des Transports, der Wiederverdampfung und der Speicherung erlauben müssen. Das generelle Recht des Zugangs zum Gasnetz entsteht daher zunächst unmittelbar durch das Gesetz[433], zusätzlich wird jedoch bestimmt, dass die Benutzung des Netzes „**durch**" einen Vertrag erlaubt werden soll. Das heißt, dass nicht nur das „Wie" des Zugangs vertraglich ausgestaltet werden soll, sondern der Zugang an sich durch den Abschluss eines Vertrages begründet wird. Der spanische Gesetzgeber geht folglich davon aus, dass der Anspruch auf Zugang zwar grundsätzlich Dritten zusteht, er aber erst dann entsteht, wenn ein entsprechender Vertrag abgeschlossen wurde. Die festgelegte Verpflichtung, den Zugang mittels eines Vertrages zu erlauben, verpflichtet den Netzbetreiber demnach auch ohne oder gegen seinen Willen dazu, einen Vertrag mit dem jeweiligen Petenten abzuschließen.

Für eine solche Auslegung spricht auch die *Systematik* des Zugangs in Spanien. Wie bereits oben dargelegt, bedarf es in Spanien zunächst eines Antrags als notwendige formelle Voraussetzung für den Abschluss eines Vertrages. Sobald dieser positiv beantwortet wird, kann der Petent dem jeweiligen Betreiber nach Art. 6 RD 949/2001 einen Mustervertrag vorlegen, welcher vom Betreiber innerhalb von 24 Tagen zu unterschreiben ist[434]. Sofern der Betreiber diesen Vertrag nicht innerhalb der vorgeschriebenen Frist unterschreibt, kann sich der Petent zwecks Durchführung seines Begehrens an die CNE wenden. Nicht die positive Antwort auf die Anfrage durch den Petenten löst daher eine Rechtspflicht aus, sondern erst das Angebot des Petenten verpflichtet den Betreiber, einen

431 Hierbei handelt es sich um das spanische Zivilgesetzbuch.
432 *Robbers,* Introducción al Derecho Espanol, S.27.
433 *Suárez Saro,* Derecho de la Energía, S. 582.
434 Ausführlich zum Vertragsabschluss unter. Kapitel 2. B. I. 2.

Vertrag über den Zugang mit diesem abzuschließen. Dadurch, dass der Petent verpflichtet wird, ein bindendes Angebot über den Netzzugang abzugeben, zeigt sich, dass dessen Recht den Zugang auszuüben erst durch die Annahme des Betreibers, also durch den Vertragsschluss entstehen soll, dagegen noch nicht mit dem Angebot des Petenten und dem Vorliegen der tatbestandlichen Voraussetzungen. Die Verpflichtung, den Zugang zu gewähren, wird folglich mit der Verpflichtung des Netzbetreibers, das Angebot anzunehmen, verknüpft.

Eine andere Auslegung ergibt sich auch nicht aus der *Historie* und dem *Sinn und Zweck* der Norm. Die gesetzgeberische Vorgeschichte der Norm begründet sich auf den europäischen Vorgaben, insbesondere der ersten Binnenmarktrichtlinie. Diese ließ den Staaten aber einen weiten Umsetzungsrahmen für die Einführung des Rechts auf Netzzugang. Auch Sinn und Zweck der Norm führen zu keinem anderen Auslegungsergebnis, da dieser auf eine Verbesserung des europäischen Binnenmarkts für Gastransporte ausgerichtet war. Weder für die Umsetzung des ersten Binnenmarktpaketes noch für die Erreichung eines verbesserten Wettbewerbes ist die Unterscheidung zwischen einem unmittelbaren gesetzlichen Anspruch und dem Bestehen eines Kontrahierungszwangs wesentlich, solange ein Zugangsanspruch überhaupt besteht. Wie bereits oben dargestellt, kann ein unmittelbarer gesetzlicher Anspruch zwar gegebenenfalls zu einer schnelleren Einräumung des begehrten Rechts führen, eine solche Schlussfolgerung ist aber nicht zwingend, da auch ein Kontrahierungszwang so ausgestaltet werden kann, dass er einen effektiven Zugang ermöglicht. Dies kann z.B dadurch erleichtert werden, dass - wie in Spanien der Fall - verpflichtende Standardverträge existieren, so dass sich Petent und Netzbetreiber nicht erst in zeitaufwendigen Verhandlungen über den Netzzugang einigen müssen. Unter Beachtung des eindeutigen Wortlautes und der systematischen Einordnung kann daher kein anderer Schluss gezogen werden, als dass es sich beim spanischen Netzzugangsanspruch um einen Anspruch auf Abschluss eines Vertrages handelt.

Problematisch ist es, dass die Formulierung „durch einen Vertrag“ für den Zugang zum Verteilernetz in Art. 76 LH fehlt, wohingegen Art. 70 Abs. 1 LH dies festlegt. Dies wirft die Frage auf, ob den verschiedenen Netzebenen möglicherweise unterschiedliche Konzeptionen zu Grunde gelegt werden sollten. Für eine solche Interpretation finden sich jedoch mit Ausnahme des Wortlautes keinerlei Anhaltspunkte. Schon die erste Fassung des Gesetzes enthielt diese Differenzierung in Art. 70 und 76 LH, ohne dass der Gesetzesbegründung eine Erklärung zu entnehmen ist. Des Weiteren wird auch in der Praxis nicht bezüglich der Geltendmachung des Zugangs zu den unterschiedlichen Netzebenen unterschieden. Eine bewusste Unterscheidung wäre auch insofern nicht sachgerecht, als die zu regelnde Materie in den meisten Fällen identisch ist. Es macht nämlich keinen Unterschied, ob man z.B. Gas von einer LNG-Anlage ins Fernleitungsnetz einspeist oder, im Falle kleinerer Anlagen, direkt in das Verteilernetz. Eine unterschiedliche Behandlung lässt sich mit objektiven Bedürfnissen folglich nicht erklären. Deshalb ist im Folgenden davon auszugehen, dass die unterschiedliche Formulierung als redaktioneller Fehler des Gesetzgebers anzusehen ist und auch der Anspruch auf Zugang zum Verteilernetz gemäß Art. 76 LH als Kontrahierungszwang ausgestaltet ist[435].

IV. Anspruchsinhalt

Der Anspruchsinhalt ist in Deutschland und Spanien trotz der unterschiedlichen Rechtsnatur vom Grundsatz her identisch. In beiden Fällen bezieht sich der Anspruch auf die Nutzung eines fremden Netzes für den Transport von Energie[436]. Die Nutzung eines fremden Netzes stellt hierbei eine Begrenzung des Eigentums eines Anderen dar. Dabei ergeben sich die Rechte und Pflichten in Deutschland aus dem Gesetz und dem konkretisierenden Vertrag, während sich in Spanien diese Rechte und Pflichten vollständig aus dem privatrechtlichen Vertrag zwischen den Parteien ergeben, der wiederum den strengen gesetzlichen Vorgaben entsprechen muss[437]. Die Beeinträchtigung des Eigentums wird in beiden Ländern durch die Verpflichtung zur Zahlung eines Entgeltes „sozialverträglich abgefedert"[438], wobei sich diese Verpflichtung in Deutschland direkt aus dem § 20 Abs. 1 EnWG ergibt und in Spanien dadurch entsteht, dass der Art. 7 Abs. 1 lit. a) RD 949/2001 als Mindestinhalt für die Verträge die Verpflichtung zur Zahlung eines Netzentgeltes festlegt.

Dogmatisch bedeutet dies in Deutschland ein Mitbenutzungsrecht an einer der Energieversorgung dienenden Energieleitung, ohne dass der Zugangsberechtigte Mitbesitzer an der Leitung i.S.d § 866 BGB[439] wird. In Spanien fehlt es wegen der grundsätzlichen Einordnung als öffentlich-rechtlich an einer solchen dogmatischen zivilrechtlichen Konstruktion. Jedoch steht außer Zweifel, dass auch hier eine Art Nutzungsrecht durch Vertrag gewährt wird, ohne dass der Vertragspartner Mitbesitzer wird.

---

435 In Spanien selbst wird dieser Unterschied im Wortlaut nicht thematisiert. Weder in Theorie noch Praxis wird bei der Einordnung des Zugangsanspruchs zwischen den Netzebenen unterschieden.

436 *Britz,* EnWG § 20, Rn. 9; *Kühling/el Barudi,* DVBl. 2005, S. 1470, (1472); *Suárez Saro,* Derecho de la Energía, S. 583.

437 *Perez, de Ayala.* Regulación, Tomo II, S. 1328.

438 *Säcker/Boesche,* BK, Bd. 1, § 20 EnWG, Rn.19.

439 *Salje,* EnWG, § 20, Rn. 1 ff.

V. Anspruchsverpflichtete

1. Deutschland

Normadressat und damit anschlussverpflichtet nach § 20 Abs. 1 EnWG sind die Betreiber von Energieversorgungsnetzen. Dies ist unabhängig davon, in welcher Druckebene sich die Netze befinden. Damit richtet sich der Anspruch gemäß § 3 Nr. 4 i.V.m § 3 Nr. 2 und § 3 Nr. 6 EnWG gegen natürliche oder juristische Personen oder rechtlich unselbständige Organisationseinheiten eines Energieversorgungsunternehmens, die Gasversorgungsnetze betreiben. Um ein Gasversorgungsnetz handelt es sich nach § 3 Nr. 20 EnWG bei allen Fernleitungsnetzen, Gasverteilernetzen, LNG-Anlagen oder Speicheranlagen, die für den Zugang zur Fernleitung, zur Verteilung und zu LNG-Anlagen erforderlich sind[440].

Betreiber eines Netzes ist derjenige, der die Energieanlage unterhält und die bestimmungsgemäße Nutzung organisiert, mithin derjenige, der die tatsächliche Verfügungsgewalt innehat. Ob der Betreiber ebenfalls Eigentümer des Netzes ist, oder ob er auf andere Weise zum Betrieb der Anlage zivilrechtlich legitimiert ist (z.B. Pachtvertrag), ist für die Einordnung ohne Bedeutung[441]. Vielmehr kommt es darauf an, wer tatsächlich, wirtschaftlich und rechtlich auf das Netz Einfluss nehmen kann, also wer in der Lage ist, das Netz zu kontrollieren[442]. Außerdem ist es im Gegensatz zur alten Rechtslage ohne Bedeutung, ob es sich um einen marktbeherrschenden Betreiber handelt oder nicht, da nunmehr grundsätzlich alle Netzbetreiber Anspruchsverpflichtete sind[443].

2. Spanien

Anspruchsverpflichtete des Zugangsanspruchs in Spanien sind sowohl nach Art. 70 LH als auch nach Art. 76 LH die so genannten „Titulares“ der Einrichtungen. Die wörtliche Übersetzung hierfür ist Eigentümer, welche aber unter juristischen Gesichtspunkten zu ungenau für eine abschließende Einordnung ist, da nicht eindeutig ist, ob der zivilrechtliche Eigentümerbegriff gemeint ist oder ob eine Verfügungsbefugnis ausreicht. Um eine genauere Einordnung vorzunehmen muss auf das RD 1434/2002 zurückgegriffen werden. Art. 3 Abs. 2 RD 1434/2002 besagt, dass „die Transportaktivitäten von denjenigen Transporteuren („Transportistas“) wahrgenommen werden, „welche diejenigen juristischen Personen sind, die **Titulares** der Einrichtungen der Wiederverdampfung, der Verflüssigung, des Transportes oder der Speicherung sind“ und setzt insofern

440 Ausführlich hierzu siehe Kapitel I. A.C. II.

441 *Sieberg* in Bartsch/Röhling/Salje/Scholz Stromwirtschaft 2008 Kap. 50; Rn. 21; *Salje,* EnWG, § 3 Rn.16.

442 *Theobald/Zenke/Ochsenfahrt,* Schneider/Theobald, Recht der Energiewirtschaft, § 14 Rn. 100; *Salje*, EnWG, § 11 Rn. 25.

443 *Buntschek* , WuW 2006, S. 30 (33).

Transporteur mit Titular gleich. Der Transporteur wiederum wird in Art. 58 lit. a) LH legal definiert als diejenige Handelsgesellschaft, welche autorisiert ist, die Einrichtungen der Wiederverdampfung, der Fernleitung und der Speicher zu bauen, zu leiten und in Stand zu halten. Dasselbe gilt für die Verteiler, die nach Art. 58 lit. c) LH definiert werden als die Handelsgesellschaften, die für den Bau, die Leitung und die Instandhaltung von Verteilernetzleitungen, welche der Belieferung zum Konsum gewidmet sind, autorisiert sind. Ausgehend von diesen Definitionen umfasst das Wort „Transporteur" - und wegen der Gleichstellung auch das Wort Titular - im juristischen Sinne also die *Verfügungsgewalt* über eine Sache. Das Eigentum an der Sache ist nicht zwingend notwendig, so dass die Anspruchsverpflichteten - ebenso wie in Deutschland - diejenigen sind, welche die Verfügungsgewalt über die Anlagen bzw. Leitungen innehaben.

VI. Anspruchsberechtigte

1. Deutschland

Anspruchsberechtigt ist nach § 20 Abs. 1 S. 1 EnWG grundsätzlich „Jedermann". Anders als in der Vorgängerregelung des § 6 a EnWG a.F. haben damit nicht mehr nur „andere Unternehmen" sondern sowohl natürliche als auch juristische Personen grundsätzlich einen Anspruch auf Zugang zu den Gasversorgungnetzen. Gemeint sind hiermit die Gaslieferanten gemäß § 3 Nr. 19 EnWG, deren Geschäftstätigkeit ganz oder teilweise auf den Vertrieb von Gas zum Zweck der Belieferung von Letztverbrauchern ausgerichtet ist[444]; die Großhändler nach § 3 Nr. 21 EnWG, die Energie zum Zwecke des Weiterverkaufs innerhalb oder außerhalb des Netzes, in dem sie ansässig sind, kaufen; das Energieversorgungsunternehmen nach § 3 Nr. 18 1. Alt. EnWG, welches Energie an andere liefert, und schließlich auch die Netznutzer gemäß § 3 Nr. 28 EnWG, also natürliche oder juristische Personen, die Energie in ein Elektrizitäts- oder Gasversorgungsnetz einspeisen oder daraus beziehen. Des Weiteren können hierunter auch öffentlich-rechtliche Körperschaften fallen, also insbesondere als Eigenbetrieb organisierte Stadtwerke, die in ein Nachbarnetz liefern[445].

Nicht unter den „Jedermann"-Begriff fallen die Energieversorgungsunternehmen, die auch Netzbetreiber sind. Dies ergibt sich daraus, dass diese Energieversorgungsunternehmen, die auch Netzbetreiber sind zu den Anspruchsverpflichte-

444 Sobald der Netzzugang begehrt wird, um Haushaltskunden mit Energie zu beliefern, muss diese Tätigkeit zunächst nach § 5 EnWG bei der Regulierungsbehörde angezeigt werden. Diese kann nach § 5 S. 4 EnWG die Tätigkeit der Belieferung dann untersagen, wenn die personelle, technische oder wirtschaftliche Leistungsfähigkeit oder Zuverlässigkeit nicht gewährleistet ist. Hiervon ist aber nur die Berechtigung betroffen Gas zu liefern. Der Zugangsanspruch besteht trotzdem, auch wenn er mangels Berechtigung zur Lieferung faktisch nutzlos ist.

445 *Säcker/Boesche,* BK, Band 1, § 20 EnWG Rn. 56.

ten nach § 20 Abs. 1 S. 1 EnWG gehören, also nicht auf beiden Seiten der Norm stehen können. Des Weiteren würde der gleichzeitige Betrieb des Netzes und der Vertrieb von Energie bzw. die Versorgung mit Energie gegen die „unbundling“ Vorschriften verstoßen[446].

2. Spanien

Anders als in Deutschland ist das Recht auf Netzzugang nach dem spanischen Recht nicht explizit als „Jedermann“-Recht ausgestaltet, sondern gemäß Art. 70 Abs. 1 bzw. Art. 76 Abs. 1 LH den so genannten direkten Konsumenten am Markt und den Großhändlern vorbehalten.

Bei den direkten Konsumenten am Markt handelt es sich nach Art. 58 Nr. e) LH um diejenigen Endverbraucher, die direkt durch die Einrichtungen Dritter beliefert werden, also ohne Zwischenhändler. Der spanische Gesetzgeber benutzt hier anders als die europäische Vorgabe nicht die Definition des Kunden, sondern des Verbrauchers, womit jedoch die Endkunden gemeint sind, die Gas für den eigenen Verbrauch kaufen.

Um als direkter Verbraucher am Markt zu gelten und um die sich daraus ergebenden Rechte wahrnehmen zu können, war bislang nach Art. 61 Abs. 3 LH eine vorherige Registrierung in die dritte Sektion des öffentliche Registers der Verteiler, Händler und direkten Verbraucher erforderlich, welches gemäß Art. 83 LH vom Ministerium für Industrie, Tourismus und Handel eingerichtet wurde. Für die Registrierung musste gemäß Art. 129 RD 1434/2002 die Einschreibung bei der regionalen autonomen Region[447] beantragt werden, in welcher der Punkt der Verteilung liegt. Die autonome Region legte auch die hierfür einzuhaltenden formalen Bedingungen fest. Innerhalb eines Monats schickte diese den eingegangenen Antrag an das Ministerium.

Dem spanischen Gesetzgeber erschien es zweifelhaft, ob dieses Prozedere, insbesondere die vorherige Voraussetzung einer rechtsverbindlichen Einschreibung als direkter Verbraucher, mit der Dienstleistungsrichtlinie 2006/123/EG[448] im Einklang stehe. Um diese Zweifel zu beseitigen, verabschiedete das Parlament eine Gesetzesinitiative, mit dem Ziel das LH mit der Dienstleistungsrichtlinie in Einklang zu bringen[449]. Diese Initiative sah die Streichung dieser Voraussetzung und die ausschließliche Anzeigepflicht vor, die jedoch nicht von einer Bestätigung abhängig sein solle. Mit Artikel 19 Abs. 8 Ley 25/2009 i.V.m der

446 *Säcker/Boesche*, BK, Band 1, § 20 EnWG Rn. 53.
447 Spanien ist aufgeteilt in 17 autonome Regionen.
448 Abl. 376/36 vom 27.12.2006.
449 Bolétin Oficial de las cortes generales, 19.06.2009, Núm 30-1- ; http://www.ciccp.es/ImgWeb/Sede%20Nacional/DIRECTIVA%20SERVICIOS/Ley%20Omnibus.pdf.

Resolución de 3 de mayo 2010 [450] wurde diese Initiative umgesetzt. Seitdem genügt es, einen vom Verordnungsegber vorgegebene einseitigen Antrag bei der Generaldirektion für Energie und Bergbau zu stellen, ohne das weitere Voraussetzungen - insbesondere keine Bestätigung bzw. Prüfung der Voraussetzungen - notwendig sind. Diese einseitig formelle Erklärung enthält u.a. Angaben zum Anmeldenden wie Name, Adresse und Unternehmen.

Dasselbe Problem, d.h. die Vereinbarkeit mit der Dienstleistungsrichtlinie, ergab sich in Hinblick auf die Anforderungen für die am spanischen Markt auftretenden Händler. Diese Händler werden gemäß Art. 58 lit. d) LH als Handelsgesellschaft definiert, die unter den Bedingungen dieses Gesetzes Zugang zu den Einrichtungen Dritter haben und Gas kaufen, um diese an Verbraucher oder andere Händler weiter zuverkaufen, oder um internationale Transits durchzuführen. Voraussetzung für die Gründung einer Handelsgesellschaft waren die Rechtsform sowie ausreichende technische und ökonomische Kapazitäten. Ebenso wie die Verbraucher mussten sich Handelsgesellschaften in das öffentliche Register nach Art. 128 RD 1434/2002 eintragen lassen. Art. 14 RD 1434/2002 setzte Voraus, dass es sich um eine Handelsgesellschaft nach spanischem Recht bzw. dem Recht eines anderen europäischen Staates handelte, welche einen permanenten Firmensitz in Spanien hatte. Außerdem musste ausgeschlossen werden, dass diese Gesellschaft unmittelbar Aufgaben der Wiederverdampfung, der Speicherung, des Transports oder der Verteilung wahrnahm[451].

Insbesondere die in Art. 14 RD 1434/2002 aufgeführte Voraussetzung eines permanenten Firmensitzes in Spanien sowie der Nachweis der Liquidität erschien im Hinblick auf die Dienstleistungsrichtlinie und die Diskriminierungsfreiheit zweifelhaft. Deshalb wurden auch diese Voraussetzungen durch Art. 19 Abs. 14 Ley 25/2009 i.V.m der Resolución de 3 de mayo 2010 modifziert. Da-

---

450 Resolución de 3 de mayo de 2010, de la Dirección General de Política Energética y Minas, por la que se aprueban los modelos de declaración responsable y de comunicación de inicio de las distintas actividades de comercialización del sector de hidrocarburos en cumplimiento de lo establecido en el Real Decreto 197/2010, de 26 de febrero, por el que se adaptan determinadas disposiciones relativas al sector de hidrocarburos a lo dispuesto en la Ley 25/2009, de 22 de diciembre, de modificación de diversas Leyes para su adaptación a la Ley sobre el libre acceso a las actividades de servicios y su ejercicio.

451 Unter die technischen Voraussetzungen fiel der detaillierte Nachweis die technischen und persönlichen („man power") Maßnahmen ausführen zu können, die dem Handel, der Kontrolle, der Überwachung im Falle von Notfällen, der Service im Fall von Reklamationen und Inspektion der Anlagen, der Rechnungsstellung, Messung und Zahlungsabwicklung dienen. Außerdem musste entweder die Handelsgesellschaft oder ein Anteilseigner, dem mindestens 25 % der Anteile gehörten, drei Jahre lang die Aufgabe eines Verteilernetzbetreibers oder eines Händlers von Elektrizität oder Gas ausgeführt haben. Unter die ökonomischen Voraussetzungen fielen die Darstellung eines detaillierten Finanzplanes sowie der Nachweis, dass die Gesellschaft über eine Liquidität von mindestens 2 Millionen Euro verfügte.

rüber hinaus wurde Art. 14 des RD 1434/2002 geändert. Seit Inkrafttreten dieser Änderungen reicht es für die Anmeldung und die Ausübung als Händler aus, als Handelsgesellschaft innerhalb eines europäischen Landes zugelassen zu sein. Die Bedingung, dass zumindest ein Anteilseigner drei Jahre Erfahrung auf dem Gebiet aufweisen muss, wurde ebenso gestrichen, wie die Nachweispflicht der Liquidität in Höhe von 2 Millionen Euro. Nunmehr reicht neben dem Nachweis der technische Möglichkeiten der zusätzliche Nachweis einer Bankbürgschaft in Höhe der einzugehenden Zahlungsverpflichtungen aus. Damit wurden die Anforderungen an Händleraktivitäten erleichtert und die Vereinbarkeit mit der Dienstleistungsrichtlinie gewährleistet.

Neben diesen beiden explizit aufgeführten Netzzugangsberechtigten sieht weder Art. 70 noch Art. 76 LH ein Zugangsrecht für andere Petenten vor. Hiervon abweichend besagt Art. 61 Abs. 2 LH aber, dass alle diejenigen Handelsbevollmächtigten Anspruch auf Netzzugang haben, die autorisiert sind, Gas zu erwerben und in das System einzuführen[452]. Hierunter fallen alle diejenigen, die nach Art. 61 Nr. 1 LH berechtigt sind, Gas in das Gassystem einzuführen also neben den bereits angesprochenen Händlern und direkten Verbrauchern sowohl die Transportnetzbetreiber, da diese berechtigt sind, Gas für den Zweck zu beziehen, das minimal benötigte Niveau in Gasnetz zu halten bzw. herzustellen als auch der GTS, der eine bestimmte Menge Gas benötigt, um seinen Funktionen nachzukommen.

VII. Zugangsobjekt

1. Deutschland

In Deutschland werden vom regulierten Gasnetzzugang grundsätzlich alle Anlagen umfasst, die unter den Begriff des Gasversorgungsnetzes zu subsumieren sind.

Ausgenommen hiervon sind jedoch gemäß § 26 EnWG die vorgelagerten Rohrleitungsnetze. Bei den vorgelagerten Rohrleitungsnetzen handelt es sich gemäß § 3 Nr. 39 EnWG um diejenigen Rohrleitungen bzw. um ein Netz von Rohrleitungen, deren bzw. dessen Betrieb oder Bau Teil eines Öl- oder Gasgewinnungsvorhabens ist oder die dazu verwendet werden, Erdgas von einer oder mehreren solcher Anlagen zu einer Aufbereitungsanlage, zu einem Terminal oder zu einem an der Küste gelegenen Endanladeterminal zu leiten; ausgenommen hiervon sind solche Netzteile oder Teile von Einrichtungen, die für die örtliche Produktionstätigkeit verwendet werden. Bezüglich der Speicheranlagen kann auf die unter Kapitel 1 C. II. 1. c) gemachten ausführlichen Ausführungen

---

452 *Bacigalupo Saggese/Aguado Palanco*, Manual del Sector de Hidrocaburos Art. 70 S. 243.

verwiesen werden. Der Zugang zu diesen Netzbestandteilen erfolgt auf verhandelbarer Basis und ist folglich von der Anwendung des § 20 EnWG ausgenommen.

Neben dieser Ausnahme vom regulierten Netzzugang sieht § 28 a EnWG die Möglichkeit einer befristeten Ausnahme sowohl vom regulierten als auch vom vertraglichen Zugang für neue Infrastruktureinrichtungen vor. Hierunter können nach § 28 a Abs. 1 S. 1 EnWG die Verbindungsleitungen zwischen Deutschland und anderen Staaten oder LNG-Anlagen und Speicheranlagen fallen, sobald entweder die unter § 28 a Abs. 1 EnWG aufgezählten Voraussetzungen kumulativ vorliegen oder Abs. 2 gegeben ist. Darüber hinaus bedarf nach § 28 a Abs. 3 EnWG eine solche Ausnahme der vorherigen Entscheidung durch die Regulierungsbehörde.

Des Weiteren sieht Art. 110 Abs. 1 EnWG eine Ausnahme für sogenannte **Objektnetze** vor. Hiernach finden die Teile 2 und 3 des EnWG, also auch § 20 EnWG, keine Anwendung auf den Betrieb von Energieversorgungsnetzen, welche die Voraussetzungen des § 110 Abs. 1 Nr. 1, 2 oder 3 erfüllen, sofern das Netz nicht der allgemeinen Ordnung dient und der Betreiber oder sein Beauftragter die Leistungsfähigkeit besitzt, den Netzbetrieb entsprechend den Vorschriften des EnWG zu gewährleisten. Ob die entsprechenden Voraussetzungen für eine solche Ausnahme vorliegen, entscheidet nach § 110 Abs. 4 EnWG die Regulierungsbehörde auf Antrag. Diese Entscheidung in Form eines Verwaltungsaktes hat nicht nur deklaratorischen Charakter, sondern ist notwendige Voraussetzung für den Eintritt der Privilegierung[453]. Zwar tritt die Ausnahmewirkung des § 110 Abs. 1 EnWG aufgrund des Gesetzes ein, jedoch ist die Entscheidung der Behörde hierfür zwingende Voraussetzung[454]. Sobald demnach eine positive Entscheidung über eine Ausnahme in Form eines Verwaltungsaktes vorliegt, kann der Objektnetzbetreiber einen Zugangsanspruch mit Hinweis auf die ihm zustehende Privilegierung verweigern. Sollte der Petent daraufhin eine gerichtliche Entscheidung herbeiführen, entwickelt der Verwaltungsakt auch in diesem zivilgerichtlichen Verfahren solange Bindungswirkung, bis der Richter diese wegen Änderung der Sachlage verneint[455].

Diese Ausnahmebestimmung des § 110 Abs. 1 Nr. 1 EnWG für Objektnetze wurde jedoch durch den Europäischen Gerichtshof (EuGH) in der so genannten „citiworks“-Entscheidung vom 22.05.2008 für gemeinschaftswidrig erklärt[456],

---

453 *Boesche,* BK, Bd. 2, § 110 EnWG Rn. 54.
454 *Boesche/Wolf,* ZNER 2005, 285, 287; *Hölscher,* Britz/Hellermann/Hermes, § 111, Rn. 25; a.A. *Rosin,* RdE 2006, S. 9 (16); *Schroeder-Czaja/Jacobahagen,* IR 2006, 78 (83); *Theobald,* in D/T, Bd. 1, § 110 EnWG Rn. 58 ff.
455 *Boesche,* BK, Bd. 2, § 110 EnWG Rn. 69.
456 EuGH v. 22.5.2008 – C-439/06 – citiworks, ZNER 2008, 148.

so dass auch die Objektnetze zum Zugangsobjekt zu zählen sind. Basierend auf dieser Entscheidung spricht viel dafür, dass auch § 110 Abs. 1 Nr. 2 und Nr. 3 EnWG gemeinschaftswidrig sind[457], so dass davon ausgegangen werden kann, dass zum einen nach dieser Entscheidung des EuGH keine positiven Entscheidungen mehr durch die Regulierungsbehörden getroffen werden und zum anderen mit Novellierung des EnWG voraussichtlich im Jahr 2011 eine Aufhebung der gesamten Norm erfolgen wird[458].

Die Ausnahmeregelung ist daher nur noch in Bezug auf die bereits erteilten positiven Entscheidungen der Regulierungsbehörden von Bedeutung. Diese müssen jedoch von der jeweiligen Regulierungsbehörde nach §§ 48, 49 VwVfG zurückgenommen werden. Da es sich wegen der Gemeinschaftswidrigkeit der Norm um eine rechtswidrigen Verwaltungsakt handelt, wird vor allem eine Rücknahme nach § 48 VwVfG von Bedeutung sein. An dem Vorliegen der hierfür notwendigen Voraussetzungen bestehen jedoch keine Bedenken. Die Verpflichtung zur Rücknahme ergibt sich daraus, dass nur so der Grundsatz des freien Zugangs zum Gasnetz erreicht werden kann, was wegen seiner überragenden Bedeutung für den europäischen Wettbewerb von den Mitgliedstaaten sicherzustellen ist[459].

2. Spanien

Das vom allgemeinen Netzzugangsrecht umfasste Zugangsobjekt schließt alle unter Kapitel 1 als Gasnetz definierte Anlagen mit ein. Das bedeutet, dass der Zugang zum Transportnetz, zum Verteilernetz, den internationalen Transitstrecken sowie den LNG- und unterirdischen Speicheranlagen begehrt werden kann. Bezüglich der vorgelagerten Rohrleitungen hat der spanische Gesetzgeber auf eine explizite Erwähnung verzichtet, so dass sie jeweils unter die betroffene Anlage zu subsumieren sind.

Eine Ausnahme vom regulierten Zugang zu Gunsten einer verhandelbaren Zugangsregelung für Speicheranlagen wie in Deutschland ist dem spanischen Recht bislang fremd. Allerdings sieht auch das spanische System die Möglichkeit einer Ausnahme vom regulierten Zugang für gewisse neue oder die bestehende Kapazität entscheidend erweiternde Einrichtungen vor. Die genauen hierfür einzuhaltenden Voraussetzungen für die Erteilung einer solchen Ausnahme sollen gemäß Art. 70 Abs. 5 LH in Übereinstimmung mit den Vorgaben des eu-

457 *Boesche/Wolf,* Ende der Objektnetze, ZNER 2008, S. 123 ff; *Säcker/Wolf,* Integrierte Energieversorgung in geschlossenen Verteilernetzen, S. 23 m.w.N.

458 Eine eventuelle Neuregelung wird sich an der Vorgabe der dritten Binnenmarktpaketes für geschlossene Verteilernetze nach Art. 28 GasRL orientieren. Ausführlich hierzu *Säcker/Wolf,* Integrierte Energieversorgung in geschlossenen Verteilernetzen, S. 33 ff.

459 Ausführlich zu der Problematik der Rücknahme und zu einer möglichen Verpflichtung zur Rücknahme, *Boesche,* in BK, Bd. 2, § 110 EnWG Rn. 93 ff.

ropäischen Rechts in einer Verordnung festgehalten werden. Eine solche Verordnung ist bis zum heutigen Tage nicht erlassen worden, so dass diese Ausnahme bislang in Spanien keine Anwendung finden kann, da es an einer legislativen Umsetzung fehlt.

Des Weiteren sieht Art. 61 Abs. 2 S. 3 LH vor, dass der Zugang zu Speichern, die nicht der Grundspeicherung dienen („almacenamientos no basicos"), als verhandelbarer Zugangsanspruch ausgestaltet wird. Welche Voraussetzungen eingehalten werden müssen, um unter diese Art der Speicher zu fallen, hat der spanische Gesetzgeber bislang jedoch nicht definiert. Zurzeit fallen die bestehenden Speicher jedenfalls unter den regulierten Zugang, so dass diese Ausnahmemöglichkeit noch ohne Bedeutung ist.

Innerhalb des regulierten Netzzugangsrechtes richtet sich die Anspruchsgrundlage in Spanien - anders als in Deutschland - nach der Einordnung des jeweiligen Zugangsobjektes zum Transportnetz (Art. 70 Abs. 1 LH) oder zum Verteilernetz (Art. 76 Abs. 1 LH). Diese Auswahl wiederum kann wegen der für die Geltendmachung einzuhaltenden Voraussetzungen sowie wegen der unterschiedlichen Verweigerungsmöglichkeiten zu entscheidenden Unterschieden führen.

VIII. Zwischenfazit

In einem ersten Zwischenfazit zum gesetzlich geregelten Anspruch auf Zugang zum Gasnetz lassen sich vor allem viele Gemeinsamkeiten aber auch einige Unterschiede herausarbeite.

In beiden Rechtsordnungen besteht ein regulierter Zugang zum Gasnetz. Hat sich der Gesetzgeber in Deutschland jedoch auf einen unmittelbaren Anspruch auf Zugang festgelegt, besteht in Spanien ein Kontrahierungszwang. Diese Unterscheidung lässt zunächst darauf schließen, dass der Zugangsanspruch in Deutschland grundsätzlich effektiver durchgesetzt werden kann. Eine solche hinsichtlich des regulierten Zugangs zutreffende Betrachtungsweise wird aber dadurch eingeschränkt, dass es in Deutschland eine Vielzahl an Ausnahmen vom regulierten Zugang gibt, die in Spanien unbekannt sind. Hierzulande werden nämlich nicht nur Speicheranlagen vom regulierten Zugang ausgeschlossen, sondern es besteht darüber hinaus eine Ausnahme nach § 26 EnWG für vorgelagerte Rohrleitunsgnetze und nach § 28 a EnWG für neue Infrastrukturen. Der zunächst effektiv ausgestaltete Zugangsanspruch hat daher einen deutlich beschränkteren Anwendungsbereich als in Spanien. Dort existiert keine solche Ausnahme vom regulierten Netzzugang. Zwar existiert die gesetzliche Ermächtigung eine solche Ausnahme durch Verordnung zu erlassen, davon ist bislang jedoch kein Gebrauch gemacht worden. Dabei zeigt das Beispiel Spanien bislang sehr gut, dass trotz der strengen Regulierung des Zugangs Investitionen nicht unbedingt verhindert werden. Die Verdoppelung des LNG-Anlagen von drei auf sechs innerhalb der letzten acht Jahren sowie der Ausbau der Transitleitungen nach Frankreich zeigt, dass auch ohne wettbewerbspolitisch beeinflusste Ausnahmeregelungen das Investitionsklima - trotz spezifischer Regulierung des Zugangs zu den Anlagen - nicht negativ beeinträchtigt sein muss.

IX. Grundbedingungen des Netzzugangs

Die einzuhaltenden Voraussetzungen bei der Gewährung des begehrten Netzzugangs spiegeln sowohl in Deutschland als auch in Spanien die europäischen Vorgaben wider und enthalten, wie auch Artikel 32 GasRL 2009, die Bedingungen der Objektivität, der Diskriminierungsfreiheit und der Transparenz.

In Deutschland finden sich diese Voraussetzungen in § 20 Abs. 1 S. 1 EnWG, der davon spricht, dass der Netzzugang nach sachlich gerechtfertigten Kriterien und diskriminierungsfrei zu gewährleisten ist und die Bedingungen zu veröffentlichen sind.

In Spanien findet sich eine solche Grundprämisse ebenfalls direkt in den Anspruchsgrundlagen. Sowohl Art. 70 Abs. 1 LH und Art. 76 Abs. 1 LH bestimmen, dass der Netzzugang auf der Basis der Prinzipien der Nichtdiskriminierung, der Transparenz und der Objektivität zu gewähren ist. Darüber hinaus bestimmt auch Art. 1 Abs. 2 RD 949/2001, dass diese Prinzipien von allen im Gassystem agierenden Subjekten einzuhalten sind.

1. Objektivität und Diskriminierungsfreiheit

Das Gebot der Diskriminierungsfreiheit kann zusammen mit dem Maßstab der sachlich gerechtfertigten Kriterien bzw. der Objektivität betrachtet werden. Da sich das Gebot der sachlichen Rechtfertigung bzw. Objektivität nicht vollständig vom Diskriminierungsverbot trennen lässt[460], wird die Nichtdiskriminierung als eine Art übergeordneter Mindeststandard untersucht[461]. Anschließend ist das Gebot der Transparenz näher zu untersuchen.

a) Deutschland

In § 20 Abs. 1 EnWG wird ein sachlich gerechtfertigter diskriminierungsfreier Netzzugang statuiert. Im Einklang mit der europäischen Vorgabe[462] umfasst dieses Verbot zunächst die Gewährung des Netzzugangs selbst. Das heißt, der Zu-

---

460 *Säcker/Boesche,* BK, Bd. 1 § 20 EnWG Rn. 78 EnWG.
461 So auch *Herrmann,* Europäische Vorgaben zur Regulierung der Energienetze, S. 198 für die europäischen Vorgaben.
462 Ausführlich zum europäischen Diskriminierungsverbot *Herrmann,* S. 200.

gang wird dann frei von Diskriminierung gewährt, wenn er unterschiedslos jedermann eingeräumt wird[463]. Besondere Bedeutung erlangt das Diskriminierungsverbot in diesem Zusammenhang bei der Zuteilung der begehrten Kapazitäten bzw. der Rechtfertigung für den Fall, dass die begehrten Kapazitäten nicht in dem geforderten Umfang oder gar nicht zugeteilt worden sind[464]. Solange jedem Petenten die begehrten Kapazitäten zugeteilt werden können, stellt die Zuteilung an sich kein Problem der Diskriminierung dar, sondern ausschließlich die Bedingungen zu denen die Kapazitäten zu buchen sind. Treten jedoch Engpässe auf, so dass nicht alle Zugangsbegehren erfüllt werden können, stellt sich zum einen die Frage ob die Zuteilung an sich diskriminierungsfrei stattgefunden hat und zum anderen, ob die Engpassmanagementmethoden diskriminierungsfrei sind.

Bei der Frage ob die jeweiligen Bedingungen des Netzzugangs diskriminierungsfrei sind, ist vor allem auf die Zugangsbedingungen in Form des angemessenen Entgeltes abzustellen[465]. Dieses Diskriminierungsverbot findet sich vergleichbar im § 21 Abs.1 EnWG, welcher insbesondere die Entgelte für den Netzzugang regelt[466]. Da das Diskriminierungsverbot aus § 20 Abs. 1 EnWG auch auf Ungleichbehandlung in Form von unterschiedlichen Entgelten anzuwenden ist, kann zur inhaltlichen Auslegung auf den § 21 Abs. 1 EnWG zurückgegriffen werden, wonach die Bedingungen und Entgelte für den Netzzugang u.a. „diskriminierungsfrei sein müssen (...) und dürfen nicht ungünstiger sein, als sie von den Betreibern in vergleichbaren Fällen für Leistungen innerhalb ihres Unternehmens oder gegenüber verbundenen oder assoziierten Unternehmen angewendet oder tatsächlich oder kalkulatorisch in Rechnung gestellt werden“.

Dies bedeutet, dass ein *vertikales* Diskriminierungsverbot, also ein Verbot der Ungleichbehandlung von konzerninternen bzw. verbundenen oder assoziierten Unternehmen und externen Unternehmen besteht. Da der § 20 Abs. 1 EnWG jedoch die Einschränkung auf vertikale Verbindungen wegen des allgemeinen Diskriminierungsverbotes nicht kennt, werden hiervon auch die *horizontalen* Diskriminierungsverbote, also zwischen allen Netzbenutzern, erfasst[467]. Daraus

463 *Salje*, EnWG, § 20 Rn.15.
464 Ausführlich zur Verweigerung siehe Kapitel 2 E. I. und Vergleich mit Europarecht Kapitel 4.
465 *Säcker/Boesche*, BK, Bd 1, § 20 EnWG, Rn. 78.
466 § 21 Abs. 1 EnWG behält auch nach Einführung der Anreizregulierung gemäß § 21 a EnWG seine Bedeutung als wesentliche Grundlage für die praktizierten Methoden zur Entgeltermittlung, s. *Säcker / Meinzenbach*, BK, Bd. 1, § 21 EnWG Rn. 19.
467 So auch *Säcker/Boesche*, BK, Band 1, § 20, EnWG Rn. 85, nachdem sich dieses aus dem Vergleich mit der Reichweite des allgemeinen kartellechtlichen Diskriminierungsverbotes des § 20 Abs. 1 und 2 GWB ergibt.

folgt also, dass Diskriminierungen bezüglich der Netznutzungsbepreisung sowohl in vertikaler als auch in horizontaler Hinsicht untersagt sind.

Im Hinblick auf das horizontale Verbot bedeutet dies, dass grundsätzlich die selben Netznutzungsentgelte von allen externen Petenten zu fordern sind. Zu beachten ist hierbei jedoch, dass in Übereinstimmung mit dem § 20 Abs. 1 GWB hiervon nur vergleichbare Sachverhalte erfasst werden, eine Ungleichbehandlung ungleicher Fälle aber möglich bleibt[468].

Bezüglich des vertikalen Diskriminierungsverbotes und der dadurch vorgeschriebenen Gleichbehandlung von konzernverbundenen Töchtern und externen Unternehmen hat dies eine Gleichstellung des internen Verrechnungspreises mit dem Marktpreis zur Folge[469]. Eine sachliche Rechtfertigung wie sie das horizontale Diskriminierungsverbot vorsieht gibt es im Fall des vertikalen Diskriminierungsverbots aber nicht[470]. Problematisch ist die mangelnde Kontrollmöglichkeit der Kostengrundlage bei vertikal integrierten Unternehmen. Das bedeutet, dass selbst bei identischen Preisen für den Netzzugang, genehmigt durch die Regulierungsbehörde, eine Behinderung des konzernfremden Lieferanten erfolgen kann, da dieser anders als der integrierte Versorger die hohen Netzzugangsentgelte nicht durch Gewinne im Netzbetrieb ausgleichen kann. Dass trotz solch einer formal gleich hohen Bepreisung dennoch eine Markteintrittsbarriere entstehen kann, lässt sich somit allein durch das Diskriminierungsverbot in § 20 Abs. 1 EnWG nicht in jedem Fall vermeiden[471].

b) Spanien

Da auch die spanischen Netzzugangsregelungen u.a der Umsetzung der europäischen Vorgaben dienen, kann grundsätzlich in Bezug auf das Diskriminierungsverbot auf die zum deutschen Recht gemachten Ausführungen verwiesen werden. Allgemein wird die Diskriminierungsfreiheit im Fall von „Gas Natural" definiert als die Gleichheit von im selben Markt operierenden Subjekten, die erfordert, dass vergleichbare Situationen nicht ungleich behandelt werden und ungleiche Situationen nicht gleich, außer es liegt eine objektive Rechtfertigung vor[472]. Die Möglichkeit einer solchen sachlichen Rechtfertigung soll demnach

---

468 *Büdenbender,* EnWG 2003, § 6 Rn. 94; *Meinzenbach,* Die Anreizregulierung als Instrument zur Regulierung von Netznutzungsentgelten im neuen EnWG, S. 105.

469 *Säcker/Boesche*, BK, Band 1, § 20, Rn. 78; *Büdenbender,* ZIP 2000, S. 2228.

470 *Meinzenbach,* Die Anreizregulierung als Instrument zur Regulierung von Netznutzungsentgelten im neuen EnWG, S. 105; *Säcker/Meinzenbach,* BK, Bd. 1, § 21 EnWG Rn. 25, die jedoch eine Einschränkung dahin gehend machen, dass die zu vergleichenden Unternehmen zumindest hinsichtlich Gebietsstruktur und Druckstufe vergleichbar sein müssen.

471 *Säcker/Boesche*, BK, Band 1, § 20, Rn. 79.

472 Tribunal de Defensa de la Competencia, Resolución en el Expediente 580/04 vom 16 Juni 2005, S.11.

immer dann gegeben sein, wenn es sich um zwei auf demselben Markt operierende Subjekte handelt[473]. Die begriffliche Unterscheidung zwischen vertikalem und horizontalem Diskriminierungsverbot ist dem spanischen Recht in diesem Zusammenhang bislang fremd, so dass auch die Möglichkeit der sachlichen Rechtfertigung – anders als in Deutschland - nicht auf die horizontale Diskriminierung beschränkt ist.

Im Gegensatz zu Deutschland gibt es in Spanien darüber hinaus schon systemimmanent kaum die Möglichkeit, diskriminierende Entgelte zu erheben, da diese zum einen nach einem national gültigen Briefmarkensystem festgelegt werden, und zum anderen nicht die Netzbetreiber die unmittelbar von den Einnahmen Begünstigten sind. Das nationale Briefmarkensystem bedeutet, dass die Entgelte für ganz Spanien in der gleichen Höhe erhoben werden, wobei diese jeweils zu Beginn eines Jahres durch Verordnung festgelegt werden. Die durch die Netzentgelte erzielten Einnahmen müssen dann zunächst in eine „einheitliche Kasse" eingezahlt werden, aus welcher am Ende des Jahres der jeweilige Netzbetreiber den ihm zustehenden Betrag erhält[474]. Die Netzbetreiber fungieren also zunächst als Vertreter für eine staatliche Kasse, aus der sie später individuell bezahlt werden. Bei einem solchen „Briefmarkensystem" kann sich wegen der grundsätzlichen entfernungsunabhängigkeit allerdings das Problem der Quersubventionierung stellen. Dieses Risiko einer solchen Quersubventionierung kann jedoch dadurch verhindert werden, dass die einzelnen Netzbetreiber individuell bei der Auszahlung der Netzentgelte mit Hilfe des von der CNE festzulegenden individuellen Verteilungsschlüssels berücksichtigt werden. Auch die Möglichkeit der Ungleichbehandlung verschiedener Petenten wird durch dieses System praktisch vollständig ausgeschlossen.

Zwar ist es nach Art. 25 Abs. 2. S. 3 RD 941/2001 ausdrücklich erlaubt, von den Netznutzern niedrigere Preise als vorgegeben zu nehmen, jedoch müssen solche Rabatte ebenfalls objektiv und diskriminierungsfrei sein. Dies wird dadurch ge-

---

473 Der Begriff der Diskriminierung wurde vom Tribunal Constitutional durch das Urteil „Sentecia 107/2005, de 9 de mayo (RTC 2005, 107)» ausführlich definiert als „Gleichheit vor dem Gesetz, was wiederum bedeutet, dass der Gesetzgeber denjenigen die gleiche Behandlung gewähren muss, die sich in den gleichen juristischen Situationen befinden, mit dem Verbot jeder Ungleichheit, die nicht durch objektive und angemessene Gründe gerechtfertigt ist oder die unverhältnismäßig in Verbindung mit der Rechtfertigung ausfällt. Das was das Prinzip der Ungleichheit verbietet ist in seiner Summe, die nicht auf objektiven und angemessenen Kriterien und daher künstlichen oder nicht gerechtfertigten Ungleichheiten, unter der Beachtung allgemein Akzeptierter Kriterien oder Urteile. Sobald eine Ungleichbehandlung durch die Konstitution erlaubt ist, müssen die sich daraus abgeleiteten Konsequenzen proportional zum dem erstrebten Ziel sein, so dass übermäßige oder maßlose Ergebnisse vermieden werden".

474 gemäß des elften Zusatzprotokolls dritter Teil Absatz 18 Nr.2 LH wird diese „gemeinsame Kasse"von der CNE verwaltet und die dem einzelnen Netzbetreiber, dem Anlagenbetreiber und dem GTS zustehenden Beträge werden nach jährlich festgelegten Vergütungsregelungen verteilt.

währleistet, dass die Netzbetreiber die eingeräumten Nachlässe der CNE mitteilen müssen, die wiederum am Ende des Jahres über die Verteilung der eingenommenen Netzentgelte entscheidet. Darüber hinaus bleiben die Netzbetreiber verpflichtet, die festgelegten Preise in die „einheitliche Kasse" abzuführen, so dass die Differenz zwischen den festgelegten Preisen und dem Rabattpreis direkt bei den Netzbetreibern anfällt. Auch nach diesem System bleibt also theoretisch die Möglichkeit bestehen, konzernverbundene Unternehmen durch Rabatte zu begünstigen und dadurch die Gewinnspanne für diese Unternehmen zu erhöhen. Die CNE kann aber bei der Verteilung der Gelder auf solche Nachlässe reagieren und somit wieder für einen Ausgleich sorgen bzw. durch eine niedrigere Zuteilung von Netzentgelten quasi eine „Bestrafung" der Netzbetreiber durchführen. Die Gefahr, durch einheitliche Preise vor allem vertikal integrierte Unternehmen zu bevorzugen[475], wird durch die Einzahlung in die gemeinsame Kasse somit relativ wirksam unterbunden. Diese besonders ausgeprägte Form der Regulierung durch ein einheitliches nationales System der Erhebung und Verteilung von Entgelten führt dazu, dass die quasi diskriminierungsfreie Entgelterhebung systemimmanent ist und damit das Gebot der Diskriminierungsfreiheit in Bezug auf die Zugangsbedingungen in Form des angemessenen Entgeltes für das spanische System zu vernachlässigen ist. Die Voraussetzung der Diskriminierungsfreiheit ist demnach in Spanien nur im Hinblick auf die Gewährung des Netzzugangs selbst von Bedeutung.

2. Transparenz der Netzzugangskriterien

Wie oben dargestellt, ist neben der Diskriminierungsfreiheit und Objektivität die Transparenz eine zusätzlich geforderte Grundbedingung des Netzzugangs in Deutschland und Spanien.

a) Deutschland

Unter den Oberbegriff der Transparenz fallen in Deutschland sowohl die Pflicht nach § 20 Abs. 1 S. 1 EnWG, die „Bedingungen einschließlich Musterverträge und Entgelte für diesen Netzzugang im Internet zu veröffentlichen" als auch nach § 20 Abs. 1 S. 3 EnWG die Verpflichtung, den Netznutzern die für einen effizienten Netzzugang erforderlichen Informationen zur Verfügung zu stellen. Satz 1 umfasst zunächst die wesentlichen geschäftlichen Bedingungen. Hierunter sind keine vorformulierten allgemeinen Vertragsbedingungen zu verstehen, sondern vielmehr eine Beschreibung der Leistungen und Bedingungen des Netzbetreibers, gerichtet an den Netzzugangskunden[476]. Konkretisiert wird der Umfang dieser Veröffentlichungspflicht in § 40 GasNZV. Dieser legt fest, dass

475 *Jones,* EU Energy Law, Volume I (2006), S. 44
476 *Säcker/Boesche,* BK, Band I, § 20, Rn. 91.

ab dem 01. Oktober 2011[477] die Netzbetreiber unterschiedliche Angaben machen müssen, so im Fernleitungsnetz insbesondere Angaben über die von den Betreibern angrenzender Netze abgestimmte einheitliche Bezeichnung für Netzkoppelungspunkte oder Ein- und Ausspeisezonen, unter den dort Kapazitäten gebucht werden können (§ 40 Abs. 1 S. 1 Nr. 1 GasNZV), Angaben über die jeweiligen Versteigerungstermine für die nächsten fünf Jahre im Voraus (§ 40 Abs. 1 Satz 1 Nr. 2 GasNZV), Angaben über die nach § 10 GasNZV zusätzlich freigewordenen Kapazitäten (§ 40 Abs. 1 Satz 1 Nr. 3 GasNZV), die bei der Lastflussimulation angewendete Methode (§ 40 Abs. 1 Satz 1 Nr. 4 GasNZV), kapazitätserhöhende Maßnahmen einschließlich der Kosten (§ 40 Abs. 1 Satz 1 Nr. 5 GasNZV) sowie über die Höhe der Erlöse aus der Kapazitätsvergabe (§ 40 Abs. 1 Satz 1 Nr. 6 GasNZV). Auf der Verteilnetzebene müssen unter anderem Angaben über die Gasbeschaffenheit (§ 40 Abs. 1 Satz 1 Nr. 7 GasNZV), die Regeln für den Zugang anderer Anlagen und Netze zu dem vom Netzbetreiber betriebenen Netz (§ 40 Abs. 1 Satz 1 Nr. 8 GasNZV), die zu Anwendung kommenden Standardlastprofile, (§ 40 Abs. 1 S. 1 Nr. 9 GasNZV), die Zuordnenbarkeit der Entnahmestellen zu einem oder mehreren Marktgebieten (§ 40 Abs. 1 Satz 1 Nr. 10 GasNZV), die Mindestanforderungen an die AGB`s (§ 40 Abs. 1 Satz 1 Nr. 11 GasNZV) und über Ansprechpartner in den Unternehmen zu Zugangsfragen gemacht werden (§ 40 Abs. 1 Satz 1 Nr. 12 GasNZV). Die Veröffentlichungsverpflichtungen nach Anhang 1 der VO 715/2009 sollen unberührt bleiben.

All diese Angaben sind nach § 40 Abs. 1 GasNZV auf den Internetseiten der Netzbetreiber in aktualisierter Form zu veröffentlichen, müssen in einem gängigen Format erfolgen und sind neben der Veröffentlichung in deutscher Sprache von den Fernleitungsnetzbetreibern auf der Internetseite auch in englischer Sprache zu veröffentlichen.

Des Weiteren fällt unter die Veröffentlichungspflicht aus § 20 Abs. 1 EnWG auch die tarifäre Transparenz. Diese umfasst gemäß § 20 Abs. 1 EnWG i.V.m § 27 GasNEV vor allem die Veröffentlichung der Netzentgelte durch die jeweiligen Netzbetreiber auf deren Internetseite. Weitere öffentlich zugängliche Informationen, insbesondere zur Methode zur Bestimmung der Entgelte, finden sich in der auf der Verordnungsermächtigung aus § 24 Abs. 1 Nr. 1 EnWG beruhenden GasNEV sowie in der auf Grundlage des § 21 a Abs. 6 EnWG erlassenen ARegV.

477 Nach der Begründung zum Beschluss des Bundesrates vom 09.07.10, Br.-Drs. 312/10, soll die Veröffentlichungspflicht erst deshalb zum 01.Oktober 2011 wirksam werden, da bestimmte hierzu zählende Verpflichtungen eine Regelung im Rahmen der Kooperation bedürfen, die auch erst am 01.Oktober 2011 Inkrafttritt. Beispielhaft wird die Veröffentlichung des Abrechnungsbrennwertes angeführt.

Neben dieser Veröffentlichungspflicht bezüglich der wesentlichen geschäftlichen Bedingungen gewährt § 20 Abs. 1 S. 3 EnWG allen Netznutzern einen gesetzlichen Anspruch auf Information und begründet entsprechende Pflichten der Netzbetreiber[478]. Diese Regelung begründet die Informationspflicht jedoch nur gegenüber demjenigen Netznutzer, der Energie ein- oder ausspeisen will. Der Umfang dieser Verpflichtung ergibt sich aus dem jeweiligen Einzelfall, da laut Wortlaut die erforderlichen Informationen für einen effizienten Netzzugang zur Verfügung zu stellen sind und diese von Fall zu Fall unterschiedlich sein können. Größtenteils wird von Seiten des Netznutzungskunden im Verhältnis zum Netzbetreiber ein Interesse an Informationen über gegenseitige Rechte und Pflichten bestehen; darüber hinaus kann auch davon ausgegangen werden, dass im Verhältnis Lieferant zu Netzbetreiber regelmäßig ein besonderes Interessen an den jeweiligen individuellen Kapazitäten bzw. Kapazitätsreserven bestehen wird[479].

b) Spanien

Anders als in Deutschland hat der spanische Gesetzgeber - in Anlehnung an die europäischen Vorgaben - den Begriff der Transparenz in den Anspruchsgrundlagen Art. 70 Abs. 1 und Art. 76 Abs. 1 LH explizit verankert.

Der Begriff der Transparenz wird sowohl durch das RD 949/2001 als auch durch das RD 1434/2002 konkretisiert und enthält Veröffentlichungspflichten für die Netz- und Anlagenbetreiber sowie auch für den GTS.

Gemäß Art. 10 RD 949/2001, welcher die Rechte der Betreiber der einzelnen Einrichtungen aufzeigt, obliegt es diesen nach Abs. 2 lit. e), den möglichen Zugangspetenten sowie anderen Betreibern diejenigen Informationen zur Verfügung zu stellen, die notwendig sind, um die Möglichkeit von neuen Verträgen über den Netzzugang beurteilen zu können. Unter diese Definition lassen sich eine Vielzahl von Veröffentlichungsverpflichtungen subsumieren, da sowohl Kenntnisse über die verfügbaren Kapazitäten, die Form der Verträge, die Preise, die Gasqualität und sonstige, damit zusammenhängenden Informationen notwendig sein können, um die Möglichkeit des Abschlusses neuer Verträge abschätzen zu können. Bislang hat der spanische Gesetzgeber diese sehr offen formulierte Norm jedoch noch nicht weiter konkretisiert, so dass sich aus ihr weder konkrete Rechte noch Pflichten ableiten lassen.

Explizit hat die CNE in einer Entscheidung aus dem Jahr 2002 zum Gebot der Transparenz ausgeführt, dass insbesondere die Information über die noch vor-

---

478 *Olbricht,* Netzzugang in der deutschen Gaswirtschaft, S. 199.
479 *Säcker/Boesche,* in BK, Band 1, § 20 EnWG Rn. 103 f.

handenen Kapazitäten und die bereits abgeschlossenen Verträge wesentlich für die Einhaltung des Transparenzgebotes sind[480].

Diese Verpflichtung wird durch Art. 6 Abs. 6 RD 949/2001 konkretisiert, der besagt, dass die Netz- und Anlagenbetreiber verpflichtet sind, jedes Trimester die vertraglich gebuchten sowie die noch verfügbaren Kapazitäten zu veröffentlichen, wobei zusätzlich veröffentlicht werden muss, ob es sich hierbei um Verträge mit einer Laufzeit von mehr oder weniger als zwei Jahren handelt.

Neben diesen Transparenzverpflichtungen für die einzelnen Netz- und Anlagenbetreiber bestehen auch Transparenzanforderungen für den GTS. Diesen trifft nach Art. 12 Abs. 3 lit. l) RD 949/2001 zunächst die Verpflichtung, diejenigen nicht vertraulichen Informationen, welche die Kapazitäten und die Benutzung der Installationen generell betreffen, mittels eines Systems zu veröffentlichen, welches den einfachen Zugang zu diesen Daten ermöglicht. Darüber hinaus enthalten auch die NGTS Veröffentlichungspflichten für den GTS. Nach Nr. 9.1 und Nr. 9.3 NGTS ist der GTS zunächst verpflichtet, täglich Informationen u.a. über die vollständige tatsächliche und erwartete Nachfrage, das Niveau von Gas im Leitungsnetz, in den LNG-Anlagen und den Speicheranlagen, die Einfuhr von Gas ins System sowie die Ein- und Ausspeisung in die Gasspeicher zu veröffentlichen. Nach Nr. 9.7 NGTS ist er außerdem verpflichtet, monatliche sowie jährliche Mitteilungen über u.a die Nachfrage und den Gebrauch der einzelnen Leitungen und Anlagen zu machen.

Neben diesen Verpflichtungen für die Netz- und Anlagenbetreiber bzw. für den GTS die Kapazitäten betreffend, besteht im Hinblick auf das so genannte tarifäre Transparenzgebot nach Art. 92 LH i.V.m. Art. 25 RD 949/2001 die Verpflichtung des Ministeriums für Industrie, Tourismus und Handel, jährlich durch Ministerialerlass die für das kommende Jahr festzulegenden Netzentgelte zu bestimmen, so dass die Veröffentlichung der Netzzugangsentgelte durch ENAGAS S.A. gewährleistet ist.

Nicht gesetzlich geregelt ist dagegen eine Offenlegungspflicht bezüglich der Methoden für die Berechnung der einzelnen Tarife. Zwar findet sich eine Berechnungsmöglichkeit der Tarife in Art. 31 RD 949/2001, diese enthält aber nur die Berechnungsmöglichkeit bei feststehenden Variablen. Wie die einzelnen Werte ermittelt werden, lässt sich nicht nachvollziehen.

Weitere Normen, die eventuelle Transparenzverpflichtungen für Netzbetreiber enthalten, finden sich bislang im spanischen Recht soweit ersichtlich nicht. Das

480 CATR 7/2001, RWE Trading GmbH, sucursal España frente a Enagas S.A.11.04.2002; www.cne.es.

bedeutet zusammenfassend, dass in Spanien für die einzelnen Netzbetreiber bislang nur die Verpflichtung besteht, die Kapazitäten und die dazu gehörigen Verträge im Dreimonatsrhythmus zu veröffentlichen. Die darüber hinaus gehenden Verpflichtungen betreffen den GTS als übergeordneten technischen Fernleitungsnetzbetreiber bzw. das Ministerium für Industrie, Tourismus und Handel, welches die Tarife veröffentlicht.

X. Durchsetzung des Anspruch

Nachdem die tatsächlichen und rechtlichen Voraussetzungen des Netzzugangsanspruchs in Deutschland und Spanien aufgezeigt wurden, ist zu klären, inwiefern ein solcher Anspruch gegebenenfalls durchgesetzt werden kann. Die Möglichkeit der zwangsweisen Durchsetzung von gesetzlich festgelegten Ansprüchen ist nämlich eine wesentliche Bedingung dafür, dass der mit dem Netzzugangsanspruch angestrebte verbesserte Wettbewerb tatsächlich eintreten kann. Nur wenn den jeweiligen Petenten ein wirksamer Rechtsschutz zur Verfügung steht, kann von einem effektiven Netzzugangsrecht ausgegangen werden. Inwiefern die beiden Rechtsordnungen hierfür ausreichend Gewähr bieten, soll Inhalt des folgenden Untersuchungsabschnittes sein.

1. Deutschland

Im deutschen Recht ist zunächst eine Abgrenzung zum Kartellrecht vorzunehmen (aa)) und anschließend die tatsächliche Durchsetzung des Anspruchs auf Netzzugang (bb)) zu beleuchten.

a) Abgrenzung zum Kartellrecht

Innerhalb der Darstellung der Durchsetzbarkeit des Netzzugangsanspruchs muss im deutschen Recht zunächst die Frage nach der Abgrenzung zu anderen Rechtsgebieten, insbesondere zum Kartellrecht, beantwortet werden. Nur wenn diese Frage eindeutig beantwortet wird, kann das Verfahren zur Durchsetzung des Anspruch auf Netzzugang zutreffend bestimmt werden.

In Deutschland ist die Problematik des Verhältnisses zum nationalen Kartellrecht durch das Inkrafttreten des neuen EnWG eindeutig geklärt worden. Während im früher geltenden Recht das Verhältnis insbesondere von § 6 a EnWG a.F. zu § 19 GWB noch umstritten war[481], besagt § 111 Abs. 1 EnWG nunmehr eindeutig, dass die §§ 19, 20 und 29 GWB nicht anzuwenden sind, soweit durch dieses Gesetz oder aufgrund dieses Gesetzes erlassener Rechtsverordnungen

---

481 Für den Vorrang des § 6 EnWG OLG Düsseldorf, in RdE 2003, S. 311, (312); dagegen *Säcker/Boesche,* Gute fachliche Praxis der Netzkostenkalkulation – ein Beitrag zur „Verhexung des Denkens durch die Mittel unserer Sprache“, in Säcker, Neues Energierecht, 2003, S. 134, (154).

ausdrücklich abschließende Regelungen getroffen werden (so genannter „Spezialitätsgrundsatz"). Gemäß § 111 Abs. 2 EnWG gelten die Bestimmungen des dritten Teils (§§ 11-33) des EnWG und die auf Grundlage dieser Bestimmungen erlassenen Normen als solch abschließende Regelungen. Das bedeutet, dass neben den §§ 11-35 EnWG auch die GasNZV eine abschließende Regelung darstellt[482].

Diese Kompetenzverteilung bedeutet, dass die netzbezogenen Probleme, die zwar ebenfalls in den Anwendungsbereich der §§ 19, 20 und 29 GWB fallen, ausschließlich dem spezielleren sektorspezifischen Recht unterliegen; das GWB ist insoweit gerade nicht anwendbar, sondern wird vom EnWG und der GasNZV verdrängt. Dies gilt also sowohl für die *ex ante* zu beurteilende Frage, ob ein Anspruch auf Netzzugang besteht und ob die Zugangsbedingungen rechtmäßig sind, als auch für die *ex post* durchzuführende Missbrauchskontrolle, insbesondere auch im Hinblick auf vertikale Diskriminierungen. Die Kontrolle von Netzanschluss, Netzzugang und Netzzugangsbedingungen erfolgt folglich ausschließlich nach dem EnWG und unterliegt der Alleinzuständigkeit der BNetzA bzw. den Landesregulierungsbehörden[483].

Die Kartellbehörden bleiben jedoch weiterhin für die nicht netzbezogenen Bereiche wie die Erzeugung, den Bezug oder den Handel zuständig. Außerdem obliegen ihnen weiterhin auch die außerhalb der §§ 19, 20 und 29 GWB liegenden Bereiche des GWB[484].

Über diesen durch das EnWG eingeführten Spezialitätsgrundsatz hinaus besagt § 111 Abs. 3 EnWG, dass innerhalb eines Verfahrens der Kartellbehörde nach §§ 19, 20 und 29 GWB, welches die Strom- oder Gaspreise betrifft, grundsätzlich die Netznutzungspreise, die Bestandteil des Preises für die Belieferung sind und von den Netzbetreibern i.S.d. § 20 EnWG veröffentlicht wurden, grundsätzlich als rechtmäßig zugrunde zu legen sind. Sie können gemäß § 111 Abs. 3 a. E. EnWG nur dann einer kartellrechtlichen Kontrolle unterzogen werden, wenn die Rechtmäßigkeit durch eine sofort vollziehbare oder bestandskräftige Entscheidung der Regulierungsbehörde oder ein rechtskräftiges Urteil festgestellt worden ist. Hierdurch wird erreicht, dass die Kontrolle der Netznutzungsentgelte dem ausschließlichen Zuständigkeitsbereich der Regulierungsbehörden unter-

---

482 Auf die Frage, ob diese sich selbst für abschließend erklären muss um als abschließend zu gelten, kommt es nicht mehr an (Siehe hierzu *Säcker/Meinzenbach,* BK, Bd. 2 § 111 EnWG Rn. 11). Doch selbst wenn dies der Fall wäre, entstünde hier kein Problem, da die neue GasNZV in § 1 S. 2 GasNZV für abschließend erklärt wird.

483 *Säcker/Meinzenbach,* BK, Bd. 2, § 111 EnWG Rn. 1.

484 *Säcker/Meinzenbach,* BK, Bd. 2, § 111 EnWG Rn. 18 m.w.N.

steht und die Kartellbehörden nicht eine inzidente Kontrolle im Wege der kartellrechtlichen Preishöhenkontrolle durchführen[485]

Diese durch das EnWG eingeführte Spezialität des sektorspezifischen Rechts findet ihre Grenze jedoch durch die Anwendung des Art. 102 AEUV. Da es sich hierbei um vorrangig anzuwendendes supranationales EG-Recht handelt, kann die Anwendung des europäische Kartellrechts durch die Kartellbehörden nicht durch § 111 EnWG eingeschränkt werden[486]. Das bedeutet, dass für den Fall, dass der Anwendungsbereich des Art. 102 AEUV eröffnet ist[487], eine Doppelkontrolle durch Regulierungsbehörde und Kartellbehörde möglich ist[488]. Insoweit wird der nationale Spezialitätsgrundsatz durch den Art. 102 AEUV durchbrochen.

b) Tatsächliche Durchsetzung

Nachdem geklärt wurde, dass das Energierecht die Problematik des Netzzugangs in Bezug auf die Anwendung nationaler Normen abschließend regelt und das Kartellrecht insoweit nicht anwendbar ist, stellt sich die Frage, wie und bei welcher Stelle ein entsprechender Anspruch in der Praxis durchzusetzen ist.

Bereits im Kapitel 1 wurde das Prozedere des tatsächlichen Netzzugangs in der Praxis, so wie es das geltende Recht vorsieht, ausführlich beschrieben. Hiernach ist in jedem Fall zunächst ein verbindlicher Antrag des Petenten an den Netzbetreiber notwendig. Relevant wird das Problem der Durchsetzung des Netzzugangsanspruchs dann, wenn der jeweilige Netzbetreiber auf diesen Antrag nicht reagiert oder den Netzzugang verweigert bzw. dem Petenten lediglich einen Teil der begehrten Kapazitäten anbietet, der Petent aber diesem Angebot widerspricht.
Zunächst ist klarzustellen, dass das Energiewirtschaftsrecht und daher auch der Anspruch auf Netzzugang in Deutschland einen Doppelcharakter haben. Er ist sowohl dem Energiezivil- als auch dem Verwaltungsrecht zuzuordnen[489]. Daraus folgt, dass der Netzzugangsanspruch zum einen durch die zuständige Behörde durch Verwaltungsakt angeordnet werden kann, zum anderen kann er im Wege der einstweiligen Verfügung vor dem zuständigen Zivilgericht erstritten werden[490].

---

485 *Säcker/Meinzenbach,* BK, Bd. 2, § 111 EnWG Rn. 22.
486 *Säcker/Meinzenbach,* BK, Bd. 2, § 111 EnWG Rn. 21.
487 Ausführlich hierzu siehe unter Kapitel 4. B.
488 *Olbricht,* Netzzugang in der deutschen Gaswirtschaft, S. 260.
489 *Schmidt-Preuß,* BK Bd. 1, Einl. C. EnWG, Rn. 247.
490 *Schmidt-Preuß,* BK Bd. 1, a.a.O.

aa) Verfahren vor den Regulierungsbehörden

Als erste Möglichkeit der Durchsetzung eines Netzzugangsanspruches wird nachfolgend die Möglichkeit eines Verfahrens vor der Regulierungsbehörde erörtert. Hierfür muss zunächst über die instanzielle Zuständigkeit der Regulierungsbehörde entschieden werden. Grundsätzlich gibt es in Deutschland sowohl die Landesregulierungsbehörden, die in jedem Bundesland ansässig sind, als auch die BNetzA als Bundesregulierungsbehörde. Nach § 54 EnWG nimmt jedoch grundsätzlich die BNetzA die Aufgaben der Regulierungsbehörde wahr und die Landesregulierungsbehörden sind nur bei Vorliegen der Maßgaben nach § 54 Abs. 2 EnWG zuständig. Diese Norm bestimmt, dass der Zuständigkeitsbereich der Landesregulierungsbehörde für Fälle den Netzzugang betreffend dann eröffnet ist, soweit an das Gasverteilernetz weniger als 100.000 Kunden unmittelbar oder mittelbar angeschlossen sind und das Gasverteilernetz nicht über das Gebiet eines Bundeslandes hinausgeht.

Da die hier hauptsächlich zu untersuchenden Fälle des Gasnetzzugangs Gasfernleitungen oder Gasverteilernetze betrifft, an die mehr als 100.000 Kunden angeschlossen sind, fallen diese daher ausschließlich in den Kompetenzbereich der BNetzA. Das EnWG sieht insgesamt drei unterschiedliche Möglichkeiten des Eingreifens durch die BNEtzA vor, die im Folgenden untersucht werden.

(1) Allgemeine Aufsicht nach § 65 EnWG

Im Rahmen der allgemeinen Aufsicht sieht § 65 Abs. 1 EnWG vor, dass die Regulierungsbehörde ein Unternehmen verpflichten kann, ein Verhalten abzustellen, das gegen das EnWG oder gegen aufgrund des EnWG erlassene Rechtsvorschriften verstößt. Darüber hinaus kann die Regulierungsbehörde nach § 65 Abs. 2 EnWG Maßnahmen zur Einhaltung der Verpflichtungen nach dem EnWG anordnen.

Das bedeutet, dass bei einem Verstoß gegen § 20 EnWG grundsätzlich eine Abstellungs- oder eine Anordnungsverfügung durch die Bundesnetzagentur erlassen werden kann. Maßnahmen nach dieser allgemeinen Aufsicht können gemäß § 66 Abs. 1 EnWG entweder von Amts wegen oder auf Antrag eingeleitet werden. Fraglich ist es, ob ein materielles oder nur ein formelles Antragsrecht vorliegt[491]. Unter zugrunde legen der zu § 54 Abs. 2 Nr. 1 GWB entwickelten Grundsätze hat ein materielles Antragsrecht nur derjenige, dem das Gesetz ein solches Recht einräumt. Die wirtschaftliche Betroffenheit reicht hierfür nicht

491 Ausführlich zu der Unterscheidung *Schmidt,* in Immenga/Mestmäcker, § 54 GWB Rn. 20 ff.

aus[492]. Das bedeutet, dass bei der Einleitung eines Verfahrens auf Antrag nach § 65 EnWG, es sich mangels gesetzlich vorgesehenen Antragsrecht nur um einen Antrag im formellen Sinne handelt. Das heißt, durch die Stellung eines Antrags kann die Regulierungsbehörde zwar zum Einschreiten aufgefordert werden, ob die Regulierungsbehörde jedoch nach Stellung eines Antrages tätig wird, lieg im Ermessen der Behörde[493]. Der Erlass einer Verfügung richtet sich also nach dem so genannten Opportunitätsprinzip, so dass nur eine Anspruch auf ermessensfehlerfreie Entscheidung der BNetzA besteht[494].

(2) Allgemeines Missbrauchsverfahren nach § 30 EnWG

Neben dieser allgemeinen Aufsicht enthält das EnWG mit § 30 eine spezielle Eingriffsermächtigung für die Regulierungsbehörde, um ein missbräuchliches Verhalten von Netzbetreibern abzustellen. § 30 Abs. 1 S. 1 EnWG enthält eine Generalklausel für die Missbrauchsaufsicht und S. 2 konkretisiert diese durch Beispieltatbestände[495]. Mit dieser Vorschrift sollen die materiellen Wertungen der §§ 19, 20 GWB in die energierechtlichen Aufsicht überführt werden[496]. Im Unterschied zu den wettbewerbsrechtlichen Vorschriften muss der Normadressat jedoch keine bestimmte Marktstellung aufweisen[497].

Gemäß der Generalklausel ist den Betreibern von Gasversorgungsnetzen ein Missbrauch ihrer Marktstellung verboten. Missbrauch bedeutet grundsätzlich jedes gesetzwidrige Verhalten eines Netzbetreibers[498]. Aufgrund der Beschränkung auf Netzbetreiber und der systematischen Stellung der Vorschrift im dritten Teil des EnWG, werden hiervon aber nur Bereiche erfasst, die im dritten Teil des EnWG geregelt sind (§§ 11-35 EnWG)[499]. Konkretisiert wird dieser Missbrauch durch die Legaldefinition in § 30 Abs. 1 S. 2 EnWG. Dieser besagt, dass ein Missbrauch vorliegt, wenn Bestimmungen der Abschnitte 2 und 3 (§§ 17-28a EnWG) sowie der Bestimmungen der auf diesen Grundlagen erlassenen Rechtsverordnungen nicht eingehalten werden. Dadurch wird deutlich, dass ein rechtswidriges Verhalten im Zusammenhang mit einem Netzzugangsbegehren jedenfalls vom Missbrauchsvorwurf des § 30 Abs. 1 EnWG umfasst wird.
Um zu bestimmen, ob ein solcher vorliegt, kann neben den Normen des EnWG und den erlassenen Verordnungen - nach der hier zu folgenden Ansicht von *Weyer* der VO 1775/2005 - auch auf die Bestimmungen des VO 715/2009 zu-

492 *Paul,* in BK, Band 2 § 65, Rn. 8, ausführlich zu § 54 GWB, *Säcker/Boesche,* ZNER 2003, 76, 80, a.A. *Antweiler/Nieberding,* NJW 2005, S. 3673, (3674); *Holznagel/Werthmann,* IR 2004, S. 74 (75).
493 *Paul,* in BK, Band 2 § 65, Rn. 5.
494 *Paul,* in BK, Band 2 § 65, Rn. 21.
495 *Robert,* in Britz/Hellermann/Hermes, EnWG, § 30, S.1.
496 Begründung RegE BT-Drs. 15/3917, S. 63.
497 *Robert,* in Britz/Hellermann/Hermes, § 30 EnWG Rn. 14.
498 *Salje,* EnWG § 30 Rn. 9, *Olbricht,* Netzzugang in der deutschen Gaswirtschaft, S. 252.
499 Ausführlich hierzu *Weyer,* in BK, Band 1, § 30 Rn. 116.

rückgegriffen werden[500]. Dies ergibt sich aus der Zuweisungsnorm § 56 EnWG. Nach § 56 S. 2 EnWG hat die Regulierungsbehörde zur Erfüllung der Aufgaben, die den Mitgliedstaaten durch die VO 1775/2005 übertragen werden, die Befugnisse, die ihr bei Anwendung des EnWG zustehen. Zwar sind hiervon laut Begründung des Regierungsentwurfs nur die Abschnitte 7 bis 9 erfasst[501]. Dies steht aber im deutlichen Gegensatz zum Gesetzeswortlaut und den vom EuGH entwickelten Grundsätzen zur Gleichwertigkeit[502]. Dieser Grundsatz besagt nämlich, dass bei einem Verstoß gegen das Gemeinschaftsrecht die Mitgliedstaaten darauf zu achten haben, dass dieser Verstoß nach ähnlichen sachlichen und verfahrensrechtlichen Regeln geahndet wird, wie ein nach Art und Schwere gleichartiger Verstoß nach nationalem Recht[503]. Folglich kann bei der Beurteilung, ob eine rechtswidrige Zugangsverweigerung vorliegt, auch auf die europäische Verordnung zurückgegriffen werden. Da die VO 1775/2005 - auf die im EnWG Bezug genommen wird - durch die VO 715/2009 ersetzt wird, muss sich diese Ermächtigung auch auf die neuen europäischen Vorgaben beziehen, da diese vom Grundsatz her den gleichen Regelungshalt beinhalten und daher an die Stelle der Vorgängerverordnung treten.

Neben dieser doch sehr generell auf den Netzzugang anzuwendenden Beurteilung, ob ein Missbrauch vorliegt, enthalten die § 30 Abs. 1 S. Nr. 2-6 EnWG weitere Beispielstatbestände, die einen Missbrauch im Zusammenhang mit dem Netzzugang darstellen können. § 30 Abs. 1 S. 2 Nr. 2 EnWG enthält ein so genanntes **Behinderungsverbot**, nach welchem ein Missbrauch immer dann vorliegen soll, wenn andere Unternehmen unmittelbar oder mittelbar unbillig behindert oder deren Wettbewerbsmöglichkeiten ohne sachlich gerechtfertigten Grund erheblich beeinträchtigt werden. Durch dieses an den § 20 Abs. 1 und § 19 Abs. 4 Nr. 1 GWB angelehnte Regelungsbeispiel werden den Netzbetreibern besondere Rücksichtnahmemaßnahmen abverlangt[504]. Ein Verhalten gilt dann als Behinderung, wenn es zu einer Beeinträchtigung der Betätigungsmöglichkeit im Wettbewerb führt. Eine Beeinträchtigung wird definiert als jeder für die Wettbewerbsmöglichkeit anderer Unternehmen nachteiliger Wirkungszusammenhang[505]. Da die beiden Begriffe - Behinderung und Beeinträchtigung - bei kartellrechtlicher Beurteilung in den wesentlichen Punkten übereinstimmen[506] d.h. eine so definierte Beeinträchtigung auch immer eine Behinderung darstellt[507], können die beiden Alternativen einheitlich ausgelegt werden. Ob dann das jeweiligen Verhalten im Einzelfall als Behinderung i.S.v. Missbrauch anzu-

500 *Weyer,* in BK, Band 1, § 30 EnW, Rn. 10.
501 Begründung RegE BT-Drs. 15/3917, S. 69.
502 *Weyer,* in BK, Band 1, § 30 EnWG Rn. 10.
503 *Weyer,* in BK, Band 1, § 30 EnWG Rn. 10 m.w.N.
504 *Robert,* in Britz/Hellermann/Hermes, § 30 EnWG Rn. 14.
505 *Möschel,* in Immenga/Mestmäcker, GWB, § 19, Rn. 112.
506 *Weyer,* in BK, Band 1, § 30 Rn. 56.
507 *Olbricht,* Netzzugang in der deutschen Gaswirtschaft, S. 354.

sehen ist, richtet sich folglich nach dem Kriterium „unbillig“. Um hier zu einer Beurteilung zu gelangen, ist eine Interessenabwägung vorzunehmen, bei der die Interessen der Beteiligten mit den Zielen des § 1 EnWG abzuwägen sind[508].

In den Regelbeispielen § 30 Abs. 1 S. 2 Nr. 3 und 4 EnWG werden die sogenannten **Diskriminierungsverbote** aufgeführt. Während sich Nr. 3 an gleichartige Unternehmen richtet und daher ein *horizontales* Diskriminierungsverbot darstellt, richtet sich Nr. 4 an die Netzbetreiber selbst und damit nach § 3 Nr. 38 EnWG auch an mit dem Netzbetreiber verbundene Unternehmen, und enthält daher ein *vertikales* Diskriminierungsverbot[509]. Auch eine Diskriminierung in horizontaler und vertikaler Hinsicht stellt demnach einen Missbrauch i.S.d. § 30 EnWG dar.

Der § 30 Abs. 1 S. 2 Nr. 5 EnWG regelt den sogenannten **Ausbeutungsmissbrauch** und entspricht dem § 19 Abs. 4 Nr. 2 GWB[510]. Zweck hiervon ist es, die Marktgegenseite vor nicht wettbewerbsanalogen Entgelten oder sonstigen nachteiligen Geschäftsbedingungen für den Netzzugang zu schützen[511]. Problematisch ist in diesem Zusammenhang, ob die bei der Anreizregulierung festgestellte Erlösobergrenze eine sachliche Rechtfertigung nach § 20 Abs. 1 S. 2 Nr. 5 darstellt, so dass der Anwendungsbereich auf sonstige Geschäftsbedingungen eingeschränkt wäre. Hinsichtlich der nach § 21 a EnWG vorgegebenen Erlösobergrenze stellt § 30 Abs. 1 S. 2 Nr. 5 EnWG klar, dass die vorgegebene Obergrenze eine sachliche Rechtfertigung darstellt. Anders könnte es aber im Fall der einzelnen für den Netznutzer ohne Prüfung festgelegten Entgelte aussehen. Der Wortlaut der Norm kann hier nur bedingt herangezogen werden, da es zum Zeitpunkt des Erlasses noch unklar war, ob eine Regulierung über einen „price cap“ bzw. einen „revenue cap“ erfolgt[512]. Indem sich der Verordnungsgeber auf einen „revenue cap“, also eine Gesamtobergrenze, festgelegt hat, fehlt es an einer *ex ante* Prüfung der einzelnen Entgelte. Da eine solche Überprüfung aber grundsätzlich möglich sein muss, um Diskriminierung zu verhindern, soll hier der Meinung gefolgt werden, die eine Überprüfung der einzelnen Entgelte als möglich betrachtet[513].

---

508 *Robert,* in Britz/Hellermann/Hermes, § 30 EnWG Rn. 14; *Fischerauer,* Regulierung des Zugangs zu Speicheranlagen, S. 239, ausführlich zur Interessenabwägung bei § 20 GWB; *Markert,* Immenga/Mestmäcker, § 20 GWB Rn. 129 ff. m.w.N.

509 Zum Verbot der Diskriminierung und der Unterscheidung zwischen horizontaler und vertikaler Diskriminierung siehe unter Kapitel 2. A. IX. 1.

510 Begr. BT-Drucks. 15/3917, S. 63.

511 *Robert,* in Britz/Hellermann/Hermes, § 30 EnWG Rn. 37; *Weyer,* in BK, Band 1, § 30 Rn. 102.

512 Ausführlich zu dieser Unterscheidung siehe, *Meinzenbach,* Die Anreizregulierung als Instrument zur Regulierung von Netznutzungsnetgelten im neuen EnWG, S. 181 ff.

513 Ausführlich hierzu *Weyer,* in BK, Band 1, § 30 EnWG Rn. 119 a.

Als letztes Regelbeispiel besagt § 30 Abs. 1 S. 2 Nr. Nr. 6 EnWG dass ein Missbrauch dann vorliegt, wenn der Netzbetreiber ungünstigere Entgelte oder sonstige Bestimmungen fordert, als er sie selbst auf vergleichbaren Märkten von gleichartigen Abnehmern fordert. Diese Regelung des so genannten **Strukturmissbrauchs** nach § 19 Abs. 4 Nr. 3 GWB stellt einen Unterfall des Ausbeutungsmissbrauchs dar[514]. Anders als bei diesem werden hiervon aber nicht nur Entgelte und Bedingungen für den Netzzugang erfasst, sondern auch davon abweichende Leistungen des Netzbetreibers.

Sobald also ein Missbrauch nach § 30 Abs. 1 EnWG vorliegt, kann die Regulierungsbehörde, unabhängig davon, ob der Netzbetreiber über eine marktbeherrschende Stellung verfügt oder nicht, dem jeweiligen Unternehmen nach § 30 Abs. 2 EnWG alle Maßnahmen aufgeben, die erforderlich sind, um die Zuwiderhandlung i.S.v. Abs. 1 wirksam abzustellen. § 30 Abs. 2 S. 3 Nr. 1 EnWG konkretisiert diese Befugnis und legt fest, dass die Regulierungsbehörde insbesondere dann Änderungen verlangen kann, wenn die Gewährung des Netzzugangs von der genehmigten oder festgelegten Methode abweicht, und § 30 Abs. 2 S. 3 Nr. 2 EnWG gibt der Regulierungsbehörde das Recht, in Fällen des rechtswidrig verweigerten Netzzugangs diesen anzuordnen.

Das bedeutet, dass die Regulierungsbehörde nicht auf die *Untersagung* missbräuchlichen Verhaltens beschränkt ist, sondern dass ihr auch positive Verhaltensanordnungen obliegen. Hierbei ist aber zu beachten, dass die positiven Verhaltensanordnungen nicht ohne weiteres zulässig sind, wenn zur Beseitigung des missbräuchlichen Verhaltens mehrere Verhaltensalternativen zur Verfügung stehen[515]. Sie sind aber jedenfalls immer dann zulässig, wenn die Entscheidung des Netzbetreibers zwischen mehreren zulässigen Verhaltensalternativen nicht vorweggenommen wird, sondern weiterhin einer nachträglichen Klärung zugänglich ist[516]. Dies ist insbesondere bei rechtswidrig verweigertem Netzzugang und nachfolgender Anordnung des Zugangs durch die Regulierungsbehörde der Fall[517].

Zunächst wird die Regulierungsbehörde entweder von Amts wegen oder aufgrund eines Antrags tätig. Ein Verfahren nach § 30 Abs. 2 EnWG kann aber anschließend ausschließlich durch die Regulierungsbehörde, die darüber im Rahmen ihres Ermessen entscheidet, eingeleitet werden[518]. Eine Pflicht zum Einschreiten der Regulierungsbehörde besteht grundsätzlich nicht und ist nur aus-

514 *Robert,* in Britz/Hellermann/Hermes, § 30 EnWG Rn. 37.
515 *Weyer,* in BK, Band 1, § 30 EnWG Rn. 136.
516 *Weyer,* in BK, Band 1, § 30 EnWG Rn. 137.
517 *Weyer,* in BK, Band 1, § 30 EnWGRn. a.a.O.
518 *Weyer,* in BK, Band 1, § 30 EnWG Rn. 132; *Salje,* EnWG, § 30, Rn.35; *Robert,* in Britz/Hellermann/Hermes, § 30 Rn. 51.

nahmsweise bei einer Ermessensreduzierung auf Null denkbar[519]. Das Einleiten eines Verfahrens geschieht daher wie im Rahmen des § 65 EnWG immer nur von Amts wegen, so dass folglich auch hier kein subjektives Recht auf Einschreiten besteht. Um einen eigenen Anspruch auf Netzzugang durchzusetzen, eignet sich das Missbrauchsverfahren nach § 30 EnWG mangels Antragsrecht im materiellen Sinne ebenso wenig wie das Verfahren nach § 65 EnWG.

(3) Besonderes Missbrauchsverfahren nach § 31 EnWG

Als letzte Möglichkeit sieht § 31 EnWG ein besonderes Missbrauchsverfahren vor. Im Gegensatz zu § 30 EnWG besteht nach § 31 Abs. 1 S. 1 EnWG für den Petenten die Möglichkeit, einen Antrag auf Einleitung eines besonderen Missbrauchsverfahrens zu stellen, dem die Behörde nachkommen muss. Es handelt sich also anders als bei §§ 65 und 30 EnWG um ein Antragsverfahren[520], bei dem es dem Antragsteller überlassen ist, seine Rechte, basierend auf der Dispositionsmaxime, durch Antragstellung durchzusetzen. Gemäß Abs. 3 hat die Regulierungsbehörde hierüber innerhalb einer Frist von zwei Monaten nach Eingang des vollständigen Antrags zu entscheiden. Antragsberechtigt sind gemäß Abs. 1 alle Personen und Personenvereinigungen, deren Interessen durch das Verhalten des Netzbetreibers erheblich berührt werden können. Eine Verletzung eigener Rechte ist nicht gefordert. Die Regulierungsbehörde hat nach Eingang des Antrags u.a. die Pflicht, zu prüfen, ob das Verhalten des Netzbetreibers mit den Vorgaben der Bestimmungen der Abschnitte 2 und 3 übereinstimmt. Unter diese Überprüfung fällt damit auch die Verweigerung des Netzzugangs.

Hinsichtlich des Prüfungsmaßstabs entspricht das besondere Missbrauchsverfahren gemäß § 31 Abs. 1 S. 2 EnWG der Missbrauchsaufsicht aus § 30 Abs. 1 S. 2 Nr. 1 EnWG. Allerdings werden hiervon nicht Verstöße gegen VO 1775/2009 umfasst[521]. Auch die übrigen Beispiele des § 30 EnWG werden von § 31 nicht erfasst[522].

Zu prüfen ist, welche Folgen sich aus einem solchen Antrag ergeben. Für den Fall, dass dieser zulässig und begründet ist, ergeht eine förmliche Entscheidung der Regulierungsbehörde unter den Anforderungen des 73 Abs. 1 EnWG. Fraglich ist, ob diese Entscheidung der Regulierungsbehörde im Rahmen des besonderen Missbrauchsverfahrens Eingriffscharakter oder bloß feststellenden Charakter hat, da der § 31 EnWG selbst diesbezüglich keinerlei Vorgaben enthält. Denkbar und sachgerecht erscheint hier die entsprechende Anwendung der Be-

---

519 *Salje,* EnWG, § 30, Rn.35.
520 *Weyer,* in BK, Band 1, § 31 EnWG Rn. 2; *Höch/Goge,* RdE 2006, 340, 341.
521 *Weyer,* in BK, Band 1, § 31 EnWG Rn. 14 m.w.N.
522 *Weyer,* in BK, Band 1, § 31 EnWG Rn. 13;

fugnisse nach § 30 Abs. 2 EnWG[523]. Denn es ist nicht überzeugend, dass die Möglichkeiten der Regulierungsbehörde innerhalb des besonderen Missbrauchsverfahrens hinter denen des allgemeinen Missbrauchsverfahrens zurückbleiben sollen[524]. Da der § 31 EnWG als besonderes Missbrauchsverfahren als „lex specialis" zum allgemeinen Missbrauchsverfahren angesehen werden kann, sollte zumindest auch der Entscheidungsrahmen des allgemeinen Verfahrens Anwendung finden können[525]. Außerdem beziehen sich beide Vorschriften auf ein missbräuchliches Netzbetreiberverhalten, welches abgestellt werden soll. Würde der § 31 EnWG dagegen eine reine Feststellungsbefugnis verleihen, würde der Normzweck, nämlich missbräuchliches Verhalten wirksam abzustellen, nicht praktikabel erreicht. Dafür spricht auch die Intention des Gesetzgebers, wonach der § 31 EnWG ein besonderes Verwaltungsverfahren eröffnen soll, welches der zügigen Streitschlichtung dient[526]. Wäre zunächst eine Entscheidung nach § 73 Abs. 1 EnWG notwendig, die rein feststellenden Charakter hätte, müsste die Behörde im Anschluss daran ein Verfahren nach § 30 Abs. 2 EnWG einleiten, um eine Abstellungsverfügung erlassen zu können[527]. Die Zielsetzung des § 31 EnWG, eine effektive Beilegung des Streits herbeizuführen, würde hierdurch erheblich verlangsamt und dadurch die Aufsicht ineffektiv gemacht. Eine entsprechende Anwendung des § 30 Abs. 2 EnWG ist daher auch zur effektiven Abstellung eines Missbrauchs im Rahmen des § 31 EnWG zu bejahen.

(4) Verhältnis der Vorschriften untereinander

Das Verhältnis von § 30 und § 65 EnWG wird durch § 65 Abs. 4 EnWG bestimmt, der festlegt, dass § 30 Abs. 2 EnWG unberührt bleibt, so dass die Missbrauchsaufsicht unabhängig von der allgemeinen Aufsicht ist. Sobald also ein Missbrauch durch einen Netzbetreiber vorliegt, kann die Regulierungsbehörde sowohl nach § 30 Abs. 2 EnWG als auch nach § 65 EnWG vorgehen[528]. Bei Verstößen gegen die in § 30 Abs. 1 S. 2 EnWG genannten Normen, also auch gegen den Netzzugangsanspruch aus § 20 EnWG, wird die Regulierungsbehörde in der Regel aber auf § 30 Abs. 2 EnWG zurückgreifen[529]. Dieselbe Normenhierarchie muss für das Verhältnis von § 65 EnWG zu § 31 EnWG gelten, da wie

---

523 *Weyer,* in BK, Band 1, § 31 EnWG Rn. 17, BNetzA, 17.11.2006 – BK7-06-074 – Einzelbuchungsvariante, Umdruck S.71; BNetzA, 17.03.2007–BK6-06-071– Summenzähler; *Robert,* in Britz/Hellermann/Hermes, § 31 Rn. 3 und 25; *Antweiler/Nieberding,* NJW 2005, S. 3673, (3674).

524 *Weyer,* in BK, Band 1,§ 31 Rn. 17, BNetzA, 17.11.2006 – BK7-06-074 – Einzelbuchungsvariante, Umdruck S.71.

525 *Fischerauer,* Regulierung des Zugangs zu Speicheranlagen, S. 248 m.w.N.

526 BT-Drs. 15/3917, S. 63.

527 *Salje,* § 31 EnWG Rn. 16.

528 *Antweiler/Nieberding,* NJW 2005, S. 3673, (3674); *Weyer,* in BK, Band 1 § 30 Rn. 144; a.A. *Robert,* in Britz/Hellermann/Hermes, § 30 Rn. 12; *Salje,* EnWG, § 30, Rn.35.

529 *Weyer,* in BK, Band 1 § 30 EnWG Rn. 144.

oben dargelegt wurde, der § 30 Abs. 2 EnWG im Rahmen des § 31 EnWG entsprechend anzuwenden ist.

Das Verhältnis der §§ 30 und 31 zueinander wird zum einen durch die unterschiedlichen Anwendungsbereiche bestimmt. Zum anderen wird das Verhältnis in den Fällen, in denen der Anwendungsbereich identisch ist, also für den Fall der Zugangsverweigerung, auch dadurch bestimmt, dass sich § 31 EnWG - anders als § 30 EnWG - nicht darauf beschränkt, eine Eingriffsbefugnis der Regulierungsbehörde zu eröffnen, sondern ein Antragsverfahren vorsieht[530].

bb) Rechtsschutz gegen Entscheidung der Behörde

Gegen die von der Regulierungsbehörde getroffenen Entscheidungen kann gemäß §§ 75 Abs. 1, 78 Abs. 1 EnWG schriftlich Beschwerde innerhalb eines Monats eingereicht werden. Ebenso kann Beschwerde gemäß § 75 Abs. 3 EnWG gegen die Unterlassung einer beantragten Entscheidung durch die Regulierungsbehörde eingelegt werden. Der in den §§ 75-88 EnWG geregelte Rechtsschutz ist dem Rechtsschutzsystem des GWB nachgebildet worden[531]. Das bedeutet, dass trotz der Tatsache, dass das Beschwerdeverfahren dem Verwaltungsrechtsschutz dient, der § 75 Abs. 4 EnWG als abdrängende Sonderzuweisung i.S.v. § 40 Abs. 1 S. 1 VwGO den Rechtsschutz der ordentlichen Gerichtsbarkeit zuweist. Diese Zuweisung zu den Zivilgerichten soll vor allem für eine Verfahrensbeschleunigung sorgen[532]. Die Entscheidung über die Beschwerden obliegt hiernach ausschließlich dem für den Sitz der Regulierungsbehörde zuständigen Oberlandesgericht[533]. Die Entscheidung des Oberlandesgerichtes ergeht nach § 83 Abs. 1 EnWG durch Beschluss, der abhängig von dem Antrag des Beschwerdeführers entweder die angegriffene Entscheidung der Regulierungsbehörde aufhebt (Abs. 2) oder die Verpflichtung der Behörde, eine bestimmte Entscheidung zu erlassen (Abs. 4), aussprechen kann. Gegen diese Entscheidung ist, wenn das Gericht sie zugelassen hat, die Rechtsbeschwerde beim Kartellsenat des BGH gegeben (§ 86 Abs. 1 EnWG).

530 *Weyer,* in BK, Band 1 § 30 EnWG Rn. 143.
531 *Hanebeck,* Britz/Hellermann/Hermes, § 72 EnWG Rn. 5.
532 Begründung RegE BT-Drs. 15/3917, S. 71.
533 Das bedeutet für die Fälle, in denen die nationale Regulierungsbehörde zuständig ist, dass immer das OLG Düsseldorf das zuständige Gericht ist. Für den Fall, dass es sich um die Zuständigkeit einer Landesbehörde handelt, ist das OLG zuständig, in dessen Zuständigkeitsbereich die Regulierungsbehörde angesiedelt ist.

cc) Ordentliche Gerichtsbarkeit

Neben der Möglichkeit, die Regulierungsbehörde anzurufen, steht dem Petenten von vornherein auch der Weg zu den ordentlichen Gerichten offen. Gemäß § 102 Abs. 1 EnWG sind hierfür, ohne Rücksicht auf den Streitwert, stets die Landesgerichte ausschließlich zuständig. Da Rechtsstreitigkeiten im Hinblick auf den Netzzugang Handelssachen i.S.d. §§ 83 bis 114 GVG darstellen, sind hierfür speziell die Kammern für Handelssachen zuständig[534]. Wegen der Rechtsnatur des Zugangsanspruchs als unmittelbar gesetzlicher Anspruch kann der Netznutzungspetent entweder unmittelbar auf die Bereitstellung des Netzes klagen[535], oder er beantragt nach § 894 Abs. 1 ZPO die Verurteilung zur Abgabe einer Willenserklärung auf das vorher von ihm abgegebene konkrete Angebot[536], so dass mit Rechtskraft des Urteils die Fiktion der Abgabe einer Willenserklärung entsteht.

Als spezialgesetzliche Anspruchsgrundlage für zivilrechtliche Sekundäransprüche auf Beseitigung, Unterlassung oder Schadensersatz hat der Gesetzgeber § 32 EnWG eingeführt. Hiernach ist derjenige, der gegen eine Vorschrift der Abschnitte 2 und 3, gegen eine aufgrund der Vorschriften dieser Abschnitte erlassene Rechtsverordnung oder gegen eine auf Grundlage dieser Vorschriften ergangene Entscheidung der Regulierungsbehörde verstößt, dem Betroffenen zur Beseitigung einer Beeinträchtigung und bei Wiederholungsgefahr zur Unterlassung verpflichtet. Da eine vollständige Verweigerung des Netzzugangs, sofern sie dem objektiven Recht widerspricht, eine Beeinträchtigung im Sinne von § 32 Abs. 1 S. 1 EnWG darstellt[537], bietet sich der § 32 Abs. 1 EnWG neben den allgemeinen zivilrechtlichen Anspruchsgrundlagen im Falle der Netzzugangsverweigerung als einschlägige Anspruchsgrundlage für die Geltendmachung von Sekundäransprüchen an. Gegebenenfalls ist auch ein Kontrahierungszwang nach § 32 EnWG in den Fällen des verweigerten Netzzugangs denkbar, jedoch kommt eine positive Tenorierung nur dann in Betracht, wenn das rechtswidrige Verhalten auf andere Weise nicht vermieden werden kann[538].

2. Spanien

Für die Beantwortung der Frage, wie ein solcher Anspruch auf Netzzugang in Spanien durchgesetzt werden kann, muss zunächst für das spanische System geklärt werden, wie die einzelnen Zuständigkeiten geregelt sind (aa)); anschließend ist die tatsächliche Durchsetzung des Netzzugangsanspruchs (bb)) zu untersuchen.

---

534 *Theobald/Theobald,* Grundzüge des Energiewirtschaftsrechts, S. 288.
535 *Säcker/Boesche,* in BK, Band 1, § 20 EnWG Rn. 121.
536 *Säcker/Boesche,* in BK, Band 1, § 20 EnWG Rn. 121.
537 so auch *Salje,* EnWG, § 32, Rn.10.
538 *Weyer,* in BK, Band 1 § 32 EnWG Rn. 11, m.w.N.

a) Kompetenz

Als erstes muss - wie im deutschen Recht - eine Abgrenzung in sachlicher Hinsicht zum Kartellrecht erfolgen. Anders als in Deutschland wird die Anwendbarkeit des jeweiligen Gesetzes aber nicht durch eine mit dem § 111 EnWG vergleichbare Regelung gesetzlich geregelt. Die Abgrenzung erfolgt daher nach generellen Abgrenzungskriterien. Das bedeutet, es wird danach unterschieden, ob regulierende Funktionen mit sektorialer Reichweite auf vertikaler Ebene wahrgenommen werden, die das Wettbewerbsrecht komplementieren, oder ob es sich um eine eine horizontale Aufgabenwahrnehmung handelt. Im ersten Fall fällt es in den Zuständigkeitsbereich der instanziell zuständigen Regulierungsbehörde für den Energiesektor, und im zweiten Fall fällt es ausschließlich in den Bereich des Wettbewerbsrechtes und wird von der Wettbewerbskommission entschieden[539].

Diese Unterscheidung folgt der von der europäischen Kommission in ihrem Grünbuch aufgenommenen Prämisse, die als Abgrenzungskriterium ebenfalls herangezogen wird. Hiernach erfolgt die generelle Anwendung des Rechts aus *ex post* Sicht durch die Wettbewerbsbehörden,, nachdem ein Mißbrauch stattgefunden hat und *ex ante* durch Anwendung spezieller Normen durch die sektorspezifischen Behörden, um den Missbrauch durch entsprechende Maßnahmen im Vorfeld zu verhindern[540] Die Frage, ob ein Netzzugangsanspruch zu gewähren ist, kann regelmäßig als eine aus *ex ante* Sicht zu klärende Frage angesehen werden. Außerdem hat die Lösung einer Netzzugangsfrage regelmäßig nur regulierende Funktion für den Energiesektor, so dass die Regulierungsbehörde für den Energiesektor zuständig ist.

Zuständigkeiten, die über die Frage des *ex ante* zu klärenden Problems des begehrten Netzzugangs hinausgehen, insbesondere im Zusammenhang mit dem missbräuchlichen Verhalten eines Netzbetreibers, fallen dagegen, anders als in Deutschland, weiterhin in den Kompetenzbereich der Wettbewerbskommission. Das bedeutet, dass es eine über § 30 und § 31 EnWG ausdrücklich eingeführte *ex post* Missbrauchsaufsicht für die Regulierungsbehörde in Spanien nicht gibt.

Diese auf Basisregeln aufbauende Kompetenzverteilung, führte wegen der nicht immer eindeutigen Abgrenzung zu nicht wenigen Situationen, in denen die Behörden gegensätzliche Entscheidungen getroffen haben[541]. Diesem Problem sollte durch ein neues Wettbewerbsrecht „Ley de Competencia" (LDC) abgeholfen werden[542]. Art 17 LDC dieses im Juli 2007 in Kraft getretenen Gesetzes be-

---

539 Ausführlich hierzu *Bacigalupo Saggese,* Regulación, Tomo I, S. 127.
540 http://eur-lex.europa.eu/lexUriServ/site/es/com/2003/com2003_0270es01.pdf.
541 *Bacigalupo Saggese,* Regulación, Tomo I, S. 131.
542 Ley 15/2007, de 3 de juli, de Defensa de la Competencia.

stimmt nun, dass die unterschiedlichen Behörden in der Form zusammen zuarbeiten haben, dass solche sich widersprechenden Entscheidungen vermieden werden. An der grundsätzlichen Kompetenzverteilung änderte sich aber nichts. Als wichtigstes Argument für die Aufrechterhaltung dieser Kompetenzverteilung wurde interessanterweise die zu große Nähe der CNE zu den marktbeherrschenden Unternehmen des Energiesektors angeführt. Diese Nähe könnte nämlich zur Folge haben, dass wegen der Beeinflussung der CNE durch die Unternehmen keine Gleichbehandlung mehr gewährleistet wäre[543].

Neben dem nationalen Wettbewerbsrecht im Falle eines Missbrauchs wendet die Wettbewerbsbehörde ebenso wie in Deutschland Art. 102 AEUV an, um auf Missstände zu reagieren[544].

Diese Einordnung bedeutet also, dass für jeden Einzelfall eine Abgrenzung vorzunehmen ist, wobei diese nicht immer eindeutig ist. Zwar kann ein Netzzugang oftmals als ein Problem der *ex ante* Regulierung einzuordnen sein, jedoch gibt es insbesondere bei einer möglichen Diskriminierung über die Zugangsbedingungen, die nur zu einer mittelbaren Zugangserschwerung führt, Überschneidungstatbestände der wettbewerbsrechtlichen Missbrauchstatbestände und der sektorspezifischen Zugangsbeurteilungen. Abgrenzungsschwierigkeiten sind daher sehr gut vorstellbar.

Weiterhin ist fraglich, wem die sachliche Kompetenz für Streitigkeiten über den Netzzugangsanspruch zukommt. Für den Fall, dass es sich nach Anwendung der dargelegten Methode um einen als *ex ante* zu klärenden Sachverhalt handelt, der unter die Kompetenz der sektoralen Behörde fällt, handelt es sich bei dieser funktionell um die CNE. Dies ergibt sich daraus, dass unter der elften Zusatzbestimmungen des LH der spanische Gesetzgeber die Funktionen der CNE definiert hat und ihr unter Abs. 3 Punkt 13 die Kompetenz zum Lösen von Konflikten im Zusammenhang mit den Verträgen über den Zugang zum Gasnetz übertragen hat. Zusätzlich hierzu bestimmt Art. 5 Abs. 2 RD 949/2001, dass im Falle von Unstimmigkeiten über eine Geltendmachung des Zugangs oder bei verspäteter Entscheidung über einen beantragten Zugang der CNE die Kompetenz zur Lösung des Problems obliegt. Wenn es also grundsätzlich im Kompetenzbereich der Kommission liegt, die sektorspezifischen *ex ante* Maßnahmen zu treffen und unter solche Maßnahmen explizit die Verträge über den Zugang zum Gasnetz aufgeführt werden, kann für die grundsätzliche Frage, ob ein solcher Zugang zu gewähren ist, nichts anderes gelten. Dies ergibt sich zum einen aus den allgemeinen Überlegungen zur *ex ante* Kompetenz als auch aus der Ausgestaltung des Zugangsanspruchs, der wie oben gezeigt, als Kontrahierungszwang ausge-

543 *Bacigalupo Saggese,* Regulación, Tomo I, S. 136.
544 Vgl. Tribunal de Defensa de la Competencia, Resolución (Expte. 580/04, *Gas Natural*).

staltet ist. Besteht also der Anspruch auf Abschluss eines Vertrages und ist die CNE für die Lösung der Unstimmigkeiten im Zusammenhang mit diesen Verträgen zuständig, obliegt ihr damit in der Konsequenz automatisch auch die Kompetenz für die Lösung der grundsätzlichen Frage über das „Ob" des Netzzugangs.

Nachdem die Frage über die sachliche Zuständigkeit geklärt wurde, stellt sich die Frage der Abgrenzung des Kompetenzbereichs zwischen der nationalen und der regionalen Regulierungsbehörde. Zur Lösung dieser Frage nach der Kompetenzverteilung ist auf die in der spanischen Verfassung festgelegte Kompetenzverteilung zurückzugreifen. Gemäß Art. 149.1.13 der Verfassung ist der Staat für die Koordination und Planung der generellen ökonomischen Belange zuständig. Darüber hinaus besagt der Art. 149.1.22 der Verfassung, dass dem Staat ausschließliche Kompetenz über die Gesetzgebung, die Regelung und die Genehmigung von elektrischen Einrichtungen dann zusteht, wenn die Benutzung der Einrichtungen eine andere Region[545] betrifft oder der Transport der Energie über das Territorium der Region hinausgeht. Die spanische Verfassung besagt also, dass die staatliche Kompetenz immer dann einschlägig ist, wenn entweder Gasleitungen in andere Regionen hineinreichen, aber auch dann, wenn die Benutzung einer Gasleitung in einer Region Auswirkungen auf andere, außerhalb dieser Region liegende Netze hat. In diesen Fällen ist danach der Staat zuständig, der seine Kompetenz insoweit auf die nationale Regulierungsbehörde, die CNE, übertragen hat.

Zwar ist in Art. 149.1.22 der Verfassung nur vom Elektrizitätssystem die Rede, jedoch sind die Normen analog auf das Gassystem anzuwenden. Dies ist daraus abzuleiten, dass es für das Gassystem an einer solcher Regelung fehlt und die Interessenlage offensichtlich identisch ist. Eine solche analoge Anwendung wird auch in der spanischen Literatur angenommen[546]. Das bedeutet, dass die Kompetenz in der Gaswirtschaft u.a. immer dann bei den staatlichen Stellen liegt, sobald die Benutzung des Netzes Auswirkungen auf eine andere autonome Region hat.
Der Zugang zum Gassystem hat aufgrund der Ausgestaltung des Systems als „Entry-Exit"-System regelmäßig Auswirkungen auf das gesamte System bzw. geht regelmäßig über eine einzelne Region hinaus. Da der Netzzugang das Einspeisen und zeitgleiche Ausspeisen von Gas an einer anderen Stelle meint, ist eine Beeinflussung des gesamten Netzes aufgrund von Ausgleichsmechanismen nämlich grundsätzlich möglich. Aufgrund dieser Tatsache fällt die Kompetenz

545 Eine autonome Region in Spanien ist in etwa vergleichbar mit einem deutschen Bundesland.
546 *Galancha Marzana*, Manual del Sector de Hidrocaburos Art. 3 S. 61.

für Netzzugangsansprüche regelmäßig dem Staat[547] und damit der nationalen Regulierungsbehörde CNE zu.

b) Tatsächliche Durchsetzung

Für die tatsächliche Durchsetzung des Netzzugangsanspruchs im spanischen Recht ist zunächst – wie oben erläutert - klarzustellen, dass das spanische LH im Hinblick auf den Netzzugang, anders als in Deutschland, keinen Doppelcharakter besitzt, sondern nach eigenem Verständnis ausschließlich dem öffentlichen Recht zuzuordnen ist[548]. Zwar ist der Vertrag zwischen dem jeweiligen Netzbetreiber und dem Petenten zivilrechtlicher Natur und unterfällt damit materiell dem Privatrecht[549], sobald jedoch die Notwendigkeit der Durchsetzung besteht,- sei es wegen der Zugangsverweigerung oder aufgrund andere Differenzen zwischen den Parteien -, handelt es sich um eine öffentlich-rechtliche Streitigkeit. Der Fall eines verweigerten Netzzugangs wird daher nur von der zuständigen Behörde, nicht aber von den Zivilgerichten entschieden. Zwar erscheint trotz der Einordnung als öffentlich-rechtlicher Anspruch wegen der vertraglichen Beziehung zwischen Netzbetreiber und Petent auch eine Streitentscheidung vor den Zivilgericht möglich, diese Frage wird allerdings in der Praxis nicht näher untersucht.

Um einen begehrten Anspruch auf Netzzugang durchzusetzen, muss - wie oben beschrieben - zunächst ein Antrag beim entsprechenden Netzbetreiber gestellt werden. Wenn auf einen solchen Antrag keinerlei Reaktion folgt oder der Antrag abgelehnt wird, kann sich der Zugangspetent gemäß Art. 5 Abs. 2 RD 949/2001 innerhalb eines Monats ab Bekanntgabe schriftlich an die CNE wenden, damit diese eine Entscheidung trifft. Diese wiederum entscheidet, ob dieser Anrufung innerhalb von drei Monaten ab Zeitpunkt des Eingangs der Anrufung nach Art. 5 Abs 2 RD 949/2001 i.V.m. Art. 15 Abs. 2 RD 1339/1999 i.V.m. der elften Zusatzbestimmung Abs. 3 Punkt 13 LH entsprochen wird.

Dasselbe Verfahren gilt nach Art. 6 Abs. 1 Unterabsatz 4 RD 949/2001 für den Fall, dass die verpflichtende Anfrage zwar positiv beantwortet wurde, das darauf folgende Vertragsangebot jedoch nicht in der vorgeschriebenen Zeit unterschrieben wurde.
Diese Entscheidung durch die CNE hat jedoch allein feststellenden Charakter[550]. Anders als in Deutschland besitzt die CNE nämlich keine Kompetenz dergestalt, dass sie einen Netzbetreiber zur Abstellung der Zuwiderhandlung verpflichten

547 Anders beim Anspruch auf Netzanschluss, siehe hierzu Kapitel 2. F. II. 2.
548 Kapitel 2. A. III. 2.
549 Siehe hierzu unter Kapitel 2. III. 2.
550 Ausdrücklich sagt das Gesetz dieses zwar nicht, es ergibt sich jedoch aus der Formulierung „se reconoce el derecho el derecho de acceso“ „das Recht auf Zugang wird anerkannt“).

kann, und erst recht mangelt es ihr an der Kompetenz, einem Netzbetreiber konkrete Maßnahmen zur Missbrauchsbeseitigung anzuordnen. Solche Kompetenzen der Regulierungsbehörde für positive Verhaltensanordnungen sieht das spanische System somit – anders als in Deutschland - nicht vor. Der CNE verbleibt folglich lediglich das Recht, die Rechtswidrigkeit der Netzzugangsverweigerung festzustellen.

Weitergehende Maßnahmen zur Durchsetzung ihrer Entscheidung stehen der CNE nicht zu.
Zwar sieht das LH grundsätzlich Sanktionsmöglichkeiten bis hin zu einer Strafzahlung von 30. Millionen € nach Art. 113 LH für den Fall einer Zuwiderhandlung gegen eine Entscheidung der CNE gemäß Art. 109 Abs. 1 lit. g) LH sowie für ungerechtfertigte Verneinung eines Netzzugangs nach Art. 109 Abs. 1 lit. r) LH vor. Diese Sanktionen anzuordnen liegt jedoch außerhalb der Kompetenz der CNE. Nach Art. 116 Nr. 2 LH ist hierzu nur der Ministerrat auf Vorschlag der CNE befugt. Der CNE fehlt es somit an einer eigenen (unmittelbaren) Durchsetzungsmöglichkeit, um ggf. dem Netzzugangspetenten zu seinem Recht zu verhelfen. Sie hat lediglich ein Vorschlagsrecht.

Gegen die von der Kommission getroffene Entscheidung kann jede der betroffenen Parteien gemäß der elften Zusatzbestimmung Abs. 3 Punkt 18 Nr. 5 S. 1 LH i.V.m Art. 2 Abs. 2 S. 1 RD 1339/1999 Widerspruch beim Ministerium für Industrie, Tourismus und Handel einlegen. Die hierfür einzuhaltende Frist beträgt wiederum einen Monat ab Bekanntgabe gemäß Art. 115 Abs. 1 Ley 30/1992. Nach Eingang des Einspruchs entscheidet das Ministerium innerhalb einer Frist von drei Monaten ab Eingang des Einspruchs nach Art. 115 Abs. 2 Ley 30/1992.

Die Entscheidungen des Ministeriums als oberste Bundesbehörde beendet grundsätzlich das behördliche Vorverfahren nach Art. 111 Ley 30/1992, mit der Folge, dass nach Art. 11 Abs. 1 lit. a) 2. Alt. des Ley 29/1998 in diesen Fällen Anfechtungsklage beim zentralen Verwaltungsgericht der „Audiencia Nacional" eingereicht werden kann. Alternativ dazu besteht auch noch die Möglichkeit, nach Art. 116 Ley 30/1992 eine nochmalige behördliche Überprüfung durch das Ministerium zu beantragen. Diese in Deutschland unbekannte Möglichkeit stellt eine kostengünstigere Variante dar, mit der der Behörde abermals die Möglichkeit eröffnet wird, ihre Entscheidung zu überprüfen. Aufgrund der geringen Erfolgsaussichten und der langen Verfahrensdauer wird hiervon allerdings nur in sehr seltenen Fällen Gebrauch gemacht.

Falls der Klage durch die „Audencia Nacional" nicht stattgegeben wird, besteht noch die Möglichkeit der Parteien, als letzte Instanz das spanische Verfassungsgericht, das so genannte „Tribunal Supremo" nach Art. 86 Nr. 1 Ley 29/1998 anzurufen, um das Recht auf Netzzugang durchzusetzen. Das „Tribunal Supremo" beendet mit seinem Urteil den Instanzenzug.

Sobald dem Zugangspetenten das Recht auf Zugang durch die CNE zugesprochen wurde und entweder kein Widerspruch gegen die Entscheidung eingelegt wurde, oder alle zur Verfügung stehenden Rechtsmittel erfolglos geblieben sind, ist dem Zugangspetenten der Zugang zu gewähren[551].
Ein besonderes Problem bei der Durchsetzung des Netzzugangsanspruchs kann entstehen, sobald die Kompetenzen zur Entscheidung über Netzzugang und Netzanschluss unterschiedlich verteilt sind. Wie erläutert, steht die Kompetenz über den Netzzugang regelmäßig der CNE zu. Der Netzanschluss unterliegt dagegen in Bezug auf die Verteilernetzebene[552] der Kompetenz einer der 17 autonomen Regionen[553]. Aufgrund dieser Tatsache können widersprüchliche Entscheidungen bezüglich des Netzzugangs und des Anspruchs auf Netzanschluss ergehen. In dem Fall, in dem die CNE positiv über einen Netzzugang entscheidet und die autonome Region, in welcher der Anschluss hergestellt werden soll, einen Anspruch auf Anschluss nicht anerkennt, stellt sich die Frage, wie diese Diskrepanz und die damit verbundene Rechtsunsicherheit zu lösen ist. Aufgrund der Tatsache, dass eine solch unterschiedliche Kompetenzverteilung nur in den Fällen auftreten kann, in denen der Zugang zum Verteilernetz begehrt wird und ein solcher Zugang im Gasbereich eher selten begehrt wird, ist ein solches Problem in der Praxis bislang nicht aufgetreten. Im Vergleich dazu wurde dieses Problem im Elektrizitätsbereich, bei dem ein solches Auseinanderfallen der Kompetenzen wegen vieler Anfragen von Produzenten erneuerbarer Energien häufig auftrat, durch die Neufassung des Gesetzes für den Elektrizitätssektor gelöst[554]. Art. 42 Abs. 2 LSE besagt nunmehr, dass, bevor der Netzzugang zum Verteilernetz beantragt werden kann, bereits ein Netzanschluss bestehen muss. Eine vergleichbare Regelung wurde für den Gassektor allerdings bislang nicht eingeführt. Vermutlich sah der Gesetzgeber im Gassektor keine Notwendigkeit, da in der Praxis keinerlei Probleme auftraten. Wie sich dieses Problem durch die

551 Vor dem Hintergrund des dritten Richtlinienpakets und der dortigen Regelung in Art. 41 Abs. 4 lit a) und d) GasRL, nach denen die Regulierungsbehörde die Befugnis haben muss, bindende Entscheidungen zu treffen (lit. a)) und gemäß lit. d) Sanktionen verhängen zu können, bzw. diese einem zuständigen Gericht vorzuschlagen, steht fest, dass diesbezüglich Nachholbedarf besteht und der spanische Gesetzgeber angehalten ist, diese Kompetenzlücke zu schließen. Trotz der Tatsache, dass die CNE nur feststellende Verwaltungsakte erlassen kann, lässt sich jedoch festhalten, dass das bisherige System auch ohne eigene Sanktionsmöglichkeit für eine Befolgungen der Entscheidungen durch die CNE funktioniert hat, da bis zum Jahre 2010 keinerlei Fälle aufgetreten sind, bei denen einem Petenten sein zugesprochenes Recht im Anschluss an den feststellenden Verwaltungsakt nicht eingeräumt wurde.

552 Siehe unter Kapitel 2. F. II. 2.

553 Aus Gründen der Übersichtlichkeit werden die speziellen Regelungen der Balearen und der Kanaren die eigenständige autonome Regionen bilden, sowie der beiden Städte Ceuta y Mellila, welche unabhängige spanische Städte darstellen, nicht näher behandelt.

554 Ley 54/1997, de 27 de Noviembre, del Sector Eléctrico, modificada por la Ley 17/2007.

Verbreitung der Nutzung von Biogas und der damit verbundenen Notwendigkeit des Anschlusses an ein regionales Verteilernetz entwickeln wird, ist abzuwarten. Festzuhalten bleibt, dass der CNE faktisch keinerlei Handhabe im Bereich des Netzanschlusses auf Verteilerebene gegeben ist, da diese ausschließlich den autonomen Regionen zusteht.

XI. Zwischenfazit

Bei der Möglichkeit, einen bestehenden Zugangsanspruch durchzusetzen, zeigen sich beträchtliche Unterschiede in den Konzeptionen des deutschen und spanischen Rechts. Zunächst ist erneut darauf hinzuweisen, dass das Energierecht in Deutschland einen Doppelcharakter besitzt, so dass ein Zugangsanspruch sowohl vor der Regulierungsbehörde, als auch dem Zivilgericht geltend gemacht werden kann. Eine solche „Doppellösung" kennt das spanische Energierecht dagegen nicht. Beim Energierecht handelt es sich in Spanien um ein rein öffentlich-rechtliches Rechtsgebiet. Dies führt dazu, dass in Spanien die Durchsetzung des Netzzugangsanspruchs vor einem Zivilgericht weder in der Theorie, noch in der Praxis eine Rolle spielt.

Des Weiteren fehlt es in Spanien an einer klaren Abgrenzungsregelung zum Wettbewerbsrecht, wie sie in Deutschland durch § 111 EnWG getroffen wurde. Die Zuweisung einer allgemeinen und speziellen Missbrauchsaufsicht zum Kompetenzbereich der sektorspezifischen Regulierungsbehörde, wie sie in Deutschland durch das EnWG eingeführt wurde, ist dem spanischen Energierecht bis heute fremd. Das bedeutet, dass sich die Abgrenzung rein nach allgemeinen Grundsätzen vollzieht. Die *ex post* Aufsicht steht daher ausschließlich den Wettbewerbsbehörden zu. Die Regulierungsbehörde ist auf die *ex ante* Betrachtung und Feststellung des Zugangsanspruchs durch Verwaltungsakt beschränkt. Diese nicht immer eindeutige Zuordnung kann im Einzelfall zu einer gewissen Rechtsunsicherheit für den Petenten führen, und ist für eine wirksame Zugangsgewährung für den jeweiligen Petenten alles andere als hilfreich.

Darüber hinaus steht der Regulierungsbehörde in Deutschland nach § 30 Abs. 2 EnWG eine besondere Eingriffsermächtigung zur Verfügung, die die Regulierungsbehörde in die Lage versetzt, den Anlagenbetreiber bei rechtswidriger Zugangsverweigerung dazu zu verpflichten, die Anlage für den Petenten zu öffnen. Eine solche Möglichkeit einer positiven Verhaltensanordnung besteht in Spanien nicht. Die Regulierungsbehörde ist darauf beschränkt, einen feststellenden Verwaltungsakt zu erlassen, mit dem das Recht des Petenten festgestellt werden kann. Selbst wenn ihr daher gewisse Kompetenzen im Zusammenhang mit einer Missbrauchsaufsicht zuständen, könnten diese daher nur mit dem „stumpfen" Schwert des feststellenden Verwaltungsaktes durchgesetzt werden. Darüber hinaus kann in Spanien - anders als in Deutschland - die Entscheidung der Regulierungsbehörde nicht unmittelbar gerichtlich überprüft werden, da zunächst Widerspruch beim Ministerium für Industrie, Tourismus und Handel eingelegt werden muss.

Diese gewichtigen Unterschiede in den beiden Rechtssystemen - vor allem im Hinblick auf die Eingriffsmöglichkeiten der Regulierungsbehörde - lassen den Petenten in Spanien im Vergleich zu Deutschland schutzlos erscheinen. Diese Schlussfolgerung ist allerdings nur solange sachgerecht, als man sich auf eine solch theoretische Betrachtungsweise beschränkt. Die Praxis in Spanien hat nämlich gezeigt, dass auch ein feststellender Verwaltungsakt durch die Regulierungsbehörde durchschlagende Wirkung erzielt. Seit Einführung der Liberalisierung ist zumindest kein Fall bekannt, bei dem der Adressat eines solchen Verwaltungsaktes der getroffenen Feststellung nicht fristgerecht durch Gewährung des Zugangs nachgekommen ist. Die mangelnden Kompetenzen der Regulierungsbehörde in Spanien scheinen daher eher ein theoretisches Problem zu sein als ein tatsächliches Hindernis in der Praxis für die Einführung eines funktionierenden Zugangsanspruches zum spanischen Gasnetz.

Trotz dieses bislang wirksamen Funktionieren in der Praxis wäre für die Rechtssicherheit der Petenten eine weitergehende Eingriffsmöglichkeit der Regulierungsbehörde, ebenso wie eine klare Abgrenzung zum Wettbewerbsrecht wünschenswert, und für eine Angleichung der einzelnen nationalen Rechtssysteme hilfreich.

B. Vertragliche Ausgestaltung des Zugang zu den Gasversorgungsnetzen

Nachdem die tatsächlichen und rechtlichen Voraussetzungen für den Netzzugang und dessen Durchsetzung in Deutschland und Spanien dargestellt wurden, werden nachfolgend die jeweiligen vertraglichen Ausgestaltungen beschrieben und miteinander verglichen.

I. Verträge

1. Deutschland

Zwar ergibt sich das Recht auf Netzzugang in Deutschland unmittelbar aus dem Gesetz, jedoch treffen die Parteien im Regelfall eine vertragliche Regelung über den Netzzugang[555]. Nach § 20 Abs. 1 lit. b) S. 2 EnWG ist grundsätzlich ein Einspeisevertrag und gemäß § 20 Abs. 1 lit. b) S. 3 EnWG ein Ausspeisevertrag bzw. gemäß § 20 Abs. 1 lit.) b S. 4 EnWG ein Ausspeiserahmenvertrag notwendig. Darüber hinaus ist ein so genannter Bilanzkreisvertrag zwingend erforder-

555 *Säcker,* Handbuch zum deutsch-russischen Energierecht, S. 529.

lich. Konkretisiert werden diese Verträge durch die GasNZV. Nach § 3 Abs. 1 S. 1 GasNZV sind in diesen Verträgen die jeweiligen Rechte und Pflichten einschließlich des zu entrichtenden Entgelts zu regeln. Darüber hinaus sieht § 3 Abs. 1 S. 2 GasNZV vor, dass für den Fall, dass ein Transportkunde ausschließlich Handel am virtuellen Handelspunkt treiben möchte, dieser zumindest einen Bilanzkreisvertrag mit dem jeweiligen Marktgebietsverantwortlichen abschließen muss. Sowohl die Fernleitungsnetzbetreiber (§ 3 Abs. 3 GasNZV) als auch die Betreiber der örtlichen Gasverteilernetze (§ 3 Abs. 4 GasNZV) sowie die Marktgebietsverantwortlichen (§ 3 Abs. 2 GasNZV) haben hierfür standardisierte Verträge anzubieten. Diesen Verträgen müssen allgemeine Geschäftsbedingungen zu Grunde gelegt werden. Die Mindestangaben hierfür finden sich in § 4 GasNZV.

a) Einspeisevertrag

Der notwendige Einspeisevertrag muss vom Transportkunden und von demjenigen Netzbetreiber geschlossen werden, in dessen Netz erstmalig Gas in das Marktgebiet eingespeist wird[556]. Diese Parteien vereinbaren als Hauptleistungspflichten[557] des Einspeisenetzbetreibers die Pflicht zur Vorhaltung der gebuchten Kapazität bis zum virtuellen Handelspunkt und als Pflicht des Transportkunden, ein entsprechendes Entgelt für die Vorhaltung zu leisten[558]. Der Transportkunde zahlt im Rahmen des Einspeisevertrages daher nur die Einspeisekapazität in das Fernleitungsnetz. Mit Abschluss des Vertrages erhält der Transportkunde das Recht, Gas in ein Marktgebiet einzuspeisen, wodurch der virtuelle Handelspunkt des jeweiligen Marktgebietes erreicht wird und das Gas nach KoV III übertragen werden kann[559]. Gleichzeitig wird er verpflichtet, die von ihm normierte Gasmenge am vereinbarten Einspeisepunkt bereitzustellen. Der Fernleitungsnetzbetreiber wiederum hat die Pflicht, die vom Transportkunden am Einspeisepunkt bereitgestellte Menge zu übernehmen und am virtuellen Handelspunkt zeitgleich und wärmeäquivalent zur Übergabe bereit zu halten. Der Transportkunde hat wiederum die Pflicht, diese Menge zu übernehmen[560].

Fraglich ist, wie ein solcher Vertrag abgeschlossen wird. Bislang kam der Vertrag mit der Annahmeerklärung des Petenten auf das verbindliche Angebot

---

556 Für den Fall der Einspeisung von Biogas ist der Verteilernetzbetreiber der richtige Vertragspartner für den Einspeisevertrag.

557 Diejenigen Pflichten, die die essentiellen Leistungspflichten der Vertragsparteien darstellen und den jeweiligen Vertragstyp charakterisieren siehe, *Larenz/Canaris,* Lehrbuch des Schuldrechts, § 2 I,

558 *De Wyl/Müller-Kirchenbauer/Thole,* Schneider/Theobald, Recht der Energiewirtschaft 2008 § 15, Rn. 507.

559 *De Wyl/Müller-Kirchenbauer/Thole*, Schneider/Theobald, Recht der Energiewirtschaft 2008 a.a.O.

560 *De Wyl/Müller-Kirchenbauer/Thole*, Schneider/Theobald, Recht der Energiewirtschaft 2008 a.a.O.

durch den Netzbetreiber zustande (vgl. § 18 Abs. 1 GasNZV a.F.)[561]. Nach dem Inkrafttreten der neuen GasNZV muss zwischen den Kapazitäten, die im Versteigerungsverfahren vergeben werden, und denjenigen, die weiterhin in der zeitlichen Reihenfolge vergeben werden, unterschieden werden. Für die untertägigen Kapazitäten und die unterbrechenbaren Kapazitäten (§ 13 Abs. 1 S. 3 GasNZV), sowie für die Kapazitäten zur Einspeisung aus Speicher-, Produktions- oder LNG-Anlagen sowie aus Anlagen zur Einspeisung von Biogas in das Fernleitungsnetz (§ 13 Abs. 3 GasNZV) gilt wegen des „first-come-first-served" Vergabeverfahrens, dass diese weiterhin durch die Annahmeerklärung des Transportkunden zustande kommen. Bei allen weiteren festen Kapazitätsbuchungen, die eine über einen Tag hinaus gehende Laufzeit haben, kommt der Vertrag gemäß § 156 BGB mit Zuschlag bei der Versteigerung zustande[562].

b) Ausspeisevertrag

Vertragsparteien des Ausspeisevertrages sind auf der einen Seite der Transportkunde und auf der anderen Seite der Netzbetreiber, aus dessen Netz die Ausspeisung erfolgen soll. Ausspeisung bedeutet die physische Entnahme aus dem Netz des jeweiligen Netzbetreibers[563]. Hauptleistungspflichten des Vertrages sind zum einen die Verpflichtung des Ausspeisenetzbetreibers, die gebuchte Kapazität am Ausspeisepunkt vor zuhalten, sowie zum anderen die Zahlung eines Entgeltes durch den Transportkunden. Damit der Ausspeisenetzbetreiber die gebuchten Kapazitäten übergeben kann, schuldet er den Netzzugang, ggf. auch für alle vorgelagerten Netze, bis hin zum virtuellen Handelspunkt des Marktgebietes, an dem das Gas auf Basis des Einspeisevertrages vorgehalten wird[564]. Das heißt, dass im Gegensatz zum Einspeisevertrag, der nur die Einspeisekapazität in das Fernleitungsnetz bis zum virtuellen Handelspunkt umfasst, der Ausspeisevertrag auch die gesamte restliche Nutzung der nachfolgenden Netze beinhaltet.

Das vom Transportkunden zu zahlende Entgelt setzt sich dementsprechend aus den abgewälzten Netzentgelten der vorgelagerten Netzbetreiber sowie dem einheitlichen (Briefmarke) Entgelt des Ausspeisenetzbetreibers zusammen.

Als spezielle Form des Ausspeisevertrages kann nach § 20 Abs. 1 lit. b) S. 4 EnWG ein so genannter Lieferantenrahmenvertrag abgeschlossen werden. Dieser berechtigt nach § 3 Abs. 4 S. 2 GasNZV Transportkunden dazu, die Netze innerhalb eines Marktgebietes ab dem virtuellen Handelspunkt bis zur „*Ausspei-*

---

561 Anders siehe KOV III, Anlage 3 § 5 und § 7 wonach der Vertrag durch die Bestätigung des Netzbetreibers auf das verbindliche Angebot des Petenten zustande kommt.

562 Ausführlich zum Vertragsschluss im Rahmen einer Versteigerung siehe *Kramer,* in Münch/Komm, § 156 BGB.

563 *Brodkorb,* BK, Bd. 1, § 24 Anh.C, § 2 R. 5 GasNZV.

564 *De Wyl/Müller-Kirchenbauer/Thole,* Schneider/Theobald, Recht der Energiewirtschaft 2008 § 15, Rn. 511; *Arndt,* Britz/Hellermann/Hermes, § 20 EnWG, Rn. 147.

sung von Gas an Ausspeisepunkten" innerhalb der örtlichen Verteilernetze zu nutzen. Auf eine Bezugnahme auf eine konkrete Entnahmestelle kann in einem solchen Fall verzichtet werden. Durch dieses Konstrukt zur Vereinfachung von Massengeschäften wird vermieden, dass der Lieferant für jeden Kunden einen gesonderten Vertrag mit dem Netzbetreiber abschließen muss und ermöglicht den Abschluss eines Rahmenvertrages, in welchem die gegenseitigen Rechte und Pflichten festgelegt werden. Die einzelnen Entnahmestellen werden als Kundenliste im Anhang des Vertrages geführt und können ohne einen Neuabschluss des Vertrages aktualisiert werden[565].

c) Bilanzkreisvertrag

Neben dem Ein- und Ausspeisevertrag ist in jedem Fall auch ein Bilanzkreisvertrag abzuschließen. Die Zuordnung der jeweiligen Ein- und Ausspeisepunkte zu einem Bilanzkreis ist nämlich unabdingbare Voraussetzung für die Ein- bzw. Ausspeisung von Gas. Anders als im missverständlich formulierten § 3 Abs. 2 Nr. 3 GasNZV a.F. wird der Bilanzkreisvertrag jedoch nicht mehr zwingend als Teil des Ein-, oder Ausspeisevertrages erwähnt. Er bleibt jedoch zwingende Voraussetzung für den Abschluss dieser Verträge. § 3 Abs. 2 GasNZV legt nunmehr fest, dass die Marktgebietsverantwortlichen dem Bilanzkreisverantwortlichen standardisierte Bilanzkreisverträge anzubieten haben. Das heißt, dass ein solcher Vertrag zwischen dem Bilanzkreisverantwortlichen und dem Marktgebietsverantwortlichen abzuschließen ist. Darüber hinaus bestimmt § 3 Abs. 1 GasNZV, dass ein Transportkunde dann, wenn er ausschließlich den Handel mit Gas am virtuellen Handelspunkt beabsichtigt, verpflichtet ist, wenigstens einen Bilanzkreisvertrag mit dem Marktgebietsverantwortlichen abzuschließen. Der Transportkunde wird in einem solchen Fall folglich automatisch Bilanzkreisverantwortlicher. Vertragspartner des Bilanzkreisvertrages ist demnach auf der einen Seite der für das Marktgebiet verantwortliche Netzbetreiber (§ 20 Abs. 1 Nr. 3 GasNZV) und auf der anderen Seite der Bilanzkreisverantwortliche. Der einzelne Transportkunde hat grundsätzlich nun das Wahlrecht, selbst im eigenen Namen in der Funktion als Bilanzkreisverantwortlicher einen Bilanzkreisvertrag abzuschließen oder einen Dritten hiermit zu beauftragen[566]. Dieser Dritte wiederum berechtigt anschließend den Transportkunden dazu, seine Ein- und Ausspeisepunkte in seinen Bilanzkreis einzubringen. Bei dem Dritten muss es sich nicht mehr, wie noch in § 31 Abs. 3 S. 2 GasNZV a.F. festgelegt, um einen Transportkunden handeln. Nach § 2 Nr. 5 GasNZV kann dies vielmehr jede natürliche oder juristische Person sein, die sich nach § 6 Abs. 2 GasNZV beim Marktgebietsverantwortlichen hat registrieren lassen. Mit dieser Klarstellung reagierte der Verordnungsgeber auf die Anforderungen der Praxis und der Formulierung

565 *De Wyl/Müller-Kirchenbauer/Thole,* Schneider/Theobald, Recht der Energiewirtschaft 2008 § 15, Rn. 516.

566 KoV III, § 20 Anlage 3.

in § 20 der KoV III, die auch von einem „Dritten" spricht. Es ist daher nur sachgerecht, dass nach Registrierung beim Marktgebietsverantwortlichen auch ein unabhängiger Dienstleister mit den Aufgaben des Bilanzkreisverantwortlichen bestimmt werden kann. Welche Voraussetzungen für eine Registrierung beim Marktgebietsverantwortlichen einzuhalten sind, wird von dem Marktgebietsverantwortlichen nach § 4 Abs. 3 Nr. 5 GasNZV in den für den Bilanzkreis notwendigen vorgeschriebenen Allgemeinen Geschäftsbedingungen (§ 4 Abs. 2 GasNZV) geregelt. Welcher konkrete Inhalt hierbei einzuhalten ist, kann nach § 50 Abs. 1 Nr. 3 GasNZV durch eine Entscheidung der Regulierungsbehörde bestimmt werden.

In dem Fall, dass der Transportkunde Teil eines anderen Bilanzkreises sein möchte[567], der innerhalb desselben Marktgebietes liegt, kann sein Bilanzkreis ein Unterbilanzkreis eines anderen Bilanzkreises nach § 22 Abs. 2 S. 2 GasNZV bilden. Wie viele Transportkunden letztlich ihr Portfolio innerhalb eines Bilanzkreises verwalten lassen, spielt keine Rolle. Entscheidend ist vor allem, dass nach § 22 Abs. 1 S. 4 GasNZV jeder Transportkunde jeden der von ihm genutzten Ein- und Ausspeisepunkte eindeutig einem Bilanzkreis zuordnen kann.

Außerdem ist nach § 22 Abs. 1 S. 4 GasNZV der virtuelle Handelspunkt des Marktgebietes, in dem sich der Bilanzkreis befindet, Bestandteil jedes Bilanzkreises. Hierdurch soll die Liquidität des Gasmarktes gesteigert werden, da über die Übertragung von Gasmengen von einem Bilanzkreis in den anderen die Möglichkeit des Gashandels besteht und so die Wettbewerbssituation verbessert werden soll[568].

Inhalt des Bilanzkreisvertrages ist nach Anlage 3 § 17 KoV III „der Ausgleich und die Abrechnung von Differenzen zwischen den zugeordneten ein- und ausgespeisten Gasmengen, die Übertragung von Gasmengen zwischen Bilanzkreisen über einen virtuellen Ein- und Ausspeisepunkt sowie die Abwicklung der dazu notwendigen Kommunikationsprozesse". Der Bilanzkreisvertrag bildet demnach zum einen die Schnittstelle zwischen Ein- und Ausspeisevertrag, zum anderen ermöglicht er die Übertragung von Gasmengen zwischen unterschiedlichen Bilanzkreisen über den Virtuellen Handelspunkt. Die über diesen Mindestinhalt konkretisierenden Regelungen werden in den AGB`s des jeweiligen Vertrages festgehalten und deren Mindestinhalt wird in § 4 Abs. 2 GasNZV festgelegt[569].

---

567 Möglicherweise wegen der besseren Saldierungsmöglichkeiten.
568 BT-Drs. 312/10, Begründung zur Verordnung zur Neufassung von Vorschriften auf dem Gebiet des EnWG sowie des Bergrechts zu § 22 GasNZV S. 83.
569 Ausführlich zur praktischen Bilanzierung siehe unter Kapitel 1. C.4. c) aa) (5).

2. Spanien

Da der Anspruch auf Netzzugang in Spanien als Kontrahierungszwang ausgestaltet ist, wird der Zugang in jedem Fall vertraglich gewährt. Ebenso wie in Deutschland basiert das spanische Zugangssystem auf dem „Enty-Exit"-Modell. Die vertragliche Ausgestaltung für den Zugang zum Leitungssystem vollzieht sich daher grundsätzlich ebenfalls in Form eines Ein- und eines Ausspeisevertrages. Nach Art. 6 Abs. RD 949/2001 ist jedoch nur von „dem Vertrag", also einem einzelnen Vertrag die Rede. An diesen soll ein „Annex" („Anexo") angehängt werden, in dem die Ausspeisepunkte festgelegt werden. Dies legt die Vermutung nahe, dass nur ein Vertrag zu schließen ist. Die Praxis hat jedoch gezeigt, dass tatsächlich zwei Verträge, ein Ein- und ein Ausspeisevertrag, abgeschlossen werden.

Neben den Verträgen, die erforderlich sind, um Gas durch das Leitungsnetz zu transportieren, müssen gegebenenfalls noch weitere Verträge mit den Betreibern der Untertagespeicheranlagen und/oder der LNG-Anlagen abgeschlossen werden. Insbesondere der Vertrag mit den LNG-Anlagenbetreibern ist von großer Bedeutung, da in Spanien der Großteil des Gases über den Seeweg importiert wird und das importierte Gas entladen und wiederverdampft werden muss, bevor es zu einer Einspeisung in das Leitungsnetz kommt,

Das RD 949/2001 enthält in Art. 7 die formell und materiell einzuhaltenden Mindestvoraussetzungen für die abzuschließenden Verträge. Außerdem legt Art. 7 Abs. 3 RD 949/2001 fest, dass die CNE Musterverträge entwickelt, welche vom Ministerium für Industrie, Handel und Tourismus durch Ministerialerlass vom 24. Juni 2002 genehmigt wurden[570]. Diese Standardverträge enthalten die vertraglichen Mindestanforderungen und sind diesbezüglich für die beteiligten Parteien verbindlich, da sie aufgrund einer Ministerialerlasses ergangen sind[571].

a) LNG Anlage

Aufgrund der Besonderheit des spanischen Erdgasmarktes nimmt der Vertrag mit dem Betreiber der LNG-Anlagen einen besonderen Stellenwert ein. Dies ergibt sich daraus, dass, um einen Einspeisevertrag mit dem jeweiligen Netzbetreiber abschließen zu können, in den meisten Fällen der Übergang von einer LNG-Anlage zum Leitungsnetz notwendig ist. Da jedoch nicht immer die gesamte gebuchte Kapazität in das angeschlossene Leitungsnetz überführt wird, sei es, weil es als LNG auf Lastwagen weiter transportiert wird oder sei es, dass an-

570 Resolucíon general de politica energética y minas por la que se aprueban los modelos normalizados de solicitud y los modelos normalizados de contratción, para el acceso por terceros a las instalaciones gasistas. www.cne.es.
571 *Pérez de Ayala,* Regulación, Tomo II, S. 1328 oben.

dere Händler die Kapazitäten ab Übergang zum Leitungsnetz gekauft haben, ist zunächst gemäß Art. 6 Abs. 1 S. 2 RD 949/2001 ein Vertrag zwischen dem Händler oder dem direktem Verbraucher mit dem jeweiligen LNG-Anlagenbetreiber notwendig. Der Vertrag kommt durch Annahmeerklärung des Anlagenbetreibers zustande, welche spätestens 24 Tage nach der positiven Antwort auf die verbindliche Anfrage erklärt werden muss (Art. 6 Abs. 1 Unterabsatz 4 RD 949/2001).

Ein solcher Vertrag, der einem deutschen Werkvertrag ähnelt, muss nach den Vorgaben der durch die CNE verabschiedeten Musterverträge zunächst den einzuhaltenden formellen Mindestanforderungen aus Art. 7 RD 949/2001 entsprechen, welche eine Aufzählung der Vertragsparteien, eine monatliche Zahlungsvereinbarung und die Kündigungsmöglichkeiten im Falle der nicht rechtzeitigen Zahlung umfassen. Darüber hinaus bestehen in materieller Hinsicht auf der einen Seite die Verpflichtungen des Anlagenbetreibers, die Annahme und die Entladung des LNG, die Lagerung des LNG bis zur Wiederverdampfung, die Wiederverdampfung selbst sowie die eventuelle Beladung von Zisternen vorzunehmen, auf der anderen Seite als Gegenleistung die Verpflichtungen des Petenten zur Zahlung der jeweiligen Entgelte, der Einhaltung der NGTS und zur Bereitstellung des LNG. Unter die Hauptleistungspflichten des LNG-Anlagenbetreibers fällt nach dem oben genannten folglich in zeitlicher Reihenfolge erstens die Akzeptanz und Entladung des Schiffes, die Lagerung des LNG bis zur Wiederverdampfung, die Wiederverdampfung der vertraglich vereinbarten Menge pro Tag und gegebenenfalls, die Beladung von Tankern für die Versorgung von so genannten Satellitenanlagen[572].

b) Untertagespeicher

Neben dem Zugang zu den LNG-Anlagen fällt auch der Zugang zu den Untertagespeichern unter den Zugang zum Gasnetz. Der Zugang zu den Speicheranlagen ist, anders als in Deutschland, bislang ebenfalls ein regulierter Vorgang. Das den Zugang regelnde Vertragswerk ist ebenso wie der Zugang zu den anderen Einrichtungen im Art. 7 RD 949/2001 enthalten und allgemein durch die von der CNE verfassten Standardverträge ausgestaltet. Hiernach regelt der Vertrag über die Nutzung eines Untertagespeichers zwischen dem Betreiber des Speichers und dem Petenten das Recht des Petenten Gas innerhalb des Speichers bis zu der vereinbarten Menge zu lagern und die Möglichkeit, eine bestimmte Einspeisekapazität in den Speicher sowie eine Ausspeisekapazität für die Entnahme zu nutzen. Hierfür sind die festgelegten Tarife zu zahlen. Die Möglichkeit, eine der Dienstleitungen einzeln zu buchen, besteht bislang nicht. Da die Zuteilung der Speicherkapazitäten zum einen nach einem „pro-rata"-Verfahren

572 Hierbei handelt es sich um mit Gas versorgte Anlagen, die nicht an das Gasnetz angeschlossen sind, sondern über Tanklastwagen beliefert werden.

und zum anderen durch Versteigerung vollzogen wird, kommt der Vertrag beim „pro-rata"-Verfahren durch die Annahmeerklärung des Petenten zustande, während er bei einer Versteigerung mit dem Zuschlag zustande kommt.

c) Einspeisevertrag

Nach Art. 6 Abs. 1 S. 3 RD 949/2001 wird der Vertrag zwischen dem Zugangspetenten mit demjenigen Netzbetreiber geschlossen, in dessen Netz die Einspeisung von Gas erfolgen soll, sei es ein Fernleitungs- oder Verteilernetzbetreiber. Einspeisevertrag bedeutet dabei ebenso wie in Deutschland die Buchung der Einspeisekapazitäten, also die vertragliche Kontrahierung von Kapazitäten.

Der Abschluss dieses Vertrages muss sich innerhalb von 24 Tagen nach der positiven Antwort auf den Antrag vollziehen. Das heiß, dass der Petent dem Betreiber ein bindendes Angebot vorlegt und dieser dieses Angebot innerhalb einer gesetzlich bestimmten Frist annehmen muss[573]. Sollte der Vertrag bis zu diesem Zeitpunkt nicht abgeschlossen sein, steht es dem Petenten offen, die CNE anzurufen und diese über den Konflikt durch feststellenden Verwaltungsakt entscheiden zu lassen[574]. Der in den Standardverträgen festgelegte Vertragsinhalt legt die Verpflichtung des Netzbetreibers fest, das Gas vom Einspeisepunkt bis zum Ausspeisepunkt zu transportieren sowie dem Petenten netzinterne Speicherkapazitäten in Höhe eines 0,5 Durchschnittstages bereitzustellen.

Anders als in Deutschland wird somit schon innerhalb des Einspeisevertrages zwingend Bezug auf den Ausspeisevertrag genommen. Einen von dem Ausspeisevertrag unabhängig abzuschließenden Einspeisevertrag sieht das System nicht vor. Zwingend muss der Einspeisevertrag als Annex die Modalitäten der Ausspeisung enthalten.

Rechtlich gesehen bestimmt der Vertrag durch die Modalitäten der Ausspeisung den Erfüllungsort. Dieser ist nämlich dort, wo das Gas an den Endabnehmer übergeben wird. Das heißt, der Netzbetreiber verpflichtet sich, nicht wie in Deutschland, die vereinbarte Menge am virtuellen Handelspunkt, sondern am festgelegten **Ausspeisepunkt,** zeitgleich und wärmeäquivalent zur Übergabe bereitzuhalten. Der Petent verpflichtet sich wiederum, das nachgefragte Gas bereitzustellen, die Voraussetzungen der NGTS einzuhalten und die in Rechnung gestellten Zahlungen zu begleichen. Darüber hinaus sind die Voraussetzungen des Art. 7 RD 949/2001 einzuhalten.

---

573 Ein bindendes Angebot durch den Betreiber an den Petenten ist wegen der zwingenden Bezugnahme auf den Ausspeisepunkt nicht möglich.

574 Siehe hierzu oben Kapitel 2. X. 2. b).

d) Ausspeisevertrag

Wie bereits erwähnt ist laut RD 949/2001 grundsätzlich nur ein Vertrag abzuschließen. Jedoch sieht Art. 6 Abs. 1 RD 94972001 vor, dass an dem Einspeisevertrag ein Annex anzuhängen ist, der eine Vereinbarung des Petenten mit demjenigen Netzbetreiber enthält, in dessen Gebiet sich der Ausspeisepunkt befindet. Sprachlich handelt es sich folglich nur um **einen** Vertrag, jedoch erweitert um eine Vereinbarung zwischen Petent und Ausspeisenetzbetreiber, die für sich genommen nichts anderes darstellt als einen weiteren Vertrag zwischen diesen beiden Parteien. Die sprachliche Bezeichnung Annex ist daher wohl eher der physischen Gegebenheit der Ausspeisung geschuldet als einer juristischen Einordnung[575].

Hierfür spricht zum einen die Tatsache, dass auch dieser „Annex“ die wesentlichen Vertragsinhalte beinhalten muss und zum anderen, dass die abschließenden Personen auf Netzbetreiberseite unterschiedlich von den Vertragsparteien des Einspeisevertrags sein können. Darüber hinaus gelten die in diesem so genannten Annex festgelegten Vertragspflichten zwischen den Unterzeichnern des Annexes und nicht zwischen Petent und Einspeisenetzbetreiber. Des Weiteren besteht ein Zahlungsanspruch des Ausspeisenetzbetreibers gegen den Händler nach Art. 31 b) RD 949/2001 für die Nutzung des Netzes, der auch durch den Ausspeisenetzbetreiber in Rechnung gestellt wird. Daraus folgt, dass diese zusätzliche Vereinbarung losgelöst vom Einspeisevertrag Rechtswirkungen entfaltet, die zwar inhaltlich mit den Verpflichtungen aus dem Einspeiservertrag, das Gas am Ausspeisepunkt bereitzuhalten, zusammenhängt, jedoch eigenständig zu beurteilen ist. Diese Rechtsbeziehung könnte zwar auch erst durch die faktische Inanspruchnahme durch die Gasentnahme des Kunden entstehen, jedoch spricht die Tatsache, dass sowohl Ausspeisenetzbetreiber als auch Netznutzer gemeinsam unterschreiben müssen, für eine ausdrückliche und bewusste vertragliche Einigung zwischen diesen beiden.

Daher ist der sogenannte Annex als eigenständiger Ausspeisevertrag einzuordnen[576].

Im Unterschied zum Einspeisevertrag ist jedoch die Wahl des Ausspeisepunktes insofern flexibler gestaltet, als es nach Art. 6 Abs. 2 RD 949/2001 für einen Wechsel des Ausspeisepunktes nur der Anzeige durch den Händler und der ausreichenden Kapazität bedarf. Es reicht aus, dass der Händler die neuen Ausspeisepunkte bekanntgibt und der neue Ausspeisenetzbetreiber sich einverstanden erklärt. Der Einspeisevertrag bleibt hiervon völlig unberührt.

575 *De Ayala Becerril,* Derecho de la Energía, Cap. IX. S. 501.
576 So auch *De Ayala Becerril,* Derecho de la Energía, Cap. IX. S. 501.

Inhaltlich bestimmt der Ausspeisevetrag die Verpflichtung des Netzbetreibers, dem Petenten die festgelegte Ausspeisekapazität zur Verfügung zu stellen und die darüber hinausgehenden, mit der Übergabe des Gases an den Endkunden in Zusammenhang stehenden Dienstleistungen. Der Petent verpflichtet sich, die auszuspeisende Gasmenge in das Leitungssystem einzubringen. Anders als in Deutschland wird daher durch den Ausspeisenetzbetreiber nicht der Transport vom virtuellen Handelspunkt zum Ausspeisepunkt geschuldet, sondern ausschließlich die Ausspeisung an den Letztverbraucher. Der gesamte Transport ist Hauptleistungspflicht des Netzbetreibers im Rahmen des Einspeisevertragss.

e) Bilanzkreisvertrag

Anders als in Deutschland ist in Spanien ein Bilanzkreisvertrag nicht vorgesehen und auch nicht notwendig. Da der Bilanzkreisvertrag in Deutschland die Rechte und Pflichten hinsichtlich der Saldierung und anschließenden Abrechnung von Differenzen zwischen Ein- und Ausspeisungen eines Transportkunden vertraglich regelt[577], ist ein solcher dann nicht notwendig, wenn dieses durch Gesetz geregelt wird. Darüber hinaus nimmt in Spanien jeder Einspeisevertrag Bezug auf einen Ausspeisevertrag, so dass ein „Bindeglied" zwischen diesen beiden Verträgen nicht in dem Maße notwendig wie es in Deutschland der Fall ist. In Spanien wird durch die NGTS festgelegt, dass nach Nr. 7. 1. 1. Abs. 2 NGTS jeder Netznutzer als Bilanzverantwortlicher dem GTS gegenüber für eine ausgeglichene Bilanz zuständig ist. Die daraus resultierenden Rechte und Verpflichtungen ergeben sich somit aufgrund der Verordnung und werden nicht vertraglich zwischen den Parteien festgehalten. Verantwortlicher Netzbetreiber ist in jedem Fall der GTS, also der technische Netzbetreiber ENAGAS S.A.. Die Möglichkeit, mehrere Portfolios zusammenzuschließen bzw. Unterbilanzverträge abzuschließen, sieht das System nicht vor. Zwar besteht faktisch die Möglichkeit der Zusammenarbeit der Händler untereinander, um die Saldierung zu verbessern, dies wird jedoch nicht explizit durch Gesetz oder Verordnung bestimmt, so dass die jeweilige Ausgestaltung der Vertragsfreiheit der Akteure unterliegt. Nr. 6. 5 Unterabsatz 4 NGTS besagt hierzu nur, dass für den Fall eines ungleichen Saldos die Netznutzer alle Maßnahmen treffen können, die für einen ausgeglichenes Saldo notwendig sind.

II. Zwischenfazit

Der wohl auffälligste Unterschied zwischen der vertraglichen Ausgestaltung in Deutschland und Spanien liegt darin, dass in Deutschland der Einspeisevertrag auch ohne einen Ausspeisevertrag abgeschlossen werden kann. In Spanien ist es hingegen für den Abschluss des Einspeisevertrages materielle Voraussetzung,

577 Begründung BT-Drs. 312/10, Begründung zur Verordnung zur Neufassung von Vorschriften auf dem Gebiet des EnWG sowie des Bergrechts zu § 3 GasNZV S. 59.

dass auch ein Vertrag über äquivalente Ausspeisekapazität abgeschlossen wurde. Darüber hinaus unterscheiden sich sowohl das Zustandekommen der Verträge (insbesondere die nunmehr vorgesehene Versteigerung in Deutschland) als auch die sich aus dem jeweiligen Vertrag ergebenden Rechte und Pflichten. Während der Einspeisevertrag den Netznutzer in Deutschland dazu berechtigt, eine bestimmte Menge Gas in das Netz einzuspeisen und über eine wärmeäquivalente Gasmenge am virtuellen Handelspunkt zu verfügen, besteht in Spanien das Recht, das Gas einzuspeisen und über die wärmeäquivaletne Menge an Gas am Ausspeisepunkt zu verfügen. Der Erfüllungsort des Transportvertrages liegt folglich in Deutschland zumindest theoretisch am virtuellen Handelspunkt, in Spanien hingegen am jeweiligen Ausspeisepunkt. Dementsprechend unterscheiden sich auch die vertraglichen Pflichten aus dem Ausspeisevertrag. Berechtigt der Ausspeisevertrag in Deutschland zur Nutzung aller notwendigen Netze vom virtuellen Handelspunkt bis hin zum Ausspeisepunkt, berechtigt der Ausspeisevertrag in Spanien ausschließlich zur Ausspeisung am vereinbarten Ausspeisepunkt.

Neben der unterschiedlichen Verteilung der Netzentgelte, die durch die unterschiedlichen Vertragspflichten erklärbar sind, haben diese Unterscheidungen des Erfüllungsortes solange keinen Einfluss auf den Transport, wie Ein- und Ausspeisung miteinander verbunden sind und von demselben Netznutzer durchgeführt werden. Sobald der Nutzer der Einspeisekapazitäten jedoch nicht mehr identisch mit dem Nutzer der Ausspeisekapazitäten ist, macht sich diese Unterscheidung sehr wohl bemerkbar. In Deutschland kann durch den Abschluss eines Ausspeisevertrages das Recht erworben werden, am virtuellen Handelspunkt Gas zu übernehmen und eine wärmeäquivalente Menge am Ausspeisepunkt auszuspeisen. In Spanien hingegen berechtigen die Ausspeisekapazitäten nur zur Ausspeisung der kontrahierten Menge an diesem Punkt; der Transport des Gases bis zu diesem Punkt wird von diesem Vertrag gerade nicht umfasst. Es ist daher in Spanien nicht zweckmäßig, ausschließlich Ausspeisekapazitäten zu erwerben, da damit keine Berechtigung zum Transport verbunden ist. Der Ausspeisevertrag für sich genommen hat ohne den Bezug zum Einspeisevertrag folglich faktisch keinen eigenständigen Wert, da ohne den Einspeisevertrag kein Transport bis zum Ausspeisepunkt stattfindet, demnach keine wärmeäquivalente Menge vom Ausspeisenetzbetreiber übergeben werden kann.

Der andere bedeutsame Unterschied innerhalb der notwendigen vertraglichen Beziehungen, die für den Netzzugang abzuschließen sind, resultiert aus der durchzuführenden Bilanzierung. In Deutschland muss der Transportkunde in jedem Fall einen Bilanzkreisvertrag abschließen, indem er entweder selbst einen eigenen Bilanzkreisvertrag abschließt, sich mit einem Unterbilanzkreisvertrag in einen anderen Bilanzkreis mit einbringt oder indem er einen Dritten damit beauftragt. Die Bilanzkreise sorgen dafür, dass Ein- und Ausspeisemengen gleichbleibend sind bzw. ein Ungleichgewicht abgerechnet werden kann. Der Bilanzkreisvertrag legt die Rechte und Pflichten fest, falls ein Ausgleich zwischen diesen Mengen stattzufinden hat, und wie diese Abweichungen abgerechnet werden. Ein solcher Vertrag ist in Spanien hingegen überflüssig. Dies liegt zum einen an der Tatsache, dass Ein- und Ausspeisevertrag zusammen abgeschlossen werden, so dass im Prinzip ein ausgeglichenes Portfolio *per se* vorhanden ist und die einzelnen Ein- und Ausspeisepunkte nicht zugeordnet werden müssen. Zum anderen ergibt sich aus dem spanischen Bilanzierungssystem, dass die Abrechnung nicht aufgrund von Bilanzkreisen erfolgt, sondern auf den Ein- und Ausspeisungen des jeweiligen einzelnen Kunden innerhalb des gesamten spanischen Festlands basiert. Diese Voraussetzung ist im Gesetz festgehalten, so dass keine Notwendigkeit einer vertraglichen Regelung besteht.

Abschließend lässt sich festhalten, dass in Deutschland demnach für den Netzzugang von der Einspeisung bis hin zur Ausspeisung drei Verträge abzuschließen sind, in Spanien dagegen nur zwei. Außerdem garantiert das deutsche System eine vollständige Unabhängigkeit der Ein- und Ausspeiseverträge voneinander, wohingegen in Spanien aus praktischen Erwägungen ein zwingender Zusammenhang zwischen diesen beiden Verträgen besteht.

C. Kooperationspflicht

Nachdem die einzelnen vertraglichen Beziehungen zwischen den jeweiligen Lieferanten und den betroffenen Netzbetreibern in Deutschland und Spanien dargestellt wurden, werden im Folgenden die Pflichten der Netzbetreiber untereinander erläutert.

I. Deutschland

In Deutschland findet sich in § 20 Abs. 1 lit. b) S. 5 EnWG die Verpflichtung für alle Betreiber von Gasversorgungsnetzen, untereinander in dem Ausmaß verbindlich zusammenzuarbeiten, das erforderlich ist, um den Netzzugang i.S.d. § 20 1 lit. b) EnWG zu ermöglichen. Eine solche Zusammenarbeit ist notwendig, um das Funktionieren eines „Entry-Exit"-Modells zu gewährleisten. § 20 Abs. 1 lit. b) S. 6 und S. 7 EnWG legen den Umfang dieser Kooperationspflicht fest[578]. Konkretisiert werden diese Vorgaben durch §§ 7, 20 und 21 GasNZV. Eine explizite Vorgabe, auf welche Weise diese Kooperationspflicht auszugestalten ist, enthält das EnWG nicht und auch die GasNZV a.F. traf hierfür keine eindeutige Regelung. Um dieser Verpflichtung in dem durch Gesetz skizzierten Umfang nachzukommen, schlossen die Netzbetreiber daher eine multilaterale

578 *Arndt,* Britz / Hellermann / Hermes, § 20, Rn. 166.

Kooperationsvereinbarung mit wechselseitigen vertraglichen Rechten und Pflichten (KoV III[579]) ab.

Die neue GasNZV greift die bisherige Praxis der Kooperationsvereinbarung auf und legt nunmehr in § 8 Abs. 6 GasNZV ausdrücklich fest, dass die Netzbetreiber verpflichtet werden, zur Abwicklung netzübergreifender Transporte bis zum 01. Juli 2011 eine Kooperationsvereinbarung abzuschließen, in der sie die Einzelheiten regeln, um einen transparenten, diskriminierungsfreien, effizienten und massengeschäftstauglichen Netzzugang zu gewähren. Inkrafttreten soll diese Vereinbarung zum Beginn des neuen Gasjahres, dem 01. Oktober 2011.

Inhalt des zurzeit noch geltenden Kooperationsvertrages KoV III ist eine vertragliche Regelung des Innen- und Außenverhältnisses des Zweivertragsmodells[580]. Hierfür enthält der Vertrag neben allgemeinen Bestimmungen in Teil 1 und 5 darüber hinaus in Teil 2 Regeln über die Organisation der Marktgebiete, Teil 3 bestimmt das Verfahren über die Durchführung des grenzüberschreitenden Transports, Teil 4 enthält die Bedingungen für den das Marktgebiet überschreitenden Transport und Anlage 3 enthält die einheitlichen Netzzugangsbedingungen der Netzbetreiber. Da dieses Vertragswerk von den einzelnen Netzbetreibern als multilateraler Vertrag abgeschlossen worden ist, resultiert aus dem Vertrag eine gegenseitige Verpflichtung der Netzbetreiber, die dort festgelegten Regeln einzuhalten. Darüber hinaus gehende Wirkungen in Form eines Rechtsnormcharakters entwickeln sie nicht[581]. Problematisch ist daher, inwiefern sich die Transportkunden, die nicht Vertragspartner der Vereinbarung sind, auf eben diese berufen können. Da sich die Vertragspartner aber in § 1 Abs. 3 KoV III auf eine einheitliche Anwendung von Vertragsstandards nach § 20 Abs. 1 lit. b) S. 7 EnWG verpflichten und diese nach § 3 Abs. 2, 3 und 4 GasNZV verpflichtenden Standardverträge auf der Anlage 3 der KoV III beruhen, können sich auch die Transportkunden auf eine Anwendung dieser Standards ihnen gegenüber berufen. Für den Fall, dass der Netzbetreiber, der Vertragspartner des Transportkunden ist, sich nicht an die Verpflichtungen aus der Kooperationsvereinbarung hält, kann der Transportkunde dieses Verhalten dann zum Gegenstand eines Missbrauchsverfahren nach § 31 EnWG machen[582].

Umstritten ist es, ob Transportkunden auch einen unmittelbaren zivilrechtlichen Anspruch gegen die Netzbetreiber auf Kooperation der Netzbetreiber unterei-

579 KoV I wurde erstmalig am 01.06.2006 auf Basis eines Kompromisses von BGW und VKU veröffentlicht. Nachdem die BNetzA die Einzelbuchungsvariante untersagte wurde am 25.04.2007 eine überarbeitete KoV II erlassen. Die zur Zeit geltende Fassung KoV III, wurde am 29. Juli 2008 erlassen.
580 *Olbricht,* Netzzugang in der deutschen Gaswirtschaft, S. 180.
581 *Britz,* ZNER, 2006, S. 91 (93).
582 *Neveling/Gewehr,* D/T, § 20 Abs. 1b, EnWG, Rn. 72.

nander haben[583]. Dies ist im Ergebnis abzulehnen. Gegen einen solchen unmittelbaren Anspruch spricht insbesondere das dem § 20 Abs. 1 lit. b) EnWG zugrunde liegende System. Hiernach ist das Außenverhältnis vom Netzbetreiber zum Transportkunden in S. 2 und 3 geregelt, wonach ein Ein- und ein Ausspeisevertrag abzuschließen sind. Inwiefern diese Vertragsabwicklung durch Kooperation erst ermöglicht wird, ist in S. 5 geregelt, der sich aber ausschließlich an die Netzbetreiber richtet. Der Transportkunde hat also ein Recht auf die Durchführung seines Gastransports im Wege des Zweivertragssystems. Inwiefern dieses umgesetzt wird, gehört aber ausschließlich in den Pflichtenkreis des Netzbetreibers. Der Transportkunde kann sich also nur an seinen Vertragspartner wenden und von diesem die Einhaltung des Vertrages verlangen. Dieser ist insofern aus dem Vertrag heraus gehalten, die erforderlichen Kooperationen einzugehen, da er zur Erfüllung seiner Verpflichtung auf die Mitwirkung der anderen, von dem Gastransport betroffenen Netzbetreiber angewiesen ist.[584]. Dem Transportkunden bleibt also nur der mittelbare Weg über die Einwirkung auf den Vertragspartner, um dessen Kooperation mit den weiteren Netzbetreibern zu erzwingen[585]. Eine unmittelbare zivilrechtliche Durchsetzung der in der KoV III festgelegten Pflichten ist aber nicht möglich[586].

Neben den detaillierten Regelungen in der KoV III enthält die neue GasNZV erstmalig einen Teil 4, der als „Kooperation der Netzbetreiber" überschrieben ist. Dieser regelt in § 20 GasNZV die Organisation von Marktgebieten und in § 21 GasNZV verbindliche zeitliche und mengenmäßige Vorgaben über die Reduzierung der bestehenden Marktgebiete. § 20 GasNZV enthält im Großen und Ganzen die Regelungen über die Marktgebiete, die bislang in § 4 und § 5 von Teil 2 der KoV III geregelt sind. Der Gesetzgeber hat jedoch einzelne Änderungen vorgenommen. Zunächst ändert sich der Terminus vom „marktgebietsaufspannenden Netzbetreiber" hin zum Marktgebietsverantwortlichen, so dass der Bezug zum Netzbetreiber verringert wird. Es muss nicht mehr zunächst ein Netzbetreiber als marktgebietsaufspannend ernannt werden[587]. Nach der Definition aus § 2 Nr. 11 GasNZV kann eine natürliche oder juristische Person als Marktgebietsverantwortlicher durch die Fernleitungsnetzbetreiber bestimmt werden[588], ohne dass diese ein Netzbetreiber sein muss. Dieser auf diese Weise

583 So wohl *LG Kiel,* vom 24.05.2006, 14 O Kart. 57/06, www.landgericht-kiel.landsh.de/texte/14-O-Kart-57-06u.htm. wonach die Netzbetreiber sogar als Gesamtschuldner in Anspruch genommen werden können.

584 *Brodt,* Das Gasnetzzugangsmodell des § 20 Abs. 1b EnWG und seine Auswirkungen auf integrierte Gaslieferverträge, S. 117.

585 *Neveling/Gewehr,* D/T, § 20 Abs. 1b, EnWG, Rn. 73.

586 *Britz,* ZNER, 2006, S. 93.

587 Der nach § 3 Nr. 23 KoV III auch seine Rechte und Pflichten an einen Dritten übertragen konnte. Zunächst musste jedoch ein Netzbetreiber bestimmt werden.

588 Laut BT-Drs. 312/10, Begründung zur Verordnung zur Neufassung von Vorschriften auf dem Gebiet des EnWG sowie des Bergrechts zu § 2 Ziff. 11 GasNZV S. 57 soll insbesondere für den Fall der Marktgebietszusammenlegung über Eigentumsgrenzen

bestimmte Marktgebietsverantwortliche ist nach § 20 Abs. 1 Nr. 2 GasNZV für die Bilanzkreisabwicklung und nach Nr. 3 für die Beschaffung und Steuerung des Einsatzes von Regelenergie zuständig. Anders als es die KoV III in § 5 Nr. 2 vorsieht, ist hierfür der Marktgebietsverantwortliche ausschließlich selbst verantwortlich. Darüber hinaus können die Fernleitungsnetzbetreiber dem Marktgebietsverantwortlichen weitere Aufgaben übertragen, sofern dies für die Gewährung eines effizienten Zugangs für erforderlich gehalten wird[589].

§ 21 GasNZV enthält zudem Vorgaben über die Reduzierung der Marktgebiete auf nur noch ein einziges H-Gas und ein L-Gasmarktgebiet, die bis zum 01. August 2013 erreicht werden soll[590].

Aufgrund diesen Neuregelungen in der GasNZV wird den bislang nur in der KoV III enthaltenen Bestimmungen über die Marktgebiete nunmehr Rechtsnormcharakter verliehen, so dass diese nicht mehr nur zwischen den Vertragsparteien Gültigkeit besitzen, sondern unmittelbare Außenwirkung gegenüber den Netznutzern entfalten.

Zusätzlich dazu werden die Netzbetreiber verpflichtet, bilaterale Netzkopplungsverträge gemäß § 7 GasNZV abzuschließen[591]. Im Unterschied zu der multilateralen Vereinbarung KoV III handelt es sich bei den Netzkopplungsverträgen nach § 7 GasNZV um bilaterale Verträge zwischen zwei Netzbetreibern, die über einen Netzkopplungspunkt miteinander verbunden sind. Hierdurch soll der reibungslose Ablauf des Gastransports und die einwandfreie Zusammenarbeit zwischen den jeweiligen Netzbetreibern gewährleistet werden[592]. Damit die Rechte und Pflichten klar definiert werden, und um eine Harmonisierung der Verträge zu erreichen, enthält § 7 Abs. 1 S. 1 GasNZV Vorgaben zu den aufzunehmenden Mindestvertragsinhalten.

II. Spanien

Anders als in Deutschland ist in Spanien bislang keine ausdrückliche verbindliche Regelung, die eine Kooperationsverpflichtung der einzelnen Netzbetreiber untereinander regelt, statuiert. Dennoch ist auch in Spanien eine Zusammenarbeit der Netzbetreiber für die Durchführung des „Entry-Exit"-Systems notwen-

---

hinweg die Möglichkeit bestehen, eine externe dritte gesellschaftsrechtliche Konstruktion mit der Aufgabe zu betrauen. Insbesondere für die Bildung eines netzübergreifenden Unabhängigen Netzbetreiber (ISO) wäre diese Vorschrift daher hilfreich

589 BT-Drs. 312/10, Begründung zur Verordnung zur Neufassung von Vorschriften auf dem Gebiet des EnWG sowie des Bergrechts zu § 20 GasNZV S. 81.

590 Siehe unter Kapitel 1. C. II. 1. a) cc).

591 Anders als beim multilateralen Vertrag sind die Netzbetreiber zum Abschluss der Netzkopplungsverträge nach § 7 Abs. 1 S.1 GasNZV verpflichtet.

592 Begründung zur GasNZV S. 63.

dig. Wie genau eine solche Zusammenarbeit ausgestaltet werden muss, ist bislang mangels eindeutiger gesetzlicher Regelung jedoch offen. Allerdings ist die Komplexität der Netzorganisation wegen der zwingenden Verknüpfung von Einspeise- auf Ausspeisekapazitäten nicht so hoch wie bei einem völlig flexiblen System.

Allerdings existieren auch im spanischen Recht eine Reihe weicher Regelungen, aus denen eine vergleichbare Kooperationspflicht der Netzbetreiber abgeleitet werden kann.

Zunächst lässt sich eine gesetzlich festgelegte Pflicht zur Zusammenarbeit für die Betreiber von Fernleitungsnetzen, LNG-Anlagen- und Speicheranlagen aus Art. 68 lit. c) LH ableiten. Dieser enthält eine Verpflichtung für diese Betreiber, wonach sie die Nutzung ihrer Anlagen in dem Ausmaße zu ermöglichen haben, wie es das Gesetz festlegt. Da das Gesetz eindeutig ein „Entry-Exit"-System vorschreibt und ein solches nur funktionieren kann, wenn alle betroffenen Netzbetreiber zusammenarbeiten, um den Transport des Gases vom Einspeise- bis zum Ausspeisepunkt zu ermöglichen, kann über diese Verpflichtung die Pflicht zur Zusammenarbeit mittelbar abgeleitet werden.

Darüber hinaus besagt Art. 6 Abs. 1 RD 949/2001 für die Fernleitungs- und die Verteilernetzbetreiber, dass diese Übereinkünfte mit den durch den Zugang beeinträchtigten Netzbetreibern schließen sollen. Diese Vereinbarungen sollen die betroffenen Netzkopplungspunkte benennen und die Art und Weise der Messung der Gasmengen regeln.

Art. 10 Nr. 2 a) RD 949/2001 besagt weiterhin, dass Betreiber einer Leitung oder LNG- bzw. Speicheranlage, die für den Netzzugang verantwortlich sind, den Netzbetrieb so zu organisieren und mit den anderen Netzbetreibern sowie dem GTS zu koordinieren haben, dass der funktionierende Netzzugang effektiv gewährleistet wird.

Des Weiteren hat der Gesetzgeber in Art. 64 Abs. 2 lit. m) LH eine spezielle Zuweisung an des GTS getroffen, wonach dieser mit der Verwaltung der Ein- und Ausspeisung von Erdgas im Erdgassystem über Gasfernleitungen, Anlagen zum Erhalt, zur Speicherung und zur Wiederverdampfung, unterirdischen Speicheranlagen und der natürlichen Vorkommen beauftragt ist.

Diese speziellen gesetzlichen Zuweisungen an die Betreiber der genannten Anlagen und an den GTS weisen diesen zum einen die Verpflichtung zur Kooperation zu, zum anderen die übergeordnete Verwaltung dieser Koordination. Ein subjektiver Anspruch des Transportkunden ergibt sich aus diesen Vorschriften jedoch nicht, da sich diese nur an die Betreiber oder den GTS richten. Ein solcher Anspruch ist aber auch nicht zwingend notwendig, da durch den GTS eine objektive Einhaltung dieser Verpflichtung gewährleistet wird.

Diese Pflichten der einzelnen Betreiber sind also vergleichbar mit der Verpflichtung in Deutschland aus § 20 Abs. 1 lit. b) S. 5 EnWG. Eine weitere Konkretisierung der Pflicht oder eine vertragliche Regelung entsprechend der KoV III besteht aber nicht. Diese Regelungslücke wird aber durch die übergeordnete Pflicht zur Koordination der Kooperation durch den GTS ausgeglichen. Indem der objektive technische Netzbetreiber neben den einzelnen Betreibern für die Gewährleistung der Kooperation zuständig ist, werden im Zweifel notwendige Maßnahmen von diesem vorgenommen. Wie diese Maßnahmen auszusehen haben, wird allerdings nicht geregelt.

Ein praktisches Problem stellt sich aber aufgrund der Struktur der spanischen Gaswirtschaft, wenn Gas über die LNG-Anlagen importiert werden soll. Hier stellt sich dann die Frage, inwiefern die LNG-Anlagenbetreiber mit den Leitungsnetzbetreibern zusammenarbeiten bzw. ihre Kapazitätenvergabe aufeinander abstimmen müssen. Ganz besonders deutlich wird dieses Problem bei der Frage, in welcher zeitlichen Reihenfolge die rechtsverbindliche Anfrage an den Anlagenbetreiber und an den Netzbetreiber zu richten ist. Weder das Gesetz noch die Verordnung geben in diesem Punkt Hilfestellung. Aus praktischer Überlegung heraus sollte jedoch zunächst geklärt werden, ob genügend Kapazitäten für die Wiederverdampfung zur Verfügung stehen, da Transportkapazitäten ohne die Möglichkeit der Einspeisung nutzlos wären[593]. Doch auch umgekehrt ist der Fall denkbar, dass trotz des Vorhandensein ausreichender Wiederverdampfungskapazität nicht genügend Kapazitäten für die Einspeisung ins Netz zur Verfügung stehen. Ein Zusammenspiel der Anlagenbetreiber und der Netzbetreiber in diesem Punkt wäre daher in jedem Fall wünschenswert, da es die Buchungen für die Petenten wesentlich erleichtern würde und gegebenenfalls auftretende Kapazitätsengpässe zwischen LNG-Anlagen und Leitungsnetz reduzieren könnte. Bislang sieht das RD jedoch nur eine Informationspflicht vor, die identisch mit derjenigen ist, die vom Transportnetzbetreiber gegenüber den nachliegenden Netzbetreibern einzuhalten ist. Eine darüber hinausgehende Abstimmung über die gebuchten Kapazitätsmengen unter den einzelnen Betreiber besteht dagegen nicht.

593 *De Ayala Becerril,* Derecho de la Energía, Cap. IX. S. 476.

D. Lieferantenwechsel

I. Deutschland

Eine Besonderheit des bisher beschriebenen Netzzugangssystems stellt in Deutschland das so genannte „Rucksackprinzip“ dar. Gemäß § 20 Abs. 1 lit. b) S. 9 EnWG kann im Falle eines Lieferantenwechsels der neue Lieferant die Übertragung der für die Kapazitäten des Kunden notwendigen Ein- und Ausspeisekapazitäten vom bisherigen Lieferanten immer dann verlangen, wenn ihm die Versorgung des Kunden, so wie sie vertraglich festgehalten wurde, sonst nicht möglich ist. Bei Vorliegen dieser Voraussetzungen wird dem neuen Lieferanten also ein unmittelbarer Anspruch auf Übertragung der zur Versorgung der Kunden notwendigen Kapazitäten gegen den bisherigen Lieferanten zugestanden[594]. Dies soll zum Gelingen des Wettbewerbs beitragen, da so grundsätzlich von ausreichender Durchleitungskapazität für den neuen Lieferanten ausgegangen werden kann[595]. Von besonderer Bedeutung hierbei ist wegen der knappen Importkapazitäten aber vor allem die Übertragung von Einspeisekapazitäten[596]. Die Ausspeisekapazität hingegen bereitet in der Regel keine Probleme[597]. Auf der Einspeiseseite kann es aber leicht zu Zuordnungsproblemen kommen, wenn der Altlieferant über mehrere Einspeisepunkte sein Gas bezieht oder dieses am virtuellen Handelspunkt kauft[598]. Das Problem ist bei der Anwendung des Rucksackprinzips bekannt, so dass davon ausgegangen wurde, dass für diesen Fall der neue Lieferant ein Wahlrecht darüber hatte, für welche Kapazitäten er die Übertragung forderte, solange er allgemein nachweisen konnte, dass er Gas über diesen Punkt beziehen könne[599].

Nachdem durch die neue GasNZV nun nach § 3 Abs. 3 GasNZV eindeutig definiert wurde, dass die Einspeiseleistung vom Entry-Punkt bis zum virtuellen Handelspunkt reicht und die Ausspeiseleistung dementsprechend vom virtuellen Handelspunkt bis zum Ausspeisepunkt, könnte man die Ansicht vertreten, dass das Rucksackprinzip faktisch auf Einspeisekapazitäten nicht mehr anwendbar ist. Dies kann damit begründet werden, dass dadurch, dass ausdrücklich der virtuelle Handelspunkt als Erfüllungsort des Einspeisevertrages durch die GasNZV festgelegt wurde, sich der Bezug von Einspeisung und Ausspeisung nicht mehr schlüssig durch den neuen Lieferanten darlegen lässt. Die hiermit verbundene Flexibilität, die im Verordnungstext ausgedrückt wird, führt dazu, dass die einem bestimmten Lieferant zuzuordnenden Entry-Kapazität gerade nicht mehr als

---

594 *Neveling/Gewehr,* D/T, § 20 Abs. 1 b EnWG Rn. 96.
595 *Olbricht,* Netzzugang in der deutschen Gaswirtschaft, S. 224.
596 *Neveling/Gewehr,* D/T, § 20 Abs. 1 b EnWG Rn. 97.
597 Müller-Kirchenbauer/Thole/Stratmann, BK, Bd. 1, § 20 EnWG Rn. 216
598 Müller-Kirchenbauer/Thole/Stratmann, BK, Bd. 1, § 20 EnWG a.a.O.
599 *Arndt,* Britz/Hellermann/Hermes, § 20 EnWG Rn. 184.

für die Versorgung eines bestimmten Kunden notwendig ist sondern ausschließlich für die Erreichung des virtuellen Handelspunktes eine Rolle spielt. Da die Übertragung von Ausspeisekapazitäten in der Regel unproblematisch ist[600], könnte daher vertreten werden, dass eine Übertragung der Kapazitäten auf Grundlage des Rucksackprinzips in der Zukunft stark an Bedeutung verlieren wird.

Allerdings würde dies bedeuten, dass das eindeutig im Gesetz festgelegte Recht auf Übertragung von Einspeisekapazitäten durch die neue GasNZV soweit ausgehöhlt würde, dass es praktisch einer Unanwendbarkeit gleichkäme. Eine solche Beschränkung des Gesetzes durch die Verordnung wäre jedoch nicht von der Verordnungsermächtigung nach § 24 Abs. 1 EnWG gedeckt. Hierdurch würde nämlich nicht mehr eine Bedingung des Netzzugangs gemäß der §§ 20 bis 23 EnWG festgelegt, sondern ein eindeutiges in § 20 Abs. 1 lit. b) S. 9 EnWG bestimmtes Recht beschränkt, welches gerade der Erleichterung des Netzzugangs dienen soll. Diese Überlegung führt dazu, dass auch wenn der Verordnungstext in § 3 Abs. 3 GasNZV eindeutig ist, er nichts am bislang geltenden Wahlrecht des Neulieferanten unter den verschiedenen vom Altlieferanten genutzten Einspeisepunkten[601] ändern soll.
Für dieses Ergebnis spricht neben der mangelnden Reichweite der Verordnungsermächtigung auch die Tatsache, dass diese nun in der Verordnung fixierte Definition lediglich die seit Jahren existierende Realität des „Entry-Exit“-Systems widerspiegelt. Bereits seit Festlegung der BNetzA auf das Zwei-Vertragsmodell berechtigte die Einspeisekapazität zur Leistungserbringung bis hin zum virtuellen Handelspunkt. Die GasNZV hat diese Tatsache nur erstmals ausdrücklich normiert. Da also nur der tatsächlichen Situation durch die Formulierung Rechnung getragen wurde, sollte sich an der bisherigen Handhabung nichts ändern. Daraus folgt, dass auch in Zukunft dem Neulieferanten ein Anspruch auf Übertragung der Einspeisekapazitäten zusteht, wenn es ihm möglich ist, nachzuweisen, dass er Gas über diesen Handelspunkt beziehen kann. Im Ergebnis ist daher anzunehmen, dass das Rucksackprinzip weiterhin - zumindest in der Theorie - auch für Einspeisekapazitäten zur Anwendung kommen kann

In der Regel wird aber ein solcher Lieferantenwechsel deshalb in der Praxis nicht notwendig sein, da der neue Lieferant die begehrten Kapazitäten vom Altlieferant am virtuellen Handelspunkt wird kaufen können, und somit schon keine Erforderlichkeit einer Kapazitätsübertragung, wie sie in Art. 20 Abs. 1 lit. b) S. 9 a.E. EnWG gefordert wird, vorliegt.

---

600 Müller-Kirchenbauer/Thole/Stratmann, BK, Bd. 1 § 20 EnWG a.a.O
601 *Neveling/Gewehr,* D/T, § 20 Abs. 1 b EnWG Rn. 97.

Fraglich im Zusammenhang mit dem Rucksackprinzip ist zudem, ob hierunter auch **Speicherkapazitäten** fallen. Eine solche Schlussfolgerung kann sich daraus ergeben, dass die Einspeisekapazität gemäß § 3 Nr. 13 lit. a) EnWG definiert wird als maximales Volumen pro Stunde in Normenkubikmeter, das an einem Einspeisepunkt in ein Netz oder Teilnetz insgesamt eingespeist werden kann. Das bedeutet, dass auch die Einspeiseleistung, die aus einem Speicher kommt (Ausspeicherleistung) als entsprechende Einspeisekapazität definiert werden kann[602]. Gegen eine Einbeziehung der Ausspeicherleistung spricht jedoch, dass grundsätzlich zwischen Speichervolumen und Ausspeicherleitung unterschieden wird, so dass die reine Ausspeicherleistung ohne entsprechendes Speichervolumen nicht notwendigerweise ausreichend ist. Darüber hinaus steht die Wertung des Gesetzgebers einem solchen Verständnis entgegen. Indem dieser sich für einen verhandelbare Speicherzugang entschieden hat, hat er sich ausdrücklich gegen die Regulierung entschieden. Wenn nun aber über das Rucksackprinzip ein Anspruch auf Übertragung von Speicherleistungen gegen den Altlieferanten geschaffen wird, würde über Umwegen der Speicherzugang in diesen Fällen der Regulierung unterstellt werden. Ein verhandelbares Entgelt für den Zugang zwischen Neulieferanten und Speicherbetreiber würde durch den Anspruch auf Übertragung verhindert werden. Zwar muss das Entgelt diskriminierungsfrei erhoben werden, jedoch könnten sich die Umstände im Vergleich zum Abschlusszeitpunkt des Altvertrages insofern verändert haben, als dass zum Zeitpunkt der begehrten Übertragun eine andere Bepreisung gerechtfertigt wäre.

Selbst wenn man sich entgegen dieser Argumente der weiten Auslegung anschließt und damit auch Speicherkapazitäten dem Rucksackprinzip unterwirft, stellt sich auch hier das Problem der Zuordenbarkeit. Der Nachweis, dass ausgerechnet die jeweilige Speicherkapazität für die Versorgung eines Kunden erforderlich ist, wird bei einem großen durchmischten Kundenportfolio des Altlieferanten schwer zu führen sein[603], insbesondere da ein Großteil der Speicherkapazitäten der strategischen Bevorratung dienen[604].

Sollte man trotzdem das Rucksackprinzip für die Einspeiseleistung aus einem Speicher bejahen, stellt sich die Frage der Einbeziehung ebenso für die Ausspeisekapazitäten (dann Einspeicherkapazität). Diese können aber nur dann mit einbezogen werden, wenn man Ein- und Ausspeicherkapazität in einen Speicher unbedingt als Einheit betrachtet und man von einer Möglichkeit der Übertragung der Einspeisekapazitäten (Ausspeicherleistung) im Rahmen des Rucksackprinzips ausgeht. Dann stellte sich nämlich das Problem, welchen Nutzen ein Netznutzer von der im Wege des Rucksackprinzips erhaltenen Einspeisekapazität

602 *Schuler/Tugendreich,* ZNER 2008, S. 30 (36).
603 So auch *Fischerauer*, Regulierung des Zugangs zu Speicheranlagen, S. 185.
604 Siehe hierzu unter. Kapitel 2. E. I. 3.

(Ausspeicherleistung) hätte, wenn er diese nicht nutzen könnte, da er auf das eingelagerte Gas nicht zugreifen kann und mangels Ausspeisekapazität (Einspeicherleistung) auch selbst kein Gas in den Speicher einspeisen kann[605]. Da jedoch schon die Anwendung der Übertragung der Einspeisekapazität (Ausspeicherleistung) großen Bedenken unterliegt, kann diese Argumentation nach der hier vertretenen Ansicht nicht zum Ziel führen. Darüber hinaus spricht die in Art. 15 Abs. 3 lit. c) VO 715/2009 vorgenommene Wertung eindeutig dagegen, Speicherkapazitäten (d.h. Ein- und Ausspeicherkapaziäten) zwingend als Einheit zu betrachten, da hier ausdrücklich festgelegt wird, dass auch diese Leistungen einzeln anzubieten sind. Die Ansicht, Speicherleistung ebenfalls als vom Rucksackprinzip umfasst anzusehen, ist demnach abzulehnen.

II. Spanien

Eine vergleichbare Vorschrift zu § 20 Abs. 1 lit. b) S. 9 EnWG gibt es in Spanien bislang nicht. Zwar kann nach Art. 8 lit. a) Nr. 1 RD 949/2001 eine Ausspeisekapazitätsbuchung wegen mangelnder Kapazität dann nicht verweigert werden, wenn der Petent über die notwendige Einspeisekapazität verfügen würde und es sich um eine schon bestehende Versorgung handelt. Dies ist jedoch nicht gleichbedeutend mit der Übertragung der Kapazität des einen Lieferanten auf den anderen. Sie bedeutet nur, dass der Netzbetreiber wegen der Kapazitätsneutralität des Vorgangs den Zugang in diesem Fall nicht verweigern darf. Es besteht jedoch kein Anspruch des Neulieferanten gegen den alten Lieferanten auf Übertragung gerade dieser Kapazität.

Eine solche Übertragung sieht aber Art. 6 Abs. 3 des Vorschlags zur Modifikation des RD 949/2001 vor[606]. Hiernach soll **nur** die Ausspeisekapazität immer dann von einem Lieferanten auf den anderen übertragen werden können, wenn der Kunde den Lieferanten wechselt. Eine weitergehende Voraussetzung wie in Deutschland, wonach dem Lieferanten ansonsten die Versorgung nicht möglich sein muss, wurde in den Vorschlag nicht mit aufgenommen. Inwiefern dieser Vorschlag allerdings umgesetzt wird ,und inwiefern die alleinige Übertragung von Ausspeisekapazitäten - an denen sehr selten Engpässe entstehen - als sinnvoll für die Verbesserung des Wettbewerbs anzusehen ist, bleibt abzuwarten.

E. Verweigerungsgründe des Netzzugangs

Nachdem nun der Anspruch auf Netzzugang in beiden Rechtssystemen ausführlich erläutert wurde, wird im Folgenden aufgezeigt, unter welchen Voraussetzungen dieser Anspruch rechtmäßig verweigert werden kann.

---

605 So *Schuler/Tugendreich,* ZNER 2008, S. 30 (36).
606 Informe 12/2009 de la CNE sobre el proyecto de Real Decreto por el que se modifica el Capítulo II de Real Decreto 949/2001, S. 12.www.cne.es.

I. Deutschland

Die Möglichkeit der Verweigerung ist in Deutschland ebenso wie der Netzzugangsanspruch in § 20 EnWG geregelt. § 20 Abs. 2 EnWG enthält eine Darstellung der Gründe, nach denen die Netznutzung verweigert werden kann. Da grundsätzlich jeder Petent einen gesetzlichen Anspruch auf den begehrten Netzzugang hat und daher die Gewährung des Zugangs den Regelfall darstellen soll[607], stellt die Verweigerung nach § 20 Abs. 2 EnWG die Ausnahme von der Regel dar. Die Verweigerung muss also sachlich gerechtfertigt sein, da der Netzbetreiber sonst durch die Verweigerung gegen die Pflicht zur diskriminierungsfreien Zugangsgewährung verstößt.

1. Materielle Voraussetzungen

Ausnahmsweise darf der Netzzugang gemäß § 20 Abs. 2 S. 1 EnWG verweigert werden, wenn und soweit die Gewährung des Netzzugangs aus betriebsbedingten oder sonstigen Gründen unter Berücksichtigung der Ziele des § 1 EnWG entweder nicht möglich oder nicht zumutbar ist. Konkretisiert wird die Möglichkeit der Verweigerung wegen Unzumutbarkeit aus sonstigen Gründen durch § 25 S. 1 EnWG, der vorsieht, dass der Zugang insbesondere dann nicht zumutbar ist, wenn einem Gasversorgungsunternehmen wegen seiner im Rahmen von Gaslieferverträgen eingegangenen unbedingten Zahlungsverpflichtungen ernsthafte wirtschaftliche und finanzielle Schwierigkeiten entstehen würden.

a) Unmöglichkeit oder Unzumutbarkeit

Ein Zugang ist immer dann **nicht möglich** i.S.d. § 20 EnWG wenn er „unmöglich“ i.S.d. § 275 BGB ist[608]. Das ist dann der Fall, wenn die Erbringung einer Leistung nicht oder nicht nur vorübergehend ausgeschlossen ist, entweder weil der Verpflichtete nicht dazu in der Lage ist (subjektive Unmöglichkeit), oder weil niemand dazu in der Lage ist (objektive Unmöglichkeit)[609]. Aufgrund der objektiven Überprüfbarkeit der Unmöglichkeit werden Fälle der Unmöglichkeit in der Literatur auch als „absolute Verweigerungsgründe“ bezeichnet[610].

Abzugrenzen davon sind die auch als „relative Verweigerungsründe“ bezeichneten Gründe, die vorliegen, wenn es sich um die Unzumutbarkeit der Durchlei-

607 BT-Drs. 15/3917, S. 59 vom 14.10.2004.

608 *Säcker/Boesche,* BK, Band 1, § 17 EnWG Rn. 76; *Salje,* EnWG § 20 Rn.45; *Olbricht,* Netzzugang in der deutschen Gaswirtschaft, S.205.

609 Allgemein zum Unmöglichkeitsbegriff im BGB, *Ernst,* Münch/Komm, § 275 BGB Rn. 35 ff.

610 *Olbricht,* Netzzugang in der deutschen Gaswirtschaft, S. 205; *Kühling,* Sekrorspezifische Regulierung in den Netzwirtschaften, S. 263.*Kasper,* Durchleitung von Strom – Pflichten und Verweigerungsmöglichkeiten der Elektrizitätsversorgungsunternehmen, S. 50 m.w.N.

tung aus betriebsbedingten oder sonstigen Gründen handelt. Um zu bestimmen, wann die Gewährung der begehrten Netznutzung **unzumutbar** ist, ist eine Wertung in Form einer Abwägung aller Interessen im konkreten Einzelfall durchzuführen[611], in die alle Belange einzustellen sind, die betroffen und berücksichtigungsfähig sind[612]. Hierbei sind gemäß § 20 Abs. 2 S. 1 EnWG vor allem die Ziele des § 1 EnWG zu berücksichtigen. Im Falle der Verweigerung wird sich die Unzumutbarkeit vor allem auf eine wirtschaftlich verstandene Unzumutbarkeit beziehen, jedoch ist auch eine Verweigerung auch aus anderen, der energiewirtschaftlichen Zielsetzung entsprechenden Gründen, insbesondere im Hinblick auf die Versorgungssicherheit, denkbar.

Wegen der unterschiedlichen Prüfungsmethoden für die Fälle der Unmöglichkeit und der Unzumutbarkeit ist daher zunächst für den jeweiligen Verweigerungsgrund zu bestimmen, ob er zu einer Unmöglichkeit oder gegebenenfalls zu einer Unzumutbarkeit führt. Nachdem diese Frage untersucht wurde, ist anschließend zu überprüfen, ob der hierzu führende Verweigerungsgrund „betriebsbedingt" ist oder auf „sonstigen Gründen" beruht. Zu diesem Zweck sollen nachfolgend daher zunächst abstrakt die Voraussetzungen einer betriebsbedingten Unmöglichkeit oder Unzumutbarkeit (Ziffer b)) sowie einer Unmöglichkeit oder Unzumutbarkeit aus sonstigen Gründen (Ziffer c)) dargestellt werden, bevor die wesentlichen Verweigerungsgründe unter diese Voraussetzungen subsumiert werden sollen. Dies sind zum einen die in der Praxis häufigsten Verweigerungsgründe der fehlenden Kapazität (Ziffer d)) sowie die Berufung auf bestehende Lieferverträge (Ziffer e))[613]. Zum anderen die Priorisierung von Altverträgen (Ziffer f)) sowie der gesetzlich normierte Verweigerungsgrund der unbedingten Zahlungsverpflichtung aus § 25 EnWG (dazu Ziffer g)).

b) Betriebsbedingte Unmöglichkeit oder Unzumutbarkeit

Ein „betriebsbedingter" Verweigerungsgrund liegt dann vor, wenn es sich um einen Grund handelt, der seine Ursache unmittelbar in der Funktionsfähigkeit der betrieblichen Anlage hat[614]. Dies ist immer dann der Fall, wenn durch die Gewährung des Zugangs unmittelbar die Betriebssicherheit gefährdet sein könnte. Die Betriebssicherheit berechtigt dann zur Verweigerung des Netzzugangs, wenn bei der Realisierung des Netznutzungsbegehrens eine nachweisbare Gefährdung der Betriebssicherheit des Netzes oder der Versorgung zu befürchten

611 LG Berlin, Urteil vom 27.06.2000 16 O Kart, WuE 2000, S. 997 (1000); *Säcker/Boesche,* BK, Band 1, § 17 EnWG Rn. 85; *Olbricht,* Netzzugang in der deutschen Gaswirtschaft, S. 206; *Kühling,* Sektorspezifische Regulierung in den Netzwirtschaften, S. 256 ff; *Giermann,* RdE 2000, S 222 (226); *Harms,* RdE 1999, 165 (168).

612 *Olbricht,* Netzzugang in der deutschen Gaswirtschaft, S. 206.

613 *Säcker/Boesche,* BK, Band 1, § 20 EnWG Rn. 254.

614 *Säcker/Boesche,* BK, Band 1, § 20 EnWG Rn. 275.

ist[615]. Dies ergibt sich neben allgemeingültigen Erwägungen zur Sicherheit aus dem Zielkatalog des § 1 Abs. 1 EnWG, nach dem auch die sichere Versorgung Zweck dieses Gesetzes ist[616]. Als praktisch relevanteste Beeinträchtigung hinsichtlich der technischen Sicherheit kann hier die mangelhafte Qualität – bspw. Unzureichender Brennwert, Verschmutzung - des durchzuleitenden Gases angesehen werden[617]. Um dem Zugangspetenten die Möglichkeit zu geben, sich *ex ante* über die Qualitätsanforderungen zu informieren, sind die jeweiligen Netzbetreiber nach § 40 GasNZV verpflichtet, entsprechende Angaben zu veröffentlichen.

c) Unmöglichkeit oder Unzumutbarkeit aus sonstigen Gründen

Bei der Möglichkeit der Verweigerung des Netzzugangs aus „sonstigen Gründen" handelt es sich um alle Gründe, die nicht durch den Netzbetrieb selbst veranlasst sind[618]. Als wohl wichtigster Grund dieser Fallgruppe wird hier beispielhaft auf finanzielle Schwierigkeiten auf Seiten des Petenten eingegangen. Ein solcher in der Person des Petenten liegender, zur Verweigerung berechtigender Grund liegt immer dann vor, wenn zu erwarten ist, dass der Netzzugangspetent nicht dazu in der Lage ist, ein angemessenes Entgelt zu entrichten[619]. Einem kreditunwürdigen bzw. zahlungsunfähigen Zugangspetenten muss daher kein Zugang zugestanden werden[620]. Voraussetzung für die Verweigerung mangels entsprechender Zahlungsfähigkeit ist jedoch in jedem Fall, dass die geltend gemachte Forderung unbestritten ist oder der Petent nichts substanzielles gegen diese vorträgt. Eine streitige Forderung hingegen rechtfertigt eine Verweigerung nicht, da der Netzbetreiber seine Verfügungsmacht über das Netz andernfalls dazu nutzen könnte, die streitige Forderungen einseitig mit Hilfe der Verweigerung durchzusetzen[621].

d) Fehlende Kapazität als Verweigerungsgrund

Einer der in der Praxis am häufigsten vorkommenden Verweigerungsgrunde ist derjenige der mangelnden Kapazität[622]. Um zu bestimmen, ob ein solcher Grund vorliegt, ist das gesamte Netz vom Einspeise- bis hin zum Ausspeisepunkt zu betrachten. Die Tatsache, dass das Zwei-Vertragsmodell verpflichtend ist, führt dazu, dass der Netzzugangspetent für den Fall, dass die gewünschte Gaslieferung mehrere voneinander unterschiedliche Netze überbrücken muss, sich trotz-

---

615 *Säcker/Boesche,* BK, Bd. 1, § 20 EnWG Rn. 273; *Markert,* BB 1997, 1421, 1426,
616 *Olbricht,* Netzzugang in der deutschen Gaswirtschaft, S. 207.
617 *Arndt,* Britz/Hellermann/Hermes, § 20 Rn. 200, *Lutz,* RdE 1999, S.102 (106).
618 *Stötzel,* Britz/Hellermann/Hermes, § 17 Rn. 35.
619 *Säcker/Boesche,* BK, Bd. 1, § 20 EnWG Rn. 292; *Giermann,* RdE 2000, 223, 226.
620 Ausführlich zur Unzumutbarkeit bei einer Anschluß und Versorgungspflicht, *Busche,* Privatautonomie und Kontrahierungszwang, S. 462 f.
621 *Büdenbender,* EnWG, § 6 Rn. 42.
622 *Säcker/Boesche,* BK, Bd. 1, § 20 EnWG Rn. 254.

dem nur auf die konkrete Ein- und Ausspeisung konzentrieren muss. Ob ein Kapazitätsengpass vorliegt, muss daher der Ein- und der Ausspeisungsnetzbetreiber in Kooperation mit den möglicherweise von ihm selbst verschiedenen, ebenfalls betroffenen Netzbetreibern prüfen. Sobald in einem solchen Fall innerhalb eines anderen, von der Gaslieferung betroffenen Netzes ein Kapazitätsengpass auftaucht, kann sich der Netzbetreiber auch darauf berufen, da er den gesamten Transport zu verantworten hat. Folge ist, dass er den Netzzugang wegen Kapazitätsengpässe an einer Stelle im Netz verweigern kann, die außerhalb des von ihm selbst unmittelbar verantworteten Netzes liegt.

Für den Fall, dass der Netzbetreiber sich auf einen Kapazitätsengpass beruft, muss innerhalb des Begriffes des Kapazitätsengpass zunächst zwischen den so genannten physischen und den vertraglichen Engpässen unterschieden werden.

aa) Physische Kapazitätsengpässe

Die physische oder auch technische Kapazität bedeutet gemäß § 2 Nr. 13 GasNZV „das Maximum an fester Kapazität, das der Netzbetreiber unter Berücksichtigung der Systemintegrität und der Erfordernisse des Netzbetriebs Transportkunden anbieten kann“. Aufgrund der Tatsache, dass hierbei das gesamte Netz vom Ein- bis zum Ausspeisepunkt betroffen sein kann, wird durch die technische Kapazität die grundsätzliche Leistungsfähigkeit des Gasversorgungsnetzes[623] beschrieben. Da jedoch wegen des in Deutschland angewendeten „Enry-Exit“-Modells für den Petenten nur die jeweiligen Ein- bzw. Ausspeisepunkte von Bedeutung sind, sind die Netzbetreiber nach § 9 Abs. 1 GasNZV verpflichtet, für alle Einspeisepunkte die Einspeisekapazitäten und für alle Ausspeispunkte die Ausspeisekapazitäten zu ermitteln. Zwar enthält der § 9 Abs. 1 GasNZV nicht wie die Vorgängernorm des § 6 Abs.1 GasNZV a.F. einen ausdrücklichen Hinweis darauf, dass die Kapazitätsberechnung „vor“ der Zuteilung zu erfolgen hat, doch nur eine zeitlich vorangehende Prüfung ermöglicht den Netzbetreibern eine dem Transparenzgebot gerecht werdende Ausweisung freier Kapazitäten[624]. Die jeweiligen Netzbetreiber müssen demnach vorab und stetig die maximal verfügbare Anzahl fester Kapazitäten ermitteln.

Problemtisch ist es, dass bislang kein international anerkanntes objektives Verfahren existiert, um die tatsächlich bestehenden Kapazitäten wirkungsvoll zu

---

623 Zum Begriff des Gasversorgungsnetzes siehe unter Kapitel 1. C. II. 1.

624 so auch zur GasNZV a.F. *Brodkorb,* in BK, Bd. 1, Anh. C § 24 EnWG, § 6 GasNZV, Rn.1. Ohne Begründung BT-Drs. 312/10, Begründung zur Verordnung zur Neufassung von Vorschriften auf dem Gebiet des EnWG sowie des Bergrechts zu § 9 GasNZV S. 64.

berechnen[625]. Um jedoch der aktuellen Technik gerecht zu werden, und um neue Erkenntnisse der Kapazitätsberechnung zu berücksichtigen[626], sieht der § 9 Abs. 2 GasNZV vor, dass die Kapazitäten „auf der Grundlage von Lastflusssimulationen[627] nach dem Stand der Technik, die auch netz- und marktgebietsüberschreitende Lastflüsse berücksichtigen" berechnet werden müssen. Nach § 9 Abs. 2 S. 3 GasNZV haben die Fernleitungsnetzbetreiber und die Betreiber nachgelagerter Netze bei dieser Berechnung zusammenzuarbeiten. Konkretisiert wird diese Pflicht zur Zusammenarbeit für die Netzbetreiber, die Kopplungspunkte aufweisen, unter § 7 Abs. 1 GasNZV, nach welcher die Netzbetreiber verpflichtet werden, so genannte Netzkopplungsverträge abzuschließen. Durch diese in § 9 Abs. 2 S. 3 und § 7 GasNZV sowie § 20 Abs. 1 lit. b) S. 8 EnWG normierte Pflicht zur Zusammenarbeit soll sichergestellt werden, dass den Transportkunden die maximalen Kapazitäten auch über die Marktgebietsgrenzen hinweg zur Verfügung gestellt werden[628].
Nachdem also die jeweiligen Kapazitäten berechnet worden sind, stellt sich das Problem der Kapazitätsengpässe. Ein physischer Kapazitätsengpass liegt dann vor, wenn ein Netz regelmäßig bzw. wiederholt bis an die physische Auslastungsgrenze ausgelastet ist und eine Nachfrage nach weiteren Transportrechten besteht[629]. Bei Vorliegen eines solchen Engpasses ergibt dann die Berechnung der Kapazitäten, dass nicht genügend freie Ein- und Ausspeisekapazitäten angeboten werden können. Dem Petenten wird daraufhin sein Begehren verweigert.

Ein solcher Engpass kann meist nur langfristig über den Ausbau von bestehenden Kapazitäten vermieden werden. Bevor es jedoch zu einem möglichen Ausbau kommen kann, sieht § 9 Abs. 3 GasNZV vor, dass die Fernleitungsnetzbetreiber weniger einschneidende wirtschaftlich zumutbare Maßnahmen zu prüfen haben, die das Angebot an Kapazitäten erhöhen würden.

bb) Vertragliche Kapazitätsengpässe

Vertragliche Kapazitäten bezeichnen - anders als die technischen Kapazitäten - nicht die tatsächlichen, physisch möglichen Kapazitäten, sondern das Volumen der vertraglich gebundenen Kapazitäten.

---

625 ERGEG, Congestian management on European Gas Transmission Networks, Recommendations for Guidelines adopted via a Comitology Procedure – Impact Assessment -, Ref. EG 09-GNM-10-04 10 December 2009, S. 29.
626 BT-Drs. 312/10, Begründung zur Verordnung zur Neufassung von Vorschriften auf dem Gebiet des EnWG sowie des Bergrechts zu § 9 GasNZV, S. 65.
627 Lastflusssimulationen sind hypothetische physische Gasflüsse durch das betrachtete Netz.
628 *Arndt,* Britz/Hermes/Hellermann, § 20 EnWG, Rn. 180; *Olbricht,* Netzzugang in der deutschen Gaswirtschaft, S. 213 u. 214.
629 Kapaziätsallokation und Engpassmanagement in deutschen Gasnetzen, KEMA Juli 2009, S. 8.

Ein vertraglicher Kapazitätsengpass bedeutet daher, dass die Kapazitätsanfragen die freien Kapazitäten an bestimmten Ein- und Ausspeisepunkten übersteigen[630], also alle verfügbaren Kapazitäten[631] vertraglich gebunden sind und weitere Kapazitätsanfragen deshalb abschlägig beschieden werden[632]. Diese theoretische Auslastung sagt jedoch nichts über die tatsächliche Auslastung aus. Es ist also denkbar und auch oftmals der Fall[633], dass die jeweiligen Kapazitäten vertraglich ausgebucht sind, tatsächlich mangels vollständiger Nominierung der gebuchten Kapazitäten aber faktisch Kapazitäten zur Verfügung stehen. Das heißt, dass, solange die Transportkunden die gebuchten Kapazitäten nicht vollständig nominieren und für den physikalischen Gastransport nutzen, weitere Kapazitäten für den Gastransport faktisch vorhanden sind. Es handelt sich daher ausschließlich um eine Art „Engpass auf dem Papier".

In Deutschland liegt zurzeit eine Situation vor, in welcher es oftmals zu vertraglichen Engpässen kommt, physische Engpässe jedoch eine absolute Ausnahme darstellen. Zum Beispiel sind von den bestehenden Importkapazitäten nach Deutschland an den Grenzübergangpunkten bis zum Jahr 2013 mehr als 95 % bereits gebucht. Diese vertraglichen Buchungen stehen jedoch im Gegensatz zu den tatsächlichen Gasflüssen. Zwar sind Jahresdurchschnittswerte wegen der hohen saisonalen Abhängigkeit - (im Winterhalbjahr wird ca. zwei Drittel des gesamten Jahresgasvolumens verbraucht) - nur begrenzt aussagefähig, jedoch lässt sich festhalten, dass nur an den wenigsten Grenzübergangspunkten tatsächliche Auslastungen von über 90 % erreicht wurden und größtenteils die tatsächliche Auslastung weitaus geringer war und ist[634]. Die gleiche Situation findet man innerhalb Deutschlands an den Marktgebietsgrenzen vor[635].

(1) Engpassmanagement

Da folglich die tatsächlichen Gegebenheiten oftmals ausreichend Kapazitäten ausweisen, wegen vertraglicher Verpflichtungen diese aber nicht vollständig genutzt werden können, ist ein wirksames Engpassmanagement notwendig. Dieses regelt die Möglichkeit, unter Umständen auch die Verpflichtung, nicht genutzte Kapazitäten an Dritte zu vergeben. Definiert wird dieses nach Art. 2 Nr. 5 VO 1775/2005 als *„das Management des Kapazitätsportfolios des Fernleitungsnetzbetreibers zur optimalen und maximalen Nutzung der technischen Kapazitäten*

---

630 so definiert in § 10 Abs. 1 GasNZV a.F.

631 gemäß § 2 Nr. 14 GasNZV ist die verfügbare Kapazität „die Differenz zwischen technischer Kapazität und der Summe der gebuchten Kapazitäten für den jeweiligen Ein- oder Ausspeisepunkt".

632 *Arndt,* Britz/Hermes/Hellermann, EnWG, § 20, Rn. 203. Bundeskartellamt, Sektoruntersuchung Kapazitätssituation in den deutschen Gasfernleitungsnetzen; S.5.

633 Bundesnetzagentur, Neugestaltung des Kapazitätsmanagements im deutschen Gasmarkt, S.2.

634 Vgl. Bundesnetzagentur, Monitoringbericht 2009, S. 151.

635 Bundesnetzagentur, Monitoringbericht 2009, S. 161.

und zur rechtzeitigen Feststellung künftiger Engpass- und Sättigungsstellen". Um das bisherige Engpassmanagement zu verbessern, hat die BNetzA zunächst bei der KEMA[636] ein Gutachten in Auftrag gegeben, welches im Juli 2009 fertiggestellt wurde, und in welchem die Situation der Kapazitätsallokation und des Engpassmanagementes innerhalb des deutschen Gasnetzes dargestellt und Lösungen für die bestehenden Probleme aufgezeigt wurden[637]. Darauf aufbauend hat die BNetzA am 22. Mai 2009 ein Eckpunktepapier zur Verbesserung der Situation zur Konsultation herausgegeben. Aufbauend auf der Auswertung der Kommentierung zu diesem Eckpunktepapier hat die BNetzA am 9. Februar 2010 eine Einleitungsverfügung erlassen, mit welcher konkrete Vorgaben für die Erarbeitung eines Standardangebotes sowie Vorschläge für ergänzende Festlegungen zu Konsultationen gegeben werden[638].

Bevor jedoch die daraus resultierenden Stellungnahmen und die eigenen Überlegungen der BNetzA Teil einer verbindlichen Festlegungsentscheidung werden konnten, trat die neue GasNZV in Kraft, welche die Rahmenbedingungen sowohl für die Kapazitätsallokation als auch für das Engpassmanagement im Vergleich zur Vorgängerverordnung stark veränderte. In ihr finden sich einige der im KEMA-Gutachten und im Eckpunktepapier vorgeschlagenen Veränderungen wieder. Da die GasNZV in einigen Punkten jedoch nur allgemeine Vorgaben enthält, ist für die Konkretisierung einzelner Punkte eine verbindliche Festlegung des Kapazitätsmanagements durch die BNetzA notwendig. Die Konsultation der Fernleitungsnetzbetreiber, bei denen Transportkapazitäten an Marktgebiets- bzw. Grenzkopplungsstellen gebucht werden können, ist mittlerweile abgeschlossen[639], so dass in naher Zukunft mit einer solchen verbindlichen Festlegung durch die BNetzA zu rechnen ist.

(2) Regelungen der neuen GasNZV

Die in der neue GasNZV festgelegten Methoden zur Vermeidung von reinen vertraglichen Kapazitätsengpässen werden im Folgenden kurz vorgestellt:

Für den Fall der ungenutzten Kapazitäten hat der Gesetzgeber die Freigabepflichten im Vergleich zur Vorgängerregelung deutlich verschärft. § 16 Abs. 1 GasNZV verpflichtet die Transportkunden dazu, die ungenutzten Kapazitäten

636 KEMA Consulting GmbH.
637 KEMA, Kapazitätsallokation und Engpassmanagement in deutschen Gasnetzen, Juli 2009.
638 Bundesnetzagentur, Festlegungsverfahren zum Kapazitätsmanagement hier: Einleitungsverfügung vom 09.02.2010, Az.: BK7-10-001. Abrufbar unter www. bundesnetzagentur.de.
639 Eine Liste dieser Netzbetreiber findet sich in Bundesnetzagentur, Festlegungsverfahren zum Kapazitätsmanagement hier: Einleitungsverfügung. Vom 09.02.2010, Az.: BK7-10-001.S. 1 und 2. Abrufbar unter www. Bundesnetzagentur.de.

unverzüglich als Sekundärkapazitäten anzubieten oder dem Fernleitungsnetzbetreiber zur Verfügung zu stellen[640]. Um zu erreichen, dass die Freigabepflicht möglichst früh erfüllt wird, haben die Netzbetreiber nach § 16 Abs. 1 S. 2 GasNZV die Möglichkeit, finanzielle Anreize zu setzen. Der Gesetzgeber schlägt in der Begründung zur Verordnung beispielhaft vor, eine diskriminierungsfreie Gebühr einzuführen, die für den Fall der fehlenden Inanspruchnahme der gebuchten Kapazität vom Transportkunden zu zahlen ist[641]. Machen die Transportkunden von dieser Möglichkeit keinen Gebrauch, werden die Fernleitungsnetzbetreiber durch den § 16 Abs. 2 GasNZV verpflichtet, die bis zum Nominierungszeitpunkt von den Transportkunden nicht nominierten Kapazitäten, unter Berücksichtigung bestehender Renominierungsrechte für den Folgetag als feste Kapazitäten anzubieten. Die bisherige **Berechtigung** der Fernleitungsnetzbetreiber nach § 13 Abs. 1 S. 1 GasNZV a.F. die nicht nominierten Kapazitäten als **unterbrechenbare** „day ahead" Kapazitäten anzubieten, wird also durch eine **Pflicht** des Netzbetreibers zum Angebot von **festen** „day ahead" Kapazitäten abgelöst. Das Angebot unterbrechenbarer Kapazitäten nach § 11 Abs. 1 GasNZV bleibt davon unberührt. Die Zahlungsverpflichtung des Transportkunden für die nicht nominierten Kapazitäten bleibt nach § 16 Abs. 2 S. 3 GasNZV bestehen, so dass auch hierdurch ein weiterer finanzieller Reiz geschaffen wird ungenutzte Kapazitäten frei zu geben und dadurch auf ein „Horten" dieser Kapazitäten zu verzichten.

Diese Regelung wird, sofern sie von den Netzbetreibern konsequent umgesetzt wird, dazu führen, dass zum einen die Verfügbarkeit von Kapazitäten auf dem Sekundärmarkt erhöht wird. Zum anderen werden feste Kapazitäten auf dem Primärmarkt angeboten werden, die von den jeweiligen Transportkunden zurückgegeben wurden, wobei es sich um jede Art von Kapazitäten handeln kann. Insbesondere wird aber auch das Angebot von festen „day ahead"-Kapazitäten durch das Angebot der nicht nominierten Kapazitäten erhöht.

Über diese Regelungen hinaus verändert der § 16 Abs. 3 GasNZV das bislang in § 13 Abs. 2 GasNZV a.F. vorgesehene so genannte „Use-it-or-lose-it" System.

Dieses System bedeutet, dass dem Lieferanten,- um das Horten von Kapazitäten zu verhindern,- die festen gebuchten Kapazitäten dann entzogen werden können,

---

640 Die alte GasNZV sah in § 13 Abs. 1 GasNZV nur vor, dass der Netzbetreiber berechtigt war ungenutzte Kapazitäten für den Folgetag als unterbrechenbare Kapazitäten anzubieten. Dadurch, dass das Eingreifen des Netzbetreibers in dessen Ermessen gestellt wurde und dadurch, dass die nicht genutzten Kapazitäten nur als unterbrechenbare Kapazitäten angeboten werden sollten, enthielt die Vorgängerregelungen deutlich schwächere Vorgaben zur Vermeidung von vertraglichen Engpässen.

641 BT-Drs. 312/10, Begründung zur Verordnung zur Neufassung von Vorschriften auf dem Gebiet des EnWG sowie des Bergrechts zu § 16 GasNZV S. 77.

wenn er diese nicht nutzte; er aber trotzdem in ungekürztem Maße zur Zahlung des Netznutzungsentgeltes verpflichtet bleibt[642].

Dieses System war in Deutschland bislang so ausgestaltet, dass für den Fall, dass der Transportkunde seine gebuchten Kapazitäten während eines Zeitraums von **sechs** Monaten **nicht oder nur in einem geringen Umfang in Anspruch** nimmt (mindestens einer dieser sechs Monate musste in den Zeitraum von Oktober bis März fallen), der Netzbetreiber diesen aufzufordern hatte, diese Kapazitäten einem Dritten anzubieten, um eine missbräuchliche Kapazitätshortung bei einem bestehenden Engpass zu verhindern. Daraufhin hatte der Transportkunde einen Monat Zeit, dieser Aufforderung nachzukommen. Kam er dieser Aufforderung nicht nach oder gelang ihm innerhalb dieser Frist die Veräußerung nicht, war der Fernleitungsnetzbetreiber berechtigt und verpflichtet, die nicht genutzten Kapazitäten zu entziehen. Der Transportkunde konnte der Entziehung widersprechen, wenn er nachweisen konnte, dass er die Kapazitäten zur Erfüllung vertraglicher Verpflichtungen benötigte.

Die neue GasNZV modifiziert diese Sanktionsmöglichkeit und legt in § 16 Abs. 3 fest, dass bei Vorliegen vertraglicher Engpässe der Fernleitungsnetzbetreiber dem Transportkunden Kapazitäten mit einer Laufzeit von mindestens einem Jahr in dem Umfang zu entziehen hat, in dem der Transportkunde diese Kapazitäten während **drei** Monaten innerhalb des zurückliegenden Kalenderjahres **nicht in Anspruch** genommen hat, wobei einer der drei Monate zwischen Oktober und März gelegen haben muss. Diese Neuregelung verschärft die Vorgängernorm insofern, als dass die früher obligatorische Aufforderung durch den Netzbetreiber, auf die der Transportkunde einen Monat lang reagieren konnte, weggefallen ist. Außerdem wurde der Zeitraum, in dem die Kapazitäten nicht genutzt werden, von sechs Monate auf drei Monate verkürzt. Des Weiteren verzichtet der Gesetzgeber darauf, den Auslegungsspielraum für den Umfang der nicht genutzten Kapazitäten, der sich aus dem Wortlaut „nur in einem geringen Umfang genutzt" ergab, beizubehalten. Indem diese Formulierung gestrichen wurde, wird der Netzbetreiber nunmehr verpflichtet, jegliche über diesen Zeitraum nicht genutzte Kapazität zu entziehen sofern ein vertraglicher Engpass vorliegt. Die bisher bestehende Rechtfertigungsmöglichkeit, man habe die Kapazitäten in einem mehr als geringen Umfang in Anspruch genommen, entfällt folglich. Der Fernleitungsnetzbetreiber wird jetzt verpflichtet, die Kapazitäten in dem Umfang zu entziehen, indem sie **nicht** in Anspruch genommen wurden. Weiterhin bleibt aber der Fernleitungsnetzbetreiber der zur Entziehung Verantwortliche, und es wird nicht etwa ein unabhängiger Dritter, z.B. die Regulierungsbehörde, mit dieser Aufgabe betraut.

642 *Olbricht,* Netzzugang in der deutschen Gaswirtschaft, S. 227.

In welchem Umfang diese Verschärfung der Freigabepflicht zu einer Reduzierung der vertraglichen Engpässe führen wird, wird die Zukunft zeigen. Hierfür ist es unter anderem besonders bedeutsam, inwiefern die jeweiligen Fernleitungsnetzbetreiber ihren Verpflichtungen nachkommen werden.

Um hier für eine objektivere Durchführung der Regeln zu sorgen, hätte man jedenfalls auch über eine Eingreifpflicht des Regulierers nachdenken können.

Wie dem auch sei, in jedem Fall stellen die neuen Engpassmanagement-Regeln eine deutlichere Verschärfung der Notwendigkeit der tatsächlichen Kapazitätsnutzung im Vergleich zur Vorgängernorm dar.

(3) Kapazitätsengpass als Verweigerungsgrund

Nachdem geklärt wurde, ob ein physischer Kapazitätsengpass oder ausschließlich ein vertraglicher Kapazitätsengpass vorliegt, ist für die Frage der Rechtmäßigkeit einer Verweigerung zunächst zu klären, ob der Engpass zu einer „Unmöglichkeit“ oder zu einer „Unzumutbarkeit“ i.S.d. § 20 Abs. 2 EnWG führt. Im Anschluss daran ist zu beurteilen, ob es sich bei den dazu führenden Gründen um betriebsbedingte oder um sonstige Gründe handelt.

Das Vorliegen eines **physischen bzw. technischen Kapazitätsengpasses** lässt zunächst vermuten, dass es sich hierbei um einen absoluten Verweigerungsgrund, mithin um einen Fall der Unmöglichkeit handelt[643]. Diese Ansicht verkennt jedoch, dass es immer möglich wäre, fehlende technische Kapazität durch einen Ausbau objektiv technisch zu beseitigen[644]. Die Frage, die bei dem Ausbau von Kapazitäten vordergründig zu klären ist, beruht daher ausschließlich auf ökonomischen Erwägungen. Hierbei stellt sich für den Netzbetreiber nämlich die Frage, ob es aus rein wirtschaftlichen Gesichtspunkten zumutbar ist, weitere Kapazitäten zu schaffen[645]. Entgegen der wohl herrschenden Meinung ist daher auch bei dem Verweis auf einen bestehenden technischen Kapazitätsmangel eine Abwägung i.S.d. Unzumutbarkeit erforderlich[646]. Hierfür spricht darüber hinaus auch die Verpflichtung aus § 9 Abs. 3 GasNZV. Hiernach ist der Netzbetreiber bei Vorliegen eines Kapazitätsmangels verpflichtet, wirtschaftlich zumutbare Maßnahmen zu prüfen, die das Angebot freier Kapazitäten erhöhen. Vom fol-

---

643 *Arndt,* Britz/Hellermann/Hermes, § 20 EnWG Rn. 202; *Salje,* § 17 EnWG Rn. 40; *Giermann,* RdE 2000, S. 222, 224; *Harms,* RdE 1999, S. 165; *Olbricht,* Netzzugang in der deutschen Gaswirtschaft, S. 210

644 *Säcker/Boesche,* BK, Bd. 1, § 17 EnWG Rn. 79.

645 *Säcker/Boesche,* BK, Bd. 1, § 20 EnWG Rn. 275; *Hartmann,* in DT, I B 1 § 20 EnWG Rn. 193.

646 So auch *Kühling,* Sekrorspezifische Regulierung in den Netzwirtschaften, S. 263, der in der fehlenden Kapazität einen relativen Verweigerungsrund und dies - neben der als ultima ratio in Betracht kommenden Ausbauverpflichtung - mit der Gesetzgebungsgeschichte begründet.

genden Maßnahmenkatalog werden zwar Ausbaumaßnahmen nicht erfasst[647], jedoch zeigt der Gesetzgeber, dass das Vorliegen eines Engpasses nicht als unabwendbar hingenommen werden muss, sondern durch Maßnahmen, soweit sie wirtschaftlich zumutbar sind, behoben werden soll. Bei Vorliegen eines technischen Kapazitätsengpasses liegt demnach keine Unmöglichkeit vor.

Dieselbe Einordnung gilt „erst Recht" für die Fälle des rein **vertraglichen Engpasses.** Da offensichtlich keine faktische Unmöglichkeit vorliegt, der Netzbetreiber jedoch an die abgeschlossenen Verträge gebunden ist und daher die gebuchten Kapazitäten auch theoretisch zur Verfügung stellen muss, liegt zwar zum Zeitpunkt der Anfrage wegen der eingegangenen Verpflichtung und der daraus folgenden zivilrechtlichen Verbindlichkeit ein Hinderungsgrund vor, der sich nur durch den Bruch der bereits abgeschlossenen Verträge sicher beseitigen ließe. Jedoch könnte auch für diesen Fall der Netzbetreiber durch den Ausbau der Leitungen den Hinderungsgrund beseitigen. Im Wege eines *„a maiore ad minus"* Schlusses gilt demnach, dass wenn der Netzbetreiber in Fällen einer technischen Auslastung, die in einer realen Auslastung der physischen Kapazitäten besteht, eine Abwägung i.S.d. Unzumutbarkeit bzgl. eines Netzausbaus als *ultima ratio* durchführen muss, er erst recht bei vertraglichen Engpässen verpflichtet ist, zwischen weniger einschneidenden Maßnahmen abzuwägen, an deren Ende aber auch der Netzausbau stehen könnte.

Kapazitätsengpässe sind daher in jedem Fall eine Frage der (Un-)Zumutbarkeit. Um zu bestimmen, ob der geltend gemachte Verweigerungsgrund tatsächlich zur Unzumutbarkeit der Gewährung des Netzzugangs führt, ist eine Abwägung im Einzelfall durchzuführen. Hierbei sind insbesondere die Ziele des § 1 EnWG zu berücksichtigen[648]. Da diese Abwägung für jeden konkreten Einzelfall durchgeführt werden muss, verbietet sich jegliche schematische Einordnung. Nichtsdestotrotz haben sich in der Vergangenheit bestimmte Fallgruppen herausgearbeitet, bei deren Vorliegen eine Unzumutbarkeit diskutiert wird. Die wichtigsten Fallgruppen werden im weiteren Verlauf exemplarisch aufgezeigt.

Zuletzt ist zu klären, ob die mangelnde Kapazität einen **betriebsbedingten oder einen sonstigen Verweigerungsgrund** darstellt[649]. Betriebsbedingt ist ein Ver-

---

647 Auch wenn der Gesetzgeber anders als in § 6 Abs. 3 S. 6 der Vorgängerregelung (GasNZV a.F.) darauf verzichtet, Maßnahmen zum Ausbau der Netze explizit von den zumutbaren Maßnahmen auszunehmen, ergibt sich jedoch dieselbe Wertung aus dem Gesetzestext des § 9 GasNZV, nämlich, dass nur die dort aufgezählten Maßnahmen bzw. vergleichbare Maßnahmen vom § 9 GasNZV umfasst werden.

648 *Olbricht,* Netzzugang in der deutschen Gaswirtschaft, S. 204.

649 Für die Einordnung als betriebsbedingt, *Walter/v. Keussler,* RdE 1999, S. 223, 224. *Büdenbender,* JZ, 1999, S. 62 (68); *Harms,* RdE 2000, S. 165 (); *Olbricht,* Netzzugang in der deutschen Gaswirtschaft, S. 210.

weigerungsgrund - wie bereits dargelegt - nur dann, wenn dessen Ursache unmittelbar aus der Funktionsfähigkeit der betrieblichen Anlage resultiert.

Die Auslastung einer Anlage und die daraus resultierende fehlende Kapazität findet ihre Ursache jedoch nicht in den bestehenden Anlagen selbst, sondern ist wirtschaftlichen Ursprungs. Das bedeutet, dass, wenn es dem Netzbetreiber wegen der Nutzung des Netzes durch Dritte nicht möglich ist, weitere Kapazitäten zuzuweisen, die Ursache hierfür in der nicht ausreichend geschaffenen Kapazität liegt bzw. in dem nicht erfolgten Ausbau des Netzes sowie in den gemachten vertraglichen Zusagen. Da die Frage, die bei dem Ausbau von Kapazitäten vordergründig zu klären ist, ausschließlich auf ökonomischen Erwägungen beruht, liegt kein unmittelbar in der technischen Funktionsfähigkeit der Anlage seinen Ursprung habender Grund vor, sondern vielmehr ein wirtschaftlicher oder auf vertraglichen Zusagen beruhender Grund[650]. Kapazitätsengpässe - seien sie technischer oder vertraglicher Natur - stellen daher keinen betriebsbedingten Verweigerungsrund dar, sondern lassen sich unter „sonstige Gründe" subsumieren, deren Vorliegen zu einer Verweigerung der Netznutzung wegen „Unzumutbarkeit" führen kann.

cc) Kapazitätsmangel als Grund wirtschaftlicher Unzumutbarkeit

Da es sich bei der Verweigerung wegen mangelnder Kapazität um einen sonstigen Grund handelt, der zu einer Unzumutbarkeit der Gewährung des Zugangs führen kann, stellt sich die Frage, wann eine solche Unzumutbarkeit vorliegt. Um dies zu beurteilen, ist vor allem zu klären, welche Maßnahmen vom jeweiligen Netzbetreiber getroffen werden können, um die bestehenden Kapazitäten zu erweitern oder effizienter zu machen.

(1) Maßnahmen nach § 9 Abs. 3 GasNZV

Zunächst sieht der § 9 Abs. 3 GasNZV für den Fall, dass Ein- und Ausspeisekapazitäten nicht in ausreichendem Maße frei zuordenbar sind, vor, dass wirtschaftlich zumutbare Maßnahmen durch den Netzbetreiber zu prüfen sind. Diese Maßnahmen beinhalten insbesondere die vertragliche Zusage Dritter über bestimmte Lastflüsse, die die Kapazitäten erhöhen, das Anbieten von Kapazitäten, die entgegen des Grundsatzes der freien Zuordenbarkeit mit bestimmten Zuordnungsauflagen verbunden sind, sowie den Ausschluss einzelner Ein- und Ausspeisepunkte von der freien Zuordenbarkeit. Da diese Maßnahmen explizit in § 9 Abs. 3 GasNZV aufgeführt werden, können zunächst diese Maßnahmen durch die Netzbetreiber ergriffen werden, um die nicht ausreichenden Kapazitäten zu erhöhen.

---

650 *Säcker/Boesche,* BK, Bd. 1, § 20 EnWG Rn. 275.

(2) Netzausbau

Erst wenn die in der GasNZV aufgeführten Maßnahmen zur Erhöhung der frei zuordenbaren Kapazitäten nicht für ausreichend Kapazitäten geführt haben, stellt sich die Frage der wirtschaftlichen Zumutbarkeit des Netzausbaus. Fraglich ist zunächst, ob eine solche Ausbauverpflichtung überhaupt besteht. Eine solche könnte aus § 20 Abs. 2 EnWG abgeleitet werden. Satz 3 bestimmt, dass die Verweigerung auf Antrag des Netzzugangspetenten auch Informationen darüber enthalten muss, welche Maßnahmen und damit verbundenen Kosten zum Ausbau des Netzes notwendig wären. Aus diesem Satz lässt sich eine mittelbare Verpflichtung des Netzbetreibers, das Netz auszubauen, entnehmen, da die Mitteilungspflicht nur dann einen Sinn ergibt, wenn es nach Abwägung der wirtschaftlichen Zumutbarkeit auch zu einem Netzausbau, gegebenenfalls unter finanzieller Beteiligung des Netzzugangspetenten, kommen könnte[651]. Der Netzzugangspetent hat nämlich nur dann ein Interesse an der Darstellung möglicher Kosten, wenn sich daraus für ihn als Schlussfolgerung ein möglicher Anspruch ergeben kann[652]. Des Weiteren stellt ein Kapazitätsmangel - wie oben beschrieben - jeweils nur einen relativen Verweigerungsgrund dar, dessen Beseitigung eine Frage der Zumutbarkeit darstellt. Die daraus folgende durchzuführende Abwägung ist aber nur dann sinnvoll, wenn eine positive Entscheidung über die Zumutbarkeit auch dazu führt, dass der Netzbetreiber verpflichtet werden kann, die als zumutbar befundenen Maßnahmen in Form eines Netzausbaus auch durchzuführen. Dies ist dann gewährleistet, wenn dem Netzzugangspetenten die Möglichkeit zusteht, einen Ausbau subjektiv durchzusetzen, also den Netzbetreiber auch gegebenenfalls die Verpflichtung trifft, das Netz aufgrund der mangelnden Kapazität auszubauen.

Ausdrücklich normiert wird die Pflicht zum Netzausbau darüber hinaus in §§ 11 Abs. 1 S. 1, 15 Abs. 3 EnWG. § 11 Abs. 1 EnWG besagt, dass die Energieversorgungsnetze bedarfsgerecht auszubauen sind, soweit es wirtschaftlich zumutbar ist und gemäß § 15 Abs. 3 EnWG sollen die Betreiber von Fernleitungsnetzen durch die entsprechenden Transportkapazitäten zur Versorgungssicherheit beitragen. Zwar wird es unterschiedlich beurteilt, ob diese Netzausbaupflichten auch eine konkrete Ausbauverpflichtung für den Einzelfall begründen[653]. Auf eine abschließende Erörterung dieser Frage kann jedoch verzichtet

---

651 *Säcker/Boesche*, BK, Bd. 1, § 20 EnWG, Rn. 280; *Peters*, ZNER, 2007, S. 272 (275); a.A. Bundesnetzagentur, v. 30.04.08, BK7-08-006, Open Season 2008 (amtl. Umdruck) S. 8; *Fischerauer*, Regulierung des Zugangs zu Speicheranlagen, S. 191.

652 Ausführlich dazu *Höppner,* Die Regulierung der Netzstruktur, S. 219.

653 Für eine Netzausbauverpflichtung im Zusammen mit § 20 Abs. 2 EnWG *Säcker/Boesche,* § 20 EnWG, Rn. 280; so wohl auch *Theobald,* D/T, § 11 B 1 EnWG; Für eine Ausbauverpflichtung aus § 6 EnWG a.F. *Koenig/ Kühling/Winkler,* WuE 2003, S. 228 (237); a.A. *Höppner,* Die Regulierung der Netzstruktur, S. 203, *Olbricht,* Netzzugang in der deutschen Gaswirtschaft, S. 252 m.w.N.

werden, da jedenfalls davon ausgegangen werden kann, dass entweder eine Ausbauverpflichtung des Netzbetreibers, allein basierend auf § 20 Abs. 2 S. 3 EnWG besteht, oder aber aufgrund des Zusammenhangs des Netzzugangsanspruchs mit den §§ 11 Abs. 1 S. 1, 15 Abs. 3 EnWG. Den Netzbetreibern obliegt jedenfalls die Pflicht, bei Vorliegen eines Kapazitätsengpasses als „ultima ratio", das Netz auszubauen, soweit diese Maßnahme wirtschaftlich zumutbar ist.

Nachdem die grundsätzliche Verpflichtung des Netzbetreibers zum Netzausbau auch für den Einzelfall geklärt wurde, bleibt die Frage nach der wirtschaftlichen Zumutbarkeit einer solchen Maßnahme. Bei der Beurteilung dieses Problems ist vor allem zu beachten, dass die Kosten für den Netzausbau grundsätzlich auf die Netznutzer in Form von erhöhten Netzentgelten abgewälzt werden. Daher kann sich eine wirtschaftliche Unzumutbarkeit nur dann ergeben, wenn erstens dieser Grundsatz wegen der regulierten Netzentgelte (Anreizregulierung) nicht eingehalten werden kann, oder wenn zu hohe Anfangsinvestitionen ausgelöst werden, die vom Netzbetreiber im Wege der Vorfinanzierung zu tragen sind. Für diesen Fall besteht nämlich ein großes finanzielles Risiko darin, dass die einmal aufgebaute Leitung im Anschluss nicht genügend genutzt wird, und deshalb die Kosten nicht vollständig über die Netzentgelte zu amortisieren sind. Außerdem träfe den Netzbetreiber das Risiko der Insolvenz des Petenten. Für diese Fälle ist ein Modell der Vorfinanzierung durch den Petenten erstrebenswert, welches zu einer gerechten Risikoverteilung führen würde[654].

Diese Überlegungen führen dazu, dass sobald weniger einschneidende Verfahren nicht zu einer ausreichenden Erhöhung der Kapazitäten führen, der Netzbetreiber bei einer entsprechenden Anfrage zu einem Netzausbau verpflichtet ist, wobei im Regelfall dieser Ausbau wegen der Kostenumlegung wirtschaftlich zumutbar sein wird.

Da jedoch die Kapazitätsengpässe größtenteils rein vertraglicher Natur sind, kann bei einer diskriminierungsfreien Zuteilung der Kapazitäten und einem funktionierenden Engpassmanagement dafür gesorgt werden, dass ein Netzausbau aufgrund ausreichend vorhandener Kapazitäten rein theoretischer Natur bleibt.

dd) Freigabe bereits vergebener Kapazitäten

Neben den bislang angesprochenen Maßnahmen zur Vermeidung von Kapazitätsengpässen und der daraus gegebenenfalls resultierenden Möglichkeit der Netzzugangsverweigerung könnte die Freigabe bereits vergebener Kapazitäten

---

654 Da es sich hierbei jedoch um Detailprobleme des Einzelfalls handelt, wird auf eine weitere Erörterung verzichtet. Ausführlich hierzu hierzu siehe, *Höppner,* Die Regulierung der Netzstruktur, S. 105.

als zumutbare Maßnahme angesehen werden. Das bedeutet, dass wenn für gewisse Fälle eine solche Freigabepflicht für bereits einmal vergebener Kapazitäten bestünde, könnte der Netzbetreiber den Zugang nicht mit dem Hinweis auf die entgegenstehenden Verträge rechtmäßig verweigern.

Eine solche Freigabe kommt aber nur dann in Betracht, wenn keine wirksamen Kapazitätsbuchungsverträge bestehen. Grundsätzlich gilt nämlich das Prinzip *„pacta sunt servanta"*, so dass die Vertragsparteien an den geschlossenen Vertrag gebunden sind. Das bedeutet für den Fall der Kapazitätsbuchung, dass der Netzbetreiber die vertraglich vereinbarten Kapazitäten vorhalten können muss. Vergibt er diese nun zusätzlich an einen Dritten, ist zumindest die Möglichkeit denkbar, dass bei gleichzeitiger Inanspruchnahme die vertragliche Verpflichtung nicht eingehalten werden kann. Eine Vergabe von Kapazitäten ist für den Netzbetreiber aufgrund des allgemeinen Rechtsgrundsatzes daher absolut unzumutbar[655]. Dieses Prinzip gilt aber dann nicht mehr, wenn der Vertrag nichtig ist. In diesem Fall kann eine Verweigerung des Zugangs nicht gerechtfertigt sein und es ergibt sich eine erneute „nachvertragliche" Zuteilungsverpflichtung. Eine solche Nichtigkeit bzw. Teilnichtigkeit kann sich daraus ergeben, dass bestehende Kapazitätsbuchungsverträge auf einem missbräuchlichen Verhalten des Netzbetreibers beruhen und daher gegen §§ 1, 18, 19 GWB und gegen Art. 101, 102 AEUV verstoßen. Verhaltensweisen, die einen solchen Verstoß beinhalten, sind in unterschiedlichster Form denkbar. Vorliegend soll jedoch vor allem der Fall aufgezeigt werden, bei dem die Verträge wegen ihres Umfangs und wegen ihrer Dauer zu einer faktischen Marktabschottung führen, so dass keine weiteren Kapazitäten buchbar sind und auch in Zukunft nicht buchbar werden. In diesem Fall könnte der Kapazitätsbuchungsvertrag wegen Verstoßes gegen § 134 BGB i.V.m wettbewerbsrechtlichen Verbotsnorm[656] zumindest zur Teilnichtigkeit des Vertrages führen, so dass eine Unzumutbarkeit der Zugangsgewährung nicht mehr gegeben wäre, da die ungenutzten Kapazitäten frei würden[657].

Voraussetzung hierfür ist materiell, dass durch die Kapazitätsbuchungen des Altlieferanten ein so genannter Marktverschlusseffekt hervorgerufen wird[658]. Um dies beurteilen zu können, muss eine Betrachtung sowohl von Dauer als auch Umfang der Buchung vorgenommen werden[659]. Als in jedem Fall missbräuchlich ist die sogenannte Hortung von Kapazitäten anzusehen. Eine solche

---

655 Vgl. zu dieser Einordnung als absolut unzumutbar *Säcker/Boesche,* BK, Bd. 1, § 20 Rn. 258.

656 Zur Einordnung als Verbotsnorm siehe *Säcker,* ZNER 2004, 98, 109.

657 Die Frage, ob eine Nichtigkeit der Bestimmung oder eine geltungserhaltende Reduktion eintritt, kann hier wegen des Umfangs nicht abschließend erörtert werden, vgl. hierzu ausführlich *Säcker,* N&R 2004, S. 46 (51).

658 *Bundeskartellamt,* Sektoruntersuchung Kapazitätssituation in den deutschen Gasfernleitungsnetzen; S. 24 ff.

659 *Wolf,* BK, Bd. 2 Art. 102 AEUV Rn. 70.

liegt dann vor, wenn der Petent eine Kapazitätsbuchung vornimmt, die über seinen erwarteten Bedarf hinausgeht und daher die künstliche Verknappung von Kapazitäten bezweckt[660]. Hinsichtlich weiterer Kriterien für den Fall, dass der Bedarf nicht eindeutig zu klären ist, kann auf die vom Bundeskartellamt entwickelten Grenzen für langfristige Gaslieferverträge[661] Bezug genommen werden[662], da diese eine vergleichbare marktabschottende Wirkung haben[663]. Danach gilt, dass mindestens 20 % der technischen Kapazitäten vom Netzbetreiber für einen Zeitraum bis einschließlich zwei Jahre vergeben werden müssen, maximal 80 % der technischen Kapazitäten für einen Zeitraum von mehr als 20 Jahren und höchstens 50 % für einen Zeitraum von mehr als vier Jahren. Bei Kapazitätsbuchungsverträgen, die eine Kapazität von mehr als 50 % betreffen und die über einen längere Zeitraum als vier Jahre abgeschlossen worden sind, kann daher von einer wettbewerbsbeschränkenden Wirkung ausgegangen werden.

Über die Frage der eigenen Abschottungswirkung der Kapazitäts**buchungsverträge** hinaus gehend, ist die Frage der Wirksamkeit der **Lieferverträge** nach §§ 1, 19, 20 GWB und Art. 101, 102 AEUV zu untersuchen[664], da diese im Allgemeinen mit den Laufzeiten der Kapazitätsbuchungen korrespondieren[665]. Daraus folgt, dass eine Unwirksamkeit der zu erfüllenden Gaslieferverträge zwangsläufig einen fehlenden Bedarf zur Folge hätte und damit die Existenzberechtigung der langfristigen Kapazitätsbuchungsverträge entfiele, was wiederum zu deren Unwirksamkeit führen würde.

Zusammenfassend bedeutet das, dass entweder schon der Liefervertrag nichtig ist und sich daraus eine Nichtigkeit der Kapazitätsbuchungsverträge im Einzelfall ergibt oder, dass die Buchung der Kapazitäten für sich genommen schon gegen wettbewerbsrechtliche Vorschriften verstößt, so dass deswegen eine (Teil-)Nichtigkeit nach § 134 BGB i.V.m. der wettbewerbsrechtlichen Verbotsnorm eintritt. Jeder dieser Fälle führt dazu, dass das Kapazitätsbegehren nicht wegen Unzumutbarkeit abgelehnt werden kann, da wegen der Nichtigkeit der Kapazi-

---

660 *Wolf*, BH, Bd. 2, a.a.O.

661 Bundeskartellamt 13.1.2006, WuW / E DE-V 1147, 1156f. - *E.ON Ruhrgas,* bestätigt durch BGH, 10.2.2009-KVR 67/07; OLG Düsseldorf 4.20.2007 - VI-Kart 1/06, WuW / E DE-R 2197.

662 *Wolf*, Bk, Bd. 2, a.a.O.

663 Siehe auch *Bundeskartellamt,* Sektoruntersuchung Kapazitätssituation in den deutschen Gasfernleitungsnetzen; S. 25 u. 29 ff. Dieses schlägt vor, die Laufzeitstruktur der Kapazitätsverträge sollte an die für die langfristigen Lieferverträge entwickelten Grundsätze angelehnt werden.

664 Eine ausführliche Untersuchung der Wirksamkeit langfristiger Lieferverträge geht über den Rahmen dieser Arbeit hinaus. Ausführlich hierzu jedoch *Säcker/Wolf,* BK, Art. 101 AEUV VII. Rn. 16 ff m.w.N.

665 Bundeskartellamt, Sektoruntersuchung Kapazitätssituation in den deutschen Gasfernleitungsnetzen; S. 16.

tätsbuchungen die Kapazitäten in Höhe des nichtigen Teils der Buchungsvertrages frei werden und damit dem Petenten zur Verfügung gestellt werden können.

e) Unzumutbarkeit wegen entgegenstehender Energielieferverträge

Neben der Unzumutbarkeit wegen mangelnder Kapazität sind bestehende gültige Gaslieferverträge als Verweigerungsgrund wegen Unzumutbarkeit aus sonstigen Gründen denkbar. Gemeint ist damit, dass verbindliche Lieferverträge zwischen einem mit dem Netzbetreiber verbundenen Lieferanten und einem Abnehmer bestehen und der Abnehmer jetzt das Gas von einem anderen Lieferanten beziehen möchte. Dies hätte zur Folge, dass es dem Abnehmer in der Folge regelmäßig unmöglich sein wird, die vertraglich vereinbarte Menge von dem bisherigen, mit dem Netzbetreiber verbundenen Lieferanten abzunehmen. In einer solchen Situation stellt sich die Frage, ob der Netzbetreiber den Zugang wegen der bestehenden vertraglichen Verpflichtung zwischen Lieferanten und Abnehmer wegen Unzumutbarkeit verweigern darf. Er kann einwenden, dass es ihm nicht zumutbar ist, „sehenden Auges" und aktiv an einem Vertragsbruch gegenüber einem mit ihm verbundenen Unternehmen mitzuwirken. Das Unternehmen würde nämlich in diesem Fall auf die Erfüllung seiner vertraglichen Ansprüche verzichten und unter Schädigung des vertraglich geschützten Rechtes sein Netz für den tatsächlichen Vollzug des Vertragsbruchs zur Verfügung stellen[666].

Um jedoch abschließend beurteilen zu können, ob eine solche Situation zu einer Unzumutbarkeit führt, sind zunächst die entgegenstehenden Energielieferverträge auf ihre Gültigkeit hin zu untersuchen. Nur wenn der geschlossene Vertrag wirksam ist und kein Verstoß gegen geltendes Recht - bislang insbesondere gegen §§ 1, 19, 20 GWB sowie gegen Art. 101, 102 AEUV - vorliegt, kann ein solcher Vertrag gegebenenfalls eine Unzumutbarkeit auslösen. Verstößt er hingegen gegen geltendes Recht, sind sie nicht mehr durchsetzbar, das und berechtigen folglich auch nicht mehr zu einer Verweigerung des Netzzugangsbegehrens[667].

Nachdem überprüft wurde, ob die abgeschlossenen Verträge gültig sind, stellt sich im Falle der Gültigkeit die Frage, ob hieraus ein Verweigerungsrecht wegen Unzumutbarkeit resultiert.
Voraussetzung hierfür ist gemäß § 20 Abs. 2 S.1 EnWG, dass dem *Netzbetreiber* die Gewährung unzumutbar ist. Daher muss es sich bei den im Rahmen der Abwägung zu berücksichtigenden Gründen um eigene, berechtigte Interessen des

666 *Säcker/Boesche,* BK, Bd. 1, § 20 EnWG Rn. 257.
667 ausführlich hierzu siehe *Säcker/Boesche*, BK, Bd. 1, § 20 EnWG, Rn. 260.

Netzbetreibers handeln[668]. Dies bedeutet für den Fall, dass zwar ein gültiger Liefervertrag eines Lieferanten mit einem Abnehmer besteht, jedoch der Lieferant nicht mit dem Netzbetreiber verbunden ist, dass das Bestehen dieses Vertrages keinesfalls eine Verweigerung wegen Unzumutbarkeit rechtfertigen könnte. Eigene Interessen des Netzbetreibers sind nämlich nicht betroffen.

Problematisch ist die Frage für diejenigen Fälle, in denen Netzbetreiber und Lieferant konzernmäßig verbunden sind. Bei diesen Fällen spricht für eine mögliche Unzumutbarkeit, dass der Wortlaut des § 20 Abs. 1 S. 1 EnWG, der von „jedermann“ spricht, offensichtlich nicht zwischen eigenen und verbundenen oder dritten Unternehmen differenziert[669]. Ein Unterschied zwischen dem eigenen, dem „nur“ verbundenen Unternehmen oder einem Dritten wird also gerade nicht gemacht. Wenn jedoch im Hinblick auf eine Zugangsgewährung keine Differenzierung zwischen einem eigenen und einem verbundenen Unternehmen durchgeführt wird, ist nicht nachzuvollziehen, dass eine strengere Betrachtungsweise im Rahmen der Verweigerung nach § 20 Abs. 2 EnWG vorliegen soll, so dass nicht nur Unternehmensinteressen, sondern auch Konzerninteressen „eigene Interessen“ des Netzbetreibers darstellen können[670]. Eine solche Betrachtungsweise wird aber nach Inkrafttreten des dritten Binnenmarktpaketes und der notwendigen Umsetzung, der in der GasRL enthaltenen Vorgaben, kaum noch aufrecht zu erhalten sein. Sprach bis dahin neben dem Wortlaut des EnWG auch Art. 9 Abs. 2 lit. c), 13 Abs. 2 lit. c) und 15 Abs. 2 lit. c) GasRL 2003, welche von (...) “geeigneten Koordinierungsmechanismen“ innerhalb eines Konzerns sprachen, für ein eigenes Interesse des Netzbetreibers aufgrund des Konzernverbundes[671], wurden diese Passagen für die Fernleitungsnetzbetreiber aus der Richtlinie entfernt. Die GasRL legt nunmehr für den Fall der Organisation des Netzbetriebs durch den ITO ausdrücklich gemäß Art. 18 Abs. 4 GasRL fest, dass „das vertikal integrierte Unternehmen das Wettbewerbsverhalten des Fernleitungsnetzbetreibers auf dessen laufende Geschäfte und die Netzverwaltung (...) weder direkt noch indirekt beeinflussen darf“. Diese Formulierung besagt eindeutig, dass die Interessen des vertikal integrierten Unternehmens, mithin des Konzerns, keinen Einfluss auf die laufenden Geschäfte und die Netzverwaltung haben dürfen. Interessen des Konzerns, in welcher Form auch immer, dürfen das Verhalten des Netzbetreibers nicht beeinflussen. Die Norm richtet sich danach nicht nur an den Netzbetreiber, sondern auch an die Mutter-

668 *Säcker/Boesche,* BK, Bd. 1, § 20 EnWG Rn. 263; *Olbricht,* Netzzugang in der deutschen Gaswirtschaft, S. 232; *Henrichs,* Der energierechtliche Netzzugang in der gerichtlichen und kartellbehördlichen Praxis, S. 98.
669 *Säcker/Boesche,* BK, Bd. 1, § 20 EnWG Rn. 268.
670 *Säcker/Boesche,* a.a.O; a.A. *Arndt,* Britz / Hellermann / Hermes, § 20, Rn. 227; *Theobald/Zenke/Ochsenfahrt,* in Schneider/Theobald, Recht der Energiewirtschaft 2008 § 14, Rn. 87; *Olbricht,* Netzzugang in der deutschen Gaswirtschaft, S. 233; *Tomala,* Vertragliche Vereinbarungen über den Zugang zu Elektrizitätsversorgungsnetzen, S. 65.
671 Säcker/Boesche, a.a.O.

gesellschaft. Hierdurch wird die Wahrung von Konzerninteressen explizit von dem Wettbewerbsverhalten des Netzbetreibers getrennt. Zu diesen Wettbewerbsverhalten zählt auch insbesondere die Verwaltung der Netzkapazitäten.

Da die Konzerninteressen, die durch die entgegenstehenden Lieferverträge beeinflusst werden, folglich keinerlei Einfluss mehr auf die Kapazitätsverwaltung durch den Fernleitungsnetzbetreiber haben dürfen, kann das beeinträchtigte Konzerninteresse nicht mehr ein „eigenes berechtigtes Interesse" des Fernleitungsnetzbetreibers darstellen. Ein Berufen auf Unzumutbarkeit wegen entgegenstehender Energielieferverträge durch die Fernleitungsnetzbetreiber wird also dann nicht mehr möglich sein, wenn der Gesetzgeber die Vorgaben der GasRL zum Organisationsbetrieb durch den ITO umsetzt.

Etwas anderes gilt hier möglicherweise aber für die Verteilernetzbetreiber. Für diese enthält die GasRL des dritten Binnenmarktpakets keine mit der für die Fernleitungsnetzbetreiber geltenden Vorgabe vergleichbare Regelung. Die Berücksichtigung „geeigneter Koordinierungsmechanismen" innerhalb des Konzerns, die sicherstellen, dass die wirtschaftlichen Befugnisse des Mutterunternehmens und seine Aufsichtsrechte über das Management im Hinblick auf (...) die Rentabilität des Tochterunternehmens geschützt werden, findet sich unverändert nunmehr in Art. 26 Abs. 2 lit. c) S. 3 GasRL. Jedoch muss auch für diesen Fall davon ausgegangen werden, dass die Interessen des Lieferanten bzw. des Konzerns keine eigenen Interessen i.S.d. § 20 Abs. 2 S. 1 EnWG darstellen. Im Unterschied zu der GasRL 2003 enthält Art. 26 GasRL einen zusätzlichen Absatz. Dieser besagt, dass diejenigen Verteilernetzbetreiber, die Teil eines vertikal integrierten Unternehmens sind, von den Regulierungsbehörden oder sonstigen Stellen beobachtet werden, so dass der Umstand – Teil eines vertikal integrierten Unternehmens zu sein, - nicht zur Verzerrung von Wettbewerb genutzt werden kann. Eine Verweigerung des Netzzugangsanspruchs stellt aber immer eine Verzerrung des Wettbewerbs dar. Diese Verzerrung wird auch ausschließlich deshalb durchgeführt, weil der Netzbetreiber Teil eines vertikal integrierten Unternehmens ist. Andernfalls wären seine Interessen nämlich nicht berührt, und der Zugang würde nicht verweigert. Im Gegensatz zu § 20 Abs. 2 S. 1 EnWG, nach dem eine Abwägung der Interessen erfolgt, sieht Art. 26 Abs. 3 GasRL aber gerade keine Abwägungsmöglichkeit vor. Die Verzerrung des Wettbewerbs, auch wenn sie wegen konzerneigener Interessen ausgelöst wird, soll durch die zuständigen Stellen verhindert werden. Jegliche Interessendifferenz zwischen Netzbetreibern, die vertikal integriert sind, und solchen, die es nicht sind, soll damit verhindert werden. Unter dieser Prämisse kann folglich auch ein Verteilernetzbetreiber - bei Umsetzung der Vorgaben der GasRL in nationales Recht - den Zugang wegen entgegenstehender Lieferverträge nicht verweigern.

f) Priorität für Altlieferverträge

Ebenfalls zu untersuchen ist die Frage, ob eine Priorisierung für Altlieferverträge eine Netzzugangsverweigerung aus Gründen der Versorgungssicherheit zu rechtfertigen vermag. Gemeint ist damit, dass demjenigen Netznutzer, der bislang einen langfristigen wirksamen Liefervertrag abgeschlossen hat, die Möglichkeit gegeben werden darf, für diesen bevorzugt Kapazitätsbuchungen vorzunehmen, bzw. bestehende Kapazitätsverträge zu erneuern. Dies hätte zur Folge, dass dritte Petenten darauf verwiesen würden, zunächst die Kapazitätsvergabe für die Erfüllung langfristiger Lieferverträge abzuwarten, bevor sie selbst Kapazitäten buchen können. Für eine solche Priorisierung von bestehenden langfristigen Lieferverträgen könnten Überlegungen der Versorgungssicherheit sprechen[672]. Hierfür wird angeführt, dass nur langfristige Verträge ausreichend Planungssicherheit und Versorgungskontinuität gewährleisten können[673]. Dagegen spricht jedoch, dass für die Versorgungssicherheit eine Bevorzugung einzelner Netznutzer nicht entscheidend sein kann. Vielmehr ist auf die Auslastung des Netzes abzustellen. Sobald diese erreicht ist, hat der jeweilige Netzbetreiber im Rahmen der Möglichkeiten seines Netzes zur Versorgungssicherheit beigetragen[674]. Von einer solchen Prämisse ausgehend ist eine Priorisierung von Altverträgen nur dann rechtmäßig und mit dem Diskriminierungsverbot vereinbar, wenn durch den Abschluss oder die Erneuerung bereits bestehender langfristiger Kapazitätsbuchungsverträge eine höhere Auslastung und damit Versorgungssicherheit erreicht werden kann als dieses ohne diese Verträge der Fall wäre. Hiervon kann aber gerade nicht ausgegangen werden, da die Auslastung nicht von den Bezugsverträgen des Netznutzers abhängt, sondern vielmehr von der bestehenden bzw. zukünftigen Energieabnahme. Die Auslastung des Netzes besteht immer dann, wenn die Abnahme des Gases gesichert ist. Warum diese jedoch positiv von einer priorisierten Vergabe der Kapazitäten an die Lieferanten mit langfristigen Lieferverträgen abhängig sein soll, erschließt sich nicht[675]. Von einer solchen Beurteilung ging auch der EuGH bei der *VEMV* Entscheidung aus. Diese betraf zwar den Elektrizitätsbereich. Aufgrund der Tatsache, dass das Diskriminierungsverbot für den Elektrizitätssektor nach Art. 32 Abs. 1 EltrRL aber im wesentlichen identisch mit dem des Gassektors (Art. 32 Abs. 1 GasRL) ist, steht einer Übertragbarkeit der Grundsätze auf den Gasbereich nichts entgegen[676]. Mit diesem Urteil bestätigte der EuGH, dass „(...) *vorrangige Zuteilung eines Teils der Kapazität für die grenzüberschreitende Übertragung von Elektrizität an einen Betreiber aufgrund von Verpflichtungen, die vor Inkrafttreten der*

672 *Wolf,* BK, Bd. 2, Art. 102 AEUV Rn. 101; *Ehricke/Pellmann,* WuW 2005, S. 1104, (1114).
673 Siehe hierzu *Säcker/Wolf,* BK, Bd. 2, Art. 101, Rn. 68; *Baur,* Festschrift Sandrock (1999), S. 35 (40).
674 *Wolf,* BK, Bd. 2, Art. 102 AEUV Rn. 105.
675 So auch *Böge,* WuW, 2005, S. 1098 (1099).
676 Ausführlich hierzu *Wolf,* BK, Bd. 2, Art. 102 AEUV Rn. 109.

*Richtlinie eingegangen wurden, und ohne Einhaltung des in Artikel 24 der Richtlinie vorgesehenen Verfahrens als diskriminierend im Sinne der Artikel 7 Absatz 5 und 16 der Richtlinie und damit als Verstoß gegen diese Artikel anzusehen"*sind[677]. Zwar betraf dieser Fall eine staatliche Bevorzugung eines Unternehmens, welches vor der Liberalisierung eine gesetzliche Monopolstellung besaß, jedoch kann diese Entscheidung als allgemein gültig angesehen werden, da auch der EuGH in einer späteren Entscheidung darauf hingewiesen hat, dass der diskriminierungsfreie Zugang eine der Hauptmaßnahmen ist, um eine Vollendung des Elektrizitätsbinnenmarktes zu erreichen[678]. Um einen solchen diskriminierungsfreien Zugang zu erreichen, ist es für die Chancengleichheit der Petenten nicht von Belang, ob die Diskriminierung bei der Zuteilung durch staatliche Regeln erzwungen wird, oder ob sie auf der Zuteilungspraxis eines privaten Unternehmens beruht.

Diese Überlegung sind auch auf das nationale Diskriminierungsverbot anzuwenden, da dieses nur dann gewährleistet ist, wenn der Netzzugang unterschiedslos allen Petenten eingeräumt wird[679]. Für die Verteilung selbst müssen Verfahren angewendet werden, die dafür Sorge tragen, dass die unterschiedslose Einräumung des Rechts eingehalten wird. Indem jedoch dem „Altlieferanten" eine Priorität bei der Buchung eingeräumt wird, ohne dass diese durch objektive Gründe gerechtfertigt wäre – die Versorgungssicherheit wird nämlich gerade nicht verbessert-, liegt eine nicht gerechtfertigte Bevorzugung vor, die mit dem Diskriminierungsverbot des § 20 Abs. 1 EnWG nicht zu vereinbaren ist. Die Priorisierung von bestehenden langfristigen Lieferverträgen bei der Vergabe neuer Kapazitäten, die zu einem Kapazitätsengpass führt, stellt folglich keinen rechtmäßigen Verweigerungsgrund dar.

g) Unbedingte Zahlungsverpflichtungen nach § 25 EnWG

§ 25 EnWG normiert einen speziellen Verweigerungsgrund, der die allgemeinen Unzumutbarkeitsgründe aus § 20 Abs. 2 EnWG ergänzt. Er besagt, dass Gasversorgungsnetzbetreiber den Netzzugang insbesondere dann wegen Unzumutbarkeit ablehnen können, wenn einem Gasversorgungsunternehmen wegen seiner im Rahmen von Gaslieferverträgen eingegangenen unbedingten Zahlungsverpflichtungen („take-or-pay"- Verträge) ernsthafte wirtschaftliche und finanzielle Schwierigkeiten entstehen würden.

---

677 EuGH, Urt. v. 7. 6. 2005 – C 17/03, *Vereinigung voor Energie u.a.* Rn. 71 = EuZW 2005, S. 696 ff.

678 EuGH, Urt. v. 22.05.2008, Rs.C-439/06 Rn. 44– *citiworks*, EuZW 2008, S. 406 = NVwZ 2008, S. 769.

679 *Salje*, EnWG, § 20 Rn.15.

aa) Regelungsgehalt der Ausnahmemöglichkeit

Diese so genannten „take-or-pay"-Verträge, die in der Gaswirtschaft über lange Zeiträume - bis zu 25 Jahren - abgeschlossen werden, bedeuten, dass sich der Abnehmer zur Bezahlung einer bestimmten Mindestmenge verpflichtet, unabhängig davon, ob er diese selbst am Markt absetzen kann. Wegen der hohen Importabhängigkeit des europäischen Erdgasmarktes und der Notwendigkeit der Sicherstellung einer langfristigen Gasversorgung, entstehen bis heute weitreichende Abhängigkeiten der Gaslieferanten von ausländischen Exporteuren. Diese nutzen häufig die bestehenden Abhängigkeitsverhältnisse, um die hohen Investitionsrisiken durch sichere Einnahmen zu mindern und verpflichten daher den Abnehmer, das Entgelt für eine bestimmte Liefermenge (häufig 75 %) auch dann zu entrichten, wenn er die Menge nicht absetzt[680]. Die Importeure wiederum bedienen sich teilweise ebenfalls dieser Verträge mit unbedingten Zahlungsverpflichtungen, um ihre Abnehmer an sich zu binden[681]. Aufgrund dieser wirtschaftlichen Zusammenhänge sind die „take-or-pay"-Verträge in den einzelnen Gaswirtschaften üblich und werden grundsätzlich auch für zulässig gehalten[682].

Da eine solche Vertragspraxis aber zu hohen finanziellen Risiken für den Abnehmer des Gases führt, kann z.B in den Fällen, in denen die Gaskunden in großem Umfang ihren Gasanbieter wechseln und daher das vom Lieferanten abzunehmende Gas nicht mehr an den Endkunden abgegeben werden kann, die Wettbewerbsfähigkeit des Gaslieferanten beeinträchtigt werden. Wenn in einem solchen Fall ernsthafte wirtschaftliche und finanzielle Schwierigkeiten für das Unternehmen entstehen würden, soll der § 25 EnWG im Interesse der Sicherheit der Versorgung ausnahmsweise herangezogen werden können, um den Zugang der Konkurrenz zum Gasnetz verhindern zu können. Ernsthafte wirtschaftliche und finanzielle Schwierigkeiten liegen dann vor, wenn die Wettbewerbsfähigkeit des Unternehmens und damit seine wirtschaftliche Tätigkeit auf dem Gasmarkt konkret gefährdet ist[683].

Adressat dieser Regelung ist im Einklang mit der europäischen Vorgabe[684] das Gasversorgungsunternehmen. Nach § 3 Nr. 18 EnWG werden davon sowohl Lieferanten von Erdgas, als auch Gasversorgungsnetzbetreiber umfasst. Diese Ausweitung des Adressatenkreises auf die Gaslieferanten bzw. Händler ist im Hinblick auf den Inhalt der Norm jedoch auch zwingend. Da nach der Zielset-

---

680 *Rapp-Jung,* BK, Bd. 1, § 25 Rn. 5.
681 *Olbricht,* Netzzugang in der deutschen Gaswirtschaft, S. 235.
682 Vgl. Erwägungsgrund 42 der GasRL.
683 *Rapp-Jung,* BK, Bd. 1, § 25 EnWG Rn. 32.; *Arndt,* Britz/Hellermann/Hermes, § 25, Rn. 7.
684 Art. 48 GasRL

zung der Liberalisierung eine Trennung von Netzbetrieb und Gashandel eine wichtige Voraussetzung für das Funktionieren des Wettbewerbs ist, und durch die schrittweise Verschärfung der „Unbundling“-Vorschriften auch die rechtlichen Grundlagen dafür geschaffen wurden[685], verfügt der jeweilige Netzbetreiber auf einem liberalisierten Markt nicht mehr selbst über Gasbezugsverträge. Die langfristigen Gasbezugsverträge werden von den jeweiligen Lieferanten abgeschlossen, so dass die wirtschaftlichen und finanziellen Schwierigkeiten, welche aus den „take-or-pay“-Verträgen resultieren können, bei diesen und nicht (mehr) bei den Netzbetreibern entstehen. Der Netzbetreiber hat jedoch die Verfügungsbefugnis über das Netz inne und kann den Zugang zu diesem wegen finanzieller Schwierigkeiten eines Lieferanten verweigern. Diese Ausnahmeregelung des § 25 EnWG stellt insofern eine bewusste Durchbrechung des „Unbundling“-Prinzips dar, da die Anwendung des § 25 EnWG auf vertikal integrierte Unternehmen zugeschnitten ist, bei denen der Netzbetreiber den Zugang im Fall von wirtschaftlichen oder finanziellen Schwierigkeiten des mit ihm verbundenen Lieferanten verweigern kann. Da die meisten „take-or-pay“-Verträge jedoch vor der Zeit der Liberalisierung abgeschlossen wurden, erscheint eine Durchbrechung des Unbundling-Prinzips für diese Fälle ausnahmsweise gerechtfertigt[686].

bb) Verfahren

Sobald also eine solche Situation entsteht und der Netzzugang aus diesem Grund verweigert wurde oder verweigert werden soll, muss nach § 25 S. 2 EnWG i.V.m. § 49 Abs. 2 GasNZV das betroffene Gasversorgungsunternehmen jeweils bis zum Juni eines Jahres einen Antrag bei der Regulierungsbehörde stellen. Ein Antrag kann nach § 49 Abs. 1 S. 2 GasNZV nur dann nach diesem Zeitpunkt gestellt werden, wenn der Netzzugangsverweigerungsgrund erst nach diesem Zeitpunkt entstanden ist. Da den Antragsteller die Beweislast für das Vorliegen der Voraussetzungen der Unzumutbarkeit trifft, muss der Antrag nach § 49 Abs. 1 S. 2 GasNZV alle Angaben über die Unzumutbarkeit und die von dem jeweiligen Gasunternehmen zu deren Abwendung getroffenen Anstrengungen enthalten.

(1) Antragsbefugnis

Da - wie bereits erläutert - nur beim Lieferanten, nicht aber beim Netzbetreiber, wirtschaftliche und finanzielle Schwierigkeiten entstehen können, der Netzbetreiber jedoch die Zugangsverweigerung durchführen muss, ist fraglich, wer der richtige Antragsteller ist.

---

685 Siehe zu den neusten Entwicklungen das dritte Binnenmarktpaket Kapitel 1. A. VI. 4.

686 so Bundesnetzagentur, Beschluss vom 27.08.2007, Az. BK7-07-013, S. 7 f. des Umdrucks.

Zunächst ist zu unterscheiden, ob es sich um ein nicht entflochtenes vertikal integriertes Unternehmen handelt, oder ob eine rechtliche und operationelle Entflechtung bereits vollzogen worden ist. Für den Fall eines noch nicht entflochtenen vertikal integrierten Unternehmens ist dieses selbst der Antragsteller. Für den bedeutenderen Fall, dass eine rechtliche Entflechtung bereits stattgefunden hat, wird davon ausgegangen, dass der Lieferant zusammen mit dem Netzbetreiber den Antrag stellt oder der Netzbetreiber für das mit ihm verbundene Unternehmen, da es um die Schwierigkeiten des Lieferanten geht, eine „Drittbeeinträchtigung" geltend macht[687]. Fraglich ist jedoch, ob z.B. für den Fall einer eigentumsrechtlichen Entflechtung auch der Lieferant allein antragsbefugt ist oder ob eine Antragstellung durch den Netzbetreiber in jedem Fall zwingend ist. Diese Frage ist deshalb von Bedeutung, da bei einer vollständigen Unabhängigkeit von Lieferant und Netzbetreiber Fälle denkbar sind, bei denen der Netzbetreiber bewusst oder unbewusst die Antragstellung zu Lasten des durch die Zahlungsverpflichtung betroffenen Gaslieferanten unterlässt.

Für eine solche Befugnis des Lieferanten spricht der *Wortlaut* des § 25 S. 2 EnWG, wonach die Regulierungsbehörde auf Antrag *des betroffenen Gasversorgungsunternehmens* entscheidet und der § 49 Abs. Abs. 1 S. 1 GasNZV, der ebenfalls explizit aussagt, dass die *Gasversorgungsunternehmen* den Antrag zu stellen haben. Bei einem Gasversorgungsunternehmen kann es sich nach der eindeutigen Definition des § 3 Nr. 18 EnWG auch um einen Lieferanten von Energie, also einen Gaslieferanten, handeln.

Im Wege einer historischen Auslegung ergeben sich hingegen keinerlei Hinweise für oder gegen eine eigenständige Antragsbefugnis des Lieferanten. Denkbar wäre eine Argumentation dahingehend, dass sich schon aus der geschichtlichen Entwicklung der Norm heraus ergibt, dass sie nur für die Zeit vor der Einführung der Unbundling-Regelungen konstruiert worden ist und daher eine Antragsbefugnis des entflochtenen Lieferanten schon historisch gesehen nicht gewollt war. Dies lässt sich allerdings aus der geschichtlichen Entwicklung nicht ableiten. Zwar hat die Kommission bereits im ersten Vorschlag zu einer Binnenmarktrichtlinie im Jahr 1992 eine Ausnahmeregelung für vor 1991 geschlossene „take-or-pay"-Verträge vorgesehen[688], bis zum Erlass der ersten GasRL 1998 wurde davon jedoch Abstand genommen und in Art. 25 GasRL keinerlei zeitliche Beschränkung vereinbart. Als Argument hierfür wurde in Erwägungsgrund 30 der GasRL 1998 die Notwendigkeit dieser Verträge für die Versorgungssicherheit angeführt. Mit derselben Begründung fand sich die Ausnahmeregelung in Art. 27 GasRL 2003 und wurde durch die Neuregelung des EnWG auch in Art. 6 a Abs. 3 EnWG 2003 aufgenommen. Dadurch, dass die Norm,

687 *Salje,* § 25 Rn. 11.
688 Abl. EG Nr. C 65/14 v. 14.3.1992, Art. 24.

wie sie das EnWG enthält, nicht nur für vor 1998 abgeschlossene Verträge Gültigkeit besitzt, lässt sich aus der Historie keinerlei Schlussfolgerung ziehen.

Die *Gesetzessystematik* allerdings spricht eindeutig gegen eine Antragsbefugnis des Lieferanten. Zunächst bedeutet die Tatsache, dass § 25 S. 1 EnWG auf den § 20 Abs. 2 EnWG verweist, dass in jedem Fall der Netzbetreiber und nicht der Lieferant den Zugang verweigern kann, ohne hierzu regulierungsrechtlich verpflichtet zu sein[689]. Es bleibt daher immer in der Entscheidungssphäre des Netzbetreibers, ob er tatsächlich den Zugang verweigert. Eine andere Einschätzung kann sich nur aus dem zivilrechtlichen Blickwinkel ergeben, aus dem sich eine Schadensersatzpflicht wegen Verletzung vertraglicher Nebenpflichten aus § 241 Abs. 2 BGB ergeben könnte. Diese sind aber im Hinblick auf die originäre Netzzugangsgewährung zu vernachlässigen. Da also nur der Netzbetreiber, der grundsätzlich zur Gewährung des Zugangs verpflichtet ist, auf eine rechtsverbindliche Entscheidung hinsichtlich der Berechtigung der Verweigerung angewiesen ist, sollte auch nur diesem das Antragsrecht zustehen[690]. Des Weiteren ist fraglich, inwiefern der Lieferant von der konkreten Zugangsanfrage, die er durch den Antrag mittelbar verhindern will, Kenntnis erhalten soll. Der jeweilige Dritte wird die Anfrage an den Netzbetreiber richten, welcher zu einer vertraulichen Behandlung dieser sensiblen wirtschaftlichen Information nach § 9 Abs. 1 EnWG verpflichtet ist. Ohne die Kenntnis der Anfrage kann der Lieferant jedoch auch keinen Antrag auf Verweigerung des Netzzugangs stellen[691]. Darüber hinaus spricht der Verweis in § 25 S. 3 EnWG auf die Prüfung nach Art. 27 GasRL 2003 bzw. Art. 48 GasRL 2003 gegen ein Antragsrecht. Sowohl Art. 27 Abs. 3 S. 2 GasRL a.F., als auch Art. 48 Abs. 3 S. 2 GasRL differenzieren zwischen „take-or-pay"-Verträgen, die vor dem Inkrafttreten der GasRL 2003 - dem 04.08.2003 - geschlossen wurden, und solchen Verträgen, die danach geschlossen wurden. Bei Verträgen, welche vor diesem Datum geschlossen wurden, soll die Entscheidung über Ausnahmen vom Zugang davon abhängig gemacht werden, ob wirtschaftlich tragfähige Absatzalternativen gefunden werden können. Das bedeutet, dass nur in den Fällen, in denen keine solchen Absatzalternativen erkennbar sind, der Ausnahmeantrag mit einem positiven Ergebnis genehmigt werden muss. Für Verträge nach diesem Zeitpunkt fehlt diese Voraussetzung, woraus sich im Umkehrschluss ergibt, dass auch bei Fehlen einer wirtschaftlich tragfähigen Absatzalternative eine Ausnahme nicht erteilt werden muss. Da wegen dieser Regelung diejenigen Verträge, die vor dem 04. August 2003 geschlossen wurden, einen weitergehenden Schutz genießen als die Verträge, die nach dem Datum geschlossen wurden und der europäische Gesetzgeber diese Wertung im dritten Binnenmarktpaket bestehen ließ, zeigt sich eindeutig, dass

689 BNetzA, Beschluss vom 27.08.2007, Az. BK7-07-013, S. 8 f. des Umdrucks.
690 so auch *Däuper,* in D/T, B 1 § 25 EnWG , Rn. 20.
691 BNetzA, Beschluss vom 27.08.2007, Az. BK7-07-013, S. 7 f. des Umdrucks.

nach Inkrafttreten der strengen Unbundling-Vorschriften des zweiten Binnenmarktpaketes die Bedeutung dieser Ausnahmevorschrift zurück gehen soll. Zwar ist die Norm grundsätzlich bestehen geblieben, für den Fall, dass vollständig entflochtene Lieferanten solche Verträge abschließen, was in den meisten Ländern erst nach dem zweiten Binnenmarktpaket der Fall war, soll jedoch die Schutzmöglichkeit eingeschränkt sein. Das wiederum bedeutet, dass unabhängige Lieferanten nicht von diesem Schutz profitieren werden und folglich auch keine selbständige Antragsbefugnis benötigen. Diese Unterscheidung in den europäischen Vorgaben, auf welche das nationale Recht verweist, stellt daher deutlich heraus, dass die in § 25 EnWG geregelte Ausnahme auf dem Gedanken eines vertikal integrierten Unternehmens beruht. Die Unternehmen, die vor dem Inkrafttreten der Unbundling-Vorschriften vertikal integriert waren, sind auch heute noch konzernmäßig miteinander verbunden. In diesem Fall kann für die Praxis davon ausgegangen werden, dass der Netzbetreiber den Antrag für den Lieferanten oder zusammen mit diesem stellen wird. Für eigentumsrechtlich entflochtene Unternehmen bzw. völlig unabhängig voneinander agierende Unternehmen ist diese Ausnahmeregelung offensichtlich nicht vorgesehen, so dass es für diese Fälle auch keiner Antragsbefugnis des jeweiligen Lieferanten bedarf.

Zu demselben Ergebnis kommt man im Wege einer teleologischen Auslegung der Regelung. Sinn und Zweck dieser Regelung war es, dafür zu sorgen, dass durch den durch die Liberalisierung geschaffenen freien Netzzugang keine solch großen Nachteile für die vorher als vertikal integrierten Unternehmen entstehen, dass deren Wettbewerbsfähigkeit und damit auch die Sicherheit der Versorgung ernsthaft in Gefahr geraten würde. Die zur Sicherstellung der Gasversorgung und zur Deckung der hohen Investitionskosten notwendigen langfristigen Verträge mit garantierten Einnahmen sollten wegen ihrer volkswirtschaftlichen Bedeutung nicht zu irreversiblen Nachteilen führen[692]. Ausgangspunkt dieser Überlegungen war jedoch die Existenz vertikal integrierter Unternehmen. Nur bei Vorliegen solcher Unternehmen besaß der Netzbetreiber ein eigenes Interesse daran, einen Lieferanten vor unliebsamer Konkurrenz zu schützen. Bei vollständig unabhängig voneinander agierenden Lieferanten war es dagegen nicht gewollt, dass einzelne Lieferanten vor Konkurrenz ausgerechnet dadurch geschützt wurden, dass sie langfristig die Importeure an sich banden und wegen unzutreffender Annahmen in Bezug auf den Absatz sich daraus mangelnde Wettbewerbsfähigkeit ergab. Dies würde im direkten Gegensatz zu dem Ziel der Erreichung eines funktionierenden Wettbewerbs auf dem Binnenmarkt stehen, da die langfristigen Verträge nicht nur ein Problem für die Vertragspartner darstellten, sondern diese auch vor in den Markt neu eintretenden Konkurrenten schützen.

---

692 *Rapp-Jung*, BK, Bd. 1 § 25 EnWG , Rn. 1; *Olbricht,* Netzzugang in der deutschen Gaswirtschaft, S. 235; *Püstow,* Die Liberalisierung der deutschen und französischen Gaswirtschaft, S. 201.

Da also diese Ausnahme mit dem Ziel geschaffen wurde, der besonderen Situation der vertikal integrierten Unternehmen Rechnung zu tragen und die Versorgungssicherheit zu gewährleisten, wäre eine Ausweitung der Norm durch Anerkennung der Antragsbefugnis der Lieferanten auf alle weiteren Fälle nicht vom Sinn und Zweck getragen.

Die Gesetzessystematik und der Sinn und Zweck der Regelung sprechen daher eindeutig gegen eine eigene Antragsbefugnis des Gaslieferanten. Der diesem Ergebnis auf den ersten Blick entgegenstehende Wortlaut der Norm lässt sich dadurch erklären, dass der Gesetzgeber offenbar bei Verwendung des Begriffs Gasversorgungsunternehmen immer den vertikal integrierten Gasversorger vor Augen hatte, bei dessen Vorliegen der Begriff Gasversorgungsunternehmen zu keinerlei Schwierigkeiten führt[693]. Da der Wortlaut zwar nicht eindeutig ist, im Wege der Auslegung nach der Systematik und dem Sinn und Zweck der Norm allerdings davon ausgegangen werden kann, dass eine andere Konzeption des Gasversorgungsunternehmens dem Wortlaut zugrunde liegt[694], wird im folgenden der Einschätzung gefolgt, die dem Gaslieferanten allein keine Antragsbefugnis zugesteht[695].

(2) Entscheidung der Behörden

Nach der Stellung des entsprechenden Antrags durch den Netzbetreiber alleine oder durch den Netzbetreiber und den Gaslieferanten gemeinsam entscheidet zunächst die Regulierungsbehörde, ob die einzelnen Tatbestandsvoraussetzungen vorliegen. Das bedeutet, dass zunächst überprüft wird, ob aufgrund der unbedingten Zahlungsverpflichtungen aus den Gaslieferverträgen ernsthafte wirtschaftliche und finanzielle Schwierigkeiten entstehen. Da jedoch die Norm als Ermessensentscheidung ausgestaltet ist, wird bei der Prüfung der Frage, ob das Vorliegen der Voraussetzungen zu einer Unzumutbarkeit führt, eine energiekartellrechtliche Abwägungsentscheidung durch die Regulierungsbehörde getroffen, bei der neben dem Vorliegen der objektiven Voraussetzungen auch die Kriterienkatalog der Art. 27 Abs. 3 GasRL 2003 bzw. Art. 48 Abs. 3 GasRL zu berücksichtigen sind[696].

Entspricht die Regulierungsbehörde dem Antrag, übermittelt sie diese Entscheidung nach § 49 Abs. 2 GasNZV i.V.m Art. 48 Abs. 2 GasRL der Kommission.

---

693 *Olbricht,* Netzzugang in der deutschen Gaswirtschaft, S. 237.

694 Auch wenn der Wortlaut eindeutig erscheint, ist allein der vom Gesetzgeber gemeinte Sinn maßgeblich, siehe ausführlich hierzu *Säcker,* Münch/Komm, BGB AT, Einl. Rn. 123.

695 So auch *Däuper,* in D/T, B 1 § 25, Rn. 20; a.A, *Olbricht,* Netzzugang in der deutschen Gaswirtschaft, 243, für die Beiladung des Netzbetreibers für den Fall das der Lieferant allein den Antrag stellt *Salje,* § 25 EnWG , Rn. 12.

696 *Arndt,* Britz/Hellermann/Hermes, § 25 Rn.12; *Salje,* § 25 Rn. 9.

Die Kommission überprüft die Entscheidung abermals nach den Kriterien aus Art. 48 Abs. 3 GasRL. Stimmt sie nicht mit der Entscheidung der nationalen Regulierungsbehörde überein, fordert sie diese auf, die Entscheidung innerhalb eines Zeitraums von vier Wochen zu ändern oder zu widerrufen. Diese Aufforderung stellt eine Empfehlung i. S. d. Art. 288 Abs. 5 AEUV dar. Entspricht die Regulierungsbehörde dieser Empfehlung nicht, so trifft die Kommission im Ausschussverfahren nach Art. 48 Abs. 2 S. 4 GasRL i.V.m. Art. 51 Abs. 2 GasRL eine verbindliche Entscheidung. Die nationale Behörde hat diese verbindliche Entscheidung nach § 49 Abs. 2 S. 2 GasNZV umzusetzen, indem sie ihre Entscheidung entsprechend ändert oder aufhebt. Die §§ 48 und 49 VwVG bleiben hiervon unberührt. Nach dieser Änderung oder Aufhebung ist das Verwaltungsverfahren über das Eingreifen der Ausnahmeregelung nach § 25 EnWG beendet.

2. Formelle Voraussetzungen der Zugangsverweigerung

Eine Ablehnung eines begehrten Netzzugangs muss in formaler Hinsicht nach § 20 Abs. 2 S. 2 EnWG in Textform gemäß § 126 BGB erfolgen. Außerdem muss sie der nach § 54 EnWG zuständigen Regulierungsbehörde unverzüglich mitgeteilt werden. Die Begründung darf nach dem Willen des Gesetzgebers nicht formelhaft sein und muss zeitnah erfolgen[697]. Formulare für die Mitteilung der Verweigerung sowie für die Begründung werden von der BNetzA zur Verfügung gestellt. Nach den in den Formularen enthaltenen Vorgaben muss die Verweigerung des Netzzugangs eine Nennung des Netzbetreibers und einem Ansprechpartner, das genaue Netzzugangsbegehren, die Eckdaten der Anfrage sowie eine detaillierte Begründung enthalten[698].

Für den Fall, dass das Netzzugangsbegehren wegen Kapazitätsmangels abgelehnt wurde, muss die Begründung gemäß § 20 Abs. 2 S. 3 EnWG auf Verlangen der beantragenden Partei Informationen darüber enthalten, welche Maßnahmen und damit verbundenen Kosten zum Ausbau des Netzes erforderlich wären, um den Netzzugang zu ermöglichen.

3. Exkurs, Speicher:

Obwohl Speicher in den überwiegenden Fällen nicht integraler Bestandteil des Gasversorgungsnetzes sind und daher nicht vom Zugangsanspruch nach § 20 EnWG umfasst werden[699], ist eine Darstellung des Zugang zu den Untertagespeichern und die mögliche Verweigerung desselben unerlässlich für ein umfas-

697 BT-Drs. 15/3917, S. 60 vom 14.10.2004.
698 Die Formulare sind abrufbar unter www.bundesnetzagentur.de.
699 Siehe unter Kapitel 1. C. II. 1. c).

sendes Verständnis und eine rechtliche Beurteilung des deutschen Netzzugangsregimes.

Da in Deutschland Erdgas größtenteils zur Wärmeerzeugung eingesetzt wird, ist die Nachfrage nach Erdgas ganz besonders stark von saisonalen Schwankungen betroffen. Dies führt dazu, dass Erdgas im Sommerhalbjahr gespeichert und im Winterhalbjahr verbraucht wird[700]. Darüber hinaus kommt den Speichern eine wichtige Funktion hinsichtlich der Erzeugung einer gewissen Unabhängigkeit gegenüber den Exportländern und den Transitländern zu. Ohne die Möglichkeit der Speicherung würde ein etwaiger Ausfall der Importe augenblicklich zu drastischen Konsequenzen sowohl für die einzelnen Haushalte als auch für die gesamte Volkswirtschaft führen. Daher kommt den Speichern eine besondere Bedeutung für die Versorgungsssicherheit zu[701].

Im Hinblick auf die Verbesserung der Wettbewerbssituation sind die Speicher aber insbesondere im Hinblick auf den Ausgleich saisonaler Schwankungen von entscheidender Bedeutung. In Deutschland wird, wie bereits erläutert, der Import von Gas größtenteils über langfristige Lieferverträge - versehen mit den so genannten „take-or-pay“-Klauseln - abgewickelt, die ganzjährig eine ungefähr gleiche Belieferung vorsehen. Diese volks- und betriebswirtschaftlich sinnvolle Auslastung der Leitungen führt jedoch dazu, dass wegen der saisonal stark abweichenden Nachfrage das gelieferte Gas gespeichert werden muss. Andernfalls würde der Abnehmer wegen der unbedingten Zahlungsverpflichtung keine wirtschaftlich sinnvollen Geschäfte machen können, da er das Gas trotz Nichtabnahme durch die Endkunden bezahlen müsste[702]. Umgekehrt ergibt sich für den Abnehmer aber auch keine wirtschaftlich konkurrenzfähige Möglichkeit Verträge abzuschließen, die nur Lieferungen innerhalb der Hochabnahmezeiten vorsehen, da nur die Verträge, die den Bezug eines so genannten Jahresbandes beinhalten, zu günstigeren Konditionen ausgehandelt werden können[703]. Um wirtschaftlich wettbewerbsfähig gegenüber den anderen, am Markt vertretenen Lieferanten zu sein, ist die Möglichkeit der Speicherung folglich unabdingbar[704]. Darüber hinaus ist ein Speicherzugang für den Ausgleich der Lastspitzen von großer Bedeutung. Dies trifft um so stärker auf neu am Markt auftretende, kleinere Versorger zu, da diese in besonders starkem Maße dem Preiswettbewerb ausgesetzt sind und mangels ausgeprägtem Bezugsglättungspotentials, bedingt

700 *Barbknecht,* BK, Bd. 1, § 28 EnWG Rn. 1.
701 *Tugendreich/Schuler,* IR 2007, S. 146 (147).
702 *Barbknecht,* BK, Bd. 1 § 28 EnWG Rn. 26.
703 *Arndt,* Britz/Hellermann/Hermes, § 28 EnWG, Rn. 4.
704 So auch *Tugendreich/Schuler,* IR 2007, S. 146 (147); *Fischerauer,* Regulierung des Zugangs zu Speicheranlagen, S. 277.

durch eine geringere Abnehmerdiversifikation, auf Speicher angewiesen sind, um die kostenintensiven Lastspitzen auszugleichen.[705]

Wegen dieser Verknüpfung zwischen der Verbesserung der Wettbewerbsfähigkeit durch günstige Gasbezugsverträge sowie dem Ausgleich von kostenintensiven Lastspitzen auf der einen Seite und der hierfür erforderlichen Speicherung des Gases auf der anderen Seite, muss der vertragliche Zugang zu den Speichern und insbesondere die Verweigerungsmöglichkeit ebenfalls dargestellt und untersucht werden.

a) Zugangsbedingungen

Der Zugang zu den Speicheranlagen erfolgt nach §§ 26 EnWG auf vertraglicher Grundlage nach den Maßgaben des § 28 EnWG. Das bedeutet, dass Speicheranlagenbetreiber und Unternehmen[706] den Speicherzugang aushandeln und, sobald sie eine Einigung erzielt haben, einen Vertrag auf dieser Grundlage abschließen. Zu beachten ist hierbei, dass es bei der grundsätzlichen Verpflichtung des Speicheranlagenbetreibers bleibt, die entsprechende Kapazität zur Verfügung zu stellen[707]. Die Bedingungen, die bei diesen Einigungen einzuhalten sind, werden durch § 28 Abs. 1 EnWG festgelegt. Hiernach sind gemäß § 28 Abs. 1 EnWG angemessene und diskriminierungsfreie technische und wirtschaftliche Bedingungen einzuhalten.

Bezüglich des Gebotes der Angemessenheit und der Diskriminierungsfreiheit kann größtenteils auf die Ausführungen zum Zugang zum Fernleitungsnetz verwiesen werden. Auch für den Speicherzugang ist hiervon sowohl das horizontale als auch das vertikale Diskriminierungsverbot umfasst Es gilt neben dem tarifären Diskriminierungsverbot auch für alle weiteren Bedingungen des Speicherzugangs[708].

Neben diesen allgemeinen Aussagen wird die Diskriminierungsfreiheit teilweise durch die VO 715/2009 konkretisiert, die in Art. 15 Abs. 1 lit. a) besagt, dass, sobald die Betreiber von Speicheranlagen verschiedenen Kunden dieselbe Dienstleistung anbieten, sie dabei gleichwertige vertragliche Bedingungen zugrunde zu legen haben. Die anzubietenden Dienstleistungen werden unter Art. 15 Abs. 2 VO 715/2009 aufgeführt[709].

---

705 CNE, Informe sobre evolución de la Competencia en los mercados de gas y elctricidad S. 50; *Wolf,* BK, Bd. 2, Art. 102 AEUV, Rn. 88; *Olbricht,* Netzzugang in der deutschen Gaswirtschaft, S. 371.

706 Im Unterschied zu § 20 Abs. 1 EnWG wird der Zugang zu den Speicheranlagen nicht „jedermann“ sondern nur Unternehmen gewährt.

707 *Barbknecht,* BK, Bd. 1, § 26 EnWG Rn. 5.

708 *Fischerauer,* Regulierung des Zugangs zu Speicheranlagen, S. 155.

709 ausführlich hierzu siehe unter Kapitel 4. A. III. 2. a) aa) (1).

Damit das Diskriminierungsverbot eingehalten wird, ist aber keine völlig identische Behandlung aller Petenten erforderlich, vielmehr ist bei Ungleichbehandlungen eine sachliche Rechtfertigung möglich[710]. Dies gilt ausdrücklich im Hinblick auf die Tarife, da Art. 15 Abs. 3 VO 715/2009 explizit die Möglichkeit der Rechtfertigung höherer Entgelte für bestimmte Sachverhalte vorsieht.

b) Verweigerungsgründe

Die Verweigerung des Zugangs ist nach § 28 Abs. 2 EnWG aus betriebsbedingten oder sonstige Gründen unter Berücksichtigung der Ziele des § 1 EnWG zulässig, soweit der Speicherbetreiber nachweist, dass ihm der Speicherzugang nicht möglich oder nicht zumutbar ist. Da die gewählte Formulierung deckungsgleich mit der aus § 20 Abs. 2 EnWG ist, kann auch hier größtenteils auf die Erläuterungen zum Fernleitungsnetz verwiesen werden.

aa) Kapazitätsmangel

Ebenfalls bedeutendster Verweigerungsgrund ist die mangelnde Kapazität. Hierbei ist **zum einen** zu unterscheiden zwischen Einspeisekapazität, Hohlraum- oder Arbeitsgaskapazität und der Ausspeisekapazität eines bestimmten Speichers. Diese drei Bereiche sind voneinander abhängig und können sowohl kombiniert als auch einzeln angeboten werden. **Zum anderen** muss bei der Speicherleistung unterschieden werden zwischen solcher, die sich auf eine konkrete Speicheranlage beziehen und solcher, die sich nicht auf eine konkrete Speicheranlage, sondern auf einen virtuellen Speicher bzw. einen Systemspeicher beziehen[711]. Von der begehrten Kapazität hängt die Prüfung der Frage ab, ob freie Kapazitäten zur Verfügung stehen. Sobald der Speicheranlagenbetreiber nicht über die begehrten Kapazitäten verfügt, sei es wegen eines physischen oder vertraglichen Engpasses, ist der Speicherbetreiber berechtigt, das Begehren wegen Kapazitätsmangels nach § 28 Abs. 2 EnWG abzulehnen. Die Ablehnung ist nach § 28 Abs. 2 S. 2 EnWG in Textform zu begründen.

Hinsichtlich einer Freigabepflicht für selbstgenutzte Kapazitäten kann auf die Ausführungen zum Leitungsnetz verwiesen werden. Dasselbe gilt für die Ausführung zur Freigabepflicht für ungenutzte Kapazitäten. Eine solche Verpflichtung richtet sich nach der Wirksamkeit der Verträge. Verstoßen die abgeschlossenen Verträge gegen kartellrechtliche Grundsätze (insbes. Art. 101, 102 AEUV), führt dies zur Nichtigkeit nach § 134 BGB und damit zu einer Freigabeverpflichtung[712].

---

710 *Fischerauer*, Regulierung des Zugangs zu Speicheranlagen, a.a.O.
711 Ausführlich zu dieser Unterscheidung siehe Kapitel 1. C. II. c).
712 *Fischerauer*, Regulierung des Zugangs zu Speicheranlagen, S. 187.

bb) Netzausbauverpflichtung

Fraglich ist, ob auch die Überlegungen zur Netzausbaupflicht des Fernleitungsnetzbetreiber auf die Speicheranlagenbetreiber zu übertragen sind. Anders als § 20 Abs. 2 S. 3 EnWG fehlt es dem § 28 an einer vergleichbaren, im Gesetz enthaltenen Netzausbauverpflichtung. Das heißt, dass eine Ausbaupflicht nach § 20 Abs. 2 S. 3 EnWG für Speicheranlagen immer nur dann besteht, wenn die Speicher für den Netzzugang technisch notwendig sind und daher zum Gasversorgungsnetz gehören. Dasselbe muss für einen möglichen Ausbauanspruch aus § 20 EnWG i.V.m. §§ 11 Abs. 1, 15 Abs. 3 EnWG gelten, da dieser auch nur Anlagen umfasst, die zum Energieversorgungsnetz bzw. zum Fernleitungsnetz gehören. Das EnWG enthält daher keine Norm, die eine Ausbauverpflichtung der Speicheranlagen zum Inhalt hat. In Betracht kommt daher nur eine analoge Anwendung der auf die Gasnetze anzuwendenden Regelungen. Eine solche analoge Anwendung ist aber nur dann zulässig, „wenn das Gesetz eine planwidrige Regelungslücke enthält und der zu beurteilende Sachverhalt so weit mit dem Tatbestand vergleichbar ist, dass angenommen werden kann, der Gesetzgeber wäre bei einer Interessenabwägung, bei der er sich von den gleichen Überlegungen hätte leiten lassen wie bei dem Erlass der herangezogenen Gesetzesvorschrift, zu dem gleichen Abwägungsergebnis gekommen“[713]. Eine solche vergleichbare Interessenlage ist hier gegeben. Auch wenn es sich bei Speicheranlagen gegebenenfalls nicht um natürliche Monopole handelt, stellen sie doch insoweit wesentliche Einrichtungen dar, als dass der Zugang zu ihnen für die Entstehung eines funktionierenden Wettbewerbs notwendig ist[714]. Wenn dieser Zugang wegen mangelnder Kapazitäten faktisch nicht gewährleistet werden kann, stellt dies eine Situation dar, die den Zielen des EnWG entgegensteht. Eine Erweiterung der Kapazitäten durch einen Ausbau wäre demnach für eine verbesserte Zugangsmöglichkeit sinnvoll. Die Interessenlage für eine Ausbauverpflichtung ist demnach vergleichbar mit derjenigen für die Fernleitungsnetze. Für eine analoge Anwendung fehlt es hier jedoch an einer planwidrigen Regelungslücke[715]. § 20 Abs. 2 S. 3 dient laut Gesetzesbegründung der Umsetzung des Art. 21 Abs. 2 GasRL a.F., wohingegen der § 28 ausdrücklich der Umsetzung des Art. 19 Abs. 3 GasRL a.F. dient und § 28 Abs. 2 EnWG dem § 6a Abs. 2. S. 2 und 3 EnWG a.F. entsprechen soll[716]. Der Gesetzgeber hat folglich bewusst den Großteil der Speicher aus der gesetzlichen Regulierung ausgeklammert und durch § 26 i.V.m. § 28 EnWG einen vertraglichen Anspruch statuiert. Es ist kaum anzunehmen, dass es der Gesetzgeber bei einer so entscheidenden Prob-

713 BGH. Urt. v. 13.3.2003, in NJW 2003, S. 1932; ausführlich zu den Grundsätzen der Analogie, siehe *Larenz/Canaris,* Methodenlehre der Rechtswissenschaft, 3. Aufl., S. 202 ff.

714 Ausführlich hierzu unter Kapitel 1. C. 4. a).

715 So auch *Fischerauer*, Regulierung des Zugangs zu Speicheranlagen, S. 191.

716 BT-Drs. 15/3917, S. 60 und S. 62.

lematik wie dem Kapazitätsausbau planwidrig unterlassen hat, den S. 3 aus § 20 Abs. 2 EnWG zu übernehmen, obwohl § 20 Abs. 3 S. 1 und S. 2 1.HS. und § 28 Abs. 2 EnWG wortgleich sind.

Eine Speicherausbauverpflichtung, die sich aus dem EnWG ergibt, besteht folglich nicht[717]. Etwas anderes ergibt sich auch nicht aus den GGPSSO. Ein Ansatz diesbezüglich ist zwar in den GGPSSO verankert, die in Art. 7.2 c) festlegen, dass die Tarife für die Nutzung von Erdgasspeichern so ausgestattet sein sollen, dass ein angemessener Anreiz für neue Investitionen entsprechend den Anforderungen der Speichernutzer im Rahmen der technischen Möglichkeiten gegeben wird. Da jedoch die GGPSSO zum einen nur rechtlich nicht bindende Leitlinien darstellen, und zum anderen diese Bedingung aufgrund ihrer allgemeinen Aussage, dass ein Anreiz für neue Investitionen geschaffen werden soll, jedenfalls keinen konkreten Anspruch auf Ausbau beinhaltet, besteht auch hiernach keine konkrete Speicherausbauverpflichtung.

cc) Sonstige Verweigerungsgründe

Neben der Zugangsverweigerung wegen Kapazitätsmangels kommen noch weitere Verweigerungsgründe in Frage.

Zunächst ist die Verweigerung wegen mangelnder Zahlungsbereitschaft bzw. Zahlungsunfähigkeit zu erwähnen. Hierzu kann aber erneut auf die für das Fernleitungsnetz gemachten Ausführungen verwiesen werden, da eine solche Verweigerungsmöglichkeit sich schon aus allgemeinen Überlegungen bzw. Regelungen des Zivilrechts zur Vertragstreue ergibt.[718]

Nicht so eindeutig zu beantworten ist die Frage, ob unter diese sonstigen Verweigerungsgründe aus § 28 Abs. 2 S. 1 EnWG auch der Verweigerungsgrund wegen ernsthafter wirtschaftlicher und finanzieller Schwierigkeiten, die im Zusammenhang mit Verträgen mit unbedingten Zahlungsverpflichtungen bestehen, fällt. Eine unmittelbare Anwendung dieser Ausnahme nach § 25 EnWG kommt nicht in Betracht, da sich diese Vorschrift nach § 25 Abs. 1 S. 1 EnWG ausdrücklich auf die Verweigerung wegen Unzumutbarkeit nach § 20 Abs. 2 EnWG bezieht. Zu untersuchen bleibt daher, ob eventuell eine analoge Anwendung in Betracht kommt. Zwar kann auch hier eine *vergleichbare Interessenlage* bejaht werden, da auch Fälle denkbar sind, in denen einem Händler sowohl durch die

717 Ob sich eine solche Ausbauverpflichtung aus Art. 19 IV GWB ergeben könnte, kann hier nicht Umfang der Prüfung sein, gegen eine solche Verpflichtung stellvertretend, *Möschel,* in Immenga/Mestmäcker, § 19 GWB Rn. 107. a.A *Höppner,* Netzveränderungen im Zugangskonzept, S. 361 ff. m.w.N.

718 Siehe *Fischerauer*, Regulierung des Zugangs zu Speicheranlagen, S. 191.

generelle Zugangsgewährung zum Netz Zahlungsprobleme entstehen als auch durch die Gewährung zu einer Speicheranlage, da hierdurch ein Konkurrent seine Wettbewerbsfähigkeit steigern könnte. Eine *planwidrige Regelungslücke* liegt aber keinesfalls vor. Gegen eine solche Regelungslücke spricht zum einen die Gesetzesbegründung, die eindeutig besagt, der § 25 EnWG diene der Umsetzung des § 27 GasRL 2003[719]. Dieser bezieht sich jedoch ebenfalls auf Art. 18 der GasRL 2003, welcher nicht auf Speicheranlagenbetreiber anzuwenden ist. Des Weiteren spricht die Systematik des EnWG gegen eine planwidrige Regelungslücke. Indem der Gesetzgeber diese Möglichkeit der Verweigerung vor dem Speicherzugang und nicht am Ende des dritten Abschnitts platziert hat, hat er deutlich gemacht, dass die Regelungen für den Speicherzugang losgelöst vom Netzzugang zu betrachten sind[720]. Eine analoge Anwendung kommt ebenso wenig wie bei den Netzausbauverpflichtungen in Betracht.

II. Spanien

Bei der Verweigerung des Netzzugangs in Spanien ist, anders als in Deutschland, zunächst zwischen den unterschiedlichen Netzebenen, dem Fernleitungsnetz (1.) und dem Verteilernetz (2.) zu differenzieren.

1. Fernleitungsnetz

Ebenso wie in Deutschland soll die Verweigerung des Zugangs die Ausnahme vom Regelfall darstellen[721]. Dies ergibt sich vor allem aus Art. 60 Abs. 3 LH, der davon spricht, dass der Zugang zum Gasnetz für Dritte garantiert wird. Um diese Garantie zu erfüllen, muss der Zugang grundsätzlich allen Dritten gewährt werden. Von diesem Regelfall gibt es jedoch ebenso wie in Deutschland einige Ausnahmen (Verweigerungsgründe), die in den jeweiligen Anspruchsgrundlagen abschließend aufgezählt sind und nachfolgend dargestellt werden sollen. Zusätzlich zu den Voraussetzungen der ausdrücklich gesetzlich geregelten Verweigerungsgründe muss jede Verweigerung materiell auch den Prinzipien der Nichtdiskriminierung, der Transparenz und der Objektivität genügen[722]

a) Materielle Voraussetzungen

In Spanien wird anders als in Deutschland nicht von der Unmöglichkeit und der Unzumutbarkeit der Gewährung des Zugangs gesprochen, es werden vielmehr die Vorgaben des Art. 17 Abs. 1 GasRL 1998 wortgetreu umgesetzt. Das bedeutet, dass nach dem spanischen Gesetz die Verweigerung immer dann möglich ist, wenn die Erdgasunternehmen nicht über die nötige Kapazität verfügen oder

719 BT-Drs. 15/3917, S. 62.
720 Siehe *Fischerauer*, Regulierung des Zugangs zu Speicheranlagen, S. 206.
721 *Sanchez Gutiérrez,* La Regulaciòn del Sector del Gas Natural, S. 381.
722 *Luis Sancho / Martínez-Pardo,* Comentarios a las leyes Energéticas, Tomo II, S. 657.

der Netzzugang sie daran hindern würde, die ihnen auferlegten Versorgungsverpflichtungen einzuhalten oder wenn sich aufgrund von Verträgen mit unbedingten Zahlungsverpflichtungen ernsthafte wirtschaftliche und Schwierigkeiten ergeben könnten. Darüber hinaus verankerte der spanische Gesetzgeber den Verweigerungsgrund der fehlenden Reziprozität explizit in Art. 70 Abs. 4 LH. Diese Aufzählung hat abschließenden Charakter, so dass darüber hinausgehende Gründe nicht zu einer Verweigerung des Netzzugangsbegehrens berechtigen können.

aa) Kapazitätsmangel

In Spanien ist der Kapazitätsmangel als Grund zur Verweigerung des Netzzugangs ausdrücklich im Gesetzestext erwähnt (Art. 70 Abs. 3 bzw. Art. 76 Abs. 2 LH). Hinsichtlich der Unterscheidung von vertraglichen Engpässen und physischen Kapazitätsengpässen kann auf die zum deutschen Rechtssystem gemachten Ausführungen verwiesen werden. Anders als innerhalb des deutschen Gassystems, stellt das spanische System jedoch nicht auf eine Abwägung im Einzelfall ab, so dass eine mögliche Unzumutbarkeit nicht geprüft wird. Auch wenn grundsätzlich in Spanien ein Kapazitätsmangel wegen der oben dargestellten Überlegungen ebenfalls einen Fall der Unzumutbarkeit darstellt, fehlt es bislang in Theorie und Praxis an einer solchen Einordnung. Ob ein Kapazitätsmangel vorliegt, wird ausschließlich danach betrachtet, ob für den gewünschten Zeitraum Kapazitäten zur Verfügung stehen oder nicht. Ob ein solcher Kapazitätsmangel durch einen möglichen Ausbau der Kapazitäten beseitigt werden könnte, ist dagegen für die Rechtmäßigkeit der Verweigerung des Netzzugangs unbeachtlich[723].

Damit sich der Netzbetreiber jedoch auf diesen Verweigerungsgrund berufen kann, ist es zunächst erforderlich, die verfügbaren Kapazitäten zu kennen. Um bestimmen zu können, wie groß die Menge an verfügbaren Kapazitäten ist, obliegt die Berechnung der Kapazitäten - ebenso wie in den Deutschland - den jeweiligen Netz- bzw. Anlagenbetreibern. Nach Art. 6 Abs. 6 S. 8 RD 949/2001 schlägt die CNE dem Ministerium für Industrie, Tourismus und Handel eine Methode zur Berechnung der Kapazitäten vor, welches diese entweder akzeptiert oder modifiziert. Zurzeit richtet sich die Methode nach den ausführlichen Vorgaben des 10. Protokoll zu den NGTS.

Bevor die einzelnen Voraussetzungen der Geltendmachung des Verweigerungsgrundes eines Kapazitätsmangels und die gegen das Entstehen von Kapazitätsengpässen getroffenen Maßnahmen einer genaueren Untersuchung unterzogen

723 So auch *Luis Pérez de Ayala,* Regulación Tomo II, S. 1324, der klarstellt, dass keinesfalls jedwede Anfrage erfüllt werden muss, wenn dieses nur über den Ausbau der Einrichtungen erreicht werden kann.

werden können, ist zunächst die Verfügbarkeit von Kapazitäten im spanischen Gasnetz darzustellen, die sich deutlich von der deutschen unterscheidet. Im Unterschied zu Deutschland lässt sich in Spanien nämlich kaum ein Engpass an Kapazitäten beobachten[724]. Dies gilt sowohl für die vertraglichen Engpässe („congestiónes contractuales“) als auch für die technischen Engpässe („congestiónes fisica“). Diese Situation beruht auf geographischen sowie historischen Ursachen. Aufgrund der geographischen Lage und der sich daraus ergebenden wirtschaftlichen Entwicklung in Spanien handelt es sich beim spanischen System fast ausschließlich um ein in sich geschlossenes System. Der spanische Gasmarkt war und ist vor allem darauf ausgerichtet, sich selbst zu versorgen. Ein Import bzw. Export von Gas von oder in andere europäische Länder ist bislang von untergeordneter Bedeutung. Das über Leitungen importierte Gas stammt vor allem aus Algerien und Marokko und damit unmittelbar aus so genannten Drittländern, die nicht Teil der EU und folglich auch nicht Teil des Geltungsbereichs des europäischen Gemeinschaftsrechts sind. Die Vertragsbeziehungen des Gasbezuges zu diesen Ländern basieren größtenteils auf privilegierten Verträgen mit wenigen Abnehmern[725], so dass von dieser Seite kein Wettbewerb und damit - mangels Angebotes - auch keine Nachfrage nach Kapazitäten zu erwarten ist. Ein Kapazitätsengpass wird hier mangels Angebot durch die Gaslieferanten an neue Wettbewerber aller Voraussicht nach auch in Zukunft nicht auftreten. Diese Situation ist zwar für den Wettbewerb nicht förderlich, ihre Ursachen liegen jedoch nicht in mangelnden Kapazitäten. Für das Jahr 2012 wird jedenfalls vorausgesagt, dass ca. 22 % der Kapazitäten über die Transitleitung nach Marokko verfügbar sein werden[726].

Der weitere bedeutsame Importweg führt über Schiffe zu den LNG-Anlagen. Da mittlerweile jedoch sechs dieser Anlagen mit einer Gesamtkapazität von ca. 2.337.000 m^3 in Spanien bestehen[727], existiert auf diesem Weg ebenfalls keine Gefahr eines vertraglichen bzw. technischen Engpasses. Ein vertraglicher Engpass entsteht schon deshalb nicht, da es wegen des großen Angebotes wirtschaftlich nicht sinnvoll und faktisch unmöglich wäre, durch das Horten von Kapazitäten Konkurrenz zu verhindern. Diese im Hinblick auf das Kapazitätsangebot sehr komfortable Lage beruht jedoch auf relativ neuen Entwicklungen. Noch 2002 war die Situation eine ganz andere, als bei nur drei Anlagen Engpässe an der Tagesordnung waren. Unter anderem wegen dieser hochgradig wettbewerbseinschränkenden Engpasssituation wurde das RD 1434/2002 erlassen, um das RD 949/2001 insbesondere auch im Hinblick auf das Engpassmanagement

---

724 *Guillén Caramés,* Derecho de la Competencia y Energía Eléctrica, S. 306.
725 CNE, Informe sobre la evolución de la competencia en los mercados de gas y electricidad, 2008 S. 37, www.cne.es.
726 CNE, Informe sobre la evolución de la competencia en los mercados de gas y electricidad, 2008 S. 46, www.cne.es.
727 CNE, Infomraciòn bàsica de los sectores de la energía -2009-; S.144.

zu ergänzen. Eingeführt ist durch den zweiten zusätzlichen Anhang zum RD 1434/2002 („Disposicion adicional segunda“) ein „Use-it-or-lose-it“ System, welches effektiv bestehende vertragliche Kapazitätsengpässe beschränkt[728]. Der Ausbau der Anlagen und die Einführung des effektiven Engpassmanagements führten in den folgenden Jahren dazu, dass auch im Hinblick auf die LNG-Anlagen kaum Zugangsbegehren mangels Kapazitäten abgelehnt werden mussten und im Jahre 2009 durchschnittlich ca. 30 % der Kapazitäten frei waren.

Diese beschriebene Situation zeigt, dass grundsätzlich genügend Importkapazitäten vorhanden sind. Insbesondere die Tatsache, dass ca. 70 % des importierten Gases über den Seeweg nach Spanien gelangen und an den hierfür notwendigen LNG-Anlagen ca. 30 % freie Kapazitäten bestehen, zeigt, dass dort die Möglichkeit des Wettbewerbs mittels Zugangs Dritter zumindest nicht durch das Fehlen von Kapazitäten verhindert wird.

Eine ähnliche Lage lässt sich innerhalb des spanischen Festlandes verzeichnen. Auch hier existieren kaum Engpässe. Zwar kommt es teilweise zu Engpässen innerhalb des nationalen Systems, insbesondere im Nordwesten Spaniens. Da die Fernleitungsnetze in dieser Region weniger Kapazitäten aufweisen, als aus der lokalen LNG-Anlage in Mugardos ausgespeist werden kann, kommt es hier teilweise zu physischen Engpässen[729]. Innerhalb des weit überwiegenden Teils Spanien sind solche Probleme jedoch unbekannt. Dies liegt vor allem daran, dass die Ein- und Ausspeisekapazitäten zwingend zu kombinieren sind, so dass weniger Flexibilität bei der Buchung besteht und die einzelnen Gasflüsse kapazitätssparend geplant werden können.

Hinsichtlich dieser angesprochenen Netze und Anlagen findet eine Verweigerung des Zugangs wegen Kapazitätsmangel daher faktisch nicht statt. Die für das deutsche System dringend zu klärenden Probleme einer möglicher Netzausbauverpflichtungen oder der Freigabe von selbst genutzten Kapazitäten stellen sich hier also nicht.

Es bleiben aber einige wenige Punkte an denen auch in Spanien eine Kapazitätsknappheit vorherrscht und an denen es zur Verweigerung des Zugangs aufgrund von Engpässen kommen kann. Hierzu gehören die Transitleitungen zu Frankreich[730]. An diesem Grenzübergang besteht in der Tat das Problem des Kapazi-

728 Ausführlich hierzu siehe unter Kapitel 2. E. II. 1. a) aa) (1).

729 CNE, Infomre sobre la evolución de la competencia en los mercados de gas y electricidad, S. 49, www.cne.es

730 Zwar existieren auch grenzüberschreitende Leitungen mit Portugal, mangels dort auftauchender Probleme im Hinblick auf fehlende Kapazitäten, und dem sehr geringem Niveau des dort stattfindenden Austausches an Gas wird muss darauf nicht weiter eingegangen werden, siehe CNE, Spanisch Regulator´s Annual Report to the European Comission 2009, S. 61.

tätsmangels, da bis zum Jahr 2013 sämtliche Kapazitäten ausgebucht sind. Um diesem entgegen zu wirken, wurde 2008 die Verordnung OTC ITC/2607/2008 eingeführt, die zum einen das „open season"-Verfahren verpflichtend einführte und zum anderen die Verteilung der Kapazitäten im „pro rata"-Verfahren[731]. Trotz dieser getroffenen Maßnahmen bestehen an den Transitleitungen zu Frankreich weiterhin erhebliche Engpässe, die meist nicht nur vertraglicher, sondern auch technischer Natur, sind.
Die Anlagen innerhalb des spanischen Gassystems, die das größten Probleme im Hinblick auf fehlende Kapazitäten aufweisen, sind jedoch die Untertagespeicher. Hier herrscht eine Situation vor, wonach alle verfügbaren Kapazitäten ausgebucht sind und die zugeteilten Kapazitäten nur ca. 5 % der Nachfrage decken konnten[732]. Da verfügbare Speicherkapazitäten aber eine unverzichtbare Bedingung für die Wettbewerbsfähigkeit insbesondere kleinerer, neu am Markt auftretender, Lieferanten darstellen, stellt dieser Engpass ein ernsthaftes Risiko für die Funktionsfähigkeit des spanischen Marktes dar.

(1) Engpassmanagement

Um von vornherein das Auftreten eines vertraglichen Kapazitätsmangels zu vermeiden, gilt in Spanien bislang ein „use-it-or-lose-it"-Prinzip, nach dem Kapazitäten entzogen werden konnten, sobald diese nicht ausreichend genutzt wurden.

Dieses Prinzip ergibt sich aus Art. 6 Nr. 4 bzw. Nr. 5 RD 949/2001. Gemäß Art. 6 Nr. 4 lit. b) Abs.2 RD 949/2001 wird die gebuchte Kapazität automatisch um die nicht genutzte Kapazität reduziert, wenn sechs Monate nach Beginn des Vertrages über die Kapazität, bzw. sechs Monate nach Modifikation eines Vertrages, die tatsächliche Auslastung der Kapazität unter 80 % der gebuchten Kapazität fällt. Darüber hinaus verliert der Nutzer den hiermit korrespondierenden Anteil seiner vorher zu leistenden Kaution. Problematisch ist hierbei vor allem die Unbestimmtheit der Regelungen. Da der Artikel nur von „wenn die tatsächlich genutzte Kapazität weniger als 80 % von 100 % des vertraglich Vereinbarten betrifft" spricht, herrscht Uneinigkeit über die Auslegung der Verknüpfung von Zeit und Mengenangabe. Die CNE hat mittlerweile jedoch in mehreren Verfahren entschieden, dass hiermit eine monatliche Durchschnittsmenge gemeint ist. Das bedeutet, dass der Kunde, zumindest in einem abgeschlossenen Monat innerhalb des Betrachtungszeitraums von 6 Monaten, einen Durchschnittsverbrauch von Mindestens 80 % der Kapazität abgerufen haben muss[733]. Diese Be-

731 Siehe ausführlich hierzu unter Kapitel 1. C. 4. c) bb) (2) (d).
732 CNE, Informe sobre la evolución de la competencia en los mercados de gas y electricidad, S. 48, www.cne.es
733 Informe de la CNE de 2 de febrero de 2006, Resolución de la CNE CGTS 2/2007. www.cne.es.

trachtungsweise ist jedoch umstritten[734] und vermag aufgrund ihrer willkürlichen Festlegung auf einen Verbrauch innerhalb nur eines Monats, der keinerlei Stütze im Gesetz findet, auch nicht zu überzeugen. Eine solche Grenze hätte zu Folge, dass der Kunde, der einen Monat lang viel Gas nutzt und eine Auslastung von 80 % aufweist und in den anderen Monaten gar kein Gas entnimmt und somit bei einer durchschnittlichen Auslastung von 12,5 % liegt, besser gestellt wird als der Kunde, welcher eine Dauerauslastung von 79 % hätte. Ein solches Ergebnis erscheint unbillig und für Missbrauch anfällig zu sein. Insbesondere der fehlende Bezug auf die jeweils betroffenen Monate ist als problematisch anzusehen, da es schwer sein wird, in den Monaten von April bis September eine Auslastung von 80 % zu erreichen.

Neben diesen zunächst starr formulierten Grenzen nimmt die CNE darüber hinaus eine Art. Verhältnismäßigkeitsprüfung vor und behält es sich für den Einzelfall vor, zu anderen Ergebnissen zu kommen. Hierbei soll als Prüfungsmaßstab der Sinn und Zweck der Norm beachtet werden, nämlich die Verhinderung der Blockierung von anderen Wettbewerbern[735]. Eine solche Einschränkung erscheint im Hinblick auf die fragwürdige Grenzziehung notwendig, kann wegen der Rechtsunsicherheit jedoch auch nicht als zufriedenstellende Lösung angesehen werden. Da gegen die bislang von der CNE getroffenen Entscheidungen kein Widerspruch eingelegt wurde und auch kein Rechtsstreit anhängig ist, können die beschriebenen Grundsätze aber als einzige bislang bestehende Regel angesehen werden. Ob diese einer gerichtlichen Überprüfung standhalten würden, ist jedoch zumindest zweifelhaft.

Neben dieser Möglichkeit der Beschränkung durch den jeweiligen Netzbetreiber, sieht Art. 6 Nr. 5 RD 949/2001 die Möglichkeit vor, dass der GTS das Kapazitätsrecht in den Fällen entziehen kann, in denen einem Mitbewerber der Zugang aus Gründen der fehlenden Kapazität verwehrt worden ist. Voraussetzung für diese Einzelfall „Use-it-or-lose-it"-Anwendung ist im Gegensatz zu Art. 6. 4 RD 949/2001, dass die fehlende Kapazität ausschlaggebend für die Verneinung eines Zugangsanspruches eines Dritten sein könnte. Das bedeute, dass jedesmal wenn der GTS feststellt, dass eine kontinuierliche Nichtauslastung der gebuchten Kapazitäten durch einen Netznutzer dazu führen könnte, dass einem Dritten der Zugang wegen mangelnder Kapazität verweigert werden kann, er die Kapazitäten in Höhe der Nicht-Auslastung entziehen kann. Zusätzlich hierzu wird dem Altnutzer der korrspondierende Teil seiner geleisteten Kaution entzogen. Eine Möglichkeit, die einmal entzogenen Kapazitäten zurück zu bekommen, besteht nicht. Eine prozentuale Grenze dafür in welcher Höhe die Nichtauslastung

734 Voto particular que emite el Consejero D. Jorge Fabra Utray en Relación con la Resolución CGTS 2/2007.
735 Informe de la CNE de 2 de febrero de 2006, Resolución de la CNE CGTS 2/2007. www.cne.es.

stattgefunden haben muss oder eine zeitliche Dauer der Nichtnutzung findet sich anders als bei Art. 6. 4 RD 949/2001 hier nicht. Der zu betrachtende Zeitraum muss laut CNE im Einzelfall verhältnismäßig sein[736]. Entscheidend für die Entziehung der gebuchten Kapazitäten um die Höhe der beantragten Kapazität ist folglich nicht die Unterschreitung einer starren Grenze, sondern die Tatsache, dass wegen der kontinuierlichen Nichtnutzung der gebuchten Kapazität, ein Dritter von dem Netzzugang abgehalten wird oder werden könnte.

Auch bei dieser „use-it-or-lose it"-Regel stellen sich einige Probleme. Insbesondere wegen der Schwere des Eingriffs ist die Unbestimmtheit der Regelungen kritisch zu würdigen. Der einzelne Nutzer weiß zum einen nicht, über welchen Zeitraum er seine Kapazitäten nicht nutzen darf, was wiederum wegen der Abhängigkeit des Gasverbrauches von der Jahreszeit kritisch zu sehen ist. Zum anderen ist es für ihn im Einzelfall schwer vorherzusehen, welche Kapazitätsbuchung bzw. Reservierung für die Zugangsverweigerung ursächlich ist. Zwar bestimmt Art. 8 lit. a) Nr. 2 RD 949/2001, dass vor jeder Kapazitätsverweigerung an Grenzübergangsstellen und LNG-Anlagen die jeweiligen Nutzer zu informieren sind und ihnen die Möglichkeit gegeben werden muss, ihre Kapazitäten zu reduzieren. Jedoch bleibt eine gewisse Unsicherheit für den Fall, dass mehrere Nutzer ursächlich sein können, der Verzicht eines Einzelnen jedoch den Engpass beheben könnte. Aus diesen Gründen schlägt die CNE für den Fall der Erneuerung der Netzzugangsbedingungen vor, dass das „use-it-or-lose-it"-System hinreichend betimmte Regeln enthalten muss, die vor allem gewährleisten, dass eine Entziehung der Kapazitäten nur dann rechtmäßig ist, wenn es zweifelsfrei feststeht, dass die jeweilige Nichtnutzung für die Verweigerung des Zugangs ursächlich ist[737].

Neben dieser Möglichkeit der Entziehung von gebuchten Kapazitäten sieht das spanische System bis zum heutigen Tag keine weiteren Regeln für ein konkretes Kapazitäts- bzw. Engpassmanagement vor. Dies gilt sowohl für einen möglichen Primär- als auch für einen Sekundärmarkthandel.

Dieses bislang bestehende „use-it-or-lose-it"-Prinzips soll nach dem Vorschlag des Ministeriums und gegen die Meinung der CNE jedoch ganz abgeschafft werden[738]. Nach dem Vorschlag des Ministeriums soll ein ganz neues Kapazitätsmanagement eingeführt werden, nach welchem unter Leitung des GTS die

---

736 Resolucion en expediente de conflicto numero CGTS 3/2007 instado por la sociedad Gas Natural Comercializadora S.A- frente a Enagas-Gestor Tecnico del Sistema den disconformidad con la medida de reducción de capacidad de carga de cisternas en planta de cartagena;www.cne.es.

737 Informe 12/2009 de la CNE sobre el proyecto de Real Decreto por el que se modifica el Capítulo II del Real Decreto 949/2001, S. 34. www.cne.es.

738 Informe 12/2009 de la CNE sobre el proyecto de Real Decreto por el que se modifica el Capítulo II del Real Decreto 949/2001, S. 33 ff. www.cne.es.

nicht genutzten Kapazitäten den Dritten auf einem Kapazitätsmarkt zur Verfügung stehen sollen. Auf diesem Markt sollen alle nicht zugewiesenen und die nicht programmierten oder nominierten Kapazitäten gehandelt werden können. Eine konkrete Organisation einer solchen Plattform wurde bislang jedoch nicht vorgestellt. Dieser Vorschlag des Ministeriums führt zu erheblicher Kritik durch die CNE, da theoretisch so zwar alle tatsächlich verfügbaren Kapazitäten auch dem Markt zur Verfügung stehen würden, praktisch bestünden jedoch erhebliche Zweifel an der Effektivität eines solchen Marktes. Diese Zweifel ergeben sich vor allem aus den kurzen Zeitfenstern, die sich für nicht nominierte Kapazitäten ergeben und den damit verbundenen Schwierigkeiten, diese kurzfristigen Kapazitäten handelbar zu machen.

Diese Vorschläge des Ministeriums erinnern sehr an die in der neuen GasNZV vorgesehenen Methoden. Insbesondere die zur Verfügungstellung der nicht genutzen Kapazitäten auf einem Primärmarkt, als auch die Schaffung einer einzigen hierfür einzurichtenden elektronischen Handelsplattform, könnten bei einer Umsetzung zu einer deutlichen Angleichung der beiden Systeme führen. Inwiefern die Vorschläge jedoch tatsächlich umgesetzt werden oder die Kritik der CNE angenommen wird, ist bislang völlig offen.

(2) Besonderheiten LNG

Bei der Nutzung der so genannten LNG-Anlagen zur Wiederverdampfung können spezifische Probleme auftreten, die mit den technischen Gegebenheiten und der sich daraus ergebenden Vielzahl der Hauptleistungspflichten zusammenhängen, die sich mit Abschluss eines solchen Vertrages über die Wiederverdampfung ergeben. Für den Anlagenbetreiber besteht die Pflicht, das Schiff zu entladen, eine bestimmte Menge LNG in der Anlage zu speichern und die vertraglich vereinbarte Menge auszuspeisen.

Da es sich hierbei um mehr oder weniger getrennt von einander ablaufende Vorgänge handelt, kann ein Kapazitätsproblem auch auf unterschiedlichen Ebenen auftreten. Insbesondere führt in der Praxis derjenige Fall zu Problemen, bei dem der Händler, der eine täglich geringe Wiederverdampfungsmenge vertraglich vereinbart hat, zum Beispiel 1 GWh/Tag einen großen Tanker entladen will, beispielsweise 300 GWh. Ein solcher Fall würde dazu führen, dass eine große Menge GNL durch den Anlagenbetreiber gespeichert werden muss und es bis zur vollständigen Wiederverdampfung 300 Tage dauern würde. In einem konkreten Fall[739], bei dem ein Anlagenbetreiber über ein durchschnittliches Fas-

739 Resolucón del conflicto de acceso instado por una empresa comercializadora frente a una planta regasficadora con relación a la limitación en la descarga de buques prevista para el acceso a la planta de regasficación ubicada en "..."(C.A.T.R. 94/2008); www.cne.es.

sungsvermögen eines GNL Lagers von 2000 GWh/Tag verfügt, hätte das beschriebene Szenario dazu geführt, dass es eventuell zu einem Kapazitätsengpass innerhalb des LNG-Speichers gekommen wäre, wohingegen die Wiederverdampfungsanlage nicht ausgelastet gewesen wäre. Zwar sieht bereits das Bilanzierungssystem Strafzahlungen für den Fall vor, dass die Speichermenge die Wiederverdampfungsmenge um mindestens das achtfache übersteigt, jedoch stehen dem Nutzer, wenn diese achtfache Menge über alle Speicher verteilt 300 GWh nicht übersteigt, auch bis zu 300 GWh zu, ohne das es zu Strafzahlungen kommt [740]. Fraglich ist also, wie es der Anlagenbetreiber innerhalb des regulierten Zugangssystems verhindern kann, dass die Anlage als Speicher missbraucht wird und ein Verschlusseffekt für die Anlage erzeugt wird. Zunächst existieren Standardverträge, von deren Inhalt nach Art. 7 RD 949/2001 nicht zu Lasten des Petenten abgewichen werden darf. Diese enthalten im Einklang Abs. 2 lit. a) S. 3 RD die Vorgabe, dass der Anlagenbetreiber die Speicherkapazität zur Verfügung stellen muss, die notwendig ist, um die Tanker zu entladen. Eine zeitliche bzw. mengenmäßige Einschränkung enthält diese Vorgabe nicht. Dies führte dazu, dass die Nutzer der Anlagen das Gas über sehr lange Zeiträume in den Anlagen ließen. Um dies zu verhindern, nahmen die Anlagenbetreiber Klauseln in die Verträge auf, welche die zu entladende Menge in ein realistisches Verhältnis zur Wiederverdampfungsmenge setzten. Im konkreten oben beschriebenen Fall wurde die fünfzigfache Menge der tatsächlich verdampfenden Menge, sprich 50 Gwh/Tag, angesetzt. Daraufhin wurde ein solcher Vertrag der CNE zu Feststellung über die Gültigkeit von einem Händler vorgelegt[741]. Dieser wand ein, dass diese Klauseln zur Lasten der einzelnen Anlagennutzer gingen, und daher gegen Art. 7 RD 949/2001 verstießen. Die CNE musste abwiegen, ob der Verstoß gegen die Vorgaben der Standardverträge gerechtfertigt war. Auf der einen Seite stand das Interesse kleinerer Lieferanten, die nur geringe Ausspeisemengen zu bedienen haben, wegen der Wirtschaftlichkeit jedoch die einmalige Lieferung von LNG vorziehen und keine andere Möglichkeit der Speicherung haben. Auf der anderen Seite stehen die Interessen der Anlagenbetreiber sowie der übrigen Petenten an einem effektiven Netzzugang. Es standen sich daher nicht wie sonst innerhalb des Energierechts oftmals der Fall privatrechtrechtliche Wettbewerbsorientierung und die öffentlich-rechtliche Gemeinwohlorientierung gegenüber, sondern vor allem die Wettbewerbsinteressen der kleineren Netznutzer und der Anlagenbetreiber. Die CNE entschied sich dafür, dass wirtschaftliche Interesse der Netznutzer, hinter die wirtschaftlichen Interessen der Anlagenbetreiber zurücktreten zu lassen und begründete dies jedoch mit Gründen der Versorgungs-

740 Siehe ausführlich unter Kapitel 1, C, 4. c) bb) (6).
741 Resolucón del conflicto de acceso instado por una empresa comercializadora frente a una planta regasficadora con relación a la limitación en la descarga de buques prevista para el acceso a la planta de regasficación ubicada en "..."(C.A.T.R. 94/2008); www.cne.es.

sicherheit[742]. Problematisch bleibt die Situation, bei der ein Anlagenbetreiber bewusst auf eine solche Klausel verzichtet, damit er den Zugang keinem Dritten gewähren muss, da bereits alle Speicherkapazitäten durch ein verbundenes Unternehmen in Anspruch genommen werden. Um einen solchen möglichen Missbrauch zu verhindern, fehlt es bislang an verbindlichen Vorgaben. Für diesen Fall müsste demnach auf wettbewerbsrechtliche Vorschriften zurückgegriffen werden, um eine hieraus resultierende Marktabschottung zu verhindern[743].

(3) Kapazitätsmangel als Verweigerungsgrund

Wie bereits oben beschrieben, ist der Kapazitätsmangel als Verweigerungsgrund sowohl für die Fernleitungen als auch für die Verteilernetze im Gesetz festgehalten. Praktisch bedeutsam ist er allerdings nur für die Transitleitungen zwischen Spanien und Frankreich und für den Zugang zu Speicheranlagen. Die Voraussetzungen, ein Netzzugangsbegehren wegen eines Kapazitätsmangels zu verweigern, werden im RD 949/2001 konkretisiert. Dieser legt einzuhaltende Bedingungen fest, die es von den Netz- bzw. Anlagenbetreibern einzuhalten gilt, sofern ein Kapazitätsbegehren aufgrund eines Kapazitätsmangels verweigert werden soll.

Für den Fall des Lieferantenwechsels und der damit grundsätzlich verbundenen Kapazitätsneutralität legt Art. 8 lit. a) Nr. 1 RD 949/2001 fest, dass die Berufung auf fehlende Kapazität innerhalb des Transport- und Verteilernetzes immer dann nicht möglich ist, wenn der Petent einen bereits existierenden Verbraucher versorgen will, der zum Zeitpunkt der Antragstellung schon mit der selben Menge Gas versorgt wird und der Petent über die notwendigen Kapazitäten zur Einfuhr in das Leitungssystem verfügt[744]. Dieser Grundsatz stellt eine zwangsläufige Konsequenz aus dem Gebot der Nichtdiskriminierung dar[745]. Durch diese Regelung wird nämlich der grundsätzlichen Kapazitätsneutralität eines solchen Lieferantenwechsels Rechnung getragen. Zwar führt dieses System nicht zu einem Anspruch der Übertragung der Kapazitätsrechts eines anderen Lieferanten auf den Pententen (s. Rucksackprinzip), jedoch führt es zu einer Neurepartierung

742 Resolucón del conflicto de acceso instado por una empresa comercializadora frente a una planta regasficadora con relación a la limitación en la descarga de buques prevista para el acceso a la planta de regasficación ubicada en "..."(C.A.T.R. 94/2008); www.cne.es.

743 Die Gefahr eines solchen Missbrauchs ist jedoch äußerst gering, da drei der sechs existierenden Anlagen im Eigentum von ENAGAS S.A stehen und somit keine verbundenen Unternehmen existieren.

744 Laut Tribunal Supremo mit Urteil vom 21.10.2008 soll diese Prämisse nicht nur für Transport und Verteilernetzleitungen gelten, sondern auch für den Zugang zu Wiederverdampfungsanlgen, RJ/2008/5759 Urteil vom 21 Oktober 2008.

745 *Säcker/Boesche,* BK, Bd. 1, § 20 EnWG, Rn. 278, *Arndt,* Britz/Hellermann/Hermes, EnWG, § 20 Rn. 207.

und stellt damit sicher, dass das Netz allen interessierten Nutzern zur Verfügung gestellt wird.

Darüber hinaus wird der Verbraucher davor geschützt, dass er durch einen Lieferantenwechsel Gefahr läuft, von dem neuen Lieferanten mangels Kapazitäten nicht beliefert werden zu können. Da diese Voraussetzung jedoch erst dann erfüllt ist, wenn der Petent über die notwendige Einspeisekapazitäten verfügen würde und folglich nur die Kapazität an Netzkopplungsstellen innerhalb des nationalen Gebiets oder an Ausspeisepunkten gemeint sein kann, hat diese Bedingung praktisch keinerlei Anwendungsbereich für die problematischen Engpässe an der Grenze zu Frankreich und zu den Untertagespeichern.

Für den Fall der Ablehnung wegen Kapazitätsknappheit bei einer Wiederverdampfungsanlage oder einer internationalen Transitleitung besagt Art. 8 lit. a) Nr. 2 RD 949/2001, dass der jeweilige Betreiber vor der Verweigerung die anderen Nutzer der Anlage von der Situation in Kenntnis setzt und ihnen anbietet, die vertraglich vereinbarten Kapazitäten ohne das Auftreten von Kosten zu reduzieren, so dass neue Kapazitäten für den Petenten entstehen. Dem Netznutzer wird also eine freiwillige Freigabemöglichkeit der ihm zustehenden Kapazitäten eingeräumt. Hierdurch sollen die bestehenden Kunden die Möglichkeit erhalten, ihre gebuchten Kapazitäten zu reduzieren, um dadurch eventuellen in den Verträgen festgelegten Strafzahlungen bzw. „use-it-or-lose-it"-Maßnahmen bei Unterschreitung der gebuchten Kapazitäten zu entgehen.

Darüber hinaus ist der **Eigentümer** der Netze bzw. Anlage für jeden Fall der Verweigerung nach Art. 8 lit. a) Abs. 2 RD 949/2001 verpflichtet, beim GTS nach einer anderen Möglichkeit des Netzzugangs anzufragen. Für den Fall, dass eine solche alternative Möglichkeit besteht, muss dieser Vorschlag dem Petenten übermittelt werden.

Bevor diese einzuhaltende Bedingung auf ihre Praktikabilität hin untersucht wird, muss geklärt werden, warum hier der Eigentümer erwähnt ist. Dies kann offensichtlich nur ein redaktionelles Versehen des Verordnungsgebers sein, da der Eigentümer sonst weder in der RD 949/2001 noch im LH Erwähnung findet. Grundsätzlich ist der verfügungsbefügte Netzbetreiber gemeint. Ein Grund, warum dies hier anders sein sollte, besteht nicht. Trotz dieser ungenauen Formulierung ist diese Regelung mit ursächlich dafür, dass innerhalb des spanischen Systems kaum Engpässe entstehen. Da Engpässe oftmals nur an einem spezifischen Punkt auftreten und auch teilweise der Unkenntnis des Petenten von Alternativmöglichkeiten geschuldet sind, ist die vorliegende Bedingung geeignet, um Engpässe zu verhindern. Indem der neutrale GTS damit beauftragt wird, eine Alternative zu finden, lassen sich die Nutzungsmöglichkeiten des Netzes zu

Gunsten der Petenten optimieren. Für die hier zu untersuchenden Engpässe an dem Übergangspunkt zu Frankreich und zu den Speicheranlagen hat diese Voraussetzung jedoch keinerlei Bedeutung.

Als letzte einzuhaltende Voraussetzung bestimmt Art. 8 lit. a) Nr. 3 RD 949/2001, dass für den Fall zeitgleicher Anfrage bei der Verweigerung demjenigen Zugangsbegehren der Vortritt zu geben ist, dass der Versorgung von Verbrauchern mit einem festen Tarif dienen soll. Diese Bedingung hat aus zwei Gesichtspunkten heute keinerlei Bedeutung mehr. Zum einen ist es durch die Umstellung der Anfrage vom postalischen auf den elektronischen Weg so gut wie unmöglich geworden, dass zwei Anfragen genau zur selben Zeit eingehen. Sobald jedoch der zeitliche Eingang unterschieden werden kann, greift das „first-come-first-served"- Prinzip. Zum anderen existiert das System der festen Tarife seit 2007 nicht mehr[746], so dass eine Priorisierung aus diesem Grunde nicht mehr möglich ist.
Sobald diese Voraussetzungen durch den Netzbetreiber eingehalten wurden, ist dieser berechtigt, bei Vorliegen eines Kapazitätsengpasses das Netzzugangsbegehren zu verweigern. Eine darüber hinausgehende Abwägung der Interessen, ob tatsächlich eine wirtschaftliche Unzumutbarkeit vorliegt, oder ob eventuelle Ausbaumaßnahmen den Engpass verhindern könnten, findet nicht statt.

Auf die Verweigerung mangels Kapazität an den **Speicheranlagen** haben diese Voraussetzungen keinerlei Einfluss, da weder ein Lieferantenwechsel noch eine Alternative möglich ist. Art. 8 lit. a) Nr. 3 RD 949/2001 ist nur auf Wiederverdampfungs- und Transitleitungen anwendbar. Zugangsbegehren können demnach immer bei fehlender Kapazität direkt durch den Speicherbetreiber abgelehnt werden. Da die Speicherkapazitäten jedoch nur über einen Zeitraum von einem Jahr vergeben werden und durch das „pro-rata"-System, welches sich an den Absätzen des Vorjahres orientiert, gewährleistet ist, dass zumindest jedem Petenten ein gewisser Teil der Kapazität zugewiesen wird, stellen sich viele mögliche Probleme gar nicht. Das Problem, ob gegebenenfalls selbstgenutzte Kapazitäten frei zugeben sind, tritt in Spanien jedenfalls nicht auf, da die beiden einzigen existierenden Speicher von ENAGAS S.A. betrieben werden und eine vertikale Integration zwischen ENAGAS und einem Lieferanten bzw. Händler nicht besteht. Darüber hinaus ist es wegen der Jahresfrist nicht möglich langfristige Kapazitätsbuchung vorzunehmen, um entsprechende Kapazitäten für die Zukunft zu reservieren. Die Problematik langfristiger Verträge existiert daher ebenfalls nicht.

---

746 Die Versorgung zu festen Tarifen bestand bis 2007 und bedeutete, dass der Endkundenmarkt über vorgegebene Preise reguliert wurde. Seit 2008 ist der spanische Markt zu 100% geöffnet.

(4) Netzausbauverpflichtung

Trotz der festgestellten Tatsache, dass eine Verweigerung wegen mangelnder Kapazität in der Praxis kaum von Bedeutung ist, soll darauf hingewiesen werden, dass analog zu der Diskussion in Deutschland auch in Spanien, zumindest für den Elektrizitätsbereich, die Meinung vertreten wird, dass mangelnde Kapazität nicht zu einer Verweigerung führen kann, sondern vielmehr eine Netzausbauverpflichtung entstehen lässt[747]. Diese ergebe sich daher, dass die Netzbetreiber nach Art. 35. 2 LSE[748] zur Entwicklung und zum Ausbau der Netze verpflichtet seien und diese Verpflichtung die vorhersehbar neue Nachfrage umfasse. Da Art. 66. 4 LH dieselbe Verpflichtung für die Fernleitungsnetzbetreiber im Gasbereich enthält, lässt sich diese Argumentation analog auf das Gassystem übertragen.

Dieser Ansicht kann hier aber nicht gefolgt werden, da eine ausdrückliche Ausbauverpflichtung, anders als in Deutschland, gerade nicht besteht. Diese Schlussfolgerung ergibt sich vor allem aus dem Vergleich zu der Formulierung zur Ausbauverpflichtung für die Verteilernetzbetreiber. Besagt Art. 66. 4 LH, dass die Transporteure für die Entwicklung und Ausweitung des in diesem Artikel definierten Transportnetzes so verantwortlich sein sollen, dass sie die Instandhaltung und die Verbesserung eines unter homogenen und kohärenten Kriterien konfigurierten Netzes garantieren, enthält Art. 74 LH die ausdrückliche Verpflichtung für die Verteilernetzbetreiber die Verteilereinrichtungen immer dann zu erweitern, wenn es für neue Nachfrage nach Versorgung notwendig ist. Der Gesetzgeber hat folglich sehr deutlich zwischen den Pflichten des Fernleitungsnetzbetreibers und denen des Verteilernetzbetreibers unterschieden. Zum einen besteht eine generelle Pflicht, die bestehenden Einrichtungen **instand zu halten** und deren Funktionsweise gegebenenfalls **zu verbessern**, zum anderen besteht für die Verteilernetzbetreiber die Pflicht, im Falle einer neuen, konkreten Nachfrage, das Netz so **auszubauen**, dass diese Nachfrage gedeckt werden kann. Aus dieser generellen Instandhaltungspflicht erwächst daher kein individueller Anspruch eines Petenten auf Ausbau der benötigten Fernleitung.

Ein individueller Anspruch gegen die Fernleitungsnetzbetreiber erwächst auch nicht aus der Verpflichtung der Fernleitungsnetzbetreiber nach § 68 lit. b) LH dem Ministerium für Industrie, Tourismus und Handel jährliche Investitionspläne vorzulegen. Diese Investitionspläne sollen die jährlich zu verwirklichenden Projekte zur Erweiterung der Netze enthalten und müssen vom Ministerium genehmigt werden. Eine solche allgemeine Pflicht kann zwar Ausbauverpflichtungen nach sich ziehen, um den prognostizierten zukünftigen Kapazitätsbedarf zu

747 So *Nebreda Peréz,* Distribución Elétrica, S. 522; *Villar Rojas,* Tratado de Regulación del Sector Elétrico, Tomo I, S. 574.

748 Ley Sector Electrico 54/1997.

befriedigen, sie begründet aber keine Erweiterungspflicht, die sich aus einem konkreten, gegenwärtig nicht erfüllbaren Zugangsbegehren herleiten lässt. Neben der Tatsache, dass sich die Verpflichtung auf jährliche Investitionspläne bezieht und nicht auf konkrete Maßnahmen, wird dieses auch dadurch deutlich, dass das LH keinerlei Sanktionsmöglichkeiten für den Fall enthält, dass die genehmigten Ausbauten nicht realisiert werden[749]. Diese Überlegungen machen deutlich, dass selbst wenn eine allgemeine Verpflichtung zum Ausbau durch die jährlichen Investitionspläne besteht, diese jedenfalls keinen konkreten Anspruch für den Einzelfall begründet, sondern vielmehr der Versorgungssicherheit im Allgemeinen dienen soll.

(5) Freigabverpflichtung

Ebenso wie in Deutschland stellt sich in Spanien die Frage, ob der Netzbetreiber ungenutzte Kapazitäten freigeben muss, um das Zugangsbegehren eines weiteren Petenten zu erfüllen. Da auch in Spanien die Vertragsparteien an ihre vertraglichen Verpflichtungen gebunden sind, kommt eine solche Freigabepflicht nur für den Fall der Nichtigkeit bzw. Teilnichtigkeit der bereits bestehenden Verträge in Betracht. Eine solche Nichtigkeit müsste sich aus dem Verstoß gegen Wettberwerbsrecht ergeben. Ein Verstoß gegen Art. 6 LdD[750] und gegen Art 82 EG a.F. wurde durch die Wettbewerbsbehörden für einen Vertrag festgestellt[751]., der allerdings noch vor Inkrafttreten des RD 949/2001 abgeschlossen wurde. In diesem Fall ging es um eine offensichtlich Kapazitätshortung an LNG–Anlagen, durch welche der Zugang für Dritte unmöglich wurde. Die Kapazitäten der LNG-Anlage wurde durch ein mit ENAGAS S.A. verbundenes Unternehmen, der Gas Natural Comercializadora gebucht, ohne dass diese Kapazitäten ebenfalls durch Dritte zu buchen gewesen wären. Nachdem mittlerweile jedoch eine vollständige eigentumsrechtliche Entflechtung von ENAGAS S.A. stattgefunden hat und nach Ausweitung der Kapazitäten durch den Bau dreier Anlagen sowie durch die Begrenzung der langfristigen Kapazitätsbuchungsverträge auf 75 % durch Art. 6 Abs. 6 RD 949/2001, sind solche Geschäftspraktiken unmöglich gemacht worden.Da die Ausweitung der Kapazitäten erst nach 2002 stattgefunden hat und zu diesem Zeitpunkt bereits die gesetzliche Grenze von 75 % Auslastung für langfristige Kapazitäten eingeführt war, besteht zur Zeit eine Situation, bei der eine Marktabschottung der LNG-Anlagen nicht mehr stattfinden kann. Die Frage der Freigabeverpflichtung wegen nichti-

---

749 Nach dem Reformprojekt s. Informe 12/2009 de la CNE sobre el proyecto de Real Decreto por el que se modifica el Capítulo II del Real Decreto 949/2001, S. 54, www.cne.es; soll jedoch eine Strafzahlung eingeführt werden, die sich danach richtet, welchen Schaden die Engpässe, die auf der nicht durchgeführten Erweiterung beruhen, verursacht haben.

750 Ley de Competencia.

751 Tribunal de Defensa de la Competencia, Resolución (Expte. 580/04, *Gas Natural*) vom 16 Juni 2005.

ger Kapazitätsbuchungsverträge[752] stellt sich mangels marktabschottender Wirkung der einzelnen daher nicht mehr. Ähnliches gilt für die Transitverbindung nach Marokko, da dort 2001 ein „Gas-Release"-Programm stattgefunden hat, bei dem 25 % der Kapazitäten neu repartiert wurden und jeder der Petenten hiervon nur jeweils höchstens 25 % kontrahieren konnte[753]. Zwar befinden sich 75 % der Kapazitäten in den Händen von GasNatural S.A., dies wird allerdings nicht mehr als wettbewerbsrechtliches Problem thematisiert.

Für die einzige relevante Stelle, an der eine Freigabe ungenutzter Kapazitäten in Betracht käme, der Transitverbindung zu Frankreich, besteht auch eine Begrenzung für langfristige Verträge auf 80 %. Darüber hinaus fand 2008 eine „prorata"-Verteilung statt, bei der nur Kapazitäten zugeteilt wurden, deren Vertragslaufzeiten nicht über das Jahr 2013 hinausgingen. Das bedeutet, dass eine Nichtigkeit von Verträgen wegen Verstoßes gegen wettbewerbsrechtliche Vorschriften schon wegen der *ex ante* befolgten diskriminierungsfreien Zuteilungskriterien nicht möglich ist. Auch für diese Fälle scheidet eine Freigabeverpflichtung von Kapazitäten demnach aus.

Aufgrund der Tatsache, dass die zu Beginn der Liberalisierung bestehenden Engpässe durch Netzausbau bzw. ein „Gas-Release"-Programm beseitigt wurden und die Neuverteilung der Kapazitäten nach *ex ante* anzuwendenden diskriminierungsfreien Grundsätzen stattfand und stattfindet, stellt sich demnach das Problem der Verweigerung des Zugangs wegen vertraglicher Engpässe, bei denen die vorliegenden Verträge gegen Wettbewerbsrecht verstoßen, nicht.

bb) wirtschaftliche und finanzielle Schwierigkeiten

Die Voraussetzungen für eine Kapazitätsverweigerung gemäß Art. 70 Abs. 3 LH wegen ernsthafter wirtschaftlicher und finanzieller Schwierigkeiten, die durch Gaslieferverträge mit unbedingten Zahlungsverpflichtungen entstehen können, werden in Art. 9 RD 949/2001 detailliert aufgeführt.

Zunächst ist gemäß Art. 9 Nr. 1 RD 949/2001, anders als in Deutschland nach Art. 25 S. 2 EnWG, ein Antrag von dem betroffenen Lieferanten und nicht vom Netzbetreiber an die Generaldirektion für Energie und Bergbau zustellen[754]. Diese entscheidet dann darüber, ob die notwendigen Voraussetzungen tatsächlich vorliegen. Die Kriterien, die hierbei von der Generaldirektion für die Entscheidung anzuwenden sind, werden in Art. 9 Abs. 3 RD 949/2001 einzeln auf-

752 Die Frage, ob bestimmte langfristige Lieferverträge gegen Wettbewerbsrecht verstoßen, kann hier nicht abschließend behandelt werden. Der letzte hierzu entscheiden Fall resultiert jedoch aus dem Jahre 2000. *GasNatural-Endesa,* COMP/37.542 – PO /Gas Natural + Endesa, IP/00/297.

753 Disposición transitoria decimosexta des LH.

754 Diese ist Teil des Ministeriums für Tourismus, Industrie und Handel.

geführt, wobei diese identisch mit denen in der GasRL unter Art. 48 Abs. 3 aufgeführten Kriterien sind. Über diesen Antrag wird von der Generaldirektion durch Verwaltungsakt entschieden. Dieser wiederum löst Bindungswirkung für den jeweiligen Netzbetreiber aus. Wird dem Antrag nicht entsprochen, kann der betroffene Händler nach Durchführung eines Vorverfahrens eine entsprechende Verpflichtungsklage erheben.

Anders als in Deutschland ist demnach der Händler nicht nur auch, sondern ausschließlich antragsbefugt. Der Netzbetreiber wird bei Erlass eines entsprechenden Verwaltungsaktes vor vollendete Tatsachen gestellt und kann hiergegen nur, nach durchgeführten Vorverfahren, auf dem Klagewege vorgehen.

In der Praxis ist bislang allerdings noch kein Fall der Verweigerung des Netzzugangs wegen ernsthafter wirtschaftlicher und finanzieller Schwierigkeiten aufgetreten.

cc) Reziprozität

Im Gegensatz zum deutschen System hat der spanische Gesetzgeber ausdrücklich eine Verweigerung wegen fehlender Reziprozität in Art. 70 Abs. 4 LH mit aufgenommen[755]. Voraussetzung für eine rechtmäßige Verweigerung wegen fehlender Reziprozität ist es, „dass es sich bei dem Petenten um ein Unternehmen handelt, welches selbst in einem Land ansässig ist bzw. mit einem Unternehmen verbunden ist, das wiederum seinen Sitz in einem Land hat, welches keine vergleichbaren Rechte einräumt und es daher als sicher gilt, dass das Prinzip der Reziprozität in Hinblick auf den Netzzugang verletzt wird. Dies gilt unbeschadet der Kriterien, welche Unternehmen, die in der EU ansässig sind, im Hinblick auf das Gemeinschaftsrecht einhalten müssen".

Um den Netzzugang wegen dieses Grundes zu verneinen, bedarf es darüber hinaus als materielle Voraussetzung einer vorherige Zustimmung der CNE. Fraglich sind die einzuhaltenden Fristen sowohl für die Zustimmung als auch die gesamte Verneinung.

Grundsätzlich muss einem formellen Zugangsbegehren gemäß Art. 5 Abs. 2 RD 949/2001 innerhalb von 24 Tagen entweder entsprochen werden oder dieses zu-

755 Bislang wurde zweimal erfolgreich der Netzzugang wegen fehlender Reziprozität verweigert. Beide Male wurde ein Zugangsbegehren von Gaz de France durch ENAGAS S.A abgelehnt, siehe hierzu Resolucion del expediente Tramitado por la CNE, a instancia de Enagas S.A., solicitando autorización para la denegación del acceso a Gaz de France, de conformidad con el Art. 70.4 de la Ley 34/1998, de 7 de octubre, del sector de Hidrocaburos vom 17.07.01, sowie Resolución de la CNE en los Procedimientos acumulados CATR 5/2002,6/2002 y Procedimiento tramitado al amparo del articulo 70.4 de la Ley 34/1998, de 7 de octubre, del sector Hidrocaburos.

rückgewiesen werden. Im Falle der Verweigerung wegen fehlender Reziprozität kann eine Zurückweisung nach Art. 8 lit. b) RD 949/2001 jedoch nur nach vorheriger Zustimmung der CNE erfolgen. Daraus ergibt sich das Problem, dass sobald die CNE nicht innerhalb der 24 Tage über einen solchen Antrag entschieden hat, der Netzbetreiber den Zugang nicht rechtmäßig verweigern kann, da die Zustimmung der CNE hierfür materielle Voraussetzung ist. Es stellt sich daher die Frage, innerhalb welcher Frist die CNE über das Vorliegen der Voraussetzung entscheiden muss. Möglich wäre es, dass die CNE entweder innerhalb der 24 Tage entscheiden muss, die dem Netzbetreiber grundsätzlich zustehen, um den Kapazitätsbuchungsvertrag abzuschließen oder dass für diese Fälle ein andere Frist gilt. Der Wortlaut der einschlägigen Verordnungen kann hierfür nicht herangezogen werden, da für diesen Fall keine Regelung getroffen wurde. Zweckmäßig wäre es, die Frist des Netzbetreibers an die Frist der Regulierungsbehörde zur Entscheidung zu koppeln, ihm also eine so lange Frist einzuräumen, bis er eine verbindliche Entscheidung der Regulierungsbehörde erhalten hat. Es kann nämlich nicht zu Lasten des Netzbetreibers gehen, dass dieser von einer Entscheidung der Regulierungsbehörde abhängig ist. Die Regulierungsbehörde muss grundsätzlich nach Art 15 Abs. 2 RD 1339/1999 innerhalb drei Monaten über Zugangskonflikte entscheiden. In den beiden bislang aufgetretenen Fällen der Verneinung wegen mangelnder Reziprozität, wurde diese Dreimonatspflicht auch von der CNE bestätigt[756], so dass davon auszugehen ist, dass diese Überlegungen auch ohne gesetzliche Verankerung als Maßstab heranzuziehen sind.

dd) Versorgungsverpflichtungen

Der Vollständigkeitshalber ist eine letzte Möglichkeit der Verweigerung zu nennen, die gemäß Art. 70 Nr. 3 LH dann vorliegt, wenn die Gewährung der begehrten Kapazitätsbuchung dazu führen würde, dass die auferlegten Versorgungsverpflichtungen nicht eingehalten werden können. Dieser Verweigerungsgrund wird von der Literatur größtenteils ignoriert[757], was vermutlich damit zusammenhängt, dass in der heutigen Zeit, bzw. seit der vollständigen Liberalisierung des Marktes, diese Möglichkeit der Verweigerung ohne praktische Bedeutung ist. Die Verpflichtung zur Versorgung der Kunden oblag im System des

---

756 Resolucion del expediente Tramitado por la CNE, a instancia de Enagas S.A., solicitando autorización para la denegación del acceso a Gaz de France, de conformidad con el Art. 70.4 de la Ley 34/1998, de 7 de octubre, del sector de Hidrocaburos vom 17.07.01, S. 16.

757 *Bacigalupo Saggese / Guillén Caramés,* Manual del Sector de Hidrocarburos, Art. 70, S. 245, sprechen davon, dass Art. 70 Abs. 3 zwei Verweigerungsgruende enthält; *Pérez de Ayala,* Regulación, Tomo II, S. 1324 führt nur die Verweigerungsründe der fehlenden Kapazitäten, der wirtschaftlichen Schwierigkeiten sowie der Reziprozität an, ebenso wie *Gimeno Feliú,* Comentarios a las leyes Energéticas, Tomo II, S. 606. Ausschließlich *Sanchez Gutiérrez,* La Regulaciòn del Sector del Gas Natural, S. 381 erwähnt den angeführten Verweigerungsgrund ohne jedoch weitere Ausführungen hierzu zu machen.

„service publico“ den Verteilernetzbetreibern, die wiederum verpflichtend durch die Transportnetzbetreiber beliefert wurden. Mit der vollständigen Liberalisierung des Marktes wurde diese Grundversorgungspflicht auf die Händler übertragen. Gemäß Art. 82 LH wird durch die Regierung festgelegt, welche Händler verpflichtet werden, diese Grundversorgungspflicht durchzuführen. Da also keine Grundversorgungsverpflichtungen durch die Netzbetreiber mehr bestehen, sondern diese Pflicht heutzutage von den Händlern wahrgenommen wird, können sich die Betreiber in der Praxis folglich auch nicht mehr auf eine Verweigerung diesbezüglich berufen. Dafür, dass dieser Verweigerungsgrund nunmehr geltend gemacht werden kann, wenn ein zur Versorgung verpflichteter Händler seine Versorgungsverpflichtung nicht mehr einhalten kann, gibt es keinerlei Anhaltspunkte.

b) formelle Voraussetzungen

Die formellen Voraussetzungen, die es einzuhalten gilt, um ein ordnungsgemäßes Zugangsbegehren abzulehnen, werden in Art. 5 Abs. 2 RD 949/2001 geregelt. Hiernach ist der Netzbetreiber verpflichtet, innerhalb von 24 Tagen nach Eingang des Zugangsbegehren die Verweigerung gegenüber dem Petenten, der Generaldirektion für Energie und Bergpolitik[758] sowie der CNE zu erklären. Diese Entscheidung muss durch den Netzbetreiber begründet werden. Anders als in Deutschland ist die Voraussetzung, dass es sich um eine schriftliche Erklärung handeln muss, nicht ausdrücklich erwähnt. Wie in Art. 35 Abs. 1 GasRL spricht auch die spanische Verordnung nur davon, dass die Verweigerung zu begründen ist.

Die Schriftform dient grundsätzlich vor allem der Klarstellung, der Beweis oder aber auch der Kontrollfunktion.[759]. Sie ist insbesondere dann für die Einhaltung der Kontrollfunktion notwendig, wenn eine schriftliche Verweigerung den Zweck hat, eine behördliche Überwachung sicherzustellen[760]. Da bei eine Zugangsverweigerung in Spanien die Regulierungsbehörde durch den Petenten angerufen werden kann, bedarf es für eine sachgerechte Entscheidung durch die Regulierungsbehörde einer schriftlichen Begründung, damit diese die Verweigerungsgründe nachvollziehen und kontrollieren kann. Um dieser Kontrollfunktion gerecht zu werden, sollte es demnach notwendig sein, eine Zugangsverweigerung schriftlich zu erklären. Andernfalls könnte keine Kontrolle der Gründe stattfinden, was dann in jedem Fall zu Lasten des Netzbetreibers ausfallen müsste.

758 Als Organ des Ministeriums für Industrie, Tourimus und Handel.
759 *Einsele,* Münch/Komm, AT, § 126 BGB Rn. 1.
760 *Einsele,* Münch/Komm, AT, § 125 BGB Rn. 8.

2. Verteilernetz

Im Gegensatz zum Fernleitungsnetz kann der Zugang zum Versorgungsnetz nach Art. 76 Abs. 2 LH nur aus dem Grunde der fehlenden Kapazität verneint werden. Darüber hinaus kann fehlende Kapazität nach Art. 76 Abs. S. 2 LH nur dann eine Verweigerung rechtfertigen, wenn der Kapazitätsmangel selbst der Versorgungssicherheit geschuldet ist. Das bedeutet, dass anders als bei der Verweigerung wegen fehlender Kapazität innerhalb des Fernleitungsnetzes, beim Verteilernetz eine Abwägung im Einzelfall vorgenommen wird, ob der Engpass tatsächlich gerechtfertigt ist. Dies ist, wenn überhaupt, nur bei zeitlich sehr beschränkten Engpässen möglich, da grundsätzlich eine Ausbauverpflichtung der Verteilernetzbetreiber aus Art. 74 lit. d) LH besteht. Hiernach sind Verteilernetzbetreiber immer dann zum Ausbau ihrer Netze verpflichtet, soweit dies für die Erfüllung neuer Nachfrage notwendig ist[761]. Es besteht also ein subjektiv durchsetzbarer Anspruch des Petenten gegen den jeweiligen Netzbetreiber. Eine Verweigerung ist daher nur solange möglich wie es dauert, das Netz auszubauen bzw. wenn der Ausbau wegen Problemen für die Versorgungssicherheit unnmöglich ist. Weitere Verweigerungsgründe bestehen nicht. Da bislang in der Praxis kein einziger Fall einer Verweigerung auf Verteilerebene bekannt ist, wird auf eine ausführlichere Darstellung verzichtet.

III. Zwischenfazit

Die Probleme im Zusammenhang mit der Verweigerung eines begehrten Netzzugangs in Deutschland und in Spanien sind aufgrund der tatsächlichen Kapazitätssituation in den beiden Ländern sehr unterschiedlich. Zunächst ist erneut darauf hinzuweisen, dass die Lage insofern kaum vergleichbar ist, als dass zum einen in Deutschland - insbesondere an den Grenzen zu den anderen Staaten - als auch an den Marktgebietsgrenzen oftmals vertragliche Engpässe vorliegen. In Spanien hingegen bestehen Engpässe zwar ebenfalls an der Grenze zu Frankreich, diese sind jedoch meistens technischer Natur. Darüber hinaus existieren in Deutschland eine große Anzahl langfristiger Kapazitätsbuchungsverträge zwischen den jeweiligen Netzbetreibern und den mit ihnen verbundenen Unternehmen, wohingegen in Spanien aufgrund der eigentumsrechtlichen Entflechtung des mit Abstand größten Fernleitungsnetzbetreibers langfristige Verträge zwischen verbundenen Unternehmen kaum zu Problemen führen. Zwar existieren auch hier Verträge aus der Vorliberalisierungszeit, als ENAGAS S.A. noch zu 100 % zu Gas Natural SDG gehörte; diese haben wegen der Erweiterung der Kapazitäten und des durchgeführten „Gas-Release"-Programms jedoch keine marktabschottende Wirkung. Darüber hinaus wurde schon frühzeitig durch die Begrenzung der Auslastung auf 75 % bei langfristigen Verträgen bzw. der „prorata"-Verteilung und der 80 % Grenze bei der Fernleitung zu Frankreich ein

761 *De Ayala,* Regulación, Tomo II, S. 1313.

wirksames Mittel eingeführt, um die Effektivität des Zugangsanspruchs zu gewährleisten.

Diese Unterschiede bei der tatsächlichen Kapazitätssituation führen dazu, dass in Deutschland ein Schwerpunkt der Betrachtung darauf gelegt wird, ob die Verweigerung im Einzelfall wegen Unzumutbarkeit rechtmäßig ist. Eine vorzunehmende Abwägung kann eine Verweigerung aber insbesondere dann nicht rechtfertigen, wenn zum einen bereits bestehende Kapazitätsbuchungen frei gegeben werden müssen, sei es wegen der Nichtigkeit der Lieferverträge oder der Buchungsverträge oder wegen der Nichtigkeit beider Verträge. Zum anderen ist eine Verweigerung dann rechtswidrig, wenn den Netzbetreiber eine konkrete Ausbauverpflichtung trifft.

Die Notwendigkeit einer solchen Abwägung kennt das spanische System gerade nicht. Besteht nach der Durchführung der Maßnahmen nach Art. 8 RD 949/2001 entweder ein vertraglicher oder ein technischer Kapazitätsengpass, berechtigt dieser zur Verweigerung des Netzzugangsbegehrens. Eine Prüfung der Zumutbarkeit ist nicht vorgesehen. Dies ist vor allem daher zweckmäßig, weil in Spanien auf Fernleitungsebene kein individueller Anspruch auf einen Netzausbau besteht, so dass sich die Frage der finanziellen Zumutbarkeit nicht stellen kann.

Abgesehen von der unterschiedlichen Kapazitätensituation und der damit im Zusammenhang stehenden Verweigerung besteht ein weiterer Unterschied darin, dass in Spanien zurzeit noch die Möglichkeit der Verweigerung wegen fehlender Reziprozität besteht.

Der Verweigerungsgrund wegen unbedingter Zahlungsverpflichtungen existiert in beiden Rechtsordnungen. Sie unterscheiden sich nur insofern, als dass die Antragsbefugnis in Spanien ausdrücklich beim Lieferanten liegt. Dies ist mangels vertikaler Verbindungen auch notwendig, da dieser Verweigerungsgrund ansonsten keine Existenzberechtigung hätte.

Die Situation bei der Verweigerung eines Zugangsbegehrens zu Untertagespeichern ist insofern vergleichbar, als das in beiden Ländern die Nachfrage das Angebot bei weitem übersteigt. Dies ist jedoch die einzige Gemeinsamkeit. Ansonsten kann auf die oben gemachten Ausführungen verwiesen werden. Eine Freigabverpflichtung wegen marktabschottender Wirkung oder anderer wettbewerbsrechtlich bedenklicher Vertragsabschlüsse ist in Spanien aufgrund der jährlichen Verteilung im „pro-rata"-Verfahren und über die Versteigerung nicht möglich. Außerdem obliegt die Verteilung der Kapazitäten dem unabhängigen GTS, so dass ein wettbewerbswidriges Verhalten als ausgeschlossen gelten kann.

Ebenso wie bei den unterschiedlichen Möglichkeiten, den Netzzugang verweigern zu können, bestehen auch große Unterschiede im jeweiligen Engpassmanagement. Wird in Deutschland mit den Vorgaben der neuen GasNZV der Versuch unternommen, neben den „use-it-or-lose-it"-Mechanismen auch einen liquiden Sekundärmarkt, sowie einen „day-ahead"-Primärmarkt einzuführen, existieren solche Regeln in Spanien zur Zeit noch nicht. Auch hier muss darauf hingewiesen werden, dass die Dringlichkeit der Einführung eines solches Systems für einen effektiven Netzzugang mit der Kapazitätssituation korreliert. Für den Fall, dass genügend Kapazitäten vorhanden sind oder nur technische Engpässe auftreten, ist ein Engpassmanagement für einen effektiven nationalen Zugang nicht notwendig. Unter Umständen ist ein solches Engpassmanagement jedoch notwendig, um europaweit einheitliche Produkte anbieten zu können, die einen funktionierenden Binnenmarkt fördern. Inwiefern dies der Fall ist, wird ausführlich unter Kapitel 5 untersucht.

F. Netzanschlusspflicht

Damit es zu dem begehrten Netzzugang bzw. der Nutzung des Netzes kommen kann, ist rein physisch vorher ein Netzanschluss notwendig, da man unter Netzanschluss, (conexìon al red) die physikalische Verbindung mit einem bestimmten Netz versteht[762]. Es ist also zwischen dem Netzzugang - dem Recht auf Nutzung - und dem vorher zwangsläufigen physikalischen Netzanschluss – dem Recht auf die physikalische Verbindung - zu unterscheiden.

I. Deutschland

In Deutschland ist die Netzanschlusspflicht ebenso wie der Netzzugang reguliert und in den §§ 17 und 18 EnWG geregelt. Hiernach besteht ebenso wie beim Netzzugang ein Recht auf angemessenen, diskriminierungsfreien und transparenten Anschluss. Die § 17 und § 18 EnWG stehen hierbei in einem Alternativverhältnis zueinander, so dass beim Vorliegen der Voraussetzungen des § 18 I, EnWG ein Rückgriff auf § 17 I EnWG ausgeschlossen ist.[763]

Der § 18 EnWG regelt die allgemeine Anschlusspflicht der Betreiber von Energieversorgungsnetzen für Gemeindegebiete, die der allgemeinen Versorgung von Letztverbrauchern dienen, auf der Ebene des Niederdrucknetzes, wohingegen der § 17 EnWG alle anderen Netzebenen erfasst.

---

762 *Theobald/Zenke/Ochsenfahrt* in Schneider/Theobald Recht der Energiewirtschaft 2008 § 14 Rn. 25.

763 *Holznagen/Schumacher,* ZNER 2006, S. 218 (219).

Bei Energieversorgungsnetzen der allgemeinen Versorgung handelt es sich nach § 3 Nr. 17 EnWG um solche Netze, die der Verteilung von Energie an Dritte dienen, und von ihrer Dimensionierung nicht von vornherein nur auf die Versorgung bestimmter, schon bei der Netzerrichtung feststehender oder bestimmbarer Letztverbraucher ausgelegt sind, sondern grundsätzlich für die Versorgung jedes Letztverbrauchers offen stehen. Die genaue Bedeutung der vorstehenden legal Definition wird höchst kontrovers diskutiert[764]. Maßgeblich für die Einordnung als allgemeines Versorgungsnetz ist demnach nach objektiven Gesichtspunkten, dass das Netz für die Nutzung durch Dritte offen steht[765]. Daraus folgt, dass die durch das Netz zu versorgenden Letztverbraucher weder individuell noch im Hinblick auf ihre Anzahl feststehen dürfen[766]. Somit geht es um Netze zur flächendeckenden Versorgung vor allem von Haushaltkunden i. S. d § 3 Nr. 17 EnWG[767]. Ob darüber hinaus eine subjektive Komponente auf Seiten des Netzbetreibers von Nöten ist[768], kann für die weiteren Darstellungen außer Acht gelassen werden.

Die Beschränkung auf ein Gemeindegebiet bedeutet nicht, dass nur ortsansässige Netzbetreiber der Anschlusspflicht unterliegen, sondern, dass es auf den tatsächlichen Betrieb eines Netzes in einem Gemeindegebiet ankommt[769]. Der Nctzbctricb kann hierbei auch über die Gemeindegrenzen hinausgehen oder sich auf einzelne Teile des Gemeindegebietes beschränken[770]. Die teilweise Versorgung eines Gemeindegebietes ist vor allem für die Gasversorgung von besonderer Bedeutung. Versorgt ein Gasnetzbetreiber ein Gebiet nur in Teilen, da es eine flächendeckende Versorgung aus wirtschaftlichen Gründen nicht gibt, ist konkret zu bestimmen, wo eine allgemeine Versorgung erfolgt und wo nicht[771]. Begehrt demnach ein Letztverbraucher einen Anschluss an ein Niederdrucknetz beim Betreiber des Energieversorgungsnetzes der allgemeinen Versorgung seines Gemeindegebietes, kommt eine Anspruchsgeltendmachung nur nach § 18 I EnWGund nicht nach § 17 I EnWG in Betracht.

---

764 Näheres dazu unter, *Boesche/Wolf*, ZNER 2005,S. 285 (292), *Börner* in Bartsch/Röhling/Salje/Scholz Stromwirtschaft 2008 Kap. 57, Rn. 238, Bundesnetzagentur, Merkblatt für Anträge nach § 110 Abs. 4 Energiewirtschaftsgesetz, Stand 07.09.2006, S.2, OLG Düsseldorf, B. v. 24.01.2007 – VI-3 Kart 452/06 (V), ZNER 2007 S.69.

765 *Boesche/Wolf*, ZNER 2005,S. 285 (292).

766 *Stötzel*, in Britz/Hellermann/Hermes EnWG 2008 § 18 Rn. 7.

767 *Sieberg* in Bartsch/Röhling/Salje/Scholz Stromwirtschaft 2008 Kap. 53, Rn. 14.

768 so Bundesnetzagentur, Merkblatt für Anträge nach § 110 Abs. 4 Energiewirtschaftsgesetz, Stand 07.09.2006, S.2, OLG Düsseldorf, B. v. 24.01.2007 – VI-3 Kart 452/06 (V), ZNER 2007 S.69.

769 *Salje*, EnWG 2006, § 18 Rn.23.

770 *Stötzel* in Britz/Hellermann/Hermes EnWG 2008 § 18 Rn. 9.

771 *Büdenbender*, EnWG, § 10 Rn. 39.

Um grundsätzlich den Anspruch auf Netzanschluss beurteilen zu können, muss zunächst wie beim Zugangsanspruch geklärt werden, welche Rechtsnatur der zu untersuchende Anspruch hat. Dies ist ebenso wie bei Netzzugang insbesondere deswegen von großer Bedeutung, da die Möglichkeit der Durchsetzung und der Vollstreckung eines solchen Anspruchs von der Rechtsnatur abhängig sind. In Betracht kommt hier ein unmittelbarer Anspruch auf Netzanschluss[772] sowie ein auf Abschluss eines Netzanschlussvertrages gerichteter Kontrahierungszwang[773]. Allerdings ist auch hier darauf hinzuweisen, dass der Anschlußbegehrende über § 31 EnWG die Möglichkeit erhält, über die Missbrausverfügung zu seinem Recht zu kommen, so dass die Bedeutung der Einordnung an Gewicht verloren hat. Hier wird jedenfalls der Ansicht gefolgt, dass es sich um einen unmittelbaren gesetzlichen Anspruch handelt[774].

1. Normadressat und Begünstigte

Normadressat und damit Anschlussverpflichtete nach § 17 EnWG und § 18 EnWG sind wie bei § 20 EnWG die Betreiber von Energieversorgungsnetzen. Begünstigte sind die Letzverbraucher, also nach § 3 Nr. 25 EnWG natürliche oder juristische Personen, die Energie für den eigenen Verbrauch kaufen, wobei es nur darauf ankommt, ob die Energie für eigene Zwecke verbraucht wird[775]. Wer also den Anschluss begehrt, um die Energie an Dritte weiterzuleiten, ist kein Letztverbraucher im Sinne des § 3 Nr. 25 EnWG. Die Unterscheidung kann in der Praxis dann zu Schwierigkeiten führen, wenn es zu einer Bündelung der Abnahme kommt. Ob in einem solchen Fall, in dem eine „Dachgesellschaft" den Vertrag abwickelt, um die Energie an „Untergesellschaften" weiterzuleiten eine Letztverbrauchereigenschaft bejaht werden kann, richtet sich danach, ob sich selbständige wirtschaftliche Subjekte gegenüberstehen, bei denen es sich um verschiedene Rechtssubjekte handelt, oder ob die Verbraucher der Energie rechtlich unselbständig sind[776]. Innerhalb des § 17 Abs. 1 EnWG werden außerdem gleich- oder nachgelagerte Elektrizitäts- und Gasversorgungsnetze als Anspruchsberechtigte genannt. Hiermit kann jedoch nur der Betreiber solcher Net-

---

772 So *Koenig / Kühling / Rasbach*, Energierecht, S. 52, ohne Begründung.

773 *Stötzel* in Britz/Hellermann/Hermes EnWG 2008 § 17 Rn. 07.

774 *Säcker/Boesche,* BK, Bd. 1, § 17 Rn. 3 ff , die vor allem Wortlaut und Telos als Argumentationshilfe heranziehen. a.A *Salje,* EnWG 2006, § 17 Rn.10; *Sieberg* in Bartsch/Röhling/Salje/Scholz Stromwirtschaft 2008 Kap. 53, Rn. 77 *Stötzel* in Britz/Hellermann/Hermes EnWG 2008 § 17 Rn. 07; *Theobald/Zenke/Ochsenfahrt* in Schneider/Theobald, Recht der Energiewirtschaft 2008, wobei vor allem ein Vergleich zu § 18 EnWG bemüht wird, da bei dem Entstehen des Netzanschlussverhältnisses nach § 18 EnWG wegen der vorbestimmten Vertragsbestimmungen nach NAV, insbesondere § 2 Abs. 4 S. 1 NAV festgelegt ist, dass das Netzanschlussverhältnis auch ohne Vertrag bestehen kann. Indem bei dem Anspruch nach § 17 I aber auf vorbestimmte Vertragsbestimmungen wie die NAV verzichtet wurde, mache der Gesetzgeber deutlich, dass eine Ausgestaltung durch Vertrag weiterhin notwendig ist,

775 *Sieberg* in Bartsch/Röhling/Salje/Scholz Stromwirtschaft 2008 Kap. 53 Rn. 50.

776 *Theobald*, in D/T, EnWG, § 3 Rn. 207.

ze gemeint sein, da der Anspruch die Rechtsfähigkeit des Petenten voraussetzt, die bei einer ausschließlichen Sachgesamtheit, wie es bei einem Elektrizitäts- oder Gasversorgungsnetz bzw. Leitung der Fall ist, nicht gegeben ist[777]. Davon ausgehend, dass hier ein redaktioneller Fehler des Gesetzgebers vorliegt, sind folglich alle Betreiber von Gleich- oder nachgelagerten Elektrizitäts- und Gasversorgungsnetzen anschlussberechtigt. Des Weiteren sind die Betreiber[778] von Erzeugungs- und Speicheranlagen Berechtigte des Anspruchs auf Anschluss. Unter einer Erzeugungsanlage versteht man alle Anlagen zur Gewinnung von Energie aus konventionellen oder regenerativen Quellen[779]. Umfasst werden vom § 17 Abs. 1 EnWG aber nur diejenigen, für die keine spezialgesetzlichen Regelungen innerhalb des EEG oder KWKG gelten.

2. Anschlussbedingungen

Nach § 17 Abs. 1 EnWG muss der Netzbetreiber den begehrten Netzanschluss zu Bedingungen gewähren, die angemessen, diskriminierungsfrei, transparent und nicht ungünstiger sind, als sie von den Netzbetreibern in vergleichbaren Fällen für Leistungen innerhalb ihres Unternehmens oder gegenüber verbundenen oder assoziierten Unternehmen angewendet werden. Diese Bedingungen müssen sowohl in wirtschaftlicher als auch in technischer Hinsicht eingehalten werden. Auch hier kann grundsätzlich auf die Ausführungen zum Netzzugang verwiesen werden. Unter den technischen Bedingungen, nach denen die Anschlussnehmer an das jeweilige Netz angeschlossen werden, sind die nach § 19 Abs. 2 EnWG von den Betreibern der Gasversorgungsnetze festzulegenden technischen Mindestanforderungen zu verstehen. Nach § 19 Abs. 3 Satz 1 EnWG müssen diese Mindestanforderungen die Interoperabilität der Netze sicherstellen sowie sachlich gerechtfertigt und nicht diskriminierend sein. Für die Gewährleistung der technischen Sicherheit gilt nach § 19 Abs. 3 Satz 3 EnWG, der § 49 Abs. 2 bis 4 EnWG. Dieser legt nach Abs. 2 fest, dass die allgemein anerkannten Regeln der Technik dann vermutet werden, wenn die technischen Regeln des DVGW[780] -Regelwerks für die Gaswirtschaft eingehalten wurden. Die wirtschaftlichen Bedingungen enthalten die ökonomisch- rechtlichen Aspekte. Diese sind vor allem Entgelte und Anforderungen, die dem Netzzugangspetenten Mühe und Aufwand abverlangen[781]. Ausnahmen gelten nach § 33 GasNZV für Biogasanlagen, die auf Antrag vorrangig an das Gasnetz anzuschließen sind.

---

777 *Salje,* EnWG 2006, § 17 Rn.8.

778 Auch hier gilt das zu den Netzen und Leitungen gesagte, so dass ebenfalls der Betreiber der Erzeugungs- und Speicheranlagen gemeint sein muss.

779 *Fehling*, Schneider/Theobald, Handbuch zum Recht der Energiewirtschaft 2003, § 7 Rn 1.

780 Deutsche Vereinigung des Gas- und Wasserfaches e.V.

781 *Salje,* EnWG 2006, § 17 Rn.14; *Buntschek* in WuW 2006, S. 30 (34).

a) Angemessenheit der Netzzugangsbedingungen

Die einzuhaltenden technischen und wirtschaftlichen Bedingungen müssen angemessen sein. Gemäß § 17 Abs. 3 EnWG wird dem Gesetzgeber die Möglichkeit eingeräumt, durch Rechtsverordnung Vorschriften über die Bedingungen zu erlassen. Die technischen Bedingungen sind jedenfalls immer dann angemessen, wenn sie tatsächlich notwendig sind, um eine sichere, leistungsfähige und zuverlässige Energieversorgung zu gewährleisten.

In wirtschaftlicher Hinsicht betrifft die Angemessenheit vor allem die Höhe des zu zahlenden Entgeltes. Eine Vorschrift, nach der sich ein solches Entgelt berechnen lässt wie § 21 Abs. 2 EnWG in welchem die Endgelder für den Netzzugang geregelt werden, gibt es für den Netzanschluss nicht. Solange jedoch nur die Kosten gefordert werden, die bei der Errichtung und dem Betrieb des Netzanschlusses anfallen, also ein kostendeckendes Entgelt gefordert wird, wird die Angemessenheit zu bejahen sein[782]. Hierbei ist den Netzbetreibern zusätzlich eine angemessene Verzinsung auf das eingesetzte Kapital zuzubilligen[783], da die Netzbetreiber aus wirtschaftlichen Gesichtspunkten wie alle anderen Marktteilnehmer darauf angewiesen sind, eine angemessene Rendite für ihr investiertes Kapital zu erzielen[784]. Neben dem Merkmal der Kostendeckung kommt auch ein Vergleich mit strukturell vergleichbaren Netzbetreibern in Betracht; dieser kann für die Angemessenheit des Entgeltes zumindest Indizwirkung entfalten[785].

b) Diskriminierungsfreiheit

Die Voraussetzung der Diskriminierungsfreiheit ist dann eingehalten, wenn alle Netzzugangspetenten unter Berücksichtigung ihrer individuellen Besonderheiten gleich behandelt werden[786.] Diese Gleichbehandlung betrifft zum einen die Frage des „ob" des Anschlusses und im Anschluss daran die Ausgestaltung der einzelnen Anschlussbedingungen. Ein sachlicher Grund, der eine Ungleichbehandlung rechtfertigt, kann insbesondere in den technischen Anforderungen an einen Netzanschluss in den unterschiedlichen Spannungsebenen gesehen werden oder dann, wenn eine Ungleichbehandlung ausdrücklich gesetzlich legitimiert ist, z. B beim Netzanschluss von Biogasanlagen nach § 33 GasNZV.

Durch das Verbot der Schlechterstellung nach § 17 Abs. 1 S. 1 EnWG hat der Gesetzgeber zusätzlich zum horizontalen Diskriminierungsverbot, welches sich

782 *Sieberg* in Bartsch/Röhling/Salje/Scholz Stromwirtschaft 2008 Kap. 53, Rn. 52; *Bechtold* [Kartellgesetz], § 19 Rn. 92;

783 *Stötzel* in Britz/Hellermann/Hermes EnWG 2008 § 17 Rn. 19.

784 *Büdenbender,* EnWG, § 1 Rn. 24.

785 *Stötzel* in Britz/Hellermann/Hermes EnWG 2008 § 17 Rn. 19.

786 *Salje,* EnWG 2006, § 17 EnWG Rn.14; *De Wyl/Müller-Kirchenbauer/Thole* in Schneider/Theobald, Recht der Energiewirtschaft 2008, § 15 Rn. 128;

aus dem Begriff „diskriminierungsfrei“ ableitet, ein vertikales Diskriminierungsverbot nominiert, in dem er klarstellt, dass die Zugehörigkeit zum Unternehmen bzw. zum Konzern des Netzbetreibers gerade kein sachlich gerechtfertigten Grund darstellt[787].

c) Transparenz

Das Merkmal der Transparenz verlangt zunächst, dass den Anschlussnehmern die Möglichkeit gegeben wird, die Netzanschlussbedingungen zur Kenntnis zu nehmen und darüber hinaus, dass der Anschlussnehmer diese Bedingungen inhaltlich nachvollziehen kann[788]. Bezüglich der Möglichkeit der Kenntnisnahme ist fraglich, ob der Netzbetreiber verpflichtet ist, sowohl technische als auch wirtschaftliche Bedingungen zu veröffentlichen. Hierzu werden unterschiedliche Meinungen vertreten. Eine Ansicht geht davon aus, dass eine Veröffentlichung nicht erforderlich ist[789], eine differenzierende Ansicht stellt sich auf den Standpunkt, von der Veröffentlichungsverpflichtung seien nur die technischen Mindestanforderungen gemäß § 19 EnWG umfasst[790], und eine dritte Meinung spricht davon, dass eine vollständige Veröffentlichung aller Netzzugangsbedingungen (technischer und wirtschaftlicher Art) erforderlich sei[791]. Für die Ansicht, die sich gegen eine ausdrückliche Veröffentlichungspflicht der Bedingung stellt, spricht der Umkehrschluss aus dem § 18 Abs. 1, EnWG, der eine solche Verpflichtung explizit enthält[792], sowie der Vergleich mit § 20 Abs. 1 S. 1 EnWG, wonach ebenfalls eine ausdrückliche Veröffentlichungspflicht vorgesehen ist. Es scheint daher zu genügen, dass die Bedingungen zum Zeitpunkt der Geltendmachung des Anschlussbegehrens eindeutig und unmissverständlich offenbar werden[793].

3. Rechtsfolge

Sobald die oben beschriebenen Voraussetzungen vorliegen, ist der Normenadressat grundsätzlich unmittelbar verpflichtet, den Netzanschlusspetenten an sein Netz anzuschließen. Für die Entstehung des gesetzlichen Anspruchs bedarf es darüber hinaus ausschließlich einer rechtsgestaltenden einseitigen zugansbedürftigen Willenserklärung. Einer Einigung bedarf es hingegen nicht[794].

---

787 *Säcker/Boesche,* BK, Bd. 1, § 17 EnWG, Rn. 29.
788 *Stötzel* in Britz/Hellermann/Hermes EnWG 2008 § 17 Rn. 21; *Salje,* EnWG 2006, § 17 Rn.17.
789 *Koenig / Kühling / Rasbach*, Energierecht, S. 52.
790 *Stötzel* in Britz/Hellermann/Hermes EnWG 2008 § 17 Rn. 21.
791 *Salje,* EnWG 2006, § 17 Rn.17.
792 *Koenig / Kühling / Rasbach*, Energierecht, S. 52; *Stötzel* in Britz/Hellermann/Hermes , § 17 EnWG Rn. 21.
793 *Säcker / Boesche,* BK, Bd. 1, § 17 EnWG, Rn. 28.
794 Ausführlich hierzu *Säcker / Boesche,* BK, Bd. 1, § 17 EnWG, Rn. 57.

4. Verweigerung des Netzanschlusses (Abs. 2)

Der § 17 Abs. II S.1 EnWG sieht vor, dass der Netzbetreiber den grundsätzlich entstandenen Anspruch auf Netzanschluss verweigern kann, wenn dieser unter Berücksichtigung der Ziele von § 1 nicht möglich ist oder ihm nicht zugemutet werden kann. Eine solche Verweigerung durch den Netzbetreiber hindert jedoch nicht die Entstehung des Anspruchs nach § 17 Abs. 1 EnWG oder vernichtet einen schon bestehenden Anspruch, sondern stellt eine rechtshemmende Einwendung dar, die der Durchsetzung des Anspruchs entgegensteht[795]. Da es sich bei der Verweigerungsmöglichkeit nach § 17 Abs. 2 EnWG um eine rechtshemmende Einwirkung handelt, die in der materiell-rechtlichen Terminologie als Einrede bezeichnet wird[796], muss derjenige, der sich darauf berufen will, zunächst diese Einrede geltend machen; ein reines Vortragen durch die Partei reicht nicht aus[797]. Darüber hinaus trägt derjenige, der sich auf die Einrede beruft, die volle Darlegungs- und Beweislast dafür, dass die Voraussetzungen dieser Ausnahmeregelung vorliegen, dies zeigt sich deutlich in der Formulierung „soweit sie nachweisen".

Die Frage, ob eine Unmöglichkeit oder eine Unzumutbakeit vorliegt und ob das Netzanschlussbegehren rechtmäßig verweigert werden kann, ist größtenteils mit den unter den Verweigerungsgründen des Netzzugangs diskutierten Problem identisch. Insbesondere bei der Geltendmachung des wohl wichtigsten Verweigerungsrundes - des Kapazitätsmangels - kann daher wegen der Vergleichbarkeit auf die Ausführungen zum Netzzugang verwiesen werden.

II. Spanien

1. Rechtsgrundlage

Der Netzanschluss ist bislang, anders als im deutschen Recht, nicht explizit geregelt. Trotz der fehlenden gesetzlichen Verankerung wird in Spanien ebenfalls zwischen Zugang (acceso) und Anschluss (conexión) unterschieden. In einer abschließenden Resolution über diese Unterscheidung führte die CNE im Zusammenhang mit einer Entscheidung bei einem Konflikt zwischen zwei Verteilernetzbetreibern aus: „Im Fall der Verteilernetzbetreiber bringt das Recht auf Netzzugang, als Inhalt das selbe Recht auf Netzanschluss mit sich, da ohne dieses die Ausübung der Funktion der Verteilung nicht möglich ist"[798]. Der Netzanschluss wird folglich als zwingend für den Zugang betrachtet, so dass sich das

795 *Sieberg* in Bartsch/Röhling/Salje/Scholz Stromwirtschaft 2008 Kap. 53, Rn. 63; *Peters*, Rechtsschutz Dritter im Rahmen des EnWG, S. 211.
796 *Medicus*, Bürgerliches Recht, Rn. 732.
797 *Brox*, BGB AT, Rn. 662.
798 C. A. T. R. 2/2003, Eléctricas Pitarch Distribución, S. L. gegen Iberdrola Distribuciòn Elèctrica, S.A.U. vom 15 Juli 2003, www.cne.es.

Recht auf Anschluss immer dann ergeben soll, sobald ein Zugangsrecht besteht. Zwar handelt es sich bei dieser Entscheidung um eine Entscheidung im Zusammenhang mit dem Netzanschluss zum Elektrizitätsnetz, jedoch wird diese Entscheidung bei Entscheidungen über den Netzanschluss zum Gasnetz ebenfalls angeführt. Dem ist zuzustimmen. Anders als bei der Nutzung des Netzes, bei der der Begriff der Nutzung mangels tatsächlichen Transportes im Elektrizitätssektor eine andere Bedeutung hat als im Gasbereich, bedeutet der Begriff Anschluss in den beiden Bereichen dasselbe. Sowohl Elektrizität als auch Gas sind nämlich einspeisbar und entnehmbar[799].

Darüber hinaus kann in Spanien der Anspruch auf Netzanschluss zum Gasnetz, soweit er unter den Kompetenzbereich der CNE fällt, aus mehreren Normen abgeleitet werden. Zunächst kann auf Art. 67 Absatz 4 LH verwiesen werden, der bestimmt, dass der Anschluss neu gebauter Installationen an schon bestehende nach denen in einer Verordnung festgelegten Bedingungen zu erlauben ist. Außerdem bestimmt Art. 68 c) LH, dass die Fernleitungsnetzbetreiber, die Benutzung aller Einrichtungen zuzulassen haben.

Als weiterer Anknüpfungspunkt für einen Anspruch auf Anschluss wird die Verordnung 1434/2002 angeführt, die in Art. 6 innerhalb der Aufzählung der Verpflichtungen der Transportnetzbetreiber bestimmt, dass die Transportnetzbetreiber „den **Anschluss** an ihr Netz **erleichtern** sollen (...)".

Die Vielzahl an Normen, die sich mit dem Netzanschluss beschäftigen, aber vor allem die praktische Umgangsweisen mit dem Anspruch [800], zeigen, dass trotz des Fehlens einer eigenen Anspruchsgrundlage es der allgemeinen Ansicht entspricht, dass sich der Anspruch auf Anschluss direkt aus dem Anschluss auf Zugang ergibt. Dies führt dazu, dass der Netzanschluss ebenfalls Teil eines regulierten Netzzugangsanspruchs ist und daher unter denselben Voraussetzungen wie der Anspruchs auf Netzzugang als Anspruch auf Vertragsabschluss besteht.

Mangels eigener Anspruchsgrundlage kann bezüglich der einzelnen Bedingungen, sowie der Verweigerungsmöglichkeiten auf die Ausführungen zum Netzzugang verwiesen werden, die hier analog angewendet werden müssen.

2. Regelungskompetenz

Fraglich ist es unter wessen Kompetenz die Regelungen des Netzanschlusses fallen, bzw. welche Behörde für die Lösung von Konflikten, die sich in diesem Zusammenhang ergeben, zuständig ist.

---

799 *Säcker/Boesche,* BK, Bd. 1 § 17 EnWG, Rn. 52.
800 Als Beispiel für aktuelle Entscheidungen, die sich mit dem Anspruch auf Netzanschluss beschäftigen CATR 80/2009, CATR90/2009, www.cne.es.

Gemäß 3. 2. lit. c) LH liegt die Kompetenz für die Genehmigung von Einrichtungen im Basisnetz beim Staat. Außerdem liegt die Kompetenz auch dann beim Staat, wenn zwar das sekundäre Transportnetz oder das Verteilernetz betroffen ist, die betroffenen Einrichtungen jedoch Regionen überschreitenden Charakter besitzt. Darüber hinaus gilt wie bei der Kompetenzverteilung des Anspruchs auf Netzzugang, dass für eine grundsätzliche Einordnung die spanische Verfassung herangezogen werden kann. Diese steht im Einklang mit 3. 2. lit. c) LH, da nach der Verfassung die Kompetenz dann in den Händen des Staates liegt, sobald eine Maßnahme in ihrer Wirkung über die Grenzen der autonomen Regionen hinausgeht. Ein solcher Effekt wird pauschal immer dann angenommen, wenn es sich um das Anschlussbegehren an eine Einrichtung des Basisnetzes handelt. Sobald jedoch ein Anschluss an das sekundäre Transportnetz oder das Verteilernetz begehrt wird, fällt diese Geltendmachung grundsätzlich in den Kompetenzbereich der autonomen Region, in der der Anschluss begehrt wird[801]. Für die Mehrzahl der Fälle fällt daher die Kompetenz über die Fragen des Anschlusses mit der über die Frage des Zugangs auseinander[802].

801 Aufgrund der Vielzahl der autonomen Regionen und der damit verbundenen unterschiedlichen Ausgestaltungen des Netzanschlusses wird auf eine Betrachtung der Einzelfälle verzichtet.

802 Siehe ausführlich hierzu Kapitel 2. A. X. 2.

Kapitel 3: Gegenüberstellung

Nachdem in den bisherigen Kapiteln sowohl die praktische Organisation als auch die rechtliche Verankerung des Netzzugangs in Deutschland und Spanien ausführlich dargestellt wurden, werden im Folgenden die beiden Rechtssysteme miteinander verglichen. Da die grundsätzlich freie Nutzbarkeit des Gasnetzes eine elementare Grundvoraussetzung für die Verwirklichung von Wettbewerb auf dem Gasmarkt ist, sollen dabei insbesondere solche Situationen einer besonderen Prüfung unterworfen werden, bei denen diese Voraussetzung nicht erfüllt ist. Wie aufzuzeigen sein wird, zeigen sich bei diesem Aspekt auch die größten Unterschiede zwischen den Rechtssystemen.

A. Strukturelle Unterschiede

Aufbauend auf den historischen und geographischen Gegebenheiten, haben sich in Deutschland und in Spanien sehr unterschiedliche Gaswirtschaften entwickelt. Da die Rechtsetzung nicht nur Ausdruck theoretischer Überlegungen ist, sondern praktikable Lösungsansätze für die Probleme der Praxis liefern soll, spiegeln sich diese strukturellen Unterschiede zwischen den Gaswirtschaften auch in der Schwerpunktsetzung des jeweiligen nationalen Energieregulierungsrechts wieder. Daher bilden sie den Ausgangspunkt für den anschließenden Rechtsvergleich.

Innerhalb der tatsächlichen Struktur der Gaswirtschaften in Deutschland und in Spanien sind **drei** Bereiche aufgrund ihrer Relevanz und ihres besonderen Einflusses auf das deutsche und spanische Recht und damit auch in Hinblick auf die Unterschiede zwischen den Rechtssystemen besonders hervorzuheben.

Als **erster** bedeutender Unterschied ist die Unternehmensstruktur innerhalb der beiden Länder zu nennen. Während die deutsche Unternehmenslandschaft innerhalb der Gaswirtschaft bis heute von einem Oligopol marktbeherrschender, teilweise vertikal integrierten Unternehmen geprägt wird, wurde in Spanien zunächst im Rahmen des „servicio publico" eine landesweite Monopolstellung des Unternehmens ENAGAS S.A. für den Betrieb des Fernleitungsnetzes geschaffen. Durch die Übernahme von ENAGAS S.A. durch Gas Natural SDG entstand anschließend ein Unternehmen, das auf allen Wertschöpfungsstufen der Gaswirtschaft tätig wurde. Wohl auch aufgrund dieser Marktmacht eines einzelnen Unternehmens fand in Spanien, anders als in Deutschland, nicht nur eine rechtliche und operationelle, sondern auch eine eigentumsrechtliche Entflechtung bei dem einzigen marktbeherrschenden Fernleitungsnetzbetreiber ENAGAS S.A. statt, so dass vertikale Strukturen wie in Deutschland auf Fernleitungsebene in Spanien kaum eine Rolle spielen.

Basierend auf diesem Unterschied ist als **zweiter** relevanter Punkt die Organisation des Gasnetzes in Deutschland und Spanien zu betrachten. Unter anderem dadurch bedingt, dass das Fernleitungsnetz in Deutschland von mehreren Netzbetreibern betrieben wurde, wird das Gasnetz in Deutschland bis heute in unterschiedliche Marktgebiete unterteilt, durch die Gas über ein „Entry-Exit"-System transportiert werden kann. Dagegen existiert in Spanien ein einheitliches nationales Gasnetz, welches mit zwei Verträgen vollständig erschlossen werden kann. Dieser Unterschied folgt insbesondere aus der geschichtlichen Entwicklung sowie den technischen Restriktionen, die sich aus den unterschiedlichen Flexibilitätsgraden der „Entry-Exit"-Systeme ergeben. Folge dieser unterschiedlichen Organisation des Gasnetzes ist zum einen, dass in Deutschland marktgebietsaufspannende Netzbetreiber für die Organisation innerhalb eines Gebietes zuständig sind, während in Spanien diese Aufgabe ein nationaler technischer Fernleitungsnetzbetreiber wahrnimmt. Zum anderen ergeben sich daraus die unter Kapitel 2. B. geschilderten Unterschiede in der jeweiligen vertraglichen Ausgestaltung der Netznutzung, die für einen effektiven Netzzugang notwendig ist[803].

Als **dritter** wichtiger Unterscheidungspunkt ist die geographische Lage und die damit in Zusammenhang stehende Gasimportstruktur sowie Verteilerfunktion der beiden Länder anzuführen. Durch die zentrale Lage im Herzen Europas ist Deutschland auch ein wichtiges Transitland. Die Gasmengen, die benötigt werden, um den eigenen Verbrauch sowie die Nachfrage aus anderen Ländern decken zu können, bezieht Deutschland ausschließlich über Pipelines, wobei auch die in diesem Zusammenhang zur Zeit geplanten bzw. umgesetzten Großprojekte (Nabucco und NordStream) an dieser Struktur prinzipiell nichts ändern werden, sondern diese stattdessen fördern. Spanien hingegen ex- bzw. importiert kaum Gas in bzw. aus anderen europäischen Ländern, und beschränkt sich bislang größtenteils darauf, den eigenen Bedarf vor allem durch LNG-Transporte und Transitlieferungen aus Algerien über Marokko, sowie in naher Zukunft über die neue Transitstrecke MEDGAZ direkt von Algerien nach Spanien, zu decken. Nur sehr geringe Mengen Gas werden über Frankreich bezogen.

Diese drei wesentlichen strukturellen - geographisch und historisch bedingten - Unterschiede zwischen Deutschland und Spanien führen dazu, dass auch die zu bewältigenden Schwierigkeiten bei der Gewährleistung eines wirksamen Netzzugangs unterschiedlich sind. Am deutlichsten zeigt sich dies bei der derzeitigen Buchungs- und Kapazitätssituation in den beiden Ländern. In Deutschland bestehen erhebliche vertragliche Engpässe, sowohl an den Grenzen zu anderen Ländern als auch an den jeweiligen Marktgebietsgrenzen. In Spanien hingegen

803 Also vor allem die zwingende Verbindung von Ein- und Ausspeisevertrag, sowie die Notwendigkeit in Deutschland einen Bilanzkreisvertrag abzuschließen.

bestehen zwar ebenfalls Engpässe, insbesondere an der Grenze nach Frankreich, die LNG-Terminals weisen jedoch als wichtigste Einrichtungen für den Gasimport allesamt freie Kapazitäten auf.

B. Herausforderung für die jeweilige Netzinfrastrukturregulierung

Legt man die vorstehend beschriebenen strukturellen Unterschiede zu Grunde, stehen die beiden Rechtsordnungen vor unterschiedlichen Herausforderungen.

Aufgrund der bestehenden Engpässe liegt ein Schwerpunkt des **deutschen** Zugangsregimes auf der Frage, inwiefern ein diskriminierungsfreier Zugang gewährleistet werden kann, der nicht nur die Frage der konkreten Ausgestaltung, sondern vor allem auch die Frage des „Ob" der Kapazitätenzuteilung betrifft. Indem zunächst ein verhandelbarer Zugang eingeführt wurde, erst im Jahr 2005 das Modell des regulierten Zugangs gesetzlich verankert und auch erst im Jahr 2006 ein „Entry-Exit"-Modell eingeführt wurde, hat der deutsche Gesetzgeber relativ spät damit begonnen, die Gaswirtschaft durch wettbewerbsorientierte Regulierung zu mehr Wettbewerb zu veranlassen. Darüber hinaus wurde zwar eine stärkere Entflechtung der marktbeherrschenden Energieversorgungsunternehmen vorangetrieben, der Schritt hin zu einer eigentumsrechtlichen Entflechtung hat jedoch nicht stattgefunden, so dass an der Dominanz vertikaler Strukturen nichts verändert wurde. Vielmehr wurde durch das Entstehen von Marktgebieten der deutschlandweite Handel erschwert, und die vertikal integrierte Unternehmensstruktur mit ihrem auf Informationsvorsprüngen basierenden Diskriminierungspotential nicht in Frage gestellt. Dies führte dazu, dass allein die Einführung eines regulierten Netzzugangsanspruchs und die Zuweisung der Kapazitäten über ein grundsätzlich international verbreiteten „first-come-first-served"-Verfahren sowie die umfangreiche Regulierung im Zusammenhang mit den Netzzugangsbedingungen nicht für einen effektiven Netzzugang und damit funktionierenden Wettbewerb sorgen konnte. Daran konnte auch die rechtliche Ausgestaltung des Zugangsanspruchs als unmittelbarer Anspruch sowie die sehr weitreichenden Kompetenzen und die Unabhängigkeit der Regulierungsbehörde nichts ändern. Die Zuteilung von Kapazitäten vor der Liberalisierung bzw. vor der Einführung des regulierten Zugangskonzeptes, sowie die bis heute fortdauernde Vergabe langfristiger Kapazitäten an verbundene Unternehmen, führte nämlich dazu, dass derzeit der Großteil der Kapazitäten vertraglich gebunden ist und somit Dritten mangels vorhandener Kapazitäten der Zugang nicht gewährt werden kann. Um diesem Problem im Sinne der Verbesserung eines europäischen Binnenmarktes zu begegnen, stand der Gesetzgeber nicht nur vor dem Problem, die „vorvertragliche Zuteilung" zu regulieren, sondern auch eine „nachvertragliche Verteilung" innerhalb eines diskriminierungsfreien Engpassmanagements einzuführen, um bestehende Engpässe *ex post* zu regulieren, ohne die Versorgungssicherheit auf Kosten des Wettbewerbs zu gefährden. Zwar greifen für die Fälle der Diskriminierung aufgrund langfristiger Verträge zwischen verbundenen Unternehmen auch kartellrechtliche Vorgaben. Diese sind jedoch auf den Einzelfall bezogen und als *ex post* Aufsicht nicht dazu geeignet, ein spezifisches Regulierungsrecht zu ersetzen, um den für einen funktionierenden Wettbewerb notwendigen effektiven Zugang zu gewährleisten.

Die Regelungen der neuen GasNZV spiegeln die derzeitigen Bemühungen des Gesetzgebers, den tatsächlichen Schwierigkeiten durch eine weitergehende Regulierung zu begegnen, wider. Allerdings zeigt sich schon jetzt, dass die neu eingeführten Regeln keine „Garantie" für die Verbesserung des Wettbewerbs geben können. Die Schaffung verbindlicher Regeln für einen Sekundärmarkt, sowie die Verpflichtung feste „day-ahead"-Kapazitäten auf dem Primärmarkt anzubieten, sind zwar ein Schritt hin zu einem verbesserten Kapazitätsangebot und damit auch zu einem liquideren Markt. Der Gesetzgeber hat jedoch die Neuregelungen für die *ex ante* zuzuteilenden Kapazitäten auf Neuverträge beschränkt und ist bei der Festlegung von Grenzen für die Laufzeit von Kapazitätsbuchungsverträgen unter den vom Bundeskartellamt vorgeschlagenen Grenzen[804] bzw. den vom BGH für langfristige Lieferverträge bestätigten Grenzen geblieben[805] Hierdurch hat er es versäumt, einschneidende Verbesserungen bei der derzeit bestehenden Situation verfügbarer Kapazitäten zu schaffen und dadurch den Wettbewerb wirksam zu fördern. Solange keine gesetzlichen Grenzen eingeführt werden, die auch auf Altverträge Anwendung finden, und damit eine weitgehende Neurepartierung ausgelöst wird, besteht die Gefahr, dass sich ein wirksamer Wettbewerb mangels ausreichender Kapazitäten nicht entwickeln wird.

Anders als in Deutschland wurden in Spanien hingegen bereits zu Beginn der Liberalisierung andere Schwerpunkte beim Regulierungsrecht gesetzt. Diese lassen sich zwar pauschal nicht danach einordnen, ob wettbewerbspolitische Gesichtspunkte stärker beachtet wurden als die Gemeinwohlorientierung[806], jedoch sorgten sie dafür, dass insbesondere schwerwiegende Probleme durch vertragliche Engpässe ausblieben. Als Schwerpunkte lassen sich vor allem festmachen; (a) die nah an den tatsächlich vorhandenen Gegebenheiten orientierte, nicht besonders flexible, Ausgestaltung des **„Entry-Exit"-Modells**, (b) die **eigentumsrechtliche Entflechtung** des staatlich geschaffenen Monopols und (c) die von

804 Bundeskartellamt, Sektoruntersuchung Kapazitätssituation in den deutschen Gasfernleitungsnetzen; S.30.

805 BGH, Beschluss vom 10.2.2009, KVR 67/07 - Gaslieferverträge = WUW / E DE–R 2679 ff.

806 Ausführlich zum Schutzzweck des Regulierungsrechts bezogen zum einen auf die privatrechtrechtliche Wettbewerbsorientierung zum anderen auf die öffentlich-rechtliche Gemeinwohlorientierung der Leistungserbringung, siehe *Säcker,* ZNER 2004, S. 98 f.

vornherein eingeführte bzw. durch spätere Maßnahmen erzwungene **Begrenzung von langfristigen Kapazitätsbuchungen,** die einer Marktabschottung einzelner Unternehmen zu begegnen versuchte. Diese, im Vergleich zu Deutschland bereits relativ frühzeitig anzuwendenden Maßnahmen haben zur Folge, dass sich in Spanien nunmehr nicht das Problem stellt, dass vertragliche Engpässe einen diskriminierungsfreien Zugang erschweren oder verhindern können. Für einen effektiven, diskriminierungsfreien Zugang in Spanien erscheint es daher auch nicht von Bedeutung, dass der Netzzugangsanspruch nur als Kontrahierungszwang ausgestaltet ist, und die Regulierungsbehörde weder über besonders weitreichende Kompetenzen verfügt, noch unabhängig vom Ministerium ist.

Trotz dieser Vorteile des spanischen Rechts in Bezug auf die Gewährleistung eines effektiven und diskriminierungsfreien Netzzugangs stellt sich in Spanien das Problem, inwiefern diese Regelungen geeignet sind, den europäischen Binnenmarkt zu unterstützen. Aufgrund der in einigen Bereichen sehr weitgehenden regulatorischen Vorgaben ist es zwar gelungen, den Wettbewerb innerhalb Spaniens u.a. durch einen wirksamen Zugangsanspruch zu fördern. Dennoch führen eine Reihe nationaler Besonderheiten, wie z.B. das nicht völlig flexible „Entry-Exit"-System, dazu, dass der spanische Markt bislang nicht als Teil eines funktionierenden Erdgasbinnenmarktes angesehen werden kann. Als ein wichtiger Grund hierfür ist auch die mangelnde Kompetenz der Regulierungsbehörde anzusehen, da nur dann, wenn alle europäischen Regulierungsbehörden in etwa über die gleichen Kompetenzen verfügen, diese auch ein wirksames gemeinsames Vorgehen planen sowie aktiv gestalten können.

Im Ergebnis steht somit auf der einen Seite die deutsche Gaswirtschaft, die aufgrund ihrer geschichtlichen Entwicklungen sowohl in tatsächlicher als auch gesetzgeberischer Hinsicht, aber auch aufgrund der geographischen Lage Deutschlands einen effektiven Netzzugang mangels freier Kapazitäten nicht immer gewährleisten kann. Auf der anderen Seite steht die spanische Gaswirtschaft, die sich auch wegen der bisherigen Isolation des spanischen Gasmarktes darauf konzentrieren konnte, ausschließlich nationale Lösungen zu finden. Die spanische Gaswirtschaft kann zwar innerhalb der iberischen Halbinsel ein effektives Zugangssystem vorweisen; in Bezug auf die mangelnde Flexibilität bestehen aber deutliche Defizite im Hinblick auf einen funktionierenden europäischen Erdgasbinnenmarkt.

C. Speicherzugang

Die aufgezeigten Unterschiede zwischen Deutschland und Spanien zeigen sich auch bei dem **Zugang zu Speicheranlagen,** der wegen des in Deutschland praktizierten verhandelbaren Zugangs etwas losgelöst vom sonstigen Zugang zu betrachten ist.

In **Deutschland** wird Gas wegen des Imports über Pipelines auf unterschiedliche Weise bezogen als in Spanien. Die deutschen Importeure werden von den ausländischen Gasproduzenten größtenteils langfristig, meist über eine Dauer von 20-25 Jahre gebunden[807]. Diese Verträge enthalten zusätzlich zu der langen Vertragsdauer in der Regel auch „take-or-pay"-Klauseln[808] und beinhalten eine jährlich gleichbleibende Liefermenge, ein sogenanntes Jahresband. Diese Art der Belieferung ist zwar für eine volks- und betriebswirtschaftlich sinnvolle Auslastung der Pipelines optimal, passt jedoch nicht zum Bezugsverhalten der Kunden, da diese vor allem saisonal verbrauchen[809]. Daher entsteht eine hohe ökonomische Notwendigkeit der Speicherung, da nur die Lieferanten mit Speicherzugang ein Jahresband beziehen und dadurch günstigere Konditionen bei Erdgaslieferanten aushandeln können. Ohne ein solches Jahresband sind die Lieferanten meist wirtschaftlich nicht wettbewerbsfähig[810].

Zwar besteht dieser Speicherbedarf in **Spanien** ebenfalls, jedoch ist dieser aufgrund des überwiegenden Imports von Gas über Schiffe in Form von LNG nicht in gleicher Weise ausgeprägt. Bei diesen LNG-Lieferungen stellt sich ebenfalls das Problem der Speicherung, jedoch erfolgt diese mangels ausreichender Kapazitäten vor allem innerhalb der LNG-Anlagen. Darüber hinaus führt die geringe Speicherkapazität - zusammen mit den Zuteilungsmechanismen - dazu, dass kein Lieferanten genügend Speichervolumen zugeteilt bekommt, um die ökonomischen Vorteile wettbewerbsverzerrend einsetzen zu können.

Folge dieser Vertragsbindungen und der geologisch günstigen Bedingungen in **Deutschland** ist, dass in Deutschland ein in Europa beispielloses Speichervolumen[811] existiert. Dies führt dazu, dass wegen dieser objektiv wettbewerbsfördernden Bedingungen der Gesetzgeber darauf verzichtet hat, für den Großteil der Untertagespeicher einen regulierten Zugang i.S.d. § 20 EnWG einzuführen, sondern einen verhandelbaren Zugang für ausreichend erachtet hat. Es hat sich jedoch gezeigt, dass trotz dieses großen Speichervolumens und der Möglichkeit von Wettbewerb, es zurzeit wegen der fehlenden Kapazitäten oftmals unmöglich ist, Zugang zu Speicheranlagen zu bekommen[812]. In **Spanien** existiert dagegen wegen der geringeren Nachfrage nach Speicherkapazitäten - bedingt durch eine andere Importstruktur -, aber auch wegen der geologischen Gegebenheiten, ein deutlich geringeres Speichervolumen. Um jedoch zumindest jedem Lieferanten

---

807 *Säcker/Wolf,* BK, Bd. 2, Art. 101 AEUV, Rn. 73.
808 *Säcker/Wolf,* BK, Bd. 2, Art. 101 AEUV, a.a.O.
809 *Barknecht,* BK, Bd. 1, § 28 EnWG Rn. 26.
810 *Arndt,* Britz/Hellermann/Hermes, § 28 EnWG, Rn. 5.
811 28 % des in Europa existierenden Speichervolumens befinden sich in Deutschland (Stand 2009).
812 Laut Monitoringbericht der BNetzA 2008, standen ca. 1,3 % des Speichervolumens für kurzfristige Buchungen zur Verfügung und ca. 3,1 % für mittelfristige. Diese Situation hat sich laut dem Monitoringbericht 2009, S. 259 nicht wesentlich verändert.

einen Speicheranteil garantieren zu können und damit die Sicherheit des Netzes gewährleisten zu können, wurde eine der wohl strengstmöglichen Formen der Regulierung eingeführt. Folge hiervon ist, dass zwar die Diskriminierungsfreiheit eingehalten wird, aufgrund des geringen Speichervolumens aber wohl kaum von einem effektiven Zugang gesprochen werden kann. Der spanische Gesetzgeber hat in diesem Fall die Gemeinwohlorientierung der Leistungserbringung in Form von Speicherkapazitäten eindeutig der Wettbewerbsorientierung übergeordnet, wohingegen der deutsche Gesetzgeber durch die Stärkung des Privatrechts die Wettbewerbsorientierung mehr in den Vordergrund gestellt hat.

In beiden Ländern stellt sich also das Problem, dass nicht genügend Speicherkapazitäten vorhanden sind. Da jedoch insbesondere die geologische Situation in Spanien dazu führt, dass ein viel geringeres Speichervolumen als in Deutschland existiert und auch nicht ohne Weiteres neues Speichervolumen geschaffen werden kann, sind die Situationen in beiden Ländern wegen der unterschiedlichen Wettbewerbssituation so verschieden, dass sich hier eine wertende Rechtsvergleichung verbietet. Zwar lässt sich festhalten, dass in Deutschland die Buchungssituation und in Spanien hingegen die tatsächlichen Umstände ursächlich für die Engpässe sind, jedoch bedeutet dies nicht automatisch, dass in Deutschland über eine andere Form der Regulierung mehr Wettbewerb eingeführt werden könnte.

D. Fazit

Abschließend lässt sich also feststellen, dass eine wertende Betrachtung hinsichtlich der Regulierungsmaßnahmen oftmals nicht möglich ist. Dies liegt daran, dass in beiden Ländern zwar unterschiedliche Schwerpunkte gesetzt wurden, jedoch nicht nur die regulatorischen Vorgaben, sondern auch die tatsächlichen Gegebenheiten für einen wirksamen Netzzugang ausschlaggebend sind. Betrachtet man jedoch rein objektiv die beiden Zugangskonzepte, fällt auf, dass in Spanien trotz einiger Versäumnisse im Bereich der Regulierung, insbesondere im Bereich der Kompetenzen der Regulierungsbehörde, des Engpassmanagements und des „Entry-Exit“-Systems, der Netzzugang auf nationalem Gebiet effektiv gewährleistet wird. In Deutschland ist dies wegen der schwierigen Kapazitätssituation und den Marktgebieten trotz einer sehr detailreichen Regulierung nicht immer der Fall. Auf der anderen Seite scheint das deutsche Recht in Bezug auf den Netzzugang wegen der Flexibilität innerhalb des Systems und der Ausgestaltung der Kapazitätsprodukte sowohl auf dem Primär- als auch auf dem Sekundärmarkt gut auf die Herausforderungen, die ein europäischer Erdgasbinnenmarkt mit sich bringt, vorbereitet zu sein. Diesbezüglich überwiegt dagegen beim spanischen Markt die Skepsis.

Um hier jedoch abschließende Klarheit zu bekommen, wird im Folgenden die Vereinbarkeit mit den gemeinschaftsrechtlichen Vorgaben untersucht.

Kapitel 4: Vereinbarkeit mit europäischem Recht, insbesondere dem dritten Energiebinnenmarktpaket

Im Rahmen der Historie wurde neben der nationalen Entwicklung auch bereits ein erster Überblick über die europäischen Vorgaben zur Regulierung des Gasnetzes gegeben. Mit Inkrafttreten des dritten Energiebinnenmarktpaketes und mit Erreichung der Umsetzungsfrist am 03. März 2011 findet die europäische Regulierung ihren vorläufigen Abschluss.

Da das Ziel dieser Arbeit ein umfassender Überblick der beiden nationalen Gasnetzzugangssysteme und die Kompatibilität mit den gemeinschaftsrechtlichen Vorgaben ist, ist zu klären, ob die Gewährung des Netzzugangs nach dem nationalen sektorspezifischem Regulierungsrecht den europäischen Vorgaben entspricht. Als Prüfungsmaßstab wird hier zunächst das sektorspezifische Sekundärrecht, insbesondere in Form der VO 715/2009 und der GasRL herangezogen. Die VO 715/2009 erzeugt durch die unmittelbare Geltung ohne weiteres Rechtswirkung in den Mitgliedstaaten. Dies führt dazu, dass im Fall der Kollision mit den nationalen Rechtsvorschriften aus Gründen der Rechtssicherheit eine Abänderung bzw. Aufhebung dieser Vorschriften erfolgen muss[813]. Die Richtlinie entfaltet hingegen erst unmittelbare Wirkung, wenn sie von den Mitgliedstaaten ins innerstaatliche Recht umgesetzt wurde[814], oder wenn diese von einem Mitgliedsstaat nicht fristgerecht umgesetzt wurde und die betreffende Bestimmung hinreichend genau und inhaltlich unbedingt ist[815]. Da die Anwendung bzw. die Umsetzung erst zum 3.März 2011 erfolgen muss, wird die Beurteilung dahingehend vorgenommen, inwiefern den Gesetzgeber gegebenenfalls noch Verpflichtung zur Abänderung bzw. Aufhebung oder zur Umsetzung treffen.

Im Anschluss daran wird die Frage untersucht, ob neben dem sektorspezifischen Regulierungsrecht noch die Notwendigkeit eines primärrechtlichen Zugangsansppruchs nach Art. 102 AEUV besteht und welche Voraussetzungen für einen solchen Anspruch vorliegen müssen.

A. Sekundärrecht

Der Zugang zum Gasnetz wird in der GasRL, in der VO 715/2009 und dessen Leitlinien sowie in den aufzustellenden Netzkodizes geregelt. Da die GasRL die grundlegenden Voraussetzungen für die Organisation des Netzzugangs enthält und sich meist auf allgemeine Vorgaben beschränkt, wird neben der GasRL vor allem die konkretisierende VO 715/2009 mit ihren Leitlinien und Netzkodizes Gegenstand der Untersuchung sein, da diese die einzuhaltenden detaillierten Be-

813 EuGH, Rs. 74/86, Slg. 1988, *„Kommission/Deutschland"* Rn. 2139, 2148.
814 *König,* in Schulze/Zuleeg/Kadelbach, § 2 Rn. 45.
815 *König,* in Schulze/Zuleeg/Kadelbach, § 2 Rn. 45.

dingungen für den Zugang festlegen. Der Anwendungsbereich der Verordnung bezieht sich jedoch nur auf die Fernleitungsnetze, Speicher und LNG-Anlagen, die Verteilernetze werden von Ihr grundsätzlich nicht umfasst[816]. Für diese gelten daher nur die allgemeinen, insbesondere die in der RL aufgestellten, Grundsätze.

I. Örtlicher Anwendungsbereich der Verordnung 715/2009

Um die Vereinbarkeit mit nationalem Recht zu prüfen, ist zunächst die Frage des örtlichen und sachlichen Anwendungsbereichs zu erörtern.

Der Anwendungsbereich der Verordnung umfasst das ganze Gebiet der EU, dass heißt, dass die VO 715/2009 nicht nur auf grenzüberschreitende Sachverhalte Anwendung findet[817], sondern ebenso wie die Richtlinie auch, den nationalen Fernleitungs- als auch Speicher- und LNG-Anlagen Zugang betrifft[818].

II. Sachlicher Anwendungsbereich der Verordnung 715/2009

Der sachliche Anwendungsbereich der Verordnung umfasst, neben den ausdrücklich u.a. im Erwägungsgrund 37 der VO erwähnten Speicher und LNG-Anlagen, die Erdgasfernleitungen. „Fernleitungen" werden in Art. 2 Nr. 1 VO 715/2009 „(...) als hauptsächlich Hochdruckfernleitungen umfassendes Netz, mit Ausnahme von vorgelagerten Hochdruckfernleitungen und des in erster Linie im Zusammenhang mit der lokalen Erdgasverteilung benutzten teils von Hochdruckfernleitungen (…)" definiert. Die Anwendung auf die so definierten Fernleitungen birgt für Deutschland insofern ein Problem, als dass es eine strikte Zweiteilung von Fernleitung und Verteilerleitungen in Deutschland nicht gibt[819]. Fraglich ist daher, ob die VO auch auf die so genannten regionalen Leitungsnetze anzuwenden ist, die zwar unter den Begriff der Verteilung nach § 3 Nr. 37 EnWG fallen, jedoch teilweise auch mit Hochdruck betrieben werden. Aus der Formulierung „**hauptsächlich** Hochdruckfernleitungen umfassendes" könnte man den Schluss ziehen, dass davon auch Verteilernetzeinrichtungen umfasst sein können. Eine Ausnahme soll nach Art. 2 Nr. 1 VO 715/2009 aber für die Fernleitungen gelten, die in erster Linie im Zusammenhang mit der lokalen Erdgasverteilung benutzt werden. Die regionalen Leitungsnetze, die im Hochdruckbereich betrieben werden und erst Recht diejenigen, die mit geringerem Druck betrieben werden, weisen keinen Importbezug auf und leiten Gas grundsätzlich

816 Zur Anwendungsproblematik wegen der deutschen Dreiteilung siehe unter sachlichem Anwendungsbereich.

817 So für die VO a.F. *Pritzsche/Federle,* BK, Bd. 2, Anh. B § 56 EnWG Rn. 7; *Holznagel/Schumacher,* DVBl. 2007, 409, 415.

818 So zur Vorgängernorm *Pritzsche / Federle,* BK, Bd. 2, § 56 EnWG Anh. B Ferngas ZVO, Rn.7, bezüglich der Einbeziehung von Speicher- und LNG-Anlagen siehe Erwägungsgrund 27 der VO 715/2009.

819 Siehe hierzu unter Kapitel 1. C. II. 1. a).

entweder an die lokalen Verteiler weiter oder liefern dieses direkt an den Großkunden. Daher stehen diese in erster Linie im Zusammenhang mit der lokalen Erdgasverteilung und werden wegen der Ausnahme für Hochdruckleitungen, die in erster Linie im Zusammenhang mit lokaler Erdgasverteilung stehen, folglich nicht von dem Begriff der Fernleitung umfasst. Dies bestätigt auch der Erwägungsgrund 6 der VO, der besagt, dass Hochdruckfernleitungen, die lokale Verteiler an das Erdgasnetz anschließen, nur dann in den Anwendungsbereich der Verordnung fallen, wenn sie **nicht** in erster Linie im Zusammenhang mit der lokalen Erdgasverteilung stehen. Nur die überregionalen Fernleitungen fallen daher unter den sachlichen Anwendungsbereich[820].

Für Spanien stellt sich dieses Abgrenzungsproblem im Rahmen des sachlichen Anwendungsbereichs nicht, da dort strikter aufgrund des Drucks unterschieden wird und deshalb nur das Verteilernetz nicht in den Anwendungsbereich fällt.

III. Materielle Vorgaben

Nachdem der Anwendungsbereich der europäischen Vorgaben geklärt wurde, sind deren Voraussetzungen zu untersuchen. Durch Art. 32 und Art. 33 GasRL werden die Mitgliedstaaten, wie schon zuvor durch Art. 18 und 19 GasRL a.F., zu einer *ex ante* Regulierung des Netzzugangs und des Anschlusses[821] zum Fernleitungs- und Verteilernetz, zu den LNG-Anlagen und den Speicheranlagen verpflichtet. Die hierfür einzuhaltenden materiellen Vorgaben lassen sich auf wenige allgemein formulierte Voraussetzungen beschränken.

Zunächst ist das Gebot der Transparenz anzuführen. Hierbei handelt es sich um eine elementare Voraussetzung für einen effektiven Netzzugang. Nur wenn der Petent Informationen sowohl über die Verfügbarkeit von Kapazitäten als auch über die Nutzungsbedingungen hat, ist es ihm möglich, als konkurrenzfähiger Wettbewerber auf dem Markt zu agieren[822]. Ausdrücklich findet sich das Transparenzgebot im Zusammenhang mit dem Netzzugang in Art. 32 GasRL nur für die Berechnung der Tarife, jedoch ergibt es sich als quasi Standardvoraussetzung auch für die übrigen Zugangsbedingungen aus der Begründungserwägung 9 der GasRL, die von einem transparenten Rechtsrahmen spricht und aus Art. 13 Abs. 1 lit. d) und 25 Abs. 4 GasRL, wonach den Netzbenutzern die Informationen zur Verfügung gestellt werden müssen, die für einen effizienten Netzzugang benötigt werden. Konkretisiert werden diese - einen weiten Umsetzungsspielraum lassenden Vorgaben - durch die Art. 18 bzw. 19 VO 715/2009,

---

820 *Neveling,* e/m/w 2004, S. 6 (7).

821 Dies ergibt sich nicht direkt aus den Art. 32 und 33 GasRL sondern nur unter zur Hilfenahme von Art. 8 GasRL, der die Mitgliedstaaten u.a. verpflichtet Kriterien für den Netzanschluss auszuarbeiten und zu veröffentlichen.

822 *Jones,* EU Energy Law, Volume 1 (2004),Rn. 13.87.

welche detaillierte Transparenzstandards festlegen. Für den Zugang zu den Speicheranlagen ist das Transparenzgebot ausdrücklich nach Art. 33 Abs. 1 S. 2 GasRL im Rahmen der materiellen Voraussetzungen des Zugangs erwähnt.

1. Transparenz

Das Gebot der Transparenz beim Netzzugang umfasst demnach zum einen eine transparente Tarifbildung, um gleiche Marktbedingungen sowohl zu gewährleisten, als auch kontrollierbar zu machen[823]. Zum anderen umfasst das Gebot auch die Veröffentlichung derjenigen Informationen, die darüber hinaus für den effizienten Netzzugang notwendig sind. Das heißt, es werden all diejenigen Informationen umfasst, die es den betroffenen Petenten ermöglichen, die grundsätzlichen Erfolgsmöglichkeiten eines Zugangsbegehrens sowie deren finanzielle Auswirkung zu beurteilen[824]. Welche Informationen im Detail hierunter zu verstehen sind, bestimmt die ausführliche Auflistung in Art. 18 VO 715/2009 für die Fernleitungsebene und Art 19 VO 715/2009 für die Speicher- und LNG-Anlagen sowie Punkt 3 der an die VO 715/2009 angehängten Leitlinien. Die Informationsverpflichtung für die Verteilernetzbetreiber richtet sich dagegen ausschließlich nach den allgemeinen in Art. 25 Abs. 4 GasRL festgelegten Transparenzstandards und lässt den jeweiligen Mitgliedsstaaten insofern einen weiten Umsetzungsspielraum.

Nach Art. 18 **Abs. 1** VO 715/2009 ist der Fernleitungsnetzbetreiber verpflichtet, ausführliche Informationen über die von ihm angebotenen Dienstleistungen und die einschlägigen Bedingungen sowie die technischen Informationen, die die Netznutzer für den tatsächlichen Netzzugang benötigen, zu veröffentlichen. Welche technischen Informationen im Detail davon betroffen sind, wird unter Punkt 3 der im Anhang befindlichen Leitlinien geregelt.

Darüber hinaus sind gemäß Art. 18 **Abs. 2** VO 715/2009 entweder die Fernleitungsnetzbetreiber oder die zuständigen nationalen Behörden für die Veröffentlichung von angemessenen und ausreichend detaillierten Informationen über die Tarifbildung, die entsprechenden Methoden und die Tarifstruktur verantwortlich. Das bedeutet, dass die Tarife und deren Methoden so klar und bestimmt sein müssen, dass die Händler dadurch die Möglichkeit haben, die wirtschaftlichen Auswirkungen und die eventuellen Erfolgsmöglichkeiten eines rechtlichen Vorgehens gegen sie abschätzen zu können[825.]

---

823 *Herrmann,* Europäische Vorgaben zur Regulierung der Energienetze, S. 191.
824 *Herrmann,* Europäische Vorgaben zur Regulierung der Energienetze, S. 199.
825 *Herrmann,* Europäische Vorgaben zur Regulierung der Energienetze, S. 191.

Art 18. **Abs. 3** VO 715/2009 legt eine Informationspflicht über die technischen, kontrahierten und verfügbaren Kapazitäten für alle maßgeblichen Punkte[826], einschließlich Ein- und Ausspeisepunkte, fest. Welche Punkte mindestens als maßgeblich i.S.d. VO gelten, wird in Punkt 3. 2 des Anhangs I zur Leitlinie bestimmt. Da diese Auswahl für die jeweilige Informationen über die Kapazitäten von größter Bedeutung ist[827], muss diese nach Art. 18 **Abs. 4** VO 715/2009 von den nationalen Behörden genehmigt werden.

Gemäß 18 **Abs. 5** VO 715/2009 müssen die vorgeschriebenen Informationen in sinnvoller, quantifizierbar deutlicher und leicht zugänglicher Weise ohne Diskriminierung bekannt gegeben werden.

Neu eingeführt im Vergleich zur Vorgängerverordnung wurde die Verpflichtung nach Art. 18 **Abs. 6** VO 715/2009. Diese besagt, dass der Fernleitungsnetzbetreiber verpflichtet ist, sowohl *ex ante* als auch *ex post* Informationen über Angebot und Nachfrage auf der Grundlage von Nominierungen, Prognosen und tatsächlichen Lastflüssen zu veröffentlichen. Die Einhaltung dieser Verpflichtung obliegt der jeweiligen nationalen Regulierungsbehörde. Außerdem müssen die Netzbetreiber die für den Netzausgleich getroffenen Maßnahmen, die dadurch entstandenen Kosten und die erzielten Erlöse veröffentlichen. Vor allem die Informationen über Angebot und Nachfrage sind für die Händler von großer Bedeutung, da mit diesen Informationen die Nutzung von unterbrechenbaren Kapazitäten besser bewertet werden kann[828].

Fraglich ist im Zusammenhang mit Art. 18 Abs. 6 VO 715/2009, wer der jeweilige Normenadressat ist. Zwar spricht die VO vom Fernleitungsnetzbetreiber, bzw „Gestor de la red" oder „Transmission System Operator", so dass eine eindeutige Bezeichnung des Verpflichteten zu bestehen scheint. Aufgrund der unterschiedlich möglichen organisatorischen Regelungen in den einzelnen Mitgliedsstaaten kann der Begriff Fernleitungsnetzbetreiber, wie er in Art. 18 VO 719/2009 verwendet wird, jedoch unterschiedliche Bedeutungen haben. Möglich ist es nämlich, dass ein „übergeordneter" Netzbetreiber bestimmte Aufgaben für andere Netzbetreiber wahrnimmt. In Deutschland trifft dies auf den jeweils marktgebietsaufspannenden Netzbetreiber bzw. in Spanien auf den technischen Fernleitungsnetzbetreiber zu. Für diese Fälle stellt sich die Frage, welcher Netzbetreiber jeweils die aufgeführten Transparenzverpflichtungen einzuhalten hat.

---

826 Welche Punkte als maßgeblich angesehen werden müssen bestimmt Punkt 3.2 der im Anhang befindlichen Leitlinien. Darüber hinaus muss nach Art. 18 Abs. 4 VO 71572009 die Festlegung, was als maßgeblicher Punkt gilt, durch die zuständige Behörde genehmigt werden.

827 *Pritzsche/Federle,* BK 1, Bd. 2, § 56 Anh. B FerngasZVO Rn. 75.

828 *Neveling,* ZNER 2007, S. 378 (381).

Die Informationen über Angebot und Nachfrage erhält der jeweils betroffene Netzbetreiber, so dass auch dieser die entsprechenden Informationen veröffentlichen sollte. Anders verhält es sich aber mit den Informationen über die Netzausgleichsmaßnahmen und die damit verbundenen Kosten und Erlöse. Die Maßnahmen für den Netzausgleich sind eindeutig dem Aufgabenkatalog des jeweils mit der Netzverwaltung beauftragten Netzbetreibers, folglich dem marktgebietsaufspannenden bzw. technischen Netzbetreiber zuzuordnen. Diese Tatsache führt zu der Überlegung, dass auch diese Netzbetreiber der Veröffentlichungspflicht in ihrer Funktion als übergeordneter Netzbetreiber unterliegen können. Zwar wäre es möglich, dass der jeweilig verantwortliche Netzbetreiber den übrigen Betreibern diese Informationen zur Verfügung stellt, jedoch wäre es wenig praktikabel, wenn der verantwortliche Netzbetreiber erst allen betroffenen Netzbetreibern die entsprechenden Informationen zur Verfügung stellt, damit diese dann die bezogenen Informationen veröffentlichen. Hierfür spricht auch der Sinn und Zweck der Veröffentlichungspflicht. Da diese vor allem dem wirksamen Wettbewerb bzw. dem funktionsfähigem Markt dienen soll[829], kann diese vor allem aus Petentensicht beurteilt werden. Für den einzelnen Petenten ist es jedoch ohne Bedeutung, ob der einzelne Netzbetreiber oder aber der übergeordnete verantwortliche Netzbetreiber die relevanten Daten veröffentlicht. Aufgrund dieser Überlegungen ist eine Veröffentlichung der den Netzausgleich betreffenden Daten durch den verantwortlichen Netzbetreiber ausreichend, um der Vorgabe gerecht zu werden.

Neben der Problematik des Regelungsadressaten ist darauf hinzuweisen, dass, anders als die Vorgängerregelung in Art. 6 Abs. 5 VO 1775/2005, die neue VO keinerlei Ausnahmen aus Gründen der Vertraulichkeit für die Fernleitungsebene enthält. Führte diese Möglichkeit der Nichtveröffentlichung wegen Vertraulichkeit bei weniger als drei Netznutzern bislang dazu, dass die Transparenzanforderung oftmals leer lief[830], besteht diese Möglichkeit nun nicht mehr.

Die Transparenzanforderungen für die Speicher-, und LNG-Anlagen nach Art. 19 VO 715/2009 sind im Wesentlichen mit denen für die Fernleitungsnetze identisch. Anders als auf Fernleitungsebene besteht für Speicheranlagenbenutzer nach Art. 19 Abs. 4 VO 715/2009 aber die Möglichkeit, bei der nationalen Regulierungsbehörde einen Antrag auf vertrauliche Behandlung der Daten zu stellen, wenn der Speicheranlagenbenutzer der einzige Nutzer einer Speicheranlage ist[831].

829 Erwägungsgrund 24 der VO 715/2009.
830 *Neveling,* ZNER 2007, S. 378 (381).
831 Laut Erwägungsgrund 25 zur VO 715/2009, ist dies dann besonders wichtig, wenn es nur einen Nutzer einer Speicheranlage gibt, so dass durch die Veröffentlichung der Daten vertrauliche Informationen veröffentlicht würden.

a) Vereinbarkeit mit deutschen Regelungen

Die deutschen Regelungen, insbesondere die in § 20 Abs. 1 und S. 3 EnWG sowie § 40 GasNZV aufgeführten Veröffentlichungspflichten, genügen den europäischen Vorgaben größtenteils. Insbesondere die Verpflichtung zur Veröffentlichung der Tarife aus 18 Abs. 2 VO 715/2009 befindet sich im Einklang mit den Vorgaben der Verordnung. Die jeweiligen Methoden zur deren Berechnung sind innerhalb der GasNEV und der ARegV abzulesen.

Für die darüber hinausgehenden Informationen, die für einen effizienten Zugang notwendig sind, bestimmt § 40 Abs. 1 GasNZV zunächst einzelne zu veröffentlichende Daten und besagt am Ende, dass die Veröffentlichungsverpflichtungen nach Anhang I zur Verordnung VO 715/2009 unberührt bleiben. Widersprüchliche Verpflichtungen sind damit ausgeschlossen, so dass sich die Netzbetreiber neben den in Art. 40 Abs. 1 GasNZV aufgeführten Daten unmittelbar an den Verpflichtungen des Anhangs I orientieren können.

Nicht ausdrücklich von § 40 GasNZV umfasst ist die Verpflichtung aus Art. 18 Abs. 6 VO 715/2009, dass *ex ante* und *ex post* Informationen über Angebot und Nachfrage zu veröffentlichen sind. Man kann sie aber aus § 40 Abs. 1 Nr. 4 ablesen, wonach im Fernleitungsnetz Angaben über die bei der Lastflusssimulation nach § 9 Abs. 2 GasNZV verwendete Methode zu machen sind. § 9 Abs. 2 S. 2 GasNZV besagt, dass insbesondere die historische und prognostizierte Auslastung der Kapazitäten sowie die historisch und prognostizierte Nachfrage nach Kapazitäten berücksichtigt werden muss. Informationen über die verwendete Methode enthalten daher *ex ante* und *ex post* Informationen über die Nachfrage.

Nicht von § 40 Abs. 1 umfasst ist die Verpflichtung aus Art. 18 Abs. 6 S. 4 VO 715/2009, dass die für den Netzausgleich getroffenen Maßnahmen, die dadurch entstandenen Kosten und erzielten Erlöse zu veröffentlichen sind. Eine solche Verpflichtung findet sich nur in Art. 40 Abs. 2 GasNZV für die Marktgebietsverantwortlichen. Ob diese ausreicht, richtet sich danach, ob wie hier vertreten, auch eine Veröffentlichungspflicht für den übergeordneten Netzbetreiber ausreichend ist.

Des Weiteren fehlt es an einer Genehmigungspflicht für die relevanten Punkte durch die zuständigen Behörden. Diese fehlende Genehmigungsverpflichtung relevanter Punkte bestand schon seit Inkrafttreten des zweiten Binnenmarktpaketes und ist zur zurzeit Teil eines Vertragsverletzungsverfahrens u.a. gegen Deutschland[832].

832 Kommission, Memo/10/275 vom 24. Juni 2010 S. 4.

Von den einzelnen Mängeln im Vergleich zur europäischen Vorgabe abgesehen, ist es besonders problematisch, dass die einzelnen in § 40 Abs. 1 GasNZV vorgesehenen Veröffentlichungspflichten erst ab dem 01. Oktober 2011 eingehalten werden müssen. Bis dahin gilt mangels Übergangsregelung ausschließlich die allgemeine Verpflichtung aus § 20 Abs. 1 S. 1 und 3 EnWG und mit Inkrafttreten der VO 715/2009 am 03. März 2011 deren Leitlinie. Dies führt dazu, dass bis zur Geltung der Transparenzanforderungen am 01. Oktober 2011 ein großes Informationsdefizit für die Zugangspetenten gilt. Bis zur unmittelbaren Anwendung der VO 715/2009, aber wegen der Unbestimmtheit in einigen Bereichen eigentlich bis zum 30. September 2011, wird damit eine Informationssituation bestehen, bei der es vom Willen der Netzbetreiber abhängig sein wird, welche Informationen veröffentlicht werden. Selbst die weitreichenden Transparenzanforderungen aus § 20 ff. GasNZV a.F. müssen in diesem Zwischenraum wegen Inkrafttreten der neuen GasNZV nicht mehr eingehalten werden. Da die Informationsverpflichtung vor allem einem effizienten Netzzugang dienen soll, ist für diesen Zeitraum mit einer deutlichen Störung dieses Grundsatzes zu rechnen.

Neben den Transparenzanforderungen für die Fernleitungsnetzbetreiber ist auch die Vereinbarkeit mit den Anforderungen für Speicherbetreiber zu überprüfen. In § 28 Abs. 3 S. 1 EnWG findet sich die Pflicht, den Standort der Speicheranlagen, Informationen über verfügbare Kapazitäten sowie die wesentlichen Geschäftsbedingungen für den Speicherzugang im Internet zu veröffentlichen. Weitere Verpflichtungen gibt es nicht. Da es an konkretisierenden Vorgaben mangelt, werden sich die weiteren Verpflichtungen zur Veröffentlichung ab dem 3. März 2011 unmittelbar aus der VO 715/2009 ergeben. Widersprüchliche Regelungen sind mangels Existenz nationaler Vorgaben nicht zu befürchten.

b) Vereinbarkeit mit spanischen Regelungen

Die spanischen Regelungen genügen den europäischen Vorgaben des dritten Binnenmarktpaketes bezüglich der Transparenzanforderungen nur bedingt.

Im Hinblick auf das tarifäre Transparenzgebot werden die Voraussetzungen der europäischen Vorgaben nur teilweise eingehalten. Gemäß Art. 32 Abs. 1 und Art. 33 Abs. 4 GasRL i.V.m Art. 18 Abs. 2 bzw. Art. 19 Abs. 5 VO 715/2009 genügt es für das Transparenzgebot, dass die Informationen über die Tarifbildung, die Methoden der Tariffestlegung und der Tarifstruktur für den Zugang Dritter durch die zuständigen nationalen Behörden (Art. 18 Abs. 2 VO 715/2009) bzw. die zuständigen Regulierungsbehörden (Art. 19 Abs. 4 VO 715/2009) veröffentlicht werden. In Spanien wird die grundsätzliche Berechnung der Tarife im RD 949/2001 bestimmt, und die einzelnen Variablen werden jedes Jahr durch Ministerialerlass und anschließend von der CNE veröffentlicht.

Eine gewisse Transparenz ist daher diesbezüglich vorhanden. Es fehlt in Spanien aber noch an einer Veröffentlichungspflicht bezüglich ausreichender und klarer Informationen über die entsprechenden Methoden[833]. Zwar werden die einzelnen Variablen sowie die Rechenschritte für die Bestimmung des Preises erläutert, wie sich jedoch die Preise der einzelnen Variablen zusammensetzen, wird der Öffentlichkeit bislang vor enthalten. Da Entgelte jedoch nur dann dem allgemeinen europäischen Transparenzgebot entsprechen, wenn sie nachvollziehbar sind[834], besteht hier noch, mangels unmittelbar anzuwendender konkreter europäischer Vorgaben, Umsetzungsbedarf für den spanischen Gesetzgeber.

Etwas differenzierter ist die Situation bezüglich der darüber hinausgehenden Netzzugangsbedingungen zu beurteilen. Nach Art. 68 lit. f) LH sind die Transportnetzbetreiber zur Bereitstellung von hinlänglicher Information an jedwedes andere Unternehmen, das Speicherungs-, Transport- und Verteilungsaktivitäten betreibt, und an den technischen Netzbetreiber verpflichtet, um zu garantieren, dass Transport und Speicherung von Gas auf eine mit der sicheren und effizienten Funktionstüchtigkeit des verbundenen Netzes kompatiblen Art und Weise vollzogen werden können. Durch diese Verpflichtung wird zwar die Transparenz gegenüber den anderen Betreibern gewahrt, es lässt sich jedoch keine Verpflichtung gegenüber den Petenten ableiten. Ein Transparenzgebot gegenüber den Netzzugangsbegehrenden findet sich nur innerhalb des RD 949/2001[835]. Nach Art. 10. 3 lit. e) RD 949/2001 sind die jeweiligen Netzbetreiber verpflichtet, diejenigen Informationen zur Verfügung zu stellen, die notwendig sind, um die Möglichkeit von neuen Verträgen über den Netzzugang abschätzen zu können. Unter diese Formulierung können fast alle von Art. 18 VO 715/2009 angesprochenen Verpflichtungen subsumiert werden, da sowohl Informationen über Dienstleistungen, die einzuhaltenden Bedingungen und die technischen Informationen für den Netzzugang als auch die technischen, kontrahierten und verfügbaren Kapazitäten für die Möglichkeit neuer Verträge notwendig sein können. Ohne diese Information ist es den Zugangspeteneten nämlich nicht möglich, den Abschluss von Netzzugangsverträgen abschätzen zu können. Da in Spanien der Zugang zum Netz als Anspruch auf Kontrahierung ausgestaltet ist, sind die notwendigen Informationen über den Abschluss eines Netzzugangsvertrages gleichbedeutend mit den Informationen über den Zugang an sich. Konkretisiert wird diese Verpflichtung durch Art. 6. 6 RD 949/2001, der die Netzbetreiber verpflichtet, die vertraglich gebundenen Kapazitäten jedes Trimester zu veröffentlichen. Veröffentlicht werden müssen die Kapazitätsbuchungen jeder einzel-

833 CNE, Informe sobre las implicaciones derivadas de la aprobacion de la nueva normativa comunitaria en materia de energía y medioambiente, 22 de julio de 2010, S. 125 oben.

834 Vgl. Zweiter Bericht an den Rat und das Europäische Parlament über den Harmonisierungsbedarf Richtlinie 96/92/EG betreffend gemeinsamer Vorschriften für den Elektrizitätsbinnenmarkt, S. 18.

835 *Rodríguez Paraja,* Comentarios a las leyes Energéticas, Tomo II, S. 586.

nen Einrichtung, die noch freien Kapazitäten hat und die Netzausbaupläne. Außerdem muss mitgeteilt werden, ob es sich um langfristige oder kurzfristige Verträge handelt. Eine Angabe dahingehend, für welche Punkte innerhalb der jeweiligen Einrichtung die Veröffentlichung zu erfolgen hat, findet sich nicht.

Inhaltlich ist diese Regelung folglich zwar grundsätzlich geeignet, den Vorgaben aus Art. 18 Abs. 3 VO 715/2009 zu entsprechen. Problematisch ist jedoch zum einen die zeitliche Vorgabe der Veröffentlichung sowie die Festlegung der relevanten Punkte. Sieht Punkt 3. 3. 2 der Leitlinie zur VO 715/2009 eine mindestens monatliche Veröffentlichungspflicht für langfristige Buchungen und Punkt 3. 3. 3 eine tägliche Veröffentlichung der Verfügbarkeit kurzfristiger Dienstleistungen vor, besteht die in Spanien nur einmal im Trimester die Notwendigkeit der Veröffentlichung. Außerdem fehlt es ebenso wie in Deutschland an einer Genehmigungspflicht durch die nationale Regulierungsbehörde für die Festlegung bei welchen Punkten es sich um relevante Punkte handelt[836].

Inwiefern die Veröffentlichungspflicht aus Art. 18 Abs. 6 VO 715/2009, nach welcher der technische Fernleitungsnetzbetreiber sowohl *ex ante* als auch *ex post* Informationen über Angebot und Nachfrage auf der Grundlage von Nominierung, Prognose und tatsächlichen Lastflüssen in das und aus dem Netz veröffentlichen muss, eingehalten ist, richtet sich danach, ob diese Veröffentlichungspflicht auch vom übergeordneten technischen Fernleitungsnetzbetreiber erfüllt werden kann oder nicht. Da wie bereits oben beschrieben nach der in dieser Arbeit vertretenen Ansicht die Verpflichtung auch durch den unabhängigen Netzbetreiber erfüllt werden kann, befindet sich diesbezüglich das spanische Recht im Einklang mit den europäischen Vorgaben. Andernfalls wären die einzelnen Netzbetreiber verpflichtet diese Informationen zur Verfügung zustellen.

Für die Betreiber von Speichern und LNG-Anlagen gelten in Spanien dieselben Verpflichtungen wie für die Fernleitungsnetzbetreiber. Auf die oben gemachten Ausführungen kann folglich verwiesen werden.

c) Zwischenfazit

Das Fazit zur bisherigen Vereinbarkeit der Regeln in Deutschland und Spanien zum Transparenzgebot fällt sehr gemischt aus. Sind die deutschen Regelungen zum tarifären Transparenzgebot schon jetzt vorbildlich, mangelt es in Spanien an Tranzparenz bezüglich der angewendeten Methode.

In beiden Ländern mangelt es hingegen an einer eindeutigen Kompetenzzuweisung an die jeweils nationale zuständige Behörde zur Festlegung der als relevant

836 Auch Spanien wurde mit Schreiben vom 24. Juni 2010 aufgefordert Stellung zu diesem kritischen Punkt zu beziehen., siehe Kommission,Memo/10/275vom 24. Juni 2010.

zu geltenden Punkte. Darüber hinaus ist in Deutschland vor allem die Umsetzungsfrist bis zum 01. Oktober 2011 als besonders kritisch zu sehen. Zwar wird in der Begründung des Bundesrates[837] angeführt, dass bestimmte Veröffentlichungspflichten eine Regelung im Rahmen der Kooperation der Netzbetreiber bedürfen und die Kooperationsverpflichtung erst zum 01.Oktober 2011 eintritt[838]. Warum jedoch auch die anderen Veröffentlichungsverpflichtungen, welche die überwiegende Mehrheit ausmachen, davon betroffen sind, erschließt sich nicht. Diese Zwischenzeit birgt große Risiken für die am Markt agierenden Wettbewerber, die nicht Teil eines vertikal integrierten Unternehmens darstellen, da sie mangels Informationen im Wettbewerb diskriminiert werden könnten. In Spanien fehlt es hingegen an einer wirksamen Veröffentlichungspflicht für die Fernleitungsnetzbetreiber. Eine solche Verpflichtung nur einmal im Trimester einhalten zu müssen, ist für den effizienten Netzzugang Dritter und damit die Förderung des Wettbewerbs nicht ausreichend und steht im Gegensatz zu den eindeutigen Vorgaben des Punktes 3. 3 der Leitlinien im Anhang I zur VO 715/2009. Diese sind insofern ab dem 03. März 2011 in Spanien als maßgeblich für die Fernleitungsnetzbetreiber anzusehen.

Hieraus lässt sich die Schlussfolgerung ziehen, dass es in Deutschland vor allem eine Frage der Zeit ist, bis die europäischen Vorgaben hinreichend konkretisiert worden sind, in Spanien hingegen bedarf es grundsätzlicher Neuerungen, um die europäischen Transparenzanforderungen so zu konkretisieren, dass allen Anforderungen der VO 715/2009 entsprochen wird. Dort, wo die VO 715/2009 Vorgaben enthält, die hinreichend bestimmt und unbedingt formuliert sind, werden diese ab dem 03. März in beiden Ländern unmittelbar anzuwenden sein[839].

2. Diskriminierungsfreiheit

Als weitere materiell-rechtliche Vorgabe sehen die Art. 32 und 33 GasRL aber auch die Art. 13 Abs. 1 lit. b) GasRL sowie Art. 25 Abs. 2 GasRL die Diskriminierungsfreiheit vor. Konkretisiert werden die einzuhaltenden Voraussetzungen ebenfalls durch die VO 715/2009[840]. Untersuchungsschwerpunkt ist im Hinblick auf die Diskriminierung, wie die Zuteilung von Kapazitäten ausgestaltet sein muss, damit die europäischen Vorgaben eingehalten werden.

837 Beschluss des Bundesrates vom 09.07.2010, Drucksache 312/10 S. 8.
838 Siehe dazu Kapitel 2. C. I.
839 Zur Voraussetzung für die unmittelbare Anwendbarkeit siehe *König,* in Schulze/Zuleeg/Kadelbach, § 2 Rn. 42.
840 Neben den einzelnen konkreten Vorgaben zur Diskriminierungsfreiheit, die durch die VO 715/2009 vorgegeben werden und daher direkt anzuwenden sind, kann darüber hinaus auf den Diskriminierungsmaßstab des Art. 102 AEUV als Auslegungshilfe zurückgegriffen werden. Eine ausführliche Betrachtung des Art. 102 AEUV erfolgt jedoch im Anschluss an die sektorspezifischen Regelungen. Siehe *Wolf,* BK, Bd. 2, Art. 102 AEUV, Rn. 7; *Herrmann,* Europäische Vorgaben zur Regulierung der Energienetze, S. 192 und 200.

a) Diskriminierungsfreie Kapazitäten

Da in ganz Europa, aber vor allem auch in Deutschland und teilweise in Spanien, die vorhandene Kapazität oftmals nicht ausreicht, die Zugangsbegehren aller Netzzugangspetenten zu erfüllen, müssen die vorhandenen Kapazitäten möglichst diskriminierungsfrei zugeteilt werden. Damit die Zuteilung der vorhandenen Kapazitäten als diskriminierungsfrei im Sinne der europäischen Vorgaben angesehen werden, ist das Gebot so auszulegen, dass von diesem eine möglichst hohe Wettbewerbswirkung ausgeht[841]. Hierfür ist eine besonders reibungsloses Kapazitätsbuchung erforderlich, ist diese doch als ursächlich für einen funktionierenden Erdgasbinnenmarkt anzusehen. Nachdem die Kommission in ihrer Mitteilung vom 10.Januar 2007 deutlich gemacht hat, dass die bisherigen Vorschriften weder den notwendigen Rahmen noch die Schaffung von Verbindungskapazitäten gewährleisten konnten, um das Ziel eines gut funktionierenden, effizienten und offenen Binnenmarktes zu verwirklichen[842], wurden die bisherigen Regelungen insbesondere um Bestimmungen zur Kapazitätsbuchung im Transitbereich und für LNG und Speicheranlagen ergänzt. In Artikel 1 der VO werden die Ziele der VO daher auch definiert als, „(...) Festlegung nicht diskriminierender Regeln für die Bedingungen für den Zugang zu Fernleitungsnetzen und den Zugang zu LNG- und Speicheranlagen (...)“. Um diese Ziele zu erreichen, ist ein funktionierendes Kapazitätszuweisungssystem erforderlich. Zu trennen ist dieses vom so genannten *Engpassmanagemen*t. Laut europäischer Terminologie wird dieses unter Art. 2 Nr. 5 VO 715/2009 definiert, als das Management des Kapazitätsportfolio des Fernleitungsnetzbetreibers zur optimalen und maximalen Nutzung der technischen Kapazität und zur rechtzeitigen Feststellung künftiger Engpass und Sättigungsstellen. *Kapazitätszuweisungsmechanismen* werden in der VO nicht definiert, laut ERGEG handelt es sich hierbei aber um jegliche Form der Kapazitätsbestimmung bis hin zur Zuweisung zum einzelnen Händler[843]. Anders als beim Engpassmanagement betrifft die Kapazitätszuweisung also nur die Bestimmung der verfügbaren Kapazitäten und die „Verteilung“ derselben aber nicht die Organisation, um eine maximale Nutzung zu gewährleisten. Im Hinblick auf die Diskriminierungsfreiheit bedeutet diese Unterscheidung, dass die Kapazitätszuweisungsmechanismen (z.B. „first-come-first-served“ oder Auktionen) dafür Sorge tragen sollen, dass die Kapazitäten diskriminierungsfrei zugeteilt werden, wohingegen das Engpassmanagement dafür sorgen soll, dass die schon vertraglich zugesicherten Kapazitäten diskriminierungsfrei genutzt werden. Regelungsgehalt ist nicht mehr die Verteilung an

841 *Herrmann,* Europäische Vorgaben zur Regulierung der Energienetze, S. 233.

842 Siehe Ziff. 13 Gründe zur VO 715/2009.

843 Congestion management on European Gas Transmission Networks Recommendations for Guidelines Adopted via a Comitology Procedure Ref: E09-GNM-10-04 10 December 2009, S. 11.

sich, sondern die spätere Kontrolle der Nutzung bzw. nachträgliche Verteilung, damit eine diskriminierungsfreie Nutzung möglich ist.

Offensichtlich gibt es zwischen diesen beiden Begriffen in der Praxis einige Überschneidungen. Insbesondere dann, wenn aufgrund eines funktionierenden Engpassmanagements neue Kapazitäten frei werden, wandelt sich das Engpassmanagement in einen Kapazitätszuweisungsmechanismus. Hierbei entscheidet dann vor allem die Betrachtungsweise, nämlich ob aus der Sicht des Kapazitätennachfragers eine erneute Kapazitätszuweisung erfolgt oder aus der Sicht des Fernleitungsnetz- bzw. Anlagenbetreibers die Kapazitäten im Rahmen des Engpassmanagements anders aufgeteilt werden[844]. Im Folgenden wird aber so weit wie möglich an der Terminologie und der formalen Unterscheidung festgehalten

Nachdem die Voraussetzungen für diskriminierungsfreie Kapazitätszuweisungsmechanismen nach den europäischen Vorgaben dargestellt werden, wird untersucht, ob die Kapazitätsbuchungsmechanismen innerhalb der einzelnen Länder den Vorgaben der Verordnung entsprechen.

aa) Fernleitungen

Für die Organisation des Zugangs zu den Fernleitungen enthalten insbesondere die Artikel 14 und 16 VO 715/2009 die grundsätzlich einzuhaltenden Bedingungen.

(1) Dienstleistungen

Bevor im Detail die einzelnen Voraussetzungen für eine diskriminierungsfreie Kapazitätszuweisung vorgestellt werden, müssen zunächst die hierfür vorgeschriebenen Kapazitätsprodukte bzw. Dienstleistungen erläutert werden.
Art. 14 VO 715/2009 legt die allgemein vom Fernleitungsnetzbetreiber anzubietenden Dienstleistungen fest, wobei die schon in der VO 1775/2005 enthaltenen Bedingungen eins zu eins übernommen worden sind. Für die hier zu untersuchende Kapazitätsbuchung bestimmt die Verordnung in Art. 14 VO 715/2009, dass alle Dienstleistungen diskriminierungsfrei anzubieten sind, sowohl verbindliche als auch unterbrechenbare Dienstleistungen davon umfasst sein müssen, und dass den Netznutzern sowohl lang- als auch kurzfristige Dienstleistungen angeboten werden müssen. Für den Fall der unterbrechenbaren Dienstleistung muss sich die Wahrscheinlichkeit der Unterbrechung im Preis widerspiegeln. Als langfristig gilt eine Dienstleistung nach Art. 2 Nr. 14 VO 715/2009, wenn sie für eine Dauer von mehr als einem Jahr angeboten wird. Außerdem muss nach Art. 14 Abs. 1 S. S VO 715/2009 entweder durch harmonisierte Transport-

844 Ausführlich zum Engpassmanagement unter Kapitel 2. E.

verträge oder den von der zuständigen Behörde nach Art. 41 GasRL festgelegten Netzkodex sichergestellt werden, dass die diskriminierungsfreien Dienstleistungen den verschiedenen Nutzern unter gleichwertigen vertraglichen Bedingungen angeboten werden. Darüber hinausgehende Details über die einzelnen Dienstleistungen finden sich im Anhang 1 der Leitlinien zur VO 715/2009.

(a) Deutschland

Da zurzeit noch kein Beschluss durch die BNetzA zur Neuordnung des Kapazitätsmanagements vorliegt, wird ausschließlich die bestehende Gesetzeslage berücksichtigt

.

Im Hinblick auf die anzubietenden Kapazitätsprodukte folgt der deutsche Verordnungsgeber den Vorgaben aus Art. 14 Abs. 1 VO 715/2009, der bestimmt, dass die jeweiligen Dienstleistungen den Netznutzern als verbindliche und unterbrechenbare Dienstleistungen sowohl in kurzfristiger als auch in langfristiger Form angeboten werden müssen. Da § 11 Abs. 1 GasNZV die Verpflichtung für die Fernleitungsnetzbetreiber enthält, sowohl feste als auch unterbrechenbare Kapazitäten mindestens auf Jahres-, Monats-, Quartals und Tagesbasis anzubieten, befindet sich die GasNZV im Einklang mit der VO 715/2009. Auch die Bedingung, dass der Preis für unterbrechenbare Kapazitäten die Wahrscheinlichkeit einer Unterbrechung angemessen widerspiegeln muss, wird in § 13 Abs. 3 S. 1 GasNEV verordnungskonform geregelt.

(b) Spanien

Im Hinblick auf die anzubietenden Kapazitätsprodukte bleiben die spanischen nationalen Regelungen hinter den europäischen Vorgaben der VO 715/2009 zurück. In Spanien ist es zwar grundsätzlich möglich, feste Kapazitäten in jeglicher Form zu buchen, unterbrechenbare Kapazitäten sind jedoch nach Art. 9 der Verordnung „Resolución de 25 de julio de 2006“ nur ab einer Laufzeit von 12 Monaten buchbar. Damit kollidiert das spanische Recht mit der Vorgabe nach Art. 14 Abs. 1 lit. c) i.V.m Anhang I Leitlinie 1. 1 wonach die unterbrechenbaren Kapazitäten bis hin zu einer Mindestperiode von einem Tag anzubieten sind. Der spanische Gesetzgeber steht also in der Pflicht, die Verordnung dahin gehend abzuändern, dass diese der Vorgabe entspricht.

(2) Größtmögliche Kapazität

Nachdem die jeweils anzubietenden Dienstleistungen erläutert wurden, werden nun die Voraussetzungen einer diskriminierungsfreien Kapazitätszuweisung, gemäß der europäischen Vorgaben, dargestellt.

Gemäß **Art. 16 Abs. 1** VO 715/2009 soll den Petenten an allen maßgeblichen Punkten, einschließlich Ein- und Ausspeisepunkten, die größtmögliche Kapazität unter Beachtung der Netzintegrität und dem effektiven Netzbetrieb zur Verfügung gestellt werden. Unter der **größtmöglichen** Kapazität kann unter Hinweis auf das von der europäischen Kommission veröffentlichte „Commission Staff Working Document" das zur Verfügungstellen aller möglichen Kapazität ohne Zurückhaltung von verfügbarer Kapazität verstanden werden. Der Begriff **Kapazität** meint hiernach nicht nur die technische Kapazität, welche in Art. 2 Nr. 18 VO 715/2009 als verbindliche Höchstkapazität definiert wird, sondern jede Art von Kapazität, die auf dem Primärmarkt angeboten und vertraglich gebucht werden kann, also auch unterbrechenbare Kapazität[845].

Der in Art. 16 Abs. 1 VO 715/2009 beschriebene Grundsatz stellt folglich sicher, dass die jeweiligen Netzbetreiber keinerlei Kapazitäten zurückhalten, sondern verpflichtet sind, alle verfügbaren technischen Kapazitäten sowie die darüber hinausgehenden unterbrechenbaren Kapazitäten unter Beachtung der Integrität der Netze und der Effizienz des Netzbetriebes den Marktteilnehmern zur Verfügung zu stellen[846]. Hierunter fällt somit auch u.a. das Verbot, Kapazitäten für konzernverbundene Unternehmen zu reservieren, um Kapazitäten in der Zukunft, z.B. für die Gewinnung von Neukunden, zur Verfügung zu haben.

Welche Methode zur Berechnung der Kapazitäten angewendet werden soll, solange sie die vorgegebenen Ziele erreicht, steht den Fernleitungsnetzbetreibern mangels weitergehender Spezifizierung offen. Da es bislang keine international anerkannte technische Berechnungsmöglichkeit gibt[847], ist davon auszugehen, dass die jeweilige Methode von Land zu Land divergiert. Welche Punkte hierbei jedoch optimalerweise aus Regulierersicht einzuhalten sind hat, die ERGEG in

845 Commission staff working document on capacity allocation and congestion management for access to the natural gas transmission networks regulated under Article 5 of Regulation (EC) No 1775/2005 on conditions for access to the natural gas transmission networks, S. 6.

846 Eine solche Einordnung ergibt sich auch dem Ziel eines vollkommenen Erdgasbinnenmarktes, da der Netzzugangsanspruch als Ausfluss der „essential-faciliy"-Doktrin nur dann zu wirksamen Wettbewerb und einem Erdgasbinnenmarkt führt, wenn die wesentliche Einrichtung vollumfänglich nutzbar gemacht wird. Für diese Definition sprechen auch die in Verbindung mit Art. 102 AEUV anerkannten Grundsätze, dass bei Vorliegen der Voraussetzungen des Art. 102 AEUV ein Zugangsanspruch grundsätzlich nur dann in Bezug auf fehlende Kapazitäten abgelehnt werden kann, wenn diese trotz optimaler Ausnutzung auftreten .vgl. u.a. Kommission, *Sealink II*, Abl. 1994 Nr. L 15/8, S. 16 f., *Flughafen Frankfurt,* Abl. 1998 L 72/30, 46.). ausführlich dazu unter Kapitel 4. B.

847 ERGEG, Congestian management on European Gas Transmission Networks, Recommendations for Guidelines adopted via a Comitology Procedure – Impact Assessment -, Ref. EG 09-GNM-10-04 10 December 2009,S. 29.

ihrem Vorschlag für die Leitlinien zum Engpassmanagement festgehalten[848]. Hiernach sollen u.a. dynamische statt statischer Simulation sowie Lastflusssimulationen die derzeitige und historische Aspekte berücksichtigen, angewendet werden.

(a) Deutschland

Zunächst ist festzuhalten, dass die Berechnung der jeweiligen Kapazitäten in Deutschland den Vorgaben entspricht. § 9 Abs. 2 GasNZV enthält die Maßgaben, nach denen die Kapazitätsberechnung durchzuführen ist. Die Berechnung der Kapazitäten auf der Grundlage von Lastflüssen nach den Stand der Technik kann nach dem sehr offen formulierten Vorschlag der ERGEG als eine Methode angesehen werden, die zumindest derzeit zur Berechnung angewendet werden kann.

Des Weiteren ist zu überprüfen, inwiefern tatsächlich die **größtmöglichen Kapazitäten** angeboten werden. Grundsätzlich besteht ein Anspruch auf Zugang nach § 20 EnWG im Rahmen der verfügbaren Kapazität. Verfügbar bedeutet nach Art. 2 Nr. 14 GasNZV die Differenz zwischen technischer Kapazität und der Summe der gebuchten Kapazitäten für den jeweiligen Ein- oder Ausspeisepunkt. Technische Kapazität bedeutet nach § 2 Nr. 13 GasNZV das Maximum an *fester* Kapazität. Problematisch ist, dass zur größtmöglichen Kapazität aber nicht nur die technische Kapazität, sondern auch die unterbrechenbare Kapazität gehört. Aus dem Zugangsanspruch nach § 20 EnWG allein ergibt sich ausdrücklich keine Verpflichtung der Netzbetreiber, auch unterbrechenbare Kapazitäten zur Verfügung zu stellen. Da die Fernleitungsnetzbetreiber jedoch nach § 11 Abs. 1 GasNZV verpflichtet werden neben den festen auch unterbrechenbare Kapazitätsprodukte anzubieten ergibt sich die Pflicht aus der konkretisierenden Verordnung, so dass davon ausgegangen werden kann, dass zumindest theoretisch die größtmögliche bzw. maximale Kapazität i.S.d. VO 715/2009 angeboten werden muss.

Fraglich ist, inwiefern diese Verpflichtung eine Einschränkung dadurch erlangt, dass Kapazitäten von mit dem Netzbetreiber verbundenen Unternehmen langfristig gebucht sind oder sogar gehortet werden, und somit nicht mehr die größtmögliche Kapazität angeboten werden kann. Zwar stellen die Buchungen von Kapazitäten ein Problem für einen effektiven Netzzugang dar, jedoch ändert dieses Verhalten der Netznutzer nichts daran, dass zu einem bestimmten Zeitpunkt die größtmögliche Kapazität von Seiten der Netzbetreiber angeboten wurde. Die Art und Weise des Anbietens kann gegebenenfalls dazu führen, dass die

848 ERGEG, Congestian management on European Gas Transmission Networks, Recommendations for Guidelines adopted via a Comitology Procedure – Impact Assessment -, Ref. EG 09-GNM-10-04 10 December 2009, S. 29.

Zuteilung nicht diskrimierungsfrei vorgenommen wurde. An der Tatsache, dass die größtmögliche Kapazität angeboten wird, ändert sie aber nichts. Anders verhält es sich dann, wenn wegen zukünftig eventuell auftretender Kapazitätsengpässe eine Kapazitätsreservierung vorgenommen wird. Da eine solche jedoch ebenfalls nach den nationalen Vorgaben nicht zulässig wäre[849], bestehen hier keine Widersprüche.

Problematisch im Zusammenhang mit dem Angebot der größtmöglichen Kapazität war bislang die Tatsache, dass es wegen der Existenz von Marktgebieten notwendig sein konnte, Marktgebietsgrenzen zu überschreiten. Für diesen Fall der Überschreitung von Marktgebietsgrenzen kam es zu der Situation, dass, sobald zwei Fernleitungsnetze in aneinander angrenzenden Marktgebieten über mehr als einen Kopplungspunkt miteinander verbunden waren, getrennte Buchungen für jeden Kopplungspunkt (physischen Punkt) notwendig wurden. Dies führte dazu, dass dem Petenten gegebenenfalls der Zugang mangels vorhandener Kapazität verweigert werden konnte, obwohl an einem anderen physischen Kopplungspunkt Kapazitäten vorhanden waren. Hierdurch wurden Situationen denkbar, in denen mangels flexibler Nutzung der Kopplungspunkte gerade nicht die größtmögliche Kapazität angeboten wurden, da eine Verpflichtung der Netzbetreiber zur Kombination der Kopplungsstellen nicht bestand. § 11 Abs. 2 GasNZV sieht aber nun vor, dass die Ein- und Ausspeisekapazitäten an unterschiedlichen Ein- und Ausspeisepunkten zusammenzufassen sind, so dass es möglich wird, die Ein- und Ausspeisung an einem einzigen Ein bzw. Ausspeisepunkt vorzunehmen[850]. Hierdurch wird erreicht, dass die den Netzbetreibern gegebenen Verlagerungsmöglichkeiten dem Markt zur Verfügung gestellt werden[851]. Dadurch wird eine flexiblere Nutzung des Gasnetzes möglich und es trägt dazu bei, den Umfang verfügbarer technischer Kapazitäten zu erhöhen[852]. Aufgrund dieser neuen Verpflichtung wird also die zur Verfügungstellung der größtmöglichen Kapazität, so wie sie die VO 715/2009 vorschreibt, zumindest verbessert. Mit der Zusammenlegung weiterer Marktgebiete wird dieses Problem außerdem an Gewicht verlieren und sobald nur noch ein Marktgebiet existieren sollte, vollständig obsolet sein.

(b) Spanien

In Spanien ist ebenso wie in Deutschland jeder Betreiber zunächst selbst verpflichtet, die jeweiligen Kapazitäten zu berechnen. Eine sehr ausführliche ver-

849 *Säcker/Boesche,* BK, Bd. 1, § 20 EnWG Rn. 277.

850 Jeweils unter der Prämisse, dass die Zusammenfassung strömungstechnisch möglich ist (Art. 11 Abs. .2 GasNZV).

851 BNetzA, Neugestaltung des Kapazitätsmanagements im deutschen Gasmarkt, Eckpunkt der Bundesnetzagentur zur Konsultation, Stand 22.05.2009.

852 BT-Drs. 312/10, Begründung zur Verordnung zur Neufassung von Vorschriften auf dem Gebiet des EnWG sowie des Bergrechts zu § 11 GasNZV S. 68.

pflichtende Vorgabe über die Methode, nach welcher die Kapazitäten zu berechnen sind findet sich in 10. Protokoll Nr. 1 NGTS. Anhaltspunkte dafür, dass diese den europäischen Mindestvorgaben nicht entsprechen, finden sich nicht.

Ebenso wie in Deutschland sind auch in Spanien die Netzbetreiber aufgrund der nationalen Regeln grundsätzlich verpflichtet, die **größtmögliche Kapazität** im Sinne der VO 715/2009 anzubieten. Zwar enthalten die einschlägigen spanischen Normen keine explizite Aussage darüber, dass die maximalen Kapazitäten anzubieten sind, jedoch ergibt sich eine solche Schlussfolgerung aus der Historie und der Systematik des Zugangs. Zum einen ist es allgemein anerkannt, dass auch in Spanien die Einführung des Zugangsanspruchs den gemeinschaftsrechtlichen Vorgaben und damit auch der „Essential-Facilities"-Doktrin dienen sollte[853]. Hierfür ist es unerlässlich, dass die jeweils größtmögliche Kapazität angeboten wird und der Netzbetreiber keine Kapazitäten zurückhalten kann, um sich oder einem verbundenen Dritten gegebenenfalls einen Wettbewerbsvorteil zu verschaffen[854]. Zum anderen garantiert das System - nämlich die Organisation durch einen unabhängigen Netzbetreibers - das größtmögliche Angebot an Kapazitäten. Da es diesem obliegt, die jeweiligen Angaben der Netzbetreiber bezüglich ihrer Kapazitäten zu überprüfen, wird sichergestellt, dass eine objektive Beurteilung bzw. Kontrolle der tatsächlich vorhandenen Kapazitäten durchgeführt wird. Als weiteres Argument für die Verpflichtung die maximale Kapazität anbieten zu müssen, kann auf die Möglichkeit der Verweigerung verwiesen werden. Bei der Frage der Rechtmäßigkeit der Verweigerung wegen eines Kapazitätsmangels gilt, dass in diesem Fall keinerlei Abwägung vorgenommen werden muss, sondern ausschließlich auf die insgesamt existierende Kapazität abzustellen ist[855]. Eine Möglichkeit Kapazitäten zurückzuhalten und dadurch nicht die größtmögliche Kapazität anzubieten, kennt das spanische System nur für den Fall, der durch die GasRL in Art. 35 ausdrücklich erlaubten Ausnahmetatbeständen

Eine Einschränkung erfährt das Angebot der größtmöglichen Kapazität jedoch dadurch, dass unterbrechenbare Kapazitäten nicht im ausreichenden Maß angeboten werden. Ebenso mangelte es bis vor kurzem an unterbrechenbaren Kapazitäten für den „Gegenfluss" („backhaul") bei den Transitleitungen[856]. Diesem Kritikpunkt der Kommission wurde allerdings durch die Verordnung „Resoluciòn de 30 de junio de 2010" begegnet, wonach nun auch unterbrechenbare „Gegenflusskapazitäten" anzubieten sind.

853 *Tomás de la Quadra-Salcedo*, Energía de Monoplolio al mercado, S. 308 ff; *Luis Pérez de Ayala Becerill*, Derecho de la Energía, S.462; *José María Gimeno Feliú*, Comentarios a las leyes Energeticas, Art. 70, S. 594.
854 Siehe ausführlich hierzu unter Kapitel 1 C. II 4 a).
855 *Luis Pérez de Ayala Becerill*, Derecho de la Energía, S.481.
856 Kommission, Memo/10/275 vom 24. Juni 2010 S. 4.

(3) Methoden der Kapazitätszuweisung

Neben dem Angebot der größtmöglichen Kapazität fordern Art. 32 Abs. 1 und Art. 33 Abs. 1 GasRL sowie Art. 16 Abs. 2 und Abs. 1 VO 715/2009, dass der Zugang, also die Kapazitätszuweisung, zu den Fernleitungen bzw. LNG- und Speicheranlagen diskriminierungsfrei und transparent vollzog wird. Grundsätzlich existieren zurzeit vor allem drei anerkannte Methoden der Kapazitätszuweisung, deren Kompatibilität mit diesen Voraussetzungen überprüft werden muss. Darüber hinaus existieren noch andere Verfahren bzw. sind andere Verfahren der Kapazitätszuweisung, z.B eine Lotterie, vorstellbar, jedoch sollen hier nur die am weitesten verbreiteten Verfahren vorgestellt und analysiert werden.

(a) First-come-first-served

Die bereits mehrfach erwähnte und sowohl in Deutschland als auch in Spanien angewendete Zuteilungsmethode „first-come-first-served", die die Kapazitäten nach der Reihenfolge der Anmeldungen beim Netzbetreiber verteilt, wird im Zusammenhang mit dem Diskriminierungsverbot sehr kritisch gesehen[857]. Dies liegt daran, dass innerhalb eines Konzerns der konzernverbundene Netzbetreiber dem konzernverbundenen Petenten durch relevante Informationen einen Vorteil verschaffen könnte. Soweit also der vertikal integrierte Netznutzer von diesem System profitiert, ist die Diskriminierungsfreiheit nicht mehr gewährleistet[858]. Aufgrund der in Zukunft verschärften Unbundling-Vorschriften und der damit verbundenen stärkeren Unabhängigkeit der Netzbetreibergesellschaften[859] wird dieses Argument jedoch in Zukunft an Kraft verlieren. Innerhalb Spaniens kann dieses Argument schon heute nicht mehr geltend gemacht werden, da mit ENAGAS S.A. ein unabhängiger Netzbetreiber für das größte Netz zuständig ist und praktisch keine Konzernverbundenheit zu den Netznutzern besteht[860]. Fraglich ist aber, ob dieses Argument nicht auch für die Beziehung von Netzbetreibern zu besonders guten Kunden gilt. Es ist zumindest nicht ausgeschlossen, dass zur Aufrechterhaltung guter Geschäftskontakte bestimmte Informationen leichter zu erhalten sind. Des Weiteren stellt sich das Problem, dass Kunden mit bestehenden Verträgen genau wissen, wann diese auslaufen, so dass sie diesbezüglich einen Informationsvorsprung gegenüber anderen Kunden ohne Vertrag besitzen. Diese möglichen Argumente gegen das Prioritätssystem können jedoch durch eine bedingungslose Transparenz entschärft werden. Sobald sämtliche für die Anfrage der Kapazität relevanten Informationen frühzeitig und allgemein bekannt gemacht werden, besteht die Gefahr des Informationsvorsprungs nicht

857 *Wolf,* BK, Bd. 2, Art. 102 AEUV Rn. 97; *Jones,* EU Energy Law, Volume 1 (2004), Rn. 13.31; *Kaiser,* Verordnete Regulierung? S. 70; Für unzulässig wird es angesehen von, *Herrmann*, Europäische Vorgaben zur Regulierung der Energienetze, S. 238.
858 Bundesnetzagentur, Entsch. vom. 05.05.2006 – BK7-06-08, RdE 2006, 206 ff.
859 Siehe unter Kapitel 1. A. VII. 1.
860 Dieses Problem stellt sich in Spanien nur auf Verteilerebene.

mehr[861]. Durch die in Art 18 und 19 VO 715/2009 verankerten Transparenzgebote wird eben diese allgemeine Zugänglichkeit der relevanten Informationen geschaffen.

Weiterhin problematisch bleibt dieses Vergabesystem aber dann, wenn ein so genannter Altversorgungsvertrag, vor der Liberalisierung der Märkte abgeschlossen, durch den Ex-Monopolisten ausläuft und zum Zeitpunkt des Auslaufens dieses Vertrages der Ex-Monopolist mit Hinblick auf den bisherigen Kunden bessere Möglichkeiten hat, wieder Bedarf anzumelden als dies neue Wettbewerber können. Diese sind nämlich zeitlich nicht so flexibel, müssen sie sich doch nach dem Auslaufen der Altverträge des Ex-Monopolisten mit dem Dritten richten[862]. Auch dieses Argument wird jedoch an Gewicht verlieren, ist doch bereits eine Anzahl der vor der Liberalisierung abgeschlossenen Verträge bereits ausgelaufen. Außerdem ist es möglich, durch Beschränkungen des buchungsfähigen Anteils der vorhandenen Kapazitäten für langfristige Verträge dafür Sorge zu tragen, dass kurzfristige Kapazitäten für Dritte zur Verfügung stehen. So wird auch neuen Wettbewerbern die Möglichkeit gegeben, Bedarf dann anzumelden, wenn sie einen neuen Kunden in Aussicht haben[863].

Darüber hinaus ist fest zu halten, dass für den Fall, dass genügend Kapazitäten vorhanden sind, das Problem der Diskriminierung grundsätzlich keine Rolle spielt, so dass für diesen Fall das „first-come-first-served“ System jedenfalls unbedenklich erscheint. Allein aus diesen von den Kritikern des Systems angeführten Gründen sprechen keine Bedenken gegen das „first-come-first-served“-Verfahren, denen nicht mit den entsprechenden Maßnahmen begegnet werden könnte. Ob dieses Verfahren allerdings auch den weiteren engen Vorgaben, die an eine diskriminierungsfreie Kapazitätszuweisung nach Art. 16 Abs. 2 VO 715/2009 gestellt werden, entspricht, wird im weiteren Verlauf untersucht.

(b) Auktion

Die Kapazitätszuteilung über (hier nur explizite) Auktionen wird einhellig als besonders diskriminiungsfreies Verfahren angesehen[864]. Problematisch ist aber, dass der gewichtigste Händler am Markt durch seine Angebote den meisten Einfluss auf den Markträumungspreis hat. Außerdem könnte auch hier ein marktbe-

861 *Herrmann,* Europäische Vorgaben zur Regulierung der Energienetze, S. 238.
862 *Herrmann,* Europäische Vorgaben zur Regulierung der Energienetze, S. 238, mit Verweis auf BKartA, Beschluss vom 30.08.1999, B8-40100-T-99/99, Berliner Stromdurchleitung, RdE 2001, 31 (37),
863 Dies könnte auch durch ein funktionierendes Rucksackprinzip erreicht werden, bei dem die Kapazitäten automatisch zum Bedarf wechseln.
864 Beispielhaft: *ERGEG,* Pilot Framework on Gas allocation - Initial Impact Assessment-, Ref.: E09-GNM-10-06, 10 December 2009, S. 51.

herrschendes Unternehmen gezielt Kapazitäten kaufen, um den Wettbewerb zu verhindern[865]. Jedoch kann dieses Problem durch Bevorratungsverbote und vor allem durch die Begrenzung der Kapazitätsmenge, die ein einzelner Händler ersteigern kann, verhindert werden[866]. Insgesamt gesehen kann dieses Verfahren daher grundsätzlich als diskriminierungsfrei angesehen werden.

(c) „Pro-rata“

Als ebenfalls diskriminierungsfrei und vor Manipulationen geschützt, wird das so genannte „pro-rata“-Verfahren angesehen[867]. Da die jeweiligen Kapazitäten grundsätzlich gleichermaßen anteilig vergeben werden, wird eine Diskriminierung faktisch ausgeschlossen[868]. Möglicherweise ist jedoch trotz dessen eine Manipulierung möglich, die einem diskriminierungsfreien Zugang entgegensteht. Zur Beantwortung dieser Frage muss unterschieden werden zwischen dem „pro-rata“-Verfahren, bei dem sich sich der Anteil ausschließlich nach dem wirtschaftlichen Erfolg des einzelnen Unternehmens und der damit verbundenen relativen Versorgungstätigkeit richtet[869] und zwischen der Zuteilung, die sich nach der angefragten Menge in der „open subscription-period“ richtet[870].
Richtet sich die Zuteilung ausschließlich nach den Absatzzahlen des Vorjahres bzw. für neu am Markt agierende Händler nach den Prognosen aufgrund abgeschlossener Verträge, ist eine Diskriminierung gänzlich unmöglich. Wenn sie sich aber nur oder zusätzlich nach der begehrten Kapazität richtet und wird die Kapazität aufgrund dieser Anfragen anteilig verteilt, ist eine Diskriminierung in der Form möglich, dass große schon am Markt vertretene Händler eher das Risiko einer strategischen Zuvielbuchung und damit Verknappung der Kapazitäten riskieren als dies neue Händler machen werden. Da diesem Probleme jedoch relativ einfach mit geeigneten Maßnahmen (z.B Plausibilitätsprüfung, „use-it-or-lose-it“) begegnet werden kann, ist das „pro-rata“-Verfahren in beiden möglichen Ausgestaltungen grundsätzlich neben dem Auktionsverfahren als besonders diskriminierungsfrei anzuerkennen.

(d) Fazit

Nachdem die drei häufigsten Zuweisungsmechanismen dargestellt und auf ihr Diskriminierungspotential untersucht wurden, lässt sich feststellen, dass zwar das „first-come first-served“ Verfahren stärker anfällig für mögliche Diskrimi-

---

865 *Herrmann,* Europäische Vorgaben zur Regulierung der Energienetze, S. 238
866 *Jones,* EU Energy Law, Volume 1 (2004), Rn. 13.33.
867 So auch EuGH, Rs. 77/77, *BP/Kommission,* Slg. 1978, 1513, Tz. 29/34.
868 *Herrmann,* Europäische Vorgaben zur Regulierung der Energienetze, S. 237; *Kaiser,* Verordnete Regulierung?, S. 70; *Fischerauer,* Regulierung des Zugangs zu Speicheranlagen, S. 197.
869 siehe spanische Kapazitätszuweisung für Speicher unter Kapitel 1. C. 4. c) bb) (2) (c).
870 *ERGEG,* Pilot Framework on Gas allocation - Inital Impact Assessment-, Ref.: E09-GNM-10-06, 10 December 2009, S. 52.

nierungen ist, also ein hohes Diskriminierungspotetial aufweist, flankiert von den entsprechenden Bedingungen können allerdings alle drei Methoden diskriminierungsfrei angewendet werden. Allein eine Untersuchung der Zuweisungsmechanismen in Spanien und Deutschland bezüglich der grundsätzlichen Art und Weise der Kapazitätszuweisung lässt demnach keine abschließende Betrachtung zu. Daher werden im Folgenden die weiteren Voraussetzungen der VO 715/2009 dargestellt und die nationalen Regelungen mit Schwerpunkt auf deren jeweilige Zuweisungsmechanismen auf ihre Vereinbarkeit mit den europäischen Vorgaben untersucht.

(4) Weitere Voraussetzungen an die Diskriminierungsfreiheit nach Art. 16 Abs. 2 VO 715/2009

Nachdem die einzelnen Methoden zur Kapazitätszuweisung vorgestellt und auf eine mögliche Diskriminierung hin untersucht worden sind, werden die nach Art. 16 Abs. 2 2 HS VO 715/2009 einzuhaltenden Bedingungen analysiert. Diese Bedingungen konkretisieren die grundsätzlichen Methoden der Kapazitätszuweisung, damit diese der Voraussetzung der Diskriminierungsfreiheit und Transparenz i.S.d. GasRL und der VO entsprechen.

(a) Ökonomische Signale, Investitionen in neue Infrastruktur

Art. 16 Abs. 2 VO 715/2009 legt die Pflicht zur Veröffentlichung von nicht diskriminierenden und transparenten Kapazitätszuweisungsmechanismen fest, welche gemäß Art. 16 Abs. 2 lit. a) VO 715/2009 sowohl angemessene ökonomische Signale für die **effiziente und maximale Nutzung** der technischen Kapazität liefern müssen als auch **Investitionen in neue Infrastruktureinrichtungen** und ebenso den **grenzüberschreitenden Erdgashandel erleichtern.**

Damit die jeweiligen nationalen Kapazitätszuweisungsmechanismen den Anforderungen der Diskriminierungsfreiheit genügen, müssen demnach die angeführten Bedingungen erfüllt sein.

Für die **effiziente und maximale Nutzung** bedeutet dies, dass die „nicht genutzte Kapazität“, definiert unter Art. 2 Nr. 4 VO 715/2009, als die verbindliche Kapazität, die ein Netznutzer im Rahmen seines Transportvertrages zwar erworben hat, aber zum Zeitpunkt des vertraglich festgelegten Fristablaufs nicht nominiert hat, auf das Minimum reduziert wird. Um dies zu erreichen, sind die Netzbetreiber verpflichtet, die Bedingungen dafür zu schaffen, dass die Anzahl der nicht genutzten Kapazität möglichst klein bleibt, und die trotz dessen nicht genutzten Kapazitäten erneut auf dem Markt angeboten werden. Dieses Anbieten der nicht genutzten Kapazitäten soll durch den Anreiz ***ökonomischer Signale*** sichergestellt werden. Fraglich ist es, durch welche Marktmechanismen dies schon bei der Zuteilung gefördert werden kann.

Problematisch ist in diesem Zusammenhang, vor allem das „**first-come-first-served**" Zuweisungsverfahren zu sehen, da dieses die Petenten dazu verleiten könnte, mehr Kapazität als benötigt zu buchen[871]. Dadurch, dass der Preis für die Kapazitäten anders als bei Auktionen nicht den Markträumungspreis darstellt, besteht die Gefahr, dass aus strategischen Gründen mehr Kapazität gebucht wird als Notwendigkeit hierfür besteht. Jedoch können auch Maßnahmen gegen diese Hortung getroffen werden, indem wirkungsvolle Use-it-or-lose-it Regeln bzw. Verpflichtungen des Weiterverkaufs wie sie die neue GasNZV in § 16 vorsieht getroffen werden. Auch unter diesem Aspekt betrachtet ist das „first-come-first-served" Zuweisungsverfahren nicht von vornherein ausgeschlossen. Es muss nur von entsprechenden weiteren Maßnahmen flankiert werden. Jedoch weist es auch unter diesem Aspekt einige Schwächen auf.

Bei **Auktionen** hingegen werden die begehrten Kapazitäten erst zum Markträumungspreis zugeteilt. Dies führt jedenfalls dazu, dass die Vergabe nach der Zahlungsbereitschaft der Petenten stattfindet und so über den zu zahlenden Preis ein ökonomisches Signal für die effiziente Nutzung gesetzt wird. Die Gefahr von rein strategischen Buchungen oder der Hortungen der Kapazitäten wird dadurch geringer.

Für die „**pro-rata**"-Zuteilung hingegen bestehen ähnliche Bedenken wie bei dem „first-come-first-served" Mechanismus. Es ist denkbar und auch wahrscheinlich, dass, um Wettbewerb zu verhindern, die Marktführer über die Maßen große Mengen anmelden, um proportional jedenfalls genügend und gegebenenfalls mehr als genug Kapazitäten zu erwerben. Um dies zu verhindern, könnte eine Deckelung nach oben eingeführt werden, welche sich an der Auslastung des vorherigen Jahres orientiert. Außerdem könnten dieselben Schutzmechnismen, die beim „first-come-first-served" Verfahren erwähnt wurden, implementiert werden.

Neben der Durchführung von Auktionen kann nach Vorstellung der Kommission auch die Einführung eines so genannten „capacity-buy-back"-Instruments, nach welchem der Netzbetreiber die bereits gebuchten Kapazitäten von dem Marktteilnehmer zu einem vorher festgelegten Preis zurückkaufen kann bzw. muss, dazu führen, dass technische Kapazität möglichst effizient und maximal

871 *ERGEG,* Pilot Framework on gas allocation - Inital Impact Assessment-, Ref.: E09-GNM-10-06, 10 December 2009, S. 49; *Jones,* EU Energy Law, Volume 1 (2004), Rn. 13.33,

genutzt wird[872]. Eine ähnliche gewünschte ökonomische Signalwirkung kann man gegebenenfalls auch durch einen geregelten und liquiden Sekundärmarkt erzielen, da sich im Vergleich zum „capacity-buy-back"-Instrument nur der Handelspartner ändert, bei einem liquiden Markt aber gegebenenfalls sogar höhere ökonomische Erträge zu erzielen sind. Voraussetzung hierfür ist es jedoch, dass der Sekundärmarkt eine solche Liquidität aufweist, dass er für den Anbieter der Kapazitäten die Möglichkeit eröffnet, ein dem Wert der Kapazitäten angemessenes Entgelt zu erzielen, so dass dieser seine nicht genutzten Kapazitäten dort tatsächlich regelmäßig anbietet. Sobald diese Bedingung erfüllt ist, stellt sich das Problem, dass einzelne Händler zunächst größere Kapazitäten als benötigt kaufen könnten, um diese auf einem zu erwartenden Sekundärmarkt zu verkaufen. Um dies zu verhindern, könnte man jedoch u.a. eine Preisobergrenze, angelehnt an dem ursprünglichen Kapazitätsbuchungspreises, einführen.

Im Hinblick auf die einzelnen Instrumente zur Verbesserung der Zuweisungsverfahren kommt es jedoch zu einer Überschneidung mit dem Engpassmanagement. Das Problem, ungenutzte Kapazitäten nutzbar zu machen, stellt sich nämlich erst nach dem Einsatz von Kapazitätszuweisungsmechanismen, wenn dieselben Kapazitäten erst generiert und dann erneut zugewiesen werden sollen. Zwar sind den Netznutzern schon bei Buchung der Kapazitäten mögliche Konsequenzen der mangelnden Ausschöpfung der gebuchten Kapazitäten bewusst, jedoch liefern größtenteils nicht die Kapazitätszuweisungsmechanismen die ökonomischen Signale, sondern die *nach* der Zuweisung eingreifenden Verfahren, welche die ungenutzte Kapazitäten nutzbar machen sollen. Die erst nachträglich anzuwendenden Maßnahmen werden daher detailliert unter dem Punkt des Engpassmanagements dargestellt und analysiert.

Damit die Kapazitätszuweisungsmechanismen Investitionen in neue **Infrastruktureinrichtungen** erleichtern, ist es erforderlich, dass der jeweilige Netzbetreiber zunächst in transparenter Art und Weise von der tatsächlichen Kapazitätsnachfrage Kenntnis erhält[873]. Nur wenn ihm die hierfür erforderlichen Daten zur Verfügung stehen, kann er diese auswerten, um aufgrund der Höhe der Anfrage zu entscheiden, ob neue Kapazitäten benötigt werden und damit neue Infrastruktureinrichtungen notwendig und auch lohnenswert aus betriebswirtschaftlicher Sicht sind. Zwar können gegebenenfalls auch weitere Infrastruktureinrichtungen wirtschaftlich sinnvoll sein für den Fall, dass schon jetzt genügend Kapazitäten

872 Commission staff working document on capacity allocation and congestion management for access to the natural gas transmission networks regulated under Article 5 of Regulation (EC) No 1775/2005 on conditions for access to the natural gas transmission networks, S. 6.

873 Commission staff working document on capacity allocation and congestion management for access to the natural gas transmission networks regulated under Article 5 of Regulation (EC) No 1775/2005 on conditions for access to the natural gas transmission networks, S. 6.

vorhanden sind, jedoch soll, wie oben gezeigt, insbesondere auch die effiziente und maximale Nutzung der Kapazitäten gefördert werden, so dass diese rein wirtschaftlich betrachteten Fälle nicht gemeint sein können.

Ein mögliches Verfahren in diesem Zusammenhang ist das so genannte „open season"-Verfahren zur Bestimmung der tatsächlichen Nachfrage und der daraus resultierenden Planbarkeit. Daneben bieten sich aber auch hierfür wieder Auktionen an, da im Rahmen einer durchgeführten Auktion die gesamte Nachfrage und die Zahlungsbereitschaft bekannt werden. Das „first-come-first-served" Verfahren ist hierfür deutlich schlechter geeignet, da jeder Petent zu unterschiedlichsten Zeiten Anfragen stellt, so dass ein Überblick über die Nachfrage und eine gegebenenfalls erhöhte Zahlungsbereitschaft nicht entsteht. Das selbe gilt für die „pro-rata"-Zuteilung, da diese, wie bereits angedeutet, dazu verleiten kann, mehr Bedarf als tatsächlich benötigt anzumelden. Dies wiederum führt dazu, dass ein verfälschter Eindruck der tatsächlichen Nachfrage entsteht, was eine Planung von neuen Infrastruktureinrichtungen erheblich erschwert.

Als Fazit lässt sich also festhalten, dass insbesondere Auktionen einen Kapazitätszuweisungsmechnismus darstellen, der zum einen angemessene ökonomische Signale für die effiziente und maximale Nutzung der technischen Kapazitäten liefert und zum anderen geeignet ist, Investitionen in neue Infrastruktureinrichtungen zu erleichtern. Sowohl das „pro-rata"-Verfahren als auch das „first-come-first served" Verfahren können unter bestimmten Einschränkungen zwar ebenfalls hierfür geeignet sein, jedoch offenbaren diese Verfahren im Vergleich zu Kapazitätsauktionen deutlichere Schwächen und können nur bedingt als diskriminierungsfrei i.S.v Art. 16 VO 71572009 angesehen werden. Dies gilt umso mehr wegen ihrer mangelhaften Eignung, Investitionen in neue Infrastruktureinrichtungen zu fördern.

(aa) Deutschland

In Deutschland besteht wegen der Einführung der Kapazitätsvergabe durch Versteigerung für die Marktgebietsgrenzen und die Transitleitungen ein System, welches bestmöglich ökonomische Signale für die effiziente und maximale Nutzung der technischen Kapazität liefert. Gleiches gilt für die Erleichterung der **Investitionen in neue Infrastrukturen**. Dies ist nämlich dann der Fall, wenn dem Netzbetreiber die Informationen darüber vorliegen, dass es objektiv notwendig ist, die vorhandenen Kapazitäten durch neue Infrastruktureinrichtungen zu erweitern und dies sich auch als wirtschaftlich rentabel darstellt. Um beurteilen zu können, ob die Kapazitätszuweisungsmechanismen Investitionen erleichtern, ist daher zu untersuchen, ob die vorhandenen Mechanismen genügend Transparenz über die tatsächliche Nachfrage garantieren. Das neu durch § 13 Abs. 1 GasNZV eingeführte Versteigerungsverfahren kann eine solche Transparenz grundsätzlich gewährleisten, da durch das System einer Versteigerung und der Zuschlagerteilung bei Vorliegen des Markträumungspreises die bestehende Nachfrage und die am Markt zu erzielenden Preise dem jeweiligen Netzbetreiber bekannt werden. Zusätzlich hierzu werden die Fernleitungsnetzbetreiber erstmals nach § 17 Abs. 1 GasNZV verpflichtet, jährlich zum 1. April den langfristigen Kapazitätsbedarf zu ermitteln. Wie genau ein solches Verfahren ausgestaltet wird ist bislang noch nicht bekannt, hierdurch wird aber zusätzlich zu den Erkenntnissen aus dem Vergabeverfahrens dafür Sorge getragen, dass Informationen über die tatsächliche Nachfrage eingeholt werden.

(bb) Spanien

Das spanische „first-come-first-served“ Verfahren ist nicht geeignet, ökonomische Signale für die Kapazitätsnutzung zu liefern. Da jedoch an den Einspeisepunkten, vor allem von den LNG-Anlagen, kaum Kapazitätsengpässe auftreten und die Zuweisungsproblematik, wenn überhaupt bei der Kapazitätszuweisung für die Transitleitungen anfällt, stellt sich das Problem der strategischen Nichtnutzung der gebuchten Kapazitäten in Spanien nicht in dem Maße. Dies wiederum führt dazu, dass die Nutzer allein aufgrund der zu zahlenden Entgelte bestrebt sind, eine maximale Nutzung der gebuchten Kapazitäten zu erreichen. Da also eine effiziente und maximale Nutzung größtenteils trotz „first-come-first-served“-Verfahren vorliegt, sind weitere ökonomische Signale bei der Zuteilung der Kapazitäten nicht notwendig. Ein sinnvolles und funktionierendes Engpassmanagement - neben dem bestehenden Zuweisungsmechanismus - reicht daher aus, um den Vorgaben zu entsprechen.

Bezüglich der **Erleichterung von Investitionen in neue Infrastruktureinrichtungen durch die Kapazitätszuweisungsmechanismen** ist zunächst festzuhalten, dass diese Bedingung impliziert, dass für den konkreten Fall so viel Kapazität nachgefragt wird, dass, wenn nur genügend Informationen darüber vorliegen, sich eine solche Investition als tatsächlich wirtschaftlich für den Netzbetreiber darstellt. Dies wiederum bedeutet, dass grundsätzlich die Nachfrage so hoch sein muss, dass die Schaffung eines zusätzlichen Angebotes rentabel ist. Das ist vor allem dann wahrscheinlich, wenn die Nachfrage das tatsächliche Angebot übersteigt. Für Spanien ist dies jedoch nur an der Grenze zur Frankreich und bezüglich der Untertagespeicher der Fall[874]. Innerhalb des nationalen Leitungsnetzes und der Wiederverdampfungsterminals treten bislang sowohl physische als auch vertragliche Kapazitätsengpässe sehr selten auf und werden auch in Zukunft nicht erwartet[875]. Zwar kann auch in diesen Fällen mitunter der Bau weiterer Infrastruktureinrichtungen wirtschaftlich lohnenswert sein[876], eine solche rein wirt-

874 Für die Speicheranlagen ausführlich unter Kapitel 2. E. II. 1. a) aa).
875 Informe Marco CNE 2008, S. 52.
876 Kapitel 1, A, II, 3, b.

schaftliche Betrachtung wird aber von der Zielsetzung der betrachteten Norm nicht umfasst. Art. 16 Abs. 2 lit. a) 715/2009 VO nimmt explizit auf die *effiziente* und *maximale* Nutzung der Kapazitäten Bezug, so dass eine Auslastung der jeweiligen Kapazität als eine Art Grundvoraussetzung angesehen werden kann. Als Folge dessen reicht eine Betrachtung der Speicheranlagen und der internationalen Verbindungsleitungen mit Frankreich aus.

Bezüglich der Verbindungen mit Frankreich wird das Erfordernis der Erleichterung des Baus der Infrastruktureinrichtungen eingehalten, da das hier angewendete „open season"- Verfahren als Musterbeispiel für eine Bestimmung der Wirtschaftlichkeit neuer Infrastruktureinrichtungen durch Kapazitätszuweisungsmechanismen gesehen werden kann[877].

(b) Erleichterung grenzüberschreitenden Erdgashandels

Ebenfalls unter Art. 16 Abs. 2 lit. a) VO 715/2009 und insofern abweichend von der Vorgängerverordnung VO 1775/2005 fällt die Verpflichtung, dass die Kapazitätszuweisungsmechanismen den **grenzüberschreitenden Erdgashandel** erleichtern sollen. Wie eine solche Erleichterung des grenzüberschreitenden Handels im konkreten Fall auszusehen hat, wird bislang nicht verbindlich festgelegt. Umfasst wird davon jedenfalls die allgemeine Bedingung, dass die Zuweisungsmechanismen an den Grenzen nicht anders ausgestaltet werden dürfen als diejenigen im Inland[878]. Wie die jeweiligen Zuweisungsmechanismen im Detail auszusehen haben, ist nicht abschließend geklärt. Gemäß Art. 8 Abs. 1 VO 715/2009 wird jedoch der europäische Verbund der Fernleitungsnetzbetreiber für Gas (ENTSO) verpflichtet, jährliche Netzkodizes zu erarbeiten, die sich gemäß Art. 8 Abs. 6 lit. g) VO 715/2009 auf die Regeln für Kapazitätszuweisung erstrecken. Diese Netzkodizes müssen gemäß Art. 6 Abs. 9 VO 715/2009 den von der Agentur nach Art. 6 Abs. 2 VO 715/2009 als unverbindlich bezeichneten Rahmenleitlinien entsprechen. Da für den Fall, dass die Kodizes den Rahmenleitlinien entsprechen, diese der Kommission zur Annahme vorgelegt werden, wird deutlich, dass die Bezeichnung als „unverbindlich" nicht der Tatsache des einzuhaltenden Prozederes entspricht. Da die Kodizes nur empfohlen werden, wenn sie den Rahmenleitlinien entsprechen, kommt diesen Leitlinien sehr wohl eine, wenn auch mittelbare, verbindliche Wirkung zu[879].

---

877 Commission staff working document on capacity allocation and congestion management for access to the natural gas transmission networks regulated under Article 5 of Regulation (EC) No 1775/2005 on conditions for access to the natural gas transmission networks, 4.3, S.6.

878 *Gräper*, in Jones EU Energy law Volume I, The internal Energy market, The third liberalisation Package, S. 371.

879 Ausführlich zu der Einführung der Netzkodizes siehe unter Kapitel I A. VII. 2. b) aa).

Nachdem im Dezember 2009 der erste Entwurf eines Vorschlags für eine solche Rahmenrichtlinie von der ERGEG vorgelegt wurde[880], ist am 10. Juni 2010 eine vorläufig abschließende Version einer „Pilot Rahmenleitlinie“ für die Kapazitätsallokation veröffentlicht worden[881]. Diese - zusammen betrachtet mit den vorher veröffentlichten Vorschlägen - enthält umfangreiche Vorschläge zum grenzübergreifenden Kapazitätsmanagement. Wegen der Detailtiefe der Vorschläge soll hier auf eine ausführliche Betrachtung verzichtet werden, jedoch ein kurzer Überblick über die geplanten Einführungen gegeben werden.

Ebenso wie die VO 715/2009 enthält der Entwurf zunächst Aussagen zu den anzubietenden Kapazitätsprodukten an den Grenzen. Diese sollen insbesondere sowohl feste als auch unterbrechenbare Kapazitäten in beide Gasflussrichtungen enthalten. An nur in eine Gasrichtung fließenden Verbindungspunkten, soll die Gegenflusskapazität zumindest auf unterbrechenbarer Basis angeboten werden. Außerdem sollen sowohl Produkte mit kurzer als auch mit langer Laufzeit buchbar sein, wobei für die Laufzeiten und den frühst möglichen Punkt der Buchung feste Regeln aufzustellen sind, so dass dieselben Produkte zur selben Zeit an jedem Grenzpunkt angeboten werden, damit die vorhandenen Kapazitäten möglichst optimal ausgenutzt werden und keine begrenzenden Überschneidungen stattfinden. Die verfügbaren Kapazitäten sollen in Energieeinheiten pro Zeit ausgezeichnet werden, also (kw/h), und nicht wie in einigen Ländern in (m^3/h). Es soll kein Unterschied zwischen Transitkapazitäten und den Kapazitäten für den nationalen Gebrauch gemacht werden[882]. Neben den zeitlich flexiblen festen und unterbrechenbaren Kapazitätsprodukten sollen sogenannte „cross-border“ Produkte angeboten werden. Dies bedeutet, dass die Entry-Kapazitäten auf der einen Seite der Grenze zusammen mit den Exit-Kapazitäten auf der anderen Seite der Grenze gebucht werden können. Außerdem soll der Netzcode eine Regelung für den Fall der so genannten „bundled products“ enthalten. Diese Kapazitätsprodukte gehen noch einen Schritt weiter und sollen es möglich machen, dass an den Grenzübergängen nur noch eine Allokation und eine Nominierung notwendig sind. Das bedeutet, dass anstelle der Buchung von Entry und Exit Kapazität nur noch eine „Grenzüberschreitungskapazität“ gebucht werden muss. Spätestens fünf Jahre nach Inkrafttreten der VO 715/2009 sollen alle technischen Kapazitäten an den Grenzpunkten in dieser Art und Weise buchbar sein. Bis dahin sollen Kapazitäten, die auf einer Seite der Grenze früher verfügbar sind als auf der anderen, so lange nicht buchbar sein als bis zu dem Zeitpunkt, an dem die Kapazitäten auf der anderen Seite verfügbar werden. So soll eine

880 Capacity Allocation on European Gas Transmission Networks Pilot Framework Guideline – Initial Impact Assessment –Ref: E09-GNM-10-06 10 December 2009.

881 Capacity Allocation on European Gas Transmission Networks-Pilot Framework Guideline-, Ref: E10-GWG-66-03, 10 June 2010.

882 Capacity Allocation on European Gas Transmission Networks-Pilot Framework Guideline-, Ref: E10-GWG-66-03, 10 June 2010, Punkt 2, S.6.

Gleichschaltung der Produkte erreicht werden[883]. Sollte es an ein und derselben Grenze zwischen zwei „Entry-Exit"-Systemen mehrere Übergangspunkte mit zu buchenden Kapazitäten geben, soll es außerdem verpflichtend sein, diese zu einem einzelnen Kapazitätsangebot an einem „virtuellen Verbindungspunkt" zusammen zufassen, an dem die Buchung der „bundled Products" möglich wird[884].

Im Hinblick auf die Aufteilung der Laufzeit der anzubietenden Kapazitäten besagt der Vorschlag, dass mindestens 10 % der verfügbaren Kapazität für Kurzzeitkapazitäten anzubieten ist[885]. Hierbei handelt es sich gemäß Art. 2 Nr. 15 VO 715/22009 um Dienstleistungen, welche der Netzbetreiber für eine Dauer von weniger als einem Jahr anbietet.
Bezüglich der Kapazitätszuweisungsmechanismen bzw. der Möglichkeit, die begehrten Kapazitäten zu buchen, soll eine vollständige Kehrtwende von der derzeitigen Praxis vorgenommen werden. Alle Fernleitungsnetzbetreiber sollen ihre Kapazitätsprodukte an festgelegten Terminen im Rahmen von Auktionen vergeben. Für den Fall, dass wegen noch unbestimmter Probleme im Einzelfall eine effektive Auktion nicht durchgeführt werden kann, soll das „pro-rata"-Verfahren angewendet werden, wonach jedem Händler proportional zu seiner verbindlichen Anfrage Kapazitäten zugeteilt werden. Das „first-come-first-served"-Verfahren soll grundsätzlich gar nicht mehr angewendet werden. Nur für den Fall, dass freie Kapazitäten nach einer Zuteilungsphase übrig bleiben, können diese in dem Zwischenraum bis zur Beginn der nächsten Allokationsphase nach dem „first-come-first-served" Verfahren vergeben werden[886].

Des Weiteren soll der Kodex Regelungen darüber enthalten, dass die Übertragungsnetzbetreiber web-basierende Plattformen errichten, über welche jegliche Kapazitätenzuteilung stattfinden soll[887]. Ausgenommen hiervon sollen nur die impliziten Auktionen sein. Dass diese Vergabeart überhaupt erwähnt worden ist, überrascht, insbesondere da sie sonst innerhalb des Pilotvorschlags keinerlei Erwähnung finden. Ob diese Erwähnung bereits einen Hinweis darauf geben soll, dass auch in Zukunft im Gasbereich implizite Auktionen eingeführt werden sollen, oder ob hier nur allen Eventualitäten vorgebeugt werden soll, bleibt abzuwarten.

---

883 Capacity Allocation on European Gas Transmission Networks-Pilot Framework Guideline-, Ref: E10-GWG-66-03, 10 June 2010, Punkt 2.3.1, S.7.
884 Capacity Allocation on European Gas Transmission Networks-Pilot Framework Guideline-, Ref: E10-GWG-66-03, 10 June 2010, Punkt 2.3.2, S.7.
885 Capacity Allocation on European Gas Transmission Networks-Pilot Framework Guideline-, Ref: E10-GWG-66-03, 10 June 2010, Punkt 2.3.1, S.6.
886 Capacity Allocation on European Gas Transmission Networks-Pilot Framework Guideline-, Ref: E10-GWG-66-03, 10 June 2010, Punkt 3.1, S.8 u. 9.
887 Capacity Allocation on European Gas Transmission Networks-Pilot Framework Guideline-, Ref: E10-GWG-66-03, vom 10 June 2010, Punkt 3.4 auf S.9.

Nachdem schon unter den vorherigen Punkten festgehalten wurde, dass insbesondere Auktionen den Voraussetzungen des Art. 16 Abs. 2 VO 715/2009 entsprechen, wird diese Schlussfolgerung durch den Punkt der Erleichterung des grenzüberschreitenden Handels noch verstärkt. Wird in Zukunft aufgrund der durch die Kommission im Komitologieverfahren verbindlich erklärten Netzkodizes eine Auktion für alle grenzüberschreitenden Punkte als verbindlich eingeführt, wäre es für die Erleichterung des grenzüberschreitenden Erdgashandels wichtig, dass die jeweiligen Kapazitätsbuchungsmechanismen innerhalb der Länder mit denen an den Grenzübergangspunkten übereinstimmen. Nur für diesen Fall ist eine den Zugang erleichternde Buchung aller notwendigen Kapazitäten möglich. Diese ist aber, solange es keine impliziten Auktionen gibt, Voraussetzung dafür, dass Erdgas grenzüberschreitend gehandelt und transportiert werden kann. Das bedeutet also, dass, um den konkretisierenden Voraussetzungen der Diskriminierungsfreiheit im Hinblick auf die Erleichterung des grenzüberschreitenden Handels aus Art. 16 Abs. 2 VO gerecht zu werden, mit Eintritt der Bindungswirkung der Kodizes und damit, mit Einführung von Auktionen an den Grenzübergängen, nur noch Kapazitätsauktionen als probates Mittel anzusehen sind.

Nur für den Fall, dass auch „pro-rata"-Verfahren an den Grenzübergängen eingeführt werden, können diese auch weiterhin im Inland als diskriminierungsfrei angesehen werden. Das „first-come-first-served"-Verfahren wird mangels Erleichterung des grenzüberschreitenden Handels nicht länger als diskriminierungsfrei anzusehen sein.

(aa) Deutschland

Anders als es zwischen den Netzbetreibern in Spanien und Frankreich der Fall ist, fehlt es an weitreichenden bilateralen Vereinbarungen zwischen den deutschen Netzbetreibern und den europäischen Nachbarn. Außerdem existiert keine verbindliche Regelung, welche die grundsätzlichen Vorgaben eines solchen grenzüberschreitenden Transits auf deutscher Seite abweichend von den allgemeinen Vorgaben regelt. Für den Zugang zu grenzüberschreitenden Leitungen gelten folglich für die deutsche Seite die allgemein gültigen, in der GasNZV festgehaltenen, Netzzugangsregeln.

Das bedeutet für die anzubietenden Dienstleistungen, dass wegen der teilweise sehr allgemein gehaltenen Vorgaben in der GasNZV zunächst auf die Entscheidung der BNetzA gewartet werden muss. Diese ist nach § 29 EnWG i.V.m. § 50 Nr. 4 GasNZV zur Festlegung der anzubietenden Kapazitätsprodukte ermächtigt. Es ist grundsätzlich davon auszugehen, dass die BNetzA in ihrem Beschluss zum Kapazitätsmanagement diejenigen Dienstleistungen als verbindlich anzubieten bestimmt, die mit den Vorgaben aus den Kodizes übereinstimmen. § 11 Abs. 1 GasNZV besagt schon jetzt, dass die Fernleitungsnetzbetreiber unterschiedlichste Möglichkeiten an Kapazitätsprodukten anbieten müssen, wobei die Fernleitungsnetzbetreiber hierfür in dem Ausmaß zusammenzuarbeiten haben, dass aufeinander abgestimmte Kapazitätsprodukte in möglichst großem Umfang anzubieten sind. Fraglich ist, ob die sich daraus ergebende Kooperationspflicht auch die Zusammenarbeit mit Fernleitungsnetzbetreibern der Nachbarstaaten umfasst. Dafür spricht § 1 Abs. 3 EnWG, der als Zweck des Gesetzes die Umsetzung und Durchführung des Europäischen Gemeinschaftsrechts benennt. Da die GasNZV der Konkretisierung des § 20 EnWG dient, muss diese als konkretisierende Verordnung erst recht den Zwecken des Gesetzes dienen. Unabhängig davon enthält die GasNZV jedenfalls keine gegenteiligen Regelungen, so dass bei der unmittelbaren Anwendung der Netzkodizes keine sich widersprechenden Vorgaben für eine Kooperation mit den Netzbetreibern der übrigen EU-Staaten auftreten.

Fraglich ist, inwiefern der Vorgabe entsprochen wird, dass mindestens 10 % der Kapazitäten für kurzfristige Kapazitätsprodukte zur Verfügung gestellt werden müssen. Für die Zuteilung durch Neuverträge sieht § 14 Abs. 1 GasNZV eine darüber hinausgehende Beschränkung vor. Da diese aber nur für Neuverträge gilt, stellt sich das Problem, wie mit den Kapazitätsengpässen an Grenzübergangspunkten umgegangen wird, die durch langfristige Verträge verursacht wurden und die dazu führen, dass weniger als 10 % für kurzfristige Kapazitätsprodukte zur Verfügung stehen. Da sich die Kodizes zurzeit noch in der Vorbereitungsphase befinden und das EnWG in naher Zukunft insbesondere auch im Hinblick auf diese Frage erneuert werden soll, ist diese Frage derzeit noch rein theoretischer Natur. Sollte sich an der Gesetzeslage in Deutschland jedoch nichts ändern und die Kodizes wie geplant verbindlich werden, ist davon auszugehen, dass eine Neurepartierung der Kapazitätsprodukte zumindest in Höhe von 10 % durchzuführen ist. Andernfalls läge ein Verstoß gegen die durch den Kodex konkretisierte Diskrimierungsfreiheit vor. Wie eine solche Neuverteilung durchzuführen ist, bleibt abzuwarten. In Betracht kommt hier eine gleichmäßige Zuteilung aller gleichartiger Petenten[888] sowie eine Versteigerung[889].

Von dieser Problematik abgesehen entsprechen die deutschen Regelungen für die Buchung von Neuverträgen insbesondere wegen der Umstellung auf ein Versteigerungssystem nach § 13 Abs. 1 GasNZV bezüglich des favorisierten Zuteilungsverfahrens grundsätzlich dem bisherigen Vorschlag für eine Rahmenleitlinie. Problematisch ist nur die Tatsache, dass nach § 13 Abs. 1 S. 2 GasNZV die untertägigen Kapazitäten weiterhin im Rahmen des „first-come-first-served"-Verfahren vergeben werden sollen. Da dies dem Vorschlag des Kodizes

888 Zur gleichmäßigen Belieferung gleichartiger Abnehmer siehe *Markert,* BK, Bd. 2, § 20 GWB, Rn. 51.
889 Darüber hinaus läge ein Verstoß gegen Art. 101, 102 AEUV vor. Ausführlicher hierzu unter. Kapitel 4. B.

entgegensteht, ist abzuwarten, ob an diesem System festgehalten wird oder ob auch hier eine Umsetzung der europäischen Vorgaben erfolgt.

(bb) Spanien

Für Spanien lässt sich zunächst festhalten, dass für den Fall des grenzüberschreitenden Handels mit Portugal in keinster Art und Weise eine Übereinstimmung mit den europäischen Vorgaben besteht. Da für diese Transitstrecke bislang dasselbe „first-come-first-served" Verfahren wie im Inland durchgeführt werden muss, besteht hier also noch sehr starker Umsetzungsbedarf.

Für den wegen der umfangreicheren Gasflüsse bedeutsameren Fall der Verbindung zu Frankreich ist wegen der sehr weitgehenden Regelung, eine genaue Analyse notwendig. Anders als es der Vorschlag der Kommission vorsieht, beinhaltete die Vereinbarung mit Frankreich über die Vergabe von Kapazitäten in der „open subscription period" zunächst keinerlei unterbrechenbare Kapazitäten. Dieses Defizit wurde mittlerweile abgestellt, jedoch nur in dem Maße, dass unterbrechenbare Kapazitäten ausschließlich mit der Laufzeit von einem Jahr gebucht werden können. Darüber hinaus werden zwar 80 % der Kapazitäten als solche mit langer Laufzeit und 20 % als Kapazitäten mit kurzer Laufzeit angeboten; eine differenziertere Ausgestaltung, insbesondere eine Gleichschaltung der Anfangszeiten der Kapazitätsprodukte, um eine Überschneidung zu verhindern, findet noch nicht statt. Allerdings bestehen auch keine legislativen Vorgaben, die im Widerspruch zu diesen Vorschlägen stehen, so dass nach der Durchführung des Komitologieverfahrens die konkreten Vorgaben unmittelbar anzuwenden sind.

Neben diesen aus den obigen Ausführungen bekannten Kapazitätsprodukten sieht der Vorschlag das Angebot von „Cross-border" und „bundled products" vor. Eine solche Möglichkeit beinhaltet das bisherige System ebenfalls noch nicht. Es ist bislang nicht möglich, die benötigten Kapazitäten nur innerhalb eines Landes zu buchen. Das eingeführte Verfahren sieht explizit die Buchung auf beiden Seiten der Grenze vor. Ein wesentlicher Punkt zur Erleichterung des grenzüberschreitenden Handels ist damit nicht erfüllt. Die getrennte Buchung von Ein- und Ausspeisekapazitäten auf der jeweiligen Seite der Grenze ohne eine grenzüberschreitende Abstimmung besteht nach wie vor und stellt dadurch ein Wettbewerbshindernis dar. Das Angebot an Kapazitätsprodukten muss folglich weiter ausgebaut und mit den europäischen Vorgaben, sobald diese verbindlich festgelegt wurden, abgeglichen werden. Insbesondere die grenzüberschreitenden Produkte müssen hinsichtlich der Zielsetzung einen grenzüberschreitenden Handel zu fördern, bis zur Verabschiedung der Netzkodizes eingeführt werden.

Davon abgesehen ist vor allem die Art und Weise der Kapazitätszuweisung zu analysieren. In Spanien ist durch Art. 4 Nr. 3 Orden ITC/2607/2008 festgelegt worden, dass grundsätzlich sowohl eine Auktion als auch eine anders gestaltete transparente objektive und nicht diskriminierende Vergabe möglich ist. Für den jeweiligen Einzelfall entscheidet hierüber die General Direktion für Energie und Bergbaupolitik des Ministeriums für Industrie, Tourismus und Handel durch Verordnung. Fraglich ist, wie sich die Tatsache auswirkt, dass bis 2015 eine Festlegung auf das „open subscription period"-Verfahren erfolgte und die Möglichkeit einer Auktion bis dahin faktisch ausgeschlossen ist. Der Vorschlag der Kommission lässt statt einer Verteilung der Kapazitäten im Rahmen einer Auktion auch ein „pro-rata"-Verfahren immer dann zu, wenn aufgrund der Marktverhältnisse eine Auktion zu verfälschten Ergebnissen führen wurde. Dies kann insbesondere dann der Fall sein, wenn es sich um einen „high concentrated market" handelt[890]. Sollte es ich beim spanischen Markt also um einen Markt mit einem hohen Konzentrationsgrad handeln, kann ausnahmsweise von der Form der Auktion abgewichen werden. Um die Frage der Konzentration zu beurteilen, wendet die Kommission am häufigsten den so genannten Herfindahl-Hischmann-Index (HHI)[891] an[892]. Die Tatsache, dass Gas Natural SDG auf dem Importmarkt über Pipelines über einen Marktanteil von ca. 85 % verfügt[893], spricht dafür, dass hier von einer hohen Konzentration i.S.d. Kommission ausgegangen werden. Dies bedeutet, dass neben dem Auktionsverfahren auch ein „pro-rata"-Verfahren zuzulassen ist. Hierdurch wird jedoch trotzdem keine Erleichterung des grenzüberschreitenden Handels i.S.d, VO 715/2009 erreicht, da die Zuweisungsmechansimen an den Grenzen und im Inland gleich ausgestaltet sein sollen[894]. Fraglich bleibt daher, ob in Zukunft auch die im Inland anzuwendenden Kapazitätszuweisungsmechanismen auf ein „pro-rata"-Verfahren umgestellt werden. Da hier jedoch zurzeit keine Engpässe bestehen, ist eine solche Umstellung nicht zwingend notwendig, da auch hierdurch keine Erleichterung eintreten würde. Da keine Engpässe vorliegen und die Kapazitätsbuchungen grundsätzlich zu jedem Zeitpunkt möglich sind, steht zumindest das Zuweisungsverfahren einem grenzüberschreitenden Gashandel nicht entgegen.

---

890 ERGEG, Capacity Allocation on European gas Transmission Networks, 10. Dezember 2009, Ref: E09-GNM-10-06, S. 51.

891 Hierbei handelt es sich die Summe der quadrierten Anteile der auf einem Markt vertretenen Unternehmen, siehe, *Schmidt,* Wettbewerbspolitik und Kartellrecht. Eine interdisziplinäre Einführung, S. 218 ff.

892 Kommission, Leitlinien zur Bewertung horizontaler Zusammenschlüsse, Rn. 16, 19-21.

893 Zugrunde gelegt wurden die Daten aus 2008, Auf dem Importmarkt von LNG verfügt Gas Natural SDG hingegen über eine Marktanteil von ca. 26 %. Informe sobre la evaluación de competencia en los mercados de gas y elctricidad. Periodo 2006-2008 S. 38, www.cne.es.

894 *Gräper*, in Jones EU Energy Law Volume I, The internal Energy market, The third liberalisation Package, S. 371.

Der geforderte Sekundärmarkt für Transitleitungen soll sich nach den spanischen Vorgaben nach den „allgemeinen Regeln für den Sekundärmarkt“ richten. Da, wie bereits gezeigt, eine Verordnung für den Sekundärmarkt aber bislang nicht erlassen wurde, muss derzeit auf die von der CNE aufgestellten Regeln[895] zurückgegriffen werden. Da diese nur die grundsätzliche Art und Weise beschreiben, aber keine Aussagen über die anzubietenden Produkte enthalten, besteht diesbezüglich, insbesondere im Hinblick auf die Einführung einer gemeinsamen Handelsplattform, Handlungsbedarf.

(c) Kompatibilität mit den Marktmechanismen

Art. 16 Abs. 2 lit. b) VO 715/2009 bestimmt das Erfordernis der Kompatibilität der Kapazitätszuweisungsmechanismen mit den Marktmechanismen und der geforderten flexiblen Anpassung an ein geändertes Marktumfeld. Fraglich ist hierbei, was von dem Begriff Marktmechanismen umfasst wird.

Unter dem Marktmechanismus versteht man dem Wortlaut nach in der Volkswirtschaftslehre ***die Funktions- und Wirkungsweise eines Marktes***, auf dem Angebot und Nachfrage mit dem Ziel des Handelns zusammentreffen, wodurch eine automatische Preisbildung entsteht. Voraussetzung dafür ist die beiderseitige Einigung über ein zu handelndes Gut und die Festlegung der Preis- und Mengenvorstellung der Parteien. Der Mechanismus ist vor allem gekennzeichnet durch die Preisfindung und folglich auch vom Handel zu Marktpreisen[896].

Der Art. 16 Abs. 2 VO 715/2009 nennt in diesem Zusammenhang explizit Spot Märkte und Trading Hubs als beispielhafte Marktmechanismen. Bei einem Spotmarkt handelt es sich um einen Markt, an dem Handelswaren mit kurzfristiger Lieferung (z.B. „day ahead“) gehandelt werden[897] und bei einem „Trading Hub“ um einen Handelsknotenpunkt[898].

Im Falle des Produktes Gas findet ein Handel und die damit verbundene Festlegung von Marktpreisen entweder in Form von OTC (**O**ver **T**he **C**ounter) Geschäften, also als außerhalb der Börse verlaufender Freiverkehrshandel, oder über Börsenhandel statt. Aussagen zum System OTC und zum Handel an der

895 Informe sobre la consulta de un transportista, relativa al mercado secundario de Capacidad S. 12; ww.cne.es.

896 http://www.finanz-lexikon.de/marktmechanismus_4052.html; *Schumann/Meyer/Ströbele,* Grundzüge der mikroökonomischen Theorie, S. 269.

897 *Horstmann/Cieslarcyk*, Glossar, S. 893.

898 Ein Hub wird in Deutschland definiert als wichtiger physischer Knotenpunkt im Gasnetz, an dem verschiedene Leitungen, Netze oder sonstige Gasinfrastrukturen zusammentreffen und Gashandel stattfindet. S. Monitoringbericht der Bundesnetzagentur 2009, S. 293, abrufbar unter www.bundesnetzagentur.de.

Börse finden sich nicht, jedoch kann nach dem Wortlaut „Marktmechanismen" davon ausgegangen werden, dass wenn von Mechanismen und damit von Preisfindung bzw. Handel zu Marktpreisen die Rede ist, die in der Realwirtschaft tatsächlich auftauchenden Möglichkeiten und damit sowohl der bilaterale OTC Handel als auch der Börsenhandel gemeint sind. Dafür spricht auch die Intention des Verordnungsgebers, der unter Punkt 19 der Gründe zu dieser Verordnung davon spricht, dass es für die Verbesserung von Wettbewerb durch liquide Großhandelsmärkte von entscheidender Bedeutung ist, dass Gas unabhängig davon, wo es sich befindet, gehandelt werden kann. Die Verwendung des Begriffs liquide Großhandelsmärkte lässt in dem Zusammenhang mit der Schaffung von Wettbewerb auch nur den Schluss zu, dass hiervon alle Formen von Märkten, auf denen der Austausch der Ware Gas von statten geht, gemeint sind. Für eine andere Betrachtung liefert auch der Rückgriff auf die systematische Interpretation keinerlei Anhaltspunkte, so dass im Folgenden davon ausgegangen wird, dass unter den Begriff Marktmechanismen im Sinne der VO 715/2009 sowohl OTC als auch börslicher Handel fallen. Damit also die Kapazitätsbuchungsmöglichkeiten mit den jeweiligen Marktmechanismen kompatibel sind, ist es notwendig, dass diese so flexibel wie möglich an die Marktmechanismen angepasst werden. Insbesondere für die Abwicklung von Spot Märkten, die üblicherweise Tagesprodukte enthalten, ist eine „day-ahead" Kapazitätenbuchung sowie ein flexibles Nominierungs- und Renominierungssystem notwendig. Die Kapazitätsprodukte selbst müssen, von der zeitlichen Flexibilität abgesehen, auch so flexibel wie möglich ausgestaltet sein. Das heißt, dass Entry- und Exit-Kapazitäten möglichst vollständig unabhängig von einander gebucht werden können[899].

(aa) Deutschland

Es ist zu untersuchen, ob die Kapazitätszuweisungsmechanismen bzw. die Kapazitätsprodukte in Deutschland kompatibel mit den Marktmechanismen sind.

Die einzelnen Kapazitätsprodukte ermöglichen eine große Flexibilität. Da die Netzbetreiber nach § 11 Abs. 2 GasNZV dazu verpflichtet werden, Kapazitäten auch auf Tagesbasis anzubieten und § 16 Abs. 2 GasNZV festlegt, dass nicht genutzte Kapazitäten für den Folgetag als feste Kapazitäten anzubieten sind, wird insbesondere auch die Möglichkeit von Spot-Märkten mit Tagesprodukten gefördert. Fraglich ist aber, ob das in Deutschland angewendete Zweivertragssystem ebenfalls den Anforderungen entspricht. Zurzeit findet der Gashandel in Deutschland sowohl als OTC an den jeweiligen virtuellen Handelspunkten der Marktgebiete, als auch - wenn jedoch in geringer Menge - als Börsenhandel an

899 *Gräper*, in Jones EU Energy Law Volume I, The internal Energy market, The third liberalisation Package,S. 371.

der European Energy Exchange (im folgenden EEX) statt[900]. Da Gas unabhängig von den benötigten Kapazitäten gehandelt werden kann bzw. muss, ist vor allem auch die größtmögliche Flexibilität der Kapazitätsprodukte notwendig. Das bestehende flexible „Entry-Exit"-Modell, welches die völlig unabhängige Buchung von Ein- und Ausspeisekapazitäten erlaubt, stellt hierfür die Grundlage dar. Indem das deutsche Zweivertragssystem diese Flexibilität geschaffen hat und es den einzelnen Petenten aufgrund dieses Systems möglich ist, Ein- und Ausspeisekapazitäten völlig unabhängig von einander buchen zu können und somit der Gashandel an den virtuellen Handelspunkten nicht nur als OTC Handel, sondern auch als Börsenhandel an der EEX grundsätzlich unproblematisch möglich ist, ist diese Bedingung in Deutschland innerhalb der einzelnen Marktgebiete erfüllt.

Problematisch ist und bleibt jedoch die Aufteilung des nationalen Netzes in Marktgebiete. Durch diese Aufspaltung in Gebiete ist eine freie Zuteilung der Kapazitäten nur innerhalb dieser Gebiete möglich. Bei Überschreitung einer Marktgebietsgrenze wird eine erneute Kapazitätsbuchung notwendig, so dass für den Transport über Marktgebietsgrenzen hinweg mindestens eine Aus- und eine Einspeisekapazität zu buchen wären. Dies führt wiederum dazu, dass Gas nicht unabhängig davon, wo es sich befindet, sondern nur unabhängig innerhalb eines Marktgebietes gehandelt werden kann. Da demnach jedes Marktgebiet über einen eigenen virtuellen Handelspunkt, also einen Gashandelsmarkt, verfügt, ist zum einen die jeweils gehandelte Menge sehr gering, zum anderen ist das Entstehen eines liquiden nationalen Gasmarkts nicht möglich. Die Vereinbarkeit mit den Marktmechanismen besteht folglich nur, solange die Betrachtung auf ein Marktgebiet, also eine „Entry-Exit"-Zone, beschränkt wird. Diese Beschränkung könnte jedoch durch eine ansonsten bestehende Gefahr für die Integrität des Netzes gerechtfertigt sein[901]. Nach Anhang I Leitlinien der VO 715/2009 Punkt 2. 1. 2 müssen die Mechanismen die Integrität des jeweiligen Netzes und die Versorgungssicherheit berücksichtigen. Ob eine solche Gefahr für die Integrität des Netzes jedoch bei einer Ausdehnung der Marktgebiete entstünde, lässt sich nicht eindeutig beantworten. Zwar besteht die Gefahr, dass bei größeren Marktgebieten die Anzahl der frei zuordenbarer Kapazitäten, wegen der dadurch anwachsenden zu prüfenden möglichen Kombinationen geringer ausfällt[902]; inwiefern dies jedoch durch verbesserte Kapazitätsmodelle oder den Ausbau der Netze ausgeglichen werden könnte, ist unklar[903]. Wegen der sonst unter Umständen eintretenden schwerwiegenden Konsequenzen wird zunächst davon ausgegan-

900 Ausführlich zu der Entwicklung des Handels in Deutschland, Monitoringbericht 2009 S. 214 ff. der Bundesnetzagentur, abrufbar unter www.bundesnetzagentur.de.
901 Anhang I, Leitlinien der VO 715/2009, sieht unter Punkt 2.2 vor, dass die Mechanismen die Integrität des jeweiligen Netzes und die Versorgungssicherheit zu berücksichtigen haben.
902 *Böhmer,* e/m/w 2007, Heft 3, S. 39.
903 Eine ausführliche Analyse geht über den Rahmen dieser Arbeit hinaus.

gen, dass eine Gefahr für die Integrität des Netzes zumindest derzeit nicht ausgeschlossen werden kann. Daher ist die Aufteilung in Marktgebiete aufgrund dieser Annahme gerechtfertigt. Um für die Zukunft jedoch eine weitere Zusammenlegung der Marktgebiete zu überprüfen, sind die Netzbetreiber nach § 21 Abs. 1 GasNZV verpflichtet, eine Kosten-Nutzen-Analyse für die Zusammenlegung auf ein H-Gasmarktgebiet und ein L-Gasmarktgebiet zu erstellen. Auf dieser Grundlage werden die Netzbetreiber dann verpflichtet, bis zum 01. August 2011 Maßnahmen zu treffen, um eine Reduzierung der Marktgebiete auf jeweils ein H und ein L Marktgebiete zu erreichen.

Davon ausgehend, dass bei einer Zusammenlegung der Marktgebiete die Integrität des Netzes betroffen wäre, ist das jetzige System kompatibel mit den Marktmechanismen. Geht man davon aus, dass dies nicht der Fall ist, mangelt es an der Vereinbarkeit. In jedem Fall hat der Gesetzgeber mit § 21 GasNZV eine legislative Basis für eine Zusammenlegung geschaffen und dadurch eine Vereinbarkeit mit der europäischen Vorgabe gefördert.

(bb) Spanien

In Spanien gibt es zur Zeit einen virtuellen Handelspunkt - den AOC - an dem Gasmengen jedoch ausschließlich durch OTC gehandelt werden. Darüber hinaus besteht die Möglichkeit, Gas an den LNG-Anlagen sowie in an den Speicheranlagen ebenfalls auf dem OTC Wege zu handeln. Börsenhandel findet bislang hingegen nicht statt. Die Tatsache, dass in Spanien Einspeisekapazitäten jeweils nur zusammen mit Ausspeisekapazitäten gebucht werden können, bedingt, dass den Händlern ein Großteil der möglichen Flexibilität, wie sie bei unabhängigen „Entry-Exit" Modellen gegeben ist, nicht zur Verfügung steht. Zwar lässt das derzeitige System eine gewisse Flexibilität zu, jedoch erlaubt es keine vollständig separate Buchung und daher auch nicht die Buchung von z.B. ausschließlichen Einspeisekapazitäten. Aufgrund dieser Beschränkung ist es nicht möglich, Gas nur bis zum National Balance Point zu leiten mit dem Ziel, es dort zu verkaufen, ohne über die entsprechenden Ausspeisekapazitäten zu verfügen. Dieser Mangel an Flexibilität führt dazu, dass weniger Möglichkeiten des Handels bestehen und damit weniger Liquidität am Markt entsteht. Da börslicher Gashandel am virtuellen Handelspunkt jedoch nur bei ausreichender Liquidität und Preistransparenz möglich ist[904], könnte die zwingende gemeinsame Kapazitätsbuchung von Ein- und Ausspeisekapazitäten einen Hinderungsgrund für das Entstehen von börslichem Gashandel und damit eines anerkannten Marktmechanismus darstellen. Bei der Untersuchung dieser Frage ist jedoch zu beachten, dass in Spanien ca. 98 % der gehandelten Mengen direkt an den LNG-Anlagen gehandelt werden. Da jedoch für Einbringen von Flüssiggas in das Leitungssys-

---

904 *Däuper,* in D/T, § 20 Abs. 1b Rn. 136. mit m.w.N.

tem eine weitere Ein- und Ausspeisebuchung notwendig ist, wird also dieses Gas gehandelt, bevor es in den Kreislauf von Ein- und Ausspeisekapazitäten übergeben wird. Innerhalb des Systems, also am National Balancing Point, wird hingegen nur eine geringe Menge gehandelt, diese geringen Mengen jedoch in sehr vielen Transaktionen. Die Anzahl der einzelnen Transaktionen umfasst 69 % der im gesamten System getätigten Handelsvorgänge[905]. Bei dem am Balancing Point stattfindenden bilateralen Handel dreht es sich daher wohl vor allem um den regen Austausch von kleinen Mengen zur Vermeidung von bilanziellen Ungleichgewichten, jedoch nicht um den Austausch von Gas zu originären Belieferungszwecken. Aufgrund der Tatsache, dass der gewichtige Teil des Handels in Spanien über die LNG-Anlagen abgewickelt wird, ist es fraglich, ob das derzeitige System wegen der besonderen Bedeutung des LNG in Spanien nicht doch kompatibel mit den Marktmechanismen ist. Eine solche Schlussfolgerung kann aber gerade nicht gezogen werden. Zunächst bedeutet dieser Handel nämlich nicht, dass das Kapazitätsbuchungssystem insgesamt kompatibel mit den Marktmechanismen ist, sondern vielmehr, dass nur ein weiterer vorgelagerter, notwendiger Handelspunkt entsteht. Derjenige, der an den LNG-Anlagen Gas ankauft, braucht nämlich weiterhin eine Ein- und eine Ausspeisekapazität, um das Gas durch das spanische Leitungssystem zu leiten. Dies führt zu einer Zersplitterung in viele kleine Handelsplätze, was im Umkehrschluss dazu führt, dass ein großer liquider nationaler bzw. ein liquider europäischer Markt, nicht entstehen kann.

Die Häufigkeit der Transaktionen am nationalen Hub zeigt aber die grundsätzliche Akzeptanz des Hubs. Die verstärkte Einfuhr von Gas über Frankreich wird die Notwendigkeit erhöhen, Gas einzuspeisen, ohne selbst für die Ausspeisung verantwortlich zu sein. Da diese Möglichkeit bislang nur sehr eingeschränkt besteht, werden Marktmechanismen, nämlich nicht nur der Börsenhandel sondern auch wirkungsvoller OTC Handel, verhindert. Eine Preisfindung durch Handel und damit Ziel der Marktmechanismen wird so innerhalb des Festland Transportnetzsystems nicht ermöglicht. Eine weitere Flexibilisierung des „Entry-Exit" Systems in der Form, dass Ein- und Ausspeisekapazitäten vollständig unabhängig voneinander gebucht werden können, ist somit für einen liquiden Markt und damit für das Funktionieren von Marktmechanismen unabdingbar[906]. Dagegen spricht auch nicht die Tatsache, dass das bisherige System insofern flexibel für Handel ist, als dass die Ausspeisepunkte nachträglich verändert werden können. Es ist zwar richtig, das deshalb das spanische System auch einen hohen Grad an Flexibilität besitzt, jedoch nicht in dem Maßen wie es für das Entstehen börslichen Handels notwendig ist.

905 Spanish Regulator´s Annualreport to the European Commission 2008 S. 145.

906 So auch *Gräper*, in Jones EU Energy law Volume I, The internal Energy market, The third liberalisation Package, S. 371.

Das in der heutigen Form in Spanien existierende „Entry-Exit"-System ist daher nicht kompatibel mit bestehenden Marktmechanismen und erst recht nicht in der Lage, sich geänderten Marktmechanismen, die für Wettbewerb sorgen sollen, anzupassen. Fraglich ist es, ob hier gegebenenfalls, wie in Deutschland auch, eine Rechtfertigung aufgrund der Integrität des Netzes in Betracht kommt. Ein völlig flexibel ausgestattetes „Entry-Exit"-System muss größere organisatorische Herausforderungen bewältigen, als dies ein System bewältigen muss, bei dem die Kapazitäten aneinander gekoppelt sind. Es ist also denkbar, dass durch die Einführung einer vollständigen Unabhängigkeit der Buchungen, das bestehende Netz möglicherweise nicht mehr über die erforderlichen Kapazitäten verfügen würde, um flexible Kapazitätsprodukte ohne Engpässe zuteilen zu können. Da jedoch die freie Zuordnung von Entry- und Exit-Kapazitäten als ursächlich für das Entstehen liquider Großhandelsmärkte angesehen werden kann[907], ist eine Beschränkung dieses Systems unter Berufung auf die Integrität des Netzes, wenn überhaupt, nur bis zu dem erforderlichen Ausbau des Netzes möglich. Inwiefern die Reform des RD 949/2001 hier Abhilfe schafft bleibt abzuwarten. Die Regulierungsbehörde hat jedoch bereits Bedenken gegen ein völlig flexibles System, mangels ausreichender Kapazitäten, geäußert[908].

Die derzeitige Regelung für die Kapazitätsbuchung zu Fernleitungsnetzen verstößt gegen die VO 715/2009 und *bedarf einer Neuordnung.* Andernfalls verstößt das gesamte Buchungssystem gegen die europäischen Vorgaben des diskriminierungsfreien Zugangs in Form der Vereinbarkeit mit den Marktmechanismen.

(d) Kompatibilität mit den Netzzugangsregelungen der Mitgliedstaaten

Kumulativ zu den unter Art. 16 Abs. 2 lit. a) und b) VO 715/2009 fallenden Kapazitätszuweisungsbedingungen müssen diese gemäß Art. 16 Abs. 2 lit. c) VO 715/2009 mit den Netzzugangsregelungen der Mitgliedsstaaten kompatibel sein. Zu dieser Voraussetzung führte die Kommission in ihrem Arbeitspapier zur Vorgängerregelung dem Art. 5 VO 1775/2005 aus, dass sich diese Bedingung darauf bezieht, dass die grundsätzlichen Zugangsbedingungen gemäß Art. 18 und 19 RL 2003 einen regulierte Zugang nach vorher veröffentlichen Tarifen bzw. nach vorher festgesetzten Tarifen garantieren[909]. Auf das dritte Richtlinienpakt angewendet gilt insofern inhaltlich dasselbe, da der Zugang in der GasRL jetzt zwar in Artikel 32 geregelt wird, die Voraussetzungen jedoch iden-

907 Erwägungsgrund 19 der VO 715/2009.

908 Informe 12/2009 de la CNE sobre el proyecto de Real Decreto por el que se modifica el Capítulo II del Real Decreto 949/2001, S. 13. www.cne.es.

909 Commission staff working document on capacity allocation and congestion management for access to the natural gas transmission networks regulated under Article 5 of Regulation (EC) No 1775/2005 on conditions for access to the natural gas transmission networks, 4.7, S.8.

tisch geblieben sind. Die Kompatibilität mit der jeweiligen nationalen Netzzugangsregelung liegt folglich immer dann vor, sobald ein geregelter Netzzugang auf der Basis *ex ante* veröffentlichter Tarife bzw. einer öffentlichen Methode zu ihrer Berechnung gegeben ist.

(aa) Deutschland

Die **Kompatibilität mit den Netzzugangsregelungen der Mitgliedstaaten** ist in Deutschland gegeben. Für die Netzzugangsbegehren, die sich weiterhin nach dem „first-come-first served“ Verfahren richten, ist dies zu bejahen, da unzweifelhaft ein geregelter Netzzugang auf der Basis von *ex ante* veröffentlichten Tarife vorliegt. Für die Fälle, in denen die Kapazitäten für den Zugang nach dem neu eingeführten Versteigerungssystems vergeben werden, ist zwar für die Einspeisung kein *ex ante* veröffentlichter Tarif mehr gegeben, da § 13 Abs. 1 S. 2 GasNZV aber festlegt, dass der Zuschlag nach dem Markträumungspreis zu erfolgen hat, steht statt dessen eine öffentliche Methode zur Berechnung der Tarife fest, so dass auch hier die erforderliche Kompatibilität bejaht werden kann.

(bb) Spanien

Bezüglich der **Kompatibilität mit den Netzzugangsregelungen der Mitgliedstaaten** bestehen wie in Deutschland keinerlei Zweifel. Da in Spanien ein regulierter Zugang mit *ex ante* festgelegten Tarifen vorliegt, wird diese Voraussetzung schon heute erfüllt.

(5) Fazit

Das Zwischenfazit zu den einzuhaltenden Voraussetzungen für einen transparenten und diskriminierungsfreien Zugangs zu den Fernleitungen fällt sehr unterschiedlich aus. Zunächst wurde herausgearbeitet, dass ausschließlich unter dem Aspekt der Nichtdiskriminierung keiner der drei üblichen Kapazitätszuweisungsmechanismen von vornherein ausgeschlossen werden kann, da es Möglichkeiten für den Gesetzgeber gibt, der Diskriminierung entgegen zu wirken. Unter zur Hilfenahme der weiteren in Art. 16 und 17 VO 715/2009 aufgeführten Bedingungen konnte jedoch klargestellt werden, dass ausschließlich das Auktionsverfahren geeignet ist, sämtliche Voraussetzungen der VO 715/2009 zu erfüllen. Daher ist **Deutschland** mit der Einführung der GasNZV und der generellen Einführung eines solchen Verfahrens einen wichtigen Schritt in die Richtung eines funktionierenden Binnenmarktes gegangen. Das gewählte Buchungssystem lässt keine Zweifel daran aufkommen, dass es mit den europäischen Vorgaben übereinstimmt. Das gleiche gilt für die anzubietenden Kapazitätsprodukte. Als bedeutendes Manko ist jedoch die Tatsache anzuführen, dass Altverträge von den neuen Regelungen ausgenommen werden. Dies kann faktisch dazu führen, dass trotz vorbildlicher Neuregelungen ein diskriminierungsfreier Zugang verhindert und daher gegen die europäischen Vorgaben verstoßen wird. Eine Einzelfallkorrektur über das Kartellrecht vermag an dieser Einordnung nichts zu ändern. Inwiefern der Gesetzgeber hier reagiert, bleibt abzuwarten.

In **Spanien**, wo man weiterhin an einem „first-come-first-served"-Verfahren festhält, stellt sich die Frage, inwiefern dieses im Einklang mit den europarechtlichen Vorgaben steht. Zwar ist dieses Verfahren mangels Kapazitätsengpass und strenger „use-it-or-lose-it"-Regeln in Spanien nicht per se diskriminierend, jedoch ist es weder geeignet, Investitionen in neue Infrastruktureinrichtungen zu fördern, noch erleichtert es den grenzüberschreitenden Erdgashandel. Auf der anderen Seite ist zu beachten, dass mangels Kapazitätsengpässen Investitionen nicht unbedingt notwendig sind und dort, wo sie notwendig sind - an der Grenze zu Frankreich - ein sehr effektives Verfahren eingeführt wurde. Außerdem erleichtert das „first-come-first-served"-Verfahren zwar nicht den grenzüberschreitenden Handel, mangels Kapazitätsengpässen, steht es diesem aber auch nicht entgegen. Diese Überlegungen sprechen dafür, das geltende Verfahren als diskriminierungsfrei i.S.d. GasRL und der VO anzusehen Da aber insbesondere die Schaffung eines funktionierenden Erdgasbinnenmarktes Ziel des dritten Binnenmarktpaketes ist, muss die Erleichterung des grenzüberschreitenden Handels trotz dieser Überlegungen in jedem Fall gefördert werden. Nationale Eigenheiten können dann nicht als Argument herangezogen werden, wenn es um die Stärkung des europäischen Binnenmarktes geht. Das bedeutet, dass selbst, wenn ein Vergabeverfahren innerhalb eines Landes wegen der landesspezifischen Besonderheiten nicht zu einer Diskriminierung führt, es trotzdem ungeeignet für den Fall des grenzüberschreitenden Handels sein kann. Genau dies kann in Spanien in der Zukunft der Fall sein, da der Transit nach oder von Frankreich in keinster Weise auf das nationale Kapazitätszuweisungssystem angepasst ist. Sobald diesbezüglich Erschwerungen für den Grenzübergang auftreten, wird eine neue Beurteilung des spanischen Systems notwendig werden. Positiv bleibt aber zu erwähnen, dass die Kooperation zwischen Spanien und Frankreich und die Einführung des „pro-rata"-Verfahrens ein Schritt in die richtige Richtung sind. Die über eine Verordnung erzwungene Zusammenarbeit des spanischen Fernleitungsnetzbetreibers mit seinem französischen Pendant sowie die gemeinsame Durchführung der Kapazitätszuteilung sind, trotz der noch bestehenden Unzulänglichkeiten, als positiv einzuordnen. Zur Zeit ist daher eine Umstrukturierung des Zuweisungssystems nicht zwingend notwendig. Die geltenden Regelungen kollidieren - zumindest bis zur Annahme der Netzkodizes - nicht mit den europäischen Vorgaben.

Im Hinblick auf die allgemeine Buchungsmöglichkeit in den beiden Ländern haben sowohl Deutschland als auch Spanien zurzeit noch große Defizite. In **Deutschland** ist das bestehende „Entry-Exit"-System zwar eigentlich voll flexi-

bel ausgestaltet, wegen der Aufteilung in unterschiedliche Marktgebiete mangelt es aber an einer notwendigen Vereinbarkeit mit den Marktmechanismen. Zwar ist diese Beschränkung möglicherweise aufgrund der Integrität des Netzes gerechtfertigt, dies ändert jedoch nichts an der faktischen Situation. Ein liquider nationaler und in Zukunft europäischer Gasmarkt ist, je mehr in sich abgeschlossene „Entry-Exit"-Systeme bestehen, umso schwieriger zu erreichen. Durch die neue GasNZV hat der nationale Gesetzgeber aber bereits Maßnahmen getroffen, um diese Situation zu verbessern.
In Spanien besteht ein grundsätzliches Problem mit dem bestehenden „Entry-Exit"-System. Die Tatsache, dass Ausspeisekapazitäten in jedem Fall mit den Einspeisekapazitäten verbunden sein müssen, verhindert das Entstehen eines liquiden Gasmarktes. Sollte jedoch auf ein völlig flexibles System umgestellt werden, könnten auch Bedenken wegen der Integrität des Netzes bestehen[910]. Aufgrund der überragenden Bedeutung eines liquiden Handels, insbesondere für das Entstehen eines funktionierenden Binnenmarktes, muss der Gesetzgeber jedoch dafür Sorge tragen, dass dieses Problem beseitigt wird. Zwar lässt sich auch hier aus rein nationaler Sicht argumentieren, dass nur wegen dieses Systems Kapazitätsengpässe verhindert werden können. Diese auf nationale Interessen bezogene Betrachtung greift aber zu kurz, da das Ziel der europäischen Vorgaben ein funktionierender europäischer Binnenmarkt ist, der insbesondere durch liquide Märkte eine Förderung erfährt. Sollte es möglich sein die Integrität des Netzes auch bei einem völlig flexiblen System aufrecht zu erhalten, verstößt das bisherige System gegen die Vorgaben aus der VO 715/2009, so dass der Gesetzgeber zu einer Abänderung des bisherigen RD 949/2001 verpflichtet ist.

(6) Engpassmanagement

In Art. 16 Abs. 3 VO 715/2009 werden die Verfahren für das Engpassmanagement, die den grenzüberschreitenden Erdgashandel ohne Diskriminierung erleichtern sollen, festgelegt.

Dieses Ziel soll nach **Art. 16 Abs. 3 lit. a) VO 715/2009** durch die Verpflichtung der Fernleitungsnetzbetreiber erreicht werden, im Falle von *vertraglichen* Engpässen die ungenutzten Kapazitäten auf dem Primärmarkt mindestens auf „day-ahead" Basis und außerdem als unterbrechenbare Kapazitäten anzubieten. Nach **Art. 16 Abs. 3 lit. b) VO 715/2009** sollen Netznutzer dazu berechtigt sein, ungenutzte, kontrahierte Kapazitäten auf dem Sekundärmarkt weiter zu verkaufen oder zu verpachten. Laut Art. 2 Abs. 1 Nr. 4 VO 715/2009 werden ungenutzte Kapazitäten definiert als verbindliche Kapazität, die ein Netznutzer im Rah-

910 Informe 12/2009 de la CNE sobre el proyecto de Real Decreto por el que se modifica el Capítulo II del Real Decreto 949/2001, S. 13. www.cne.es.

men eines Transportvertrags zwar erworben, aber zum Zeitpunkt des vertraglich festgelegten Fristablaufs nicht nominiert hat[911].

Diese, dass Engpassmanagement konkretisierenden Vorgaben sind im Zusammenhang mit Art. 22 VO 715/2009 zu lesen[912], wonach die jeweiligen Netzbetreiber dazu verpflichtet werden, angemessene Maßnahmen zu ergreifen, um den Handel mit Kapazitätsrechten zu erleichtern. Insbesondere müssen von jedem Betreiber auf dem Primärmarkt harmonisierte Transportverträge und Verfahren entwickelt werden, um den sekundären Kapazitätshandel zu erleichtern. Außerdem müssen sie den Transfer der primären Kapazitätsrechte anerkennen. Die von den Betreibern entwickelten Verträge und Verfahren werden anschließend von den Regulierungsbehörden mitgeteilt.

Zusammenfassend lässt sich also festhalten, dass zunächst die Möglichkeit geschaffen werden muss, alle Kapazitäten auf dem Sekundärmarkt handeln zu können. Für den Fall, dass mangels Wettbewerb am Markt für die marktbeherrschenden Unternehmen nicht genug Anreiz besteht, die nicht genutzten Kapazitäten dem Handel auf dem Sekundärmarkt zu Verfügung zu stellen, greift die Verpflichtung der Fernleitungsnetzbetreiber, ungenutzte Kapazitäten auf dem Primärmarkt zumindest auf „day-ahead"-Basis und auf unterbrechenbarer Basis anzubieten[913]. Darüber hinaus sind diese Maßnahmen jeweils unter der Bedingung der Erleichterung des grenzüberschreitenden Handels zu sehen. Die Bedingungen für den Sekundärmarkt und das Angebot von nicht genutzten Kapazitäten auf fester und unterbrechenbarer Basis müssen also an den Grenzübergängen kompatibel mit den Bedingungen im Inland sein.

Über diese Verpflichtungen hinaus enthält weder die Verordnung 715/2009 noch die GasRL eindeutige Vorgaben für ein Engpassmanagement mit dem auch die Freigabe nicht genutzter langfristiger Kapazitäten erzwungen werden könnte. Insbesondere die sowohl in Deutschland als auch in Spanien existierenden „Use-it-or-lose-it" Vorgaben, mit denen der Hortung von Kapazitäten begegnet werden soll, fehlen auf europäischer Ebene[914]. Zwar besagt Punkt 2. 2. 4 der Leitlinie im Anhang I zu VO 715/2009, dass sich die Fernleitungsnetzbetreiber in angemessener Weise bemühen müssen, nicht genutzte Kapazitäten als verbindliche Kapazitäten anzubieten. Diese vage Formulierung rechtfertigt jedoch keinesfalls eine Entziehung von Kapazitäten gegen den Willen der Nutzer und

911 Konkretisiert wird das anzuwendende Engpassmanagement in Punkt 2.2 des Anhang I, Leitlinie der VO 715/2009.

912 *Gräper,* in Jones EU Energy Law Volume I, The internal Energy market, The third liberalisation Package, S.373.

913 *Gräper,* in Jones, EU Energy Law Volume I, The internal Energy market, The third liberalisation Package, S.371.

914 *Kühling/Pisal,* RdE 2010, S. 161 (167).

den damit erfolgten schwerwiegenden Eingriff in die Rechte des Betroffenen[915]. Auf europäischer Ebene existiert daher keine Regelung nach der die Freigabe länger nicht genutzter Kapazitäten erzwungen werden kann. Die Frage nach einer erzwungenen Freigabe nicht genutzter Kapazitäten kann jedoch dann dahin stehen, wenn die oben dargestellten Maßnahmen zum Engpassmanagement tatsächlich ergriffen werden und den angestrebten Erfolg haben. Für diesen Fall ist nämlich davon auszugehen, dass sämtliche ungenutzten Kapazitäten jedenfalls auf dem Sekundärmarkt oder als „day-ahead"-Kapazitäten zu buchen sind, so dass die Einführung eines „Use-it-or-lose-it"-Verfahren nicht unbedingt notwendig ist[916].

Anders als die Vorgängerregelung VO 1775/2005 beschränkt die neue Verordnung die Maßgaben für das Engpassmanagement nicht mehr auf Neuverträge. Dies ergibt sich zum einen aus dem Vergleich zur Vorgängerregelung (Art. 5 Abs. 3 VO 1775/2005), die ausdrücklich nur auf neu abzuschließenden oder neu verhandelte Verträge anzuwenden war. Zum anderen wird die Anwendung auf schon bestehende Verträge durch Erwägungsgrund 21 bestätigt, der besagt, dass „jene Grundsätze auf die gesamte kontrahierte Kapazität, auch auf Altverträge, Anwendung finden". Das bedeutet dass das vorgeschriebene Engpassmanagement ausnahmslos auf alle Verträge anzuwenden ist, und der bislang bestehende Bestandsschutz für Altverträge zugunsten der Verbesserung des Wettbewerbs abgeschafft wurde[917].

(a) Deutschland

Die deutschen Regelungen zum Engpassmanagement genügen schon jetzt vollständig den europäischen Anforderungen und gehen noch über sie hinaus. Nach § 12 Abs. 2 GasNZV besteht die Möglichkeit, ungenutzte Kapazitäten auf dem Sekundärmarkt zu verkaufen. Parallel hierzu können sie die nicht genutzten Kapazitäten gegen eine Geldzahlung auch den Fernleitungsnetzbetreibern erneut zur Verfügung stellen. Für den Fall, dass die Transportkunden von dieser Möglichkeit keinen Gebrauch machen, sieht § 16 Abs. 2 GasNZV vor, dass die nominierten Kapazitäten durch den Fernleitungsnetzbetreiber als feste „day-ahead"-Kapazitäten angeboten werden. Davon unberührt bleibt die Pflicht der Fernleitungsnetzbetreiber harmonisierte unterbrechenbare Kapazitäten nach § 11 Abs. 1 GasNZV anzubieten. Sowohl für die Primär- (§ 12 Abs. 1 GasNZV)

915 a.A *Gräper,* in Jones EU Energy law Volume I, The internal Energy market, The third liberalisation Package, S. 375, der sich jedoch auf das Commission staff working document zur VO 1775/2005 beruft.

916 Commission staff working document on capacity allocation and congestion management for access to the natural gas transmission networks regulated under Article 5 of Regulation (EC) No 1775/2005 on conditions for access to the natural gas transmission networks, Nr. 2.3.11.4, S.5.

917 *Kühling/Pisal,* RdE 2010, S. 161 (167).

als auch die Sekundärkapazitäten (§ 12 Abs. 2 GasNZV) muss eine einzelne Kapazitätsplattform durch die Fernleitungsnetzbetreiber errichtet werden, die als alleinige Handelsplattform gilt. Die dort angebotenen harmonisierten Kapazitätsprodukte müssen für alle Transportkunden transparent gemacht werden. Sowohl die Anforderungen aus Art. 16 Abs. 3 VO 715/2009 als auch die Anforderungen an den Handel aus Art. 22 VO 715/2009 werden folglich schon jetzt erfüllt.

Darüber hinaus sieht das deutsche System in § 16 Abs. 3 GasNZV eine „use-it-or-lose-it“-Regelung vor. Da eine solche Regelung dazu beiträgt die maximale Nutzung der technischen Kapazitäten zu fördern, ist sie als Bestandteil des Engpassmanagements anzusehen. Da diese aufgrund der europäischen Vorgaben nicht zwingend ist, geht das deutsche Engpassmanagement sogar über die europäischen Vorgaben hinaus.

(b) Spanien

In Spanien besteht noch ein gewisser Handlungsbedarf, um den europäischen Vorgaben zum Engpassmanagement gerecht zu werden. Die wohl größten Defizite bestehen wegen des Fehlens von verbindlichen Regeln zum Sekundärmarkt. Zwar ist dieser grundsätzlich anerkannt[918], jedoch bestehen bislang keine verbindlichen Regeln, was dazu führt, dass es keine harmonisierten Produkte oder eine transparente Möglichkeit des Handels gibt. Wie bereits erwähnt, sollte sich ein funktionierender Sekundärmarkt auf einem Markt mit Wettbewerb von selbst einstellen, wofür die VO aber in Art. 22 VO 715/2009 ausdrücklich die Erleichterung des sekundären Kapazitätshandels durch harmonisierte Verträge und Verfahren vorsieht. Da in Spanien bislang jedoch keine konkreten verbindlichen Regeln für den Sekundärmarkt bestehen und die Durchführung sowie der jeweilige Ablauf daher allein in den Händen der Netznutzer liegen, besteht noch großer Handlungsbedarf diesbezüglich. Der Vorschlag zur Reformierung des RD 949/2001 enthält zumindest einen Art. 8, der die Schaffung einer gemeinsamen Plattform für den Handel mit Kapazitätsrecht durch den GTS vorsieht[919]. Darüber hinaus existiert ein Vorschlag für eine Ministerialverordnung[920], durch welche verbindliche Regeln für den Sekundärmarkt aufgestellt werden[921]. Inwiefern diese Vorschläge jedoch tatsächlich umgesetzt werden, ist zum heutigen Zeitpunkt nicht abzusehen.

---

918 Ausführlich hierzu siehe Kapitel 1. C. 4. c. bb. (2). (c).

919 Informe 12/2009 de la CNE sobre el proyecto de Real Decreto por el que se modifica el Capítulo II del Real Decreto 949/2001, S. 67. www.cne.es.

920 Informe sobre la Propuesta de Orden del MITYC por la que se establece determinados Aspectos relacionados con el accesso de terceros y las retribuciones reguladas en el sistema del gas natural, 1.Juli 2010. abrufbar unter www.cne.es.

921 u.a. Beschränkung der Preise auf die des Primärmarktes sowie Gleichschaltung mit den Voraussetzung für Kapazitätsprodukte des Primärmarktes.

Eine weitere entscheidende Unzulänglichkeit besteht darin, dass es in Spanien grundsätzlich nicht möglich ist, unterbrechenbare Kapazitäten mit einer Laufzeit von weniger als einem Jahr zu buchen. Zwar wird auch hier darüber nachgedacht, unterbrechenbare Kapazitäten mit denselben Laufzeiten wie feste Kapazitäten anzubieten, bislang existieren hierzu jedoch noch keine konkreten Vorschläge.

Anders sieht es bei der Verpflichtung aus Art. 16 Abs. 3 lit. a) VO 715/2009 aus, die ungenutzten Kapazitäten zumindest als „day-ahead"-Kapazitäten anzubieten. Bislang ist diese Möglichkeit dem spanischen System zwar ebenfalls fremd, jedoch enthält der Vorschlag zur Reformierung des Systems in Art. 8 Abs. 2 eine Regelung, nach welcher der GTS die nicht programmierte und nicht nominierte Kapazität anzubieten hat[922].

Zurzeit ist es allerdings so, dass keine der geforderten Engpassmanagementmaßnahmen in Spanien angewendet wird. Zumindest bezüglich des Sekundärmarktes und der day-ahead-Kapazitäten ist einer Angleichung an die europäischen Vorgaben in naher Zukunft jedoch zu erwarten. Im Hinblick auf das Angebot von kurzfristigen unterbrechenbaren Kapazitäten scheint es so, als sei hier mit einer längeren Umsetzungsdauer zu rechnen.

Trotz dieser doch eklatanten Versäumnisse, soll nicht unerwähnt bleiben, dass Spanien, zumindest in Bezug auf sein „use-it-or-lose-it" Programm, über die europäischen Bestimmungen zum Engpassmanagement hinausgehende Regelungen eingeführt hat. Die Kapazitäten werden nicht nur bei dauerhaftem Unterschreiten der gebuchten Menge entzogen, sondern auch im konkreten Einzelfall, wenn dieser zu einer Zugangsverweigerung eines Dritten geführt hat. Diese Möglichkeit des Eingreifens bei Zugangsverweigerungen und die Tatsache, dass der GTS, also eine durchaus objektive Instanz, über die Reduzierung entscheidet, führen dazu, dass trotz fehlendem kurzfristigen Engpassmanagement, eine optimale Nutzung der gebuchten technischen Kapazitäten gefördert wird[923].

(7) Zwischenfazit

Das Fazit über die Vereinbarkeit des jeweiligen nationalen Engpassmanagements mit den europäischen Vorgaben fällt sehr gegensätzlich aus. Hat der **deutsche** Gesetzgeber mit der Einführung der GasNZV dafür gesorgt, dass die europäischen Anforderungen vollständig erfüllt wurden und geht er teilweise sogar darüber hinaus, bestehen in Spanien gewaltige Defizite.

922 Informe 12/2009 de la CNE sobre el proyecto de Real Decreto por el que se modifica el Capítulo II del Real Decreto 949/2001, S. 67. www.cne.es.

923 Zum Engpassmanagement siehe Kapitel 2. E. II. 1. d) bb) (1).

Als Beispiel für die Defizite in **Spanien** ist als erstes anzuführen, dass unterbrechenbare Kapazitäten nur für einen Zeitraum von 12 Monaten angeboten werden. Dies stellt gerade im Zusammenhang mit den knappen Kapazitäten am Grenzübergang ein Problem dar und verstößt offensichtlich gegen die Vorgaben. Ein weiterer entscheidender Punkt ist, dass es in Spanien zurzeit noch an verbindlichen Regeln für einen Sekundärmarkt mangelt. Zwar ist ein solcher grundsätzlich möglich, verbindliche Regelungen fehlen jedoch. Als letzter Punkt ist das fehlende Angebot ungenutzter Kapazitäten auf dem Primärmarkt anzusprechen.

Durch diese strukturellen Defizite im Engpassmanagement werden in Spanien keine Anreize dafür geschaffen, die gebuchten Kapazitäten größtmöglich zu gebrauchen bzw. erneut anzubieten. Hierbei ist allerdings zu berücksichtigen, dass solche Ziele grundsätzlich nur dann notwendig sind, wenn aufgrund von ungenutzten vertraglich gebundenen Kapazitäten Engpässe auftreten. Da dies in Spanien aber nur an der Grenze zu Frankreich der Fall ist, mangelt es auch nur dort an verbindlichen Regeln. Im Übrigen besteht kein Bedürfnis für ein Engpassmanagement. Dieses wird nämlich, wie bereits erwähnt, gemäß Art. 2 Nr. 5 VO 715/2009 definiert als das Management des Kapazitätsportfolios des Fernleitungsnetzbetreibers zur optimalen und maximalen Nutzung der technischen Kapazität und zur rechtzeitigen Feststellung künftiger Engpass- und Sättigungsstellen. Da jedoch die technischen Kapazitäten insofern optimal und maximal genutzt werden, als dass jeder Nutzer die gewünschten Kapazitäten zur Verfügung hat, sind weitere Vorgaben überflüssig. Darüber hinaus existieren zwei „Use-it-or-lose-it"-Mechanismen, die dafür sorgen, dass im Einzelfall Kapazitätsengpässe vermieden werden können. Für weitergehende Verfahren besteht zumindest zurzeit, mit Ausnahme der Verbindung zu Frankreich, keine Notwendigkeit.

Zusammenfassend lässt sich also festhalten, dass in Deutschland - wegen der Existenz der Marktgebiete - noch ein gewisses Umsetzungsproblem besteht, davon abgesehen, entspricht das deutsche Engpassmanagement System seit Inkrafttreten der neuen GasNZV schon jetzt den Regeln des dritten Energiebinnenmarktpaketes. Inwiefern diese Verpflichtungen in der Praxis umgesetzt werden, ist allerdings noch fraglich.

In Spanien hingegen steht man vor der Situation, dass zurzeit das Engpassmanagement ausschließlich aus „use-it-or-lose-it"-Regelungen besteht, ansonsten aber keine verbindlichen Regeln existieren. Sollte in der Zukunft daher auch in Spanien ein Engpassmanagement notwendig werden, steht man vor einer gewaltigen Umstrukturierung des bislang praktizierten Systems, sowohl im Hinblick auf die legislativen Veränderungen als auch hinsichtlich der praktischen Organisation.

(8) Physische Engpässe

Über die Vorgaben zum Engpassmanagement hinaus bestimmt **Art. 16 Abs. 4 VO 715/2009**, dass im Fall von *physischen* Engpässen die Fernleitungsnetzbetreiber oder gegebenenfalls die Regulierungsbehörde nicht diskriminierende, transparente Kapazitätszuweisungsmechanismen anwendet. Gemeint ist hiermit eine Situation bei der die nominierten Kapazitäten größer sind als die technischen Kapazitäten[924]. Zwar sind derzeit im europäischen Netz physische Engpässe im Gasnetz selten ein Problem, sie könnten jedoch in Zukunft ein solches darstellen[925].. In diesen Fällen führt ein nicht diskriminierendes Zuweisung dazu, dass die als unterbrechenbar gebuchten Kapazitäten unterbrochen werden, wobei insbesondere die Reihenfolge der Unterbrechungen nach einem nicht diskriminierenden Mechanismus durchgeführt werden muss[926].

(a) Deutschland

Detaillierte Regeln, inwiefern im Falle von Unterbrechungen vorgegangen wird, um auch hier eine diskriminierungsfreie Durchführung zu erreichen, existieren bislang nicht. Indem jedoch nach § 13 GasNEV die Entgelte für unterbrechenbare Kapazitäten die Wahrscheinlichkeit der Unterbrechung widerspiegeln müssen, wird deutlich, dass die Wahrscheinlichkeit der Unterbrechung variiert. Um eine unangemessene Benachteiligung des Vertragspartners zu verhindern, und um diesen eine Überprüfbarkeit zu ermöglichen, kann davon ausgegangen werden, dass für die Reihenfolge der Unterbrechung objektive und diskriminierungsfreie Grundsätze angewendet werden, die im Vertrag festgehalten werden. Dadurch, dass nur selten physische Engpässe auftreten, ist die Bedeutung dieser Norm bislang überschaubar.

(b) Spanien

In Spanien enthält die Verordnung „Resolución de 25 de Julio de 2006", welche die Zuteilung von unterbrechenbaren Kapazitäten normiert, umfangreiche Vorgaben für den Fall, dass die Kapazitäten tatsächlich unterbrochen werden müssen. Anhaltspunkt dafür, dass die Vorgaben gegen das Diskriminierungsverbot verstoßen könnten, finden sich nicht.

---

924 Commission staff working document on capacity allocation and congestion management for access to the natural gas transmission networks regulated under Article 5 of Regulation (EC) No 1775/2005 on conditions for access to the natural gas transmission networks, Nr. 4.15, S.11.

925 Siehe Erwägungsgrund 22 VO 715/2009.

926 Commission staff working document on capacity allocation and congestion management for access to the natural gas transmission networks regulated under Article 5 of Regulation (EC) No 1775/2005 on conditions for access to the natural gas transmission networks, a.a.O.

bb) Voraussetzungen bei Speicheranlagen und LNG- Anlagen

Neben den detaillierten Vorgaben für den Zugang zu den Fernleitungen enthält die VO 715/2009 auch erstmalig detaillierte Regeln für den Zugang zu Speicher- und LNG-Anlagen.

(1) Anzubietende Dienstleistungen nach Art. 15 VO 715/2009

In Artikel 15 der VO 715/2009 werden zunächst die von den LNG-Anlagen und Speicheranlagenbetreiber grundsätzlich anzubietenden Dienstleistungen aufgeführt und in Art. 17 VO 715/2009 die hierfür jeweils anzuwenden Kapazitätszuweisungsmechanismen aufgezeigt, die weitestgehend mit den in Art. 16 VO 715/2009 für die Fernleitungsnetze aufgestellten Voraussetzungen übereinstimmen.

Nach **Art. 15 Abs. 1 VO 715/2009** sind die Betreiber der Anlagen verpflichtet, ihre Dienstleistungen diskriminierungsfrei anzubieten, wobei den verschiedenen Kunden dieselben vertraglichen Bedingungen angeboten werden müssen. Die angebotenen Dienstleistungen müssen kompatibel mit den Gastransportnetzen sein. Außerdem müssen insbesondere die relevanten Daten über die Nutzung und Verfügbarkeit der einzelnen Dienstleistungen veröffentlicht werden, wobei diese Veröffentlichung von den nationalen Regulierungsbehörden beobachtet werden muss. Insbesondere die Verpflichtung aus Abs. 1 b), Dienstleistungen anzubieten, die mit der Nutzung der verbundenen Gastransportnetze kompatibel sind und den Zugang durch **Zusammenarbeit mit den Fernleitungsnetzbetreibern** zu erleichtern, erscheinen von besonderer Relevanz zu sein.

Da bislang sowohl im deutschen System bemängelt wurde, dass die Buchung von Transportkapazitäten zusätzlich zu den Speicherdienstleistungen zu einer Situation weiterer künstlicher Kapazitätsengpässe führen kann[927], als auch für das spanische System die mangelnde gesetzliche Koordination zwischen LNG-Anlagenbetreibern/ Speicherbetreibern und Transportnetzbetreibern als Manko herausgearbeitet wurde[928], zeigt sich, dass hier ein großer Regelungsbedarf besteht. Die Kombination von Transport und Speicher-, bzw. LNG-Anlagen stellt daher ein besonders regelungsbedürftiges Aufgabenfeld dar.

Fraglich ist, welche konkreten Verpflichtungen aus der Maßgabe, „*Erleichtern des Zugangs durch die Zusammenarbeit*" für die Betreiber von LNG-Anlagen und Speicheranlagen resultieren. Die Leitlinien im Anhang geben hierzu keinerlei Auskunft, da sie nur die Fernleitungsnetzbetreiber betreffen. Als Auslegungshilfe zur Beantwortung dieser Frage kann jedoch § 1. 2. lit. f. i.V.m § 10

927 Siehe Kapitel 1. C. 4. c) aa) (2) (f).
928 Siehe Kapitel 2 C. II.

der GGPSSO herangezogen werden, der zur Sicherstellung der Interoperabilität zwischen Speicher und Leitungsnetz den Abschluss von Netzkopplungsvereinbarungen zwischen den Betreibern empfiehlt. Wie genau diese Vereinbarungen ausgestaltet werden sollen, ist jedoch offen. Fraglich ist vor allem inwiefern dies zu einer „*Erleichterung des Zugangs*“ führt. Eine gewisse Interoperabilität ist schon deshalb notwendig, damit überhaupt eine Verbindung zwischen Speicher und Netz besteht, da sonst keinerlei Gas in den Speicher ein-, bzw. ausgespeist werden könnte. Der *Wortlaut* Erleichterung meint jedoch nicht die Schaffung einer Möglichkeit des Zugangs, sondern die Verbesserung des Ist-Zustandes dahin gehend, dass der Zugang zum Speicher *leichter* also mit weniger Schwierigkeiten verbunden ist als es zurzeit der Fall ist. Dies wäre innerhalb eines völlig flexiblen „Entry-Exit“-Systems unzweifelhaft dann erreicht, wenn der Transport des Gases auch zusammen mit den jeweiligen Speicherkapazitäten gebucht werden könnte, da so Speicherkapazitäten direkt am virtuellen Handelspunkt buchbar wären.

Eine solche Auslegung ergibt sich auch aus der *Systematik* der VO, da Artikel 15 grundsätzlich die anzubietenden Dienstleistungen regelt. Unter eine Dienstleistung fallen sowohl die Speicherkapazitäten als auch der Transport des Gases. Da Art. 15 Abs. 1 b) VO 715/2009 im ersten Halbsatz von mit den Transportnetzen kompatiblen Dienstleistungen spricht und das „Erleichtern“ durch ein „und“ an diesen Halbsatz gebunden wird, zeigt sich, dass die Erleichterung über die reine Kompatibilität hinausgehen soll. Dies wiederum wäre bei einem Angebot der Speicherleistung am virtuellen Handelspunkt erreicht.

Schließlich spricht auch der *Telos* der Norm für eine solche Auslegung. Nach Begründungsgrund 27 der VO 715/2009 ist der Grund für die verbindlichen Zugangsregelungen zu Speicher und LNG-Anlagen der unzureichende Zugang in einigen Mitgliedstaaten. Um eine wirkliche Verbesserung des Zugangs zu den LNG- und Speicheranlagen zu erreichen, reicht eine Netzkopplungsvereinbarung jedoch nicht aus, sondern dieses Ziel ist neben anderen Maßnahmen[929] nur durch eine verbesserte bzw. einfachere Buchungsmöglichkeit zu erreichen. Diese Auslegung führt dazu, dass in Zukunft die jeweiligen Betreiber in der Form zusammen zu arbeiten haben, dass die bisherigen Buchungsmöglichkeiten vereinfacht werden. Neben den einzelnen Buchungen von Speicher bzw. LNG-Anlagen Kapazitäten, sollten diese demnach auch zusammen mit der Transportbuchung gebucht werden können.

Ausschließlich für die Speicheranlagenbetreiber legt Art. 15 Abs. 2 VO 715/2009 fest, dass sowohl verbindliche als auch unterbrechenbare Dienstleis-

929 Entscheidend erscheint hier vor allem auch der Ausbau der bestehenden Speicherkapazitäten.

tungen angeboten werden müssen, und zwar sowohl über einen kurzen, als auch über einen langen Zeitraum. Außerdem müssen dem Speicheranlagenbenutzer hinsichtlich Speichervolumen, Einspeicherleistung und Ausspeicherleistung sowohl kombinierte als auch einzelne Dienstleistungen angeboten werden.

Wegen der Besonderheit bei den LNG-Anlagen, dass die jeweiligen Kapazitäten auch von den Ankermöglichkeiten der Schiffe abhängig sind und aufgrund der Tatsache, dass eine einmal begonnene Entladung nicht vor Beendigung gestoppt werden kann[930], besteht die Möglichkeit der unterbrechenbaren Kapazitäten oder der unterschiedlich kombinierbaren Produkte bei diesen Anlagen nicht.

(a) Deutschland

Bezüglich der Dienstleistungen im Zusammenhang mit dem Zugang zu Speicheranlagen ist zunächst erneut darauf hinzuweisen, dass in Deutschland der Zugang zu den Speichern als verhandelbarer Zugang und nicht als regulierter Zugang ausgestaltet ist. Dies führt zu der Situation, dass eine grundsätzlich durch Vertrag frei bestimmbare Dienstleistung durch die VO 715/2009 eine gewisse Regulierung erfährt. Die eigentlich bestehende Privatautonomie der Vertragspartner, hier des Speicheranlagenbetreibers, wird durch die detaillierten Vorgaben der VO stark eingeschränkt und es findet eine erste teilweise Speicherregulierung statt. Inwiefern eine solche Regulierung, trotz grundsätzlicher Wahlmöglichkeit, weiter vorangetrieben wird, bleibt abzuwarten, jedoch ist ein Trend in diese Richtung kaum zu verkennen.

Bei der Auslegung der einzelnen Verpflichtungen ist jedoch jeweils zu beachten, dass es in Deutschland noch den verhandelbaren Zugang gibt, der seine Einschränkung nach § 28 Abs. 1 EnWG nur darin findet, dass der Zugang zu angemessenen und diskriminierungsfreien technischen und wirtschaftlichen Bedingungen zu gewähren ist. Dies hat zur Folge, dass die Auslegung bei strittigen Punkten, wegen der bestehenden Privatautonomie, zu dem weniger regulierungsrechtlich beeinflussten Ergebnis führen muss. Das heißt für die Verpflichtung der Erleichterung des Zugangs durch die Zusammenarbeit mit den Fernleitungsnetzbetreibern, dass eine enge Kooperation zwar notwendig ist, eine grundsätzliche Verpflichtung, ausschließlich gebündelte Kapazitätsprodukte, dann am virtuellen Handelspunkt, anzubieten, besteht jedoch nicht. Eine solche Verpflichtung wäre eine zu starke Einschränkung der Privatautonomie der Netzbetreiber und damit eine faktische Regulierung des verhandelbaren Zugangs. Würden diese nämlich verpflichtet, ausschließlich Produkte im Zusammenhang mit der Transportleistung anzubieten, die im Gegensatz zum Speicherzugang reguliert ist, wäre eine klare Abgrenzung von reguliertem und verhandelbarem

930 *Gräper,* in Jones EU Energy law Volume I, The internal Energy market, The third liberalisation Package, S. 377.

Zugang nicht mehr möglich. Der verhandelbare Zugang zu den Speicheranlagen wäre untrennbar mit dem regulierten Zugang zu den Fernleitungsnetzen verbunden. Eine „Quasi Regulierung" des Speicherzugangs wäre die Folge. Dies stünde jedoch im Widerspruch zur eindeutigen Wahlmöglichkeit aus Art. 33 GasRL und der Entscheidung des deutschen Gesetzgebers, einen Zugang auf verhandelbarer Basis einzuführen.

Aufgrund dieser Überlegungen genügen die derzeitigen Buchungsmöglichkeiten in Deutschland schon jetzt immer dann den europäischen Vorgaben, wenn es neben der Einzelspeicherbuchung auch die Alternative gibt, Speicherkapazität vom Speicherbetreiber direkt am virtuellen Handelspunkt zu erwerben. Bislang ist der Speichernutzer grundsätzlich selbst für die Buchung der Transportkapazitäten verantwortlich, jedoch besteht teilweise die Möglichkeit der Buchung der Systemspeicher, bei denen die Kapazitäten direkt am virtuellen Handelspunkt zu buchen sind. Unter der Grundprämisse eines verhandelbaren Zugangs zum Speicher genügen in den Fällen, in denen der Petenten eine Wahlmöglichkeit hat, die angebotenen Dienstleistungen der Anforderung, den Zugang durch die Zusammenarbeit mit den Fernleitungsnetzbetreibern zu erleichtern. Für den Fall, dass diese Möglichkeit nicht besteht, leitet sich eine solche Verpflichtung für die Speicherbetreiber unmittelbar aus Art. 15 Abs. 1 lit. b) VO 71572009 ab.

Bezüglich der Voraussetzungen aus Art. 15 Abs. 2 VO 715/2009, der vorsieht, dass feste und unterbrechenbare Dienstleistungen, lang- als auch kurzfristige Dienstleistungen anzubieten sind, sowie das Speichervolumen, die Einspeicher- und die Ausspeicherleistung sowohl kombiniert als auch einzeln angeboten werden müssen, kann nur auf die GGPSSO sowie den Maßstab der „angemessenen" Zugangsbedingungen verwiesen werden. Eine nationale Rechtsverordnung, die die Bedingungen sowie die inhaltliche Gestaltung der Verträge regelt, liegt noch nicht vor und ist zurzeit wohl auch nicht geplant. Da es deshalb aber auch keine widersprüchlichen gesetzlichen Vorgaben gibt und die EU-Verordnung unmittelbare Wirkung ausübt, müssen die Speicherbetreiber die vorgestellten Voraussetzungen einhalten.
Mangels Existenz von LNG-Anlagen ist eine besondere gesetzliche Regelung für den Zugang zu diesen Anlagen nicht notwendig. Ein Vergleich mit den europäischen Vorgaben erübrigt sich folglich.

(b) Spanien

In Spanien fallen die Speicheranlagen bislang noch unter den regulierten Zugang. Daher besteht dort auch eine ausführliche Regelung des Zugangs durch die Ministerialverordnung Orden ITC/3862/2007. Diese dort enthaltenen Zugangsbedingungen verstoßen größtenteils gegen die Vorgaben der VO 715/2009.

Zunächst kennt das spanische System keinerlei Verpflichtung Dienstleistungen anzubieten, die kompatibel mit dem Transport sind, um so den Zugang durch die Zusammenarbeit zu erleichtern. Bislang ist der Petent in jedem Fall dazu gezwungen, neben der Kapazität des Speichers, die Transportkapazität beim jeweiligen Fernleitungsnetzbetreiber zu buchen. Dies ist in Spanien jedoch auch nicht anders möglich, da die Einspeisekapazitäten nicht getrennt buchbar sind, so dass bis zur Umstellung auf ein völlig flexibles „Entry-Exit"-System eine solche gemeinsame Buchung bzw. die Buchung von Speicherkapazitäten am virtuellen Handelspunkt, nicht möglich sein wird. Solange kein völlig flexibles System eingeführt wurde, kann diese Vorgabe also nicht eingehalten werden.

Darüber hinaus ist dem spanischen System die Möglichkeit fremd, dass das Speichervolumen, die Einspeicher- und die Ausspeicherleistung sowohl kombiniert als auch einzeln gebucht werden können. Bislang ist ausschließlich die Buchung von Speichervolumen möglich. Die benötigten Ein- und Ausspeisekapazitäten gehören untrennbar dazu. Des Weiteren gibt es nur die Möglichkeit, feste Kapazitäten zu buchen. Unterbrechenbare Kapazitäten werden für Speicherkapazitäten bislang nicht angeboten.

In der jetzigen Form verstößt daher die Verordnung ITC/3862/2007 gegen die europäischen Vorgaben. Aufgrund der unmittelbare Anwendbarkeit der VO 715/2009 sind die Speicherbetreiber jedoch ab dem 03. März 2011 verpflichtet, die festgelegten Dienstleistungen anzubieten. Es stellt sich jedoch die Frage, inwiefern tatsächlich Nachfrage, insbesondere nach unterbrechenbaren Kapazitäten besteht. Da für den Fall der Unterbrechung die gebuchten Speichermengen ausgespeist werden müssten, auch dann wenn der Gasbedarf des Kunden des Speichernutzers gedeckt ist, und diese Mengen dann bei Bedarf fehlen würden[931], ist nicht davon auszugehen, dass diesbezüglich eine große Nachfrage besteht.

Für die Buchung von Kapazitäten für LNG-Anlagen, kann auf die Ausführungen zum spanischen Fernleitungsnetz verwiesen werden, da hierfür keine gesonderte gesetzliche Regelung existiert. Das bedeutet, dass es auch hier keinerlei Möglichkeit gibt, die Kapazitäten für die Wiederverdampfung zusammen mit denen der Einspeisung zu buchen. Dies ist wegen der Ausgestaltung des „Entry-Exit"-Systems jedoch auch zur Zeit noch nicht möglich bzw. sinnvoll.

(2) Kapazitätszuweisungsmechanismen Art. 17 VO 715/2009

Neben den Voraussetzungen für die anzubietenden Dienstleistungen für den Zugang Dritter enthält die VO in **Art 17 VO 715/200** die Grundsätze der Kapazi-

931 *Fischerauer,* Regulierung des Zugangs zu Speicheranlagen, S. 156.

tätszuweisungsmechanismen und Verfahren für das Engpassmanagement. Zunächst wird wie bei den Fernleitungen gefordert, dass die größtmögliche Kapazität zur Verfügung gestellt wird. Zu beachten ist hierbei, dass die Kapazität bei den LNG-Anlagen jedoch schwieriger zu definieren ist, da sich diese nämlich neben der verfügbaren Speicherungs-, und Wiederverdampfungskapazität auch an den Ankermöglichkeiten der Schiffe orientiert [932].

Abgesehen von diesen technischen Unterschieden sind die in Art. 17 Abs. 2 lit. a) und b) VO 715/2009 angeführten Bedingungen jedoch größtenteils identisch mit denen des Art. 16 Abs. 1 lit. a) und b) VO 715/2009. Auf eine erneute ausführliche Darstellung kann daher verzichtet werden. Anders als Art. 16 Abs. 1 lit. c) enthält jedoch Art. 17 Abs. 1 lit. c) VO 715/2009 nicht die Vorgabe, dass die Kapazitätszuweisungsmechanismen mit den Netzzugangsregelungen der Mitgliedsstaaten kompatibel sein müssen, sondern besagt, dass die Kompatibilität mit dem angeschlossenen Netzzugangssystemen bestehen muss. Diese Voraussetzung verlangt, dass die jeweiligen Zuweisungsmechanismen aufeinander abzustimmen sind[933]. Erfüllt wird die Voraussetzung dann, wenn beim Übergang vom Speicher bzw. der LNG-Anlage zur Leitung keine Zugangsprobleme, insbesondere in Form von Kapazitätsengpässen, auftreten.

Des Weiteren bleibt ausdrücklich die Tatsachen zu erwähnen, dass, anders als bei den Fernleitungen in Art. 17 Abs. 4 VO 715/2009, eine Vorgabe für den Fall physischer Engpässe fehlt. Dies ist vermutlich dem Umstand geschuldet, dass bislang kein System unterbrechenbarer Kapazitätsbuchungen besteht, welches hiervon betroffen sein kann[934].

(a) Deutschland

Ebenso wie bei den anzubietenden Dienstleistungen gibt es auch bezüglich der Kapazitätszuweisungsmechanismen und des Engpassmanagements keine gesetzlichen Vorgaben. Als Maßstab können daher abermals nur die allgemeinen Voraussetzungen der Angemessenheit und der Diskriminierung sowie die Vorgaben der GGPSSO als Vergleichsmaßstab herangezogen werden.

Dass der Zugang zu Speicheranlagen generell auf verhandelbarer Basis gewährt wird, stellt kein Verstoß dar. Die Art. 19 GasRL (a.F) und Art. 33 Richtlinie

932 *Gräper,* in Jones EU Energy law Volume I, The internal Energy market, The third liberalisation Package, S. 377.

933 *ERGEG,* Assessment of CAM and CMP for effectic access to storage, and Proposals for the Amendment of the GGPSSO, An ERGEG Public Consultation Paper, Ref.: E-10 GST-09-06. S.7.

934 Hinsichtlich des Engpassmanagement kann ebenfalls auf die zu den Fernleitungen gemachten Ausführungen verwiesen werden, da es sich um die selben Bedingungen handelt.

2009/73/EG lassen den Mitgliedstaaten die Wahl zwischen dem regulierten und dem Zugang auf verhandelbarer Basis. Hinsichtlich der einzelnen Bedingungen lässt sich feststellen, dass sich die jeweiligen Anforderungen größtenteils in Art. 4 der GGPSSO wiederfinden. Ausschließlich die Vereinbarkeit mit den notwendigen Transportkapazitäten ist nicht ausdrücklich geregelt. Da hier jedoch auch die VO 715/2009 sehr allgemein bleibt, sind, solange die GGPSSO eingehalten werden, keine Widersprüche mit den europäischen Vorgaben zu erwarten.

(b) Spanien

Ebenso wie bei den Vorgaben zu den anzubietenden Dienstleistungen besteht auch bei den Kapazitätszuweisungsmechanismen zu den Speicheranlagen ein großer Handlungsbedarf. Offensichtlich fehlt es bei dem praktizierten System an der Kompatibilität mit den Marktmechanismen. Das bestehende System ist nur bezüglich der Versteigerung kompatibel mit den bestehenden Marktmechanismen. Das in Spanien praktizierte CGWC und „pro rata"-System lässt in seiner heutigen Form nämlich die Möglichkeit des Handels mit der Dienstleistung gerade nicht zu. Durch die proportionale Zuteilung, die zu Beginn des Jahres durch den Verordnungsgeber festgelegt wird und das Verbot, diese zugeteilte Menge weiter zu verkaufen (Art. 11 Nr. 4 ITC/3862/2007), besteht keinerlei Möglichkeit, das Produkt Speicherkapazität an einem bestehenden Handelsplatz anzubieten. Diese Möglichkeit bleibt nur für die übriggebliebenen ca. 10 %, die im Rahmen der Versteigerung vergeben worden sind. Dies lässt sich jedoch durch die Systemintegrität rechtfertigen. Da die zugeteilten Mengen dafür sorgen, dass jedem Nutzer diejenige Menge zugeteilt wird, die er abhängig von der insgesamt durchzuleitenden Menge für die Gewährleistung der Systemsicherheit benötigt, kann davon ausgegangen werden, dass dieses Zuteilungssystem gerechtfertigt ist und keinen Verstoß gegen die VO 715/2009 begründet. Da in Spanien nur ein sehr geringes Speichervolumen besteht, ist eine andere Art der Zuteilung - unter der Prämisse, dass jeder Netznutzer über ein gewisses Speichervolumen verfügen muss - nicht möglich.

Problematisch ist darüber hinaus, ob durch das praktizierte System Investitionen in neue Infrastruktureinrichtungen gefördert werden. Im Ergebnis kann aber eine Erleichterung von Investitionen in neue Infrastruktureinrichtungen durch den Kapazitätszuweisungsmechanismus bejaht werden. Indem für jeden Inhaber von Ein- und Ausspeisekapazitäten ein Mindestspeichervolumen aus Gründen der Sicherheit vorgeschrieben ist, lassen sich die benötigten Kapazitäten und deren Entwicklung aufgrund der Entwicklung des Marktes nachvollziehen. Da die darüber hinaus vorhandenen Kapazitäten im Rahmen einer Versteigerung vergeben werden, und deren Ergebnisse sowohl bezüglich der erzielten Preise als auch bezüglich der insgesamt nachgefragten Menge von der CNE gemäß Annex II Nr. 6 Orden ITC 3862/2007 veröffentlicht werden, wird hierdurch sowohl die auf dem Markt gegebene Zahlungsbereitschaft ermittelt als auch die insgesamt nachgefragte Menge. Zusammen mit den benötigten Mindestspeichermengen ist eine Wirtschaftlichkeitsberechnung für den Bau neuer Speicher aufgrund dieses Systems der Vergabe von Kapazitäten möglich. Insbesondere auch im Vergleich zu einem ausschließlichen „first-come-first-served"-System wird eine Erleichterung der Investitionen in neue Infrastruktureinrichtungen i.S.d Art. 16 Abs. 2 lit. a) VO 715/2009 erreicht.

Im Hinblick auf das Engpassmanagement kann auf die oben gemachten Ausführungen verwiesen werden. Hier existieren dieselben Versäumnisse. Weder werden nicht genutzte Kapazitäten auf dem „day-ahead"-Markt angeboten, noch existieren verbindliche Regeln für einen Sekundärmarkt. Da bei den Speicherkapazitäten anders als bei den Fernleitungen oder LNG-Anlagen aber schwerwiegende Engpässe bestehen, kann dieses Versäumnis nicht gerechtfertigt werden. Der Gesetzgeber ist hier gefordert, konkrete verbindliche Vorgaben zu erlassen, um die europäischen Maßgaben zu erfüllen[935].

(3) Bilanzierung

Ein weiterer wichtiger Punkt im Zusammenhang mit einem nicht diskriminierenden Netzzugang ist die Frage der Bilanzierung. Insbesondere erhöhte Ausgleichs- und Regelenergieentgelte enthalten nämlich ein hohes Diskriminierungspotential und sind dazu geeignet, potentielle Wettbewerber von einem Zugang abzuhalten[936]. Um dies zu verhindern und möglichst diskriminierungsfreie Ausgleichssysteme zu erlangen, schreibt Artikel 21 VO 715/2009 vor, dass die jeweiligen Ausgleichsregeln marktorientiert sein müssen. Dies bedeutet eine Abkehr von der VO 1775/2005, die in Art. 7 VO 1775/2009 ausdrücklich neben dem marktorientierten System das System der Strafentgelte enthielt.

Die nunmehr ausschließlich marktorientierten Ausgleichsregeln müssen gemäß Art. 21 Abs. 1 VO 715/2009 gerecht, nichtdiskriminierend und transparent sein und auf objektiven Kriterien beruhen. Weiterhin müssen nach Art. 21 Abs. 2 VO 715/2009 die erforderlichen Informationen, um Abhilfemaßnahmen ergreifen zu können, rechtzeitig und unentgeltlich zur Verfügung gestellt werden. Art. 21 Abs. 3 VO 715/2009 legt das Prinzip der Kostenorientierung sowie das eines Anreizsystems fest. Insbesondere sollen Quersubventionen zwischen den Netznutzern und die Behinderung des Markteintritts neuer Marktteilnehmer verhindert werden.

935 Bezüglich der LNG-Anlagen kann mangels spezieller Regelungen auf die schon im Rahmen der Fernleitung angesprochenen Kritikpunkte verwiesen werden, da der Zugang aufgrund desselben Verfahren gewährleistet wird.

936 Siehe hierzu Erwägungsgrund 28 der VO 715/2009.

(a) Deutschland

Das in Deutschland im Mai 2008 durch die Bundesnetzagentur eingeführte Bilanzierungsmodell entspricht grundsätzlich den europäischen Vorgaben. Dadurch, dass sich die Zahlungen für die Ausgleichsenergie an den Marktpreisen orientieren, erfüllen sie die europäischen Voraussetzungen. Darüber hinaus soll das stündliche Anreizsystem, insbesondere die eingeführten Toleranzgrenzen für Großverbraucher, die für die Strukturierungsbeiträge gelten, dafür sorgen, dass Quersubventionen verhindert werden[937].

(b) Spanien

Das spanische Bilanzierungssystem in seiner heutigen Form genügt den europäischen Vorgaben hingegen nicht. Die Tatsache, dass es auf einem System von Strafentgelten gegenüber den Netznutzern basiert, widerspricht Art. 21 Abs. 1 S.2 VO 715/2009. Der spanische Gesetzgeber wird sein System vollständig auf ein marktorientiertes Ausgleichssystem umstellen müssen. Inwiefern dies bis zur Umsetzungsfrist am 03. März 2011 zu realisieren ist, lässt sich bislang noch nicht absehen. Neben den technischen Anforderungen muss sich der Gesetzgeber der Herausforderung stellen, ein System zu schaffen, welches von den Netznutzern zum einen angenommen wird und zum anderen Quersubventionen und Arbitragegewinne vermeidet. Als besondere Herausforderung lässt sich auch die Tatsache ansehen, dass 70 % des Gases als LNG ins Land importiert werden, und gerade die Entladung von großen Schiffen im Hinblick auf eine ausgeglichene Bilanz zu Problemen führt. Da aber bis zur Neuordnung des spanischen Systems durch den spanischen Gesetzgeber und der unmittelbaren Anwendbarkeit der VO 715/2009 eine beträchtliche Rechtsunsicherheit besteht, ist zu hoffen, dass die Vorgaben noch zeitnah umgesetzt werden können.

b) Verweigerungsmöglichkeit

Das Europarecht sieht in Art. 35 Abs. 1 GasRL die Möglichkeit der Verweigerung des Netzzugangs vor. Hiernach kann der Zugang immer dann verweigert werden, wenn die Erdgasunternehmen nicht über die nötigen Kapazitäten verfügen, um die ihnen auferlegten gemeinwirtschaftlichen Verpflichtungen gemäß Art. 3 Abs. 2 GasRL zu erfüllen, oder wenn in Bezug auf die in Art. 47 GasRL festgelegten Kriterien und Verfahren und die vom Mitgliedsstaat gemäß Art. 48 Abs. 1 GasRL gewählte Alternative aufgrund von Verträgen mit unbedingten Zahlungsverpflichtungen ernsthafte wirtschaftliche und finanzielle Schwierigkeiten bestehen. Der Gesetzgeber hat hat damit die bislang in Art. 21 GasRL 2003 enthaltenen Möglichkeiten der Zugangsverweigerung übernommen.

---

937 Bundesnetzagentur, „Gabi Gas“ Az. BK7-08-002, S. 23.

aa) Kapazitätsmangel

Die Möglichkeit der Verweigerung mangels Kapazität liegt immer dann vor, wenn es dem Netzbetreiber wegen der aktuellen physikalisch-sicherheitstechnischen Netzgegebenheiten unmöglich ist, unter Berücksichtigung der bereits zu erfüllenden vertraglichen Verpflichtungen, noch freie Kapazitäten zuzuweisen[938]. Konkretisiert wird das Angebot von Kapazitäten zum einen durch Art. 16 Abs. 1 VO 715/2009, wonach die größtmöglichen Kapazitäten zur Verfügung gestellt werden müssen. Zum anderen durch die Verpflichtung aus Art. 16 Abs. 3 VO 715/2009 zur Durchführung eines Engpassmanagements.

Fraglich ist bezüglich der Verweigerung wegen mangelnder Kapazitäten, ob diese Möglichkeit der rechtmäßigen Verweigerung durch eine Pflicht zum **Netzausbau** eingeschränkt wird. Dagegen spricht eindeutig Art 35 GasRL, der es in das Ermessen der Mitgliedstaaten stellt, die erforderlichen Maßnahmen zu ergreifen, die es gewährleisten können, dass Erdgasunternehmen, die den Netzzugang aufgrund mangelnder Kapazität verweigern, für den erforderlichen Ausbau Sorge tragen. Indem die Einführung einer Pflicht zum Netzausbau ausdrücklich in das Ermessen der Mitgliedstaaten gestellt wurde, zeigt sich, dass die Möglichkeit des Netzausbaus einer Verweigerung nur dann entgegensteht, wenn dies durch den nationalen Gesetzgeber so umgesetzt wurde[939].

An dieser Einordnung ändern auch nicht die neu eingeführten Verpflichtungen der VO 715/2009 etwas. Hiernach wird gemäß Art. 8 Abs. 3 b) VO 715/2009 die ENTSO-G dazu verpflichtet, alle zwei Jahre einen gemeinschaftsweiten nicht bindenden Netzentwicklungsplan zu verabschieden. Dieser soll nach Art. 22 GasRL möglichst kohärent mit den nationalen Entwicklungsplänen sein. Die Umsetzung wird gemäß Art 22 Abs. 6 GasRL von der Regulierungsbehörde überwacht. Außerdem besagt Art. 14 GasRL, dass sich der unabhängige Netzbetreiber ISO verpflichten muss, einen solchen zehnjährigen Entwicklungsplan umzusetzen. Diese Vorgaben enthalten demnach zwar Vorgaben, um Investitionen in die Netze zu fördern, sie enthalten jedoch keinen subjektiven Anspruch auf Netzausbau, der sich aus einem konkreten Netzzugansbegehren ergibt. Eine Überprüfung, inwiefern diese Vorgaben grundsätzlich materielle Pflichten für die Netzbetreiber enthalten, für den generellen Ausbau der Netze zu sorgen, kann mangels Auswirkung auf den einzelnen Netzzugangsanspruch und die daraus hervorgehende Netzzugangsverweigerung hier dahin stehen.

Die Verweigerung wegen mangelnder Kapazität findet ihre Grenze demnach erst dann, wenn das Netz objektiv einen physischen Kapazitätsengpass aufweist

938 *Herrmann,* Europäische Vorgaben zur Regulierung der Energienetze , S. 243.

939 *Herrmann,* Europäische Vorgaben zur Regulierung der Energienetze, S. 244, *Püstow,* Die Liberalisierung der deutschen und französischen Gaswirtschaft, S. 188.

oder bestehende Kapazitäten bereits wirksam vergeben wurden und zusätzlich hierzu das nationale Recht keine Netzausbauverpflichtung vorsieht.

bb) Gemeinwirtschaftliche Verpflichtungen nach Art. 3 Abs. 2 GasRL

Neben der Verweigerung wegen fehlender Kapazität sieht Art. 35 Abs. 1 S. 1 GasRL die Möglichkeit vor, den Netzzugang dann zu verweigern, wenn dadurch die Erfüllung der ihnen auferlegten gemeinwirtschaftlichen Verpflichtungen gefährdet wäre nach Art. 3 Abs. 2 GasRL. Hierbei kann es sich gemäß Art. 3 Abs. 2 GasRL um Verpflichtungen handeln, die den Unternehmen von dem jeweiligen Mitgliedsstaat auferlegt wurden und die sich auf „Sicherheit, einschließlich Versorgungssicherheit, Regelmäßigkeit, Qualität und Preis der Versorgung sowie Umweltschutz, einschließlich Energieeffizienz, Energie aus erneuerbaren Quellen und Klimaschutz" beziehen können. Hiervon umfasst sind daher zum einen Ausnahmeregelungen zur Sicherung der Versorgung, zum anderen vor allem Ausnahmevorschrift für die Einspeisung von Biogasen.

cc) Rechtfertigung durch „take-or-pay"-Verträge

Ein weitere Grund den Netzzugang rechtmäßig zu verweigern, stellt das Entstehen ernsthafter wirtschaftlicher und finanzieller Schwierigkeiten aufgrund eines oder mehrere Gaslieferverträge mit unbedingten Zahlungsverpflichtungen dar[940]. Sobald eine solche Schwierigkeiten entstehen oder befürchtet wird, kann nach Art. 48 Abs. 1 GasRL ein Antrag auf befristete Ausnahme von der Gewährung des Netzzugangs gestellt werden.

dd) Reziprozität

Als letzte Möglichkeit der Verweigerung ist die fehlende Reziprozität anzusprechen. Dieser Verweigerungsgrund ergibt sich aus der etwas umständlich formulierten Regelung des Art. 37 Abs. 2 GasRL. Diese sieht eine Verweigerung eines Netzzugangsbegehrens dann vor, wenn die Erdgaslieferung für einen Abnehmer bestimmt ist, der zu einem Kreis von Kunden gehört, der nur im eigenen Land und nicht im Land des Lieferanten durch ein ausländisches Unternehmen beliefert werden könnte[941]. Das heißt, der Zugang kann immer dann verweigert werden, wenn der zu beliefernde Kunde in dem anderen Land mangels Marktöffnung noch kein zugelassener Kunde wäre[942]. Da diese Norm aber nicht unmit-

940 Dieser, der Besonderheit der „take-or-pay" Verträge geschuldete Verweigerungsrund wurde bereits unter Kapitel 2 F I g) ausführlich dargestellt. Da es sich bei diesen „take-or-pay"-Verträgen um eine allgemein anerkannte Verpflichtung in der Gaswirtschaft handelt, kann auf diese Ausführungen verwiesen werden.

941 *Hosius,* Netzzugang und Reziprozität bei grenzüberschreitenden Erdgaslieferungen in Europa, S. 139.

942 *Herrmann,* Europäische Vorgaben zur Regulierung der Energienetze, S. 229.

telbar anwendbar ist und es keine staatliche Pflicht zur Umsetzung gibt[943], stellt sich diesbezüglich jedenfalls nicht die Frage, ob die sekundärrechtlichen Vorgaben eingehalten worden sind.

ee) Sonstige Netzzugangsverweigerungsgründe

Zusätzlich zu den ausdrücklich in der Richtlinie erwähnten Verweigerungsgründen gilt für den Netzbetreiber auch nach europäischen Recht, dass er den Zugang dann verweigern kann, wenn der Netznutzer seinen Pflichten aus dem Netznutzungsvertrag nicht nachkommt. Dies ergibt sich aus dem allgemeinen Grundsatz *pacta sunt servanda*[944]. Der Zugang kann also dann verweigert werden, sobald der Netzbetreiber eine Zahlungsforderung gegen den Petenten besitzt und dieser entweder zahlungsunfähig ist oder dieser trotz unstreitiger Forderung die Bezahlung ernsthaft und endgültig verweigert.

ff) Deutschland

In Deutschland kann der Zugang grundsätzlich dann verweigert werden, wenn die Gewährung eines solchen Zugangs aus betriebsbedingten oder sonstigen Gründen unter Berücksichtigung der Ziele des § 1 EnWG nicht möglich oder nicht zumutbar ist[945]. Der deutsche Gesetzgeber hat also darauf verzichtet, eine Aufzählung der Verweigerungsgründe vorzunehmen, sondern unterteilt die Verweigerungsmöglichkeit in Fälle der Unzumutbarkeit und der Unmöglichkeit. Darüber hinaus hat er ausdrücklich den Fall der unbedingten Zahlungsverpflichtungen als Konkretisierung des Verweigerungsgrundes der Unzumutbarkeit aus sonstigen Gründen im Gesetz geregelt. Insgesamt gesehen besteht keine Umsetzungsnotwendigkeit für den deutschen Gesetzgeber. Insbesondere bei dem wohl wichtigsten Verweigerungsrund der fehlenden Kapazität hat der Gesetzgeber von dem ihm eingeräumten Ermessen Gebrauch gemacht. Indem er eine konkrete Netzausbauverpflichtung geschaffen hat, ist eine Verweigerung wegen mangelnder Kapazitäten grundsätzlich nur temporär bzw. wenn sie finanziell unzumutbar ist möglich. Damit geht der Gesetzgeber über die Anforderungen aus Art. 35 Abs. 1 GasRL hinaus, wonach eine zur Verweigerung berechtigende Kapazität immer dann vorliegt, wenn nicht genügend Kapazitäten vorhanden sind.

---

943 *LG Dortmund, 12.04.2001 – 13 O* 36/01-, ZNER 2001, 101 (102f); bestätigt durch *OLG Düsseldorf*, 5.12.2001, AZ. U (Kart) 34/01, RdE 2002, S, 214ff.

944 *Herrmann,* Europäische Vorgaben zur Regulierung der Energienetze, S. 229. zur GasRL 98 mit Verweis auf Treu und Glauben siehe *Hosius,* Netzzugang und Reziprozität bei grenzüberschreitenden Erdgaslieferungen in Europa,S. 131.

945 Siehe Kapitel 2. E. I.

gg) Spanien

Spanien hat die europäischen Vorgaben sehr wortgetreu umgesetzt. Alle in Art. 35 GasRL aufgezählten Gründe sowie der Grund fehlender Reziprozität finden sich in Art. 70 LH wieder. Allerdings hat der spanische Gesetzgeber gerade nicht von der Möglichkeit Gebrauch gemacht, konkrete Netzausbauverpflichtungen einzuführen, um zu gewährleisten, dass die Erdgasunternehmen für den erforderlichen Netzausbau Sorge tragen. Da eine solche Möglichkeit jedoch in das Ermessen der Mitgliedstaaten gestellt wird, befindet sich auch das spanische Verweigerungssystem im Einklang mit den europäischen Vorgaben.

3. Fazit

Aus dem Vergleich der derzeitigen nationalen Regelung in Deutschland und in Spanien mit denen durch die GasRL und die VO 715/2009 aufgestellten Bedingungen lässt sich ein gemischtes Fazit ableiten.

In Deutschland ist durch das Inkrafttreten der neuen GasNZV eine Situation eingetreten, wonach die nationalen Zugangsregeln den europäischen Vorgaben in vorbildlicher Art und Weise genügen. Problematisch sind allein zwei Punkte, die wegen ihrer Gewichtung jedoch entscheidend für einen effektiven Zugang sind.

Der eine problematische Punkt betrifft die prozentuale Beschränkung für langfristige Kapazitätsbuchungen. Da davon auszugehen ist, dass über die Netzkodizes solche Beschränkungen, zumindest für die grenzüberschreitenden Kapazitäten, eingeführt werden, würde in diesem Fall ein Verstoß gegen die europäischen unmittelbar anzuwendenden Vorgaben vorliegen. Solange dies jedoch nicht der Fall ist, bestehen wegen des diskriminierungsfrei ausgestalteten Zugangsanspruchs aus § 20 EnWG und mangels konkreter gemeinschaftsrechtlicher Vorgaben zu einer *ex ante* Zuteilungvon Kapazitäten keine Bedenken im Hinblick auf die Vereinbarkeit mit dem Sekundärrecht[946].
Das zweite Problem ist in der Ausgestaltung des verhandelbaren Speicherzugangs zu sehen. Dadurch, dass die legislativen Vorgaben sehr allgemein gehalten sind, und die GGPSSO nicht rechtlich verbindlich sind, besteht hier eine gewisse Unsicherheit über die einzuhaltenden Pflichten der Speicherbetreiber. Die unmittelbare Geltung der VO 715/2009 führt zumindest bezüglich der anzubietenden Dienstleistungen zu einer Verrechtlichung der jeweiligen Pflichten. Aufgrund der oftmals aber nicht hinreichend bestimmten Vorgaben ist jedoch frag-

946 Inwiefern diese Verträge ein Verstoß gegen das Kartellrecht, insbesondere gegen Art. 101 und 102 AEUV darstellen, ist für die Vereinbarkeit mit dem sektorspezifischen Sekundärrecht ohne Bedeutung.

lich, inwiefern die VO 715/2009 tatsächlich Auswirkung auf die Praxis haben wird.

Positiv ist insbesondere die im EnWG geregelte Netzausbauverpflichtung hervorzuheben. Durch die Einführung einer solchen Verpflichtung, welche die Veweigerungsmöglichkeiten der Netzbetreiber deutlich eingrenzt, geht der Gesetzgeber über die europäischen Vorgaben hinaus und schafft bei konsequenter Anwendung die Voraussetzung für einen diskriminierungsfreien und effektiven Netzzugang Dritter.

Die spanische Vorgaben verstoßen in weiten Teilen gegen das Sekundärrecht. Zunächst lässt sich festhalten, dass insbesondere die zurzeit angebotenen Kapazitätsprodukte weit hinter den europäischen Voraussetzungen liegen. Sowohl auf nationaler Ebene als auch den Transit betreffend besteht hier unbedingt Handlungsbedarf auf Seiten der spanischen Legislative. Nur wenn es gelingt, harmonisierte Produkte innerhalb Europas anzubieten, ist diesbezüglich eine Verbesserung des Binnenmarktes zu erwarten. Außerdem muss das spanische System in Hinblick auf sein derzeitiges „Entry-Exit"-System eine fundamentale Neuordnung erfahren, da durch die verpflichtende Verbindung von Ein- und Ausspeisekapazitäten das Entstehen von liquiden Großhandelsmärkten torpediert wird und in Zukunft nicht zu erreichen sein wird. Darüber hinaus verhindert es, dass Speicher bzw. LNG-Kapazitäten an dem virtuellen Handelspunkt gehandelt werden. Da jedoch zurzeit Bestrebungen in diese Richtung gehen[947], wird es interessant sein, die zukünftige Entwicklung diesbezüglich zu verfolgen und bei einer tatsächlichen Umstrukturierung die Auswirkungen auf den Gashandel zu beobachten. Hinsichtlich des Engpassmanagements ist zu differenzieren zwischen den Einrichtungen, an denen tatsächlich Engpässe auftreten und jenen, an denen diese so gut wie nicht stattfinden. Nur wenn tatsächlich Engpässe auftreten, ist diesen mit entsprechenden Maßnahmen zu begegnen. Ansonsten mangelt es schon an der Notwendigkeit eines solchen Engpassmanagements. Darüber hinaus muss das bisherige Bilanzierungssystem grundlegend neu gestaltet werden, um den Vorgaben zu entsprechen. Insbesondere müssen die Strafentgelte durch ein marktorientiertes Verfahren abgelöst werden.

Grundsätzlich positiv hingegen sind die Bestrebungen zu sehen, einen funktionierenden Transit mit Frankreich zu implementieren. Wie bereits gezeigt, ergeben sich auch hier noch fundamentale Probleme hinsichtlich der anzubietenden Produkte, insbesondere der „cross-border" und „bundled products". Die Einführung dieser Produkte und die damit in Zusammenhang stehende Vereinfachung des grenzüberschreitenden Handels werden ursächlich für das Gelingen des

947 Informe 12/2009 de la CNE sobre el proyecto de Real Decreto por el que se modifica el Capítulo II de real decreto 949/2001.www.cne.es.

grenzüberschreitenden Transports und der verbesserten Integration der iberischen Halbinsel in das europäische Festland sein. Durch die besondere geographische Lage, aber besonders durch den ausgeprägten Import von LNG-Gas könnten eine bessere Einbeziehung Spaniens und ein vereinfachter grenzüberschreitender Handel den europäischen Binnenhandel deutlich beleben. Damit diese Integration gelingt, sind eine Zersplitterung der Handelsplätze und die komplizierte Buchungssituation, nämlich an der LNG-Anlage, Ein- und Ausspeisung ins spanische Netz, sowie Einspeisung ins französische Netz, nach den europäischen Vorgaben zu vereinfachen.

B. Primärrecht

Nachdem untersucht worden ist, inwiefern die nationalen Regelungen den Voraussetzungen eines Netzzugangsanspruchs nach dem dritten Energiebinnenmarktpaket entsprechen, soll nun die Verpflichtung zur Bereitstellung von Netzkapazitäten nach Art. 102 AEUV geprüft werden. Zunächst ist klarzustellen, dass der Maßstab des Primärrechts auch schon innerhalb der sektorspezifischen Regulierung von Bedeutung ist. Es hängt nämlich oftmals gerade von der wettbewerbsrechtlichen Beurteilung ab, ob bestehende langfristige Verträge über Kapazitätsbuchungen die Verweigerung wegen Kapazitätsmangel rechtfertigen können, oder ob wegen der Unwirksamkeit dieser Verträge eine solche Verweigerung gerade nicht rechtmäßig möglich ist[948]. Zusätzlich zu dieser notwendigen Möglichkeit die Wertungen des europäischen Wettbewerbsrechts in die Prüfung des sektorspezifischen nationalen Zugangsanspruchs mit einzubeziehen, bleibt das Primärrecht jedoch auch neben dem nationalen Recht anwendbar.

Von dieser grundsätzlichen Möglichkeit der parallelen Anwendbarkeit abgesehen, besteht bei bestimmten Fällen darüber hinaus eine Notwendigkeit für „grobsteuernde Zugangsverpflichtungen" durch Art. 102 AEUV[949]. Das kann dann der Fall sein, wenn der Zugang zwar grundsätzlich auch nach dem nationalen Regulierungsrecht zu gewähren ist, ein solcher mangels hinreichend bestimmter Zugangsbedingungen aber nur schwer möglich ist, oder wegen fehlender bestehender Kapazitäten schon gar nicht beantragt wird[950]. In diesen Fällen liegt aufgrund der tatsächlichen Gegebenheiten ein faktisches Zugangshemmnis vor. Gerade im Bereich der Effektivität des Zugangs wurden jedoch seit Inkrafttreten des zweiten Binnenmarktpakets 2003, über eine weitreichende Regulierung nicht nur des „Ob`s" sondern auch des „Wie`s" des Zugangs, weitgehende Fortschritte erzielt, so dass die Notwendigkeit des Zugangsanspruchs nach

948 Siehe hierzu unter Kapitel 2. E. I. 1. d) dd).
949 *Wolf*, Bk, Bd. 2 Rn. 85.
950 Nach Bundeskartellamt, Sektoruntersuchung Kapazitätssituation in den deutschen Gasfernleitungsnetzen; S.13, verzichten viele Transportkunden bei roten Kapazitätsampeln von vornherein auf eine Kapazitätsanfrage.

Art. 102 AEUV an Bedeutung verloren hat[951]. Es bleiben aber weiterhin Probleme im Zusammenhang mit der Effektivität des Zugangsanspruch denkbar, denen zwar auch im Rahmen der individuellen Geltendmachung des nationalen Zugangsanspruchs begegnet werden kann, bei deren Auftreten eine „grobsteuernden Zugangsverpflichtung“ unter Umständen jedoch besser geeignet ist einen effektiven Zugang zu gewährleisten.

Von besondere Bedeutung ist das Problem der oftmals auftretenden vertraglichen Engpässe. Diese können nämlich zur Folge haben, dass der Petenen schon von der Zugangsbegehrung abgehalten wird. Solange das sektorspezifische Regulierungsrecht nicht die notwendigen Maßnahmen trifft, um das Entstehen bzw. Fortbestehen von missbräuchlichem Verhalten, vor allem durch Laufzeitbegrenzungen, zu verhindern, solange besteht die Notwendigkeit, die Vorgaben des Regulierungsrechts flankierend zu unterstützen[952]. Sobald durch das sektorspezifische Recht hinreichende Regelungen getroffen werden, ist ein Rückgriff auf das Primärrecht zwar entbehrlich, er bleibt jedoch wegen der grundsätzlichen parallelen Anwendbarkeit, weiterhin möglich[953].

I. Art. 102 AEUV

Um beurteilen zu können, ob zusätzlich zum jeweiligen nationalen Zugangsrecht die Bereitstellung des Gasnetzes mit Mitteln des Kartellrechts erzwungen werden kann, müssen die Voraussetzungen des Art. 102 AEUV vorliegen; das bedeutet, die Zugangsverweigerung muss sich als eine missbräuchliche Ausnutzung einer marktbeherrschenden Stellung darstellen[954].

1. Marktbeherrschung

a) Relevanter Markt

Um den Missbrauch einer beherrschenden Stellung auf dem Binnenmarkt überprüfen zu können, muss zunächst der zu betrachtende relevante Markt abge-

951 Siehe z.B Marathon Fälle, die zwar keine Entscheidungen darstellen, aber in denen sich die betroffenen Unternehmen zu umfangreichen Zusagen verpflichteten, die aber mittlerweile gesetzlich verankert wurden. Pressemitteilung der Kommission v. 23.11.2001 – IP/01/1641 – *Marathon/Thyssengas;* v. 16.4.2003 – IP/03/547 – *Marathon/Gasunie*; v. 29.7.2003 - IP/03/1129 – *Marathon/BEB-Exxon-Mobil-Shell*; v. 30.4.2004 – IP/04/573 – *Marathon/ GdF-Ruhrgas.*

952 Bundeskartellamt, Sektoruntersuchung Kapazitätssituation in den deutschen Gasfernleitungsnetzen; S.13, verzichten viele Transportkunden bei roten Kapazitätsampeln von vornherein auf eine Kapazitätsanfrage S. 28 u.29; wohl auch *Wolf,* Bk, Bd. 2 Rn. 69.

953 EuGH, v. 14.7.04, Rs. C-109/03, *KPN Telecom BV/OPTA,* Slg. 2004, II-11273 Tz. 31 ff.

954 *Wolf,* Bk, Bd. 2 Rn. 85 ff.

grenzt werden[955]. Abgegrenzt wird dieser Markt hinsichtlich seiner sachlichen, seiner räumlichen und seiner zeitlichen Komponente[956], wobei die zeitliche Bedeutung nur ausnahmsweise, wenn es um vorübergehende Machtpositionen geht, von Bedeutung ist[957], so dass sie hier nicht weiter berücksichtigt werden muss. Ohne eine generelle Ausbreitung der einzelnen Theorien zur Marktabgrenzung vorzunehmen, soll direkt auf die Besonderheiten der Energiewirtschaft Bezug genommen werden, wobei der anzulegende Maßstab sich eng an der Praxis der europäischen Kommission orientieren wird.

aa) Sachlicher Markt

Unter den relevanten sachlichen Markt fallen nach Ansicht des europäischen Gerichtshofes und der Kommission sämtliche Produkte, die sich aufgrund ihrer Merkmale zur Befriedigung eines gleichbleibenden Bedarfs besonders eignen und mit anderen Erzeugnissen nur in geringem Maß austauschbar sind[958], wobei austauschbar in diesem Zusammenhang aus der Sicht der Marktgegenseite[959], hier aus Sicht des Nachfragers heraus zu verstehen ist. Um eine Tätigkeit auf dem Feld der Gaswirtschaft unter diese Definition subsumieren zu können, unterscheidet die Kommission bislang drei Gruppen, nämlich den Erschließungs- und Erzeugungsmarkt, den **Infrastrukturmarkt** und den Versorgungsmarkt[960]. Für diese Arbeit und damit für die Frage des Zugangs zum Gasnetz ist vor allem die Betrachtung des so genannten Infrastrukturmarktes von entscheidender Bedeutung.

Unter den Infrastrukturmarkt fallen eine Vielzahl einzelner zu unterscheidender Märkte. Hierbei kann unterschieden werden zwischen dem 1. Erdgastransport über das Hochdrucknetz, 2. dem Transport über Nieder- und Mitteldrucknetze,

955 *Möschel,* in Immenga/Mestmäcker, Art. 82, Rn. 38.
956 Bekanntmachung der G-Kommission über die Definition des relevanten Marktes vom 09.12.1997, ABl. EG 1997 Nr. C. 372/5; *Möschel,* in Immenga/Mestmäcker, Art. 82, Rn. 38; *Brinker,* in Schwarze, EU-Kommentar. Art. 82 Rn. 5.
957 *Schwarze,* EU-Kommentar, Art.82 EG, Rn. 5; *Ronda,* Die Fusionskontrolle in der Energiewirtschaft, S.138.
958 EuGH Rs. 6/72, *Continental Can,* Slg 1973, 215 Rn. 32; Rs 85/76, *Hoffmann-La Roche,* Slg 1979, 461 Rn. 28; Rs. C-7/97, *Bronner/Mediaprint,* Slg. 1998, I-7791 Rn. 31.
959 *Möschel,* in Immenga/Mestmäcker, Wettbewerbsrecht EG/Teil 1, Art. 82 EGV, Rn. 44; *Jiménez Latorre/Canizares Pacheco,* El Abuso de la Posición de Dominio, S. 37.
960 Kommission, Entsch. v. 7.05.2002, COMP/M 2745, Rn.11 – *Shell/Enterprise Oil,* Kommission, Entsch. v. 9.12.2004, COMP/M. 3440 Rn. 190 ff – *EDP/ENI/GDP*; Kommission, Entsch. v. 21.12.2005, COMP/M. 3696, Rn. 87-125-*E.ON/MOL*; Kommission, Entsch. v. 14.03.2006, COMP/M. 3686, Rn. 50 ff. – *DONG/Elsam/Energi E2.*

3. dem Gasimport über jede einzelne Importpipeline[961], 4. die einzelnen LNG-Terminals sowie 5. dem Markt der Gasspeicheranlagen[962].

bb) Räumliche Marktabgrenzung

Unter dem räumlich relevanten Markt wird das Territorium verstanden, in dem die Erzeugnisse und Dienstleistungen vertrieben werden, und in dem die Wettbewerbsbedingungen hinreichend homogen sind, um eine Einschätzung der wirtschaftlichen Macht des betroffenen Unternehmens zu ermöglichen[963]. Für die konkrete Abgrenzung wird außerdem das Kriterium der Austauschmöglichkeiten aus der Sicht der Nachfrage angewendet[964].

(1) Deutschland

Aufgrund der unterschiedlichen Marktorganisation in den beiden Ländern ist eine jeweils eigene Bestimmung des relevanten räumlichen Marktes notwendig. In **Deutschland ist auf Fernleitungsebene** grundsätzlich eine Abgrenzung auf nationaler Ebene, auf Marktgebietsebene oder beschränkt auf die Netzgebiete der einzelnen Unternehmen möglich. Eine Einordnung des räumlichen Marktes auf die nationaler Ebene ist wegen der komplizierten Buchungssituation und der knappen Kapazitäten, die sich aus der Existenz unterschiedlicher Marktgebiete ergeben, zur Zeit nicht ersichtlich[965]. Bislang bestehen für die Nachfrager keine ernsthaften Alternativen für den Bezug von Gas über die Marktgebietsgrenzen hinaus. Dadurch, dass innerhalb jedes Marktgebietes ein Ein- und ein Ausspeisevertrag notwendig sind, kommt es bei der Überschreitung von Marktgebietsgrenzen zu wirtschaftlichen und organisatorischen Mehraufwendungen, die einer Homogenität des nationalen Marktes entgegenstehen. Die Benutzung der Leitungen im Rahmen eines Gebietes stellt sich daher als nicht austauschbar im Vergleich zum Bezug von Gas über die Marktgebietsgrenzen hinweg dar. Einen echten Durchleitungswettbewerb auf nationaler Ebene gibt es folglich bislang nicht. Fraglich ist es aber, ob der räumlich relevante Markt in den jeweiligen Marktgebieten gesehen werden kann, oder ob sich die Beurteilung nach den jeweiligen Netzgebieten der Unternehmen richtet.

---

961 Überzeugend dazu, *Wolf,* in BK, Bd. 2, Art. 102 AEUV Rn. 45. a.A. *Schöler,* S. 81, mit Verweis auf eine Entsch. der Kommission vom 29.09.1999, M. 1383 Rn. 49 – *Exxon/Mobil.*

962 *Wolf,* in BK, Bd. 2, Art. 102 AEUV a.a.O.

963 EuGH Rs. 27/76, *United Brands,* Slg 1978, 207 Rn. 10 f; Bekanntmachung der EG-Kommission über die Definition des relevanten Marktes vom 09.12.1997, ABl. EG 1997 Nr. C. 372/5.

964 Bekanntmachung der EG-Kommission über die Definition des relevanten Marktes vom 09.12.1997, ABl. EG 1997 Nr. C. 372/5.

965 a.A *Klaue/Schwintowski,* BB Spezial 1 (zu BB 2010, Heft 14), S. 1 ff.

Das Bundeskartellamt und die herrschende Meinung in Deutschland vertreten die Ansicht, dass eine Abgrenzung nach den Kriterien des deutschen Wettbewerbsrechts dazu führt, dass die Märkte der einzelnen Netze in ihren unterschiedlichen Druckstufen nach den jeweiligen etablierten Netzgebieten[966] und nicht nach den Marktgebieten der Unternehmen abzugrenzen sind[967]. Da die Kriterien des deutschen Wettbewerbsrechtes zur Bestimmung der Marktabgrenzung mit den hier beschriebenen europäischen Voraussetzungen übereinstimmen[968], lässt sich die herrschende Meinung auch auf die vorliegende Untersuchung übertragen.

Eine andere Ansicht geht davon aus, dass insbesondere wegen der Einführung des Zwei-Vertrags-Modells durch die Bundesnetzagentur, die räumliche Abgrenzung auf der Stufe des Fernleitungsnetzes auf die Marktgebiete ausgeweitet werden kann. Die Tatsache, dass durch dieses Modell für den Zugang zu einem Marktgebiet grundsätzlich nur noch zwei Verträge abzuschließen sind, führe dazu, dass innerhalb eines Marktgebietes sowohl homogene Wettbewerbsbedingungen herrschen, als auch unterschiedliche Bedingungen zwischen den Marktgebieten herrschen können. Der räumlich relevante Markt beziehe sich folglich auf die einzelnen Marktgebiete[969].

Gegen die zweite Ansicht spricht, dass bislang in Deutschland zwischen den Gas-Fernleitungsnetzbetreibern nicht von wirklichem Wettbewerb gesprochen werden kann[970], eine Ausdehnung auf die Marktgebietsgrenzen daher zwar den rechtlichen Rahmenvorgaben entsprechen würde, der tatsächlichen Situation aber nicht gerecht würde. Außerdem spricht die Tatsache dagegen, dass sich die Marktgebiete in Deutschland sehr schnell reduzieren, so dass die einzelnen Grenzen in geringen Abständen verändert werden[971]. Da folglich keine längerfristig bestehenden Grenzen existieren, können diese sich schnell verschiebenden Grenzen auch nur schlecht als Abgrenzungskriterien für den relevanten räumlichen Markt herangezogen werden. Eine Abgrenzung nach Marktgebieten bietet sich erst an, sobald die Konsolidierung abgeschlossen ist und nur noch höchstens zwei Marktgebiete in Deutschland existieren. Bis zu diesem Zeitpunkt

---

966 Damit ist das Netzgebiet bezeichnet, in dem die Unternehmen nach § 36 EnWG die Grundversorgung von Standardlastprofilen durchführen.

967 Monopolkommission: Sondergutachten 54, Strom und Gas 2009 Energiemärkte im Spannungsfeld von Politik und Wettbewerb S. 83. *Säcker,* BK, Band 2, § 19 GWB Rn. 16 m.w.N; *Batzel,* Die Regulierung des Zugangs zu Erdgas mittels europäischen Wettbewerbsrecht, S. 71.

968 *Wolf,* in BK, Band 2, Art.102 AEUV, Rn. 32.

969 Alsheimer/Kassebohm/Schulz, RdE 2008, S. 1 (3ff).

970 BNetzA, Beschlusskammer 4, Az.: BK4-07-101. bestätigt von OLG Düsseldorf v. 21.04.2010, VI-3 Kart. 67/08 (V).

971 Gab es 2006 noch 26 H- und 15 L-Gas Marktgebiete, bestehen zur zeit 3 H-Gas und 3 L-Gas Marktgebiete und nach § 21 der neuen GasNZV sollen diese bis 1. April 2010 auf 2 H- und 1 L-Gas Gebiet beschränkt werden.

ist die erste Meinung vorzuziehen. Ein homogener Markt besteht auf Fernleitungsebene daher nur innerhalb der Netzgebiete der einzelnen Unternehmen.

Auf Nieder- und Mitteldruckebene stellen die jeweiligen Netze, zumindest wenn sie in der Hand eines regionalen Betreibers sind[972] und der Belieferung von Haushaltskunden dienen, ebenfalls einen räumlich relevanten Markt dar[973]. Dies liegt jedoch daran, dass in Deutschland trotz der faktischen und rechtlichen Möglichkeit des Anbieterwechsels, die Gewohnheit der Abnehmer dazu führt, dass die Abnehmerpräferenzen räumliche Marktzutrittsschranken errichtet haben[974]. Handelt es sich um den Markt zur Belieferung von Gasgroßkunden, bei denen die Gaskosten einen Bestandteil der Kostenrechnung ausmachen, bilden die Marktgebiete die relevanten räumlichen Märkte. Dies liegt daran, dass diese Abnehmer kostensensibler wirtschaften und daher eher den Gaslieferanten wechseln, was wiederum zu Wettbewerb auf diesem Markt führt[975].

Im Hinblick auf die Untertagespeicheranlagen lässt sich der räumlich relevante Markt in dem jeweiligen Marktgebiet sehen. Innerhalb eines solchen Gebietes kann davon ausgegangen werden, dass die Wettbewerbsbedingungen für den Speicherzugang homogen sind. Zwar hat die europäische Kommission für den Fall Belgiens angenommen, dass das Staatsgebiet den räumlichen Markt darstellt[976]. In Deutschland existiert jedoch die Besonderheit der Marktgebiete und deren virtueller Handelspunkte. Handelt es sich um den Zugang zu *bestimmten Speichern* kann die Leistung zwar grundsätzlich für die Belieferung in ganz Deutschland eingesetzt werden. Sobald jedoch Marktgebietsgrenzen überschritten werden müssen, um den Zugang zu dieser Speicheranlage zu erhalten, fehlt es an der Homogenität des Wettbewerbes, da zusätzliche Kosten auftreten. Darüber hinaus können, wegen der zusätzlich zu buchenden Transportkapazitäten, Engpässe auftreten, die die Nutzung der Speicherkapazität erschweren[977].

---

972 Kommission, Entsch. V. 21.12.2005, COMP/M. 3696, Rn. 98, Fn. 52 – *E.ON/MOL*. a.A. *Thomas,* RdE, 2007, S. 11 (12).

973 BGH, Beschluss, 10.12.2008, Az. KVR 2/08, Stadtwerke Uelzen.

974 *Säcker,* in BK, Bd. 2, § 19 Rn.14 und 17; a.A *Klaue/Schwintowski,* BB Spezial 1 (zu BB 2010, Heft 14), S. 1 ff.

975 So *Säcker,* in BK, Bd. 2, § 19 Rn.14 und 17, allerdings für die Großkunden im Stromsektor, deren räumlich relevanter Markt bundesweit abzugrenzen sei.

976 Kommission, Entsch. v. 19.12.2003, COMP/M3318, Rn. 31 – *ECS/Sibelga*.

977 dagegen spricht auch nicht die Einordnung der Europäischen Kommission (siehe hierzu m.w.N. Kommission Entscheidung v. 08.10.2004, COMP/M. 3410-*Total/GdF* Rn. 268), welche eine räumliche Abgrenzung von Speichermärkten für Porenspeicher auf 200 km und für Karvernenspeicher auf 50 km begrenzt, da hier vor allem auf die ab diesem Radius stark steigenden Transportkosten abgestellt wurde. Diese Argument ist wegen der entfernungsunabhängigen Entgelte innerhalb eines Marktgebietes nicht auf die Situation in Deutschland zu übertragen.

Betrachtet man die *Systemdienstspeicher* könnte sich eine andere Einordnung aufdrängen, da diese Speicher überall in Deutschland sein könnten und die Nachfrageseite hierüber keine Kenntnis hat und auch nicht zu haben braucht. Jedoch werden diese Kapazitäten ausschließlich an einem bestimmten virtuellen Handelspunkt zur Verfügung gestellt, so dass auch hier eine Zuordnung zu dem jeweiligen Marktgebiet, indem sich dieser Punkt befindet, konsequent erscheint.

(2) Spanien

In **Spanien** ist die Situation etwas anders einzuschätzen, da es auf Fernleitungsebene keine Unterteilung in unterschiedliche Marktgebiete gibt, die Netzzugangsentgelte für das gesamte nationale Fernleitungsnetz durch das Ministerium für Industrie, Tourismus und Handel festgesetzt werden und ENAGAS S.A. als technischer Netzbetreiber zumindest für die Organisation des gesamten Netzes zuständig ist, auch wenn ENAGAS S:A nicht 100% des Netzes gehören. Diese Bedingungen führen dazu, dass innerhalb der nationalen Grenzen Spaniens die Zugangsbedingungen homogen sind, da überall ein gleiches Preisniveau vorherrscht und der nationale technische Betreiber die jeweilige Realisierbarkeit des Netzzugangs kontrolliert. In Spanien stellt folglich das nationale Fernleitungsnetz einen räumlich relevanten Markt dar.

Eine gleiche Beurteilung trifft wohl auch auf die **Verteilernetzebene** zu. Zwar ist die Situation in Spanien insofern mit Deutschland vergleichbar, als dass die privaten Haushaltskunden sich durch starke Treue ihrem Versorger gegenüber auszeichnen, wohingegen Großkunden deutlich öfter zu einem Wechsel neigen[978]. Hieraus lässt sich jedoch nicht dieselbe Schlussfolgerung wie in Deutschland ziehen, da in Spanien das Versorgungsnetz nicht durch viele regionale Netzbetreiber betrieben wird, sondern durch wenige Konzerne, welche national tätig sind. Diese Tatsache und der Umstand, dass in Spanien die Bestimmung der Entgelte des Netzzugangs auf einem nationalen Briefmarkensystem beruht, lässt nur eine räumliche nationale Abgrenzung zu. Da also dieselben Netzbetreiber den Zugang zu mehreren unterschiedlichen Versorgungsnetzen innerhalb Spaniens zu denselben wirtschaftlichen Bedingungen anbieten, überwiegt hier das Merkmal der Homogenität der Märkte, die Tatsache, dass ebenfalls hohe Abnehmerpräferenzen bestehen. In Spanien ist der räumlich relevante Markt daher, sowohl auf Fernleitungs-, als auch auf Verteilerebene, durch die nationalen Grenzen definiert [979].

978 Laut „Informe sobre la Evolución de la Competencia en los mercados de gas y elctricidad" Periodo 2006-2008 S.114, abrufbar unter www.cne.es, haben die Lieferanten nur 20 % der Kunden außerhalb ihres ursprünglichen Gebietes gewinnen können. 80 % der Kunden sind folglich ihren Versorgern treu geblieben. Bei den Großkunden lag die Wechselquote hingegen zwischen 48 und 49 %.

979 Im Ergebnis so auch *Ronda,* Die Fusionskontrolle in der Energiewirtschaft, S.132.

Für die Untertagespeicheranlagen in Spanien gilt dasselbe. Dies ergibt sich vor allem daraus, dass es in Spanien bislang nur zwei solcher Anlagen gibt, die wegen der gesetzlichen Verpflichtung von allen Marktteilnehmern genutzt werden und genutzt werden *müssen*. Wirtschaftlich gesehen ist die Entfernung der Speicheranlagen für die Petenten ohne Bedeutung. Folglich bestehen in ganz Spanien die gleichen Wettbewerbsbedingungen für den Zugang zu diesen Speichern. Eine über das spanische Festland hinausgehende Abgrenzung ist jedoch nicht anzunehmen. Da, um Zugang zu den Speichern in Spanien zu gelangen, zunächst eine Ausspeisung aus dem jeweiligen nationalen Netz und eine Einspeisung in das spanische Netz notwendig ist, kann hier nicht von homogenen Bedingungen im Vergleich zu dem rein nationalen Netz gesprochen werden.

Von besonderer Bedeutung für Spanien ist die Einordnung der LNG-Terminals. Grundsätzlich sind diese jeweils einem eigenen relevanten Markt zuzuordnen[980]. Fraglich ist jedoch, ob dies auch für den spanischen Markt gilt, in dem eine hohe Dichte solcher Anlagen besteht, die deshalb als austauschbar gelten könnten. Da in Spanien insgesamt sechs solcher Anlagen existieren, kann hier meines Erachtens nicht jedes Terminal als eigenständige Infrastruktureinrichtung angesehen werden. Die Tatsache, dass die Belieferung über relativ variable Schiffsrouten vorgenommen wird und die Tatsache, dass die LNG Terminals geographisch sehr unterschiedlich gelegen sind, nämlich Gifon und Bilbao an der Nordatlantikküste, Huelva an der Südatlantikküste, sowie Cartagena, Sagunto und Barcelona, an der Mittelmeerküste lässt die Überlegung zu, entweder von einem auf die jeweilige betroffene Küsten beschränkten oder auf einen ganzen nationalen LNG-Terminal-Markt zu schließen. Mangels Entscheidungen kann die Einschätzung der Kommission nur gemutmaßt werden. Für die Einordnung als nationalen Markt spricht neben der relativ hohen Homogenität des Marktes auch die Einschätzung der nationalen Wettbewerbskommission[981] sowie eine Überlegung der CNE aus dem Jahre 2007, die einzelnen Anlagen als „Tanque unico", also eine einzige zusammenhängende Anlage zu verstehen[982].

Eine endgültige Festlegung ist zurzeit nicht möglich. Wegen der Vielzahl der Anlagen und der homogenen Preisbedingungen spricht jedoch viel für die Einordnung als nationaler räumlicher Markt.

---

980 *Wolf,* BK, Bd. 2, Art. 102 AEUV, Rn. 46.

981 Fornelles de Frutos Jordi, Concentraciones en el Sector Energetico: gas Natural / Endesa vs. Gaz de france / Suez, Algunos apuntes Comparativos, Revista Anaurio de la Competencia 2006, S. 193 (197).

982 Informe 37/2007 de la CNE sobre la propuesta de orden por la que se establecen los peajes y cánones asociados al acceso de terceros a las instalaciones gasistas,de 20 de diciembre de 2007.

(3) Importpipelines

Sowohl in Deutschland als auch in Spanien stellen die Importpipelines einen eigenen räumlich relevanten Markt dar. Da, um Gas in das jeweilige Land zu importieren, zunächst die notwendigen Importkapazitäten erforderlich sind, diese wegen der Langfristigkeit der Lieferverträge aber nur schwer austauschbar sind, liegt keine Austauschbarkeit von Seiten des Nachfragers vor. Dies gilt sowohl in Deutschland, in dem die Importleitungen an einen eigenen relevanten Markt, bestehend aus dem Fernleitungsnetz des Unternehmers, anschließen als auch in Spanien, wo das Fernleitungsnetz räumlich als nationaler Markt abgegrenzt wird. Zwar schließen wegen dieser Unterschiede die Importpipelines in Deutschland sich an unterschiedliche Fernleitungsnetze und damit räumlich relevante Märkte an und in Spanien jeweils an den selben räumlichen Markt, jedoch besteht auch in Spanien wegen der Langfristigkeit der Lieferverträge und der dadurch eingeschränkten Kapazität keine Substituierbarkeit aus Nachfragersicht.

Eine neue Einordnung des relevanten Markts wird möglicherweise durch die oben vorgestellten „bundled Products“ möglich. Da diese Produkte flexiblere ein und Ausspeisungen über Ländergrenzen hinweg bewirken sollen und damit die Erweiterung der Kapazitäten und die bessere Buchungsmöglichkeit für eventuelle Nachfrager, könnte die Einführung dieser Produkte dazu führen, dass die Importpipelines an den jeweiligen Grenzen zusammen als ein räumlich relevanter Markt betrachtet werden.

b) Beherrschende Stellung auf zumindest einem wesentlichen Teil des Binnenmarktes

Eine den Markt beherrschende Stellung wird dann angenommen, wenn ein Unternehmen keinem aktuellen oder potentiellen Wettbewerb ausgesetzt und die Gegenseite für die betreffende Ware oder Leistung von ihm völlig abhängig ist. Der EuGH hat diese Voraussetzung i.S.d. Art. 102 AEUV definiert, *als die wirtschaftliche Machtstellung eines Unternehmens, die dieses in die Lage versetzt, die Aufrechterhaltung eines wirksamen Wettbewerbs auf dem relevanten Markt zu verhindern, indem sie ihm die Möglichkeit verschafft, sich seinen Wettbewerbern, seinen Abnehmern und schließlich seinen Verbrauchern gegenüber in einem nennenswerten Umfang unabhängig zu verhalten*[983].

Um die Bedingung der Marktmacht mit Leben zu füllen, spielt in der Praxis vor allem der Marktanteil des betreffenden Unternehmens unter Berücksichtigung

983 Die Formulierung ist zu der angewendeten Standardformel geworden, beispielhaft hierfür: EuGH 14.2.1978, Rs. 27/76 *„United Brands“*, Slg. 1978, 207, 286 Tz. 63/66 *;* Rs. 85/76, 13.2.1979, *„Hoffmann-La Roche“*, Slg. 1979, Tz. 461, 520

der Struktur des relevanten sachlichen und räumlichen eine entscheidende Rolle[984]. Als Richtwerte für die Bestimmung der Marktmacht haben sich im Laufe der Zeit folgende Grenzen herausgearbeitet. Sobald die Marktanteile unterhalb von 10 % [985] bzw. 25 %[986] liegen, kann regelmäßig das Vorliegen einer beherrschenden Stellung ausgeschlossen werden. Liegen die Marktanteile zwischen 10 % bzw. 20 % und 50 %, kann eine marktbeherrschende Stellung vorliegen, jedoch sind für den Nachweis zusätzliche Beweismittel erforderlich[987]. Marktanteile, die über diesen Werten liegen, lassen hingegen regelmäßig auf eine beherrschende Stellung schließen[988].
Bezüglich der jeweiligen Netze ist eine Subsumtion unter die beherrschende Stellung aufgrund des Vorliegens eines natürlichen Monopols[989] und damit von 100 % Marktanteil grundsätzlich unproblematisch. Dasselbe gilt auch für die LNG-Anlagen, da selbst dann, wenn die räumliche Marktabgrenzung ergibt, dass es sich um einen nationalen Markt handelt, ENAGAS S.A. einen Marktanteil von deutlich über 50 % innehat[990]. Etwas schwieriger gestaltet sich die Einordnung für den Fall der Speicheranlagen in Deutschland. Sobald nämlich die Marktabgrenzung auf das Bundesgebiet ausgeweitet wird, besitzt kein Betreiber einen Marktanteil von über 25 %, so dass regelmäßig eine marktbeherrschende Stellung ausgeschlossen werden kann[991]. Da jedoch für den weiteren Verlauf dieser Untersuchung von den Grenzen der Marktgebiete ausgegangen wird, lässt sich aufgrund der dort vorherrschenden Konzenztrationsgrade von einer beherrschenden Stellung ausgehen[992].

Die beherrschende Stellung muss auf dem **Binnenmarkt** oder zumindest **einem wesentlichen Teil** davon vorliegen. Dies ist dann der Fall, wenn der beherrschte Markt für die Verwirklichung der Ziele des EG-Vertrages von hinreichender Bedeutung ist, wenn er also eine hinreichende Binnenmarktrelevanz hat[993]. Nachdem zahlreiche Entscheidungen hierzu ergangen sind, kann davon ausgegangen werden, dass diese Voraussetzung unproblematisch dann erfüllt ist, wenn das Gebiet einen der großen Mitgliedstaaten, also auch Deutschland oder

---

984 *Schröter,* in BK, Bd. 2, Art. 102 AEUV, Rn. 8; *Alsheimer / Kassebohm / Schulz,* RdE 2008, S. 1 (3ff).
985 EuGH, 25.10.1977, Rs. 26/76, *"Metro/Saba I"* Slg.1977, 207,290, Rn.107 - ; – Rs. 75/84, *"Saba/metro II"* Slg.1986, 3021, 3094.
986 XIX. Wettbewerbsbericht der Kommission, Tz. 63.
987 *Schröter*, in BK, Bd. 2, Art. 102 AEUV, Rn. 9 m.w.N.
988 EuGH 13.02.1979, Rs. 85/76, *„Hoffmann-La Roche"*.Slg. 1979, 461, 527f.
989 Siehe Kapitel 1. C. 4. a) aa).
990 Infomación básica de los sectores de la energía -2009-S. 144.
991 *Fischerauer,* Regulierung des Zugangs zu Speicheranlagen, S. 179.
992 Siehe zu den genauen Zahlen für den Fall von acht Marktgebieten, *Fischerauer,* Regulierung des Zugangs zu Speicheranlagen, S. 63 und *Schuller/Tugendreich,* ZNER 2008, S. 30 (36).
993 *Schröter,* in Schröter / Jakob / Mederer, Artikel 82, Rn. 157.

aber auch einen mittelgroßen Staat, umfasst[994]. Sobald folglich das nationale Territorium als relevanter räumlicher Markt definiert wurde, liegt eine beherrschende Stellung auf einem wesentlichen Teil des Binnenmarktes vor.

Fraglich ist es, ob auch die jeweiligen Netze der Unternehmen einen solche wesentlichen Teil darstellen. Dies ist jedenfalls immer dann anzunehmen, wenn eine größere Region des Staatsgebietes davon umfasst ist[995]. Für die Fernleitungsebene, in denen sich die räumlich relevante Marktabgrenzung nach den jeweiligen Netzen der Unternehmen richtet, kann daher in der Regel davon ausgegangen werden, dass eine größere Region des Staatsgebietes betroffen ist. Für die regionalen Versorger ist darüber hinaus anerkannt, dass territorial begrenzte Monopole, die alle zusammen das staatliche Hoheitsgebiet umfassen, für die Einordnung wie ein einzelnes Monopolunternehmen behandelt werden können, vor allem dann, wenn staatliche Maßnahmen für diese Monopolverteilung ursächlich sind[996].

Für Speicheranlagen sowie die LNG-Terminals, - sollte man zu dem Schluss kommen, dass deren räumlich relevanter Markt nicht in den nationalen Grenzen zu sehen ist, sondern regional beschränkt -, ist in jedem Fall davon auszugehen, dass sie jeweils größere Regionen des Staatsgebietes umfassen und daher auch einen wesentlichen Teil des Binnenmarktes.

Da auch die einzelne Importpipeline als eigenständiger Markt anzusehen ist, ist fraglich, inwiefern auch hier eine Beherrschung eines wesentlichen Teils des Binnenmarkts vorliegt. Hierbei ist zu beachten, dass bei einigen Gebieten die Kriterien der Größe und der Bevölkerung vollständig in den Hintergrund treten können[997]. Die Kommission hat in den Leitlinien über den Begriff der Beeinträchtigung des zwischenstaatlichen Handels in den Artikeln 81 und 82 festgelegt, dass für den Fall, dass einzelne Infrastruktureinrichtungen betrachtet werden, insbesondere berücksichtigt werden muss, in welchem Ausmaß die betreffende Infrastruktureinrichtung genutzt wird um grenzüberschreitende Dienstleistungen zu ermöglichen[998]. Ist die Einrichtung für die Erbringung grenzüberschreitender Dienstleitungen wichtig, kann der Handel zwischen den Mitglieds-

994 u.a. für Deutschland, EuGH, Rs. C. 7/82, *GVL*, Slg. 1983, 483, Rn. 44 – EuGH, Rs. C-41/90, *Höfner und Elsner*, Slg. 1991, I-1979, Rn. 28; Großbritannien, EuGH, 41/83, *British Comunications,* Slg. 1985, 873, Rn. 2; Spanien; Kommission., ABl. 1990 L 233/19, Rn.9 – *Spanische Eilkurierdienste.*

995 z.B für Süddeutschland, Kommission, Entscheidung *Europäische Zuckerindustrie*, Abl. 1973, Nr. L 140 S. 17, 38, NBIM, ABl. 1981 Nr. L. 353 S. 33, (40) (Rn. 34), EuGH, 16.12.1975 – Rs. 40/73 u.a., Slg. 1975, 1663, Rn. 441 ff.

996 *Wolf,* in BK, Bd. 2, Art. 102 AEUV, Rn. 58, m.w.N.

997 *Eilmansberg,* in Münch/Komm, Art. 82 EG, Rn. 591.

998 Bekanntmachung der Kommission vom 27.04.2004Leitlinien über den Begriff der Beeinträchtigung des zwischenstaatlichen Handels in den Artikeln 81 und 82 des Vertrags (2004/C 101/07) Rn. 98.

staaten spürbar beeinträchtigt werden, und damit eine beherrschende Stellung auf zumindest einem wesentlichen Teil des Binnenmarktes vorliegen[999]. Da der Zweck einer Transitpipeline vor allem darin liegt, Grenzen zu überschreiten, sei es innerhalb des gemeinsamen Marktes oder sei es um Gas für den gemeinsamen Markt zu importieren, stellt auch eine solche Transitleitung einen wesentlichen Teils des Binnenmarktes dar.

2. Missbrauch

Art. 102 AEUV untersagt die missbräuchliche Ausnutzung einer beherrschenden Stellung auf dem Binnenmarkt oder auf einem wesentlichen Teil desselben durch ein oder mehrere Unternehmen, soweit dies dazu führen kann, den Handel zwischen den Staaten zu beeinflussen. Die missbräuchliche Ausnutzung einer beherrschenden Stellung wird von der ständigen Rechtsprechung definiert als alle *„Verhaltensweisen eines Unternehmens (...), die die Struktur des Marktes beeinflussen können, auf dem der Wettbewerb gerade wegen der Anwesenheit des fragilen Unternehmens bereits geschwächt ist, und die die Aufrechterhaltung des auf dem Markt noch bestehenden Wettbewerbs oder dessen Entwicklung durch die Verwendung von Mitteln behindern, welche von den Mitteln eines normalen Produkt- oder Dienstleistungswettbewerbs auf der Grundlage der Leistung der Marktbürger abweichen“*[1000]. Fraglich war hierauf aufbauend zunächst, ob hiervon auch die Verweigerung des Zugangs zu Infrastruktureinrichtungen umfasst ist.

Nachdem die Kommission zunächst die „Commercial Solvents-Doktrin“ anwendete[1001], um festzustellen, dass ein Missbrauch auch in dem Abbruch von Lieferbeziehungen zu sehen sein kann, bediente sie sich ab Anfang der 90er Jahre der „Essential-Facilites“Doktrin, da der bisherige Ansatz nicht erklären konnte warum ein Missbrauch auch dann vorliegen kann, wenn einem Wettbewerber der Zugriff auf betriebsintern genutzte Ressourcen verweigert wird[1002]. Ein Missbrauch liegt nach dieser Doktrin immer dann vor, „wenn ein Unternehmen eine wichtige Anlage besitzt oder verwaltet oder selbst nutzt, d.h. eine Anlage oder eine Infrastruktur, ohne die seine Wettbewerber ihren Kunden keine Dienstleistungen anbieten können, und wenn es seinen Wettbewerbern den Zugang zu dieser Anlage verweigert“[1003]. Dieser Maßgabe folgend liegt ein Missbrauch in den Fällen vor, in denen der Zugang zu der „essential-facility“, hier dem Gasnetz, verweigert wird und der Zugangsbegehrende auf die Benutzung

999 Bekanntmachung der Kommission vom 27.04.2004,Leitlinien über den Begriff der Beeinträchtigung des zwischenstaatlichen Handels in den Artikeln 81 und 82 des Vertrags,(2004/C 101/07) Rn. 98.
1000 EuGH, 13.02.1919, RS. 85/76, *Hoffmann-La Roche*, Slg.1979, 461,541 Tz. 941.
1001 EuGH, v. 6.3.1974, Rs. 6&7/73, *Commercial Solvents,* Slg. 1974, 223.
1002 *Höppner,* Netzveränderung im Zugangskonzept, S. 213.
1003 Kommission, v. 21.12.93, *Hafen von Rodby,* Abl. EG 1994 L 55/52 Tz. 12.

der Einrichtung angewiesen ist, damit er auf einem vor- oder nachgelagerten Markt wirtschaftliche Tätigkeit ausüben kann und die Verweigerung des Zugangs nicht objektiv zu rechtfertigen ist.[1004]. Im Gassektor ist eine Zugangsverweigerung zu den Netzen wegen ihrer Charakteristika als natürliches Monopol regelmäßig dazu geeignet, den Wettbewerb auszuschalten[1005], da die Nutzung des Netzes zwingende Voraussetzung für Entstehung von Wettbewerb ist[1006]. Daraus folgt, dass wenn der Zugang zu dem entsprechenden Netz verweigert wird und es hierfür keine sachliche Rechtfertigung gibt, wobei insbesondere die Versorgungssicherheit einen solchen Grund darstellen kann, regelmäßig ein Missbrauch vorliegt.

a) Behinderungsmissbrauch durch Netzzugangsverweigerung

Als anerkannter Missbrauch einer marktbeherrschenden Stellung kann der Behinderungsmissbrauch durch Kapazitätsbuchungsverträge gesehen werden[1007]. Voraussetzung hierfür ist es, dass durch bestehende Verträge eine so große Kapazität reserviert wurde, dass mangels ausreichender Kapazitäten der Zugang für Dritte erschwert wird[1008]. Aufgrund entgegenstehender Verträge ist der Netzbetreiber nämlich zunächst berechtigt, wegen des vertraglichen Engpasses den Netzzugang zu verweigern, so dass die Zugangsbegehren Dritter verweigert werden. Die Kommission hat in einer Erklärung zur Verpflichtungserklärung von *ENI SpA* hierzu verkündet, dass eine solche missbräuchliche Verweigerung daher vermutet wurde, da das marktbeherrschende Unternehmen über die Importkapazitäten verfügt und der Anreiz bestanden haben könnte, diese anderen Wettbewerbern nicht zur Verfügung zu stellen, um die Gewinnspanne auf dem nachgelagerten nationalen Gasversorgungsmarkt zu schützen[1009].

Ein Unterfall hiervon betrifft den Fall, dass die gebuchten Kapazitäten über den objektiv vorausgesagten Verbrauch hinausgehen, also eine sogenannte Kapazitätshortung vorliegt[1010]. Eine solche Verhaltensweise stellt ohne sachliche Rechtfertigung regelmäßig einen Behinderungsmissbrauch dar[1011].

Die Einordnung als Missbrauch gilt aber grundsätzlich nicht nur für den Fall, dass der Zugang vollständig wegen entgegenstehender Verträge verweigert

1004 *Eilmannsberger* in Münch/Komm Art. 82 EG Rn. 322. *Wolf,* BK, Bd. 2, Art. 102 AEUV, Rn. 89.
1005 *Wolf,* BK, Bd. 2, Art. 102 AEUV, a.a.O. mit Verweis auf *Mestmäcker/Schweitzer,* § 18 Rn. 65.
1006 Siehe hierzu Kapitel I, C, II, 4, a).
1007 Kommission, Entsch. v. 27.8.2003, COMP/37.685, Abl. EU 2004 Nr. L 11/17, Rn. 124 *GVG/FS.*
1008 *Wolf,* BK, Bd. 2, Art. 102 AEUV Rn. 69 m.w.N.
1009 Siehe hierzu COMP, Mitteilung der Kommission vom 29. September 2010, IP/10/1197.
1010 *Wolf,* BK, Bd. 2, Art. 102 AEUV, Rn. 71.
1011 *Wolf,* BK, Bd. 2, Art. 102 AEUV, Rn. 71.

wird, sondern auch dann, wenn statt fester Kapazitäten nur unterbrechenbare Kapazitäten angeboten werden[1012]. oder statt Primär-, nur Sekundärkapazitäten erhältlich sind[1013].

Ob die Kapazitätsbuchung durch ein mit dem Netzbetreiber verbundenes Unternehmen durchgeführt wurde, oder es sich um einen unabhängigen marktbeherrschenden Netznutzer handelt, ist hierfür irrelevant. Für den ersten Fall kann die Buchung dem Netzbetreiber zugerechnet werden[1014], wohingegen im Fall des unabhängigen Nutzers dieser verantwortlich ist und eine Art „Sperrkauf" vorliegt[1015].

Zu klären ist hier, inwiefern ein solches missbräuchliches Verhalten schon ausreichend durch das sektorspezifische Sekundärrecht vermieden wird. Weder die GasRL noch die VO 715/2009 stellen Bedingungen für den nationalen Gesetzgeber auf, ein solches Verhalten *ex ante* zu verhindern. Zwar enthalten sie Vorgaben für das Engpassmanagement (Art. 16 Abs. 3 und 17 Abs. 3 VO 715/2009), dieses verhindert aber gerade nicht die missbräuchliche Kapazitätsbuchung an sich, sondern betrifft die Frage, wie in dem Fall eines vertraglichen Engpasses, gegebenenfalls ausgelöst durch eine missbräuchliche Kapazitätsbuchung, mit diesem umgegangen wird. Einzig ein Verbot wegen des Verstoßes gegen das allgemeine Diskriminierungsverbot kommt hier in Betracht. Insbesondere für langfristige Lieferverträge besagt Art. 32 Abs. 3 GasRL, dass die Richtlinie dem Abschluss langfristiger Verträge solange nicht entgegensteht, sofern diese mit den Wettbewerbsregeln der Gemeinschaft im Einklang stehen, so dass ausdrücklich eine parallele wettbewerbsrechtliche Prüfung notwendig sein soll. Darüber hinaus besteht für die Mitgliedstaaten ein Umsetzungsspielraum, gerade im Bezug auf den Begriff der Diskriminierung und die Vergabemöglichkeiten von Kapazitäten. Daher ist eine ausschließliche Betrachtung der GasRL und der VO 715/2009 nicht ausreichend, so dass das Diskriminierungsverbot aus Art. 102 AEUV zumindest als Auslegungshilfe heranzuziehen ist und gegebenenfalls eine parallele Prüfung des Art. 102 AEUV geboten erscheint.

Eine davon abweichende Einschätzung ergibt sich auch nicht aus den vorgeschlagenen Rahmenleitlinien als Grundlage der Netzkodizes. Selbst wenn diese in naher Zukunft über das Komitologieverfahren Verbindlichkeit verliehen bekommen, besagen diese nur, dass mindestens 10 % der Grenzübergangskapazi-

---

1012 Siehe hierzu COMP, Mitteilung der Kommission vom 19. März 2009, MEMO/09/120.
1013 Bundeskartellamt, Beschluss, B 8 – 59/07. Rn. 32.
1014 *Wolf,* BK, Bd. 2, Art. 102 AEUV.
1015 *Wolf,* BK, Bd. 2, Art. 102 AEUV, zur Marktbehrrschung auf Nachfragerseite; *Möschel,* Immenga/Mestmäcker, Art. 82, Rn. 250.

täten als Kurzzeitkapazitäten anzubieten sind[1016]. Eine solche geringe Anzahl kann den Behinderungsmissbrauch jedenfalls nicht vollständig ausschalten. Darüber hinaus ist noch nicht abschließend geklärt, ob diese Begrenzung auch auf Altverträge anzuwenden ist, oder ob sie auf neue Verträge beschränkt bliebe.

aa) Deutschland

Möglicherweise genügen aber die jeweiligen nationalen Bereitstellungsverpflichtungen, um einen solchen Behinderungsmissbrauch durch Kapazitätsbuchungen schon *ex ante* zu verhindern.

In Deutschland ist, wie bereits mehrfach erwähnt, durch § 14 Abs. 1 der neuen GasNZV eine Regelung eingeführt worden, wonach gemäß § 14 Abs. 1 GasNZV an den Grenzen zu anderen Staaten 20% der technischen Jahreskapazitäten für Vertragslaufzeiten von bis zu zwei Jahren reserviert sind und nur 65 % der Kapazitäten Vertragslaufzeiten von mehr als vier Jahren haben dürfen. Diese Regelung bleibt jedoch hinter den vom Bundeskartellamt aufgestellten Grundsätzen, die sich an den Grenzen für langfristige Lieferverträge orientieren, zurück. Hiernach sollten nämlich nicht nur 20 % der technischen Kapazitäten für einen Zeitraum bis einschließlich zwei Jahren vergeben werden, sondern auch nur 50 % für einen Zeitraum von mehr als vier Jahren[1017] . Da diese Regelungen jedoch nur auf neue Verträge anwendbar sind[1018], sind sie für die Betrachtung der überwiegenden Mehrzahl der Verträge nicht einschlägig. Die Abschottung des Marktes durch langfristige Verträge beruht nämlich vor allem auf Verträgen, die vor Inkrafttreten der GasNZV oder sogar vor Inkrafttreten des EnWG a.F. abgeschlossen wurden[1019]. Demnach enthält die GasNZV mit der Laufzeitbeschränkung aus § 14 Abs. 1 GasNZV keine sektorspezifische Handhabe, um diesem Missbrauch effektiv zu begegnen. Dies könnte sich, abhängig von der Neugestaltung des EnWG, aber in Zukunft noch ändern.

Darüber hinaus gibt es die Freigabeverpflichtungen nach § 16 GasNZV. Fraglich ist, ob diese Verpflichtungen schon im Vorfeld einen Behinderungsmissbrauch verhindern können, so dass eine Anwendung des Art. 102 AEUV entbehrlich wäre.

1016 Capacity Allocation on European Gas Transmission Networks-Pilot Framework Guideline-, Ref: E10-GWG-66-03, vom 10 June 2010, Punkt 2.2 auf S.6.

1017 für langfristige Lieferverträge vgl. BGH, Beschluss vom 10.2.2009, KVR 67/07 - Gaslieferverträge = WuW/E DE-R 2679ff, für langfristige Kapazitätsbuchungsverträge Bundeskartellamt, Sektoruntersuchung Kapazitätssituation in den deutschen Gasfernleitungsnetzen; S.30.

1018 Siehe ausführlich unter Kapitel 1, C. 4. c) (2) (c) .

1019 Monopolkommission: Sondergutachten 54, Strom und Gas 2009 Energiemärkte im Spannungsfeld von Politik und Wettbewerb u.a s. 26, 149, 173.

Das „use-it-or-lose-it"-Prinzip gemäß **§ 16 Abs. 3 GasNZV** kann einen solchen Beitrag jedenfalls nicht leisten, da es offensichtlich Teil des Engpassmanagement ist und dem entsprechend erst bei dem Eintritt von Engpässen eingreift, diese aber nicht *ex ante* verhindern kann[1020].

Eine davon abweichende Betrachtung könnte sich jedoch für die Freigabeverpflichtungen aus **§ 16 Abs. 1 und 2 GasNZV** ergeben. Beinhalteten die Regelungen der alten GasNZV das Problem, dass selbst wenn eine Pflicht zur Freigabe von Kapazitäten bestand, diese dann entweder als „day-ahead" und unterbrechenbare Kapazitäten oder nur als kurzfristige Sekundärkapazitäten angeboten wurden und damit weniger wert waren als feste Primärkapazitäten[1021], stellt sich dieses Problem nach der neuen GasNZV nicht mehr in diesem Maße. Indem nach § 16 Abs. 1 GasNZV die Transportkunden ***verpflichtet*** werden, die ungenutzten Kapazitäten entweder selbst als Sekundärkapazitäten anzubieten oder dem Fernleitungsnetzbetreiber zur Verfügung zu stellen, wird dafür gesorgt, dass aufgrund der Verpflichtung eine Belebung des Sekundärmarkts eintreten wird. Indem außerdem die Möglichkeit geschaffen wird, finanzielle Anreize für die Freigabe der Kapazitäten zu schaffen, ist davon auszugehen, dass der Sekundärmarkt in der Form belebt wird, dass jegliche Art von Kapazitäten - vermutlich auch langfristige - zu buchen sein werden, so dass von einer erhöhten Substituierbarkeit ausgegangen werden kann als es noch bis heute der Fall ist. Des Weiteren wird nach § 16 Abs. 2 GasNZV dafür gesorgt, dass nicht mehr nur unterbrechenbare Kapazitäten, sondern auch feste Kapazitäten auf dem Primärmarkt angeboten werden müssen. Zusätzlich hierzu wird, anders als in der Vorgängerregelung, der Netzbetreiber nicht mehr nur berechtigt, sondern verpflichtet, die Kapazitäten „day-ahead" anzubieten. Zwar handelt es sich bei den anzubietenden Kapazitätsprodukten auf dem Primärmarkt „nur" um „day-ahead" Kapazitäten, sobald diese aber aufgrund der Verpflichtung in einem so hohen Maß angeboten werden, dass von einem liquiden Markt gesprochen werden kann, ist auch hier von einer echten Alternative aus Nachfragersicht zu den ursprünglich zu buchenden Kapazitäten auszugehen.

Indem also Verpflichtungen begründet werden, die nicht genutzten Kapazitäten entweder von den jeweiligen Händlern selbst oder von den Netzbetreibern anbieten zu lassen, greift eine *ex ante* Pflicht, die, anders als das originäre Engpassmanagement, nicht auf Situation vertraglicher Engpässe beschränkt ist, son-

---

1020 Siehe hierzu *Wolf*, BK, Bd. 2 Art. 102 AEUV Rn. 71, der das Engpassmanagement als „Second-best-Lösung begreift.

1021 Für die unterbrechenbaren Kapazitäten ergibt sich der geringere Wert direkt aus dem Unterbrechnungsrisiko. Bezüglich der Sekundärkapazitäten stellte das Bundeskartellamt nach einer Befragung von Gashändlern in einem Beschluss fest, dass aus Nachfragersicht keine Substituirbarkeit von Primär und Sekundärkapazitäten geben ist und Sekundärkapazitäten daher keine gleichwertige Alternative darstellen. Bundeskartellamt, Beschluss vom 12.10.2007, B 8 – 59/07.

dern unabhängig von diesen eingreift. Eine solche Verpflichtung kann bei einem reibungslosen Ablauf dazu führen, dass ein Behinderungsmissbrauch durch Kapazitätsbuchungen erschwert wird, da die übrigen Wettbewerber vergleichbare Kapazitäten entweder auf dem Sekundärmarkt oder auf dem „day-ahead“ Markt buchen können. Das könnte dazu führen, dass die für das Vorliegen des Behinderungsmissbrauchs durch Kapazitätsbuchung notwendige Abschottung des Marktes und dadurch Erschwerung des Netzzugangs für Dritte entfällt. Dies wäre allerdings nur dann der Fall, wenn durch die Buchung der Kapazitäten insofern keine Erschwerung des Zugangs und damit keine Beeinträchtigung des Wettbewerbs i.S.d Art. 102 AEUV mehr vorliegt, als dass es für die Petenten tatsächlich möglich ist, entweder Kapazitäten auf dem Sekundärmarkt oder dem „day-ahead“ Markt zu buchen und eine solche Buchung aus Sicht des Nachfragers vergleichbar mit der ursprünglich begehrten Buchung ist. Bei Vorliegen einer solchen Situation könnte nicht mehr von einer Behinderung ausgegangen werden.

Ob eine solche Situation jedoch tatsächlich eintritt, hängt größtenteils von den Marktteilnehmern - insbesondere von den Netzbetreibern - ab. Da diese für das Angebot der Kapazitäten verantwortlich sind, muss sich zunächst zeigen, inwiefern sie tatsächlich den gesetzlich auferlegten Verpflichtungen nachkommen, und ob die so verbesserte Liquidität des Sekundär- und des „day-ahead“-Marktes dazu führt, dass diese Kapazitäten ein Substitut für die ursprünglich zu erwerbenden langfristigen Kapazitäten darstellen. Darüber hinaus ist die Situation der einzelnen Händler zu beachten. Da eine Einordnung als Behinderungsmissbrauch größtenteils auf einer Abwägung der Interessen der Beteiligten unter Berücksichtigung des Schutzzwecks des Art. 102 AEUV beruht[1022], wird sich zeigen müssen, ob für die Wettbewerber eine solche Kapazitätsbuchung eine Verschlechterung bzw. Beeinträchtigung des Wettbewerbs darstellt, so dass damit die Entwicklung des Marktes geschwächt wird oder aber, ob kein Missbrauch mehr i.S.d Art. 102 AEUV vorliegt, da aufgrund der hohen Liquidität und des vergleichbaren Angebotes eine Substituierbarkeit besteht. Sollte dies der Fall sein, wird der Art. 102 AEUV für die Fälle des Behinderungsmissbrauchs durch Kapazitätsbuchungen erheblich an Bedeutung verlieren.

Als weiterer Unterfall kommt der Behinderungsmissbrauch wegen Verweigerung des **Speicherzugangs** in Betracht. Es stellt sich nämlich das Problem, dass mangels Verfügbarkeit von Speicherkapazitäten grundsätzlich der Wettbewerb auf dem deutschen Gasmarkt behindert wird. Wie bereits dargestellt[1023], bedarf es aber des Zugangs zu den Speicheranlagen, damit ein wirksamer Wettbewerb

1022 *Möschel,* in Immenga/Mestmäcker, Art. 82 EGV, Rn. 163.
1023 Siehe Kapitel 2. E. I. 3.

auf dem Versorgermarkt entstehen kann[1024]. Da folglich eine Verweigerung des Zugangs zu Speicheranlagen bei Vorliegen der entsprechenden Voraussetzungen unmittelbare Folgen für die Wettbewerbsfähigkeit eines Händlers auf dem Gasmarkt hat (insbesondere für kleinere, neu am Markt auftretende Händler), muss das Missbrauchsverbot auch auf die Fälle der langfristigen Kapazitätsbuchung bzw. Hortung bei Speichern anzuwenden sein. Voraussetzung hierfür ist es, dass der Speicherzugang wirtschaftliche Vorteile i.S.d. „Portfoliomanagements"[1025] sichern soll. Dient die gebuchte Speicherkapazität ausschließlich der Versorgungssicherheit im technischen Sinne, (z.B. strategische Reserve, Optimierung des Netzes), muss sie vom Missbrauchsvorwurf ausgenommen werden. Inwiefern eine solche Abgrenzung vorgenommen werden kann, ist im Einzelfall zu prüfen.

Für den Fall, dass die Buchung von Speicherkapazitäten den wirtschaftlichen Vorteil und damit die Konkurrenzfähigkeit absichern soll, kann ebenso wie bei den Fernleitungsnetzen der Zugang nur verweigert werden, wenn eine Gewährung nicht möglich oder unzumutbar ist. Andernfalls würde die Verweigerung sowohl gegen Art. 102 AEUV als auch gegen das Diskriminierungsverbot aus § 28 Abs. 1 EnWG verstoßen. Für den Fall der Kapazitätsverweigerung bedeutet dies also, dass auch in diesem Fall die Unzumutbarkeit zunächst danach beurteilt wird, ob die zugrundeliegenden Verträge wirksam sind.

Hier kommen zum einen die jeweiligen Lieferverträge in Betracht, für welche ein Speichervolumen notwendig ist als auch die Kapazitätsbuchungsverträge, die notwendig sind, um die Speicheranlage erreichen bzw. das Marktgebiet verlassen zu können. Da die beiden Verträge jedoch fast immer zusammen beurteilt werden können (s.o), liegt bei der Unwirksamkeit von einem der Verträge dann auch regelmäßig ebenfalls eine Unwirksamkeit der Speicherverträge vor (zumindest wenn dieser ausschließlich dem wirtschaftlichen Vorteil dient). Sobald jedoch wettbewerbsrechtlich geklärt wurde, dass die den Speicherkapazitäten zu Grunde liegenden Lieferverträge bzw. Gasbezugsverträge und Kapazitätsbuchungsverträge wirksam sind, stellt sich die Frage, ob die Speicherkapazitätenbuchung an sich missbräuchlich ist. Eine solche Situation könnte sich zum Beispiel dann ergeben, wenn der Speichernutzer über mehrere Liefer- bzw. Kapazitätsbuchungsverträge verfügt, die für sich genommen den wettbewerbsrechtlichen Regeln entsprechen, zusammen gesehen aber ein solches Speichervolumen begründen, dass dieses den größten Teil der Speicherkapazitäten innerhalb eines Marktgebietes blockiert.

1024 *Fischerauer,* Regulierung des Zugangs zu Speicheranlagen, S. 82.

1025 Zur Unterscheidung der Funktion von Speichern nach „Portfoliomanagement" und „Versorgungssicherheit" siehe, *Wolf,* in BK, Bd. 2, Art. 102 AEUV Rn. 85.

Neben den wettbewerbsrechtlichen Problemen stellt sich hier wiederum die Frage, ob eine solche missbräuchliche Buchung wirksam durch das sektorspezifische Sekundärrecht verhindert werden kann, oder ob es zusätzlich der Missbrauchsaufsicht nach Art. 102 AEUV bedarf.

Als Möglichkeit, einen solchen Missbrauch *ex ante* zu verhindern, könnte Art. 15 Abs. 2 lit. b) VO 715/2009 angesehen werden, der besagt, dass den Speicheranlagennutzern sowohl lang- als auch kurzfristige Dienstleitungen anzubieten sind. Sollten genügend kurzfristige Dienstleistungen angeboten werden, könnte ein Missbrauch verhindert werden. Da die VO aber keine mengenmäßigen Vorgaben trifft, lässt sich daraus keine konkrete Pflicht für die Speicherbetreiber ableiten, auch genügend kurzfristige Speicherkapazitäten anzubieten. Ein wirksamer Schutz gegen den Missbrauch in Form von Kapazitätsbuchung ergibt sich daraus demnach nicht.

Darüber hinaus finden sich nur die Engpassmanagementregeln aus Art. 17 VO 715/2009, die wegen der Notwendigkeit bestehender Engpässe ebenfalls ungeeignet sind. Die neue GasNZV ist auf die hier betrachteten Speicheranlagen nicht anwendbar und auch die GGPSSO werden dieser Aufgabe nicht gerecht. Zwar sehen die GGPSSO in Ziff. 4.4 ein kurzfristiges „Use-it-or-lose -it“ vor, jedoch beschränkt sich dieses auch auf bestehende vertragliche Engpässe.

Es bleibt damit - wie bei den Fernleitungen - die Möglichkeit eines Verstoßes gegen das allgemeine Diskriminierungsverbot aus Art. 33 GasRL bzw. aus § 28 Abs. 1 EnWG sowie gegen Art. 102 AEUV . Ob schon die Vergabe der Kapazitäten einen Verstoß begründet, bleibt somit zumindest auch eine Frage der wettbewerbsrechtlichen Einordnung.

bb) Spanien

Das Problem des Behinderungsmissbrauchs durch Kapazitätsbuchungen kann grundsätzlich auch auf Spanien zutreffen. Jedoch besteht hier die Situation, dass auf Fernleitungsebene keine vertikal integrierten Unternehmen existieren, so dass das Horten von Kapazitäten bzw. die Buchung von Kapazitäten jedenfalls nicht dem Netzbetreiber zugerechnet werden kann, sondern ausschließlich dem marktbeherrschenden Nachfrager[1026].

1026 Auf Verteilernetzebene besteht eine zwar stark ausgeprägte vertikale Integration, insbesondere durch Gas Natural SDG S.A. Da hier in den Ausspeisenetzen aber normalerweise keine Kapazitätsengpässe entstehen, ist der Behinderungsmissbrauch durch Kapazitätsbuchungsverträge auf dieser Ebene mangels Erschwerung des Zugangs für Dritte nicht möglich

Davon abgesehen, hat der spanische Gesetzgeber anscheinend die notwendigen Maßnahmen getroffen, um über das sektorspezifische Regulierungsecht einen solchen Missbrauch schon *ex ante* wirksam zu verhindern.

Für den Zugang zu den wichtigsten Importeinrichtungen, den **LNG-Anlagen,** bedeutet es, zumindest dann, wenn der nationale Markt als räumlich relevanter Markt angesehen wird, dass durch die Zuweisungsregeln in Art. 6 Abs. 6 S. 2 RD 949/2001, wonach mindestens 25 % der Kapazitäten für kurzfristige Kapazitäten zur Verfügung gestellt werden müssen, ein Missbrauch nicht stattfindet. Zwar war diese Regelung nur auf Neuverträge anwendbar, und die Mengenbeschränkung auf 75 % für langfristige Verträge ist nicht besonders weitgehend[1027]; aber begünstigt durch die Erweiterung der Kapazitäten von drei LNG-Anlagen auf sechs treten in der Praxis jedoch keine Engpässe mehr auf, so dass auch ein Missbrauch durch Verknappung in Form von Kapazitätsbuchung nicht mehr stattfinden kann[1028].

Bezüglich der Transitkapazitäten zu Frankreich treten zwar Engpässe auf, da die Kapazitäten jedoch in Form eines „pro-rata"-Verfahrens vergeben werden, bei dem die längsten Laufzeiten vier Jahre betragen und nur 80 % der Kapazitäten für Laufzeiten von über zwei Jahren vergeben werden dürfen, wird auch hier eine Marktabschottung wirksam verhindert.

Ähnlich ist die Situation bei den Importen über Marokko. Auch wenn hier Kapazitätsengpässe auftreten, wurde durch die Neuzuteilung im Rahmen des „Gas-Release"-Programms von 25 % der Kapazitäten im Jahre 2001 dafür gesorgt, dass eine Marktabschottung verhindert wurde. Sobald in naher Zukunft die neue Transitleitung MEDGAZ in Betrieb genommen wird, ist darüber hinaus davon auszugehen, dass freie Kapazitäten zur Verfügung stehen werden. Ein Missbrauch in Form von langfristigen Kapazitätsbuchungen findet folglich auch nicht statt.

Als letzter Punkt sind die Speicheranlagen anzusprechen. Auch für diese trifft das nationale Recht so weitgehende Regelungen, dass für den Art. 102 AEUV kein Anwendungsbereich bleibt. Indem die Kapazitäten alljährlich aufs Neue zu 90 % proportional zum tatsächlichen Verbrauch (bzw. prognostiziertem Verbrauch) vergeben werden und die übrigen 10 % im Rahmen einer Versteigerung zugeteilt werden, ist ein Behinderungsmissbrauch durch Kapazitätsbuchung unmöglich. Zwar stellt das geringe verfügbare Speichervolumen in Spanien eben-

---

1027 gemessen an den vom Bundeskartellamt aufgestellten Grenzen, siehe hierzu Kapitel 2, E. I. 1. d) dd).

1028 Der wohl letzte hierzu aufgetretene Missbrauch fand 2002 statt und wurde durch das Tribunal de Defensa de la Competencia mit Strafzahlung geahndet. Resolución, (Expt, 580/04), vom 16. Juni 2005.

falls ein bedeutendes Wettbewerbshindernis insbesondere für neue Wettbewerber dar[1029]. Dieses Problem beruht jedoch ausschließlich auf den tatsächlichen Gegebenheiten und nicht auf den Verhaltensweisen i.S. eines Behinderungsmissbrauchs eines marktbeherrschenden Unternehmens.

In Spanien besteht folglich eine Situation, in der die sektorspezifischen Kapazitätszuweisungsregeln schon *ex ante* dafür Sorge tragen, dass ein Behinderungsmissbrauch durch Netzzugangsverweigerung aufgrund von marktabschottender Wirkung der langfristigen Buchungsverträge nicht stattfinden kann. Für einen Zugangsanspruch nach Art. 102 AEUV fehlt diesbezüglich schon der Anwendungsbereich.

cc) Bevorzugung von Lieferverträgen, die vor der Liberalisierung abgeschlossen wurden

Möglicherweise liegt aber weder ein Verstoß gegen sektorspezifisches Recht noch gegen das Missbrauchsverbot aus Art. 102 AEUV durch den Abschluss von langfristigen Buchungsverträgen vor. Eine solche Schlussfolgerung könnte sich aus einer Bevorzugung der vor der Liberalisierung abgeschlossenen Verträge ergeben. Eine solche Bevorzugung könnte dafür sorgen, dass vor der Liberalisierung abgeschlossene Verträge auch *ex post* durch das Diskriminierungsverbot der GasRL nicht beeinträchtigt werden und wegen der Auslegungshilfe, die das Sekundärrecht geben kann[1030], auch Einfluss auf die wettbewerbsrechtliche Einordnung haben.

Gegen eine solche Einordnung spricht zum einen, dass auch schon vor der Liberalisierung abgeschlossene Verträge grundsätzlich den Bestimmungen des EG-Vertrages genügen mussten. Art. 3 Abs. 2 der Richtlinie 91/296/EWG sagte sogar ausdrücklich, dass die Transitbedingungen entsprechend den Bestimmungen des Vertrages nicht diskriminierend sein dürfen. Darüber hinaus betont Art. 32 Abs. 3, GasRL dass der Abschluss von langfristigen Verträgen im Einklang mit den Wettbewerbsregeln der Gemeinschaft stehen muss. Zwar wird hierdurch nicht deutlich, dass damit auch bestehende Verträge gemeint sind, jedoch ist eine solche Schlussfolgerung durch die Systematik angebracht. Bestimmte noch Art. 32 Abs. 1 GasRL 2003, dass Verträge, die gemäß Art. 3 Abs. 3 der Richtlinie 91/296/EWG abgeschlossen wurden, weiterhin Geltung haben, findet sich eine solche Regelung in der GasRL nicht mehr. Darüber hinaus wurde im Gegensatz zu Art. 5 Abs. 4 VO 1775/2005 nunmehr mit Art. 16 Abs. 3 der VO 715/2009 ausdrücklich bestimmt, dass das Engpassmanagement nicht mehr nur auf neue, sondern auch auf Altverträge anzuwenden ist. Hierdurch hat der euro-

---

1029 CNE, Informe sobre evolución de la Competencia en los mercados de gas y elctricidad S. 50.
1030 *Wolf*, BK, Bd. 2, Art. 102 AEUV, Rn. 99.

päische Gesetzgeber deutlich gemacht, dass eine Privilegierung der Altverträge gerade nicht mehr gewollt ist.

Zum anderen stellen die Art. 101, 102 AEUV Primärrecht dar, so dass selbst eine Nichtanwendung des Diskriminierungsverbotes aus dem sektorspezifischen Sekundärrecht einer Überprüfung der Rechtmäßigkeit nach dem Primärrecht nicht entgegen stehen würde[1031]. Zwar kann das Sekundärrecht als Auslegungshilfe herangezogen werden, wegen der Normenhierarchie kann es diesem aber nicht gänzlich entgegenstehen.

b) Behinderungsmissbrauch durch fehlenden Netzausbau

Im Zusammenhang mit dem Behinderungsmissbrauch wegen der Verweigerung des Zugangsbegehrens ist neben der Tatsache das alle existierenden Kapazitäten bereits vergeben sind, ein besonderes Augenmerk darauf zu richten, dass grundsätzlich zu knappe Kapazitäten angeboten wurden. Fraglich ist in einer Situation in der nicht ausreichend Kapazitäten vorhanden sind, ob ein Missbrauch schon in dem mangelhaften Ausbau gesehen werden kann. Eine solche Situation ist jedoch äußerst selten. Anders als im Elektrizitätsbereich stellt sich das Problem physischen Kapazitätsengpässe innerhalb des Gasnetzes der EU sehr selten. Der ganz überwiegende Anteil der Engpässe beruht ausschließlich auf vertraglichen Engpässen[1032]. Aufgrund der praktischen Ausrichtung der Arbeit, kann daher auf eine ausführliche Darstellung verzichtet werden[1033].

II. Fazit

Die Verpflichtung zur Bereitstellung der Kapazitäten, die für einen Netzzugang notwendig sind, ergibt sich neben den jeweiligen nationalen sektorspezifischen Netzzugangsregeln auch aus dem Art. 102 AEUV. Der Anwendungsbereich des Art. 102 AEUV wird auch durch das neu eingeführte bzw. verschärfte Engpassmanagement der VO 715/2009 nicht eingeschränkt. Es liegt allerdings in der Hand der Gesetzgeber dafür zu sorgen, dass die praktisch bedeutendsten Anwendungsfälle des Behinderungsmissbrauchs, nämlich die Marktabschottungen durch langfristige Kapazitätsbuchungen, durch wirksame *ex ante* Zuweisungsmechanismen an Relevanz verlieren. Der spanische Gesetzgeber hat mit seinen weitreichenden Beschränkungen schon frühzeitig dafür gesorgt, dass über

---

1031 *Gräper/Schoser,* in Jones EU Energy law Volume I, The internal Energy market, The third liberalisation Package, S. 66, *Wolf,* BK, Bd. 2, Art. 102 AEUV, Rn. 100.

1032 Kommission, DG Competition Report, Energy Sector Inquiry, SEC (2006) 1724, v. 10. Januar 2007, S. 70.

1033 Das selbe gilt für die Speicheranlagen. Besitzt Deutschland ein ausreichend großes Speichervolumen und stellt sich daher auch hier vor allem das Problem der Zuteilung von Kapazitäten, scheitert in Spanien ein Ausbau regelmäßig an den fehlenden geologischen Voraussetzungen, da der Untergrund sich nicht dafür eignet Untertagespeicher anzulegen.

den Weg der Kapazitätsbuchungen kein Behinderungsmissbrauch vorgenommen werden kann. Ob der deutsche Gesetzgeber mit einer Anwendung seiner Regeln auch auf Altverträge ebenfalls entsprechende Maßnahmen ergreifen wird, bleibt abzuwarten. Bis dahin sind die Petenten darauf angewiesen, ihren Zugangsanspruch entweder durch die Geltendmachung des nationalen Zugangsanspruch durchzusetzen, oder über eine Anwendung des Art. 102 AEUV zu ihrem Recht zu kommen.

Kapitel 5: Zusammenfasssung

Inhalt dieser Arbeit ist der Vergleich des Netzzugangssystems nach deutschem und spanischem Recht unter Berücksichtigung der gemeinschaftsrechtlichen Vorgaben. Zunächst wurde festgestellt, dass auf der Historie und den geographischen Gegebenheiten aufbauend, eine unterschiedliche Struktur der beiden nationalen Gaswirtschaften besteht. Zwar besteht in Deutschland wie in Spanien eine energierechtliche Zugangsgewährungspflicht zum Gasnetz, die als *ex ante* regulierter Zugang ausgestaltet ist, die darüber hinausgehende spezifische Ausgestaltung dieses Rechts auf Zugang divergiert jedoch beträchtlich. Dies spiegelt sich sowohl in der tatsächlichen Durchführung als auch der rechtlichen Ausgestaltung des Netzzugangs wider.

A. Vergleich der Systeme

Eine ausführliche Gegenüberstellung der beiden Systeme fand bereits im dritten Kapitel statt. Die wichtigsten Unterschiede lassen sich danach wie folgt charakterisieren:

1. Die deutsche Gaswirtschaft wird zurzeit aufgeteilt in unterschiedliche Marktgebiete, die jeweils für sich als eigene Gaswirtschaft organisiert sind. In Spanien gibt es eine solche Unterscheidung nach Marktgebieten dagegen nicht, sondern einen einheitlichen nationalen Markt.

2. Das „Entry-Exit"-System ist in Deutschland innerhalb des jeweiligen Marktgebietes völlig flexibel ausgestaltet, während in Spanien Einspeise- und Ausspeisevertrag zwingend miteinander verbunden sind.

3. Die für die Durchführung des „Entry-Exit"-Systems notwendige Organisation obliegt in Deutschland dem Marktgebietsverantwortlichen und basiert auf Verpflichtungen der einzelnen Netzbetreiber, die durch eine zwischen den einzelnen Betreibern abgeschlossenen KoV III verbindlich geregelt werden. In Spanien ist der GTS für die notwendige Organisation zuständig. Die einzelnen Verpflichtungen der Netzbetreiber ergeben sich aus den jeweiligen Verordnungen.

4. In Deutschland wird die Zuteilung der begehrten Kapazitäten in Zukunft in Form einer Versteigerung vollzogen. Ein solches System gibt es in Spanien bislang für den Großteil der Kapazitäten nicht, da diese im „first-come-first-served"-Verfahren vergeben werden.

5. Durch die neue GasNZV wurden in Deutschland erstmalig Beschränkungen für langfristige Verträge eingeführt. Diese gelten allerdings nur für neu abzuschließende Verträge und haben daher keine Auswirkung auf bestehende Ver-

träge. In Spanien existieren Laufzeitbeschränkungen hingegen seit Einführung des RD 949/2001.

5. Das notwendige Bilanzierungssystem zur Sicherstellung eines Gleichgewichts zwischen Ein- und Ausspeisekapazitäten basiert in Deutschland auf marktorientierten Mechanismen und einem Anreizsystem. In Spanien wird hingegen vor allem über Strafentgelte dafür gesorgt, dass der notwendige Ausgleich im System besteht.

6. Der Anspruch auf Netznutzung ist im deutschen Regulierungsrecht als unmittelbarer gesetzlicher Anspruch ausgestaltet, für dessen Durchsetzung die Regulierungsbehörde mit weitreichenden Kompetenzen ausgestattet wurde Nach dem spanischen Recht ist der Anspruch hingegen im Wege des Kontrahierungszwangs geltend zu machen. Zuständig für die Durchsetzung eines solchen Anspruchs ist ebenfalls die Regulierungsbehörde, die jedoch nur eine rein feststellende Befugnis besitzt. Außerdem sind ihre Feststellungen, anders als die Verwaltungsakte der BNetzA, nicht direkt gerichtlich überprüfbar, sondern werden zunächst durch das spanische Ministerium für Industrie, Tourismus und Handel als nächst höherer Behörde überprüft.

7. Ausgenommen vom regulierten Zugang zum Gasnetz sind in Deutschland die vorgelagerten Rohrleitungsnetze sowie der Großteil der Speicheranlagen, die dem verhandelbaren Zugang unterfallen. Eine solche Ausnahme wird in Spanien nicht gemacht.

8. Für den Fall, dass dem Zugangsbegehren trotz der Pflicht zur Bereitstellung der Netzes nicht entsprochen wird, sieht das deutsche Zugangssystem die Möglichkeit vor, eine solche Verweigerung des Netzzugangs aus Gründen der Unzumutbarkeit oder Unmöglichkeit zu rechtfertigen. In Spanien wird eine solche Unterscheidung nicht getroffen, sondern ausschließlich danach unterschieden, ob die, abschließend aufgezählten, zur Verweigerung berechtigenden Gründe vorliegen, eine Abwägung im Einzelfall existiert daher nicht.

9. Aus der Notwendigkeit der Abwägung heraus entsteht in Deutschland die Situation, dass bei Vorliegen eines Kapazitätsmangels als *ultima ratio* eine Kapazitätsausbauverpflichtung entstehen kann. Ein solches, im Einzelfall für den Betroffenen bestehendes Recht und eine damit verbundene Pflicht des Netzbetreibers zum Netzausbau, gibt es in Spanien nicht.

10. Um Kapazitätsmängel von vornherein zu vermeiden, bestehen in Deutschland umfangreiche Engpassmanagement-Vorgaben. Diese wurden durch die neue GasNZV erneut erweitert. Aufgrund der Aktualität der Einführung dieser

Regelungen kann über ihre mögliche Wirkung noch keine Aussage getroffen werden. In Spanien gibt es, abgesehen von dem „use-it-or-lose-it“ Mechanismus, kaum gesetzliche Vorgaben zum Umgang mit Kapazitätsengpässen, weder hinsichtlich verbindlicher Regeln für einen Sekundärmarkt, noch in Bezug auf „day ahead“-Kapazitäten.

Der durchgeführte Vergleich hat gezeigt, dass diese rechtlichen und tatsächlichen Unterschiede dazu führen, dass in Deutschland vor allem die vertraglich bedingten Kapazitätsengpässe einen Schwerpunkt in der rechtlichen Auseinandersetzung mit dem Netzzugangsanspruch darstellen. In Spanien stehen hingegen Versäumnisse im Hinblick auf die Marktmechanismen, das Engpassmanagement und den Sekundärmarkt im Fokus der Betrachtung.

B. Gemeinschaftsrechtliche Entwicklungen

Im Anschluss an die Darstellung der beiden nationalen Netzzugangssysteme wurden die gemeinschaftsrechtlichen Entwicklungen und deren Auswirkungen auf die Netzzugangsregelungen dargestellt.

I. Drittes Energiebinnenmarktpaket

Das dritte Binnenmarktpaket trifft u.a. weitreichende Vorkehrungen, um einen funktionierenden Erdgasbinnenmarkt zu erreichen. Ausgangspunkt dieser Regelungen ist die Überlegung, dass eine weitergehende Vereinheitlichung der Voraussetzungen des Netzzugangs für die Schaffung eines gemeinsamen Marktes besonders zielführend ist. Darauf aufbauend wurden neben den vorgestellten institutionellen Veränderungen auch sehr weitreichende Vorgaben hinsichtlich der anzubietenden Dienstleistungen, der Zuweisungsmechanismen (im Zusammenhang mit den Netzkodizes), aber auch bezüglich der Bilanzierungssysteme gemacht. All diese Vorgaben, die größtenteils unmittelbare Anwendung finden, sollen neben Gewährleistung der Versorgungssicherheit vor allem den Wettbewerb auf dem Markt erhöhen, indem Marktzutrittsschranken beseitigt und die Zugangsbedingungen vereinheitlicht werden. Dies soll u.a. durch eine engere Kooperation der Regulierungsbehörden und der Netzbetreiber, über flexible Buchungssysteme, umfangreiche Dienstleistungsangebote sowie die Schaffung von liquideren Primär- und Sekundärmärkten erreicht werden. Erstmalig wird in diesem Zusammenhang eine Anwendung des Engpassmanagements auch auf Altverträge ausdrücklich vorgesehen.

II. Nationale Umsetzung der gemeinschaftsrechtlichen Vorgaben

Als Folge der vorher festgestellten Unterschiede zwischen den beiden Ländern bestehen auch hinsichtlich der Verpflichtungen der nationalen Gesetzgeber die Netzzugangssysteme europarechtskonform auszugestalten, verschiedene Umsetzungs- bzw. Aufhebungs- und Abbänderungsverpflichtungen.

In Deutschland wurde durch die Novellierung der GasNZV dafür Sorge getragen, dass den europäischen Vorgaben größtenteils entsprochen wird. Vereinzelte Verpflichtungen - insbesondere in Zusammenhang mit dem Speicherzugang - ausgenommen, bestehen bei vollständiger Umsetzung der GasNZV künftig keine weiteren Defizite im Hinblick auf die Ausgestaltung der Netzzugangsregeln, so wie sie durch das europäische Sekundärrecht vorgesehen sind.

In Spanien bestehen hingegen noch weitreichende Umsetzungsdefizite. Am deutlichsten treten diese bei den anzubietenden Dienstleistungen sowie beim Bilanzierungssystem hervor, da die nationalen Regelungen der VO 715/2009 widersprechen. Darüber hinaus wird sich in Spanien die Frage stellen, ob es für die Zukunft notwendig sein wird, sowohl die Organisation des Netzzugangs, als auch die Zuweisungsmechanismen grundsätzlich zu verändern. Gleichwohl ist, solange keine Engpässe entstehen, nach der hier vertretenen Ansicht das Festhalten an einem „first-come-first-served“-System in Spanien weiterhin möglich. Zur Angleichung der einzelnen Märkte in Europa trägt dieses aber kaum bei.

Neben den jeweiligen Aufgaben für den nationalen Gesetzgeber, den europäischen Vorgaben gerecht zu werden, wurde jedoch auch deutlich, dass selbst im Fall einer vollständigen Angleichung der Systeme ein effektiver Netzzugang, und damit das Ziel eines funktionierenden Erdgasbinnenmarktes, nicht unbedingt erreicht wird. Solange keine europaweit einheitlichen Reglungen bestehen, wie mit den durch langfristige Altverträge gebuchten Kapazitäten umzugehen ist, wird eines der Kernprobleme nicht gelöst werden. Hier hat sich am Beispiel Spaniens gezeigt, dass selbst dann, wenn die nationalen Regelungen teilweise beträchtlich von den europäischen Vorgaben abweichen, dies nicht zwangsläufig zu einem ineffektiven Netzzugang führt. Dadurch, dass in Spanien den langfristigen Buchungen frühzeitig mit Beschränkungsvorgaben begegnet worden ist, stellt sich dort, anders als in Deutschland, kaum das Problem der vertraglichen Engpässe. Da die europäischen Vorgaben hierzu keine Regelungen enthalten und anscheinend dieses Problem ausschließlich mit einer Stärkung des Engpassmanagements in den Griff bekommen wollen, ist die Gewährleistung eines effektiven Zugangs zumindest fraglich. Die Gelegenheit, durch einheitliche Vorgaben eine europaweite Neurepartierung eines großen Kapazitätsvolumens zu erzwingen, und damit für eine intensive Wettbewerbsbelebung zu sorgen, wurde daher nicht ergriffen.

III. Europäisches Primärrecht

Im Anschluss an diese Feststellung wurde ein Anspruch auf Netzzugang nach Art. 102 AEUV geprüft. Da dieser Anspruch grundsätzlich neben dem nationalen regulierungsrechtlichen Anspruch anwendbar ist, wird dieser auch weiterhin im Zusammenhang mit Netzzugangsansprüchen im Fokus des Interesses stehen. Dies folgt insbesondere aus dem beschriebenen Problem der Altverträge. Zwar ist auch ein nationaler Zugangsanspruch geeignet, den individuellen Zugang zu erreichen. Für die Wettbewerbssituation insgesamt erscheint eine verpflichtende Neuverteilung eines beträchtlichen Anteils bereits gebuchter Kapazitäten durch Aufbrechen der bestehenden Verträge jedoch zielführender.

C. Fazit

Eine Folge der Weiterentwicklung des europäischen sektorspezifischen Rechts wird die weitere Angleichung der Netzzugangsmechanismen in Deutschland und Spanien sein. Dies bezieht sich jedoch nur auf eine weitere Ausdifferenzierung der Zuweisungsmechanismen, der anzubietenden Dienstleistungen sowie des Engpassmanagements. Ob die in diesen Bereichen erzwungene Angleichung tatsächlich den Wettbewerb fördert, bleibt abzuwarten. Das Problem der vertraglichen Engpässe ist jedenfalls von den nationalen Gesetzgebern zu lösen, wenn hier eine ausschließlich wettbewerbsrechtlich exekutive Lösung vermieden werden soll. Spanien kann diesbezüglich als positives Beispiel herangezogen werden, auch wenn dort in anderen Bereichen noch weitreichender Reformbedarf besteht.

Literaturverzeichnis

Alsheimer, Constantin / Kassebohm, Kristian / Schulz, Holger, Räumliche Marktabgrenzung im Gasmarkt, RdE 2008, S. 1 ().

Amato, Giuliano / Eherlmann, *Claus-Dieter, E*C Competition Law- A critical Assessment, Oxford: 2007.

Antweiler, Clemens / Nieberding, Felix, Rechtsschutz im neuen Energiewirtschaftsrecht, NJW 2005, S. 3673 ().

de Ayala Beccerril, Derecho de la Energía, La Ley-Endesa, Wolters Kluwer España, Getafe (Madrid): 2006.

Bandulet, Martin / Kira, Fuchs, das neue System für Regel- und Ausgleichsenergie Gas in Deutschland – Eine Untersuchung der Anreizwirkung, in ZfE, 2009, S. 228 ().

Barbknecht, Klaus-Dieter, Erdgasspeicherung in Europa – Regulierung ante portas, e/m/w, 2005, Heft 2, S. 12 ().

Bartsch, Michael / Röhling, Andreas / Salje, Peter / Scholz, Ulrich, Stromwirtschaft, 2. Auflage, Köln, München: Carl Heymann 2008. (zit.: *Bearbeiter* in Bartsch/Röhling/Salje/Scholz Stromwirtschaft 2008, Kap. Rn.).

Batzel, Reto Hans, Die Regulierung des Zugangs zu Erdgas mittels europäischen Wettbewerbsrecht, Baden-Baden, Nomos: 2010.
Zugl.: Berlin, Humboldt-Univ., Diss., 2009.

Bauer, Jürgen F. , Langfristige Gaslieferverträge, in Festschrift für Otto Sandrock zum 70. Geburtstag, Herausgeber, Klaus Peter Berger/Werner F. Ebke/Siegfrid Elsing/Bernhard Großfeld/Günter Kühne, Heidelberg: 2000.

ders., /Pritzsche, Kai / Pooschke, Sebastian, „Ownership Unbundling" von Energienetzen und der europäische Schutz des Eigentums, in DVBl. 2008, S. 483. ().

Baumol, William J, Contestable Markets: An Uprising in the Theory of Industry Structure, American Economic Review, 72, 1-15.

Bergmann, Bertram, [Netzzugang], Ein Netzzugang Dritter in der Elektrizität und Grundrechte der Versorgungsunternehmen, Pro Universitate Verl., 1995;
Zugl.: Berlin, Freie Univ., Diss., 1995.

Bergmann, Jörg, Aktuelle Herausforderungen für den Gastransport: Kapazitätsreduktion – Bilanzierung – Europäisierung, ET, 2010, S. 56 ().

Böge, Ulf, Gas-Langfristverträge: ein Instrument der Marktabschottung WuW 2005, S. 1098 ().

Böhmer, Andreas, Statistisches Kapazitätsmodell – Neue Ansätze auf dem Weg zu größeren Marktgebieten, Neue Ideen und modifizierte Geschäftsprozesse ermöglichen im Kapazitätsmanagement der Zukunft große Teilnetze, e/m/w, 2007, Heft 3, S. 39 ().

Börner, Bodo, Veröffentllichung des Instituts für Energierecht an der Universität zu Köln; Bd. 48, Nomos, 1981, (zit. *Bearbeiter,* Titel, VenergR 48, S.)

Boesche, Katharina, Die zivilrechtsdogmatische Struktur des Anspruchs auf Zugang zu Energieversorgungsnetzen – Eine Untersuchung der Zugangsregelungen der §§ 6, 6a EnWG und 19,20 GWB, Nomos, Berlin: 2002. Zugl.: Berlin, Freie Univ., Diss., 2002.

dies., / Wolf, Maik, Viel Lärm um kleine Netze, in ZNER 2005, S. 285.

dieselben, Ende der Objektnetze, in ZNER 2008, S, 123 ().

Bohn, Thomas Band 15 Handbuchreihe Energie, Energierecht (Büdenbender) Köln: 1982.

Britz, Gabriele / Hellermann, Johannes / Hermes, Georg (Hrsg.) [EnWG 2008] Energiewirtschaftsgesetz, Kommentar, München: 2008. (zit.: *Bearbeiter,* Britz/Hellermann/Hermes, EnWG § Rn.).

Britz, Gabriele, Vom Europäischen Verwaltungsverbund zum Regulierungsverbund?-Europäische Verwaltungsentwicklung am Beispiel der Netzzugangsregulierung bei Telekommunikation, Energie und Bahn -, EuR 2006, S. 46 ().

dies. „Selbstregulative Zusammenarbeit“ und „moderierende Regulierung“ im EnWG Energienetz, ZNER 2006, S. 91 ().

Brodt, Eike Thomas, Das Gasnetzzugangsmodell des § 20 Abs. 1b EnWG und seine Auswirkungen auf integrierte Gaslieferverträge, Nomos, Baden-Baden: 2008.
Zugl.: Hannover, Univ., Diss. 2008.

Brox, Hans / Walker, Wolf-Dietrich, Allgemeiner Teil des BGB, 33. Auflage, Carl Heymanns, Köln: 2009.

Büdenbender, Ulrich, Kurzkommentar zum Beschluss des Bundeskartellamtes vom 31.8.1999, Entscheidungen zum Wirtschaftsrecht 1999, S. 1009-1010; (Zit.:*Büdenbender,* EwiR 1999 S.)

Brühl, Götz / Weissmüller, Gerhard, Gasnetzzugang, Beck, München: 2006.

ders., Kommentar zum Energiewirtschaftsgesetz, Köln, RWS, 2003, (Zit.: *Büdenbender,* § EnWG Rn.)

ders., Grundfragen des energiewirtschaftlichen Netzzugangs in der Gaswirtschaft nach der Gasnovelle (§6 a EnWG), RdE 2001, S. 165.

ders., / Rosin, Peter, Energierechtsreform 2005, Energiewirtschaft und Technik Verlagsgesellschaft mbH, Essen: 2005.
Bundeskartellamt, Sektoruntersuchung Kapazitätssituation in den deutschen Gasfernleitungsnetzen-Abschlussbericht gemäß § 32e Abs. 3 GWB-Dezember 2009, abrufbar unter www.bundeskartellamt.de

Bundesnetzagentur, Neugestaltung des Kapazitätsmanagements im deutschen Gasmarkt
Eckpunkte der Bundesnetzagentur zur Konsultation Stand: 22.05.2009, abrufbar unter www.bundesnetzagentur.de

dies., Monitoringbericht 2009, Monitoringbericht gemäß § 63 Abs. 4 EnWG i.V.m § 35 EnWG, abrufbar unter www.bundesnetzagentur.de

Bunte, Hermann-Josef, 6. GWB-Novelle und Missbrauch wegen Verweigerung des Zugangs zu einer „wesentlichen Einrichtung", WUW 1999, S. 302 ( ).

Busche, Jan, Privatautonomie und Kontrahierungszwang, Tübingen: 1999.
zugl. Univ.Freie Univ. Berlin, Habil. Schrift 1998.

Caballero Sánchez, Rafael, Infrastrukturas en Red y Liberalización de servicios publicos. Instituto Nacional de Administracion Pública, Madrid: 2002.
Calliess, Christian, Entflechtung im europäischen Energiebinnenmarkt, Boorberg, Stuttgart:2008.

Cameron, Peter Ducanson, Competition in Energy Markets, Law an Regulation in the European Union, Oxford, 2002.

Caspar, Ebrecht, Netzzugang in der Gaswirtschaft, Nomos, Baden-Baden: 2004. Zugl.: Berlin Humboldt. Univ., Diss., 2003.

Cerbe, Günther, Grundlagen der Gastechnik, 7 vollständig neu bearbeitete Auflage, Carl Hanser, München, Wien: 2008.

Comisiòn Nacional de Energia, Informaciòn basica de los sectores de la energìa-2009-, Madrid: 2009.

dies., Informe marco sobre la demanda de energía eléctrica y gas natural, y su cobertura -2008- Madrid: 2008.

dies., Informe marco sobre la demanda de energía eléctrica y gas natural, y su cobertura -2009- Madrid: 2009.

dies., Informe 12/2009 de la CNE sobre el proyecto de Real Decreto por el que se modifica el Capítulo II del Real Decreto 949/2001.

dies., Spanisch Energy Regulator´s annual Report to the European -22 July 2009- Madrid: 2009.

dies., Informe sobre la Propuesta de Orden del MITYC por la que se establece determinados Aspectos relacionados con el accesso de terceros y las retribuciones reguladas en el sistema del gas natural, 1.Juli.2010.

dies., Informe sobre la Evolución de la competencia en los mercados de elctricidad y gas, periodo 2006-2008.

dies., Informe sobre las implicaciones derivadas de la aprobacion de la nueva normativa comunitaria en materia de energía y medioambiente, 22 de julio de 2010.

Constatntinesco, Léontin-Jean, [Rechtsvergleichung 1972] Rechtsvergleichung „Die rechtsvergleichende Methode“, Köln, Berlin, Bonn, München 1972.

Danner, Wolfgang / Theobald, Chritian, Energierecht, Kommentar, Band I, Mai 2010, München: Beck 2008 (zit.: *Bearbeiter* in D/T, EnWG § Rn.).

Däuper, Olaf / Scharrer, Olaf, Leitungswettbewerb in der Gaswirtschaft – der Regelungsinhalt des § 3 Abs. 2 GasNEV und sein europarechtlicher Kontext, in ZNER 2007 S. 18 ().

ders., Alle guten Dinge sind drei? Die Weiterentwicklung des energiewirtschaftlichen Regulierungsrahmens durch das dritte EG-Energiepaket, in N&R, 2009, S. 214 ().

Ecker, Lutz, Die Erdgastransitrichtlinie, in: Baur, Jürgen F. / Müller-Graf, Peter-Christian / Zuleeg, Manfred (Hrsg.), Europarecht, Energierecht, Wirtschaftsrecht; Festschrift für Bodo Börner zum 70 Geburtstag, Köln; Berlin, Bonn, München: 1992 (zit.: *Eckert,* in FS Börner, S. 523 ()).

Ehricke, Ulrich / Pellmann, Moritz, Zur EG-kartellrechtlichen Bewertung der Unzulässigkeitskriterien langfristiger Gaslieferungsverträge, WuW, 2005, S. 1104 ().

E.ON Ruhrgas, Erdgaswirtschaft 2008. Eine Branche im Überblick, Essen. 2008.

Ebel, Hans-Rudolf, Kartellrechts GWB und EG-Vertrag, Einschließlich 40. Aktualisierung, Luchterhand, München, Neuwied: 2003.

European Regulators Group for Electricity & Gas (ERGEG), Pilot Framework Guideline on capacity Alloocation on European Gas transmission Networks – Inital Impact Assesment, ERGEG, Dezember 2009, Ref. E09.GNM-10-06.

dies., Recommendations for Guidelines adopted via comitology procedure on Congestion management Procedures on European Gas Transmission networks – Impact assesment, ERGEG, Dezember 2009, Ref. E09-GNM-10-04.

dies., Pilot Framework Guideline, capacity Allocation on European Gas transmission Networks, ERGEG, 10. Juni 2010: Ref: E10-GWG-66-03.

dies., Assessment of Capacity Allocation Mechanismn and Congestion Management Procedures for effectiv access to Storage and proposals for the amendment of of the GGPSSO, An ERGEG Public Consultation Paper, 28.Juli 2010. Ref: E10-GST-09-06.

Europäische Kommission, Commission staff working document on capacity allocation and congestion management for access to the natural gas transmission networks regulated under Article 5 of Regulation (EC) No 1775/2005 on conditions for access to the natural gas transmission networks, SEC(2007) 822, 12.06.2007, Brüssel.

dies., DG Competition Report on Energy Sector Inquiry, SEC(2006) 1724, 10. Januar, 2007, Brüssel.

Evers, Hans-Ulrich, Das Recht der Energieversorgung, 2. völlig überarbeitete und wesentlich erweiterte Auflage, Baden-Baden, Nomos 1983.

Fischerauer, Sven, Regulierung des Zugangs zu Speicheranlagen, Beck, München: 2010.
Zugl.: Greifswald Univ. Diss. 2009/2010.

Fornelles de Frutos, Jordi, Revista Anaurio de la Competencia 2006, Concentraciones en el Sector Energetico: Gas Natural / Endesa vs. Gaz de france / Suez, Algunos apuntes Comparativos, S. 193 ().

Gabler, Andreas, Schaffung und Erhaltung von Wettbewerb auf Energiemärkten durch die kartellrechtliche Netzzugangskontrolle gemäß § 19 Abs. 4 nr. 4 GWB, Peter-Lang, Frankfurt a.M.:2005.
Zugl.: Halle-Wittenberg, Univ.; Diss., 2004.

Galan S. Ignacio, Tratado de Regulación del sector Eléctrico, Tomo I, Aspectos Jurídicos, Thomson, Pamploma: 2009. (zit.: *Berabeiter,* Tratado de regulación del Sector Eléctrico S.).

García Cobalda, Derecho de la Energía, La Ley-Endesa, Wolters Kluwer España, Getafe (Madrid): 2006.

Germer, Christoph / Loibl, Helmut [Energierecht 2007],Energierecht Handbuch 2. völlig neu bearbeitete und wesentlich erweiterte Auflage, Berlin 2007.

Giermann, Heiko, Der diskriminierungsfreie Durchleitungsanspruch gemäß § 6 Abs. 1 EnWG und die Verweigerung der Durchleitung in der Praxis, RdE 2000, S. 222 ().

Del Guayo Castillla, Iñigo Gasproduktion, Gastransport und Gasversorgung in Spanien, in: Grundstrukturen der Energiewirtschaft in Spanien und in der Bundesrepublik Deutschland.
Hrsg. V. Antonio Jimènez und Peter Tettinger, Bochum 1992.

ders., El Sistema Gasista y su Gestión Técnica, Revista Jurídica de Navarra, 2001, Nr. 32, S. 50 (71).

ders., / Pielow, Johann-Christian, Das spanische Konzept des Servicio Público, RdE 1995 S. 225 ().

Guayo Castiella, Inigo, El Servicio Publico del Gas – Producción, Transporte y Suministro, Marcial Pons, Madrid: 1992.

ders., Separación de actividades, competencia y garantía del suministro, en el sector del Gas Natural, papaeles de Cuadernos de Energía, Beilage zu Heft 28.

Guillén Caramés, Javier, Derecho de la Competencia y Energía Eléctrica, Thomson Reuters, Pamplona 2009.

Gundel, Jörg / Germelmann, Friedrich, Kein Schlussstein für die Liberalisierung der Energiemärkte: Das Dritte Binnemarktpaket, EuZW, 2009, S. 763 ().

Harms, Wolfgang, Zur Anwendung der Schutzklauseln für Öko-, KWK- und Braunkohlestrom im Neuregelungsgesetz vom 24.04.1998, RdE 1999, S. 165 ().

Henrichs, Katrin, Der energierechtliche Netzzugang in der gerichtlichen und kartellbehördlichen Praxis, Dr. Kovac, Hamburg: 2005.
Zugl.: Dissertation, Universität Osnabrück, 2005.

Hermes, Georg, Staatliche Infrastrukturverantwortung: rechtliche Grundstrukturen netzgebundener Transport- und Übertragungssysteme zwischen Daseinsvorsorge und Wettbewerbsregulierung am Beispiel der leitungsgebundenen Energieversorgung in Europa, Mohr Siebeck, Tübingen: 1998.

Herrmann, Joachim, Europäische Vorgaben zur Regulierung der Energienetze - Eine Analyse der „Beschleunigungsrichtlinie" zur Vollendung des Energiebinnenmarktes - , Nomos, Baden-Baden: 2005.
Zugl.: Berlin, Freie Univ., Diss., 2005.

Hirschhausen, Christian von / Neumann, Anne / Rüster, Sophia, Wettbewerb im Ferntransport von Erdgas? Technisch-ökonomische Grundlagen und Anwendungen auf Deutschland, ZfE 2007, S. 183 (189).

Höch, Thomas / Göge, Marc-Stefan, das besondere Missbrauchsverfahren der Regulierungsbehörde – Grundlagen und ausgewählte Probleme des besonderen Missbrauchsverfahrens nach dem EnWG 2005-, RdE 2006, S. 340 ().

Höppner, Thomas, Die Regulierung der Netzstruktur, Elektrizität, Gas, Eisenbahn, Telekommunikation, Nomos, Baden-Baden: 2009.

ders., Netzveränderungen im Zugangskonzept-Verpflichtungen zur Anpassung der Infrastruktur im Rahmen der Essential Facilities-Konzepts unter Berücksichtigung US-amerikanischer Erfahrungen, Nomos, Baden-Baden: 2009. Zugl.: Berlin, Humboldt-Univ., Diss., 2008.

Hohmann, Holger, Die essential facility doctrine im Recht der Wettbewerbsbeschränkungen, Mestmäcker, Ernst-Joachim / Möschel, Wernhard / Streit, Manfred E.(Hrsg.) Wirtschaftsrecht und Wirtschaftspolitik, Band 171, Nomos, Baden-Baden 2001.
Zugl.: Tübingen, Univ., Diss., 2001.

Holznagen, Bernd / Schumacher, Pascal, Netzanschluss, Netzzugang und Grundversorgung im EnWG 2005, ZNER 2006, S. 218 ().

dies. Europäischer Regulierer für den Telekommunikations- und Energiewirtschaftssektor?, DVBL, 2007, S. 409 ().

Horstmann, Karl-Peter, Netzzugang in der Energiewirtschaft, Carl Heymanns, Köln, Bonn, Berlin, München: 2001.

Horstmann, Tillmann / Cieslarczyk, Michael, Energiehandel, Ein Praxishandbuch, Carl Heymann, Köln, Berlin, München: 2006 (zit.: Bearbeiter, in Energiehandel).

Hosius, Tillmann, [Erdgaslieferung], Netzzugang und Reziprozität bei grenzüberschreitenden Erdgaslieferungen in Europa, in: Calliess, Christian/ Nolte, Georg/ Stoll, Peter-Tobias (Hrsg.) Göttinger Studien zum Völker- und Europarecht, Band 2, Köln, Berlin, München: 2004.

Ibán, Ivan C., Introducción al Derecho Espanol (Einführung in das spanische Recht), Nomos, Baden-Baden: 1995.

Immenga, Ulrich / Mestmäcker, Ernst-Joachim, Wettbewerbsrecht, Band 1. EG/Teil 1, Kommentar zum Europäischen Kartellrecht, 4. Auflage, Beck, München: 2007 (zit.: *Bearbeiter*, in Immenga/Mestmäcker, Art. Rn.).
dies. (Hrsg), Wettbewerbsrecht. Band 2: GWB, Kommentar zum Deutschen Kartellrecht, 4. Auflage, Beck, München 2007, (zit.: *Bearbeiter*, in Immenga/Mestmäcker, § GWB Rn.).

Jaeger, Wolfgang / Pohlmann, Petra / Rieger, Harald / Schroeder, Dirk, (Hrsg.), Frankfurter Kommentar zum Kartellrecht, Lieferung 68, Dr. Otto Schmidt Verlag, Köln, (zit.: *Verfasser,* in Frankfurter Kommentar, §, Rn.).

Jones, Christopher W., EU Energy Law, Volume I – The international energy Market- , Claeys & Casteels, Leuven, Belgium: 2004.

ders. EU Energy Law, Volume I – The international energy Market-, Second Edition, Claeys & Casteels, Leuven, Belgium: 2006.

ders., EU Energy Law, Volume I – The international energy Market- The Third Liberalisation Package, Claeys & Casteels, Leuven, Belgium: 2010, (zit.: *Verfasser,* in Jones EU Energy law Volume I, The internal Energy market, The third liberalisation Package, S.)

Kaiser, Julia, Verordnete Regulierung? - Verordnung (EG) Nr. 1228/2003 – und der Gashandelsverordnung – Verordnung (EG) Nr. 1775/2005 – für den europäischen Energiebinnenmarkt, Nomos , Baden-Baden: 2007.
Zugl.: Berlin, Freie Univ., Diss., 2005.

Kasper, Oliver, Durchleitung von Strom – Pflichten und Verweigerungsmöglichkeiten der Elektrizitätsversorgungsunternehmen, Heymanns, Köln, Berlin, Bonn, München: 2001.
Zugl.: Münster, Univ., Diss. 2000.

KEMA Consulting GmbH, Kapazitätsallokation und Engpassmanagement in deutschen Gasnetzen, Gutachten, Juli 2009, abrufbar unter www.bundesnetzagentur.de

Kesting, Stefanie, Grundprinzipien des Netzzugangs im europäischen Ferntransport-Vision und Realität-, ET 2005, Special, S. 10 ().

Klaue, Siegfrid / Schwintowski, Hans-Peter, Die Abgrenzung des räumlich relevanten Marktes bei Strom und Gas nach deutschem und europäischen Kartellrecht, BB Spezial 1 (zu BB 2010 Heft 14) S. 1 ().

Knieps, Günthr / Brunekreeft, Gert, Zwischen Regulierung und Wettbewerb, Netzsektoren in Deutschland, Zweite, aktualisierte Auflage, Physica, Heidelberg: 2002.

Knieps, Günther, Wettbewerbsökonomie, zweite Auflage, Springer, Berlin, Heidelberg: 2005.

Koenig, Christian / Kühling, Jürgen / Winkler, Kay E., Pflichten zur Veränderung von Netzinfrastrukturen, WuW 2003, S. 228 (),

Kühling, Jürgen, Sektorspezifische Regulierung in den Netzwirtschaften, Beck, München: 2004.

ders. Die neuen Engpass-Leitlinien der Kommission im grenzüberschreitenden Stromhandel – Freie Fahrt für das Open Market Coupling in Deutschland? RdE 2006, S. 173 ().

Ders. / el- Barudi, Stefan, das runderneuerte Energiewirtschaftsgesetz – Zentrale Neuerungen und erste Probleme –DVBl. 2005, S. 1470 ().

ders. / Pisal, Ruben, Das Dritte Energiebinnenmarktpaket – Herausforderung für den deutschen Gesetzgeber, RdE 2010, S. 161 ().

Kühne, Gunther, Das Verhältnis zwischen allgemeinem und sektorspezifischem (Sonder-) Kartellrecht beim Zugang zu wesentlichen Einrichtungen, in, Fuchs, Andreas / Schwintowski, Hans-Peter / Zimmer, Daniel, Wirtschafts- und Privatrecht im Spannungsfeld von Privatautonomie, Wettbewerb und Regulierung – Festschrift für Ulrich Immenga zum 70. Geburtstag, Beck, München: 2004.

ders., Unterirdische Grundstücknutzung als Gegenstand des Zivil-, Berg-, Energie- und Umweltrechts – Zugleich zur rechtssystematischen Einbindung der CO2 -Speicherung- , RdE 2009, S. 14 ().

Kurth / Matthias, Kapazitäts- und Engpassmanagement Gas – Geplante Neuregelungen der Bundesnetzagentur -, e/m/w 2010, S. 6 ().

Larenz, Karl / Canaris, Claus-Wilhelm, Lehrbuch des Schuldrechts, Erster Band, Allgemeiner Teil, 14. Auflage, München 1987.

dies., Methodenlehre der Rechtswissenschaft, dritte, neu bearbeitete Auflage, Heidelberg: 2005.
Lecheler, Helmut, Die Bedeutung des öffentlichen Rechts für das Energierecht, NVwZ 1995, S. 8 ().

ders. / Gundel, Jörg, Ein weiterer Schritt zur Vollendung des Energie-Binnenmarktes: Die Beschleunigungsrechtsakte für den Binnenmarkt für Strom und Gas, EuZW 2003, S. 621 ().

Lichtschläger, Holger / Ellersdorfer, Ingo, Aktuelle und zukünftige Entwicklung der internationalen Gasmärkte bis zum Jahr 2030 – Modellbasierte Analyse von Angebot und Nachfrage - , e/m/w, 2010, S. 10 ().

Lopez-Ibor Mayor, Vicente / Benyto Pérez, José Mª / Remón Peñalver, Jesus, Comentarios a las Leyes Energéticas, Tomo II, Ley de Hidrocaburos, Thomson Reuters Limited, Navarra: 2009.

Lutz, Helmut, Durchleitung von Gas nach Inkrafttreten des Gesetzes zur Neuregelung des Energiewirtschaftsrechts und der Sechsten GWB-Novelle, RdE 1999, S.102 ().

Manual del Sector de Hidrocarburos, Aguado Palanco, José Miguel; Arce Olmos, Esther; Bacigalupo Saggese, Mariana; Calancha Marzana, Fernando; Guillèn Carames, Javier; Pérez Pino, Marìa Dolores, Serrano Gonzáles, Marina; Soler Tapa, Eduardo, Vizcaìno Caldderón, Miguel, Cizur Menor (Navarra), Thomson Aranzadi: 2008.

Markert, Kurt, Durchleitung von Strom und Gas: Allgemeines Kartellrecht oder Sonderregelung, BB 1997, S. 1421 ().

Martínez Lage, Santiago / Petitbò Juan, Amadeo, El Abuso de la Posición de Dominio, Marcial Pons, Madrid: 2006. (zit.: *Bearbeiter,* El Abuso de la Posicíon de Dominio S.).

Medicus, Dieter, Bürgerliches Recht, 21. Auflage, Carl Heymanns, Köln: 2007.

Meinzenbach, Jörg, Die Anreizregulierung als Instrument zur Regulierung von Netznutzungsentgelten im neuen EnWG – Eine Untersuchung der normativen Vorgaben des § 21a EnWG im System einer wettbewerbsfördernden Netzentgeltkontrolle, Nomos, Baden-Baden: 2008.
Zugl.: Berlin, Freie Univ., Diss., 2007.

Mestmäcker, Ernst-Joachim, Schnittstellen von Wettbewerb und Regulierung im europäischen Recht, in, Gaitanides, Charlotte / Kadelbach, Stefan / Rodriguez Iglesia, Gil Carlos (Hrsg.), Europa und seine Verfassung - Festschrift für Manfred Zuleeg zum 70. Geburtstag, Nomos, Baden-Baden:2005.

ders., / Schweitzer, Heike, Europäisches Wettbewerbsrecht, 2. Auflage, Beck, München: 2004.

Millgramm, Carola, Gastransport und-speicherung in einem wettbewerblichen Gasmarkt am Beispiel Großbritanniens, Idstein 1997.

Monopolkommission, Zehntes Hauptgutachten der Monopolkommission 1992/1993 , Bonn: 1994.

dies., [Strom und Gas 2007], Strom und Gas 2007: Wettbewerbsdefizite und zögerliche Regulierung, Sondergutachten 49, Nomos, Baden-Baden: 2008.

dies., Strom und Gas 2009, Energiemärkte im Spannungsfeld von Politik und Wettbewerb, Sondergutachten gemäß § 62 Abs. 1 EnWG .

Motta, Massimo, Competition Policy, Theory and Practice, Cambridge University Press, New York: 2004.

Müller-Terpitz, Ralf / Weigl, Michaela, Ownership Unbundling - ein gemeinschaftsrechtlicher Irrweg?, in EuR 2009, S. 348 ff.

Müller, Thomas, Gasdurchleitung auf der Grundlage des neuen kartellrechtlichen Zugangstatbestandes – unter Berücksichtigung der Rechtsprechung des EuGH, Verlag P.C.O., Bayreuth: 2000.
Zugl.: Bayreuth, Univ., Diss., 2000.

Münchener Kommentar zum Bürgerlichen Gesetzbuch, Säcker, Franz Jürgen/ Rixecker, Roland, Band 1, Allgemeiner Teil §§ 1-240 AGB Gesetz, 4. Auflage, Beck, München: 2007. (zit.: *Bearbeiter in,* Münch/Komm § Rn.)

Munoz Machado, Santiago / Serrano Gonzales, Marina / Bacigalupo Saggese, Mariano, Derecho de la Regulaciòn Economica III, Sector Energético, Tomo I,. Madrid , Iustel: 2009.(Zit. *Bearbeiter,* Regulación, Tomo I, S.).

dies., Derecho de la Regulaciòn Economica III, Sector Energético, Tomo II,. Madrid , Iustel: 2009. (Zit. *Bearbeiter,* Regulación, Tomo II, S.)

Nebreda Pérez, Joaquín, Distribución Elétrica, Segunda Edición, Thomson, Madrid: 2003.
Neveling, Stefanie, Verschärfte Regulierung der Strom und Gasmärkte in der EU – Vorschläge der Kommission für ein 3. Richtlinienpaket, in ZNER 2007, S. 378 ().

Nipperdey, Hans Carl, Kontrahierungszwang und diktierter Vertrag, Jena: 1920. zugl.: Jena, Univ., Habil. Schrift.

Olbricht, Tim, Netzzugang in der deutschen Gaswirtschaft, Energiewirtschaft und Technik Verlagsgesellschaft mbH, Essen: 2008.
zugl. Technische Universität Dresden, Diss.

Peter, Carsten, Investitionspflichten der Energienetzbetreiber nach dem EnWG, ZNER 2007, S. 272 ().

Pielow, Johann-Christian, Erfolgsstory „Ownership Unbundling"? Anmerkungen aus rechtsvergleichender Sicht, in: RdE 2008 S.345 ().

ders. Sicherheit in der Energiewirtschaft, In Memoriam Peter J. Tettinger, Bad Langensalza, 2007, (zit.: *Bearbeiter,* in Sicherheit in der Energiewirtschaft).

Püstow, Moritz, Die Liberalisierung der deutschen und französischen Gaswirtschaft – Die Umsetzung der Richtlinie 98/30/EG, Peter Lang GmbH, Frankfurt a.M.: 2004.
Zugl.: Berlin, Freie Univ., Diss., 2003.

Robbers, Gerhard, Introducción al Derecho Espanol, Nomos, Baden-Baden, 2. Auflage, 2003.

Ronda, Carolina Jara, Die Fusionskontrolle in der Energiewirtschaft, Carl Heymanns, Köln:2006.

Rosin, Peter, Die Privilegierung von Objektnetzen nach § 110 EnWG, in RdE 2006, S. 9 ().

ders., / Heinlein, Björn, Die Verbändevereinbarung zum Netzzugang beim Erdgas – Teil 3, in ET 2002, 499 ().

Säcker, Franz Jürgen,, Berliner Kommentar zum Energierecht , München, Franz Vahlen: 2004. (zit.:BerlK- EnR, 2004, § 19 Rn.)

ders., [BK, Bd.1],- Berliner Kommentar zum Energierecht, Band 1, 2. Auflage, Recht und Wirtschaft, Frankfurt a.M.: 2010, (zit.: *Bearbeiter,* BK Bd. 1, § Rn.).
ders., [BK, Bd.2],- Berliner Kommentar zum Energierecht, Band 2, 2. Auflage, Recht und Wirtschaft, Frankfurt a.M.: 2010, (zit.: *Bearbeiter,* BK Bd. 2, § Rn.).

ders., Handbuch zum deutsch-russischen Energierecht, Beck, München: 2010; (zit.:*Bearbeiter,* Handbuch zum deutsch-russischen Energierecht, S.).

ders., Der Independent System Operator; Ein neues institutionelles Design für Netzbetreiber, Frankfurt am Main, 2007.

ders., Neues Energierecht - Gesetzestexte, Materialien und Beiträge zum neuen deutschen und europäischen Energierecht - , 2., neu bearbeitete und erweiterte Auflage, Heidelberg: 2003.

ders., Die wettbewerbsorientierte Anreizregulierung von Netzwirtschaften, N&R, 2009, S. 78 ().

ders. Das neue „institutionelle Design" des Independent System Operator, ET, 2007, Heft 11, S. 86 ().

ders., Freiheit durch Wettbewerb. Wettbewerb durch Regulierung. ZNER 2004, S. 98 ().

ders., Der Referentenentwurf zum Energiewirtschaftsgesetz - ordnungspolitische und rechtsdogmatische Grundsatzbemerkungen, N&R 2004, S. 46 8).

ders., / Boesche, Katharina, Drittschutz im Kartellverwaltungsprozess. Erkenntnissse aus dem Verfahren „E.ON/Ruhrgas" für die Novellierung des GWB, ZNER, 2003, S. 76 ().

ders.,/ Wolf, Maik, Integrierte Energieversorgung in geschlossenen Verteilernetzen, Zum Gestaltungsspielraum des Gesetzgebers zur Neuregelung des § 110 EnWG im Lichte des Dritten EG-Energiepakets, Peter Lang, Frankfurt am Main: 2009.

Sala Atienza, Pascual, Temas de Derecho Energético, Barcelona, Bosch: 2009.

Samsel, Anna, Regulierung der polnischen Gaswirtschaft unter Transformationsbedingungen – Der Beitritt Polens zur EU unter Berücksichtigung des europäischen Energie- und Wettbewerbrechts, Nomos, Baden-Baden: 2006.
Zugl.: Mainz, Univ., Diss 2005.
Sánchez Gutiérrez, Matilde, La Regulación del Sector del Gas Natural, Valencia, tirant lo blanch: 2006.

Scheel, Benedikt, Komitologie im Energierecht, in DöV, 2007, S. 683 ().

Scheib, Philipp, Netzzugang im liberalisierten deutschen Gasmarkt,
Zugl.: Diss. Universität Karlsruhe: 2008.

Scheuffele, Friedrich, Die Essential Facilities-Doktrin, Eine ökonomische und rechtliche Analyse, Blankart, Charles / Immenga, Ulrich / Schwintowski, Hans-Peter (Hrsg.) Ökonomie und Recht globaler Netze-Energie-Information-Verkehr, Band 5, Nomos, Baden-Baden 2003.
Zugl.: München, Univ., Diss., 2002.

Schiffer. Hans-Wilhelm, Deutscher Energiemarkt 2008, ET 2009, Heft 3, S. 52 ().

Schleicher, Tatjana, Rechtmäßigkeit der Abschaffung des Basisbilanzausgleichs durch die Bundesnetzagentur, in ZNER 2009, S. 25 ().

Schmidt, Ingo, Wettbewerbspolitik und Kartellrecht. Eine interdisziplinäre Einführung, 8. Aufl., Stuttgart 2005.

Schneider, Jens-Peter / Theobald, Christian Recht der Energiewirtschaft München: 2008. (zit.: *Bearbeiter,* Schneider/Theobald, Recht der Energiewirtschaft 2008 § Rn.)

Schöler, Meike, Langfristige Gaslieferverträge – Die kartellrechtliche Zulässigkeit von Take or Pay Verträgen auf der Importstufe und deren Weiterreichung auf die nachfolgenden Absatzstufen -, Köln, 2006.
Zugl.: Berlin, Freie Univ., Diss., 2006.

Schröder-Czaja, Hanna / Jacobshagen, Ulf, Objekt- und Arealnetze (Teil2); Privilegierung der Objektnetze gemäß § 110 EnWG, IR 2006; S. 78 ().

Schröter, Helmut / Jakob, Thinam / Mederer, Wolfgang, Kommentar zum europäischen Wettbewerbsrecht, Nomos: 2003, (zit.: *Bearbeiter,* in Schröter/Jakob/Mederer, Art. Rn).

Schütz, Raimund / Tüngler, Stefan, die geplante Novelle des EU-Energierechts – Inhalt und Umsetzungsbedarf, RdE 2003, S. 98 ().

Schuler, Benedikt / Tugendreich, Bettina, Statusquo und Regelungsdefizite beim Gasspeicherzugang in Deutschland (Teil 1), in IR, 2007, S. 146 ().

dies. Status quo und Regelungsdefizite beim Gasspeicherzugang in Deutschland (Teil 2), in IR, 2007, S. 170 ().

dies., Bedeutung von Speicheranlagen für die Ausgestaltung eines Regelenergiemarktes Gas und die Zusammenlegung von Marktgebieten. ZNER 2008, S. 30 ().

Schulz, Klaus-Peter, Die Liberalisierung der Märkte für die leistungsgebundene Energieversorgung – Bestandsaufnahme und Ausblick, in ET 2008, S. 32 ().
Schulze, Reiner / Zuleeg, Manfred / Kadelbach, Stefan, Europarecht, Handbuch für die deutsche Rechtspraxis, 2. Auflage, Baden-Baden: 2010.
(zit.: *Bearbeiter* in, Schulze/Zuleeg/Kadelbach § Rn.)

Schwarze, Jürgen, Netzzugang für Dritte im Wirtschaftsrecht, Baden-Baden: 1999, (zit.: *Bearbeiter* in *Schwarze*, Netzzugang S.)

ders., EU-Kommentar, Nomos, Baden-Baden, 2009; (zit.: *Bearbeiter,* in Schwarze EU-Kommentar, Art. Rn.)

Schwintowski, Hans-Peter, Kartellrechtliche Preismissbrauchsaufsicht über Energie und Durchleitungsentgelte nach Wegfall der §§ 103,103a GWB, ZNER 1998, S.9 ().

Seidewinkel, Gregor / Seifert, Andreas / Wetzel, Uwe, Rechtsgrundlage für den Netzzugang bei Erdgas, Köln: 2001.

Sinobas Ocejo, Beatriz, Las terceras directivas de Elctricidad y Gas, Cuadernos de Energía, Nr. 25, Juli 2009, S. 47 ().

Streinz, Rudolf, Europarecht, 7. Auflage, C.F. Müller, Heidelberg, München, Landsberg, Berlin: 2008.

Theobald, Christiane / Theobald, Christian, Grundzüge des Energiewirtschaftsrechts – Die Liberalisierung der Strom- und Gaswirtschaft, 2. Aufl. Beck, München: 2008.

ders., Christian, Wettbewerb in Netzen als Ziel effizienten Rechts, WuW 2000, S. 231 ( ).

ders., / Zenke, Ines, Grundlagen der Strom- und Gasdurchleitung – die aktuellen Rechtsprobleme -, Beck, München: 2001.

Thomas, Stefan, Kartellrechtsfragen der Untersagung langfristiger Gaslieferverträge – Marktabgrenzung, Untersagung künftiger Verträge, Vollziehbarkeit – RdE, 2007, S.11 ().

ders. Die Bindungswirkung von Mitteilungen, Bekanntmachungen und Leitlinien der EG Kommission, in EuR, 2009, S. 423 ().

Tomala, Sebastian, Vertragliche Vereinbarungen über den Zugang zu Elektrizitätsversorgungsnetzen am Beispiel des Netznutzungsvertrages mit Endkunden nach der Konzeption der VV Strom II, Roderer, Regensburg: 2003.

Wagner, Ulrich / Igespacher, Roman / Roth, Hans, Netzzugangsmodelle für Gas im Spannungsfeld von Technik und Handelsflexibilität, ET, 2004, S. 562 ().

Walter, Karl Maria / v. Keussler, Julia, Der diskriminierungsfreie Zugang zum Netz: Reichweite des Anspruchs auf Durchleitung (Teil 2), RdE 1999, S. 223 ().

Weizsäcker, Christian von, Wettbewerb in Netzen, WuW 1997, S. 572 ( ).

Winter, Gerd, Kompetenzverteilung und Legitimation in der europäischen Mehrebenenverwaltung, EuR, 2005, S. 255 ().
Zenke, Ines / Wollschläger, Stefan,(Hrsg.), [§ 315 BGB], § 315 BGB: Streit um Versorgerpreise, VWEW, Frankfurt am Main: 2007 (zit.: *Berabeiter* in Zenke/Wollschläger, § S.).

Anhang

Übersetzung des Ley de Hidrocaburos

KAPITEL II

Erdgassystem

Artikel 58. Handelsbevollmächtigte innerhalb des Systems.

Handlungen, die sich auf die Versorgung von Erdgas durch Rohrleitungen beziehen, sind von folgenden Handelsbevollmächtigten auszuführen:
a) Transporteure, welche Handelsgesellschaften bezeichnen, die bevollmächtigt sind, Aufbau, Betrieb und Wartung von Wiederverdampfung von flüssigem Erdgas, Transport von Erdgas oder basis Speicheranlagen zu betreiben.
b) Der Technische Leiter des Systems wird Bevollmächtigter für den Betrieb und die Verwaltung des Allgemeinen Netzes und der untergeordneten Transportnetze im Sinne der Ausführungen in diesem Gesetz und in Übereinstimmung mit den in Artikel 64 festgesetzten Funktionen sein. Der Leiter wird außerdem dafür verantwortlich sein, die Bedingungen für einen regulären Betrieb des Systems aufrechtzuerhalten.
c) Lieferanten, welche Handelsgesellschaften bezeichnen, die bevollmächtigt sind, Aufbau, Betrieb und Wartung von Belieferungsanlagen zu betreiben, die der Verteilung des Gases zum Ort des Endverbrauches dienen.
Lieferanten sind weiterhin bevollmächtigt, Anlagen des untergeordneten Transportnetzes zu errichten, zu warten und zu betreiben. Ihre interne Abrechnungsstelle ist in diesem Fall verpflichtet, getrennte Abrechnungen beider Unternehmungen im Sinne der in Artikel 63 erfolgten Festlegungen zu führen.
d) Großhändler, welche Handelsgesellschaften bezeichnen, die Zugang zu den Anlagen von Drittparteien im Sinne der in diesem Titel festgelegten Bedingungen haben und die Erdgas zum Zwecke des Weiterverkaufs an Verbraucher, andere Händler oder zwecks internationalem Transit erwerben.
e) Letztverbraucher, die Gas für den Eigenverbrauch erwerben und die das Recht haben, ihren Anbieter zu wählen. Im Falle ihrer Direktversorgung durch Einrichtungen von Drittparteien werden sie als ‚Direkte Konsumenten am Markt' bezeichnet.

f) Die ‚Geschäftsstelle für den Wechsel von Anbietern' *(Oficina de Cambios de Suministrador)*, welche die Handelsgesellschaft bezeichnet, die für die Überwachung und gegebenenfalls für die Durchführung des Wechsels von Anbietern im Auftrag der Letztverbraucher zuständig ist.

Novelliert durch den einzigen Artikel 8 des Gesetzes 12/2007 vom 2. Juli.

Artikel 59. Gassystem und grundlegendes Erdgasnetzwerk.

Das Gassystem soll die folgenden Anlagen enthalten: die im Basisnetz enthaltenen Anlagen, die sekundären Transportnetze, die Verteilungsnetze, die nicht-basis Speicheranlagen und weitere ergänzende Anlagen.

1. Im Sinne der in diesem Gesetz festgelegten Effekte soll das Basisnetz folgende Komponenten enthalten.
a) Hochdruckgasfernleitungen für den primären Erdgastransport. Bei diesen soll es sich um Rohrleitungen handeln, deren maximaler Auslegungsdruck gleich 60 bar oder höher liegt.
b) Anlagen zur Wiederverdampfung von flüssigem Erdgas, die das Gassystem und Erdgasverflüssigungsanlagen beliefern können.
c) Basisspeicher, die das Gassystem beliefern können.

d) Verbindungen des allgemeinen Netzes mit Erdgasvorkommen im Inland oder Speicheranlagen.

e) Internationale Verbindungen des spanischen Erdgassystems mit anderen Systemen oder mit Vorkommen im Ausland.

3. Die sekundären Transportnetze sollen aus Gasfernleitungen bestehen, deren maximaler Auslegungsdruck zwischen 60 und 16 bar liegt.

4. Die Verteilernetze sollen aus Gasleitungen mit maximalem Auslegungsdruck gleich 16 bar oder niedriger bestehen und beinhalten jene anderen Gasleitungen, deren Zweck, unabhängig von ihrem maximalen Auslegungsdruck, die Weiterleitung des Gases von einer Gasleitung des allgemeinen Netzwerkes oder des sekundären Transportes an einen einzigen Konsumenten ist.

Punkt 2 novelliert durch den einzigen Artikel 9 des Gesetzes 12/2007 vom 02. Juli.
Punkt 1 novelliert durch den einzigen Artikel 9 des Gesetzes 12/2007 vom 02. Juli.
Ergänzt durch Artikel 7.2 des Königlichen Dekret-Gesetzes 6/2000 vom 23. Juni.
Verfügt/Beschlossen durch Amtlichen Erlass ITC/3126/2005 vom 5. Oktober.

Artikel 60. Funktionsweise des Systems.

1. Die Wiederverdampfung, die Speicherung, der Transport und die Verteilung sind als regulierte Aktivitäten anzusehen, deren ökonomische Rahmenbedingungen und Funktionsweise durch die Bestimmungen dieses Gesetz festgelegt werden.

2. Ohne Nutzungsbeeinträchtigungen durch das etablierte Verfahren für Lieferanten der Grundsversorgung sollen sich die Handelsaktivitäten unter Bedingungen freien Wettbewerbs in Übereinstimmung mit den Festlegungen in dem vorliegenden Gesetz und ausführenden Anordnungen entwickeln. Die ökonomischen Rahmenbedingungen sollen durch die vertraglich festgelegten Bedingungen zwischen den einzelnen Parteien bestimmt werden.

3. Der Zugriff von Dritten auf die Anlagen des Basisnetzes und die Transport- und Verteilungsanlagen unter den im vorliegenden Gesetz festgelegten technischen und wirtschaftlichen Bedingungen wird garantiert. Der Preis für die Nutzung dieser Anlagen soll in Form einer Gebühr erfolgen, die vom Ministerium für Industrie, Tourismus und Handel infolge einer Resolution durch das Regierungskommittee für wirtschaftliche Angelegenheiten festgelegt wird.

4. Außer im Falle einer expliziten Vereinbarung des Gegenteiles, soll die Weitergabe des Eigentums am Gas in dem Moment erfolgen, in dem die Lieferung des Gases die Anlagen des Käufers erreicht.

5. Die Lieferungsaktivitäten von Erdgas, die auf Inselgebieten und Gebieten außerhalb der iberischen Halbinsel stattfinden, sollen einer besonderen gesetzlich festgelegten Regulierung auf Basis einer vorherigen Vereinbarung mit den betroffenen Autonomen Regionen und Städten unterliegen und sich an den spezifischen Umständen bezüglich ihrer jeweiligen territorialen Situation orientieren.

Novelliert durch den einzigen Artikel 10 des Gesetzes 12/2007 vom 2. Juli.

Artikel 61. Einbindung von Erdgas in das System.

1. Folgende Parteien können Erdgas in das System einbinden:
a) Großhändler
b) Direkte Verbraucher am Markt.
c) Transportnetzbetreiber für ein Minimumfüllvolumen von LNG-Tankern, Transportgasfernleitungen, Speicheranlagen und Verteilungsnetze und jedwede andere nach geltenden Vorschriften vorgesehene Funktion, bei welcher nicht die Belieferung der Kunden selbst als ultimativer Endzweck vorliegt.

d) Der Technische Leiter des Systems für jedwede nach geltenden Vorschriften vorgesehene Funktion, bei welcher nicht die Belieferung der Kunden selbst als ultimativer Endzweck vorliegt.

2. Die Handelsbevollmächtigen, die zum Ankauf von Erdgas berechtigt sind, sollen im Sinne der geltenden Vorschriften das Recht auf Zugang zu Wiederverdampfungsanlagen, Speicherung, Transport und Verteilung haben.
Im Falle des Zugangs zu Wiederverdampfungsanlagen, Grundspeicherung, Transport und Verteilung wird der Zugang reguliert.
Im Falle von nicht Basisspeicherung, soll der Zugang verhandelt werden und vorschriftsgemäß Kriterien für den Zugang zu den Anlagen festgelegt werden. Diese Kriterien sollen transparent, objektiv und nicht-diskriminierend sein. Diese Anlagen werden aus dem Vergütungsbezugssystem von Erdgas ausgeschlossen.

3. Direkte Verbraucher am Markt müssen im Verwaltungsregister für Lieferanten, Großhändler und Letztverbraucher von Gaskraftstoffen durch Rohrleitungen eingeschrieben werden, welches in Artikel 83 des vorliegenden Gesetzes angelegt wird.

4. Kein Handelsbevollmächtigter oder Handelsbevollmächtigte, die zur selben Unternehmensgruppe gehören, entsprechend Artikel 42 des Handelsgesetzbuches, und die im Erdgassektor operieren, können insgesamt eine Gesamtmenge an Erdgas für den Verbrauch in Spanien von mehr als 70 % des nationalen Verbrauchs beisteuern.
Bei der Kalkulation der im vorangegangenen Paragraphen benannten Prozentzahl soll jedweder möglicher Eigenverbrauch nicht miteinbezogen werden.

5. Die Regierung kann die Prozentzahlen im vorhergehenden Abschnitt mittels des Königlichen Erlasses in Abhängigkeit von der Entwicklung und den unternehmerischen Strukturen des Sektors ändern.

Novelliert durch den einzigen Artikel 11 des Gesetzes 12/2007 vom 2. Juli.

Artikel 62. Buchführung und Berichterstattung

1. Alle Einheiten, die eine oder mehrere Aktivitäten betreiben, die in Artikel 58 des vorliegenden Gesetzes, mit Ausnahme von Verbrauchern, aufgeführt werden, sollen ihre Buchführung gemäß Kapitel VII des Gesetzes für Aktiengesellschaften (*Ley de Sociedades Anónimas)* durchführen, auch wenn sie

nicht den Status einer Aktiengesellschaft besitzen. Die Regierung wird in dem Falle, in dem es sich bei der die Aktivität ausführenden Einheit nicht um eine Aktiengesellschaft handelt, jegliche notwendigen Anpassungen vornehmen.
In jedem Fall sind die Unternehmen dazu verpflichtet in ihrem Hauptsitz eine Kopie ihrer Jahresabschlüsse der Öffentlichkeit zur Verfügung zu stellen.

2. Ohne Beeinträchtigung der Anwendung von allgemeinen Normen der Buchführung kann die Regierung den Unternehmen, die die in Artikel 58 des vorliegenden Gesetzes festgelegten Aktivitäten betreiben, oder den Gesellschaften, die diese kontrollieren, spezifische Buchführungen oder Veröffentlichungen von Abrechnungen auferlegen, die als angemessen betrachtet werden, damit die Einnahmen und Ausgaben der in Zusammenhang mit Gas erfolgten Aktivitäten und die durchgeführten Transaktionen zwischen Gesellschaften einer Firmengruppe akkurat aufgezeigt werden, mit dem Ziel Diskriminierungen, Subventionen zwischen unterschiedlichen Aktivitäten und Wettbewerbsverzerrung zu verhindern.
Im Falle von Gesellschaften, die regulierte Aktivitäten betreiben, gemäß Artikel 60.1 des vorliegenden Gesetzes, werden in deren Buchführung unterschiedliche Abrechnungen für jede einzelne dieser Aktivitäten aufgeführt, die die Einnahmen und Ausgaben strikt jeder einzelner dieser Aktivitäten zuschreiben.
Der Technische Leiter des Systems, genau wie die Unternehmen, die die Grundversorgung vornehmen, müssen unterschiedliche Abrechnungen führen, die Ausgaben und Einnahmen strikt den jeweiligen Aktivitäten zuordnen.
Die Gesellschaften, die Aktivitäten mit Gas im nicht-regulierten Bereich durchführen, sollen getrennte Abrechnungen in Bezug auf Aktivitäten der Produktion, der Vermarktung und jedweder Aktivität, die sich nicht auf Gas bezieht und die auf spanischem Gebiet erfolgt und jedweder anderer Aktivität, die außerhalb des Landes erfolgt, führen.

3. Die Einheiten müssen in ihrem Jahresabschlussbilanzbericht die angewandten Kriterien bezüglich der Aufteilung der Kosten an andere Einheiten der Firmengruppe, welche wiederum andere Aktivitäten in Zusammenhang mit Gas durchführen, aufzeigen. Weiterhin müssen sie in diesem Bericht die Kriterien für die Zuordnung und Anrechnung von Aktiv- und Passivposten der Bilanz, Ausgaben und Einnahmen, sowie die für die Amortisierung angewandten Regeln darlegen.
Diese Kriterien müssen aufrechterhalten werden und dürfen nicht modifiziert werden, außer unter außergewöhnlichen Umständen. Die Modifizierungen und deren Rechtfertigung müssen in der Jahresabschlussbilanz der Aktivität dargelegt werden, welcher sie zuzuordnen sind.

Weiterhin soll die Jahresabschlussbilanz in Übereinstimmung mit geltenden Vorschriften Informationen über erfolgte Vorgänge mit Unternehmen derselben Firmengruppe enthalten.

4. Die Einheiten, die im Gassystem agieren, müssen der zuständigen Verwaltung die Informationen bereitstellen, die von ihnen verlangt werden, besonders in Bezug auf Versorgungs- und Belieferungsverträge von Erdgas, die sie abgeschlossen haben, und ihrer Jahresabschlüsse in Übereinstimmung mit den Ausführungen im Wirtschaftsprüfungsgesetz von Abrechnungen *(Ley de Auditoría de Cuentas)* und der Rechtssprechung, die diesem zugrunde liegen. Wenn diese Einheiten Teil einer Unternehmensgruppe sind, erweitert sich die Informationspflicht auf die Gesellschaft, die die Einheit, die Aktivitäten in Zusammenhang mit Gas durchführt, kontrolliert, gesetzt den Fall, dass erstere in einem Energiesektor tätig ist und auf jene anderen Gesellschaften derselben Firmengruppe, die im Gassystem aktiv sind, Zugriff hat.
Außerdem müssen sie der zuständigen Verwaltung jegliche Art von Information über Aktivitäten, Inversionen, Qualität der Belieferung, gemessen anhand der von der Verwaltung vorgegebenen Standards, belieferte Märkte und bestmögliche Prognosen, gezahlte und weitergegebene Preise, ebenso wie jedwede andere Information, die von der zuständigen Verwaltung als angemessen für die Ausübung ihrer Funktionen angesehen wird, vorlegen.

5. Die Einheiten stellen in ihrem Jahresabschlussbilanzbericht Information über die erfolgten Aktivitäten im Bereich der Energieeinsparung und Energieeffizienz und dem Umweltschutz bereit.

Novelliert durch den einzigen Artikel 12 des Gesetztes 12/2007, vom 02. Juli.

Artikel 63. Entbündelung von Aktivitäten.

1. Die Handelsgesellschaften, die eine oder mehrere regulierte Aktivitäten im Bereich der Wiederverdampfung, Grundspeicherung, Transport und Lieferung durchführen, auf die sich Artikel 60.1 des vorliegenden Gesetzes bezieht, dürfen ausschließlich diese Aktivitäten ausführen, ohne dass sie daher weder Produktions- oder Kommerzialisierungsaktivitäten ausführen noch Beteiligungen an Unternehmen haben dürfen, die solche Aktivitäten ausführen.

2. Die Transportnetzbetreiber, die eine Einrichtung jeglicher Art in Zusammenhang mit dem Basisnetz betreiben, letztere definiert durch Punkt 2, Artikel 59, dürfen ausschließlich Transportaktivitäten, gemäß der Definition des Abschnitts a) des Artikels 58, betreiben. Sie können in ihre Aktiva Gasfernleitungen des sekundären Transportnetzes mit einbeziehen, müssen aber

getrennte Abrechnungen der Wiederverdampfungsaktivitäten, der Speicherung und des Transportes aufführen.

3. Nichtsdestotrotz kann eine Gruppe von Gesellschaften inkompatible Aktivitäten gemäß geltendem Gesetz ausführen, vorausgesetzt dass diese von unterschiedlichen Gesellschaften ausgeführt werden und sie die folgenden Kriterien bezüglich ihrer Unabhängigkeit wahren:
a) Die für die Leitung der Gesellschaften verantwortlichen Personen, die regulierte Aktivitäten betreiben, dürfen nicht in organisierten Strukturen der Unternehmensgruppe, die direkt oder indirekt für die laufende Bewirtschaftung von Produktions- oder Handelsaktivitäten verantwortlich ist, tätig sein.
b) Die Gruppen von Gesellschaften sollen die Unabhängigkeit der für die Bewirtschaftung von regulierten Aktivitäten verantwortlichen Personen durch den Schutz ihrer beruflichen Interessen garantieren. Insbesondere sollen sie Garantien bezüglich ihrer Vergütung und den Bedingungen im Falle der Beendigung ihres Arbeitsverhältnis etablieren. Die Gesellschaften, die regulierte Aktivitäten betreiben und die für deren Bewirtschaftung verantwortlichen Personen dürfen keine Beteiligungen an Unternehmen besitzen, die Aktivitäten im Bereich der Produktion und der Kommerzialisierung durchführen. Weiterhin dürfen die Gesellschaften, die regulierte Aktivitäten betreiben und ihre Angestellten keine kommerziell sensiblen Informationen mit Unternehmen der Unternehmensgruppe, zu der sie gehören teilen, gesetzt dem Fall, dass letztere deregulierte Aktivitäten betreiben.
c) Die Gesellschaften, die regulierte Aktivitäten betreiben, sollen die effektive Entscheidungshoheit betreffend der für den Betrieb, die Wartung oder die Entwicklung von Wiederverdampfungsanlagen von flüssigem Erdgas und den Transport, die Speicherung und die Verteilung von Erdgas benötigten Aktiva, unabhängig von der Unternehmensgruppe, besitzen.
Nichtsdestotrotz, soll die Unternehmensgruppe das Recht auf die ökonomische Aufsicht und die Leitung der zuvor erwähnten Gesellschaften haben und soll den jährlichen Finanzplan oder ein gleichwertiges Instrument zur Genehmigung vorlegen können, sowie weiterhin allumfassende Begrenzungen in Bezug auf den Grad ihrer Verschuldung festsetzen können.
Die Firmengruppe kann in keinem Fall den Gesellschaften, die regulierende Aktivitäten betreiben, Anweisungen in Bezug auf deren laufenden Betrieb noch in Hinblick auf spezifische Entscheidungen, die den Aufbau und die Verbesserung von flüssigen Wiederverdampfungsaktiva und den Transport, die Speicherung und die Verteilung von Erdgas betreffen, geben, immer gesetzt den Fall, dass die Bestimmungen des Jahresfinanzplans oder des gleichwertigen Instrumentes nicht überschritten werden.
d) Gesellschaften, die regulierte Aktivitäten ausführen, sollen einen Verhaltenskodex erstellen, in dem die festgesetzten Maßnahmen dargelegt

werden, die die Einhaltung der in den Abschnitten a), b) und c) erfolgten Bestimmungen garantieren. Dieser Verhaltenskodex soll spezifische Auflagen die Angestellten betreffend festlegen, und die Erfüllung dieser Auflagen soll durch angemessene Beaufsichtigung und Auswertung Aufgabe der Gesellschaft sein.
Es soll dem Ministerium für Industrie, Tourismus und Handel und der Nationalen Komission für Energie jährlich ein Bericht vorgelegt werden, der veröffentlicht wird und in dem die Maßnahmen, die zur Einhaltung der in den vorherigen Abschnitten a), b) und c) festgelegten Bestimmungen ergriffen werden, hervorgehoben sind.

4. Ohne Beeinträchtigung der in Abschnitt 1 festgelegten Bestimmungen erfordert jedwede Aneignung von Beteiligungen in Form von Aktien durch jene Handelsgesellschaften, die regulierte Aktivitäten durchführen, die Einholung einer vorherigen Autorisierung, auf die sich die zusätzliche Verfügung Elf, Sektion 3.1 des vorliegenden Gesetzes bezieht.

Novelliert durch den einzigen Artikel 13 des Gesetzes 12/2007 vom 2. Juli.

KAPITEL II

Technisches Management des Erdgassystems

Artikel 64. Der Technische Leiter des Systems

1, Der Technische Leiter des Systems ist verantwortlich für die Durchführung und das technische Management des Allgemeinen Netzes und des sekundären Transportnetzes und garantiert die Kontinuität und die Sicherheit der Belieferung von Erdgas und die korrekte Koordination zwischen den Zugangspunkten, den Speicheranlagen, dem Transport und der Verteilung.
Der Technische Leiter des Systems führt seine Funktionen nach den Prinzipien der Transparenz, Objektivität und Unabhängigkeit in Koordination mit den Akteuren aus, die das Gassystem betreiben oder nutzen.

2. Die auszuführenden Aktivitäten des Technischen Leiters des Systems sollen angemessen entlohnt werden, gemäß den Bestimmungen in Kapitel VII dieses Titels.

3. Der Technische Leiter des Systems soll folgende Funktionen erfüllen:

a) Verwaltung aller Anlagen des Allgemeinen Netzsystems und des sekundären Transportes.

b) Ermittlung und Kontrolle der Garantiestufe des Systems hinsichtlich der kurz- und langfristigen Versorgung mit Erdgas.

c) Kurz- und langfristige Prognose der Anlagennutzung des Systems sowie der Reserven von Erdgas gemäß der Angebotsprognosen.
d) Erteilung der notwendigen Anweisungen für die korrekte Bewirtschaftung des Erdgassystems und seinen Transport, gemäß den Kriterien der Verlässlichkeit und Sicherheit, die angeordnet sind. Weiterhin, erteilt der Leiter des Systems den Transporteuren präzise Anweisungen, um die Emmissionsstufen von Erdgas an die Nachfrage des Gassystems anzupassen.
e) Koordination und Verbesserung der Pläne betreffend die Instandhaltung von Anlagen in der Form, dass ihre Funktionsfähigkeit und ihre Verfügbarkeit sichergestellt sind, um die Sicherheit des Systems zu garantieren.
f) Einrichtung und Kontrolle von Maßnahmen betreffend die Verlässlichkeit des Erdgassystems sowie Aktionspläne für die Wiedereinsetzung des Dienstes im Falle von allgemeinen Ausfällen bei der Belieferung von Erdgas und Koordination und Kontrolle der Ausführung dieser Letzteren.
g) Ausgabe der Operationsanweisungen für die Transportanlagen, einschließlich der internationalen Verbindungen.
h) In Verbindung mit den bereits ausgeführten Aktivitäten, die Entwicklung jener weiteren Aktivitäten, die für die Funktionstüchtigkeit des Systems angemessen sind, sowie jedwede andere Funktionen, die diesen durch die rechtlichen Bestimmungen zugeschrieben werden.
i) Unterbreitung eines Vorschlages für die Entwicklung des allgemeinen Erdgasnetzes und die Vergrößerung und/oder Erweiterung der Speicheranlagen an die Stelle des Ministeriums für Industrie, Tourismus und Handel.
j) Unterbreitung eines Vorschlages für Notfallpläne, die als notwendig angesehen werden, mit detaillierter Ausführung der verfügbaren Bestände, ihrer Standorte und dem Zeitrahmen für eine Wiedereinsetzung, sowie ihre jährlichen Wartungen an die Stelle des Ministeriums für Industrie, Tourismus und Handel. Diese Pläne und ihre jährlichen Wartungen sollen vom Generaldirektorium für Energiepolitik und Minen bewilligt und modifizert werden.
k) Ausgabe von angemessenen Anweisungen, so dass Betriebe, die Inhaber von Allgemeinen Netzwerkanlagen und sekundären Transportnetzwerkanlagen sind, ihre Anlagen auf eine Weise betreiben, die die Übertragung von Gas unter angemessenen Bedingungen an den Ausspeisestellen des Systems absichert.
l) Der Technische Leiter führt gesetzlich vorgeschriebene Übertragungsprogramme durch, um diese Aktivität zu verwirklichen und zu kontrollieren.
m) Verwaltung der Einspeise- und Ausspeisestellen von Erdgas im Erdgassystem durch Gasfernleitungen, der Anlagen zum Erhalt, zur Speicherung und zur Wiederverdampfung, der unterirdischen Speicheranlagen und der natürlichen Vorkommen.
n) (gestrichen)

o) Durchführung der Berechnung und Anwendung der täglichen Bilanz jedes das Gasnetz und seine operationalen und strategischen Bestände nutzenden Akteurs.
p) Umsetzung, im Rahmen seiner Funktionen, von jenen Entscheidungen, die durch die Regierung gefällt werden, um die Bestimmungen des vorliegenden Gesetzes zu erfüllen.
q) Zusammenarbeit mit dem Ministerium für Industrie, Tourismus und Handel bei der Auswertung und Nachbearbeitung der durch die Inhaber von Erdgastransportanlagen vorgelegten jährlichen und mehrjährigen Investmentpläne.

4. Der Technische Leiter des Systems soll einen Repräsentanten im Konsultativen Ausschuss für Kohlenwasserstoffe der Nationalen Energiekommission und ihrer Permanenten Kommission erhalten.

Abschnitt 3 novelliert durch den einzigen Artikel 14 des Gesetzes 12/2007 vom 2. Juli.
Abschnitt 1 novelliert durch den einzigen Artikel 14 des Gesetzes 12/2007 vom 2. Juli.
Abschnitt 4 ergänzt durch Artikel 92.1 des Gesetzes 62/2003 vom 30. Dezember.
Novelliert durch Artikel 7.6 des Königlichen Gesetz-Erlasses 6/2000 vom 23. Juni.

Aritkel 65. Regeln für die technische Verwaltung des Systems

1. Das Wirtschaftsministerium, nach einem vorhergehenden Bericht durch die Nationale Energiekommission, soll die die technische Verwaltung des Systems betreffenden Normen bewilligen, deren Zweck die Sicherstellung der korrekten technischen Funktionsweise des Gassystems und die Garantie der Kontinuität, Qualität und Sicherheit der Belieferung von Erdgas ist, indem es die Aktivitäten aller Transportnetzbetreiber koordiniert.

2. Die Vorschriften die technische Verwaltung des Systems betreffend, auf die sich der vorhergehende Abschnitt bezieht, regulieren zumindest die folgenden Aspekte:
a) Die Mechanismen, um kurzfristig und langfristig das notwendige Maß an Belieferung des Erdgassystems und die Aufrechterhaltung der minimalen Sicherheitsstandards zu garantieren.
b) Die Koordinationsverfahren, die die korrekte Nutzung und Instandhaltung der Wiederverdampfungsanlagen, Speicherung und Transport, gemäß den notwendigen Kriterien der Verlässlichkeit und Sicherheit, garantieren und die

insbesondere die Bereitstellung von Verhaltensplänen für die Wiedereinsetzung des Dienstes im Falle von allgemeinen Ausfällen bei der Belieferung von Erdgas berücksichtigen.
c) Die Kontrollverfahren bei der Ein- und Ausspeisung von Erdgas in das nationalen Gassystem oder aus diesem heraus.
d) Die Kalkulationsverfahren hinsichtlich der täglichen Bilanz jedes zur Einspeisung von Gas in das System autorisierten Akteurs.
e) Die Verwaltungs- und Benutzungsverfahren hinsichtlich der internationalen Verbindungen.
f) Die Verfahren hinsichtlich der zu ergreifenden Maßnahmen im Falle von Notfällen und Lieferungsschwierigkeiten.

Novelliert und neu nummeriert durch Artikel 7.7. des Königlichen Gesetzes-Erlasses 6/2000 vom 23. Juni. In der vorherigen Nummerierung handelte es sich um Artikel 64. Die Änderung bezieht sich auf eine neue Abfassung, die sich durch Abschnitt 1 und die Weglassung von Abschnitt 3 ergibt.
Beschlossen/Verfügt durch die Resolution vom 28. Juli 2006.
Beschlossen/Verfügt durch Ministerialen Erlass ITC/3126/2005 vom 5. Oktober.

Kapitel IV

Wiederverdampfung, Transport und Speicherung von Erdgas

Artikel 66. Das Transportnetz gasförmiger Brennstoffe

1. Das primäre Transportnetz setzt sich zusammen aus Hochdruckgasfernleitungen konzipiert für eine Druckgröße von gleich oder höher als 60 bar.

2. Das sekundäre Erdgastransportnetz setzt sich zusammen aus Hochdruckgasfernleitungen konzipiert für eine Druckgröße von niedriger als 60 bar und höher als 16 bar.

3. Als konstitutive Elemente des Transportnetzes werden ebenso Anlagen zur Kompression, Regulation und Messung und all jene Aktiva, die der Kommunikation, dem Schutz und der Kontrolle dienen, sowie Hilfsdienste, Grundstücke, Gebäude und weitere Hilfselemente angesehen, die für die angemessene Funktionsweise der spezifischen Anlagen des zuvor definierten Transportsnetzes notwendig sind.

4. Die Transporteure sollen für die Entwicklung und Ausweitung des in diesem Artikel definierten Transportnetzes so verantwortlich sein, dass sie die

Instandhaltung und die Verbesserung eines unter homogenen und kohärenten Kriterien konfigurierten Netzes garantieren. Dieses wird unbeeinträchtig der in Artikel 4 des vorliegenden Gesetzes in Bezug auf die Planung von Anlagen ausgeführten Bestimmungen durchgeführt.

5. Es sollen so viele technische Normen erhoben werden, wie sie für die Garantie der Verlässlichkeit hinsichtlich der Belieferung durch Gas, der Transportnetzanlagen und der mit ihnen verbundenen Anlagen notwendig sind. Diese Normen sollen den Schutz und die Sicherheit der Personen und ihrer Güter, die Qualität und Verlässlichkeit des Betriebes, die Einheitlichkeit der Belieferungsbedingungen sowie die Erbringung eines guten Dienstes garantieren und von objektivem und nicht-diskriminierendem Charakter sein.

Novelliert durch den einzigen Artikel 15 des Gesetzes 12/2007 vom 02. Juli.

Artikel 67. Behördliche Genehmigungen

1. Für die Errichtung, Bewirtschaftung, Modifizierung und Schließung der Anlagen des Allgemeinen Netzes und der in Artikel 59 beschriebenen Transportnetze, unbeeinträchtigt der für die unterirdischen Speicherungsanlagen gemäß Titel II des vorliegenden Gesetzes festgesetzten juristischen Regelungen, wird eine behördliche Genehmigung unter den durch dieses Gesetz festgesetzten Bedingungen und den es ausgestaltenden Bestimmungen benötigt.
Übertragungen durch diese Anlagen müssen durch die maßgebliche Behörde genehmigt werden.
Die behördliche Genehmigung der Schließung einer Anlage kann deren Inhaber zur Demontage dieser Anlage verpflichten.
Die Genehmigungen zur Errichtung und Bewirtschaftung der Transportgasfernleitungen, die obligatorisch geplant werden, müssen, gemäß Artikel 4 des vorliegenden Gesetzes, anhand eines den Wettbewerb sicherstellenden Vorganges durch die zuständige Behörde erteilt werden.

2. Die Antragssteller für Genehmigungen für in Abschnitt 1 dieses Artikels aufgeführte Gasanlagen, müssen die folgenden Voraussetzungen zufriedenstellend erfüllen:
a) Die technischen und sicherheitsrelevanten Bedingungen der zu genehmigenden Anlagen.
b) Die angemessene Erfüllung von Umweltschutzmaßnahmen.
c) Die Angemessenheit des Standorts der Anlage in Bezug auf die Beschaffenheit des Geländes.
d) Ihr juristisches, technisches und finanzwirtschaftliches Vermögen für die Durchführung des Projektes.

Die Antragssteller müssen eine Handelsgesellschaft spanischer Nationalität ergeben oder sich gegebenenfalls aus einer Handelsgesellschaft eines Mitgliedsstaates der Europäischen Union mit permanentem Sitz in Spanien konstituieren.

3. Die Genehmigungen, auf die sich Abschnitt 1 dieses Artikels bezieht, sollen durch die zuständige Behörde, unbeeinträchtig der notwendigen Konzessionen und Genehmigungen hinsichtlich der Gemeindefreiheit und gemäß anderer in diesem Fall Anwendung findender Verfügungen, der entsprechenden sektorialen Gesetzgebung und hierbei insbesondere der Verfügungen bezüglich der Beschaffenheit des Geländes, des Städtebaus und der Umwelt, erlassen werden.
Der Vorgang und die Erteilung der Genehmigung soll den Vorgang der öffentlichen Ausschreibung/Information beinhalten.
Mit erteilter Genehmigung und zwecks Garantie der Erfüllung seiner Auflagen muss der Inhaber eine Garantie in Höhe von 2 Prozent seines Anlagengesamtbudgets erbringen.
In keinem Fall versteht sich die Genehmigung als erteilt im Sinne eines Monopols, noch beinhaltet sie exklusive Rechte. Das Ausbleiben expliziter Feststellungen innerhalb der beantragten Genehmigungen im Sinne des vorliegenden Artikels führen zu ihrer Ablehnung. In jedem Fall soll ein einfacher Widerspruch bei der zuständigen Verwaltungsbehörde eingelegt werden können.

4. Die Genehmigungen der Transportanlagen beinhalten alle Anforderungen, die bei ihrer Errichtung und ihres Betriebs befolgt werden müssen.
Falls die genehmigten Anlagen sich mit schon existierenden Anlagen eines anderen Inhabers verbinden müssen, ist letzterer verpflichtet, die Verbindung unter den durch geltende Vorschriften vorgegebenen Bedingungen zu erlauben.

5. Das Nichteinhalten der in den Genehmigungen festgelegten Bedingungen und Anforderungen oder die maßgebliche Abweichung von den ihre Erteilung bestimmenden Voraussetzungen sollen zu ihrem Widerruf führen können.
Die zuständige Verwaltung soll die Genehmigung verweigern, wenn die gesetzlich vorgegebenen Anforderungen nicht erfüllt werden oder das Unternehmen nicht das notwendige juristische, technische und wirtschaftliche Vermögen garantiert, das zur Durchführung der beantragten Aktivität notwendig ist.

Abschnitt 1, Absatz 2 novelliert durch den einzigen Artikel 16 des Gesetzes 12/2007 vom 02. Juli.

Artikel 68. Auflagen für Inhaber von Genehmigungen für die Wiederverdampfung, den Transport und die Speicherung von Erdgas.

Die Inhaber von behördlichen Genehmigungen für die Wiederverdampfung von flüssigem Erdgas und den Transport und die Speicherung von Ergas sollen die folgenden Auflagen haben:

a) Durchführung ihrer Aktivitäten in der genehmigten Form und gemäß der geltenden Ordnung, Bereitstellung des Dienstes in regelmäßiger und kontinuierlicher Form unter Beibehaltung der festgelegten Qualitätsstandards und Sicherstellung der Instandhaltung der Anlagen in angemessener technischer Erhaltung und Tauglichkeit, dabei den durch den Technischen Leiter und gegebenenfalls der zuständigen Behörde erteilten Anweisungen folgend.

b) Vorlage der jährlichen und mehrjährigen Investitionspläne an den Generalsekretär für Energie des Ministeriums für Industrie, Tourismus und Handel vor dem 15. Oktober jeden Jahres zum Zwecke der Genehmigung.

Wenn innerhalb eines Monats nach der Vorlage der Investitionspläne keine ausdrücklichen Anordungen des Generalsekretärs für Energie erfolgen, sollen die Pläne als genehmigt anzusehen sein.

Die jährlichen Investitionspläne beinhalten mindestens die Daten der vorgesehenen Projekte für das folgende Jahr, ihre wesentlichen technischen Eigenschaften, das Budget und den zeitlichen Rahmen für ihre Ausführung.

c) Nutzungsermöglichung ihrer Anlagen für die Leitung von Gas, die sich aus den Festlegungen dieses Gesetzes ergeben, und Nutzungszulassung all ihrer Anlagen für alle autorisierten Akteure unter nicht-diskriminierenden Bedingungen, gemäß den technischen Normen.

d) Einschreibung im Amtlichen Register für Gastransportanlagen.

e) Abschließung von Verträgen zur Wiederverdampfung, Speicherung und Transport mit den Akteuren, die das Rechte auf Zugang zu diesen Anlagen haben.

f) Bereitstellung von hinlänglicher Information an jedwedes andere Unternehmen, das Speicherungs-, Transport und Verteilungsaktivitäten betreibt und an den Technischenleiter des Systems, um zu garantieren, dass Transport und Speicherung von Gas auf eine mit der sicheren und effizienten Funktionstüchtigkeit des verbundenen Netzes kompatible Art und Weise vollzogen werden können.

g) Bereitstellung von detaillierter Information, wann immer diese von Seiten der zuständigen Behörden angefordert wird, und Vorlage der abgeschlossenen Zugangsverträge an das Ministerium für Industrie und Energie. Ebenso müssen den autonomen regionalen Behörden die Zugangsverträge zu den Anlagen in dem Falle vorgelegt werden, in dem diese Anlagen sich ganz oder teilweise auf dem Gebiet dieser Autonomen Region befinden und der Auftraggeber dieser

Dienste ein berechtigter Verbraucher, ein Händler oder ein Transporteur mit Anlagen in dieser Autonomen Region ist.

Buchstabe b) novelliert durch den einzigen Artikel 17 des Gesetzes 12/2007 vom 02. Juli.
Buchstabe a) novelliert durch den einzigen Artikel 17 des Gesetzes 12/2007 vom 02. Juli.
Novelliert durch Artikel 7.9 des Königlichen Gesetz-Erlasses 6/2000 vom 23. Juni.

Artikel 69. Rechte der Inhaber von Anlagen zur Wiederverdampfung, Transport und Speicherung von Erdgas.

Die Inhaber von Anlagen zur Wiederverdampfung, Transport und Speicherung von Erdgas sollen folgende Rechte haben:
a) Die Anerkennung ihres Rechtes auf Entlohnung für die Ausführung ihrer Aktivitäten innerhalb des Gassystems unter den in Kapitel VII dieses Titels ausgeführten Bedingungen durch die Verwaltung.
b) Einforderung der festgelegten technischen Bedingungen und des angemessenen Betriebes der Anlagen, die mit den in ihrem Besitz befindlichen Anlagen verbunden sind.
c) Einforderung der von der Verwaltung festgelegten Garantien für den Einzug von Netzentgelten.

Novelliert durch den einzigen Artikel 18 des Gesetzes 12/2007 vom 02. Juli..

Artikel 70. Zugang zu den Transportanlagen.

1. Die Inhaber von Anlagen sollen die Nutzung derselben den Direkten Konsumenten am Markt und den Händlern, die die erforderlichen Bedingungen erfüllen, durch getrennte oder gemeinschaftliche Verträge über die Transportdienste, die Wiederverdampfungsdienste und die Speicherungsdienste nach den Prinzipien der Nichtdiskriminierung, der Transparenz und der Objektivität ermöglichen. Der Preis für die Nutzung der Transportnetze wird durch die ordnungsgemäß bewilligten Entgelte festgelegt.
2. Die Bedingungen betreffend den Zugang von Dritten zu den Anlagen, die Auflagen und Rechte der Inhaber von Anlagen, die mit dem Zugang von Dritten zusammenhängen, sowie die Bedingungen für Direkte Konsumenten am Markt und Händler sollen durch Verordnungen reguliert werden. Auf gleiche Weise wird der Mindestinhalt der Verträge definiert und sollen gegebenenfalls die Funktionsbedingungen des sekundären Kapazitätsmarktes reguliert werden.

3. Die Verweigerung des Zuganges zum Netz kann im Falle unzureichender Kapazitäten oder in dem Falle, dass der Zugang zum Netz die Erfüllung der Übertragungsverpflichtungen, die auferlegt wurden, verhindert oder aufgrund von erheblichen ökonomischen und finanziellen Schwierigkeiten, die sich aus der Ausführung der obligatorischen Kaufverträge ergeben, unter den Bedingungen und durch das vorschriftsmäßig festgelegte Verfahren nach den Kriterien der verfügten einheitlichen Gemeinschaftsgesetzgebung, erfolgen.

4. Der Zugang zum Netz kann in vorhergehendem Einvernehmen mit der Nationalen Energiekommission in dem Falle verweigert werden, in dem die Gaslieferfirma, direkt oder mittels Vereinbarungen mit anderen Lieferfirmen oder den Firmen, mit denen diese jeweils in Verbindung stehen, sich in einem Land befindet, in dem keine gleichwertigen Gesetze anerkannt werden und anzunehmen ist, dass eine Beeinträchtigung der Reziprozität für die Firmen, von denen der Zugang benötigt wird, erfolgen könnte. Letzteres ohne Beeinträchtigung der zu befolgenden Kriterien, die Unternehmen der Mitgliedsstaaten der Europäischen Union betreffen, und übereinstimmend mit der bezüglich des festgelegten Gegenstandes einheitlichen Gesetzgebung.

5. Im Ausnahmefall, können von der Zugangsverpflichtung für Drittparteien bestimmte neue Anlagen oder Anlagen, die signifikante Kapazitätserhöhungen bestehender Infrastrukturen verursachen, entbunden werden, falls dieses für Letztere aufgrund ihrer besonderen Merkmale erforderlich ist.
Im Falle von internationalen Verbindungen mit Anlagen aus Drittländern, die nicht der Europäischen Union angehören, wird die oben erwähnte Ausnahmeregelung im Kohlenwasserstoffplanungsbericht, erstellt durch die Regierung gemäß der in Artikel 4 erfolgten Festlegungen, erfasst.
Die oben erwähnte Ausnahme beinhaltet die Nichteinbeziehung der Anlage in das Vergütungssystem des Erdgassektors.
Das Autorisierungsverfahren für diese Freistellung wird durch Verordnung entsprechend der Gemeinschaftsvorschriften entwickelt.

6. Der Verbrauch, dessen Lieferung ausschließlich über Direktverbindungen oder direkte, mit Anlagen mit Systemzugang verbundene Leitungen erfolgt, muss, gemäß der Ausführung in Absatz 5 des vorliegenden Artikels, die durch das vorliegende Gesetz festgesetzten und im Besonderen die aus Artikel 98 hervorgegangenen Auflagen für Anlagen, die nicht in das Basisnetz miteinbezogen werden, erfüllen.

Novelliert durch den einzigen Artikel 19 des Gesetzes 12/2007 vom 02. Juli.
Konsolidiert durch Erlass vom 28. Juli 2000.

Kapitel V

Verteilung von gasförmigen Brennstoffen durch Rohrleitungen

Artikel 74. Verpflichtungen der Verteilernetzbetreiber

Verteilernetzbetreiber sollen Gegenstand folgender Verpflichtungen sein:
a) Ausführung ihrer Aktivitäten in der genehmigten Form und gemäß den geltenden Vorschriften und unter Gewährleistung der gesetzlich vorgeschriebenen Mindestqualitätsstandards.
b) Befolgung der durch den technischen Leiter und gegebenenfalls die zuständige Verwaltung des Systems erfolgten Anweisungen bezüglich des Zugangs von Dritten zu Verteilernetzen.
c) Instandhaltung der Anlagen in angemessenem Zustand bezüglich Erhaltung und technischer Tauglichkeit.
d) Durchführung des Ausbaus der Verteilungsanlagen und Bereitstellung von Verbindungen, in dem ihnen jeweilig autorisierten Gebiet unter gleichberechtigten Bedingungen, falls dieses notwendig sein sollte, um neue Nachfragen bezüglich der Belieferung von Gas zu bedienen, ohne Beeinträchtigung dessen, was sich aus der Anwendung des nach geltenden Vorschriften operierenden Systems für Netzanschlüsse ergibt.
Im Falle der Existenz mehrerer Verteilernetzbetreiber deren Anlagen ausbaufähig wären, um neue Belieferungsanfragen zu bedienen, und keiner dieser Verteilernetzbetreiber die Ausführung der Lieferung vollzieht, wird die zuständige Verwaltung feststellen, welcher dieser Verteilernetzbetreiber diese unter Befolgung der von ihr festgelegten Bedingungen auszuführen hat.
e) Ermöglichung der Nutzung seiner Anlagen und Abschluss von Verträgen betreffend den Zugang von Dritten zum Erdgasnetz gemäß den gesetzlich festgelegten Bedingungen.
f) Bereitstellung von ausreichend Information an die Transport-, Speicherungs- und Vermarktungsunternehmen, um zu garantieren, dass die Verteilung von Gas auf eine mit dem sicheren und effizienten Betrieb kompatiblen Art und Weise erfolgen kann.
g) Inkenntnissetzung der zuständigen Verwaltung, die die Genehmigungen für die Anlagen gewährt hat, und des Ministeriums für Industrie, Tourismus und Handel über alle relevanten Änderungen ihre Aktivitäten betreffend, mit dem Zweck der Festlegung von Gebühren und der Festlegung der Vergütungsregelung.
h) Inkenntnissetzung der zuständigen Verwaltung und des Ministeriums für Industrie, Tourismus und Handel über die Information, die sich bezüglich der von ihnen innerhalb des Gassektors ausgeführten Aktivitäten, ergibt. Ebenfalls soll jede Autonome Region über jedwede Information in Kenntnis gesetzt

werden, die von diesen hinsichtlich ihres territorialen Gebietes verlangt werden sollte.

i) Einschreibung in das Verwaltungsregister für Verteilernetzbetreiber , Händler und Direkte Konsumenten am Markt von Gasförmigen Brennstoffen durch Rohrleitungen (canalización), auf das das vorliegende Dokument Bezug nimmt.

j) Umsetzung der Netzanschlüsse und der Zuleitungen neuer Nutzer gemäß den geltenden Vorschriften.

k) Durchführung der Messung der Belieferungen auf eine den geltenden Vorschriften entsprechenden Art und Weise, dabei in jedem Fall die Genauigkeit derselben und den Zugang zu den entsprechenden Geräten sicherstellend, mit dem Zweck die Kontrolle durch die zuständige Verwaltung zu erleichtern.

l) Bereitstellung der ordnungsgemäß festgelegten Information an die Dienststelle für Änderungen von Verteilernetzbetreiber .

m) Anwendung der festgesetzten Maßnahmen bezüglich des Verbraucherschutzes, welche als obligatorisch betrachtet werden.

n) Aufrechterhaltung eines operativen Systems, das die ständige Betreuung und Lösung von jedweden unvorhergesehenen Vorkommnissen sicherstellt, die sich in den Verteilungsnetzen und den mit ihren Anlagen verbundenen Empfangseinrichtungen der Konsumenten ergeben können.

o) Durchführung der vorschriftsgemäß festgelegten Prüfungen vor Beginn der Belieferung.

p) Durchführung der Inspektionen der bestehenden Empfangsanlagen. Diese sind regelmäßig und unter den vorschriftsgemäß festgelegten Bedingungen durchzuführen.

q) Umsetzung von durch die Verwaltung genehmigten Programmen betreffend die Nachfragesteuerung.

r) Hinwirkung auf einen rationalen Verbrauch von Energie.

s) Präsentation der jährlichen und mehrjährigen Investitionspläne vor dem 15. Oktober jeden Jahres gegenüber der zuständigen Einrichtung der Autonomen Region, in welcher die Tätigkeiten ausgeführt werden. In den jährlichen Investitionsplänen werden mindestens die Daten der vorgesehenen Projekte für das folgende Jahr, ihre hauptsächlichen technischen Eigenschaften, der Etat und der operative Ablaufplan erhoben.

2. Ohne Beeinträchtigung der Verantwortlichkeit, die sich aus den den Verteilernetzbetreiber auferlegten Auflagen in Übereinstimmung mit den Darlegungen in diesem Artikel ergibt, werden die Inhaber von Empfangsanlagen von Erdgas und Anlagen des Konsums für die korrekte Nutzung, Modifizierung, Instandhaltung und periodische Inspektion unter den technischen und sicherheitsrelevanten Aspekten, die sich als erforderlich erweisen, verantwortlich sein.

Novelliert durch den einzigen Artikel 21 des Gesetzes 12/2007, vom 02. Juli.

Artikel 76. Zugang zu Erdgasverteilungsnetzen.

1. Die Inhaber von Verteilungsanlagen sollen die Nutzung derselben den Direkten Konsumenten am Markt und den Händlern, die die erforderlichen Bedingungen erfüllen, auf Basis der Prinzipien der Nichtdiskriminierung, Transparenz und Objektivität ermöglichen. Der Nutzungspreis der Verteilungsnetze wird durch die behördlich bewilligten Netzentgelte festgelegt.

2. Der Verteilernetzbetreiber kann den Zugang zum Netz nur in dem Falle verweigern, in welchem Letzterer nicht über die notwendigen Kapazitäten verfügt. Die Verweigerung muss hinlänglich begründet sein. Der Mangel an notwendigen Kapazitäten kann nur aufgrund von Kriterien der Sicherheit, der Regularität oder Qualität der Versorgung unter Berücksichtigung der nach geltenden Vorschriften festgelegten Erfordernisse gerechtfertigt werden.

3. Die Bedingungen betreffend des Zugangs von Dritten zu den Anlagen, die Pflichten und Rechte der Inhaber der Anlagen, die den Zugang von Dritten ermöglichen, sowie der Direkten Konsumenten am Markt und der Händler sollen anhand rechtlicher Vorschriften festgelegt werden. Gleichermaßen sollen die Kriterien der Zugangsverträge zu diesen Anlagen definiert werden.

Absatz 3 novelliert durch den einzigen Artikel 23 des Gesetzes 12/2007, vom 02.Juli.
Absatz 1 novelliert durch den einzigen Artikel 23 des Gesetzes 12/2007, vom 02.Juli.

Artikel 78. Direkte Leitungen.

1. Unter einer direkten Leitung versteht man eine zur Belieferung eines Konsumenten verwendete Erdgasfernleitung, die zusätzlich zu dem zusammengeschalteten Netz besteht.
2. Die berechtigten Konsumenten können direkte Leitungen unter der Bedingung errichten, dass deren Nutzung aus dem Vergütungsbezugssystem, das für die Transport- und Verteilungsaktivitäten in dem vorliegenden Gesetz festgelegt wurde, ausgeschlossen wird.
3. Die Errichtung von Direktleitungen ist von dem Anwendungsbereich der in dem vorliegenden Gesetz festgelegten Bestimmungen hinsichtlich Enteignung und Nutzungsrecht ausgeschlossen und ist Gegenstand der allgemeinen Rechtssprechung.

Die Nutzungsöffnung der Leitung für Drittparteien erfordert, dass die Integration derselben in das Gassystem in Übereinstimmung mit den geltenden Vorschriften bestehen bleibt,.

4. Der Verbrauch, der sich über eine direkte Leitung oder eine Netzverbindung von einer Wiederverdampfungsanlage des Grundnetzes vollzieht, muss die in dem vorliegenden Gesetz festgelegten Auflagen und im Besonderen die aus Artikel 98 hervorgehenden Auflagen bezüglich Infrastrukturen, die nicht als Teil des Grundnetzes gelten, erfüllen.

Absatz 4 hinzugefügt durch den einzigen Artikel 24 des Gesetzes 12/2007 vom 02. Juli.

Veröffentlichungen des Instituts für deutsches und europäisches Wirtschafts-, Wettbewerbs- und Regulierungsrecht der Freien Universität Berlin

Herausgegeben von Franz Jürgen Säcker

Band 1 Franz Jürgen Säcker (Hrsg.): Deutsch-russisches Energie- und Bergrecht im Vergleich. Ergebnisse einer Arbeitstagung vom 31. März / 1. April 2006. 2007.

Band 2 Franz Jürgen Säcker / Walther Busse von Colbe (Hrsg.): Wettbewerbsfördernde Anreizregulierung. Zum Anreizregulierungsbericht der Bundesnetzagentur vom 30. Juni 2006. 2007.

Band 3 Dirk Zschenderlein: Die Gleichbehandlung der Aktionäre bei der Auskunftserteilung in der Aktiengesellschaft. Zum Problem der Zulässigkeit der Weitergabe von Informationen an einzelne Aktionäre und Dritte. 2007.

Band 4 Simone Kirchhain: Die Anwendung der Vertikal-GVO auf innerstaatliche Wettbewerbsbeschränkungen nach der 7. GWB-Novelle. 2007.

Band 5 Franz Jürgen Säcker: Der Independent System Operator. Ein neues institutionelles Design für Netzbetreiber? 2007.

Band 6 Stefanie Otto: Allgemeininteressen im neuen UWG. § 1 S. 2 UWG und die wettbewerbsfunktionale Auslegung. 2007.

Band 7 Jochen Eichler: Vertragliche Dritthaftung. Eine Auseinandersetzung mit der Frage der Dritthaftung von sogenannten Experten und anderen Auskunftspersonen im Rahmen des § 311 Abs. 3 BGB. 2007.

Band 8 Markela Stamati: Die Anforderungen der operationellen Entflechtung nach den Beschleunigungsrichtlinien der Europäischen Kommission. Umsetzung in Deutschland und Griechenland. 2008.

Band 9 Franz Jürgen Säcker: The Concept of the Relevant Product Market. Between Demand-Side Substitutability and Supply-Side -Substitutability in Competition Law. 2008.

Band 10 Renate Rabensdorf: Die Durchgriffshaftung im deutschen und russischen Recht der Kapitalgesellschaften. Eine rechtsvergleichende Untersuchung. 2009.

Band 11 Franz Jürgen Säcker: Der beschleunigte Ausbau der Höchstspannungsnetze als Rechtsproblem. Erläutert am Beispiel der 380-kV-Höchstspannungsleitung Lauchstädt – Redwitz – Grafenrheinfeld mit Querung des Rennsteigs im Naturpark Thüringer Wald. 2009.

Band 12 Helen Mahne: Eigentum an Versorgungsleitungen. 2009.

Band 13 Franz Jürgen Säcker (Hrsg.): Russisches Energierecht - Gesetzessammlung. 2009.

Band 14 Franz Jürgen Säcker / Maik Wolf: Integrierte Energieversorgung in geschlossenen Verteilernetzen. Zum Gestaltungsspielraum des Gesetzgebers zur Neuregelung des § 110 EnWG im Lichte des Dritten EG-Energiepakets. 2009.

Band 15 Franz Jürgen Säcker (Hrsg.): Das Dritte Energiepaket für den Gasbereich. Deutsch-Englische Textausgabe mit einer Einführung. 2009.

Band 16 Franz Jürgen Säcker (Hrsg.): Das Dritte Energiepaket für den Elektrizitätsbereich. Deutsch-Englische Textausgabe mit einer Einführung. 2009.

Band 17 Thomas Dörmer: Die Unternehmenspacht. Rechtsstellung der Vertragsparteien unter besonderer Berücksichtigung der Pflicht des Unternehmenspächters zur ordnungsgemäßen Unternehmensführung sowie der Rechtslage bei Vertragsbeendigung. 2010.

Band 18 Klaas Bosch: Die Kontrolldichte der gerichtlichen Überprüfung von Marktregulierungsentscheidungen der Bundesnetzagentur nach dem Telekommunikationsgesetz. 2010.

Band 19 Geng-Sook Leem: Einheitliche Corporate Governance-Grundsätze für die Europäische Aktiengesellschaft (SE). Eine rechtsvergleichende Untersuchung anhand der Ausgestaltung der SE im deutschen und britischen Recht. 2010.

Band 20 Wiebke Gebhardt: Gentechnik und Koexistenz nach der Gesetzesnovelle von 2008: Zivilrechtliche Haftung im Vergleich Deutschland und USA. 2010.

Band 21 Cathrin Isenberg: Die Geruchsmarke als Gemeinschaftsmarke. Schutzfähigkeit und Einsatzmöglichkeiten. 2010.

Band 22 Franz Jürgen Säcker / Jochen Mohr / Maik Wolf: Konzessionsverträge im System des europäischen und deutschen Wettbewerbsrechts. 2011.

Band 23 Judith Antonia Loeck: Die unzumutbare Belästigung nach der UWG Novelle 2008 und dem Gesetz zur Bekämpfung unerlaubter Telefonwerbung und zur Verbesserung des Verbraucherschutzes bei besonderen Betriebsformen. 2011.

Band 24 Jörg Jaecks: Konzernverrechnungsklauseln und verwandte einseitige Verrechnungsbefugnisse im Mehrpersonenverhältnis. 2011.

Band 25 Franz Jürgen Säcker: Marktabgrenzung, Marktbeherrschung, Markttransparenz und Machtmissbrauch auf den Großhandelsmärkten für Elektrizität. 2011.

Band 26 Susanne Wende: Die einheitliche Auslegung von Beihilfen- und Vergaberecht als Teilgebiete des europäischen Wettbewerbsrechts. 2011.

Band 27 Leonie Kempel: Die Anwendung von Art. 102 AEUV auf geistiges Eigentum und Sacheigentum. Die Voraussetzungen des Kontrahierungszwangs nach Art. 102 AEUV und der Essential-Facility-Doktrin unter besonderer Berücksichtigung der Unterschiede zwischen geistigem Eigentum und Sacheigentum. 2011.

Band 28 Christoph Schuldt: Werbejingles – schützenswerte Kompositionen!? Die urheberrechtliche und markenrechtliche Schutzfähigkeit von Werbejingles vor unbefugter Nachahmung. 2012.

Band 29 Lydia Scholz: Die Rechtfertigung von diskriminierenden umweltpolitischen Steuerungsinstrumenten. Eine Untersuchung der Reichweite der Warenverkehrsfreiheit und ihrer Begrenzung durch den Umweltschutz als Vertragsziel am Beispiel der deutschen Energiefördergesetze EEG und KWKModG. 2012.

Band 30 Franz Jürgen Säcker: Investitionen in Kraftwerke zur Sicherung einer zuverlässigen Elektrizitätsversorgung nach der Energiewende. Rechtliche und ökonomische Rahmenbedingungen. 2012.

Band 31 Florian Leib: Kartellrechtliche Durchsetzungsstrategien in der Europäischen Union, den USA und Deutschland. Eine rechtsvergleichende Darstellung. 2012.

Band 32 Holger Hoch: Marktverschlusseffekte und Effizienzen vertikaler Zusammenschlüsse. Kartellrechtliche Beurteilung nach europäischem und deutschem Recht. 2012.

Band 33 Sebastian Kemper: Gasnetzzugang in Deutschland und in Spanien. 2012.

www.ingramcontent.com/pod-product-compliance
Ingram Content Group UK Ltd.
Pitfield, Milton Keynes, MK11 3LW, UK
UKHW021829290926
8980IPUK00004B/349

9 783631 638637